柏拉图全集

第三卷

王晓朝 译

人民出版社

目　　录

智 者 篇

提 要

　　《巴门尼德篇》、《斐莱布篇》、《智者篇》和《政治家篇》属于一组对话,彼此相似而与其他对话不同。它们都是柏拉图最后的著作,只有《法篇》在它们之后,而《法篇》可以自成一类。在《斐莱布篇》中,如已经指出过的那样,柏拉图声称自己走上了一条新的道路,他"重新锻造武器",改变了论证方法。他的对话不再是谈话。它们是严密的论证,而很少被例证所替代。只有在《斐莱布篇》中,苏格拉底才起主要作用。在《智者篇》和《政治家篇》中,苏格拉底出现了,但没有参加讨论。而《法篇》则根本没有提到过苏格拉底。

　　紧随《智者篇》之后的《政治家篇》有一令人震惊的段落,讲的是"经历了冗长的、有关智者和非存在的存在的讨论之后的印象"。接着,柏拉图作了某些解释,"我知道人们会感到它太长了,我为此而自责,担心它不仅是冗长的,而且是不相关的。"此处引入了柏拉图的听众对他所持的明显的批判态度。指责柏拉图是个笨蛋,这是所有指责中最无法容忍的,因为这种指责是一种无人能为自己辩护的指责。而柏拉图在辩护中试图保持冷静的高雅。他说:"我们不能把如此冗长的论证视为'适宜'提供快乐,但若在论证中进行漫长的或极短的陈述能使听众更好地发现真正的形式,那么就一定不能对陈述的长短进行抱怨。任何批评某个论证太长的人都必须为他的抱怨提供证据,并且说明较为简洁的陈述能使他更好地使用推理证明真理。依据其他理由作出的责备和赞扬,我们都必须加以漠视,就好像根本没听到似的。"这个时候,柏拉图的水准高于普通人。

只要稍微读一下《智者篇》,就可以表明上述批评有多么公正。其中充满了这样的论证:"被称作相异的东西总是与其他事物相关。如果存在和相异并非很不相同,情况就不会这样了。如果相异也像存在一样分有两种性质,那么相异有时候存在于不同的事物这个种类中,某些事物可以是相异的而与其他事物无关。""运动确实既是不存在又是存在。所以'非存在'不仅在运动中是可能的,而且在所有其他种类中也是可能的。因为在所有这些种类中,相异的性质使它们每一个都与存在不同,因此我们完全可以正确地说它们都'不是'存在。此外,由于它们都分有存在,因此我们可以说它们都'是'存在。"对这些论证,那位已经在同名对话中显示过聪明才智的年轻人泰阿泰德总是回答说,"毫无疑问"。

经过大量论证,对话终于表明柏拉图想要修正一个广泛流传、威胁到理性根基的观念,即虚假的论断不可能存在。这个论证说:"没有任何人可以想或者说'非存在',因为非存在决不会拥有任何一种存在。"对我们来说,这一类语言圈套能阻碍真正的思想道路令人惊讶,但它确实如此。柏拉图指出,当你说 A 不是 B 的时候,你并不是说 A 不存在,A 什么也不是,而只是说它是与 B 不同的其他事物。当他这样说的时候,这篇对话标志着使用思想工具的真正进展。

围绕智者的形象展开的论证显然是相当随意的。对话并没有为多年来作为希腊人的职业教师的智者提供真正的画像。柏拉图所做的无非就是把他否定的各种观念加在智者头上。他厌恶所有智者。在他看来,智者心灵狭隘、弄虚作假、知识浅薄、惟利是图,他们的所作所为才真正是人们指控苏格拉底干的那件事,即败坏年轻人的心灵。

正　文

　　塞奥多洛　信守昨天的约定，我们来了，苏格拉底。我们还带　216
来一位客人，他是爱利亚地方人，属于巴门尼德和芝诺的学派，献
身于哲学。

　　苏格拉底　塞奥多洛，你带来的也许不是普通客人，而是某位
神，只是我们觉察不到罢了。荷马告诉我们，诸神伴随着仁慈正义
之人的行迹，其中不乏前来监察人类行为的有序或混乱的异域之　　B
神。随你而来的这位客人可能就是这些天神之一。他像一位主管
辩驳的神，打算观察和揭露我们在哲学讨论中的弱点。

　　塞奥多洛　这不是我们的朋友的行事方式，苏格拉底。他比
热中于语词之争的人要理智得多。我无论如何不想把他称作神，
但他身上确实有某些神圣的东西。对任何哲学家我都会这样说。　　C

　　苏格拉底　你说得对，我的朋友。但是也可以说，你提到的这
种人并不比神更容易察觉。这些人，我指真正的而非假冒的哲学
家，周游列邦，高高在上地俯视人寰。由于世人的盲目，他们以各
种形象显现。有人说他们不值一提，有人说他们高于一切；有时候　　D
他们披着政治家的伪装，有时候以智者的面目出现，还有些时候看
上去就像疯子。如果我们的客人允许，我想问一下他的同胞对此　　217
怎么看，他们怎样使用这些名称。

　　塞奥多洛　什么名称？

　　苏格拉底　智者、政治家、哲学家。

　　塞奥多洛　你的问题到底是什么？你心里认为使用这些名称
有什么难处？

　　苏格拉底　是这样的。他们认为所有这些名称属于一个类

型,还是属于两个类型,或者说,他们区分了三种类型,分别以这些名称命名?

塞奥多洛　我想你会很乐意提供信息,对吗? 我尊敬的客人。

B　　**客人**　对,塞奥多洛,我完全乐意,答案也并不困难。我的同胞把他们视为三种不同的类型,但若要清楚地逐一给它们下定义,那可不是一件轻而易举的事。

塞奥多洛　真是太巧了,苏格拉底,你正好提出了一个与我们来此之前要他回答的问题有着密切关系的主题。尽管他承认自己得到过完整的指导,也没有忘记他听到过的内容,但他想用相同的理由加以推辞,就像刚才对你一样。

C　　**苏格拉底**　那么,别拒绝我们的初次请求,多谈谈你对这个主题的看法吧。你通常喜欢用什么方法,就你希望澄清的任何事情发表长篇讲话? 或者是用提问的方法,如巴门尼德所做的那样? 他在某个场合以这种方式提出过一些伟大的论断,我当时在场,也还年轻,而他已经相当老了。

D　　**客人**　对话的另一方如果比较温顺,不找麻烦,那么对他进行引导就比较容易;否则不如一人独讲。

苏格拉底　那么你可以任意选择对话的同伴,他们都会跟随你,驯服地作出反映。如果你能接受我的建议,那么就挑一位年轻人,在座的泰阿泰德,或者你喜欢的任何人。

客人　我感到有点不好意思,苏格拉底,因为这是我第一次与你和你的朋友相会,但我不按通常的方式进行谈话,交换我们的想

E　　法,而是作长篇自我独白,甚至对其他人发表演讲,好像在炫耀自己的口才。你刚才提出的问题确实并不像人们以为的那样容易,它只是听起来容易,但需要作长时间的讨论。另一方面,如果拒绝

218　你和你的朋友们的请求,尤其是你们已经用了这样的字眼,那么就会使我显得像是一位不懂礼貌的客人。我竭诚欢迎泰阿泰德作为

一方参加我们的谈话。我早些时候与他谈过话,这也是你的推荐。

泰阿泰德　先生,就按照你说的办吧。如苏格拉底所说,你会给我们大家带来帮助。

客人　泰阿泰德,关于这一点无须多说,但这场讨论从现在起似乎必定要在你我之间进行。但若这个冗长的任务给你带来沉重的负担,那么是你在座的朋友,而不是我,必须听取抱怨。

泰阿泰德　我现在并没有感到会被压垮。但若这种事情发生,我们可以请在座的这位和苏格拉底同名的人帮忙,他和我年龄相仿,志趣相投。他已经非常习惯和我一道研究许多问题。

客人　这个建议好极了。在我们进行谈话时,你可以自己看着办。我们双方现在要关心的是我们的合作。我想,我们最好从研究智者开始,用一个清晰的公式把他的本性揭示出来。你瞧,现在你们大家和我共同拥有的只有这个名称。我们私下里可以在心中对这个名称所指称的东西提出自己的看法,但若能用一个精致的陈述来达成对这个事物本身的一致看法,而不是满足于使用相同的词而不去阐述它的意思则更可取。要理解我们打算考察的这个群体,或者要说清智者是什么,不是一件易事。然而,要想适当地完成某些重大任务,每个人都会指望在做那件大事之前,先做某些相对较小的、比较容易的事,借此加以练习,这是一个很好的通则。这就是我推荐的做法,泰阿泰德,我们现在应该加以使用。由于智者是一种非常难以猎取的动物,让我们先来练习一下追踪智者的方法,捕捉某些比较容易捉到的猎物,除非你想建议某种更加现成的方法?

泰阿泰德　不,我没什么要说的。

客人　那么,让我们先来处理某些小事,以后处理大事时亦可以照此办理,好吗?

E   **泰阿泰德** 好的。

客人 有什么事物本身不大,但却众所周知,而其定义像其他任何大事物一样敏感? 钓鱼的人怎么样? 我们大家对他都熟悉,但他并不是有趣的或重要的人物。

泰阿泰德 他不是。

219   **客人** 然而,我想他可能适合我们的需要。通过给他下定义,我们可以获得如何探讨事物的路线。

泰阿泰德 很好。

客人 让我们从这样一个问题开始:钓鱼者是有技艺的人,还是没有技艺但有别的能力的人?

泰阿泰德 他显然是有技艺的人。

客人 技艺是否有两种?

泰阿泰德 哪两种?

客人 农艺、畜牧、制造或塑造器皿的技艺,还有仿制的技艺,
B 所有这些都可以恰当地用一个名字来称呼。

泰阿泰德 你这是什么意思? 这个名字是什么?

客人 某人使原先不存在的事物变成存在的,这个人称作生产者;原先不存在的事物变成存在的,称作被生产。

泰阿泰德 对。

客人 这种生产的力量可以用来刻画刚才提到的所有技艺的特性。

泰阿泰德 它们是生产的力量。

客人 那么让我们把它们归为生产的或创造的技艺。

C   **泰阿泰德** 很好。

客人 下面要讲的另一类技艺是学习和认知,此外还包括商贸、争斗、狩猎。由于这些技艺并不生产任何东西,而只是在用语词或行动实施征服,或者是在防止被别人征服,而所涉及的事物是

已经生产出来了的,因此,这些技艺的各个分支都像是具有一种可以被称作获取的技艺。

泰阿泰德 对,这个名称很恰当。

客人 那么,由于所有技术或者是获取的,或者是创造的,我 D 们应该把钓鱼的技艺归入哪一类呢?

泰阿泰德 显然属于获取的一类。

客人 获取的技艺又可再分为两部分:一部分是自愿的交换,通过馈赠、雇佣、购买来实现;另一部分通过言词或行动的暴力来实现,这种技艺可以称作征服。对吗?

泰阿泰德 这个词涵盖了已经说过的这部分内容。

客人 征服岂不是又可再分?

泰阿泰德 怎么分?

客人 明的可以称作争斗,暗的一般说来可以称作猎取。对 E 吗?

泰阿泰德 对。

客人 没有理由说猎取的技艺不能进一步划分。

泰阿泰德 你会怎么分?

客人 分为猎取有生命的东西和猎取无生命的东西。

泰阿泰德 假如这两类东西存在,那么你说得对。

客人 它们当然存在。不过,猎取无生命的东西,除了潜水以 220 及其他一些可以忽略不计的小事,没有专门的名称;猎取有生命的东西可以称作猎取动物。

泰阿泰德 对。

客人 猎取动物真的可以分为两类:一类猎取陆地动物,有许多种类和名称;另一类猎取水栖动物,或者称作猎取会游泳的动物。

泰阿泰德 对。

B **客人** 会游泳的动物,一类有翅膀,另一类住在水中。

泰阿泰德 确实如此。

客人 猎取各种鸟类都可以包括在打野禽这个一般的术语中。

泰阿泰德 对。

客人 猎取生活在水中的动物一般可以称作打鱼。

泰阿泰德 对。

客人 这种猎取又可进一步分为两个主要的类别,对吗?

泰阿泰德 哪两个主要类别?

客人 一种用网捕,一种靠打击。

泰阿泰德 你这是什么意思,如何区分?

C **客人** 第一种,凡是把任何事物围住不放走的都可以正确地称作包围。

泰阿泰德 非常正确。

客人 由于这个原因,使用树条筐、抛网、陷阱、鱼篮,以及其他类似的东西岂不是都可称作"包围"吗?

泰阿泰德 对。

客人 因此,第一类捕捉可以称作围捕,或用类似的名称?

泰阿泰德 对。

D **客人** 另一类使用鱼钩或三齿鱼叉来打击,归结到一个名字下,可以称作钩捕。泰阿泰德,除非你能找到更好的名字?

泰阿泰德 别在乎用什么名字,你提议的名字就蛮不错。

客人 有一种钩捕是在晚上进行的,点上火把,猎取者自己称之为火渔,或夜渔。

泰阿泰德 对。

客人 白天捕鱼一般称作钩鱼,因为鱼叉上也有倒刺。

E **泰阿泰德** 对,是这样说的。

客人　在钩鱼中,从上至下打击鱼的称作叉鱼,因为这是三齿鱼叉最经常的用法。

泰阿泰德　对,人们经常这样说。

客人　使用鱼钩的时候,鱼钩并没像鱼叉那样打到鱼身子的任何部分,而只有鱼头和鱼嘴触及鱼钩,然后就用渔杆把鱼从下往上拉起来,这种捕鱼方式的正确名称是什么,泰阿泰德?

泰阿泰德　我想我们现在已经发现了要寻找的目标。

客人　那么,你我现在不仅已经理解了钓鱼者的技艺这个名称,而且理解了这件事情本身的定义。所有技艺中有一半是获取性的技艺;获取性的技艺有一半是征服,即用强力获取;征服的技艺的一半是猎取;猎取的技艺的一半是猎取动物;猎取动物的一半是猎取水生动物;再这样划分,其中的一半是捕鱼;捕鱼的一半是钩捕;钩捕的一部分是使用倒钩的钩捕;再作划分,使用倒钩的钩捕的一半是用鱼钩从下往上把鱼拉出来的技艺,这就是我们正在寻找的技艺,称作钓鱼(aspalieutikei),或者把鱼拉上来(avaspasthai),这个术语指出了这种操作的性质。

泰阿泰德　这样的结果相当令人满意。

客人　现在,按照这个模式,让我们努力发现智者是什么。

泰阿泰德　当然可以。

客人　我们刚才关于钓鱼者的第一个问题是,他是有技艺的还是没技艺的,对吗?

泰阿泰德　对。

客人　对我们这位新朋友,该称他为无技艺的,还是精通技艺的大师?

泰阿泰德　他肯定不是没技艺的,因为他的名字必定表示他的本性。你的话确实有这种意思。

客人　那么,一定得假设他有某些技艺。

221

B

C

D

泰阿泰德　他的技艺是什么呢?

客人　天哪,他们是堂兄弟! 而我们从来不知道。

泰阿泰德　谁是堂兄弟?

客人　钓鱼者和智者。

泰阿泰德　他们以什么方式相互联系?

客人　在我看来,他们都是猎手。

E　　**泰阿泰德**　智者怎么会是猎手? 另一个我们已经讲过了。

客人　你还记得我们对猎取做区分,分成猎取会游泳的动物和陆地动物吗?

222　　**泰阿泰德**　当然记得。

客人　那么从获取的技艺开始,到现在为止,智者和钓鱼者走的是同一条路线吗?

泰阿泰德　看起来是这样的。

客人　在猎取动物这一点上他们的路径有了分歧,其中一个去江河湖海,钓取水中的动物。

泰阿泰德　很对。

客人　而另一个去的是陆地。这是另一种江湖,那里有财富之河以及河边众多慷慨大方的青年,他也想要在他们中间获取猎物。

B　　**泰阿泰德**　你这是什么意思?

客人　陆上的猎取主要有两种。

泰阿泰德　哪两种?

客人　一种是猎取驯服的动物,一种是猎取野兽。

泰阿泰德　驯服的动物也要猎取吗?

客人　对,如果你把人也归为驯服的动物。但若你喜欢,你也可以说没有驯服的动物;或者说有驯服的动物,但人不算在内;或者说人是驯服的动物,但不是被猎取的对象。总之你得决定采取哪种说法。

泰阿泰德 先生,我想说人是驯服的动物,但我承认他们也是 C
被猎取的对象。

客人 那么让我们把猎取驯服的动物分成两部分。

泰阿泰德 我们该怎么分呢?

客人 让我们用一个名称来定义海上抢劫、掠夺人口、僭主篡
国以及所有军事技艺,这个名称就是用暴力猎取。

泰阿泰德 很好。

客人 律师的技艺、流行演说家的技艺、谈话的技艺,可以用 D
一个词来表示,即说服的技艺。

泰阿泰德 对。

客人 说服的技艺可以分成两种吗?

泰阿泰德 哪两种?

客人 一种是私下的,一种是公开的。

泰阿泰德 对,它们分别构成一类。

客人 在私下的说服中,一种接受雇佣,一种需要送礼。

泰阿泰德 我不明白你的意思。

客人 你好像从来没有看到过猎取情人的状况。

泰阿泰德 你指的是什么?

客人 我指的是他们除了用其他方法引诱,还慷慨地给想要 E
猎取的对象送礼。

泰阿泰德 你说得很对。

客人 那么,让我们承认这是一种谄媚的技艺。

泰阿泰德 当然。

客人 而那种受雇于人的说服,他们的谈话讨好人,用甜言蜜
语作诱饵,从中谋求生活费用作回报。如果我说得不错,我们都应 223
当把这种说服描述为奉承,或者称之为一种讨人喜欢的技艺。

泰阿泰德　当然。

客人　实施某种谈话的目的只是为了获取美德,但却要人以金钱的形式加以回报,用别的名字来称呼这种谈话是公正的吗?

泰阿泰德　当然。

客人　这个名字是什么? 你能告诉我吗?

泰阿泰德　这很清楚,我相信我们已经发现了智者,我感到这是适合我们所描述的这一类事情的专有名称。

B　　**客人**　那么,泰阿泰德,追踪智者的技艺可以恰当地视为获取的技艺中的一个分支。它猎取活的、陆上的、驯服的动物;它以人为猎取对象;在私下里进行;受雇于人,收取金钱作回报。与教育相似,这种技艺称为智术,用于猎取富豪子弟。这就是结论。

泰阿泰德　正是如此。

C　　**客人**　让我们来看智者族谱的另一分支,因为他是一名有着伟大的、多面的技艺的教师。如果我们回头看我们开始的地方,那么除了我们正在谈论的这个分支外,他还有另一方面的表现。

泰阿泰德　什么方面?

客人　有两种获取的技艺,一种与猎取有关,另一种与交换有关。

泰阿泰德　对。

客人　有两种交换的技艺,一种是馈赠,一种是出售。

泰阿泰德　让我们先这样假定。

客人　下面我们要假定出售的技艺分成两部分。

D　　**泰阿泰德**　怎么分?

客人　一部分出售自己的产品,另一部分出售他人的产品。

泰阿泰德　当然。

客人　发生在城里的交换的那个部分,大约占全部交换的一半,不是被称作零售吗?

泰阿泰德　对。

客人　那些将一座城里的货物与另一座城里的货物通过买卖进行交换,不就是商人的交换吗?

泰阿泰德　确实如此。

客人　你明白商人的交换有两种:一部分与粮食有关,用于身　E
体;一部分与灵魂的粮食有关,用金钱来交换。

泰阿泰德　你这是什么意思?

客人　你想知道灵魂的粮食是什么意思,而另一种粮食你肯定明白它的意思。

泰阿泰德　对。

客人　广义的音乐、绘画、木偶戏,以及其他许多东西,在一座　224
城市里购得,在另一座城市里售出;这些东西是兜售给灵魂的商品,用于教育,或者用于娱乐。收购并出售这些东西的人与出售食物和饮料的人不是一样可以称作商人吗?

泰阿泰德　确实可以。

客人　如果有人在一座城市购买了知识,然后去另一座城市　B
出售他的货物换取金钱,你难道不会用同样的名字称呼他吗?

泰阿泰德　我肯定会这样叫他。

客人　灵魂的这种商品有一部分难道不可以公正地称为表演的艺术吗? 另一部分做的是知识生意,其可笑程度也不亚于前一部分,是否有必要用别的贴切的名称来称呼它?

泰阿泰德　当然要。

客人　后一部分应该有两个名字:一个用来描述出售美德的　C
知识,另一个用来描述出售其他种类的知识。

泰阿泰德　当然。

客人　艺术商人的名字很适合用来描述这后一部分,但是你必须尝试着告诉我另一个名字。

泰阿泰德 那一定是我们正在寻找的智者,其他名字不可能是正确的。

客人 没别的了。所以这位出售美德的商人又是我们的智者朋友,他的技艺现在可以从获得的技艺开始,通过交换、贸易、商

D 品、灵魂的商品这条线索来追踪。灵魂的商品与语言和美德的知识相关。

泰阿泰德 非常正确。

客人 他也可以第三次出现,因为他也可以在一座城市里定居,可以在那里编造和购买这些商品,靠出售它们过活,但他仍旧应当被称作智者,对吗?

泰阿泰德 当然对。

E **客人** 那么,交换和销售自己的产品或贩卖他人的产品,无论以哪种方式出售美德的知识,你都会把获取的技艺的这个部分称作智术吗?

泰阿泰德 如果我想与论证齐步前进,我必须这样做。

客人 让我们再考虑一下,智术是否还有另一个方面。

泰阿泰德 什么方面?

225 **客人** 在获取的技艺中有一个再次划分的部分称作战斗的或争斗的技艺。

泰阿泰德 有的。

客人 我们最好对它再作划分。

泰阿泰德 怎么个分法?

客人 一部分是竞争的,另一部分是打斗的。

泰阿泰德 很好。

客人 打斗的部分是身体力量的搏斗,可以恰当地用暴力这样的名字来称呼它。

泰阿泰德 对。

客人　如果战争是用语言来进行的,那么这个部分可以称之　B
为论战。

泰阿泰德　对。

客人　论战也可以有两种吗?

泰阿泰德　哪两种?

客人　用长篇演说对长篇演说,公开讨论公正和不公正,这就
是法庭上的论战。

泰阿泰德　对。

客人　还有一种私下里的论战,有提问,有回答,使用简短的
话语,通常称作辩论。对吗?

泰阿泰德　对,就是这个名字。

客人　有一种辩论讨论契约,自由进行,不受技艺规则的约　C
束,要由推理能力来认可。这显然是一类独特的辩论,虽然至今尚
未有专门的名称,但它不配从我们这里得到专名。

泰阿泰德　不配。不同的辩论种类太杂,而且相互之间差别
很小。

客人　但那些涉及公正和不公正的本性,或遵守技艺规则涉
及一般事物的辩论,我们已经习惯于称之为争论,对吗?

泰阿泰德　对。

客人　一种争论是费钱的,一种是赚钱的。　　　　　　　　D

泰阿泰德　非常正确。

客人　请试试看,给每一种起一个名字。

泰阿泰德　让我们这样做吧。

客人　因为谈话之乐而忘记自身事务,其风格又不受大多数
听众喜欢,这种习惯可以称作饶舌。这是我的看法。

泰阿泰德　人们一般都这么讲。

客人　现在该讲另一种了。有人通过私下的争论赚钱,这回　E

该你说了。

泰阿泰德 只有一个真正的答案,他就是神奇的智者。我们正在寻找他,而他第四次出现了。

226   **客人** 对,并且有了新的系谱,他属于争论、辩论、论战、打斗、战斗,这些都属于获得的技艺这个家族。这个论点已经得到证明。

泰阿泰德 确实如此。

客人 他真是一个多面动物,诚如谚语所说,只手难擒。这个观察正确极了!

泰阿泰德 那么,你得用两只手抓住他。

B   **客人** 对,如果要抓住他,我们必须这样做。因此让我们再次对他进行追踪。你知道奴仆所从事的工作有些是有名字的,对吗?

泰阿泰德 对,多得很。你指的是哪些?

客人 我指的是筛、滤、簸、打。

泰阿泰德 当然。

客人 此外还有许多,例如梳、纺、织,以及在各种技艺中使用的成千上万的类似表达法。

C   **泰阿泰德** 你要以此为例说明什么? 我们面对这些例子该怎么办?

客人 我认为所有这些例子都包含着划分的观念。

泰阿泰德 对。

客人 那么如我所说,如果有一门技艺可以涵盖所有例子,那么这门技艺难道不应该有一个名字?

泰阿泰德 这门技艺叫什么?

客人 叫做识别的技艺,或者叫做区别的技艺。

泰阿泰德 很好。

客人　想想看,你是否能对此再作划分。

泰阿泰德　我得想很长时间。

客人　我们在前面进行的所有划分,要么是把相似的东西分 D
开,要么是把好的与坏的分开。

泰阿泰德　我现在明白你的意思了。

客人　关于第一类分开没有名字。而第二类分开,即把坏东
西扔掉,把好东西保存下来,我倒知道有个名字。

泰阿泰德　它是什么?

客人　据我的观察,这一类识别或区别都可称作净化。

泰阿泰德　对,这是通常的说法。

客人　谁都能看到净化有两种。 E

泰阿泰德　如果给他时间考虑,可能是这样的,但我此刻还没
看到。

客人　有许多身体的净化,可以置于一个名字之下加以恰当
的理解。

泰阿泰德　这些身体的净化是什么? 它们的名字是什么?

客人　有生命的物体有内在的部分和外在的部分,医药和体 227
育对身体的内在部分起作用,而浴室里的侍仆并不高贵的技艺影
响身体的外在部分;对那些无生命物体的净化一般说来就是漂洗
和磨光的技艺,包括许多具体的细节,有许多想来非常可笑的名
字。

泰阿泰德　非常正确。

客人　这些名称无疑被认为是可笑的,泰阿泰德。但是辩证
法的技艺决不考虑泻药和海绵产生的好处哪一个大,也不会对其 B
中某样东西产生比另一样东西更大的兴趣。它想要知道的是各种
技艺有无亲缘关系,用一种理智的观点去看待它们。正因为有了
这种看法,它把各种技艺全部视为相似的。当它对各种技艺作比

较时,既不会把某种技艺视为比另一种技艺更加可笑,也不会因为一个人是将军,另一个人在捉虱子,因此就更有教养地尊重前者,而是把他们的技艺都视为猎取的技艺,只不过前者的规模较大罢了。至于你问可以用来理解一切净化技艺的名字,无论是净化有

C 生命物还是无生命物,辩证法的技艺绝不会苛求好听的名称,只要能够有个一般的名称将各种灵魂或理智的净化联系在一起,与其他各种净化区分开来。这就是辩证法想要达到的净化,我们应当把这一点当作它的目标。

泰阿泰德 对,我明白。我同意有两种净化,一种与灵魂有关,另一种与身体有关。

D 客人 好极了。现在注意听我说,试着进一步对两者之一再作划分。

泰阿泰德 无论你提议按哪条路线划分,我都会努力协助你。

客人 我们承认在灵魂中美德与邪恶有区别吗?

E 泰阿泰德 当然有。

客人 所谓净化就是保存好的,抛弃坏的?

泰阿泰德 对。

客人 那么任何从灵魂中消除邪恶都可以称作净化吗?

泰阿泰德 对。

客人 灵魂中有两种邪恶。

泰阿泰德 它们是什么?

228 客人 一种可以比做身体的疾病,另一种可以比做身体的畸形。

泰阿泰德 我不明白。

客人 你可能从来没有想过,疾病与不和谐是一回事。

泰阿泰德 对这一点我也不知如何回答。

客人 你难道不明白,不和谐就是由某些不一致而产生的同

质元素的消亡吗?

泰阿泰德 正是如此。

客人 总是很难看的畸形不就是缺乏适度吗?

泰阿泰德 确实如此。 B

客人 我们难道看不到,意见与欲望、快乐与愤怒、理性与痛苦,这些要素在恶人的灵魂中都是相互对立的吗?

泰阿泰德 确实是对立的。

客人 然而,它们必定天然地联系在一起吗?

泰阿泰德 当然。

客人 那么,我们把邪恶称作不和谐与灵魂的疾病,对吗?

泰阿泰德 非常正确。

客人 如果运动着的事物朝着一个既定目标前进,但总是错 C 过或偏离目标,我们应当说这是事物与目标之间对称的结果,还是缺乏对称的结果?

泰阿泰德 显然是缺乏对称。

客人 但我们确实知道没有灵魂会自愿漠视任何事物,对吗?

泰阿泰德 确实不会。

客人 所谓无知只不过是趋向真理的心灵脱离常规,理智的 D 过程迷入歧途,对吗?

泰阿泰德 对。

客人 那么我们可以把不理智的灵魂当作畸形的和缺乏匀称的,是吗?

泰阿泰德 非常正确。

客人 灵魂中有两种邪恶:一种一般称作罪恶,它显然是灵魂的疾病。

泰阿泰德 是。

客人 还有另一种,被称为无知,由于无知只存在于灵魂中,因此不被称为邪恶。

E 　**泰阿泰德**　我原先对此有疑问,但现在必须承认灵魂有两种邪恶,我们必须把胆怯、放纵、不公正和灵魂疾病的其他类似形式,还有同样具有各种形式的无知,都视为畸形。

　　客人　对身体来说,有两种技艺用于处理身体的两种状态吗?

　　泰阿泰德　哪两种技艺?

229 　**客人**　一种是体育,用于处理畸形;另一种是医药,用于处理疾病。

　　泰阿泰德　对。

　　客人　在存在着蛮横、不公正、胆怯的地方,惩罚不是最需要的技艺吗?

　　泰阿泰德　这确实像是人们的看法。

　　客人　还有各种无知,不是说教导是治疗无知的正确方法吗?

　　泰阿泰德　对。

B 　**客人**　关于教导的技艺,我们应该说有一种还是多种? 无论如何该有两种主要的。想想看。

　　泰阿泰德　我会的。

　　客人　我相信自己能看到如何才能以最快的速度对这个问题做出回答。

　　泰阿泰德　怎么做?

　　客人　如果我们能够找到一条界线把无知分成两半。把无知分成两部分确实蕴涵着教导的技艺也是双重的,与无知的两个部分对应。

　　泰阿泰德　好吧,那你看见你要找的东西了吗?

C 　**客人**　我自己真的好像看到了一类非常巨大的、极坏的无知,如果将它区分出来放在天平上称一称,那么它的分量超过其他所有无知种类的总和。

泰阿泰德　它是什么？

客人　以为自己知道，而实际上并不知道，这是理智所犯全部错误的最大根源。

泰阿泰德　对。

客人　如果我没弄错，那么这就是专门被称作愚蠢的那种无知。

泰阿泰德　对。

客人　那么应当给消除愚蠢的这种教导的技艺起什么样的名字？

泰阿泰德　先生，我想，你说的这种教导不是教手工技艺，而是在世界的这个部分① 被我们认定为教育的东西。　　D

客人　对，泰阿泰德，几乎整个希腊都这么看。但是我们还得考虑，教育这个名称是否还值得进一步的划分。

泰阿泰德　我们要这样考虑。

客人　我想，在某一点上做这样的划分是可能的？

泰阿泰德　在哪里？

客人　在教育中，有一种方法比较粗暴，另一种比较温和。　　E

泰阿泰德　我们该如何区分这两种方法？

客人　父亲教育儿子的方法有着悠久的历史，现在仍旧有许多人采用。或者是粗暴地指责儿子的错误，或者是温和地给他们提建议，这些都可以正确地包括在训诫这个一般的术语之下。　　230

泰阿泰德　对。

客人　但有些人似乎得出这样的结论，所有无知都是不自愿的，所以自认为聪明的人决不会去学习任何他认为自己精通的事情，训诫这种教育只会带来许多麻烦，而几乎没有什么好处。

----

① 指在希腊。

泰阿泰德　他们说得相当有理。

B　　**客人**　于是,他们想用别的方式去矫正这种自负的精神。

泰阿泰德　用什么方式呢?

客人　当某人认为自己正在说某些事情,而实际上什么也没说的时候,他们对他的言语进行盘问,轻易地使他信服自己的意见中有矛盾的地方;然后,他们通过辩证法的过程收集这些矛盾之处,把它们排列在一起,指出它们是关于同一事物的,或与同一事物相关的,或涉及同一方面,但却是相互矛盾的。明白了这一点,

C　他才会对自己感到愤怒,对他人变得温和起来。这样他就从巨大的偏见和苛刻的想法中被完全拯救出来。这样的方式对听众来讲是非常有趣的,而对这种方式的实施对象来说,却能产生最持久的良好效果。因为,就好比医生考虑身体除非消除内部阻碍,否则就不能从进食中得到好处,灵魂的净化者意识到他的患者如果不遭

D　到驳斥,不从受到驳斥中学会谦虚,他就不能从运用知识中得到任何益处;一定得首先清除他的偏见,然后使他明白自己只知道他知道的事情,而不知其他。

泰阿泰德　这确实是心灵最优秀、最聪明的状态。

客人　由于所有这些原因,泰阿泰德,我们必须承认驳斥是最伟大、最主要的净化。没有受到过驳斥的人,哪怕他是一名伟大的

E　国王,也处于一种可悲的不洁状态;他在这些事情上会是没有教养的和畸形的,而他本来应当得到真正的幸福,处于最公正、最纯洁的状态之中。

泰阿泰德　非常正确。

客人　好吧,对这种技艺的实施者,我们应当给他什么名字?

231　在我看来,我不想称他们为智者。

泰阿泰德　为什么会是这样?

客人　我担心这样做会把他们的功能说得太高。

泰阿泰德　然而你的描述与智者这种类型有些相似之处。

客人　就像狼与狗有某些相似之处，一个是最凶狠的动物，一个是最驯服的动物。小心谨慎的人应当特别注意相似之处，而他们确实是一类非常难以捉摸的东西。然而，这个问题就这样吧(亦即，就算他们是智者吧)。只要能恰当地限定他们的范围，我们正在讨论的界限也就不重要了。

B

泰阿泰德　这样似乎也就可以了。

客人　那么就让我们接受它。在区分的技艺下有一种净化的方法，我们已经区别出有一种净化涉及灵魂，在此之下是教导，又在此之下是教育。在教育的技艺中，有驳斥理智自负的盘问，我们刚才通过间接手段进到了这一步，认为进到这种技艺没有别的名字，而无非就是具有高贵门第的智术。

泰阿泰德　就用这个名字吧。但此刻，智者具有的多种外观令我感到困惑，不知哪一种描述是对他的真实本性的刻画。

C

客人　你确实可以感到困惑。但我们可以假设，智者现在也非常困惑，不知还能否再次从我们下一步的论证之网中溜过去。俗话说得好，你不可能轻易地躲避所有摔跤手的捉拿。所以现在也正是用其他方法对他进行捉拿的时候。

泰阿泰德　说得好，说得妙。

客人　首先让我们站起来喘口气，休息的时候我们可以数一下智者已经有多少种外观。我想，第一，我们发现智者是猎取年轻富豪子弟的受雇的猎人。

D

泰阿泰德　对。

客人　第二，智者是出售可以作为灵魂营养的知识的商人。

泰阿泰德　肯定是。

客人　第三，智者自己表现为贩卖同样商品的小贩，不对吗？

泰阿泰德　对。第四，他也出售他自己制造的产品。

E　　**客人**　你真是好记性。他的第五种表现让我自己来回想。他是一名参加论战的运动员,与竞争这个部分相对应的是论战的技艺。

　　泰阿泰德　他是。

　　客人　他的第六种外观是有疑点的,然而,我们还是同意说智者是灵魂的净化者,清除阻碍理智的自负。

　　泰阿泰德　确实如此。

232　　**客人**　一个人从名字上看只有一种技艺,但他却是有多种技艺的大师,这难道不会使你感到震惊,怀疑有什么地方出了毛病吗? 凡对任何技艺有这种感觉,显然是因为不能看清包含着各种形式的这种技艺的特点,所以使用多个名字,而非一个名字,来称呼这种技艺的拥有者。

　　泰阿泰德　我大胆地说,这正是当前形势的症结。

B　　**客人**　如果是这样的话,我们一定不能偷懒,让这种情况在我们的探索中发生。让我们返回我们归于智者的各种特性之一,重新开始。有一条显示出智者性格的特性使我特别有感触。

　　泰阿泰德　哪一条?

　　客人　我相信我们说过,智者是一位争论者。

　　泰阿泰德　对。

　　客人　他还是教他人进行争论的指导者。

　　泰阿泰德　肯定是。

　　客人　那么让我们来考虑一下,在什么范围内这些人会转变

C　为争论者。让我们以这种方式探究这个问题的根源。告诉我,智者的学生们的能力足以延伸到那些普通人无法看到的神圣事物吗?

　　泰阿泰德　无论如何,他们说能。

　　客人　也能延伸到天上地下一切眼睛能看到的事物吗?

泰阿泰德　确实能。

客人　在各种私下场合,无论做出什么关于变易或实体的一般性论断,我们都明白他们不仅能够熟练地对此进行争论,还使其他人也能这样做。

泰阿泰德　确实如此。

客人　还有,在法律有争议的地方或政治事务中,他们不是也 D 许诺要造就辩论家吗?

泰阿泰德　如果他们不作这样的许诺,那么几乎不会有人参加他们的讨论。

客人　争论的一般性技巧和具体技巧,与行家争论时需要使用的各种论证,这些都已经出版,供一切有志学习的人选用。

泰阿泰德　我想你指的是普罗泰戈拉,他写过摔跤和其他技 E 艺的书。

客人　对,他也写过许多其他技艺。事实上,这种争论技艺的意图似乎是造就一种能对任何主题进行争论的能力。

泰阿泰德　确实没有它不能谈论的话题。

客人　那么,我的年轻朋友,你是否真的认为这是可能的? 你们年轻人也许能看得更清楚,而我已经老眼昏花了。

泰阿泰德　你说什么东西可能? 我要看什么? 我对你的问题 233 不太明白。

客人　任何人是否有可能知道一切。

泰阿泰德　如果能做到这一点,人类真是太幸福了。

客人　那么如果某个没有知识的人与有知识的人进行争论,那么他说的话怎么会有健全的意义呢?

泰阿泰德　不会有意义。

客人　那么这种具有魔力的智术的秘密在哪里呢?

泰阿泰德　你指的是什么方面?

B **客人** 我指的是,他们怎么能够在年轻人的心中创造一种信念,使他们认为自己是关于一切主题的最聪明的人?显然,如果他们在争论中不正确,或在年轻人眼中不能显得正确,如果他们的表现不能增强他们是聪明的,因为他们能争论这种信念,那么,用你自己的话来说,很难说明人们为什么要交学费,学习这种争论的技艺。

泰阿泰德 确实很难说明。

客人 事实上存在着这种需求。

泰阿泰德 这种需求还相当大。

C **客人** 这无疑是因为人们相信,智者在他们争论的主题中拥有他们自己的知识。

泰阿泰德 无疑。

客人 我们说过,没有任何主题是他们不能争论的。

泰阿泰德 对,我们说过。

客人 所以在他们的学生眼中,他们在所有主题上都是聪明的。

泰阿泰德 当然。

客人 但他们并非真的聪明。因为我们说过,这是不可能的。

泰阿泰德 必定不可能。

客人 那么结论只能是,智者对一切主题拥有用于争论的、表面的知识,而非真实的知识。

D **泰阿泰德** 我非常同意,这可能是我们给他们所下的最真实的论断了。

客人 那么让我们再用一个比喻,使我们能够更加清楚地看清他们的位置。

泰阿泰德 什么比喻?

客人 我会说的,请你在回答问题时要十分留心。

泰阿泰德 你的问题是什么?

客人 假定某人声称自己知道,不是知道怎样对每一事物进行谈论或争论,而是知道怎样用某种单一形式的技艺真正地生产出一切事物。

泰阿泰德 你说的"一切事物"是什么意思?　　　　　　　E

客人 我的意思一开始就超出了你能理解的范围。你似乎连"一切事物"是什么意思都不明白。

泰阿泰德 我不明白。

客人 好吧,所谓"一切事物",包括你和我,此外还有其他所有动物和植物。

泰阿泰德 这怎么讲?

客人 假定某人想要生产出你、我以及一切生灵。

泰阿泰德 你指什么样的生产?你不会指农夫的生产吧?因　234
为你说这个人也是动物的生产者。

客人 对。除此之外还有海洋、天空、大地、诸神,以及其他存在的一切。更有甚者,在把它们生产出来以后,还会以很便宜的价格把它们出售。

泰阿泰德 你指的是某些表演吗?

客人 好吧,一个人说他知道一切,能在短时间内把一切教给另一个人,这种话实在难以当真。

泰阿泰德 确实不能。

客人 在各种表演中,你能想出比模仿更富有技艺、更能逗人　B
笑的表演吗?

泰阿泰德 不能。当你用模仿这个词来指代它所包含的所有内容,那么它把极为多样的模仿都涵盖了。

客人 好吧,我们知道那个声称能用一种形式的技艺创造一切事物的人,就好像用画笔画出与真实事物具有相同名字的事物,如果他在远处把他画的东西拿给儿童看,那么他能够欺骗儿童纯洁无邪的心灵,使他们认为他能够创造他想要创造的任何完全真实的事物。

泰阿泰德　当然。

客人　那么,我们岂非必须期待在谈话的领域内找到相应的技艺形式,借此可以对远离事物真相的年轻人进行欺骗,用欺骗耳朵的语词和在讨论中展示出来的一切事物的形象,使他们相信这些东西拥有真理,讲这些话的人在一切事情上都是最聪明的人?

泰阿泰德　可能真有像你描述的这样一门技艺。

客人　时间一久,随着这些年轻听众年龄的增长,他们与真实事物有了比较紧密的接触,经验迫使他们按事物的本来面目理解事物,他们中的大多数会抛弃先前的信念,那些原先似乎很重要的东西现在显得非常微不足道,原先显得轻而易举的事情变得困难重重,所有在谈话中创造出来的幻象都被他们在真实的生活行为中相遇的真实事物完全推翻,这种结果也就不可避免了,对吗?

泰阿泰德　对,依据我这个年纪所能作出的判断来看是这样的,但我假定自己是那些远离事物真相的人之一。

客人　这就是为什么我们在座的所有人都必须试着使你尽可能接近真实事物,饶恕你在经验上的不足,我们实际上也正在尝试。

但是关于智者,告诉我,现在是否已经清楚他是巫师一类的人,是真实事物的模仿者,或者说,我们仍旧无法确定他是否拥有关于一切事物的真正的知识,他似乎能就一切事物进行争论?

泰阿泰德　他不可能做到这一点,先生。我们说过的话足以清楚地表明他是那些以表演为业的人之一。

客人　那么我们可以把他归为巫师和某种模仿者。

泰阿泰德　确实可以。

C

D

E

235

客人　我们得明白,现在一定不能放松追踪。可以说,我们已　B
经把他罩在一张专门用来捕捉这类东西的论证之网中了,他不能
狡猾地从中摆脱。

泰阿泰德　摆脱什么?

客人　摆脱成为魔术师一类人的定论。

泰阿泰德　到此为止,我相当赞同你的见解。

客人　既然你同意,那么我们应当马上进行搜索,对制造形象
的技艺进行划分。我们一旦形成包围圈,就会迫使智者陷入绝境。
我们要带着理性之王的授权书将他逮捕,然后报捷献俘。但若他　C
在这种模仿技艺的再次划分的某个部分找到藏身之处,那么我们
就必须紧密地跟踪,坚持对为他提供庇护的那个部分再作划分,直
到把他捕获。在任何情况下都不必担心,他或其他任何同类竟敢
自夸,能逃得过这样一种细微而又全面的考察过程。

泰阿泰德　好,这是我们继续工作的办法。

客人　那么,按照与前面相同的划分法,我似乎必须再次区分　D
模仿的两种形式,但是在哪一种形式中可以发现我们要找的目标,
我还没有把握。

泰阿泰德　不管怎么说,先做出你的划分,告诉我们你指的是
哪两种形式。

客人　我看到包含在模仿中的一种技艺是制造相同的东西
(eikastikei)。这方面最完善的例子是制造一个与原物长、宽、高完
全相同的东西,并且给它的每个部分都着上恰当的颜色。　　　　E

泰阿泰德　为什么这样说,所有模仿者不都想要这样做吗?

客人　那些制作巨大尺寸的雕塑家或画家就不是这样。如果　236
他们按照精美原物的真实尺寸进行再造,那么你知道的,上部看去
会显得太小,而下部看去会显得太大,因为上部离观察者远,下部
离观察者近。

泰阿泰德　说得对。

客人　所以,艺术家们抛弃真相,在造像时不按照原物的真实尺寸,而只要造出来的像显得美丽。

泰阿泰德　确实如此。

客人　那么,第一种像与原物一模一样,可以公正地被称作相同(eikon)。

泰阿泰德　对。

B　　**客人**　与之相应的模仿术的这个再划分的部分可以用我们刚才使用的这个名字来称呼,称作制造相同的东西。

泰阿泰德　可以这样称。

客人　如果有一类像造出来与精美的原物只是显得相似,或者不能从一个令人满意的角度观看,或者观看者无法用眼睛看到如此巨大的据说与原物相同的对象,我们该如何称呼这一类像?由于它只是显得相同,而实际上并不相同,我们可以称之为相似(phantasma)吗?

泰阿泰德　完全可以。

C　　**客人**　这是范围极广的一类,出现在绘画和其他各种模仿的技艺中。

泰阿泰德　对。

客人　所以这种创造的技艺的最佳名字不是制造相同的东西,而是制造相似的东西(phantastikei)。

泰阿泰德　确实如此。

客人　那么,这就是制造形象的两种形式,我指的是制造相同的东西和制造相似的东西。

泰阿泰德　好。

客人　是的,不过到现在为止,我仍旧不能看清如何摆脱我在前面表达过的困惑。在这两类技艺中(制造相同的东西和制造相

似的东西),我们必须把智者的技艺归入哪一类。在这一点上,人　D
们很难得到清楚的看法,这的确令人惊讶。而此刻,智者却极为精
明地在某一类中藏身,躲避考察。

　　泰阿泰德　情况似乎如此。

　　客人　你表示同意,但你认出我指的那一类了吗? 或者说,你
已经在习惯的迫使下,随着论证的进行,应声附和?

　　泰阿泰德　怎么会呢? 你指的是什么?

　　客人　我的朋友,事情的真相是我们碰到了一个极端困难的　E
问题。"显得像是",或者说"好像是"但并非真"是",或者谈论不真
实的某事物,所有这些表达法无论在过去还是现在,总是令人深深
地陷入困惑。泰阿泰德,要找到一个正确的术语来表达具有真实　237
存在的虚假的东西,使人能对此进行言说或思考,而不会落入一张
口便自相矛盾的境地,是极为困难的。

　　泰阿泰德　为什么会这样?

　　客人　这个论断的大胆在于它蕴涵着"非存在"的东西是存在
的这种意思,此外没有别的方法可以说虚假的东西具有真实的存
在。但是,我的年轻朋友,当我们像你这个年纪的时候,伟大的巴
门尼德始终反对这种观点。他不断地告诉我们:"非存在存在,这
一点决不可能被证明,但是你们在研究中要使自己的思想远离这
一途径。"并且把这些话也写入了他的诗歌。

　　所以,我们有这位伟大人物的证言,而获得对这条真理认信的　B
最佳方式可能是对这个论断本身进行适度的拷问。如果你对此没
有异议,让我们开始对这个论断本身的是非曲直进行研究。

　　泰阿泰德　我听你的调遣。至于进行论证,你得考虑能获得
结论的最佳途径,并使我能跟上你。

　　客人　我会这样做的。现在请告诉我,我们会毫不犹豫地说
出"不具任何一类存在的事物"这样的短语来吗?

泰阿泰德　当然不会。

C　　**客人**　那么,把为争论而争论,以及玩弄词藻撇在一边。假定这群人中有一位严肃认真地告诉我们"非存在"这个名称可以用在什么地方,那么我们应当期待他会把这个名称用于什么事物或何种事物,他想用这个名称向询问者表示什么?

泰阿泰德　这是个难题。像我这样的人几乎无法找到答案。

客人　好吧,这个问题不管怎么说还是清楚的,"非存在"这个术语一定不能用于任何存在的事物。

泰阿泰德　当然不能。

客人　由于它不能用于存在的事物,它也不能恰当地用于"某事物"。

泰阿泰德　为什么?

D　　**客人**　我们肯定能看到"某事物"这个表达法总是用于存在的事物。我们不能赤裸裸地只说"某",而不涉及任何存在的事物,对吗?

泰阿泰德　对。

客人　你同意这种看法是因为想到讲"某事物"就是讲"某一个事物"吗?

泰阿泰德　是。

客人　因为你承认"某事物"指的是一个事物,而"某些事物"指的是两个或更多的事物。

泰阿泰德　当然。

E　　**客人**　所以,接下去似乎必然要说,非"某事物"根本什么也不是。

泰阿泰德　必然如此。

客人　我们甚至也不能拒绝让这种情况存在,某人正在说某事物,尽管他说的东西可能什么也不是,对吗?我们一定不能肯定,当他发出"不存在的事物"这样的声音时,他甚至没有说任何事物,对吗?

泰阿泰德　这肯定会结束我们的困惑。

客人　"还没到吹牛的时候。"其他问题就要来了,它实际上是最大的难题和最重要的问题,因为这个问题触及事情的根基。

238

泰阿泰德　你这话什么意思? 说出来吧,别犹豫不决。

客人　我假定,当某事物存在时,其他存在的事物可以归于这个事物。

泰阿泰德　当然。

客人　但是我们能说,存在的事物可能归于不存在的事物吗?

泰阿泰德　这怎么可能?

客人　好吧,我们把一般的数也包括在存在的事物中。

泰阿泰德　对,如果其他事物存在,数必定存在。

B

客人　那么我们一定不能尝试着把数目中的多或一附加于非存在。

泰阿泰德　按照我们的论证,这样做肯定是错的。

客人　那么离开数,人怎么能够说出"非存在的事物"或"非存在"这样的话来,甚至在心中觉察到这样的东西?

泰阿泰德　你这是什么意思?

客人　当我们说"不存在的某些事物",我们不是把多附加于它了吗?

C

泰阿泰德　对。

客人　当我们说"那个非存在",我们不是把一附加于它了吗?

泰阿泰德　显然如此。

客人　然而我们承认,把可以附加于存在的事物的东西附加于非存在是不合理的,或不正确的。

泰阿泰德　相当正确。

客人　那么,你明白这个推论了。人不能合法地发出非存在这些词的声音,也不能言说或思考它;非存在是不可思考、不可言说、不可发声、不可表达的。

泰阿泰德　相当正确。

D　　**客人**　我刚才说我将陈述一个最大的难题,这样说可能错了;而我们将要系统陈述的问题更加糟糕。

泰阿泰德　那是什么问题?

客人　你没听懂我刚才说过的那些话,非存在甚至迫使驳斥它的人陷入这样的窘境,一旦开始驳斥非存在,他就被迫自相矛盾。我对此感到惊讶。

泰阿泰德　怎么会这样?请解释得更加清楚一些。

E　　**客人**　你别指望从我这里得到启发。我已经指出非存在既没有一,也没有多,不仅现在不存在,而且在我把它当作一个事物来言说的那一时刻也不存在,因为我说的是"这个非存在"(the nonexistent)。你明白我的意思吗?

泰阿泰德　明白。

客人　还有,不久前我讲到非存在的存在是不可发声、不可言说、不可表达的。你跟得上我的话吗?

泰阿泰德　当然跟得上。

客人　那么,当我试图把"存在"这个词用于非存在时,我岂不是与我前面说的自相矛盾?

239　　**泰阿泰德**　显然是。

客人　还有,当我使用"这个"术语时,我岂不是已经把非存在称作单数了?

泰阿泰德　是的。

客人　还有,讲到非存在是"一个不能表达、言说、发声的东西",我的用语不是已经把它当作某个事物了吗?

泰阿泰德　确实如此。

客人　然而我们承认,严格说来,一定不能把非存在具体化为一个事物或多个事物,甚至也不能称之为"它",因为用这样的称呼也表明非存在是一个事物。

泰阿泰德　确实如此。

客人　在这种情况下,我真是无话可说。当我批判非存在的时候,我会发现这是最棘手的问题,现在是,将来也一直是。所以我说过,别指望从我这里得到描述非存在的正确方式;要找到这种方式,我们必须指望你。现在请你开始吧。　　　　　　　　　　　B

泰阿泰德　你这是什么意思?

客人　来吧,你年纪轻,振作起来,尽力而为,试着用某些语词对非存在作正确的描述,但不要把存在、一或多归于非存在。

泰阿泰德　看到你的遭遇,我想,要我做这件事非得有非凡的热情不可。　　　　　　　　　　　　　　　　　　　　　　　C

客人　好吧,如果你同意,我们可以把自己排除在外,直到遇见某些能够这样做的人。让我们说,极端狡猾的智者已经找到一个不可攻破的藏身之地。

泰阿泰德　似乎如此。

客人　相应地,如果我们说他拥有一种制造"相似"的技艺,那么他会轻易地抓住我们的论证来攻击我们。我们说他是造像者,他就会问我们讲的"像"到底是什么意思。所以,泰阿泰德,我们一定得考虑如何回答这个凶狠的家伙的问题。　　　　　　　D

泰阿泰德　我们显然会说我们指的是水中或镜子中的影像、匠人或雕塑家塑的雕像,以及其他同类事物。　　　　　　　　E

客人　泰阿泰德,你显然从来没有见过智者。

泰阿泰德　为什么?

客人　他会使你感到他好像闭着眼睛,或根本没有眼睛。

泰阿泰德 怎么会这样?

240   **客人** 当你这样回答他时,如果你说像就是可以在镜子或雕塑中找到的东西,他会笑话你,以此暗示他能看见。他会声称对镜子、水,甚至视力一无所知,并把他的问题局限于谈话本身所能获得的东西。

泰阿泰德 你指的是什么?

客人 指你提到的所有这些事物的共性,当你用"形象"这个术语指称所有这些事物时,你显然认为可以用一个名字来称呼它们。那么,说吧,坚守你的阵地,抵抗那个人,而不要后退半步。

泰阿泰德 好吧,先生,如果形象不是另一个同类事物,那么我们除了说形象是对真实事物的模仿,还能说什么呢?

B   **客人** "同类"? 你指的是另一个真实的事物吗? 或者说,"同类"是什么意思?

泰阿泰德 肯定不是指真实的事物,而是与之相似的事物。

客人 "真实"的意义是指真的存在。

泰阿泰德 对。

客人 "不真实"是真实的对立面吗?

泰阿泰德 当然。

客人 如果你把"相似的东西"称为"不真实",那么相似的东西就是不具有真实存在的东西。

泰阿泰德 但是相似的东西具有某种存在。

客人 按你的说法,只不过不是真正的存在罢了。

泰阿泰德 不是,除非它确实真的相同。

客人 所以,被我们称作相同的东西并不具有真实的存在,对吗?

C   **泰阿泰德** 真实与不真实相互纠缠在一起,实在令人困惑不解。

客人 确实令人晕头转向。通过把这些论点前后联结起来，你又一次看到，像许德拉一样长着许多脑袋的智者迫使我们违背自己的意愿，承认"非存在"具有某种存在。

泰阿泰德 是的。

客人 现在该怎么办呢？我们怎样才能给他的技艺下定义而又不会自相矛盾？

泰阿泰德 你指的是什么？你担心什么样的自相矛盾？

客人 当我们说智者用我们讲的相似的东西进行欺骗，他的技艺就是实施欺骗时，我们能说我们心中所想的是他的技艺产生的结果，是虚假的吗？或者说我们指的是别的什么事情？   D

泰阿泰德 只能是这种看法，其他还能是什么呢？

客人 还有，虚假的思考就是思考与存在的事物相反的东西？

泰阿泰德 是。

客人 那么，你认为虚假的思考就是思考不存在的东西？

泰阿泰德 必然如此。

客人 这岂不就意味着思考不存在的东西是不存在的，或者说那些不存在的事物并非以任何方式不存在，而是以某些方式存在？   E

泰阿泰德 如果某人曾有哪怕是最微小的错误，那么这句话至少意味着不存在的事物以某些方式存在。

客人 还有，确实存在的事物肯定也会以某种方式断定为不存在的吗？

泰阿泰德 会的。

客人 这也是一种错误吗？

泰阿泰德 对，这也是一种错误。

客人 我猜想，存在的事物是不存在的，而不存在的事物是存在的，这个论断按照同样的理由可以被当作一个虚假的论断。

泰阿泰德　对。否则它怎么会是虚假的呢？

客人　几乎不会有别的方式了。但是智者会否认这一点。如果把我们早些时候承认的东西与这个论点放在一起,敏感的人怎么会对此表示同意呢？泰阿泰德,我们明白他指的是什么？

泰阿泰德　我们当然明白。当我们有脸说虚假的东西存在于思想和论断中,他会说我们刚才说的话是自相矛盾的,因为我们不断地被迫把存在的东西归于不存在的东西,而在那之前却又同意这是完全不可能的。

客人　你的追忆是正确的。但是你现在必须考虑我们该怎样对付智者,如果我们通过追踪把他列为假象和错误的制造者,那么你会看到,我们实际上为许多困惑和智者的反攻提供了一个缺口。

泰阿泰德　我明白。

客人　这些困惑和会受到的反攻是无数的,我们已经说过的只是其中的一小部分。

泰阿泰德　如果是这样的话,那么要捉住智者好像是不可能的。

客人　那该怎么办？我们现在就丧失信心、予以放弃吗？

泰阿泰德　如果我们还有一点机会以某种方式捉住他,我们现在还不必这样做。

客人　那么我可以信赖你的执着,并且如你现在所说,如果我们能摆脱如此强大的论证的挟制,哪怕有丝毫放松,你也会感到满意吗？

泰阿泰德　确实如此。

客人　那么我还有另一个更加紧迫的要求。

泰阿泰德　那是什么？

客人　不过你别认为我正在变成一个杀父母的忤逆者。

泰阿泰德　以什么方式？

客人 我们发现在为自己辩护时,必须对我们的父亲巴门尼德的论断提出质疑,并且用主要的力量去建立这样的命题:不存在的东西在某些方面具有存在,反过来也一样,存在的东西以某种方式是不存在的。

泰阿泰德 争论的过程显然要求我们不惜一切代价,坚持这些命题。

客人 诚如俗话说,清楚得足以使瞎子看见。除非这些命题要么遭到驳斥,要么被接受,否则任何人谈到虚假的论断或判断,谈起形象、相同、复制、相似,或任何一种与此相关的技艺,几乎都不可避免地要被迫陷入自相矛盾而成为笑料。　　E

泰阿泰德 相当正确。

客人 这就是为什么我们现在必须大胆地对那个论断伸出不孝之手。如果我们有所顾忌而不敢这样做,那么我们就干脆完全放弃。　　242

泰阿泰德 讲到这一点,我们一定不能让这种顾忌阻碍我们前进。

客人 这样的话,我第三次向你提出一个小小的请求。

泰阿泰德 你只要讲出来就行了。

客人 我相信我刚才承认过,要对这一点进行驳斥总是显得超过了我的力量,现在仍然如此。

泰阿泰德 你说过这话。

客人 好吧,我担心我的这种坦白会使你认为我轻率浮躁,每遇转折就摇摆不定。如果我们能够驳斥那个论断,那么为了使你能够满意,我们将尝试着进行驳斥。　　B

泰阿泰德 那么你可以进行驳斥了,我决不会认为你的驳斥或证明超越了什么界限。在进行驳斥时,你尽管放心好了。

客人 那么来罢,如此危险的论题该从哪里开始呢? 我想我看到了我们不可避免要走的道路了。

泰阿泰德　那是什么呢?

C　　**客人**　首先考虑一下现在看来相当清楚的事情,看看关于它们是否有什么混淆,不要太轻率地得出结论,认为我们对它们有了足够的理解。

泰阿泰德　请你更加清楚地告诉我你的意思。

客人　巴门尼德和其他一些人要确定有多少真实的事物,或它们是什么样的。但令我惊讶的是他们对此进行的讨论却太简单、太轻率。

泰阿泰德　怎么会这样?

客人　他们似乎都把我们当作幼稚的儿童,给我们讲故事。一个人说有三种真实的事物,这些事物中有些相互争斗,有些交朋友、结婚、生子。另一个人告诉我们有两种真实的事物:潮湿与干

D　燥,或热与冷,他使它们结合,住在一起。在我们所住的世界的这个部分,爱利亚学派——其历史可以追溯到塞诺芬尼或更早一些时候——把他们的故事建立在"一切事物"只不过是一个事物的假设之上。后来,伊奥尼亚和西西里的某些缪斯感到把这两种解释

E　结合在一起要更加保险,于是就说真实的事物既是多又是一,敌对和友谊使它们联系在一起。这些缪斯中最严格的一位说,"它在分

243　离中被聚合在一起。"温和一些的则不那么死板,认为并非总是如此,而是提出另一种状态:这个世界通过爱的力量有些时候处于和平状态,有些时候由于某些纷争而处于战争状态。

　　上述种种观点,我们很难说出是否有人道出了真理。轻率地对这些有着稳固名声的人挑毛病绝不是一件好事,但是作一番观察并不一定会冒犯他们。

泰阿泰德　你观察到了什么?

客人　他们全都高高在上地谈论,而对像我们这样的普通人

考虑太少。每个学派追求它自己的论证,直至得出结论,而对我们   B
是否跟得上他们的话,或是否被甩在后面一点也不在乎。

　　泰阿泰德　你这是什么意思?

　　客人　他们中的某个人或另一个人在论断中使用这样一些表
达:"确实是"、"成为"、"将成为"、"许多事物"、"一个事物"、"两个
事物"、"或者说热与冷混合"、"假定说结合与分离"。你泰阿泰德
明白他说的每个词吗? 拿我自己来说,年轻时有人对我讲"非真
实",我以为自己理解得很清楚,而现在它却使我们感到疑虑。你
现在该明白我们的困惑有多么大了吧。

　　泰阿泰德　我明白了。   C

　　客人　那么我们的心灵对真实的事物也有可能处在相同的混
乱状态。尽管我们可以不必理解非真实,而在说真实这个词的时
候轻松地明白它的意思,但也许我们对二者的理解同样处在黑暗
之中。

　　泰阿泰德　可能是这样的。

　　客人　可以说,对刚才提到的其他一些表达法,我们也处于同
样状态。

　　泰阿泰德　那当然。

　　客人　我们是否可以决定,我们将在晚些时候对这些表达法
的一般用法加以考虑。而现在,必须从它们中最主要和最重要的   D
开始。

　　泰阿泰德　哪个表达最主要、最重要呢? 当然啦,你指的是我
们必须从研究"真实"开始,找出那些使用这个词的人认为它指的
是什么。

　　客人　你准确地抓住了我的意思,泰阿泰德,我确实认为我们
应当按照这条路线前进。假定那些人都在我们面前,让我们提出
这样的问题,"你们说一切事物真的就是冷与热或其他这样的对

E　子,这种说法到底是指这样的对子都是真实的,还是指其中之一是真实的? 我们该如何理解你说的这种'真实的东西'? 我们是否必须假定它是两样东西之外的第三者,因此一切事物不再如你们所说是两样事物,而是三样事物? 因为你确实没有把'真实'这个名字给予二者之一,然后说它们同样都是真的,如果是这样的话,那么就只有一样事物,无论它是否二,它都不会是二。"

泰阿泰德　对,应该这样问。

客人　"那么好吧,你想把'真实'这个名字给予这些对子吗?"

泰阿泰德　也许。

244　　**客人**　但是我们会提出反对意见,"那样做又显然会把你的两个事物说成是一个"。

泰阿泰德　你说得很对。

客人　"那么我们完全不知所措,你必须把问题给我们澄清一下,当你使用'真实'这个词时,你想指的是什么。你显然相当熟悉你的意思,而我们从前以为自己知道,而现在却感到困惑。请先在这一点上启发我们,这样我们可以不必幻想自己理解你告诉我们的事情,而实际上远远不能理解。"

B　　如果我们以这样的方式对待那些人,或者以这样的方式对待那些说一切事物不只是一的人,向他们提出这样的要求,这样做有什么不妥吗?

泰阿泰德　没什么不妥。

客人　还有一些人说一切事物都是一样事物。我们是否必须尽力找出他们使用"真实"一词的意思来?

泰阿泰德　当然要这样做。

C　　**客人**　那么让他们回答这个问题,"据我们所知,你们说只存在一样事物,对吗?"他们会回答说,"我们是这样说的"。对不对?

泰阿泰德　对。

客人 "你们把'真实'这个词给予存在的某事物吗?"

泰阿泰德 是。

客人 "这个事物也就是你们称作'一'的那个事物吗? 你们用两个名称称呼同一事物,或者说你们的意思是什么?"

泰阿泰德 他们的下一个回答是什么?

客人 泰阿泰德,对已经提出了他们的根本论断的人来说,或对其他人来说,这显然不是一个容易回答的问题。

泰阿泰德 为什么会这样?

客人 首先,要让已经断言存在的事物不会超过一个的人承认"两"个名称的存在确实是荒谬的。

泰阿泰德 当然。

客人 其次,允许任何人肯定一个名称具有任何存在,同样是　D
荒谬的,因为这是十分费解的。

泰阿泰德 怎么个费解法?

客人 一方面,他若认为名称是与事物不同的东西,那么他确实是在谈论"两"个事物。

泰阿泰德 是。

客人 但若他认为名称与事物是同一的,那么,他要么必须说它不是其他任何事物的名称,要么他说它是某事物的名称,但不管怎么说,其结果都是它只是一个名称的名称,而不是其他任何东西。

泰阿泰德 是这样的。

客人 "一"只能指一个事物,也就是说,它只能指一个名称。①

---

① 此句中译文根据 Jowett 英译文译出。Cornford 在翻译中删去这句话,认为原文有篡改,因而没有意义。

泰阿泰德　必然如此。

客人　关于"整体"他们会怎么说？他们会说这是他们的"一个真实的事物"以外的东西，还是同一个东西？

E　　**泰阿泰德**　肯定是同一个东西。他们事实上是这样说的。

客人　如果它是一个整体，确实如巴门尼德所说，"像一个滚圆的球体，从中心到每一方面距离都相等，因为不可以有任何地方大一点或小一点"，如果真实的东西就像这个样子，那么它有中心和端点，由此而论它也一定有部分，对吗？

泰阿泰德　对。

245　　**客人**　好吧，如果一个事物被分成部分，那么就没有任何理由反对它具有统一的性质将它的各个部分聚合在一起，以这样的方式成为一，作为总和或整体而存在。

泰阿泰德　当然。

客人　另一方面，具有这些性质的事物不能只是一本身，对吗？

泰阿泰德　为什么不能？

客人　因为在真正的意义上或在正确的定义中，一必然不能有部分。

泰阿泰德　对，一定不能有。

B　　**客人**　而像我们描述的这个事物由若干部分组成，与定义是不符的。

泰阿泰德　我明白。

客人　那么，我们应该说真正的一和整体具有统一的性质，还是说真正的一根本就不是整体？

泰阿泰德　这是一个艰难的选择。

客人　你说的没错。因为，如果真实的事物具有一这个意义上的存在性质，那么它显然不会与作为统一的事物是同一事物，这样一来,一切事物就不只是一。

泰阿泰德　对。

客人　但若真实的事物不是一个由于具有统一的性质而形成　C
的整体,而整体本身同时又是真实的,那么真实的事物就会缺乏真
实。

泰阿泰德　当然。

客人　所以,按照这个论证的线索,真实的事物会被剥夺真实
性,因而也就不是一个存在的事物了。

泰阿泰德　对。

客人　再进一步说,一切事物不只是一,因为现在真实和完整
各据一方,都有了自己的特性。

泰阿泰德　对。

客人　但若根本就没有完整这样的东西,那么不仅对真实来
说也是一样的,而且除了真实的事物不是一个事物外,它也绝不可　D
能变得如此。

泰阿泰德　为什么不能?

客人　每当事物产生,从那一刻起它就作为一个整体而存在;
同理,如果你不把统一或整体算作真实的事物,你就没有权利把存
在或产生说成是具有任何存在。

泰阿泰德　这样说似乎完全正确。

客人　进一步说,不是整体的东西不可能有任何确定的数量,
因为如果某事物有确定的数量,那么无论它是什么,它都必须作为
一个整体与那个数量相合。

泰阿泰德　肯定如此。

客人　如果你说真实的事物既是两个事物,又只是一个事物,　E
那么就会产生无数其他的困难,引起无限的困惑。

泰阿泰德　我们刚才这么粗略地一瞥就足以认清这种状况。

一个问题引发另一个问题,使我们对已经提到的每个理论都产生怀疑。

客人 那么,关于那些给真实与不真实提供精确解释的人就讲到这里。我们不需要提到所有相关的解释,我们讲过的已经足够了。现在必须转过来观察那些以不同的方式考虑这个问题的人,这样,通过对所有观点的完整回顾,就可以明白真实与不真实一样难以定义。

泰阿泰德 我们最好弄清他们的观点。

客人 我们将要看到的争论就好比一场诸神与巨人之间的战斗,他们就真实问题进行争论。

泰阿泰德 怎么会这样?

客人 有一方试图把一切事物从天上和不可见的世界拉到地上来,用他们的双手像握石头和树木那样去触摸,因为他们用力握着石头和木头并肯定真正的存在只属于那些坚挺的、可以用手把握和触摸的事物。他们把真实的存在定义为与形体相同的东西,一旦对立的一方断言没有形体的东西是真实的,他们就会显出不屑一顾的神情,一句话也不愿再听下去。

泰阿泰德 你说的这种人确实令人生畏。我以前遇到过许多这样的人。

客人 对,于是他们的反对者便小心翼翼地从不可见的某个高处捍卫自己的观点,全力坚持真正的实在是由某些理智的、无形体的相组成。在论战中,他们把对手挥舞的形体打得粉碎,那些被他们的对手称为真正实在的东西,他们不称之为真正的存在,而称之为变易的运动过程。两大阵营就这个问题一直争论不休。

泰阿泰德 对。

客人 假定我们现在对两派发起挑战,依次对他们所肯定的真实的东西作出解释。

泰阿泰德　我们该怎么做?

客人　从那些认为真实的东西是相的人那里要得到些什么是比较容易的,因为他们比较文明;而从那些他们的暴力会将一切事物都拉到形体层面上来的人那里要得到些什么就难了,或者说根本不可能。然而,我想我找到了对付他们的正确途径。　　　　D

泰阿泰德　那是什么呢?

客人　如果有可能的话,最好的办法是使他们的心灵发生真正的改变;但若这样做超越了我们的能力范围,那么就想象他们已经发生了改变,假定在回答我们的问题时他们愿意节制一下他们的无法无天。人的品性越好,你与他们达成的一致意见的力量就越大。然而,我们对真理的关心胜过对他们个人的关心。

泰阿泰德　你说得很对。　　　　　　　　　　　　　　　　E

客人　好吧,把那些已经改过自新的人召来回答问题吧,你做他们的代言人。

泰阿泰德　行。

客人　让他们告诉我们,他们是否承认有可朽的动物这样的事物。

泰阿泰德　他们当然会说有。

客人　他们会同意可朽的动物是一个由灵魂赋予生命的形体吗?

泰阿泰德　当然。

客人　灵魂是某种真实的东西吗?　　　　　　　　　　　247

泰阿泰德　对。

客人　还有,他们允许灵魂有些是正义的,有些是非正义的,有些是聪明的,有些是愚蠢的吗?

泰阿泰德　当然啦。

客人　灵魂由于拥有正义而成为正义的,拥有非正义而成为非正义的,它们呈现在灵魂中,对吗?

　　泰阿泰德　对,他们也会同意这个看法。

　　客人　但是他们肯定会承认,在某事物中呈现或缺乏的东西一定是一个真实的事物。

　　泰阿泰德　对。

B　　**客人**　肯定了这一点,那么正义、智慧,或其他任何一种善恶,都是真实的,还有,它们存在于其中的灵魂也是真实的。他们认为所有这些事物都是可见的、有形体的,还是不可见的?

　　泰阿泰德　他们几乎无法说它们中有任何一样是可见的。

　　客人　他们真的断言不可见的某个事物具有形体吗?

　　泰阿泰德　他们没有把这个问题当作一个整体,不加区别的做出回答。他们认为,灵魂本身确实拥有某种形体,至于你说的智

C　慧或其他一些东西,他们没有大胆地接受它们不属于真实事物的推论,或者坚持认为它们全都有形体。

　　客人　泰阿泰德,这表明他们真的改过自新了。他们中真正土生土长的巨人不再固执了,要是从前的话,他们肯定会坚持到底,认为任何无法用双手紧握的东西都根本不存在。

　　泰阿泰德　我大胆地说,你这些话描绘了他们的心灵状态。

D　　**客人**　让我们进一步发问。对我们的目的来说,只要他们承认真实的事物中哪怕有一小部分是无形体的也就足够了。他们现在必须告诉我们这一点。如果他们说这些无形体的事物和其他有形体的事物同样都是"真实的",那么他们认为可以涵盖这两类事物的共性又是什么呢? 对此问题他们可能不知所措。如果这就是他们的心灵状态,你必须考虑他们是否会同意我们对真实事物的建议性的描述,并且接受它。

　　泰阿泰德　什么样的描述? 如果你能说出来,我们也许能判断出他们的态度。

客人 我的建议是,任何具有真实存在的事物总是具有某种力量,或者是影响其他事物,而无论影响程度是多么微小,或者受到最重要的动因的影响,哪怕这种影响只有一次。我正在提出这样一个界定,真实的事物无非就是力量。   E

泰阿泰德 好吧,就算他们接受了这个界定,因为他们当前提不出更好的建议。

客人 只能这样,尽管他们和我们以后都有可能改变想法。   248
现在,就把它当作我们之间和那一派达成的一致意见。

泰阿泰德 就这样吧。

客人 然后让我们转向对立的那一派,相的朋友。你还得作他们的代言人。

泰阿泰德 行。

客人 我们明白,你在"变化"和"真实的事物"之间作了区别,分别谈论它们。是这样吗?

泰阿泰德 是。

客人 你们说,我们依靠身体通过感觉与变化发生关系,而我们依靠灵魂通过反思与真实的存在发生关系。你们还说,真实的存在总是处于相同的不变的状态,而变化则是多种多样的。

泰阿泰德 我们是这样说的。   B

客人 真是令人钦佩。但是我们现在要问,你们刚才说的"发生关系"是什么意思?不就是我们前不久说过的吗?

泰阿泰德 是什么?

客人 受到某种影响,或者产生某种影响,作为某些力量的后果,源于相互作用的事物。泰阿泰德,你也许不太明白他们对此会怎样回答,但我和他们非常熟悉,可以比较成功地说出来。

泰阿泰德 那么他们会怎么说?

客人 他们不同意我们刚才让那些土生土长的巨人说出来的   C

对真实事物的看法。

泰阿泰德　你的意思是……

客人　我们提出了一个有关真实事物的充分的标志：凡实施或接受影响的力量所在的事物都是真实的，而无论这种影响多么微不足道。

泰阿泰德　对。

客人　对此，他们的回答是，实施和接受的力量属于变化，但这些力量都不适宜当作真实的存在。

泰阿泰德　这个回答还有些意思吗？

D　**客人**　我们必须求助于更多的启发才能对这种意思进行回答。他们进一步承认灵魂认知，而真实的存在被认知吗？

泰阿泰德　他们肯定会同意这一点。

客人　好吧，你同意认知或被认知是行动，或者是承受一种结果，还是两者都是？或者说，一种是承受结果，另一种是行动？或者说，它们都不能归入这些名目之下？

泰阿泰德　显然都不能，否则的话，我们的朋友就会与他们前面说的话自相矛盾了。

客人　我明白你的意思。他们不得不这样说。如果认知是对
E　某事物实施的行为，那么被认知必定是对认知行为的承受。由此可见，当真实的事物在被认知行为认知时，在它被知的范围内，一定会由于承受认知行为而发生改变。因此我们说，真实的事物不可能不变。

泰阿泰德　确实如此。

249　　**客人**　但是以上苍的名义，请告诉我，我们真的那么容易信服变化、生命、灵魂、理智在那完全真实的事物中没有位置，也就是说它既无生命，又无思想，庄严地、孤零零地静止不动，缺乏理智吗？

泰阿泰德　先生,这是一种怪异的、很难接受的学说。

客人　我们能说它有理智而无生命吗?

泰阿泰德　肯定不能。

客人　如果我们说它既有理智又有生命,那么我们能否认灵魂是它们的处所吗?

泰阿泰德　否则它怎么能拥有理智和生命?

客人　但若它拥有理智、生命和灵魂,我们能说一个有生命的事物保持绝对静止、绝对没有任何变化吗?

泰阿泰德　在我看来,所有这些似乎都是不合理的。　　　　B

客人　在这种情况下,我们必须承认变化的事物和变化本身都是真正的事物。

泰阿泰德　肯定是这样。

客人　然而,泰阿泰德,从这一点首先就可推出,如果一切事物都是不能变化的,那么理智就不能真正地存在于任何事物的任何地方。

泰阿泰德　是这样的。

客人　另一方面,如果我们允许一切事物运动和变化,那么我们同样也必须把理智从真实的事物中排除出去。

泰阿泰德　为什么会这样?

客人　你想,没有静止,还会有任何事物保持相同的状态和相同的方面吗?　　　　C

泰阿泰德　肯定没有。

客人　没有这样的事物,你能认为理智存在或曾经存在于某个地方吗?

泰阿泰德　这是非常不可能的。

客人　好吧,对任何想要坚持对事物作论断,而同时又压抑知识、理智或智力的人,我们必须使用各种理由加以反对。

泰阿泰德　我们必须这样做。

客人　那么,根据这些理由,对把知识这些东西视为高于其他一切的哲学家来说,似乎只有一条道路敞开。他必须拒绝接受主

D　张一切真实的存在都是不变的学说,无论这种学说是一种形式还是多种形式,他也必须拒绝听取另一派的观点,把真实的存在说成充满变化。像一名乞求"两个都要"的儿童,他必须宣称,真实的事物或事物的总和同时处在动和静两种状态下,一切事物既是不变的,又是变化的。

泰阿泰德　完全正确。

客人　那么好吧,现在看来,我们的描述的罗盘似乎已经正确地捕捉到了真实的事物,对吗?

泰阿泰德　确实捕捉到了。

客人　然而,我亲爱的泰阿泰德,如果我说我认为正是在这一点上,我们将看到这个关于真实事物的问题有多么迷惑人,你会怎么想?

E　**泰阿泰德**　怎么会呢?你为什么要这样说?

客人　我的好朋友,关于真实的事物,你难道看不出我们现在正处在完全的黑暗之中,而我们以为自己说得还很有道理。

泰阿泰德　我肯定会这样想,我一点也不明白我们怎么会上当受骗呢?

250　**客人**　更加仔细地考虑一下最后的那些结论,如果我们同意这些结论,那么有人拿我们在前面向那些说所有事物都"真的是"热和冷的人提出的同样问题向我们提问,这样做是否公平?

泰阿泰德　你得提醒我那个问题是什么。

客人　我一定会的,但我想试着用向他们提问的同样方式向你提问,这样我们可以同时有所前进。

泰阿泰德　很好。

客人 那么来吧。当你谈到动与静的时候,你说它们是完全对立的事物,是吗?

泰阿泰德 当然。

客人 你同时说到它们是真实的,或者分别说它们中某一个是真实的,对吗?

泰阿泰德 对。 B

客人 当你承认它们是真实的时候,你是指它们都在运动吗?

泰阿泰德 肯定不是。

客人 那么你说它们都是真实的,意思是指它们都是静止的吗?

泰阿泰德 不是,我怎么会这样想?

客人 所以你把真实当作高于这两种事物的第三者。当你说 C
它们是真实的时候,你的意思是,它们既运动又静止,被真实的事物包含在一起,并关注它们与真实事物的共同联系,对吗?

泰阿泰德 当我们说运动和静止是真实的时候,我们确实好像把真实的事物当成第三样事物了。

客人 所以,真实的事物并非同时既是运动又是静止,而是与它们有区别的某事物。

泰阿泰德 显然如此。

客人 那么,按其本性,真实的事物既不是静止,又不是运动。

泰阿泰德 我想是这样的。

客人 如果是这样的话,若有人想要达到对真实事物的清楚确定的结论,心灵该向何处去寻求帮助呢?

泰阿泰德 确实不错,上哪里去寻找帮助呢?

客人 似乎在任何地方都难以找到帮助。如果事物不运动, D
它怎么会不静止?或者说,不会以任何方式静止的事物怎么会不运动?然而,真实的事物现在向我们显示为二者以外的东西。这是可能的吗?

　　泰阿泰德　极不可能。

　　客人　那么关于这一点我们必须记住一件事。

　　泰阿泰德　什么事?

　　客人　当我们被问到"不真实"这个名称应该用在什么地方的时候,我们困惑得完全不知所措。你还记得吗?

　　泰阿泰德　当然记得。

E　　**客人**　而现在我们关于真实事物的困惑绝不亚于对不真实的困惑。

　　泰阿泰德　先生,我应当说,如果可能的话,甚至更大。

　　客人　那么,就让我们记住这个困惑,我们的困难已经完全得
251 到说明。尽管真实和不真实同样令人困惑,但我们仍旧希望有一线光明照亮其中一个,这样就能启发另一个。另一方面,即使我们对它们都无法看清,在这种状况下我们也要尽力推进论证,从中发现出路。

　　泰阿泰德　很好。

　　客人　那么让我们来解释一下,我们如何能用几个名字称呼同一事物,无论它此刻指的是什么?

　　泰阿泰德　例如?请举个例子。

　　客人　行。当我们说到人,我们给他许多附加的名称,把颜色、形状、身材、缺点、优点归于他,在所有这些和其他无数的论断
B 中,我们说他不只是一个"人",而且也是"好的",以及其他许多说法。我们把某个给定的事物当作一,然而把它当作多来谈论,用许多名字称呼它。

　　泰阿泰德　对。

　　客人　我想,我们在此替那些年轻人和年老晚学的人提供了一种重要的娱乐。任何人都能参加这种游戏,并马上提出来反对

多种事物不能是一,一种事物不能是多的看法;他们确实乐意禁止
我们把一个人说成是"好的",我们得说好就是好,人就是人。泰阿   C
泰德,我想你经常碰到这种热情的人,有些是智力迟钝的老人,对
这些发现惊讶不已,想像自己在这个巨大的智慧宝库前变得十分
聪明。

　　泰阿泰德　我确实碰到过这种人。

　　客人　好吧,那么我希望我们的论证能让所有曾对存在发表
过某些意见的人听到。所以让我们把将要提出的问题不仅针对这
些人,而且针对所有其他在前面与我们交谈过的人。

　　泰阿泰德　什么问题?

　　客人　我们不能将存在附加于运动和静止,也不能将任何事   D
物附加于其他事物,而应当在我们的讨论中把它们当作不能相互
混合或相互参与的,对吗? 或者说,我们得完全把它们混为一谈,
当作能够相互联系在一起的? 或者我们得说,有些可以这样,有些
不能这样? 泰阿泰德,我们会说他们喜欢哪些可能性呢?   E

　　泰阿泰德　我没有准备代表他们进行回答。

　　客人　那么为什么不逐一回答这些问题,看各种情况下会有
什么样的结果产生呢?

　　泰阿泰德　很好。

　　客人　如果你喜欢,那么首先让我们假定,他们说没有任何事   252
物能够出于任何目的与其他事物结合。这样一来,运动和静止在
存在中就没有部分了。

　　泰阿泰德　没有。

　　客人　如果与存在没有联系,它们还会存在吗?

　　泰阿泰德　不,不会存在。

　　客人　承认这一点,似乎能迅速解决所有相关理论;它一举击
败了那些认为世界是运动着的人,还有认为宇宙是不动的一的人,

以及所有那些说他们的真实事物以在所有方面永远相同的各种形式存在的人,因为他们全都把存在归于事物,有些说事物真的在运动,有些说事物真的在静止。

　　泰阿泰德　是这样的。

B　　**客人**　还有,有些人认为一切事物既相互聚合又相互分离。他们要么把无数的事物归入一个整体,或把它们从一个整体中分出来;要么按一套确定的元素对事物进行划分和结合,无论他们假定这些事情是交替发生的还是在任何时候都一直在发生。无论情况如何,但若根本就没有什么混合,那么所有这些看法都是毫无意义的。

　　泰阿泰德　对。

　　客人　还有,有些人不允许一事物分有其他事物的性质,并用该性质的名字称呼这个事物。如果追问一下这种理论,由此产生的所有结果都将是极端荒谬的。

C　　**泰阿泰德**　怎么会这样?

　　客人　你问为什么,在提到某事物的时候他们不可能不用"存在"、"除外"、"从其他"、"靠自身",以及许多这样的词。他们无法不用这些表达法,也不能在作论断时不将它们联系起来,所以不需要等待别人来驳斥他们;如谚语所说,敌人就在他们自己家中,他们走到哪里,就把敌人带到哪里,就像那个古怪的家伙欧律克勒斯①,总有反对他们的声音从他们腹中发出。

D　　**泰阿泰德**　对,你的比喻非常贴切。

　　客人　好吧,假定我们同意一切事物都能相互结合。

　　泰阿泰德　甚至连我都能否决这个提议。

---

　　①　古希腊的一名男巫,据说腹中有魔鬼,能从腹中发话。参阅阿里斯托芬:《马蜂》,第 1019 行。

客人　如何否决？

泰阿泰德　如果运动和静止是相生相伴的，那么运动本身就会变成完全静止，而静止本身则会运动。

客人　运动变成静止，静止变成运动，是极不可能的事吗？

泰阿泰德　当然。

客人　那么只剩下第三种选择。

泰阿泰德　对。

客人　我们看到三种选择只有一种是正确的：一切事物都能　E
混合；一切事物都不能混合；有些事物能混合，有些事物不能混合。

泰阿泰德　确实如此。

客人　已经发现有两种选择是不可能的了。

泰阿泰德　对。

客人　那么无论谁都希望做出正确的回答，以肯定剩下的这种选择。

泰阿泰德　确实如此。

客人　由于事物有些能混合，有些不能，因此就可以把它们说　253
成就像字母一样。有些字母不能连拼，有些可以放在一起。

泰阿泰德　当然。

客人　元音特别善于结合，它们好像有一种渗透力，没有元音，其他字母就不能结合在一起。

泰阿泰德　是这样的。

客人　每个人都知道字母怎样相拼，或者说需要有一种正确拼合的技艺？

泰阿泰德　需要技艺。

客人　这种技艺是什么？

泰阿泰德　语法。

客人　关于声音的高低不也一样吗？掌握音调能否混合的技　B

艺就是音乐家;如果不知道音调能否混合,就是不懂音乐的。

泰阿泰德　对。

客人　在其他任何技艺中,我们同样也能看到内行与外行的差别。

泰阿泰德　当然。

客人　好吧,我们现在已经同意种类也以相同的方式相互参合,如果有一种技艺能够成功地指出哪些种类可以匹配,哪些种类相互不能匹配,那么我们要问,是否有某些种类可以贯穿所有种类,把它们联系起来,使它们结合在一起? 还有,划分是否存在,是否有其他某些种类穿过整体,对划分负责? 这不是需要某种学问作为讨论的向导吗?

泰阿泰德　确实需要某种学问,它可能是一切学问中最重要的。

客人　我们该给这种学问起个什么名字? 或者,天哪,泰阿泰德,我们无意中撞上了自由人的知识吗? 想要寻找智者,但却偶然地先找到了哲学家?

泰阿泰德　你这是什么意思?

客人　按照种类进行划分,不把同形用于异形,或异形用于同形,这不就是辩证法这门学问的事吗?

泰阿泰德　是。

客人　能这样做的人清楚地觉察到,在每一事物分别存在的地方,有一种相到处延伸,贯穿于多种事物;各不相同的多种相被一种外在的相所包含;还有,一种相通过许多整体而使之连成一体;而多种相则完全是分立的。这就意味着知道如何区分种类,知道若干种类以何种方式能够结合,或不能结合。

泰阿泰德　完全正确。

客人　我想,你会同意惟一掌握这门辩证法的学问的大师是纯洁、正确的爱智者。

泰阿泰德 别的还有谁呢？

客人 如果想要寻找哲学家，那么我们在这样的地方或早或迟都能找到。也许有时候不容易看清楚，但寻找哲学家的困难与寻找智者的困难是不一样的。

泰阿泰德 有什么区别？

客人 智者在非存在的黑暗中藏身，他以此为家，摸索着度日。正是因为这地方太黑暗了，所以人们很难发现他。

泰阿泰德 可能是这样的。

客人 而哲学家的思想始终依据真实事物的本性，他之所以难以被发现是因为他的领域如此光明，普通心灵的眼睛难以持久地凝视神圣的东西。

泰阿泰德 这种情况的真实性并不亚于智者。

客人 那么，如果我们心里还想这样做，我们当前要更加紧密地盯着哲学家；同时，我们显然也一定不能放松对智者的把握，直至彻底地研究他。

泰阿泰德 我完全同意。

客人 我们现在同意，某些种类能够相互结合，某些种类不能，有些种类能结合的范围很小，有些种类能结合的数量很大，而有些种类渗透一切，没有任何东西可以抵挡它们与所有事物的结合。接下去，让我们按下面这种方式进行论证。我们不讨论所有相，因为担心相如此众多会引起混乱，而是选出某些被认为是最重要的或非常重要的种类，首先考虑它们的若干性质，然后考虑它们如何能够相互结合。以这样的方式，尽管我们不能够完全弄清存在和非存在的方方面面，但我们至少可以在当前考察的基础上为它们提供一个令人满意的解释，看看是否有任何机会允许我们肯定非存在真的是非存在，而这样做时又不会受到伤害。

254

B

C

D

泰阿泰德　对,我们最好这样做。

客人　在我们刚刚讨论过的种类中,存在本身、静止、运动,是非常重要的。

泰阿泰德　确实如此。

客人　注意,我们说这三者中有两个是不能相互结合的。

泰阿泰德　对。

客人　而存在能与二者结合,因为它们肯定都存在。

泰阿泰德　当然。

客人　所以它们一共是三个。它们(存在、运动、静止)中的每一个都与其他两个相异,都与自身相同。

E　　　**泰阿泰德**　是这样的。

客人　但我们刚才使用的"相同"和"相异"是什么意思? 尽管它们总是与那三个结合在一起,但它们是与那三个相异的一对种类吗? 所以我们是否一定得认为共有五种相,而不是只有三种? 或者说,当我们说"相同"和"相异"的时候,我们不自觉地使用了属于这三个种类中的某个种类的名字?

255　　　**泰阿泰德**　有可能。

客人　好吧,运动和静止无论如何都不能等同于相同和相异。

泰阿泰德　为什么不能?

客人　运动或静止都不能等同于我们说它们相同的任何东西。

泰阿泰德　为什么?

客人　因为这样一来,运动就成为静止,静止就成为运动,它们中无论哪个(运动或静止)变得能够用于二者(通过等同于用于二者的相同或相异)都会迫使另一个(静止或运动)变成它的本性的对立面,由此分有它的对立面。

B　　　**泰阿泰德**　是这样的。

客人　但是它们确实分有相同和相异。

泰阿泰德　是。

客人　所以我们一定不说相同或相异就是(等同于)运动,也不说它们就是静止。

泰阿泰德　不能这样说。

客人　然而,我们会认为存在和相同是一样的吗?

泰阿泰德　可能。

客人　但若"存在"和"相同"在意思上没有差别,那么当我们　C
说运动和静止都"存在"的时候,我们也得说它们是"相同"的。

泰阿泰德　但这是不可能的。

客人　那么相同和存在不是一回事。

泰阿泰德　几乎不可能。

客人　那么,我们可以在原有的三种相之上,把相同确定为第四种相。

泰阿泰德　当然可以。

客人　我们把相异称作第五个种类吗? 或者说,我们得把相异和存在当作一个种类的两个名字吗?

泰阿泰德　也许吧。

客人　但我想你会承认,在存在的事物中,有些事物总是被说成其存在仅在于自身,而其他事物的存在则与另一些事物相关。

泰阿泰德　当然。

客人　被称作相异的东西总是与其他事物相关,对吗?　D

泰阿泰德　是这样的。

客人　如果存在和相异并非很不相同,情况就不会这样了。如果相异也像存在一样分有两种性质,那么相异有时候存在于不同的事物这个种类中,某些事物可以是相异的而与其他事物无关。但是事实上,我们无疑发现,无论什么东西只要是相异的,必然是相对于其他事物而言。

泰阿泰德　你说得对。

E　　**客人**　那么,我们必须把相异的性质称作我们已经指出过的第五种相。

泰阿泰德　对。

客人　我们还得说这种性质渗透所有相,因为每一种相都与其他相不同,不是由于其本性不同,而是由于它分有了不同的性质。

泰阿泰德　确实如此。

客人　现在让我们逐一对这五个种类做出一些推论。

泰阿泰德　什么推论?

客人　首先是运动,让我们说运动与静止完全不同。或者说并非如此?

泰阿泰德　我认为运动与静止完全不同。

客人　所以运动不是静止。

泰阿泰德　绝对不是。

客人　但是运动由于分有存在而是存在。

256　　**泰阿泰德**　对。

客人　我们还得说运动与相同不是一回事。

泰阿泰德　确实不是。

客人　所以运动不是相同。

泰阿泰德　不是。

客人　但是另一方面,我们说运动与其自身相同,因为一切事物都分有相同。

泰阿泰德　确实如此。

客人　那么,运动既是相同,又不是相同;对此我们必须加以承认而不要感到吃惊。因为当我们说它是"相同"和"不相同"的时

候,我们并不是在相同的意义上使用这个表达法;我们称之为"相 　B
同"是因为它分有仅与其自身相关的"相同",而我们称之为"不相
同"是因为它与"相异"结合,这种结合使它与相同分离,使之不成
为同而成为异,所以这个时候我们可以正确地说,它是"不相同"。

泰阿泰德　确实如此。

客人　所以我们也要假设运动本身以某种方式分有静止,在
这种情况下,如果把运动说成是静止的并没有什么离奇。但运动
并不在实际中分有静止。

泰阿泰德　对。

客人　而它确实既分有相同又分有相异,所以说它既是相同 　C
又是相异是正确的。

泰阿泰德　完全正确,只要我们同意有些种类会相互结合,有
些种类不会。

客人　好吧,这是我们在前面证明过的一个结论,我们说明这
确实是它们的性质。

泰阿泰德　当然。

客人　让我们继续论述,运动与相异不是一回事,正如它不是
相同,也不是静止,对吗?

泰阿泰德　必须如此。

客人　那么,按照我们刚才进行的论证,运动在某种意义上不
是相异,又是相异。

泰阿泰德　对。

客人　那么下面我们该说什么? 我们已经同意在这个领域有
五个种类摆在我们面前接受检验,我们得说运动与其他四个种类
中的三个不同,而与第四个种类并无不同吗?　　　　　　　　　　D

泰阿泰德　我们怎么会这样说? 我们不会让已经指出了的种
类的数目变少。

客人　所以我们可以无畏地指出运动与存在是不同的。

泰阿泰德　对,一点都不用害怕。

客人　事实上,运动确实不是存在,而是一个存在的事物,因为它分有存在。

泰阿泰德　这一点完全清楚。

客人　那么,"不存在"(亦即与存在不同的)存在必定是可能的,不仅在运动这个例子中是可能的,而且在其他所有种类中都是可能的。相异的性质使所有种类中的每一个都与存在不是一回事,这样就使它成为一个"不是"存在的事物,因此我们按照相同的原则在这个意义上把它们全都说成"不是"存在;此外,由于它们分有存在,因此可以说它们"是"存在,称它们为具有存在的事物。

泰阿泰德　无疑如此。

客人　所以,在每一个种类中,有许多存在的东西,也有无数不存在的东西。

泰阿泰德　好像是这样。

客人　还有,存在本身一定得称作与静止不同的东西。

泰阿泰德　必然如此。

客人　然后我们发现,在许多方面,存在也和"不存在"一样不是其他存在的事物,存在是它本身,而不是所有无数的其他事物。

泰阿泰德　是这样的。

客人　只要承认种类具有相互结合的性质,那么我们甚至对这个结论也一定不要感到惊讶。如果有人想要加以否认,那么他必须先驳倒我们前面的论证,再来驳斥我们的结论。

泰阿泰德　这种要求是公平的。

客人　现在让我们来注意这个观点。

泰阿泰德　什么观点?

客人　当我们说"不存在的东西"时,我们的意思似乎并非指某些与存在对立的东西,而是指与存在相异。

泰阿泰德　怎么会这样?

客人　举例来说,好比我们说某物"不高",此时我们的意思有可能是"矮",也有可能是"一样高",对吗?

泰阿泰德　没错。

客人　所以,若有人断言一个否定词表示一种对立,我们对此不要同意,而至多承认,"非"这个前缀表示与后续的词不同的某事物,或者倒不如说,表示与否定词后面的词所表示的事物不同的事物。　C

泰阿泰德　确实如此。

客人　如果你同意,我们在此必须考虑这样一个问题。

泰阿泰德　亦即?

客人　相异的性质似乎也像知识一样被弄成好几种了。

泰阿泰德　怎么会这样。

客人　知识肯定也是一,但它的每个部分都掌握某个确定的领域,可以清楚地划分出来,给予适宜的名字。因此我们说,语言　D
承认许多技艺和知识的形式。

泰阿泰德　确实如此。

客人　同样的情况也发生在具有单一性质的相异的各个部分。

泰阿泰德　也许,但我们该怎样解释?

客人　相异的一个部分与美丽相对立吗?

泰阿泰德　对。

客人　我们得说这个部分没有名字,或者说它有专门的名字?

泰阿泰德　它有专门的名字。每当我们说"不美丽",我们用这个词所指的事物确实与美丽的事物的性质不同。

客人　那么请告诉我。

　　　　泰阿泰德　告诉什么?

　　　　客人　我们是否可以说不美丽的事物的存在是由在存在的事物中划分出来的一个确定的种类构成的,并且形成与存在的某事物的对立?

　　　　泰阿泰德　可以。

　　　　客人　所以,不美好像是存在与存在对立的一个例子。

　　　　泰阿泰德　完全正确。

　　　　客人　那我们该怎么办? 这样看来,还能声称不美比美丽具有较少的存在吗?

　　　　泰阿泰德　无论如何都不能。

258　　　**客人**　所以,一定得说不高与高本身具有一样多的存在。

　　　　泰阿泰德　一样多。

　　　　客人　我们也必须把不公正放在与公正同样的立足点上,其中一个的存在丝毫不少于另一个。

　　　　泰阿泰德　肯定是这样的。

　　　　客人　对其他事物我们都可以这样说,因为我们看到相异的性质被列入存在的事物,一旦认为它是存在的,它的部分也必须与其他事物一样被认为是存在的。

　　　　泰阿泰德　当然。

　　　　客人　所以,当相异的性质的某个部分和存在的性质的某个
B　　部分被当作相互对立的,那么这种对立,如果可以这样说的话,就像存在本身一样是一种真实的存在;这样说并不意味着它是"存在"的对立面,而只是表示它与那个存在不是一回事。

　　　　泰阿泰德　这已经相当清楚了。

　　　　客人　那么我们该给它起什么名字?

　　　　泰阿泰德　它显然就是我们在寻找智者时说过的"非存在"。

　　　　客人　如你所说,那么它是一种并不劣于其他真实存在的存

在吗？我们现在是否可以大胆地说，"非存在"无疑也是一种具有
其自身本质的事物，正如高就是高，美就是美，所以非高就是非高， C
非美就是非美。在此意义上，"非存在"按照同样的原则，过去是，
现在也是"非存在"，应当算作多种真实存在的事物中的一种相？
或者说，我们对它还有其他疑问，泰阿泰德？

泰阿泰德 一点都没有了。

客人 你瞧，由于不服从巴门尼德，我们已经远远地越过了他
的禁令的界线。

泰阿泰德 在什么方面？

客人 在推进探讨时，我们已经把一个领域显示给他看，而这
个领域是他禁止我们去探讨的。

泰阿泰德 这是怎么回事？

客人 你记得他说过，"勉强证明非存在的事物存在乃是不可 D
能的事情，你要使自己的思想远离这条研究途径"。

泰阿泰德 对，他确实这样说过。

客人 而我们不仅说明了非存在的事物存在，而且还揭示了
"非存在"的真正性质。我们说明了相异的性质具有存在，并且分
布在所有存在的事物的相互关系上。我们还大胆地说，与"存在" E
构成对立的相异的每个部分确实真的就是"非存在"。

泰阿泰德 对，先生，我认为我们说得完全正确。

客人 那么，当我们大胆地说出"非存在"存在的时候，请不要
说我们的"非存在"是存在的对立面。在我们涉及到的存在的对立
面的范围内，我们很久以前就已经与是否有非存在、对非存在能否
做出任何解释这样一类问题告别了。

至于我们刚才断定存在的"非存在"，反对这个论断的人要想 259
通过驳斥它来使我们信服自己错了，或者说在他证明不可能这样
做的时候，他都得接受我们的下述论断：一、种类之间相互结合；

二、存在和相异贯穿所有种类,并相互渗透;三、相异(或不同)分有
存在,相异由于分有存在而存在,但另一方面它并不是它分有的那
个存在,而是与之不同的存在,由于相异与存在不同,所以它显然
B　非常可能就是某个"不是"存在的事物;四、在相异中拥有某个部分
的存在与其他所有种类都不同,由于相异与其他种类全都不同,所
以相异不是其他种类中的任何一个,也不是它们的总和,而只是相
异本身,由此推出的结论是无法驳倒的,存在不是亿万事物的堆
积,其他种类也不是,无论是某些种类还是所有种类,在许多方面
存在,在许多方面不存在。

　　　　泰阿泰德　对。

　　　　客人　如果有人不相信这些明显的结论,他应当研究这个问
题,并提出比我们现在提供的解释更好的解释。但若他认为自己
C　发现了一个令人困惑的难题,并乐意提出论证来进行论战,那么如
我们现在的论证所宣布的那样,他把精力白白地浪费在浅薄上了。
做出这样的发现并没有什么能干可言,也不困难,真正困难并值得
花费气力的是其他一些事情。

　　　　泰阿泰德　什么事?

　　　　客人　就是我前面说过的,要抛弃那些不能引导前进之路的
诡辩,一步一步地跟上我们的论证,批判在某种意义上不同的事物
D　是相同的,或相同的事物是不同的这样的论断,准确地解释它们在
什么意义上、在什么方面可以被说成是相同的或不同的。仅仅以
某些模糊的方式揭示相同就是相异,或相异就是相同、高就是矮、
相像就是不像,不断地在论证中展示这样的矛盾,并以此为乐,这
不是真正地批判,而可以视为初次接触真实事物的、乳臭未干的小
子所为。

　　　　泰阿泰德　我非常同意。

E　　　　**客人**　对,我的朋友,试图将一切事物分割开来不仅伤害了和

谐,而且也可以算是哲学缪斯的一种严重缺陷。

泰阿泰德　为什么?

客人　把某事物与其他一切事物分离意味着完全取消一切谈 260
话,因为我们所能进行的任何谈话之所以能够存在都在于把各种
相编织在一起。

泰阿泰德　对。

客人　你瞧,当我们迫使这些分离主义者承认一种相可以与
其他相结合的时候,我们与他们的斗争有多么适时。

泰阿泰德　表现在什么方面?

客人　我们确认谈话作为一种存在的事物的地位。剥夺我们
的谈话就是剥夺我们的哲学。这是最严重的结果,但是除此之外,
我们当前需要对谈话的性质达成一致的看法,如果我们取消了它
的存在,那么我们当然不能再进行任何谈话。如果我们向没有任 B
何相可以相互结合这种看法投降,这种事情就会发生。

泰阿泰德　这样说完全正确。但我不明白为什么我们当前需
要对谈话的性质达成一致的看法。

客人　我可以说一下我的思路来帮助你理解。

泰阿泰德　你是怎么想的?

客人　我们看到"非存在"是种类中的一个,散布在整个真实
事物的领域。

泰阿泰德　对。

客人　接下去我们要考虑它是否与思想和谈话结合。

泰阿泰德　为什么要这样做?

客人　如果非存在不与它们结合,一切事物都必然是真实的; C
但若非存在与它们结合,我们就会有虚假的思想和谈话,因为我认
为,想或者说"非存在"就是思想和言语中产生的虚假。

泰阿泰德　对。

客人 如果存在着虚假,欺骗就是可能的。

泰阿泰德 对。

客人 一旦欺骗存在,形象、肖像、幻象也就横行无忌了。

泰阿泰德 当然。

D **客人** 我们说过,智者在那个区域的某个地方藏身,但他否认存在着虚假;没有人可以想或者说"非存在",因为非存在决不会有任何种类的存在。

泰阿泰德 智者是这样说的。

客人 我们现在已经发现"非存在"分有存在,但智者可能不会在这一点上与我们继续战斗。

另一方面,他可能会说有些事物分有非存在,有些事物不分有

E 非存在,言语和思想就属于那些不分有非存在的事物。所以,他若要为捍卫制造形象和模仿的技艺而斗争,我们就必须说他根本不存在,因为如果思想和言语不分有"非存在",没有这种结合,就不会有所谓虚假的事物。

这就是我们必须从研究言谈、思想和现象的性质开始的原因,

261 为的是我们能确定它们与非存在的结合,以此证明虚假的事物是存在的。依据这个证明,如果智者应该被捕捉,那么我们可以把智者钉死在那里;否则就让他走,以别的方法进行我们的追踪。

泰阿泰德 确实如此,先生,我们一开始对智者的评价似乎是正确的,他是很难捕捉的野兽。他显然拥有全套武器,任何时候都可以提出问题来保护自己,而在我们能接近他之前,必须找到前进

B 的道路并通过它。所以,当另一个障碍在我们的道路上出现时,几乎不能说我们已经攻克了他为"非存在"不存在设下的防线。我们似乎必须证明虚假在语言和思想上都存在,此外在其他事物中也存在,等等。终点看起来还远未到来。

客人 泰阿泰德,如果每次只能前进一小步,那么我们仍需鼓

足勇气。如果失去信心,转换到根本无法前进的地方,或者有可能丧失立足点的地方,那么我们又能怎么办呢? 谚语说,没有一个城邦会服从如此怯懦的召唤。而现在,我们已经攻破了你说的防线,占领了制高点,这样一来,其他据点也就容易攻占了。 C

泰阿泰德 这样说使我信心倍增。

客人 那么按我所说,让我们先做出陈述和论断,以便清楚地确定非存在是否与它们有任何联系,或者说言语和思想都是真实的,在言语和思想中决不会有虚假。

泰阿泰德 很好。

客人 现在请记住我们说过的关于相和字母的话,让我们以 D 同样的方式来考虑一下语词。我们当前的问题很可能会在这个地方得到解决。

泰阿泰德 关于语词你会对我提出什么问题?

客人 语词是否全都能够相配,或者没有任何语词能够相配,或是某些语词能够相配,某些语词不能相配。

泰阿泰德 这很清楚。有些语词能够相配,有些语词不能。

客人 你的意思可能是这样的。表示某事物的语词连续说出来时结合在一起,而那些什么也不表示的语词串在一起,却不相 E 配。

泰阿泰德 你这样说是什么意思?

客人 我在假设,当你说出你的肯定意见时,你心里想的是什么。我们在说话时用来指称存在的符号肯定有两种。

泰阿泰德 怎么会有两种?

客人 一种叫做"名词",一种叫做"动词"。

泰阿泰德 替我分别描述一下吧。

客人 我们说,"动词"表达的是行动。 262

泰阿泰德 对。

客人　"名词"这个语言符号用于这些行动的实施者。

泰阿泰德　很对。

客人　一个陈述绝不会只由一连串说出来的名词组成,也不能没有名词,而全由动词组成。

泰阿泰德　我不太跟得上。

B　　**客人**　你刚才同意我的意见时,心里显然想着别的事情,因为我的意思正是,以这种方式说出来的一连串的词并不能构成陈述。

泰阿泰德　你说的是什么方式?

客人　举例来说,"走跑睡",乃至其他所有表示行动的动词,你可以一个接一个地把它们说出来,但并不能构成一个陈述。

泰阿泰德　当然不能。

客人　又比如,如果你说"狮鹿马",乃至其他给予所有行动的
C　实施者的名字,这样一串名词也不能构成一个陈述。这两个例子表明,不把动词与名词结合起来,就无法表示任何实施或没有实施的行为,存在或不存在的任何事物的性质。一旦你这样做了,它们就结合在一起,名词与动词最简单的结合变成了最简单的陈述。

泰阿泰德　怎样做出这种最简单的陈述?

客人　如果某人说"人懂",你会同意这是最简单、最简短的陈述吗?

D　　**泰阿泰德**　同意。

客人　因为现在它提供了关于事实,或关于现在、过去、将来的事件的信息;它不只是对某事物的称呼,而是靠着把动词与名词的结合,把你带往某处。因此我们说它"陈述"某事物,而不只是"称呼"某事物,它实际上就是我们用"陈述"这个词表示的复合体。

泰阿泰德　对。

E　　**客人**　因此,正如有些事物相配,有些事物不相配,语言的符

号亦如此;有些语词不能相配,但是那些相配的语词构成了陈述。

泰阿泰德 确实如此。

客人 现在必须提到另一小点?

泰阿泰德 那是什么?

客人 凡陈述必然是关于某事物的陈述,就不能是不关于任何事物的陈述。

泰阿泰德 是这样的。

客人 它一定得有某种性质吗?

泰阿泰德 当然。

客人 现在让我们集中精力关注自己。

泰阿泰德 行。

客人 我将作一个关于你的陈述,然后,用一个名词和一个动词,把一个事物与一个行动放在一起。你得告诉我,这个陈述是关于什么的?

泰阿泰德 我会尽力而为。

客人 "泰阿泰德坐着",这个陈述不算长,对吗?   263

泰阿泰德 不长,正好。

客人 现在该你说这个陈述是关于什么的,它属于谁?

泰阿泰德 显然是关于我的。它属于我。

客人 现在来看另一个。

泰阿泰德 另一个是什么?

客人 我此刻讲的是"泰阿泰德飞"。

泰阿泰德 这个陈述也只能说是属于我的,是关于我的。

客人 我们同意说任何陈述必定具有某种性质。   B

泰阿泰德 对。

客人 那么,我们可以把何种性质指定给这两个陈述?

泰阿泰德 一个是虚假的,另一个是真实的。

　　客人　关于你的这个真实的陈述说的是存在的事物（或事实）。

　　泰阿泰德　确实如此。

　　客人　而那个关于你的虚假的陈述说的是与存在的事物不同的事物。

　　泰阿泰德　对。

　　客人　也可以说，它说的是不存在那样的事物。

　　泰阿泰德　确实无疑。

　　客人　没错，但是与你的这个例子中存在的事物相异的事物是存在的。因为我们说过，一般说来，有多少存在的事物，就有多少不存在的事物。

　　泰阿泰德　对。

C　　**客人**　按照我们给陈述的性质所下的定义来衡量，我作的关于你的第二个陈述，首先，它算得上最短的陈述之一。

　　泰阿泰德　这一点我们刚才同意过。

　　客人　第二，它必须是关于某事物的。

　　泰阿泰德　对。

　　客人　如果它不是关于你的，那么它也不是关于其他事物的。

　　泰阿泰德　确实如此。

　　客人　如果它不是关于任何事物的，那么它就根本不是一个陈述，因为我们指出不可能有一个不关于任何事物的陈述。

　　泰阿泰德　相当正确。

D　　**客人**　所以这个陈述，它是关于你的，它对相异作了与相同一样的陈述，对不存在作了与存在一样的陈述，它符合有关陈述的描述，是动词与名词的结合，到头来似乎真的是一个虚假的陈述。

　　泰阿泰德　完全正确。

　　客人　接下去，思维、判断、幻象又怎么样？现在不是很清楚，在我们心灵中出现的这些事物既有虚假的又有真实的吗?

泰阿泰德 怎么会这样?

客人 如果你允许我对它们的性质,以及它们之间的差别作出解释,那么你理解起来就会容易得多。

E

泰阿泰德 让我听到你的解释。

客人 好吧,除了我们把思维准确地称作由心灵与它自身进行的无声的对话之外,思维和言谈是一回事。

泰阿泰德 确实如此。

客人 而从心中发出通过嘴唇流出来的声音之流称作言谈。

泰阿泰德 对。

客人 进一步说,我们知道在言谈中会发生一件事情。

泰阿泰德 什么事?

客人 肯定与否定。

泰阿泰德 对。

264

客人 当这件事在心灵无声的思维中发生,你不把它称作判断又能称作什么呢?

泰阿泰德 没有别的称呼了。

客人 假定判断不是独立发生,而要通过感觉,那么这种心灵状态的惟一正确的名字是"幻象"。

泰阿泰德 对。

客人 由于我们已经看到有真实的和虚假的陈述,我们在那些精神过程中发现思维是心灵与自身的对话,判断是思维的结论,"幻象"就是感觉与判断的混合,因此可以说,这些精神过程作为具有和陈述相同性质的存在,必定在某些场合有些是虚假的。

B

泰阿泰德 当然。

客人 你瞧,我们已经发现了虚假的判断和陈述的性质,比我们预料的还要快,我们刚才开始对它们进行探索时还担心这是一项没有尽头的任务。

泰阿泰德　我是很担心。

C　**客人**　那么,让我们对尚未做完的工作充满信心。这些事情既然已经清楚了,那就让我们返回早先用相进行的划分。

泰阿泰德　你指的是哪一点?

客人　我们区分过制造形象的两种形式:制造相同的事物和制造相似的事物。

泰阿泰德　对。

客人　我们说过,我们感到困惑,不知该把智者纳入哪一类。

泰阿泰德　对。

客人　然后我们开始讨论幻象,驳斥任何复制品、形象、肖像D　的存在,据此证明绝不会存在任何种类的虚假,结果落入混乱的漩涡,困惑大增。

泰阿泰德　对。

客人　但是现在我们已经确认了虚假的陈述和虚假的判断是存在的,认为可能会有对真实事物的模仿,心灵的这种状态(虚假的判断)就是存在着这种欺骗的技艺的原因。

泰阿泰德　对。

客人　我们早些时候同意智者属于我们所提到的这两个种类中的某一种。

泰阿泰德　对。

E　**客人**　现在让我们再作努力,当我们把某个种类一分为二时,每一步划分都朝着右边这部分进行。迅速把握智者分有的性质,直到我们将他与其他人共有的性质剥夺干净,只留下他的特有性265　质。这样,首先是使我们自己,其次是使其他那些发现了与这种认识过程相类似的方法的人,弄清智者的本质。

泰阿泰德　好极了。

客人 好吧,我们一开始就把技艺划分为生产性的和获取性的。

泰阿泰德 对。

客人 在获取性的一类技艺中,我们在猎取、争论、交易,以及其他类似的部分中瞥见了智者。

泰阿泰德 没错。

客人 但是现在他被包括在一种模仿的技艺中,我们一开始显然必须把生产性的技艺划分为两部分。因为模仿确实是一种生产,只不过它生产的是影像,如我们所说,而非各种原物。是这样的吗? B

泰阿泰德 确实如此。

客人 那么让我们开始,承认生产有两种。

泰阿泰德 哪两种?

客人 一种是神的生产,一种是人的生产。

泰阿泰德 我还不太明白。

客人 回想一下我们开始时说的话,我们把生产定义为能使先前不存在的事物成为存在的任何力量。

泰阿泰德 我记得。

客人 现在来考虑所有可朽的动物和所有生长的东西,从种子和根系中长到地面上来的植物和堆积在地下的无生命的物体,无论其能否熔化。我们必须把这些原先不存在的事物的产生归于神功,而不能归于其他,对吗? 或者说,我们得接受人们通常表达的那种看法? C

泰阿泰德 你指的是什么看法?

客人 自然界把它们产生出来,它们是某种没有理性的自发原因的结果。或者我们得说,它们出自某种有理性和技艺的神圣的原因,它们来自神?

D 　　　**泰阿泰德**　可能由于我是个年轻人,我经常从一种信念转到另一种信念,但是此刻在你面前,我相信你认为这些事物有一个神圣的起源,而我也信服了。

　　　客人　说得好,泰阿泰德。如果我认为你是那种将来才会相信的人,那么我现在会尝试着用诱导的力量使你接受这种解释。

E 但我现在清楚地看到,没有我的任何论证,你的本性也会吸引你自己得出你刚才说出来的结论。所以,我会放过这个问题,免得浪费时间。我只要提出自然界的生产,如他们所说,是神的技艺的生产,就像用人工从自然物中制造出来的东西是人的技艺的生产一样。因此有两种生产:一种是人的;另一种是神的。

　　　泰阿泰德　说得好。

　　　客人　然后,把它们各自再分成两个部分。

　　　泰阿泰德　怎么分?

266 　　　**客人**　你刚才已经对整个生产作了横向划分,现在作纵向划分。

　　　泰阿泰德　就这么办吧。

　　　客人　结果一共有四个部分,两个在人这边,两个在神那边。

　　　泰阿泰德　对。

　　　客人　按第一种分法(横向分,神的和人的),两个部分都有一块是原物的生产,而剩下的两块最好说成是影像的生产。这样,我们按照这个原则(原物和影像)对生产作了再次划分。

B 　　　**泰阿泰德**　请再解释一下如何再次划分这两个部分(神的和人的)。

　　　客人　我把我们自己和其他所有有生命的东西,以及自然物的元素如火、水,以及其他类似的东西,都当作原物。我们非常确信,它们是神工的产物。对吗?

　　　泰阿泰德　对。

客人　每一个这种产物都伴有不是真实事物的影像,这些影像也由于神工而拥有它们的存在。

泰阿泰德　你指的是什么?

客人　睡梦中出现的形象;所有那些在白天由于光线被阻挡而自然产生的黑影,即所谓与原物相似的"影子";眼睛的光与物体的光在平滑的物体表面相汇合而产生的感觉形式,即所谓"映象",这种映象与通常直接注视得到的映象是相反的。 C

泰阿泰德　确实有这两种神工的产物,原物和在各种情况下与原物相伴的形象。

客人　我们人的技艺又怎样? 我们得说它在建筑中产生了真实的房子,而在绘画中产生了另一种房子,就像为清醒的眼睛人为地制造一个梦境,对吗? D

泰阿泰德　对。

客人　所以,我们实际上再次发现两两成对的生产性活动所产生的两种产物,一种是真实的事物,另一种是形象。

泰阿泰德　我现在比较懂了。我承认生产有两种类型,它们都是双重的。按照一种划分,它们是神的和人的;而按照另一种划分,它们是真实事物的生产和与原物相似的东西的生产。 E

客人　让我们提醒自己,如果可以证明虚假的东西真是虚假的,但又在存在的事物中拥有地位,那么形象的生产有两种,一种产生相同,另一种产生相似。

泰阿泰德　对,是这样的。

客人　既然现在已经证明了这一点,那么我们可以据此把这两种类型的区分当作没有争议的来接受吗?

泰阿泰德　可以。

客人　让我们对产生相似这部分再作划分。 267

泰阿泰德　怎么分?

客人 一种要用工具生产,另一种生产者以其自身为工具进行生产。

泰阿泰德 你指的是什么意思?

客人 当有人用他自身或声音仿效你的体态或言语,创造这种相似的专用名称时,我认为是模仿。

泰阿泰德 对。

B **客人** 让我们在模仿这个名称下保留这个部分,允许自己丢下其他部分,而让别人去汇集并给这部分起个恰当的名称。

泰阿泰德 就这样做吧。

客人 但是仍然有理由认为模仿有两种,让我把它们摆出来。

泰阿泰德 你说吧。

客人 有些模仿者知道自己是假冒的,有些模仿者不知道。我们还能发现比知与不知更重要的区别吗?

泰阿泰德 不能。

客人 我们刚才提到的模仿者是有知识的,为了假冒你,他必须熟悉你的体态。

C **泰阿泰德** 当然。

客人 那么正义和美德的一般形态是什么? 不是有许多人并无美德的知识而只有关于美德的某种意见,但却狂热地在言语和行动上竭力装出有美德的样子来吗?

泰阿泰德 这样的人太多了。

客人 他们实际上根本没有美德,因此在模仿美德时总是不成功,对吗? 这样做不是适得其反吗?

泰阿泰德 没错。

D **客人** 那么我们必须把无知的模仿者与那些有知识的模仿者区别开来。

泰阿泰德 对。

客人 那么我们该上哪里去为他们分别找到适当的名称？这无疑是件难事，因为古人似乎懒惰成性，缺乏根据类型进行种类划分的能力，甚至没有人进行过这种尝试，这样就带来了严重缺乏名称的结果。为了区分，尽管这个表达似乎过于大胆，让我们把受意见引导的模仿称作"恣意的模仿"，而将受知识引导的模仿称作"熟知后的模仿"。 E

泰阿泰德 就这样叫吧。

客人 与我们相关的是前一类，因为智者并不属于那些有知识的模仿者，而属于好学样的小丑。

泰阿泰德 确实如此。

客人 那么让我们来考察这种恣意的模仿，看它到底是一只很好的金属戒指，还是在某处有裂痕。

泰阿泰德 就这样做吧。

客人 好，找到了一大块裂痕。有些人头脑简单，以为自己相信的东西就是知识；另一种人正好相反，他们经过讨论的历练，因此他的态度好像满不在乎，但却怀疑他自己拥有的知识会被世人视为无知。 268

泰阿泰德 你说的这两种人肯定都有。

客人 那么我们可以把一种模仿者称作诚实的，另一种称作不诚实的。

泰阿泰德 似乎应当如此。

客人 不诚实的模仿者有两种，还是只有一种？

泰阿泰德 这由你来考虑。

客人 我会考虑的，或者说我能清楚地指出不诚实的模仿者 B 也有两种。一种模仿者能保持他的伪装，在大庭广众之下公开发表长篇讲演。另一种模仿者在私下里使用较短的论证迫使他人在谈话中自相矛盾。

泰阿泰德　非常正确。

客人　我们可以认出能发表长篇大论的那一类是什么人,是政治家,或是政客?

泰阿泰德　是政客。

客人　另一类是什么人,是聪明人,或是智者?

泰阿泰德　我们肯定不能称他为聪明的,因为我们已经肯定

C　他是无知的。但是作为聪明人的模仿者,他显然可以拥有一个与这个名称同源的称号。我现在终于看到,这就是真正的、名副其实的智者,对他必须做这样的描述。

客人　那么,我们要不要像从前那样,把有关他的描述,从最后到开始,汇集在一起,把各种线索打成一个结。

泰阿泰德　当然要。

客人　智者的技艺是制造矛盾的技艺,来自一种不诚实的恣意的模仿,属于制造相似的东西那个种类,派生于制造形象的技

D　艺。作为一个部分它不是神的生产,而是人的生产,表现为玩弄词藻。这样的血统和世系可以完全真实地指定给真正的智者。

泰阿泰德　我完全同意。

政 治 家 篇

提　要

　　《政治家篇》一般被列为柏拉图最重要的对话之一，但它的第一部分对读者来说有相当大的难度，这是因为其中的论证显得冗长，使读者难以弄懂其中的思想。就像在《智者篇》中一样，此时的柏拉图确实热衷于划分的方法。他在《智者篇》中的划分还很简洁，而在《政治家篇》中，为了获得一个政治家的定义，他用了好几页的篇幅进行划分与再划分。陆上居民与海上居民划分开来、有角的与无角的划分开来、四条腿的与两条腿的划分开来，等等，直到最后出现人。然后又将统治分成对自愿者的统治和对不自愿者的统治。但柏拉图不能停留在这一步，他还必须说明什么是统治。于是，他首先用一个神话故事来说明这个不完善的世界与神有密切的联系，然后他又通过一个实际事例来说明："最伟大、最高尚的事物没有外在的、可见的形象"——可见的事物是暂时的——"我们必须学会给予它们理性的解释"。整篇对话反复出现诸如此类的具有启发性的观点。

　　纺织被选来说明政治家的技艺，即如何正确对待"自由的、两条腿的人群"。区分纺织技艺和其他技艺用了好几页的篇幅，然后描写纺织的过程，如何梳理羊毛、纺毛线、织布，以此为例说明多中之一和一中之多。以同样的方式，在政治家的指导下，人类通过各种分离的活动，结合成一个良好国家，结成一个坚定持久的联合体。

　　对话最后三分之一处的讨论最有趣,涉及各种统治形式及法律在其中所起的作用。最优秀的统治是没有法律的。它由真正的政治家指导,统治灵活,适用于每一具体场合。反之,法律的统治是死板的、不灵活的。要说清这两种统治的区别,可以想象一下适用于任何技艺的两种方式,以医疗的技艺为例。如果医疗由法律来管理,由公民集会中的大多数来决定使用何种医疗方法治病,那么人们会无条件地服从。要是发现有人不遵循这个决定而去研究医疗技艺,无论他是谁,都要受到法庭的审判,要被指控为腐蚀青年、唆使他们无视法律地滥用药物。如果我们用这种方式来处理任何事情,知识、技艺、农业、木作,等等,结果会是什么呢? 这些事情全都会灭亡,并且决不会再生长,因为研究遭到禁止。"结果就会是,生活变得非常艰苦,会变得维持不下去,难以忍受。"

　　所以,最优秀的统治独立于法律。政治家的技艺是一门艺术,就像绘画一样。一个依靠法律来创造和维持的好国家无非就是按照一套既定公式用各种颜料画出来的一幅好画。当真正的政治家实行统治时,他知道自己应当如何公正地对待所有人,而法律则可以沦为巨大的不正义的原因。但是国家和蜂箱不一样,蜂箱里的首领是看不见的。如果真正的政治家没有出现,那么法律的统治又是次好的。在运用法律时,经验起着指示性的作用。尽管法律有不适用之处,但比没有法律的统治要好。而只有真正的政治家能够正确地把这个国家组织好,把有着各种心灵的人组合成一个坚定持久的联合体。

正　文

257　　**苏格拉底**　塞奥多洛,我确实非常感谢你把我介绍给泰阿泰德和我们这位来自爱利亚的客人。

塞奥多洛　很好,苏格拉底,等他们完成任务,为你界定了政治家、哲学家、智者的时候,那么你欠我的人情是现在的三倍。

苏格拉底　三倍? 说真的,我亲爱的塞奥多洛,我们听到的这句由你这位伟大的数学家和几何学家说的话必须记录在案吗?

塞奥多洛　苏格拉底,你这样说是什么意思?

苏格拉底　我们听到你把三者相提并论,而实际上他们的真正价值差别极大,超过你用所有的数学比例所能表达的差异,是这样的吗?

塞奥多洛　我以利比亚的阿蒙神的① 名义起誓,你说得很好,苏格拉底,你的攻击很公平! 你对我刚才的疏忽信口雌黄,表明你确实还记得你的数学知识! 对此,我会寻找别的时机加以反击。而现在,这位先生,我要转而向你请教。请你不要感到厌倦,继续帮助我们界定政治家或哲学家,随便说哪个都行。

客人　对,塞奥多洛,我们必须这样做。我们既然已经开始执行这项任务,就一定不要后退,直到完成所有定义。但我们也必须为泰阿泰德考虑一下——我们该为他做些什么呢?

塞奥多洛　以什么方式做?

客人　在这场哲学角力中,我们是否该让他休息一下,而让他的同胞小苏格拉底② 来代替他,——或者说,你有什么别的建议?

---

①　阿蒙(Ammon)原为古埃及神祇,后来到了希腊化时期混同于希腊人的主神宙斯和罗马人的主神朱庇特。阿蒙神庙建在利比亚(Libya)沙漠中的一块绿洲中。塞奥多洛来自昔勒尼,此地离阿蒙的绿洲不远。

②　此处的小苏格拉底是与苏格拉底同名的一位青年,比哲学家苏格拉底要年轻,译为"小苏格拉底",在本篇中作为一名对话人出现。而在《巴门尼德篇》中,哲学家苏格拉底在构想的对话场景中是个年轻人,学者们在研究中也称为"小苏格拉底"或"少年苏格拉底"。切勿相混。

塞奥多洛　就按你的提议办,让小苏格拉底上场。他们年轻,只要有机会轮流休息,就能承担任何艰苦的训练。

D

258

苏格拉底　再说,先生,他们两个可以说都跟我有关。按你的说法,泰阿泰德长得很像我;而另一个则与我同名。拥有一个名字也就意味着在某种意义上具有亲缘关系,而我们当然要抓住机会与他们谈话,因为这些人很有可能是我们的同胞。昨天我和泰阿泰德进行了一场讨论,而今天我已经听了他对你的问题作答。但无论是讨论还是问答,我还没有听到过这位苏格拉底发言。而他也必须接受考验。所以他将在其他时间回答我的提问,而今天下午就让他回答你的问题吧。

客人　好极了! 小苏格拉底,你听见苏格拉底说什么了吗?

小苏格拉底　听见了。

客人　你同意他的建议吗?

B

小苏格拉底　当然同意。

客人　我想,你显然不会对我们的进展设下什么障碍,至于我就更不会这样做了。那么好吧,在发现了智者之后,我们现在面临的共同任务是把政治家找出来,或者说在我看来是这样的。所以请你告诉我,苏格拉底,政治家是否也必须列为拥有某种专门知识的人之一,或者说我们得从其他定义开始?

小苏格拉底　不需要,政治家应当被定义为一种专家。

客人　那么好,我们是否一定要像我们寻找政治家的先行者① 那样,区分知识的形式吗?

小苏格拉底　似乎应当如此。

客人　然而,苏格拉底,我们划分的线索似乎与前番不同。

小苏格拉底　你认为该怎样个分法呢?

---

① 指智者。

客人　按另一种划分法进行。　　　　　　　　　　　　C

小苏格拉底　也许是吧。

客人　那么上哪里去寻找政治家的路径呢？因为我们必须寻找这条能够使之与其他所有人区分开来的路径，并给它打上特殊的标记以显示其特性。所有与之歧异的道路我们也必须将它们标定为另一类。这样一来，我们的心灵必须把各种类型的知识都纳入这个类型或两个类型中的另一类——政治技艺与政治技艺以外的其他知识。①

小苏格拉底　先生，我认为这是你的任务，不需要我来尝试。

客人　没错，苏格拉底，但若我们俩把这些事情都弄明白了，　　D
那么这也是你的成就。

小苏格拉底　你能这样讲真是太仁慈了。

客人　那么就请你考虑一下与之密切相关的数学以及其他某些科学。它们难道与任何形式的实践活动无关，只是为我们提供纯粹的知识吗？

小苏格拉底　是这样的。

客人　但木匠的技艺和一般的制作技艺就非常不同。这些技艺在从事实际活动时含有知识，并且与技艺不可分。它们的产品　　E
在技艺开始运作前并不存在，而技艺的运作则是使这些产品从未经加工的状态中产生的一个必要组成部分。

小苏格拉底　对。那又怎样？

客人　你必须使用这个区别把所有科学分成两类。亦即一类是"应用性的"，另一类是"纯粹的"。

小苏格拉底　我同意。让我们就这样分，把所有科学分成这

①　从划分对象中区分出一个种类，然后把所有其余部分当作另一个种类。

两类。

客人 那么我们要不要把政治家、国王、奴隶主、户主的技艺基本上算作一类,尽管我们对他们使用不同的名称,或者说,我们认为有四种不同的知识存在,分别与这四种人对应? 不过,还是让我用另一种比较容易的方式来让你明白吧。

小苏格拉底 那是什么方式?

259 **客人** 我会告诉你的。假定我们找到一个懂医的人,那么他不就是一个不仅自己对公众行医,而且也有能力向医生提供咨询的人吗? 我们难道不能用同样的名称来称呼这位提供咨询者拥有的专门知识以及接受他的咨询的那些行医者知识吗?

小苏格拉底 是的,应当如此。

客人 那么好,请你考虑,有个人尽管他本身只是一位公民,但他能够向国家的统治者提供专门的建议。我们能不能说他拥有的知识与统治者本人拥有或必须拥有的知识是相同的?

小苏格拉底 我们确实要这样说。

B **客人** 但是真正的国王所拥有的知识就是当一名国王进行统治的知识,是吗?

小苏格拉底 是的。

客人 那么这种知识的拥有者,无论他真的掌权,或只是一介平民,都可以恰当地被称作"政治家",因为他关于这种技艺的知识使他有资格得到这个头衔,无论他的实际处境如何。

小苏格拉底 对,他无疑配得上这个名称。

客人 那么请你再进一步考虑。奴隶主和户主是一回事。

小苏格拉底 是的。

客人 还有,就向有关的对象实施权威而言,大型的家庭组织和小型的城邦之间有很大差别吗?

小苏格拉底 没有。

客人　那么好,我们的观点已经说清楚了。这门知识覆盖所　C
有这些方面,如果有人宁可用其中某个专门的名称称呼它,那么我
们不会与之争论,他可以称之为君王的知识、政治的知识或家庭管
理的知识。

小苏格拉底　无论怎么称都没有什么区别。

客人　现在来看另一个确凿无疑的要点:一名国王可以用他
个人的睿智和精神力量维持他的统治,相比而言,用他的双手或整
个身体却几乎难以做到这一点。

小苏格拉底　这是显而易见的。

客人　所以国王的技艺比较接近理论知识,而非接近体力劳　D
动或一般的实际工作,是吗?

小苏格拉底　是的。

客人　那么你同意我们既可以说政治技艺和政治家,也可以
说国王的技艺和国王,这些术语是可变换的,因为它们实际上是相
同的,是吗?

小苏格拉底　确实如此。

客人　让我们进入下一阶段,看我们是否可以开始划分理论
知识的种类了。

小苏格拉底　好的。

客人　那么请注意,看我们能否在这样的知识里找到一条自
然的界线。

小苏格拉底　请告诉我,这条界线在哪里。

客人　你瞧,就在这里。我们说过有一门计算的技艺。　　　E

小苏格拉底　是的。

客人　我认为计算无疑属于理论科学这一类。

小苏格拉底　那当然了。

客人　当计算的技艺确定了一个数的差别时,除了说出所确

定的差别,我们不会赋予它进一步的任务,是吗?

小苏格拉底　是的。

客人　现在来考虑建筑师。没有一个建筑师是体力劳动者——他指挥别人工作。

小苏格拉底　是的。

客人　他提供知识,而非体力劳动。

小苏格拉底　对。

260　**客人**　那么可以很公正地说,他拥有一种理论科学。

小苏格拉底　确实可以这样说。

客人　我认为,他的特点不是像计算者那样,对事实提出判断以后就算完事了。建筑师必须给每个工人以恰当的指示,监督他们完成指定的工作。

小苏格拉底　是这么回事。

B　**客人**　因此,所有这一类科学都像计算或其他相似的科学一样,都是"理论的",但仍旧可以分成相互不同的两个组:一组只提供判断;而另一组则要对进一步的行为发布命令。

小苏格拉底　它们之间的差别是清楚的。

客人　那么好,我们可以宣称把整个理论科学正确地分成两部分是正确的,一部分称为评价性的,另一部分称作指示性的。可以吗?

小苏格拉底　可以。不管怎么说,我是同意的。

客人　我也希望如此,因为共同承担某项任务的人应当同心同德。

小苏格拉底　确实如此。

客人　只要我们自己能愉快地保持一致意见,那么就可以不必为世上其他人的看法伤神了。

小苏格拉底　是的。

客人　那么好,在这两组科学中,我们可以把国王安放在哪　　C
里? 尽管他只是个真理的旁观者,我们能将他放在评价性的那一
组里面吗? 或者倒不如说应当把他放在另一组里面,指示性的那
一组? 他的位置不就是运用这种科学对人实行控制吗?

小苏格拉底　他当然属于第二组。

客人　好,但我们还必须进一步观察指示性的科学,看能否在
这组科学中找到什么划分的界线。我想我已经找到一条了。国王　　D
与传令官在技艺上的差别就好比自产自销的人的技艺与零售商的
技艺之间的差别。

小苏格拉底　此话怎讲?

客人　零售商取得其他人生产的产品,然后把别人卖给他的
东西再卖出去。

小苏格拉底　确实如此。

客人　同理,传令官接受由别人决定和发布的命令,然后由他
们再次发布给其他人。

小苏格拉底　非常正确。

客人　那么好,我们要不要把国王的科学与通司、艇长、先知、　　E
传令官以及许多其他相同性质的科学混在一起,仅仅因为它们都
与发布命令有关? 刚才我们想到了一个比喻。不幸的是对“第一
手命令的发布者”的科学没有一个总的描述,所以我们是否也能为
它想出一个名称来? 我们将以此为界把这类科学称作“首先发布
指示的”,国王们的科学就属于这一类。依据这一特点,我们可以
把其他种类的科学搁下,把给这一族科学起名称的任务留给别人。
我们现在正在寻找的是国王,而不是国王的对立面。

小苏格拉底　完全正确。

客人　那么好,国王这一组科学与其他科学已经区分开来了,　　261
在这里起决定作用的因素是这一组发布的命令是命令者自己的,

而其他一组仅仅是在传达其他人的命令。现在,如果我们还能找到可接受的划分依据,那么我们必须进一步划分国王这一组科学。

小苏格拉底　我们必须找一条界线。

客人　是的,我想我已经找到一条了。你要靠近些,跟我一道分担划分的工作。

小苏格拉底　从哪里下手划分呢?

B　　**客人**　就以任何统治者为例,观察他如何发布命令。他这一行为的目的难道不就是为了制造某些东西吗?

小苏格拉底　当然是。

客人　对产品进行划分不会难倒我们,可以很容易地把它们分成两类。

小苏格拉底　怎么个分法?

客人　把所有产品当作一个整体来考虑,我们可以发现有些产品是有生命的,而有些产品是没有生命的。

小苏格拉底　对。

客人　如果我们愿意的话,我们以此为依据可以对理论科学中指示性的那一组科学进行划分。

小苏格拉底　怎么个分法?

客人　我们把它的一部分确定为指挥无生命事物的生产,把

C　它的另一部分确定为指挥有生命事物的生产。这样就可以对这组科学进行详尽无遗的划分了。

小苏格拉底　对,确实有这种效果。

客人　让我们搁下其中的一个部分,把另一部分当作一个单元,把它一分为二。

小苏格拉底　你认为我们应该取哪一部分来再次进行划分?

客人　当然是和生灵有关的部分,向生灵发布指示。毋庸置

疑,国王决不会像建筑师那样对无生命的事物发布指示。国王的
统治术是一门高贵的技艺,在生灵中起作用,它的功能只和生灵有　D
关。

小苏格拉底　没错。

客人　对生灵的喂养和哺育可以视为两类。既可单个地喂
养,也可以成群地喂养。

小苏格拉底　可以。

客人　但我们肯定看不到政治家像有些牛倌和马夫一样只照
管一头牲畜。他更像照料成群牛马的牧人。

小苏格拉底　被你这么一说,问题就相当清楚了。

客人　我们该怎样描述照管众多活物的这部分技艺呢?我们　E
要称之为"畜群的喂养"或"集体性的哺育"吗?

小苏格拉底　无论用哪个名称都行,只要有助于我们的论证。

客人　你说得好极了,苏格拉底。要是你能紧紧把握这个避
免名词之争的原则,那么你的智慧将与日俱增,到你晚年时,你会
富有智慧。我们现在就要使用这条健全的原则,按你对我的吩咐
去做。你知道我们该如何把成群牲畜的喂养分成两个部分,以便　262
设置一条界线,把我们的研究对象挡在界外,而将界外的那一半区
域留给他,暂时让他随意漫步,是吗?

小苏格拉底　我会尽最大努力把他挡在界外。我认为要在对
人的哺养和对牲畜的哺养之间作一划分。

客人　你确实非常敏感,把国王当作人给挡在界外了,但我想
要是有办法的话,我们一定不能让这种事再次发生。

小苏格拉底　你说的是什么事?我们干了什么?

客人　我们必须保持警惕,不要截取某一类事物中的一小部
分,拿它来与其余剩下的所有重要部分对峙。我们必须在两个部　B
分之间真正存在缝隙的地方分割。分割下来的部分一定要包括一

个具体的种类。如果一个人能够将某一类事物直接从其他所有剩余部分中划分出来那就妙极了——也就是说,假定实体的结构能够允许这样直接的划分。你刚才心里想用这种直接划分的策略,把论证快速推向结论。你看到我们的探索已经涉及到人了,所以你认为已经找到了真正的划分。但是,苏格拉底,像切薄片那样的划分是危险的。在分割的时候从中间下手才比较安全。用这种方C 法更有可能找到事物类型之间的真正缝隙,而与这些定义有关的整门技艺就在于发现这些缝隙。

小苏格拉底　先生,你这样说到底是什么意思?

客人　我会试着说得更加清楚些,苏格拉底,因为对你这样的人进行教诲是件愉快的事。就当前情形来说,要做出完全令人满意的证明是不可能的,但我们必须尽力解释清楚,把我们的论证推向前进。

小苏格拉底　谢谢你,但是你说我们刚才的划分有什么错?

客人　这个错误就好比一个人在对人这一类存在进行划分的D 时候,把它分成希腊人和野蛮人。在世界的这个区域① 大部分人都是这样分的。他们把希腊人与世上其他所有民族分开,使之单独成为一类,使其他所有民族成为另一类,而根本无视这些民族多得不可胜数,彼此之间也没有什么联系,讲得又是不同的语言。他们把所有非希腊民族混为一谈,认为这样就可构成一个真正的类别,因为它们都有一个被强加的共同名称——"野蛮人"。再举一个例子。假定一个人把一万这个数与其他所有数分割开来,视之为单独的一个类别,以为这样做就已经把各种数划分为数的真正种类了。他还会继续为一万这个数以外的其他所有数虚构一个名E 称,然后宣称这些数之所以构成一个真正的类别,乃是因为它们都

──────────

① 指希腊人的领地。

拥有一个共同的名称——"一万以外的数"。确实,对数进行中间
划分,分成奇数和偶数,对人进行中间划分,分成男人和女人,这样
做可能要好得多,也更加接近类型的真实结构。把吕底亚人、弗里
基亚人或其他任何民族置于与其他所有民族对峙的位置上,将之
划分开来,这样的划分只有当一个人无法抵达真正的两分时才会
这样做,因为真正的划分不仅要把整体中的一个部分划出来,而且
还要使这一划分成为真正的再次划分。

263

小苏格拉底　确实如此,先生,难点就在这里。但一个人怎样
才能掌握这种区别,分辨分割出来的东西仅仅是一个部分,还是真
正的再划分的结果,并且能够辨认出它们确实是不同的?

客人　我亲爱的苏格拉底,这可不是一件轻而易举的事。就
我们的任务所需要的论证来说,我们已经偏离得太远了,而你这个
要求会使我们离得更远。现在让我们返回我们的论证,视之为惟
一正确的。等以后有空的时候,我们再来彻底解决你刚才提出的
问题。但我还要告诫你,别把我刚才说的话误认为我已经向你提
供了关于这条原则的充分解释。

B

小苏格拉底　你指的是哪条原则?

客人　这条原则是:部分和对某类事物进行再划分不是一回事。

小苏格拉底　你能不能说得更加准确一些?

客人　在对一个涵盖极广的事物的类别进行真正的再划分的
地方,这种再划分出来的部分必定也是整个被划分的这个类别的
一个部分。但若反过来说就不一定成立,因为一个部分并非必然
是一次真正再划分的结果。苏格拉底,我的看法具有权威性,你可
以信赖我,肯定前一种观点,否定与之相反的观点。

小苏格拉底　我愿意遵循这条规则。

客人　很好! 现在请你帮我解决下一个问题。

C

小苏格拉底　什么问题?

　　客人　请考虑一下使我们偏离论证、进到现在这一步的那个事物的类别。我想,当时你问我们该如何划分照料牲畜的科学,而你欣然回答说有两类活物,一类是人,另一类是混杂在一起的其他所有动物,这个时候麻烦就开始了。

　　小苏格拉底　对。

　　客人　我很清楚,你当时划分出来的仅仅是这类事物的一个部分,因为你认为剩下的其他所有活物都能够用"动物"这个共同的名称来称呼,亦即除了人以外的其他活物都是动物,你认为这些生灵实际上构成了一个类别。

D　　　**小苏格拉底**　对,我当时是这样想的。

　　客人　但是,我勇敢的年轻朋友,请你再深入思考! 其他任何能够进行理性思维的生灵也可以进行你这样的划分——举例来说,仙鹤据说也有某种理性,其他动物可能也有。它们可以赋予自己独特性和恰当的尊严,从而把仙鹤这种动物与其他所有动物区分开来,它们还可以把其他所有动物混杂在一起,包括人在内,赋E　予它们一个共同的称号,即称之为"野兽"。所以让我们尝试着提高警惕,不要再犯这种错误。

　　小苏格拉底　我们该怎样防范错误呢?

　　客人　不要采用太一般的方法把某一类活物给分割出来。如果我们避免这样做,那么就不太可能犯这种错误。

　　小苏格拉底　确实如此,我们一定不要这样做。

　　客人　对,我们刚才的错误就是在这个地方犯下的。

　　小苏格拉底　准确地说,在什么地方?

　　客人　理论科学的指导性部分,就其指导哺养生灵而言,这是我们关心的,但我们在此之上又增添了"哺养成群的牲畜"。我说得对吗?

　　小苏格拉底　对。

客人　这个定义的最后一个成分,"哺养牲畜",蕴涵着一个在 264
先的划分,把一切生灵分为野生的或驯服的。可以驯化和控制的
类型被称为驯服的动物,那些抗拒控制的类型被称为野生动物。

小苏格拉底　对。

客人　现在应当承认,我们跟踪的这门科学过去一直并将继
续作用于动物的驯服。再进一步说,应当在群居的驯化了的动物
中去寻找这门科学。

小苏格拉底　对。

客人　让我们避免做出刚才那样的划分,不要匆忙,而要全神
贯注于整个种类。只有这样我们才能及时地发现政治家。而寻找　B
这位政治家的技艺已经使我们处于那句格言的警告之下!

小苏格拉底　哪句格言?

客人　"欲速则不达"。我们的划分越急促,我们的进展就越
缓慢。

小苏格拉底　先生,这样做尽管不幸,但却令人愉快。

客人　也许是吧,但现在让我们试着重新开始划分这门关于
集体性的哺养的科学。我们将要开始的这个论证本身可以很清楚
地向你显示你急着要发现的对象。现在,请你回答我一个问题。

小苏格拉底　什么问题?

客人　我想知道你是否听人们谈论过某些你几乎不可能亲眼
看见的事情,比如说养鱼。我知道你没见过在尼罗河或波斯国王的　C
鱼池中养殖的鱼群。但你很可能见过喷水池中的那些驯化了的鱼。

小苏格拉底　我当然见过喷水池里的鱼,还听许多人讲过其
他地方养的鱼。

客人　帖撒利①　驯化了的鹤群和鹅群也一样,尽管你从来没

---

①　帖撒利(Thessaly)是希腊本土北部一个区域的名字。

去过帖撒利平原,但你至少听说过它们,相信有这样的家禽存在。

小苏格拉底　对,我当然相信。

D　　**客人**　我之所以问这些问题都是为了说明成群饲养的牲畜和家禽可以分成两类。它们有些生活在水中,有些生活在陆地上。

小苏格拉底　对,我同意。

客人　那么你同意我们必须按照这个原则把饲养成群动物的技艺分成两部分吗?我们可否把再次划分后得到的两个部分分别称作水牧的技艺和旱牧的技艺?

小苏格拉底　我再次表示同意。

客人　我们已经无须追问君王的技艺属于这两种技艺中的哪

E　一种,因为答案已经很清楚了。

小苏格拉底　当然。

客人　下一步,任何人都能对旱牧和水牧进行再划分。

小苏格拉底　怎样个分法?

客人　分为行走的和飞翔的。

小苏格拉底　噢,对了,当然可以这样分。

客人　那么好,政治家的技艺应不应该在那些与行走的动物群有关的技艺中寻找?你难道不认为实际上每个人,甚至最缺乏智慧的人,都会认为应该这样做吗?

小苏格拉底　我是这样想的。

客人　那么我们必须把照料陆地行走动物的技艺再分为两部分,就好像我们刚才把数分成两部分一样。

小苏格拉底　显然如此。

265　　**客人**　但请你看这样做会发生什么情况。这个论证推动着我们在这个区域中前进,使我们看到通向目标有两条道路摆在我们面前。循着一条道路前进,抵达目标比较快捷,也就是把一个较小的部分与另一个较大的部分分开。而另一条道路比较漫长,但却符合我们刚才所说的尽可能从中间划分的原则。要走哪条路,我们可以随意选择。

小苏格拉底 有可能两条路都选吗?

客人 同时选择两条道路是不可能的——苏格拉底,你提出这种建议真令人惊讶!但你显然可以先选择第一条,再选另一条。

小苏格拉底 那我愿意这样做,先选第一条,再选另一条。   B

客人 这样做轻而易举,因为走第一条道路并不需要走多远。如果我们刚开始或处在途中,那么你的要求很难遵守,但由于我们已经进到现在的地步,所以还是让我们先选择较长的道路,乘我们现在还精神饱满,我们可以比较轻松地抵达终点。现在请你注意我是怎么划分的。

小苏格拉底 你说吧。

客人 我们发现对驯化了的行走的群居动物有一种天然的划分法。

小苏格拉底 何以见得?

客人 有些有角,其余的无角。

小苏格拉底 显然如此。   C

客人 那么我们就把哺养行走的牲畜的科学分成两部分,确定它们的界限,做出一般性的陈述。因为,假如你对使用什么名称感到焦虑,那么事情将会变得复杂化,而这是没有必要的。

小苏格拉底 那么我该怎样进行陈述呢?

客人 可以这样说。哺养行走牲畜群的科学分成两部分。一部分涉及哺养有角的牲畜,另一部分涉及哺养无角的牲畜。

小苏格拉底 依据这些术语,这个划分站住脚了。任何情况   D
下都不会有人再提出怀疑。

客人 你瞧,我们的国王又一次清楚地显露出来了,他就是哺养无角牲畜的牧人。

小苏格拉底　确凿无疑！

客人　让我们按照这个畜群的组成部分再作划分,试着把真正属于国王的位置指定给他。

小苏格拉底　务必如此。

客人　我们该从哪里下手呢? 以牲畜的蹄子有无分脚趾为基准,还是以牲畜能否杂交为基准? 你喜欢哪一种分法? 我假定你明白我的意思,是吗?

小苏格拉底　什么意思?

E　**客人**　你知道马和驴可以杂交吗?

小苏格拉底　是的。

客人　但其他所有驯化了的无角牲畜却不能杂交。

小苏格拉底　当然不能。

客人　那么与政治家有关的是哪一类? 他主管的牲畜能杂交还是不能杂交?

小苏格拉底　当然不能杂交。

客人　看起来,我们必须把这组对象再像前面那样分成两部分。

小苏格拉底　对,我们必须这样做。

266　**客人**　但是我们已经把驯化的群居动物这个类划分为两个组成部分,只是还没有把它们再分别进行划分。因为,狗显然不能算作喜欢群居的动物。

小苏格拉底　是的,狗不能算。但我们用什么办法能对这两个组成部分再作区分呢?

客人　有一种非常恰当的方法可供你和泰阿泰德使用,因为你们俩都是几何学家。

小苏格拉底　什么方法?

客人　我要说,这个方法是"先按照一条对角线来分,然后再按照另一条对角线来分"。

小苏格拉底　你这样说是什么意思？

客人　想一想我们人的形体构造,你会怎么说？我们人的这 B
种形体构造是如何得来的？就其行走能力来说,人不是很像对角
线吗？人不是有两条腿吗？①

小苏格拉底　人是有两条腿。

客人　再说,我们刚才划分的那个种类的剩余部分也可以根
据有无人这种对角线的特点来进行,因为这个种类生来就具有两
个两条腿。②

小苏格拉底　那当然了,我现在明白你为什么要这样说了。

客人　好极了！通过划分,我们现在还得出另一个结论,喜剧 C
家们对它不会不感兴趣。苏格拉底,你看得出来吗？

小苏格拉底　什么结论？

客人　如果让各种动物进行赛跑,那么我们人在一切动物中
既表现得举止庄重,又是最懒惰的。

小苏格拉底　对,我明白。这是一种多么可笑的重合啊！

客人　那么,人慢吞吞地拖着脚走路,急促地呼吸,最后一个
到达,这难道还有什么不合理吗？

小苏格拉底　合理,你说的当然对。

客人　还有一点值得注意。国王的处境有多么滑稽啊！他要
牧养他的畜群,因此他要与所有那些已经被训练成习惯于过安逸 D
生活的人一起跑步！

小苏格拉底　对,是这样的。

客人　这是对我们在考察智者时提出来的那条原则的一个更

① 人若叉开两手和两腿,即构成长方形的两条对角线。
② 指四足动物。

加清晰的解释。

小苏格拉底　什么原则?

客人　在对定义的哲学探求中,就像我们现在的考察一样,被定义的对象的尊严体现与否与定义无关。卑贱者也好,高贵者也罢,必须得到同等的考虑,必须按其自身的权利从恰当之处开始论证,以求达到可能获得的最真实的结论。

小苏格拉底　这样做似乎是对的。

E　　**客人**　那么好,我现在不必等候你的请求,就主动引导你沿着刚才说过的那条较短的道路前进,去寻求国王的定义,可以吗?

小苏格拉底　你就这样做吧。

客人　那么在我看来,我们必须从我们已经达到的这个要点开始,把已经划分出来的陆上哺养的群居生灵再进一步分成两足的和四足的。这时候我们就会明白人属于两足的这一类,但由于两足的生灵还有一些是有翅膀的,注意到这一点,我们就把两足的群居的生灵再分成有翅膀的与无翅膀的。这个时候,人的牧养这门科学也就显露出来了。现在我们必须把政治家和国王放在驭手的位置上,驾驭这一类生灵,把统治国家的缰绳交给他,因为这些生灵都属于他,而只有他才有这种统治的技艺。

267　　**小苏格拉底**　先生,你已经用你制造的这个定义偿还了欠我的债——可以说你偿还的比欠下的还要多,因为你刚才还说了一番离题话,权当支付利息吧。

客人　那么好,现在让我们把这个论证的各种线索汇集起来,从头开始,给所谓"政治科学"下定义,完成这个任务。

小苏格拉底　我们必须这样做,让我们开始吧。

客人　我们首先对理论科学进行划分,取出指示性的部分。从这个部分中,我们又通过"自产自销的商人"这个比喻把"首先发布指示的"部分取了出来。从这个首先发布指示的部分我们切取
B

了哺养活物的部分,这是这个整体中非常重要的一部分。对哺养动物再作划分,我们选出了对成群动物的哺养,接下去又选择了对陆上成群动物的哺养。再作划分,我们选取了对无角牲畜的哺养。然后,我们又从中取出一部分,如果必须要给这部分取名的话,那么需要用到三个词——"照料非杂交的牲畜"。至于进一步的划分,在最后命名的两足动物这部分中只剩下"照料人"这一类——就这样我们抵达了我们探寻的目标,亦即政治家或国王的技艺,国王的技艺只是政治家的技艺的另一个名称罢了。

C

小苏格拉底　对,我们确实已经抵达了我们的结论。

客人　你真的这样想吗,苏格拉底? 你认为我们已经完成你指定的任务了吗?

小苏格拉底　你为什么要这样问?

客人　我们是否已经充分处理了我们要解决的问题? 在我们处理这个问题的过程中,我们获得了关于国王的定义,但却没有使之臻于圆满,这不是一个很大的缺陷吗?

D

小苏格拉底　你这样说是什么意思?

客人　我会试着把意思说得更加清楚些——既为了你也为了我自己。

小苏格拉底　请你就这样做吧。

客人　我们刚才发现了许多牧养牲畜的技艺,而政治家的技艺是其中独特的一种。政治家的技艺是对某一类特殊牲畜的牧养。

小苏格拉底　是的。

客人　我们的论证把政治家的技艺定义为牧养人群的科学——与牧养马群或其他动物群的科学不同。

小苏格拉底　是这么回事。

客人　但我们必须注意国王在某个方面与其他所有牧人都不同。

E

小苏格拉底　不同在哪里?

客人　一位牧人受到另一位使用另一种技艺的对手的挑战,而且这位对手还要宣布自己分有牧人哺养牲畜的义务,我们发现过有这样的牧人吗?

小苏格拉底　你是什么意思?

客人　你明白,商人、农夫,以及所有为食物而准备谷物的人——对了,还有体育教练和医生——无疑都会向那些被我们称作"政治家"的人拥有"人类的哺养者"的称号提出质疑。这些人全都会认为自己才是人类的哺养者——既哺养首领,也哺养大众。

小苏格拉底　他们这样说有什么不对吗?

客人　他们说得也许是对的。我们会进一步对这种看法加以考察,但我们现在马上可以确定的是,没有人会对牧牛人的地位提出质疑。牧牛人自己照料畜群,也是它们的医生。我们还可以说牧牛人也是牛的媒人,并且当牛犊即将问世时,只有他才懂得如何给母牛接生。再说,只有牧人能够体会到牲畜也有做游戏和听音乐的需要,此外还有谁能比他更擅长满足牲畜的这些需要,使牲畜感到陶醉和安宁?牧人是音乐大师,可以用短笛或无伴奏的歌声向牲畜提供最适宜的音乐。其他各种牧人也这样,是吗?

小苏格拉底　确实如此。

客人　那么我们通过讨论得出来的国王的定义在这些新的事实面前如何能够仍旧显得正确无误或没有缺陷呢?我们宣称只有国王才是牧养人群的牧人,但我们又指出有许多竞争者对他的权利提出质疑。

小苏格拉底　这个定义确实不像是正确无误的。

客人　那么我们完全有理由感到焦虑和怀疑,刚才我们虽然对国王作了描述,但实际上我们并没有获得关于这位政治家的真实的形象。我们现在显得踌躇不决,因为我们要是不能把那些包围他的宝座、声称拥有牧养权的对手加以驱逐,就不能最后按照他的专门性质揭示他的真相。

小苏格拉底　对,我们有理由踌躇不决。　　　　　D

客人　所以,苏格拉底,我们必须完整地加以描述,不然的话,我们的论证将以耻辱而告终。

小苏格拉底　对,我们必须不惜一切代价避免这样的结局。

客人　那么我们必须从另一个起点重新开始,沿着另一条道路前进。

小苏格拉底　我们必须沿着一条什么样的道路前进呢?

客人　我们得讲一些有趣的故事,松弛一下。有许多古代的传说我们现在可以用来消遣,但消遣完了以后我们必须像以前那样继续前进,进行划分,每次划分过后只选其中的一个部分,直至　　E抵达我们攀登的高峰和我们旅途的终点。我们现在可以开始了吗?

小苏格拉底　当然可以。

客人　那么来吧,注意听我的故事,就好像你是个小孩。不管怎么说,你的年龄还不算太大,不会讨厌听故事。

小苏格拉底　请你开始讲吧。

客人　这些老故事从前就有人讲,现在也还有人讲。有一个故事说的是使阿特柔斯和堤厄斯忒斯① 之间发生的那场著名争执平息的凶兆。我想你大概听说过这个故事,也记得这个故事的细节。

小苏格拉底　我想,你指的是金毛羊羔的凶兆。②

---

①　堤厄斯忒斯(Thyestes)是阿特柔斯之弟。

②　赫耳墨斯让一只金毛羊羔在阿特柔斯的羊群中诞生,时值阿特柔斯的王位继承权遭到质疑,他允诺将出示这个奇迹以证明神祇站在他一边。但堤厄斯忒斯却说服阿特柔斯之妻把金毛羊羔给了他。如果没有宙斯支持阿特柔斯的权利,使太阳和行星从它们落下的地方升起,阿特柔斯就有失去王国的危险。参阅欧里庇得斯:《俄瑞斯忒斯》第 998 行附注。

269　　**客人**　噢,不对。我指的是太阳和其他行星的升降变化。故事说,在那个著名的场合,太阳和行星全都从它们应当升起的地方落下,从它们应当落下的地方上升。然而后来,当宙斯用这个神迹考验了阿特柔斯的声明是否正义以后,他又恢复了原有天体运动的体系,就像现在这个样子。

　　小苏格拉底　对,那个故事是这样讲的。

　　客人　还有,我们从许多讲故事的人那里听说过克洛诺斯的统治。

B　　**小苏格拉底**　我得说大部分人都讲过这个故事。

　　客人　对,还有哪些故事呢? 我们不是还听说过从前的人是从土里出生的,而不是父母生下来的吗?

　　小苏格拉底　这也是一个古老的传说。

　　客人　其实,所有这些故事都起源于宇宙历史中的同一事件,还有一大堆更加奇妙的故事也起源于这一事件。然而,由于这一伟大事件发生在很久以前,随着岁月流逝,有些故事已经从人们的记忆中消褪,有些故事保存下来,但已经变得散乱,人们讲述它们的方式使得它们之间的真实联系变得模糊不清。没有人再提到那个为所有故事奠定基础的重大历史事件,而我们现在必须对这一C　事件加以解释。一旦阐述了这一事件,它与我们当前想要加以证明的国王的本性之间的关联意义也就变得清楚了。

　　小苏格拉底　好极了,先生! 请你继续说,一点儿也不要拉下。

　　客人　那么你要注意听。从前有一个时代,神本身在帮助宇宙运动,把旋转赋予宇宙,引导宇宙前进。还有一个时代,神放弃了他对宇宙的控制。当神这样做的时候,宇宙已经在神的指引下,在既定有限的时间内完成了圆周运动。然后,宇宙在其自身的推动下,开始相反意义上的旋转——因为宇宙是一个活物,神赋予它

理性,并从一开始就使之成形。现在,宇宙的反向运动已经成为它
的必然本性,其中的原因我必须讲明。　　　　　　　　　　　　D

小苏格拉底　宇宙有什么样的本性?

客人　保持同一、稳定、静止,是最神圣的事物才能拥有的特
权。有形体的事物的本性并不属于这个等级。现在天穹,或者我
们所谓的宇宙,从神那里得到许多恩惠,得以产生,但它也被造就
为分有形体的事物。因此,宇宙不可能永远静止,不可能没有变　　E
化,然而迄今为止,宇宙的运动只要一有可能就保持同一种方式在
某一处发生。就这样,宇宙从神那里得到了一种反向的旋转——
这是宇宙的专门运动中变化最小的运动。永远在相同意义上的旋
转不属于任何事物,而只属于运动着的万物之主和首领,甚至连他
也不能使宇宙一会儿在一种意义上运动,一会儿在另一种意义上
运动——因为若是这样的话,那么就是对永恒尺度的一种藐视。
由于所有这些原因,我们不能赞同许多关于这个宇宙的学说。我
们一定不能说宇宙自动,永远在同一种意义上旋转。我们不能说
神一直在使宇宙处于两种对立的旋转的交替之中。我们也不能说　　270
有两个神灵在使宇宙处于两种对立的旋转的交替之中,因为一位
神的心灵与另一位神的心灵是对立的。因此,我们必须肯定上面
讲过的那种学说,只有这种说法才是可能的。在一个时代,超越的
神圣的原因帮助宇宙运动,宇宙从造物主那里得到活力,而神的制
作是不朽的。在另一个时代,当宇宙被神释放了的时候,它就凭着
内力而运动,宇宙在其被释放的瞬间积聚了巨大的力量,可以作无
数次反方向的旋转,因为宇宙极其庞大,又能保持圆满的平衡,而
其旋转的支点很小。

小苏格拉底　你的整个解释在我看来都是首尾一致的,很有　　B
可能成立。

客人　让我们完整地考虑一下。让我们研究一下这一伟大的

宇宙事实,以此为基础,我们刚才说过的所有神迹故事的意义都可以得到显明。我已经讲述的就是这个伟大的事实。

小苏格拉底 什么事实?

客人 这一事实就是,天穹的旋转有些时候处于现在这种状态,有些时候处于相反的状态。

小苏格拉底 你如何陈述这一事实的意义?

C **客人** 对于这种运动方向上的改变,我们必须视之为发生在天体轨道中的所有"反转"事件中最重要的和最完整的。

小苏格拉底 看起来是这么回事。

客人 那么我们必须相信,当宇宙发生这样的变化时,我们人类作为宇宙中的一部分也不得不发生巨大的改变。

小苏格拉底 那是可以想象到的。

客人 根据经验,当任何一种巨大的变化在瞬间发生时,所有生物都会感到无比紧张,无法忍受,难道不是吗?

小苏格拉底 我们确实有这种体会。

客人 所以当宇宙危机爆发时,人以外的一切生物都被摧毁,
D 而人类也只剩下少数幸存者。这些幸存者会有许多新奇的经历,但有一种经历比其他所有经历都更加深刻。这种经历来自神第一次改变宇宙运动的方向,从那一刻起,宇宙旋转的方向倒了过来,变成现在旋转的这种方向。

小苏格拉底 这种经历是什么样的?

客人 首先,所有生物,无论处于什么生长阶段,都停止变老。
E 所有可朽的存在物都停止生长并发生逆转,越长越年轻,越长越稚嫩。白发苍苍的老人又开始长出黑发,胡子拉碴的面颊又逐渐恢复了光润,返回久已逝去的青年时代。青年们的身体失去了成年男子的特征,日复一日、夜复一夜地越长越小,在心灵和身体两方面都重返婴儿时代。再往后,他们就消退成不存在,一个接一个地

消逝。还有,在这危机时代因暴力而死的那些人的身体也发生着同样的变化——只要几天时间,他们的身体就快速地消失了。

小苏格拉底　先生,在那个时代里,生物是如何产生的呢? 它 271们如何繁殖后代?

客人　苏格拉底,两性之间通过交媾繁殖后代显然不是那个时代人的天然禀赋。我们的传说告诉我们,从前有一种人是从土中产生的。危机爆发以后,就是这种人从土中复活。人们到现在还对此事保有记忆,因为我们的祖先一代又一代地把这件事传了下来。这些始祖的父母是从土中生长出来的,他们的生活年代直接与土中生长出来的人的生活年代相连,亦即前一宇宙旋转时期 B结束、现在这个宇宙旋转时期开始的时候。我们的这些祖先把人从土中生长出来的故事传给我们,健全的心灵应该相信这个故事,但现在确实有许多人不相信。我认为,我们必须考虑这个关于宇宙的故事中接下去发生的事。我们只能认为,随着时光倒流、返老还童,新人也就产生了——这种新人来自那些死去的、在地下长眠的人,但后来却在母亲的子宫中孕育,得以再次重获生命。这种死者的复活与宇宙的变化保持一致,因为这时候一切被造物都发生了逆转。这个种族过去肯定是"从土中出生的",此后才有了人的 C名字,才有了相关的传说,从土中出生是一切人的法则,只有少数被神改变了命运的人才会例外。

小苏格拉底　对,这样说与前面说过的道理完全一致,但是请你讲一讲你提到的克洛诺斯统治时期的人的生活。这个时期的生活属于前一时代,还是属于现在这个时代? 太阳和行星运动方向上的改变显然也使历史的两个端点发生变化,而宇宙的旋转就是在这些端点上改变方向的。

客人　你对我的讲述跟得很紧。至于你问到产生所有好东西 D而无需人劳动的那个时期,那么答案是,这个时期肯定也属于前一个时代,而非当今这个时代。在那个时代里,作为至高无上的统治者的神控制着整个宇宙的实际旋转,而以同样的方式,宇宙的几个区域也分别由诸多神祇监护。每一动物种群都有一位天上的神灵

E 作牧者。每一位神灵都有他牧养的动物——为他掌管的畜群提供各种需要。所以那时候的动物不那么凶狠,不会互相吞噬,也没有战争和竞争。宇宙的这种神圣秩序有无数的产物,但我们必须把它们都撇在一边,只关注人,因为我们必须继续解释关于人在那个乐园中生活这个传说的起源。有一位神是他们的牧者,负责牧养他们,就像现在的人掌管比人低级的牲畜——因为人比它们更接

272 近神。当神做人的牧者时,没有政治组织,也没有娶妻生子这些事。所有人都从土中复生,根本不记得从前的事。他们从树上和灌木丛中无限制地采摘果实,这些果树无需人的栽培就自己从地上生长起来。在大部分地方,人们在野外生活,不需要衣服和被褥,因为那时候的天气温暖宜人,不会对人造成伤害,地上生长着

B 茂盛的青草,为人们提供了柔软的卧榻。苏格拉底,这就是克洛诺斯统治时代人们的生活。我们现在的生活——人们说它处在宙斯统治之下——你可以凭自己的体验去把握。你认为这两种生活中哪一种更幸福?你能说得出来吗?你会这样做吗?

小苏格拉底　不行,我无法决定。

客人　你想要我为你作一个尝试性的决定吗?

小苏格拉底　行,请吧。

客人　关键性的问题是,由克洛诺斯养育的人如何使用他们的时间?他们有的是闲暇,不仅能与动物交谈,而且能够相互交

C 谈。他们会使用这些便利条件推进哲学研究吗?当他们相互交往并与动物联系时,他们会向各种动物学习它们特有的智慧,以丰富人类共同的智慧宝库吗?如果他们确实这样做了,那么可以很容易就决定那个时代的人的幸福胜过我们这个时代一千倍。但若当

他们吃饱喝足以后,他们之间或他们与动物之间讨论的事情就是
那些他们如何幸存下来的故事,那么按照我的判断,我们的决定必 D
然也很清楚。不管怎么说,让我们搁置这个问题,直到发现有人能
够准确地告诉我们,他们是否寻求知识,他们有无真正的心灵交
流。在此必须说明这一点,这样我们就可以不必把这个故事的其
余部分讲完,而在一个真实的背景下准确地看清克洛诺斯时代,可
以理解整个故事。

　　当事物的整个秩序进到它命定的终点时,必定会有再一次的
宇宙变化。因为土中出生的种子此时已经疲乏了——每个灵魂经
历了既定的若干次出生,也经历了命定的若干次回归,到土中成为 E
种子。于是,宇宙这艘航船的舵手——我们可以这样说——放开
了舵柄而退隐到他那位于别处的尖塔上去了。然后,命运和这个
世界的内在渴望再次控制了这个世界,使之发生逆转。此时,所有
在最伟大的神的统治之下在各自区域中实行统治的诸神马上察觉
到所发生的事情,放弃了对他们所管辖区域的监管。由于老的控 273
制停止而新的推动产生,把终点变成了开端,开端变成了终点,于
是这个世界就在宇宙发生反向旋转的时候突然颤抖。由此引发出
来的强烈震动毁灭了所有种类的生灵,就像前一时代所发生的危
机一样。然后经过相当长时间的恢复,它从骚动和混乱中平息下
来,重新获得安宁,恢复了秩序,得以有效地控制和管理自身以及
这个世界上的一切事物,并且在可能的范围内记住了来自神的毁 B
灭,神是世界的创造者和父亲。最初,这个世界把这场来自神的毁
灭记得比较清楚,但随着时间的推移,它的记忆就变得模糊了。构
成这个世界的有形体的因素对这种失败要负责任。这种有形体的
因素属于处在最原始状态的世界,因为在此之前就是那混沌无序
的宇宙。这个世界在神为它确立秩序时从神那里得到所有它现今
拥有的美德,这个世界产生的所有错误和邪恶都来自它的原初混 C

沌状态——而这个世界中产生的邪恶又影响着世上的生灵。当这个宇宙在神圣的舵手指引下前进时,它在生灵身上产生并保持许多善,几乎没有恶。当宇宙必须在没有神的情况下运行时,在神放弃控制以后的头几年里,事物生长得很好,但随着时间的推移,神的影响被遗忘了,古时候的混乱状况又大行其道。最后,随着这个

D 宇宙时代走向终结,这种混乱也走到了尽头。世上所产生的少量好事物在巨大的邪恶中毁灭,最终,这个世界本身以及世上的一切生灵都遭到毁灭。

神再次眷顾宇宙,首先是使之确立秩序。看到这个世界麻烦重重,神担心这个世界会在狂风暴雨中沉沦,被再次消解,坠入无

E 底深渊,于是他再次掌握了舵柄。神治愈了宇宙先前的疾病,使先前那种在宇宙自身内在动力的推动下发生的旋转复归正常,通过对宇宙的指挥和校正,神为宇宙取得了永恒和不灭。

这就是人们讲述的整个故事,但从我们的需要出发——为国王作界定——我们只需采用故事的前一部分就够了。当最近的那一次宇宙危机发生,现存的宇宙秩序建立之时,人类的生命进程又一次出现,然后开始显现出变化,这种变化与伴随其他宇宙危机出现的那种变化意义相反。那些非常相近的因为微小而消失了的生

274 灵又开始生长,从地底下长了出来。它们原先高大健壮,现在则长出了灰白的头发,然后死去,复归于土。由于宇宙发生了变化,所有事物都不得不改变,尤其是一种新的法则控制着整个宇宙中的孕育、诞生、哺育——因此也控制着一切生灵,因为它们必须要模仿这种方式。对生灵来说,以往那种依靠外在力量的构造行为使生灵从土中出生已经不再可能了。现在宇宙必须负起完全的责任来,控制宇宙的进程。所以,依靠相类似的一种控制,同样的冲动使它的构成元素要通过它们自身的力量来获得,在它们有可能做

B 到的情况下,孕育、分娩、哺育后代。现在我们已经快要抵达我们

这个故事所要寻求的关键之处了。要说明各种生灵所发生的变化,说明这些变化什么时候产生,说明它们如何受影响,需要很长时间,但若只讲述人的故事那就只需要较短的时间,而且与我们的关系更加直接。人的监护神过去照料和哺育我们成长,这种监护被剥夺以后,我们变得虚弱和无助,开始遭到野兽的蹂躏——因为许多本性邪恶的野兽此时变得很野蛮。在先前的岁月里,人类没 C 有任何工具和技艺。由于大地不再自动地供给食粮,而此时人类却还不知道如何去为自己获得食物,因为在一切都很充裕的时候,他们根本就不会去学习工具的制造和技艺。由于上述种种原因,人类处在异乎寻常的窘迫中。正是为了适合这种需要,才有了古老传说中的诸神的馈赠,以及此类必不可少的教训和指点。火是普罗米修斯送给人类的礼物,赫淮斯托斯与他在技艺方面的同伴 D 把技艺的奥秘揭示给人类,其他神祇则使人类有了关于种子和植物的知识。有了这些馈赠,人类就以此谋生,因为神对人的监护已经停止了——以我们刚才故事中所描述的方式停止——人类不得不管理和照料自己的生活,用的是与整个宇宙被迫使用的方式相同的方式。就这样,与整个宇宙相同并追随宇宙永久的命运,在一个时代,我们的生活和生育是以这种方式进行的,而在另一个时代则是以那种方式进行的。

　　我们的故事就讲到这里为止,现在我们必须用这个故事来察 E 觉出我们在前面的论证中界定国王或政治家时所犯错误的范围。

　　小苏格拉底　我们的错误是如何犯下的? 你认为我们严重地偏离了正道吗?

　　客人　有一个错误不太严重,但另一个错误是根本性的。比我原先所认为的还要大,影响还要深远。

　　小苏格拉底　到底是怎么回事?

　　客人　大家要我们给当今时代的国王和政治家下定义,要我 275

们界定我们所知的人性,但是事实上,我们界定的却是那个相反的宇宙时代里的人群的牧者,把他说成是政治家。这样的牧者是神灵,而不是凡人。在这一点上,我们偏离了正道。进一步,我们把他说成是国家中的所有生命的统治者,但没有具体说明他的统治方式。在这个问题上,我们所作的描述是真实的,但不能视之为整个真理,或当作一个清楚明白而又充分的描述。在这一点上我们也犯了错误,尽管错误的性质不如另一个问题那么严重。

小苏格拉底　你说得对。

客人　那么我们显然必须尝试着界定政治家控制国家的方式。只有这样,我们才有理由充满自信,认为自己将要对政治家做出完整的定义。

小苏格拉底　这样做好极了。

B　　**客人**　但是当我们讲解这个故事的时候,我们的目的是同时揭示两样有关"哺育群居动物"的事情。我们很着急地说明有许多对手宣称自己才是"群居动物的哺育者",并向我们现在正在寻求的政治家发起挑战,但若按照我们刚才的比喻,我们把政治家理解为惟一有资格被称作"民众的牧者"的人,并认为他们像牧人喂养他们的牛羊一样喂养人类,那么我们还得更加着急。

小苏格拉底　对。

C　　**客人**　苏格拉底,我现在认为神圣牧者的形象是如此高尚,没有任何国王能像他那样杰出。当今时代统治我们这些国家的人更像是他们的下属,在训练和哺育方面与神圣的牧者更加接近。

小苏格拉底　是的,确实如此。

客人　但无论他们是凡人还是超凡的生灵,我们仍旧要像刚才一样承担重任,揭示他们的真实性质,既不多也不少。

小苏格拉底　那当然了。

客人　我们必须再次返回,再次考虑我们的划分之一。我们

说过有一种"预先指示性的"技艺与生灵有关,主要与群居生灵有 　D
关,而不是与个别生灵有关。我们还没有作进一步的划分,就把这
种技艺称作"哺育生灵的科学"。你还记得吗?

小苏格拉底　对,我记得。

客人　在追踪这种技艺的某个地方,我们迷失了方向。用这
个定义我们根本无法捕获政治家,也不能恰当地给他命名。而当
我们想要给他命名时,他竟然溜走了而丝毫不被我们所知晓。

小苏格拉底　他是怎么溜走的?

客人　没有任何一位牧人是不需要负责哺育他的畜群的。但
政治家却没有这个特点,而我们竟然还把他称作牧人。我们应当 　E
使用一个含义更广的名称,覆盖所有护卫者,而无论他们是否哺养
者。

小苏格拉底　如果实际上有这样一个名称的话,那么你说得
对。

客人　"照料"这个词肯定可以用作这样一个类名词,这个词
的用法没有对身体的哺育或其他任何具体活动作专门限制。如果
我们把这门技艺称作"照料群居动物"、"关照群居动物"、或"照管
群居动物"——这些术语都可以覆盖所有种类的照料——那么我
们就能把政治家包括在内,因为我们的论证告诉我们必须这样做。

小苏格拉底　对,但后继的划分该怎样进行呢?

276

客人　按先前划分的同样路线前进。我们把"哺养群居动物"
一步步分成哺养陆地动物、无翅膀的动物、不杂交的动物和无角的
动物。我们也可以用同样的方式划分"照料群居动物",由此得到
的定义既可以包括克洛诺斯统治时代担任牧者的国王,又可以包
括我们当今时代的统治者。

小苏格拉底　这一点好像很清楚,但我仍旧想知道下一步该
怎么办。

客人 如果我们已经使用了"照料群居动物"这个正确的术

B 语,那么我们就不必面对有些人提出来的无理的反对意见,说什么统治并非任何意义上的哺养的技艺,以及我们碰到过的另一条合理的意见,亦即不存在一门专门的哺养"人"的技艺,如果有这样一门技艺,那么就会有更多的人与这门技艺的关系比统治者与这门技艺的关系更加直接。

小苏格拉底 对。

客人 但若这个问题涉及"有责任照料"整个社团的技艺,那么有哪一种技艺能比政治家的技艺能更好地完成这一功能或声称

C 拥有优先权?其他哪一种技艺能宣称自己是一门君主统治的技艺,对全人类进行统治?

小苏格拉底 没有。

客人 对,苏格拉底,但我们意识到,在我们定义的结尾处,我们陷入了另一个严重的谬误?

小苏格拉底 什么谬误?

客人 无论我们如何在心中清楚地确定有一门哺养两脚群居动物的技艺,但若我们不作进一步的考察,我们就无法确定能否把这门技艺称作国王的技艺或政治家的技艺,并视之为一个完整的定义加以运用。

小苏格拉底 那么我们该怎么办呢?

D **客人** 首先,像我们刚才所说的那样,这个类名词应当从"哺育"修饰为"照料"。第二,这种"照料"必须再作划分,因为再作若干次划分的可能性是存在的。

小苏格拉底 再作哪些划分呢?

客人 一个划分是我们应当区分神圣的牧者和凡俗的、照料人的牧者。

小苏格拉底 对。

客人　我们还应当把凡俗的、照料人的牧者的技艺再分为两部分。

小苏格拉底　根据什么来分？

客人　根据这种照料是强加于人的还是自愿接受的。

小苏格拉底　对。

客人　我认为,我们较早的定义在这一点上出了错。我们制 E造了一场混乱——毫无必要而又愚蠢——把国王和僭主混淆了,他们是完全不同的人,统治方式也不一样。

小苏格拉底　对,他们是不一样。

客人　那么让我们这一次别再犯错误,如我所说,让我们把照料人的技艺分成两类——强加于人的和自愿接受的。

小苏格拉底　确实应当如此。

客人　使用暴力控制来照料人是僭主的技艺;而按照自愿接受的原则照料两足的群居动物,我们称之为政治家的技艺。现在我们可以宣布拥有后一种技艺并实践这种照料的人是真正的国王和政治家了吗？

小苏格拉底　先生,你说得对,我认为到此为止我们确实完成 277了对政治家的界定。

客人　那就好极了,苏格拉底,但你若只是这样想,那么还不够,尽管我也会这样想。可是实际上我认为我们塑造的政治家的形象还不够完美。雕塑家们有时候热情过度,过分执著于作品的细节,用了多余的材料去完成作品,结果到头来反而显得匆忙,延误了工作进展。我们前面的讨论也有类似情况发生,当时我们想 B要马上弄清自己在什么地方犯了错误,并提出一个真正的、给人深刻印象的证明。我们假定在只涉及国王的地方大量使用例证是适宜的,然后我们讲述了大量的神话,把这些神话材料当作可靠的东西来使用,于是我们的证明变得过于冗长,毕竟我们不能赋予神话

以完整的形式。在我看来,我们的定义似乎也像一幅图画,尽管已
C 经有了轮廓,但还没有很好地体现原本,还有待于进一步恰当地着
色,保持色彩间的平衡。然而,请记住,一个用语词表达的定义对
一个生灵作出的描述比一幅绘画或任何模型更好,——所谓更好
的描述,我指的是对那些能够追随这种定义的人而言,而对那些不
能追随这种定义的人来说,模型或可见的例证就已经足够了。

小苏格拉底 对,这话没错,但请你再说清楚一些,你认为我
们对政治家所做的描述仍旧不恰当吗?

D **客人** 我亲爱的苏格拉底,要证明任何真正重要的事物而不
使用例证是很难的。我们每个人都像是在梦中观察事物,以为自
己完全认识这些事物,然而当醒来的时候却发现自己一无所知。

小苏格拉底 你这样说是什么意思?

客人 我真是一个地道的傻瓜,选择这种时候来讨论我们人
类奇特的困境,涉及知识是从什么地方得来的。

小苏格拉底 此话怎讲?

客人 我的好朋友,我用例子来说明问题,但这个例子本身要
用另一个例子来说明。

E **小苏格拉底** 什么例子?你说吧,别犹豫不决了,看在我的份
上。

客人 我会说的——事实上我必须说,因为你已经打算接受
了。当小孩们刚刚学会字母的时候……

小苏格拉底 那又怎么啦?

278 **客人** 我们知道,在这种时候,他们只会从最简短、最简单的
音节中区分具体的字母,然而他们确实能够从这些音节中识别字
母,并且能够正确地告诉你每个字母是什么。

小苏格拉底 是的。

客人 但若看到相同的字母在其他音节中出现,他们就会陷

入怀疑,做出不正确的判断,以为那是不同的字母。

小苏格拉底　对。

客人　那么要能引导他们前进,取得那些尚未获得的成绩,应当使用什么样的最早的和最好的方法呢? 我想我是知道的。

小苏格拉底　你倒说说看,是什么方法?

客人　先把这些受到怀疑的字母放到他们能够正确识别其中字母的音节面前,然后再把这些字母放在他们不能辨认的音节面前,然后再把他们认识的音节和不认识的音节并排放在一起,告诉他们在两种音节中出现的某个字母起着同样的作用。最后,学生们认识了这些字母,也认识了并排放在一起的其他字母,——此时已知的字母就起着例证的作用——而教师依靠这种方法也达到了他的目标,使学生正确地认识在各种音节中出现的字母,并能叫出它们的名字来,因为学生到了这种时候已经可以识别每个字母本身,能够将该字母与其他字母区别开来了。

小苏格拉底　确实如此。

客人　到目前为止,我们难道还没有收集足够的信息来显示例证的方法是如何开始的吗? 把一个要素等同于处在另一较不熟悉的物体中的要素,然后就相信这个要素也存在于其他某些处在相当不同的生活领域中的较为熟悉的物体之中,这种方法难道不就是这样运作的吗? 这一存在于各个物体中的共同要素,当它成为一种对并行的双方进行考察的基础时,我们就有可能对组成对子的双方各自做出一个真正的判断。

小苏格拉底　这种方法好像是这样起作用的。

客人　那么,如果发现我们自己的心灵也以同样的方式运作,去认识构成宇宙的那些字母,我们还用得着感到惊讶吗? 真理有时候指导着心灵去认识某一群事物的每一个成员,然而稍后想要处理构成另一群体的成员时,同一心灵也会感到茫然若失,毫无希望。有的时候它可以对某个元素的具体结合物做出正确的判断，但当它看到同样的元素转移到每日里存在着的那些冗长的、非常困难的音节中去时，它就无法识别出它刚才还认识的那些元素了。

小苏格拉底　我们对此不会感到惊讶。

E　　　**客人**　如果从一个错误的意见出发，就不可能在接近那个真正实在的整个领域的任何部分时获得真正的理智，无论这个部分是多么微小，难道不是吗？

小苏格拉底　我应该说，确实不可能。

客人　那么好吧，如果情况确实如此，你我就可以声称我们前面使用的方法和我们现在想要做的事情是正确的。我们已经尝试着通过研究用来证明某个例证的细小的具体的例证来发现例证的一般性质。① 而我们现在想要做的是，借助例证的方法来科学地发现适用于整个社团的这种"照料"的性质，我们想要把处于较小领域内的这种性质等同于国王的性质，借助于"照料"这种性质在较小领域内的彰明来察觉这种性质在国王身上的最高显现。

小苏格拉底　我们希望能做到这一点。

279　　　**客人**　所以我们必须再次接着我们前面的论点讨论。因为我们看到承担照料国家这种义务的国王们确实有许多竞争者，我们必须把这些竞争者排除在外，只留下国王。正是为了达到这一目的，我们才决定需要使用一个例证。

小苏格拉底　对。

客人　那么有什么样的例子可以帮助我们发现我们正在寻找的目标，这个例子要非常小，可以拿来与国王的统治技艺相提并论，而又包含着与国王相类似的活动？苏格拉底，以上苍的名义发

———————————

① 此句与前面的意思对应，在使用例证说明问题时却发现这个例证也要用另一个例证来说明。参阅277D。

誓,我相信自己已经有了一个例子。如果没有其他现成的例子,那么为了实现我们的目的而选择纺织的技艺为例就是相当合理的。怎么样,你愿意吗? 如果没有别的明显适合的例子,就让我们选择纺织吧。再说,如果你同意,我们也用不着把整个纺织拿来作例子,因为我想以其中的一部分,纺织羊毛的技艺为例就很恰当。我猜想,只要选择这部分为例,就能为我们考察政治家提供所需要的例证。

小苏格拉底　确实如此。

客人　那么就不要再延误了! 像刚才划分其他各类事物一样,我们为什么不马上就对纺织进行真正的划分呢? 我们必须尽可能迅速、简略地完成每一个步骤,然后再回到与我们当前讨论相关的问题上来。

小苏格拉底　你这是什么意思?

客人　让我来实际划分一下,你就明白我是什么意思了。

小苏格拉底　好极了!

客人　我们所有制造性的活动和获取性的活动都出于两种目的——要么是为了使某些事情发生,要么是为了防范某些事情的发生。防范性的用品可以分成符咒和防护物,符咒包括神的符咒和人的符咒,用来抗拒邪恶;防护物可以再分为军用防护装备和其他防护用品;非军用的防护用品可以分成掩蔽物和抵御风暴与炎热的物品;抵御风暴和炎热的物品又可以分成房屋和个人用的衣物;个人用的衣物又可分成包裹全身的毛毯和穿在身上的长袍。我们穿的长袍有些用一整块布做成,有些用几块布做成。那些用几块布拼成的长袍要么是缝合的,要么是非缝合的;那些非缝合的长袍有些用植物纤维制成,有些用动物的毛制成;在那些用毛制成的东西中,有些制成了毛毡,有些则靠动物的毛本身联结。我们把这些用来制作包裹身体的衣物、紧密地结合在一起的材料称作

“布”。根据这种生产活动的名称,我们把生产这种材料的这门技
艺描述为“织布”的技艺,正好比我们把政治家的技艺称作管理国
家的技艺。我们也可以说纺织的技艺——不管怎么说纺织技艺的
一大部分与织布的技艺有关——但这样说与这种“织布的技艺”没
有什么区别,只是名称不同,正好比我们在其他场合把国王的技艺
和政治家的技艺当作同义词。

小苏格拉底　相当正确。

客人　现在让我们来看,用了这样一些术语,可以认为我们已
经把织布的技艺界定得非常完整和充分了。但我们若这样想,就
看不到仅凭这个界定还不能区别这门技艺和其他有着非常相似功
能的技艺,而实际上这门技艺与其他相类似的技艺有着严格的区
别。

小苏格拉底　你想到的相类似的技艺是什么?

客人　你显然还没有跟上我的思路。我们必须回过头来,从
另一端开始,因为你要是真的能够明白那些相似的技艺之间具有
亲缘性,那么你就会发现有些具有亲缘性的技艺与我们作过划分
的纺织技艺是不一样的。举例来说,我们在区分包裹身体的东西
时就把制造毛毯的技艺和织布的技艺区别开来。

小苏格拉底　是的,我明白了。

客人　我们还进一步把纺织亚麻、丝兰① 以及其他所有天然
植物纤维的纺织都划分出去。我们也还把制造毛毡和穿孔缝合的
技艺分了出去——这种技艺主要用于制鞋。

小苏格拉底　我们是这样做的。

客人　然后在排除用一整块材料制造长袍的技艺时我们排除
了皮匠的技艺。在建造防御性的房屋的技艺中我们排除了防止漏

---

① 一种富含纤维的植物。

水的技艺、木作的技艺,以及其他相关的各种技艺。此外我们还排 D
除了所有防护的技艺,其中包括制造各种防盗防暴器具的技艺,还
有与制造大门和门框有关的那些技艺,通常我们视之为细木工技
艺的一部分。我们还去掉了制造兵器的整个技艺,因为其中所包
含的制造防御器械的技艺种类极多。最后,我们还把巫师避邪的 E
技艺给排除了,我们在一开始下定义时就这样做了。我们完全有
理由公正地设想,把这些技艺都排除以后,剩下的就是我们要寻找
的技艺——这门技艺涉及生产用来抵御恶劣天气的毛制品,可以
称之为"纺织"。

小苏格拉底　对,这样说好像是准确的。

客人　但就我们要讨论的事情来说,这个描述还是不完整。 281
因为在纺织生产的第一阶段,工匠们所从事的工作的性质看起来
正好与纺织相反。

小苏格拉底　怎么会呢?

客人　我认为纺织的过程是一种编织。

小苏格拉底　对。

客人　但我讲的这种技术却要把紧密纠缠在一起的原料分离
开来。

小苏格拉底　你指什么?

客人　我指的是梳毛的技术。难道我们竟然可以大胆地说,
梳毛就是纺织,梳毛工就是纺织工?

小苏格拉底　当然不能。

客人　现在来考虑一下生产经线或纬线的技艺。如果有人把 B
这种技艺就称作"纺织",那么听起来会很奇怪,因为纺织还不只是
这种技艺——这样说实际上是错的。

小苏格拉底　当然。

客人　还有,请考虑一下漂洗工的各种形式的技艺,以及织补

的技艺。我们能否认这些技艺在某种意义上都是处理或照料布匹的技艺吗? 但若我们承认它们是这种技艺,那么是否接着就要把这些技艺都称作纺织技艺呢?

小苏格拉底　我们务必不要这样做。

客人　然而,所有这些技艺都会向拥有纺织奥秘的人竞相要求处理布或生产布的权力。他们打算承认纺织在整个生产过程中是非常重要的,但同时也声称它们自己的工作决非微不足道。

C　　**小苏格拉底**　你说得很对。

客人　除了这些技艺,我们还必须考虑那些生产工具的技艺,正是凭着这些工具,纺织才得以进行。我们必须假定这些技艺至少也有权声称自己为生产每一片羊毛织物做出了贡献。

小苏格拉底　是这么回事。

客人　如果我们宣布纺织在与生产羊毛织物相关的一切技艺中"最高尚"、"最具有尊严",那么关于纺织(或者我们选择的某个

D　部分)的这种定义还能适用吗? 这个定义尽管在一定范围内是正确的,但仍旧不够清晰和完全,除非我们从纺织中把其他相关的技艺排除掉,难道不是吗?

小苏格拉底　是这样的。

客人　那么我们下一步要做的就是作这种区分,以便使我们的定义趋向于明确。

小苏格拉底　对。

客人　那么,我们首先要注意,各种主动的生产都包含两类技艺。

小苏格拉底　哪两种?

客人　一类是辅助性的技艺,另一类是实际生产的技艺。

小苏格拉底　你以什么方式作这种区分?

E　　**客人**　辅助性的技艺指那些不直接从事生产,但却为制造产

品提供工具的技艺——没有这些技艺所提供的帮助，实际从事生产的技艺就无法完成它的专门任务。严格地说，制造产品本身的技艺才是"生产性的"技艺。

小苏格拉底　不管从哪个角度讲，这个区分是合理的。

客人　那么我们可以进一步把制造纺锤、梭子等各种织布工具的技艺当作"辅助性的技艺"，与实际处理和生产织物的"生产性技艺"区分开来。

小苏格拉底　我们肯定可以这样做。

客人　洗涤、织造，以及后期处理，——对织成的布进行后期处理实际上是范围极广的装饰技艺的一个相关部分——我们可以把这些"生产性的"技艺当成一组，称之为"漂洗工的技艺"。 282

小苏格拉底　我们可以这样做。

客人　梳毛、织毛，以及其他与制造羊毛织物有关的专门工序，一起构成了毛纺技艺。这一次，我们用的技艺名称是大家都熟悉的。

小苏格拉底　当然。

客人　毛纺生产有两个主要部分，各由若干技艺组成，而这些技艺又分别是两类技艺中的组成部分。 B

小苏格拉底　你这样说是什么意思？

客人　梳理羊毛、编织羊毛时的一半操作，以及其他把乱糟糟的羊毛弄整齐的工序，这些都可以当作一类技艺，而这类技艺显然又是毛纺技艺的一部分。但我们必须记住，生产毛织物的两类技艺只不过是两种普遍技艺的具体再现，这就是结合与分离的技艺。

小苏格拉底　对。

客人　梳理和刚才提到的其他技艺都是分离。把乱糟糟的羊毛分开，在编织羊毛衣物时把毛线分开——前者用手，后者用梭子——由此它们得到相应的名称，这些名称我们刚才就用过。 C

小苏格拉底　非常正确。

客人　现在让我们接着考虑结合的技艺,在毛织物的生产中寻找与之相应的部分。我们必须把属于分离的技艺全部舍去。这样我们就能通过区别结合的部分与分离的部分而对毛织物的生产进行划分了。

小苏格拉底　但愿我们这种划分是成立的。

D　　**客人**　苏格拉底,如果我们要竭尽全力实现我们的目的,找到纺织的技艺,那么你会发现我们还要对毛织物生产中的结合部分再作划分。

小苏格拉底　对,我们必须再作划分。

客人　没错。让我们把划分后的一个部分称为"捻"的技艺,另一部分称为"编"的技艺。

小苏格拉底　不知我有没有听懂你的意思。你说的"捻"就是捻制毛线吧?

客人　对,不过不仅是捻制经线——也包括捻制纬线。你肯定不会想象经线和纬线的制作是依靠捻以外的技艺生产出来的吧?

小苏格拉底　不会。

E　　**客人**　现在把这两种技艺再作划分,你会发现这种划分是有意义的。

小苏格拉底　再作什么样的划分呢?

客人　我会告诉你的。羊毛经过梳理以后变得整整齐齐,我们称之为羊毛"束"。

小苏格拉底　对。

客人　再用纺锤把羊毛束捻成粗毛纱,无疑,你会称之为"经线",并把生产经线的技艺称作"纺经线"。

小苏格拉底　对。

客人　但还要从羊毛束中再纺出一种线来,这种线不仅要柔软得能够与经线编织在一起,而且也要牢固到能够经受编织完成以后的处理。我们称这些线为"纬线",并把纺这种线的技艺称作"纺纬线"的技艺。

小苏格拉底　是这样的。

客人　那么好,大家都可以看到,我们所选的纺织技艺的这个部分已经清楚地有了界定。这个部分是一种结合的技艺,也是毛织物的制造技艺中的一个部分,通过经线与纬线的编织而生产出毛织物来,我们把整个织物称作羊毛衣,把生产毛织物的技艺称为毛纺技艺。

小苏格拉底　这样说完全正确。

客人　好得很。但我们为什么不直接把纺织称作编织经线和纬线的技艺呢?我们为什么要拐弯抹角,作许多无谓的划分呢?

小苏格拉底　噢,不是这样的,先生!在我看来,对我们的整个论证过程来说,并没有什么划分是无谓的。

客人　你现在这样想我并不感到惊讶,但总有一天你会有不同的想法。我现在想要为你作一番防范,免得你今后产生疑惑,不断地为难。今后会发生这种情况并非不可能!现在请你注意听,我现在提出来的防范性的论证可以用来解决所有类似问题。

小苏格拉底　先生,就请你开始解释吧。

客人　首先让我们来考察一般的"过度"与"不足"。借此我们可以获得一个标准,用以衡量该类讨论中任何场合下的言论长短——用这个标准我们可以做出相应的表扬和批评,要么说它过度,要么说它不足。

小苏格拉底　让我们就这样做吧。

客人　只有考虑到事物本性中的这些性质,我们才能有效地进行讨论。

小苏格拉底　什么性质?

D　　**客人**　一般性的长与短、过度与不足。我想,我们已经同意衡量的技艺与这些性质都有关。

小苏格拉底　对。

客人　那么让我们把这种技艺划分成两部分。我们必须这样做,才能达到我们渴求的结论。

小苏格拉底　请告诉我们从什么地方开始划分?

客人　我会这样做的。我们把衡量的技艺分成两部分:一部分与相对而言的大或小有关;另一部分涉及相对于确定的标准来说它们的大小,事情若要存在,必定要尽可能接近这个标准。

小苏格拉底　你这样说是什么意思?

客人　你难道不同意对事物的本性来说,所谓"较大的"事物之所以被称作"较大的",乃是相对于较小的事物而言,而非相对于

E　别的什么而言;相反,所谓"较小的"事物之所以被称作"较小的",乃是相对于较大的事物而言,而不是相对于其他事物而言?

小苏格拉底　没错,我完全同意。

客人　另一方面,我们打算承认,我们的实际言行在某些时候是过分的,在某些时候是不足的,是吗? 要能判断人类社会中的善人与恶人不也需要有一个标准吗?

小苏格拉底　这很明显。

客人　那么我们必须确定大与小这两个类型和两个标准。我们一定不能像刚才提到大与小的相对性时说的那样,只有一个惟一可能的标准。我们已经看到这个说法该如何修正了。相对而言的标准仍旧还会保留,但我们必须承认第二个标准,这个标准在与适当的尺度相比时使用。我们是否想要知道为什么必须承认这一点?

小苏格拉底　你说为什么要有这个标准?

客人　如果一个人拒绝承认"较大的事物"只有相对于"较小 284
的"事物才有可能是较大的,那么他也否定了这个事物可以与某个
适当的尺度相关联的可能性,他难道不会这样做吗?

小苏格拉底　他会的。

客人　我们真的打算接受这种拒绝带来的后果吗?我们要取
消这些技艺及其一切产品吗?尤其是,我们要一笔勾销我们正在
尝试着加以界定的政治技艺,以及刚刚才界定了的纺织技艺的存
在吗?因为在我看来,所有这些技艺显然都有过度或不足之处。
但它们肯定不会把这些过度与不足之处当作毫无意义的——恰恰
相反,它们会把这些过度与不足当作真正严重的危险来防范。事
实上,正是由于这种努力,它们才保持了某种尺度,使它们的所有 B
产品保持了有用性和美观。

小苏格拉底　你说得很对。

客人　但你必须承认,如果我们把政治当作不真实的技艺加
以取消,那么我们探索国王的统治术的各种道路也就被堵塞了。

小苏格拉底　显然如此。

客人　在讨论智者时我们必须要做的事,现在不也同样要做
吗?我们不得不坚持这样一个附加的假设,"非存在决不存在"。
我们不得不引进这个假设,因为能使智者这一假设得以成立的惟
一办法就是允许对智者完全不作界定。我们当前的讨论中也有一
个附加的假设,必须加以坚持。它就是:"过度与不及是可量度的,
不仅处于相对的术语之中,而且也涉及标准和适度。"如果我们在 C
还没有接受这个假设的时候,就冒失地宣称人拥有政治的技艺,或
者宣称人拥有其他任何专门形式的在人类社会中起作用的知识,
那么这样做必定会失败。

小苏格拉底　在这种情况下,我们必须援引前例,在我们当前
的讨论中承认这个附加的假设。

客人　苏格拉底,我们当前的任务比前一个任务更加重大,我们几乎不会忘记完成前一个任务花了我们那么长的时间。然而在讨论这些问题时,有件事必须从一开始就加以说明,如果我们现在说这件事,那么这样做是完全正确和恰当的。

小苏格拉底　什么事?

D　　**客人**　当有一天我们要用辩证的方法提出完全准确的充分解释时,我们会发现我们刚才阐述过的关于适度的假设是需要的。我们刚才阐述这个假设时所使用的形式及其证明对我们当前的目的是适宜的,对我们有极大的帮助,或者说在我看来是这样的。因为它揭示了两个相关联的命题,如果它们是成立的,那么两个命题都成立,如果它们是不成立的,那么两个命题都不成立。第一个命题是:技艺存在;第二个命题是:过度与不足的可度量性不仅相对于不同事物而言,而且也意味着标准或适度的实现。这样一来,如果第二种意义上的尺度存在,那么技艺也存在;反之,如果技艺存在,那么第二种意义上的尺度也存在。否定了其中的任何一个,也就否定了二者。

E　　**小苏格拉底**　关于这个假设你已经说得够充分了,但下一步呢?

客人　我们显然应当按照我们阐述过的原则把度量的技艺分为两部分。一部分包括所有那些用相对的标准去测量事物的数目、长度、宽度、厚度的技艺。另一部分包括那些与特定的场所、时间、运作有关的技艺,各种标准在这些时候已经消除了它们极端的边界而趋向于中度。

小苏格拉底　你指出的两部分技艺范围都十分宽泛,相互之间也有极大的差异。

285　　**客人**　我们刚才所作的陈述就是我们许多"博学的"朋友经常说的话——以一种宣谕真理的口吻说出来,不是吗? 我们像他们一样,说度量与一切产生出来的事物都有关系。然而,我们的朋友尽管十分博学,但却没有接受过这种训练,把事物划分成真正的类别,对之进行研究。因此,我们在这里发现,他们实际上混淆了两类差别很大的度量,因为他们判定这两种类型的度量具有相同的性质。而对待其他类别的事物,他们犯了相反的错误,他们想要区别这些事物,但却不能按照这些事物真正的差异来区别它们。遵循下述的方法才是正确的。哲学家首先察觉到某一类给定的"相"在本质上是相同的,这时候他一定不要放弃他的责任,直至看清这个复杂的群体中还有许多真正的差异,这些差异确实存在,而正是这些差异才使得这一群"相"区分成几种。相反,当他首先在不同群体的"相"中发现了这种"相"和那种"相"的所有不同之处,作为一名真正的哲学家,他一定不能对此表示不满和厌恶,甚至放弃进一步的努力,而应当把所有实际上同源的"相"集合在一起,安全地把它们圈起来,按照它们所属的真正种群去理解它们。关于这些问题我们已经讲够了,对一般的过度与不足我们也已经讲够了。不过,我们要小心维护我们已经取得的这个基地。我们已经超越了与过度和不足相关的两种不同度量技艺的争论,我们必须记住我们关于这两种技艺形式的阐述。

小苏格拉底　我们不会忘的。

客人　关于这个论题就说到这里。现在让我们为讨论另一个论题做准备,这个论题不仅与我们当前的考察有关,而且与所有同类的讨论都有关。

小苏格拉底　什么论题?

客人　假定有人向我们发问,内容涉及一群小学生学习识字的事。"如果教师问一名学生拼写某个单词要用哪些字母,——这个单词可以是任意一个词——那么教师要学生进行这种练习的目的是为了让这个学生掌握某个特定单词的拼法,还是为了要学生能够拼写所有可能要他拼写的单词?"

　　小苏格拉底　我们肯定会回答说,是为了教会他拼写所有单词。

　　客人　这个原则该如何运用到我们当前关于政治家的研究中来呢?我们为什么要研究政治家?我们的主要目的是发现政治家,还是有一个更加远大的目的,使我们自己成为较好的哲学家,能够更好地处理所有问题?

　　小苏格拉底　这一点也很清楚,我们的目的是为了能够处理所有问题。

　　客人　确实如此,因为我无法想像任何有理智的人想要追踪纺织技艺的定义只是为了这个定义本身。但在这里有一个悖论,在我看来大多数思想家都没能注意到这个悖论。感官所能把握的相似性是那些真实存在着的事物的性质,这些性质本身是容易理解的,因此要对这些存在物作解释,人们不会感到有什么困难,他们可以轻而易举而又不费言辞地揭示这些可感的相似性。但对最高的、最重要的那一类存在来说,它们没有相应的可见的相似性,它们的性质不会清晰地展示给关注它们的人。在这些场合下,人们不可能指出可见的性质,以此满足探索者的心灵,教师也无法借助感官来指导学生对之进行领悟,使之在讨论中获得真正的满足。因此我们必须训练自己理解每一存在的事物,并能做出合理的解释。因为没有可见形体的存在具有最高的价值和重要性,只能用理性来加以证明,而不能借助其他手段来加以理解。我们当前所有讨论的目的就是训练我们把握这种最高类别的存在。然而,出于练习的目的,我们对一些类别较低的事物进行理解,这样做比直接把握最高的存在要容易些。

　　小苏格拉底　你说得很对。

　　客人　现在让我们回忆一下,是什么问题使我们说了这么长时间的离题话。

小苏格拉底　是什么？

客人　主要不就是因为我们对寻求纺织技艺的定义感到不耐烦了吗，也许我们可以把这个定义称作冗长的？在对宇宙的反转作长篇解释时，当我们不得不讨论非存在的存在而要提起智者的时候，我们同样感到不耐烦。我们确实感到这些讨论太长了，并且责备自己，因为我们担心这些解释也许是不相干的离题话。因此，请你一定要明白，我们刚才提出来的那些原则适用于所有同类的讨论，而不仅仅适用于这个讨论，而进行这些讨论的主旨在于防止今后出现类似的烦躁。

C

小苏格拉底　也许是这么回事，先生，不过还是请你开始吧。

客人　我要说的是，当我们不得不按照长短来赞扬或批评一个论证的时候，我们必须遵守我们刚才提出来的原则，这是你我的责任。一场讨论的长度不能简单地与另一场讨论的长度相比较。我们刚才说过一定不要忘记度量技艺的第二个部分，我们在作这类判断时必须始终运用这一标准——我说的标准是"适度"。

D

小苏格拉底　你说得很对。

客人　是的，但即使是"适度"也不能在任何情况下都成为一个恰当的评价标准。例如，我们不会去寻求一个冗长的论证，以为这样做适合产生快乐，除非出于一种非常偶然的考虑。再说，轻省快捷地回答一个深刻的问题是最可取的，但我们的原则认为在提出论证的时候这只是第二位的因素，而不是最主要的因素。我们必须赋予哲学方法本身以首要的价值，方法高于其他一切，而这种方法又取决于按照真正的"相"进行划分的能力。因此，如果一个论证非常冗长，或者极为简短，只要能帮助听众发现真正的"相"，那么这样的论证就必须明智地进行到底，人们也一定不要对论证的冗长或简洁表示厌恶。再说，如果我们发现有人批评某个论证

E

287 太长了,拒绝耐心地等待整个推理过程的完成,一边发牢骚一边想要离开,而这个讨论就像我们现在的讨论一样正在取得进展,那么我们一定不要放他走。我们一定要他为他的抱怨拿出证据来,表明他自己比那些同伴更能够提出一个比较简洁的陈述,证明他自己是一名更好的哲学家,更能用合理的推论证明真正的真理。至于有人要依据别的理由对我们提出责备和赞扬,对我们讨论中的某些局部和细节说三道四,我们一定要置之不理或听而不闻。如果是我迫使你作这番判断的,那么我们现在可以离开这个话题了。

B 让我们返回政治家,这是我们真正的主题,我们刚才之所以给纺织术下定义,就是为了拿来与政治家作比较。

小苏格拉底 好极了!让我们现在就按照你说的去做。

客人 那么好,国王的技艺已经与大部分占据相同领域的技艺区分开来了,也就是说与其他所有关于控制畜群的技艺区分开来了。但是在实际的公民社团中还有其他一些技艺没能与政治家的技艺区分。这些技艺既有辅助性的技艺,又有指示性的生产技艺,首先要做区分的就是这些技艺。

小苏格拉底 很好。

客人 你明白吗,在这种情况下它们实际上是在抗拒被划分

C 成两个部分?我想,随着我们继续列举它们,其中的原因也就清楚了。

小苏格拉底 那么就让我们来列举吧。

客人 由于我们不能把它们一分为二,所以让我们按照切割献祭的牺牲那样对它们作自然的划分。我们所做的每一步都要在整个结构允许的范围内进行划分,划分以后形成的部分越少越好。

小苏格拉底 眼下我们该怎么做?

客人 就像我们前面那样去做。我们把所有为纺织提供工具的技艺分出来,称作"辅助性的"技艺。

小苏格拉底　我们是这样做的。

客人　我们现在必须做同样的事,但要更加小心。制造某些 D
事物以满足有组织的人类社团需要的技艺,无论大小,都必须归入
"辅助性的"技艺这一类。因为若无这些技艺提供的这些事物,就
没有社团,也就没有统治的技艺,但尽管如此,我们仍旧无法视之
为国王的责任,把生产这些事物当作国王的技艺应该做的事。

小苏格拉底　我们不这样想。

客人　当我们试图把制造工具的技艺与其他技艺区分开来的
时候,我们感到这样做相当困难。因为任何事物都可以用来做工 E
具,这样说似乎是有理的。然而,有一类事物是一个社团必须拥有
的,而对这类事物我们必须给它起一个不同的名称。

小苏格拉底　在什么方面不同?

客人　这类事物所具有的功能与工具的功能不一样。制造这
类事物不是为了生产某种东西,而是为了保存已经生产出来的东
西。

小苏格拉底　你指的到底是什么事物?

客人　这类事物有各种各样的形状,可以用来盛放液体或固
体,有些经过烈火焙烤,有些则没有。我们一般称之为"器皿"。这
是一类独特的事物,我认为,生产器皿的技艺与我们现在正在寻找 288
的统治者的技艺毫无关系。

小苏格拉底　确实没有关系。

客人　我们现在要认清还有第三类事物,这类事物数量也很
大。属于这一类的事物有些在陆地上,有些在水面上,有些在运
动,有些在静止,有些具有很高的荣耀,有些则不那么显赫。它们
全都拥有一个共同的名字,因为它们之所以被制造出来都是为了
支撑别的事物或用作其他事物的基座。

小苏格拉底　它们拥有什么共同的名字?

　　客人　我应该说"运输器"——生产这样的东西是木工、陶工或造车工的事,而不是政治家的事。

　　小苏格拉底　我明白了。

B　　**客人**　我们的第四类事物是什么?我们必须区分出与前面三类事物不同的第四类事物,我们在给纺织下定义的时候提到的大部分事物都属于这一类——所有的布、大部分武器装备、所有的墙、所有在城市周围用土石筑起来的防护设施,以及其他许多同类事物。所有这些事物都起着防护的作用,所以整类事物可以很好地称为"防护物"。提供这些东西在大部分情况下是建筑工和纺织工的事,而不是政治家的事。

　　小苏格拉底　当然。

C　　**客人**　我们是否也要同意有第五类事物,把所有关于装饰、绘画、造型的技艺全部包括在内,这些技艺生产艺术形象,有些是视觉艺术,有些是听觉艺术,比如诗歌和音乐?所有这些技艺生产出来的东西都只是为了提供快乐,全都可以恰当地归为一类,用一个名称来表示。

　　小苏格拉底　什么名称?

　　客人　我们称之为"娱乐品",难道不是吗?

　　小苏格拉底　是的,那又怎样?

　　客人　那么就是这个名称,我们可以把它用来指称整个一类技艺的产品。它们都不具有严肃的目的,而仅供人们玩赏。

D　　**小苏格拉底**　我想我也明白这一点。

　　客人　现在考虑一下为我们刚才讨论的技艺提供原料的技艺。这类技艺所包含的种类非常多样化。这类技艺中的某种技艺也经常会有多种产品,而这种技艺本身却又是非常原始的。我们要不要给这第六类技艺命名呢?

　　小苏格拉底　你心中想的到底是什么技艺?

客人 我想的是生产金、银以及各种矿产的技艺、由伐木工和锯木工完成的所有先驱性工作的技艺，为制造木器和编织篮筐提供原料、制革匠剥取动物皮的技艺，还有剥取植物皮的技艺，以及与此相关的各种技艺，比如制作软木、纸莎草纸、绳索的技艺。所有这些技艺生产各种主要的原材料，用这些原材料我们可以生产供我们使用的比较复杂的用品。让我们一般性地描述一下这一类事物，它们是"经过初加工但尚未制成具体物品的基本原材料"，这类事物的生产显然与国王的技艺无关。

小苏格拉底 对。

客人 我们总算说到获取食物以及其他可以为身体吸收并有助于身体健康的东西了。我们把这类事物称作第七类，并称之为"滋养物"，除非我们可以找到更好的名字。提供"滋养物"的任务可以归于耕作、打猎、体育、医药、烹饪，或屠宰的技艺，而不会是政治技艺的事。

小苏格拉底 当然。

客人 我认为，上述七类事物已经列举了人所实际拥有的各类事物，只有驯服牲畜没有提到。我要重复一下这个序列，请你们注意听。"初加工的原材料"确实应当放在第一位，然后依次是工具、器皿、运输器、防护物、娱乐品、滋养物。我们可以忽略某些不太重要的类别，因为这些类别可以归入这些主要类别之一或分别归入几个主要类别。例如，硬币、图章、各种雕刻的骰子。这些事物并不构成一个重要的类别。它们有些可以归入"娱乐品"，有些可以归入"工具"，我们没有必要硬把它们当作一个类别，而应当把它们分别归入不同的类别。至于驯养除奴隶以外的牲畜，显然属于我们前面已经分析过的哺养畜群的技艺。

小苏格拉底 是的。

客人 那么剩下还没有提到的是奴隶和各式仆役这一类别。

在此，我强烈地怀疑有人可以与国王争夺编织国家之网的权利，就像我们发现纺毛工、梳毛工，以及其他辅助性的工匠想要与纺织工争夺织布的权利一样。从事这些工作的技艺由于其目的是"辅助

D　性的"，因此可以伴随我们刚才已经列举过的技艺，但这样一来这些技艺也就与国王统治国家的技艺严格地区分开来了。

　　小苏格拉底　看起来似乎是这么回事。

　　客人　那么让我们来考察剩下的人，接近他们，以便就近更加有效地检验他们。

　　小苏格拉底　让我们就这样做吧。

　　客人　从我们这个新的角度出发，我们发现范围最广的一种仆人所处的生活处境和他们的追求与我们预期的极为不同？

　　小苏格拉底　你指的是什么人？

E　　**客人**　那些通过买卖而变成奴隶主的私产的人。如果我们把这样的人称作奴隶，认为他们不可能从事任何部分的统治技艺，那么没有人会对我们的说法发起挑战。

　　小苏格拉底　这是确定无疑的。

　　客人　那些拥有人身自由的仆役又怎样？在这样的仆役中，有些人出于自己的意志，愿意为我们提到过的各种匠人提供劳役，也就是说有一种系统的换工制度，为他人从事农业或制造业的劳动，以保持他们之间的经济平衡，是吗？他们中也有一些人就在市场上自己的家里工作，但另一些人是商贩，经由陆路或海路从一个

290　城邦流动到另一个城邦。他们以钱易货或以钱易钱。我们称这些人为兑换银钱者、商人、投机家、商贩。我们不能说这些人涉及政治领域，对吗？

　　小苏格拉底　如果说他们涉及政治，那倒怪了——他们涉及的是商业。

　　客人　他们确实不涉及政治。你可以放心，那些为了挣钱而

受雇于他人的人、那些干一天活挣一天工钱而准备受雇于任何雇主的人,他们决不会大胆地宣称自己拥有一部分统治的技艺。

小苏格拉底　当然不会。

客人　但还有一些人提供其他一些服务。

小苏格拉底　什么样的服务?你指的是什么人?

客人　传令官和书记员,由于长期从事这些工作,他们有着很强的能力,还有某些非常能干的公务员,为那些当选的官员从事各种性质的行政工作。我们该怎样称呼他们呢?　B

小苏格拉底　就用你刚才的那个说法好了——公务员,但他们不是在国家中行使独立权力的统治者。

客人　我要说的是,国王的统治技艺在此受到严重的挑战,不得不显示其自身的性质,我这样说并非是在梦中欺骗自己。但我们竟然要在奴仆这一类别中观察这些人,这真是太奇怪了!　C

小苏格拉底　是很奇怪。

客人　现在让我们把那些还没有考察过的人拎出来。首先是那些占卜师,他们担负着一种特殊形式的使命。因为,我们难道认不出他们提供的服务就是把诸神的旨意向凡人作解释吗?

小苏格拉底　是的。

客人　其次是那些祭司。按照正统的看法,他们懂得如何以一种令神愉悦的方式把凡人的礼物献祭给诸神,他们也懂得如何以正确的形式祈祷,恳求诸神赐福给我们。这两种专门活动都是宗教仪式的组成部分,难道不是吗?　D

小苏格拉底　是的,看起来是这样的。

客人　说到这一步,我想我们终于逼近我们要寻找的目标了。祭司和占卜师有着重要的社会地位。由于他们从事的工作很重要,因此他们得到人们的敬重。埃及的情况可以说明这一点,在那里,一个人如果不属于祭司阶层就不能做国王,如果一个其他阶层　E

的人成功地用他的方式强行取得了王位,那么随后他也必须被立为祭司。我们也可以在许多希腊城邦中看到,代表城邦举行最重要的献祭活动是城邦主要官员的职责。雅典就是一个典型的例子,因为我知道举行国家传统的最庄严的祭祀活动是执政官的职责,命运指派他们担任"国王-执政官"(King - Archon)。①

小苏格拉底　是这样的。

291　　**客人**　很好,我们必须仔细研究这些由命运指派的国王和祭司,以及他们举行宗教仪式时的助手。但我们也必须注意另一群人——这群人事实上数量众多,显然与我们已经区分出来的其他人群不一样。

小苏格拉底　这些人是谁?

客人　这群人非常奇特。

小苏格拉底　怎么个奇特法?

客人　他们是由许多部落组成的一个种族——或者说一眼看
B　去他们好像是这个样子。有些像狮子,有些像人头马,或类似的怪物。有许多是羊人或变色龙,这种野兽擅长变化以便隐匿自己的弱点。他们确实都在以极快的速度改变自己的形体、性格,以混淆视听。是的,苏格拉底,现在我认为自己已经把这些人的身份点出来了。

小苏格拉底　告诉我他们是谁,你似乎看到了什么奇妙的东西。

客人　对,在识别出来之前,他们确实是奇妙的。我突然看到他们时也感到惊讶。他们就好像是在公共生活这个舞台上演出的
C　演员,突然听到这些演员奇怪的呼喊,真不知他们要干些什么。

---

①　古希腊人经历过王政时代,由国王统治,后来演变为由民选的执政官掌权,执政官音译为"阿康"。

小苏格拉底　这些演员是些什么人？

客人　他们是所有智者中最有魔力的人，是最擅长行骗这门技艺的权威。这样的扮演者很难与真正的政治家和国王区分开来，但若想要清楚地看到我们正在寻找的国王，我们就必须努力加以区分，把这些假冒者找出来，扔在一边。

小苏格拉底　行，我们一定不能放弃我们的探索。

客人　我同意你这样说。现在请回答我的问题。

小苏格拉底　什么问题？

客人　根据我们的了解，君主政制不就是有可能存在的统治形式之一吗？　　D

小苏格拉底　是的。

客人　在君主政制之后，人们自然会提到由少数人行使权力的统治体制。

小苏格拉底　是的。

客人　那么第三种类型一定是多数人的统治——叫做民主政制。

小苏格拉底　当然是了。

客人　上述类型就是三种最主要的体制，如果加上从中演化出来的两种类型，三种不就变成五种了吗？

小苏格拉底　这两种是什么政制？

客人　如果我们考虑到接受统治是强制的还是自愿的，是由　　E穷人还是富人实行统治，是依法治理的还是无视法律的，那么我们发现三种主要体制中的两种实际上具有两重性，可以被划分。君主政制可以分成两种，分别称作僭主政制和君主立法的政制。

小苏格拉底　是的。

客人　由少数人掌权的政制也能作同样的划分，分成贵族政制和寡头政治。

小苏格拉底　没错。

292　　**客人**　关于民主政制,我们一般不改变它的名称。无论这种政制是通过民众用武力控制有钱人而建立起来的,还是根据多数人的意愿建立的,也无论它是否严格地依法治理,民主政制还是被称作"民主制"。

小苏格拉底　没错。

客人　如果是这样的话,那我们该怎么办呢? 我们应该想象这些制度中的任何一种都是一种"真正的"体制吗? 因为我们判断它们的惟一标准就是某种政制是由一个人来统治,还是由少数人来统治,还是由多数人来统治,而无论它是由穷人还是由富人来统治,它的统治建立在强迫的基础上还是自愿的基础上,它是否缺少法典。

小苏格拉底　有什么东西在阻碍我们按这样的标准把它判定为真正的政制?

B　　**客人**　请你试着跟上我的思路, 这样你就会看得比较清楚了。

小苏格拉底　你的思路是什么?

客人　我们要遵守我们最初的论证结果,还是打算反对这个结论?

小苏格拉底　你指的是哪一个论证?

客人　我们不是确定过,统治的技艺是多种科学之一?

小苏格拉底　是的。

客人　我们还进一步同意,它是一种具体的科学。从所有科学中,我们选择了判断性的科学,更准确地说,是指示性的科学。

小苏格拉底　我们同意过。

C　　**客人**　按照指示的对象我们又把指示性的科学分成支配无生命物的部分和支配生命物的部分,并且按照这种再划分的程序达到我们现在这个地步,我们没有忽略这样一个事实,政治家的技艺是一种知识的形式,但我们至今为止还不能准确地说出它是哪一种形式的知识。

小苏格拉底　你说得很对。

客人　那么我们明白了,判断一种政制的真正标准一定不能是由少数人统治还是由多数人统治,是强制的还是自愿的,统治者是贫穷的还是富裕的,是吗?如果要和我们前面的结论保持一致,这个标准必定是有没有一门指导性的统治技艺?

小苏格拉底　是的,我们必须遵循已有的结论。　　　　D

客人　那么我们必须按照这个思路思考这个问题。如果说我们在这些政制的真实运作中找到统治的技艺,那么它属于哪一种政制呢?比较难学的是什么技艺?什么技艺对我们比较重要?我们必须弄清它是什么,以便能够决定应当把哪些公众人物与真正的国王区别开来、清除出去,这些公众人物赢得了民众的信任,使人们相信他们是政治家,但实际上他们并不是。

小苏格拉底　我们确实必须这样做,因为这正是我们讨论所要达到的目的。

客人　你认为在某个具体的城邦里,可以有很多人获得政治　E
家的技艺吗?

小苏格拉底　这几乎是不可能的。

客人　这样说吧,在一个一千人的城邦里,会有一百人能够满意地获得这种技艺吗——一百人不行,五十人总行了吧?

小苏格拉底　如果有那么多人可以获得,那么政治家的技艺是一种最容易的技艺。我们很清楚,在一千位居民中决不会出现五十名一流的跳棋手——也就是说,哪怕仅在所有希腊城邦的范围内,也是这样。既然如此,你还能指望在一千人中找到五十名国王吗!因为按照我们前面的论证,只有拥有国王的统治技艺的人才可称作国王,而无论他实际上有无掌握王权。

293　　　**客人**　你非常正确地作了回顾。我认为,如果能在这个世界上找到纯粹形式的统治技艺,那么我们要是能找到一两个人拥有这种技艺就不错了,或者说,顶多只有极少数人能够拥有这种技艺。

　　　　小苏格拉底　是的。

B　　　**客人**　按照这个原则,我们只把拥有这种技艺的这个人或这些人当作统治者来看待,而无论他们的统治采取哪种形式的政制。他们的臣民是否自愿都没有什么关系,他们的统治有没有法典也没有什么关系,他们自己是穷还是富更没有什么关系。医生也有这种情况。我们不会按照我们接受开刀和烧灼术的自愿程度来评价医生的医疗水平。无论医生是否按确定的处方治疗,无论他们是穷还是富,医生仍旧是医生。只要他们能够科学地掌握我们的健康状况,那么无论他们用什么方法让我们变瘦或变胖,他们都仍旧是医生。惟一基本的条件是他们的行为对我们的身体有好处,他们的目的是使我们的身体健康而不是使之患病,他们要在各种
C　情况下以治疗者的身份处理人们的各种不适,保全他们的性命。我们必须坚持,在这种不以谋利为目的的科学能力中,我们看到了医疗这门技艺的真正权威性的突出标志——就像其他领域中的真正权威一样。

　　　　小苏格拉底　是这么回事。

　　　　客人　那么最卓越的政治体制,惟一配得上这个名称的政制,其统治者并非是那些特意要显示其政治才干的人,而是真正科学地理解统治技艺的人。所以我们一定不要考虑任何一种所谓健全
D　的判断原则,看他们的统治是否依据法律,看被统治者是否自愿,或者看统治者本人是贫穷还是富裕。

　　　　小苏格拉底　不要。

　　客人　那么,为了净化城邦,使其健康发展,统治者可以处死某些公民或流放他们。他们也可以向海外派遣殖民团体以削减公民人数,就像给蜜蜂分出新的蜂群,或者从其他城邦把居民弄来,使他们归化本国,以增加本国公民的数量。只要他们按照基本正义的原则合理地工作,以尽可能改善国家生活为目的,那么按照我们的标准,我们就应当称他们为真正的政治家,只有在他们的统治下国家才能得到良好的治理,才会有真正的政治体制。我们还要　E进一步说,其他所有被称作政制的国家组织都不是真正的,而是一种仿制品,是对真正的政制的模仿。那些所谓有法可依的政制要模仿得好些,而其他政制或多或少模仿得很笨拙。

　　小苏格拉底　先生,你的其他言论似乎都很适度,但你提到的没有法律的统治却令人费解。

　　客人　苏格拉底,这一次你跑得稍微快了一点! 我正想对你　294再作考察,看你是否真的接受了我的看法,或是仍有某些抵触。然而从你刚才讲的话来看,我们不得不马上讨论你指出的问题:一名优秀的统治者能否不要法律而进行统治。

　　小苏格拉底　对,应该讨论。

　　客人　在一定的意义上,国王的统治技艺显然包括立法的技艺。但政治理想对法律并不具有充分的权威,或者倒不如说政治理想对一个懂得国王的技艺和拥有国王的统治能力的人来说具有充分的权威。你知道这是为什么吗?

　　小苏格拉底　我不知道,请你告诉我。

　　客人　法律从来不能签署一条对所有人具有约束力的命令,　B这条命令能使每个人处于最佳状态,也不能精确地规定社会每一成员在任何时刻都知道什么是好的,怎样做是正确的。人与人之间有差异,人的行为有差异,人的经历各不相同,由此造成的不稳定使得无论何种技艺,无论何种统治,想要在所有时候良好地处理所有问题都是不可能的。我想,这些看法我们可以同意吧?

　　小苏格拉底　我们必须同意。

　　客人　但我们实际上看到,法律总是想要签发诸如此类的规
C　定。就好像一个一厢情愿的、无知的人,不允许别人做任何事,只
能做他允许做的事,还禁止人们对他的命令提出质疑,哪怕出现某
些比他立下的法规更好的东西也不行。

　　小苏格拉底　对,法律就是以这种方式在对待我们。

　　客人　那么,用那些始终保持一致的、不变的东西来处理多变
的事物不可能获得满意的结果。

　　小苏格拉底　我担心,确实不可能。

　　客人　既然法律不是一种理想的控制手段,为什么还要有一
D　个法律的体系呢? 我们必须寻找理由,说明法律体系是必要的。

　　小苏格拉底　我们必须这样做。

　　客人　你们雅典也像其他城邦一样有训练课程,让学生们接
受训练,为他们参加跑步这样的体育竞赛做准备,是吗?

　　小苏格拉底　当然。我们有许多这样的课程。

　　客人　让我们回想一下那些职业教练员是怎样向接受训练的
学生发布命令的。

　　小苏格拉底　在什么特别的方面?

　　客人　这些教练会认为,他们不可能给每个学生发布具体的、
E　适合他们每个细节的命令。当他们为体育锻炼制定规则时,他们
发现自己必须发布一些比较普通的指示,以适合所有学生的一般
利益。

　　小苏格拉底　是这样的。

　　客人　正因为如此,所以我们发现他们要所有学生进行相同
的训练,在他们跑步、摔跤,或做其他运动时,让他们同时开始,同
时结束。

小苏格拉底　是的。

客人　同样的道理,我们必须期待立法者向整个社团发布命　295
令,但由他制定的那些涉及权力和契约性义务的法律针对整个社
团,而不是绝对精确地针对每个个人。

小苏格拉底　要精确地针对每个个人作出规定是不太可能
的。

客人　我们发现,他是在一种一般的处境下制定法律的。所
以他是在为所有个别的公民立法,他使用的方法可以说是"粗略
的",无论他是在制定一部成文法典,还是在依据祖宗的不成文法
废除这样的法典。

小苏格拉底　对,他这样做是对的。

客人　他当然做得对,苏格拉底。立法者怎么可能一辈子坐　B
在每个人边上,给他们规定做什么事,告诉他们怎么做呢? 如果在
那些真正拥有统治技艺的人中间有某位统治者有空对个人作这种
具体的指导,那么他几乎不会用我们正在批评的这种法典堵自己
的路。

小苏格拉底　先生,依照我们已经说过的话,你这样说是合理
的。

客人　苏格拉底,我倒宁可说,依照我们将要说的话这样说是
合理的。

小苏格拉底　什么话?

客人　让我们这样想,如果一名医生或教练需要有很长一段　C
时间离开他的病人或学生去国外旅行,那么这位医生很可能会担
心他的病人把他的医嘱给忘了,这位教练也会有类似的想法。在
这些情况下,他们各自都想要留下一些书面的备忘录,提醒病人或
学生记住他们的命令,——你难道不这么想吗,苏格拉底?

小苏格拉底　先生,我确实会这样想。

客人 那么好,现在假定我们的医生没有在国外呆那么长时 D 间,而是提前回到病人身边来了。如果他的病人正巧由于气候的 原因,或者由于其他某些不寻常的原因,比以前好多了,那么他还 会犹豫不决地用不同的处方代替原来那张处方吗?他会感到这是 自己的职责,必须顽固地坚持原先的处方,不作任何改动,是吗? 他会拒绝开一张新处方,或谴责那些不按他开出的处方行事的病 人吗?他宣布所有这样的行为都是错误的,因为在先的那些处方 出自真正的医学典籍,违反典籍的所有做法都与医学对抗,必然导 致疾病,这位医生会这样做吗?在与某一门科学相关,在有一种真 E 正的技艺运作的情况下,这样的宣称肯定只会使宣称者以及他所 珍视的处方成为极端荒谬可笑的东西。

小苏格拉底 对,确实会发生这种情况。

客人 那么让我们来想象一下科学的立法者。假定他依据成 文的法典或在不成文的习俗的支持下,规定了什么是正义和光荣, 什么不是正义和光荣,什么对社会有益,什么对社会有害。假定他 为几个人类共同体提供了这种服务,而这些人住在自己的城市里, 就像生活在赐予他们的牧场中一样,接受牧者对他们的抚养,而这 种抚养是依据法典进行的。如果这个人依据统治的技艺制定了他 自己的法典,想要修正原先的法典,或者说有另一个与他同类的科 学的立法者也出现在这一场景中,那么他们想要实施与先前法典 296 不同的法律会受到禁止吗?对这位立法家来说,这样的禁止肯定 是荒唐的,就像我们前面所说的医生的情况一样,难道不是吗?

小苏格拉底 当然荒唐。

客人 但是你熟悉面对这种争端人们通常会提出来的进一步 的论证吗?

小苏格拉底 不熟悉,不管怎么说,我现在一下子想不起 来了。

客人 我向你保证,这个论证看起来似乎很有道理。他们说,如果有人发现了一些比原有法律更好的法律,那么他有责任使这些更好的法律生效,但他只能首先说服他自己的城邦接受这些法律,舍此别无他途。

小苏格拉底 这样说有什么不妥?这个论点肯定是健全的。

客人 也许是吧,但请你回答我的问题。假定这个人无法说服他的城邦接受他的法律,于是他就强迫他的城邦接受,我们该用什么样的名称来指称这种强迫呢?噢,不,你先别回答这个问题,因为还有其他一些问题需要先回答。

小苏格拉底 哪些问题?

客人 请你再次考虑一下处在医生治疗下的病人的情况。假定有个医生医术高明,但却无法劝说病人接受治疗,再假定他强迫一个患病的孩子,或者男人和女人,接受有益于身体健康的治疗,但却违反了书面的规定。我们该把这种强迫称作什么呢?无论我们决定怎样称呼它,我们也不能称之为"违反真正医学的罪恶"或"破坏健康法"。而被迫接受治疗的病人最后会想到的也的确是,这位医生的行为违反了优秀的医学,使他的病情加重。

小苏格拉底 你说得很对。

客人 那么我们用什么名称来称呼"反对真正的政治家的技艺的罪恶"呢?难道不能称之为"卑鄙"、"邪恶"和"不公正"吗?

小苏格拉底 当然可以。

客人 那么对这些公民我们该怎么说呢,他们被迫去做与成文法和祖传习俗相反的事,而且做得并不比在传统权威指导下做得更公正、更有效、更高尚?我们又该如何对待处于这种强制性的境况下的公民提出的批评?有件事情他们一定不能说,除非他们希望自己显得极端荒谬可笑。他们一定不能肯定地说自己在那些人的强制下被迫承受耻辱、不义和邪恶。

小苏格拉底　没错。

客人　如果强制者是富人,那么这种强制是正确的,如果强制者是穷人,那么这种强制是错误的,情况会这样吗? 事实上,无论有没有说服,无论是富还是穷,无论是依照法典还是违反法典,统治者的所作所为确实都是有益的。这就是问题的关键,如果统治者明白这一点,那么他们会统治得很好,这是对一个社团中的良好统治的惟一考验和原则,睿智而又公正的统治者将依据这一原则管理他的臣民的事务。一艘船的船长在任何时候都会把他的精力集中在为这艘船和水手们谋取真正的利益。他并没有制定什么书面规则,但却通过实际运用他那适用于航海的知识而提供了一套行为准则。以这样的方式,他保全了他那条船上的所有人的性命。如果统治者真的明白所谓统治就是运用他们的技艺作为一种比成文法更加强大的力量去谋取幸福,那么一个真正的政治体制不就可以建立起来了吗? 只要统治者具有这种健全的心灵状态,只要他们能够坚定地遵循这个伟大的原则,他们就不会犯什么错误,这个原则就是:在理智和统治技艺的指引下,始终大公无私地、公正地对待他们的臣民。这样的话,他们不仅能够保全臣民的性命,而且也能在人性许可的范围内改造臣民的性格。

小苏格拉底　不管怎么说,你这番话是无法反驳的。

客人　我这番话是无法反驳,我前面那番话同样也无法反驳。

小苏格拉底　你指的是哪番话?

客人　你记得我们说过这样的话,无论什么样的社团都不会有许多人得到上苍的恩赐而拥有政治智慧和统治能力,而这种统治能力必然由纯粹理智伴随着。只有在被选的少数人身上或在受上苍启迪的个人手中,我们才能找到政治权力的正确实施,而这种政治权力本身就是一种真正的体制。我们必须把其他所有体制视为仅仅是对这种真正体制的模仿。有些模仿比较完善,有些模仿比较粗糙和较为不妥。

小苏格拉底　你这样说到底是什么意思？因为我得承认，我不太明白你讲的这些"模仿"到底是什么意思。

客人　我必须让你明白。如果引发了讨论，而又在还没有揭露与之相关的仍在盛行的错误之前就放弃讨论，那么这是一个很严重的错误。

小苏格拉底　什么错误？

客人　我们正在寻找这个错误，尽管与之相关的研究基础是我们所不熟悉的，并且这个错误也很难发现。我们可以说，只有一种体制是真正意义上的政制——就是我们已经描述过了的这一种。因为其他政制的保存都依赖于对法典的遵循，取决于严格坚守一条规则，我们承认这些东西是需要的，但并不是理想的。

小苏格拉底　这条规则是什么？

客人　任何公民都不能冒险去做任何违反法律的事，如果有人敢这样做，那么他会被处死或受到最严厉的惩罚。如果我们把刚才已经描述过的那种理想搁在一边，那么这种处于第二位的统治才是最公正的和最需要的。现在，我们必须继续说明被我们称作第二位的状态是如何在具体实施中出现的。你认为我们有必要这样做吗？

小苏格拉底　是的，我们必须这样做。

客人　让我们再次返回前面那两个相提并论的事例，我们不断地拿它们来与作为真正的政治家的统治者相比。

小苏格拉底　你指的是哪两个事例？

客人　船长和"比一打人更有价值的"医生，他们已经成了我们的好朋友。让我们为自己描述这样一个处境，在其中他们可以发现自己到底是谁，并能看到自己如何起作用。

小苏格拉底　什么处境？

298　　　**客人**　假定我们全都突然认定,若是落在他们手中,我们都极
有可能成为暴力的牺牲品。你们瞧,每个医生若是愿意的话可以
保全我们中任何人的生命,但他若是愿意也可以用手术刀和烧灼
术来伤害我们,或者索取费用,而实际上并没有什么花费,他们的
收费就好像是征收税款——因为他们收取的费用中只有很小部分
用于医疗,而余下的部分全都用于医生自己及其家人的开销。他
B　们最无法无天的地方是接受病人家属的贿赂,或者接受病人的死
敌的钱,然后把病人置于死地。船长犯有另一套不同的罪恶,但他
们也是极为凶残的。他们会在海上谋财害命,也会把你扔在荒无
人烟的地方,或者他们会让旅客上岸,把船开走——凡此种种还
非他们的全部罪恶。假定我们在心中对医生和船长已经有了这种
看法,然后我们召集议事会开会,并通过一些法规。

　　我们在开会时说,今后不得相信医术和航海术,不得让它们在
C　其领域中行使绝对的控制权,无论是对奴隶还是对自由民。然后
我们决心召集全体公民大会,或者召集所有富人开会。在这样的
场合,无论什么人,无论有无受到邀请,都可以自由地在会上对航
海术和医术提出建议——亦即应当如何恰当地对病人使用药物和
D　外科手术器械,应当如何使用船只及船上的装备,如何搬运器皿,
怎样防范航海的危险,包括风浪的危险和海盗的危险,在海战中则
是行驶战船与敌人作战会遇到的危险。

　　与这些事情相关的法规我们就说到这里。要推行这些法规就
要通过公民大会——你要记得,建立这些法规所依据的意见有些
是医生或船长提出来的,但肯定也有许多意见是非专门人士提出
来的——把它们确立为法律,它们会被刻在木板或石头上,而在某
E　些情况下,这样的法律会成为不成文的祖制。从那以后,医疗和航
海只能按照这些法规和祖制行事。

　　小苏格拉底　这种状态真是妙极了!

客人　我们还没讲完。假如他们进一步决定,每年从公民中抽签选举,任命执政官,无论是仅从富人中选,还是从全体公民中选。一旦得到任命,他们有些就去指挥船只航海,有些就去按照祖传的成文法典治病。

小苏格拉底　那就更糟了!

客人　我们还没讲完——看接下去会发生什么样的事。当这些执政官任期满了的时候,必须建立一个法庭,抽签选举一名法官,可以从富裕公民中间选,他们的名字列在以往历任法官的名单之中,也可以从全体民众中选。卸任的执政官被召到这个法庭上来,对他们的审讯可以旁听。任何人都可以公开指控他们,说他们在执政期间执行航海任务时犯了错误,而他们是按照成文的法律或不成文的祖制航海的。类似的指控也可以针对那些去治病的执政官。如果陪审团裁决他们有罪,那么法庭必须判他们有罪,让他们交付罚款,而他们也必须交纳罚金。

小苏格拉底　是啊,在这种社会里自愿担任公职的人应当承受任何惩罚,交纳可能会强加于他的罚金。

客人　那么还会出现一些错误的行为,我们必须动用法律来加以反对。会有一条法律反对独立研究。如果发现有人违反这条法律,罪恶地研究航海术或医术,——比如研究航海技术、气候对航海的影响、体温,等等,尤其是当他罪恶地就这些事情提出他自己的理论时,那么必须对他采取行动,加以镇压。首先,我们要否定他拥有"医生"或"船长"的头衔。反之,我们必须称他为生活在云雾里的人,是那些喋喋不休的智者之一。其次,任何一位公民把他告上法庭都是合法的——或者在这样的法庭上发生的事都是合理的——指控他腐蚀青年,诱导他们以不合法的方式研究航海术和医术,把自己立为医生或船长。如果发现在他的影响下有青年或成年人违反法律和成文的法规,他就应当受到最严厉的处罚。

299

B

C

因为没有人可以宣称拥有比法律的智慧更加伟大的智慧。没有人
D 会对航海术或医术、航海的规则或健康方面的规则一无所知。有
成文的法典供我们学习,古代的习俗根深蒂固地存在于我们中间。
任何真正想要学习的人都可以学习。

苏格拉底,假定我们现在以这种态度对待所有技艺。你会如
何想象各种形式的统领技艺和狩猎技艺? 处在这种情况下,绘画
和其他表现艺术,或者各种类型的建筑和制造,又将如何? 种地或
任何类型的耕作又会如何进行? 再想象一下严格按照法规养马或
养其他牲畜,或进行占卜一类的活动。如果严格地按照法律下跳
E 棋、做数学题,无论是简单的算术、平面几何、立体几何,还是运动
学方面的题目,那又会是一种什么样的情况? 如果世上万物都按
照这一原则行事,完全按照成文的法典组织起来,而非依据相关的
技艺行事,那么你想这会是一幅什么样的图景呢?

小苏格拉底　显然,我们所知的技艺都将受到禁止,再也无法
复兴了,因为法律禁止一切研究。其结果就会使得现今已经相当
艰难的生活变得不可能,或难以忍受。

300　　　**客人**　是的,还需要考虑有可能发生的进一步退化。假定我
们迫使每一种技艺都依据成文的法典运作,让一位通过选举或抽
签产生的执政官来掌握这门技艺,让他按照法典进行统治。再假
设他无视成文的法典,在野心的推动下随心所欲地凭个人好恶行
事。他走上了一条违反法律的道路,但他的行为却并没有以科学
的知识为依据。如果说前一种状态是邪恶的,那么后一种状态不
是更糟吗?

小苏格拉底　确实更糟。

B　　**客人**　已经制定了的法律代表着一种经验的结果——人们必
须承认这一点。每一项法律都是由于某些人的倡导,他们足够幸
运地使用了正确的推荐方法,说服公民大会通过了这项法律。任

何胆敢违反这项法律的人所犯下的罪恶远甚于违反那些僵硬的法律,因为这样的过失如果得到宽容,那么其作用远甚于用一项严格的法律来颠覆一切有序的活动。

小苏格拉底 是的,它当然会起这样的作用。

客人 那么只要人们执行法律和规范所有生活部门的成文法规,我们次一位的最佳统治方式就是禁止任何个人或团体有任何行为违反这些法律和法规。

C

小苏格拉底 对。

客人 那么法律似乎就是覆盖生活各个部门的那些科学真理的复制品,这些复制品的依据则来自那些真正对这些事务拥有科学真理的人发出的指示。

小苏格拉底 对,当然如此。

客人 然而我们一定不要忽略我们前面说过的真理。有着真知识的人,真正的政治家,会在许多场合允许他的行为被他的技艺所支配,而不是只注意那些成文的法规。每当他相信有某些比他先前写给民众的指示更好的尺度,而他又无法亲自到场控制民众时,他会这样做的。

D

小苏格拉底 是的,我们说过这样的话。

客人 所以,个人或群体拥有法典,但想要对之作某些改变,因为他们作为真正的政治家认为这种变化是一种改进,与遵循法典并不相悖。

小苏格拉底 是的。

客人 但若他们这样做了,但他们的心灵却没有经受知识的启迪,那么他们确实就会尝试着模仿真实的原本,但会模仿得很拙劣。但若他们拥有科学的知识,那么他们要实施的就不是模仿,而是我们正在谈论的真正的、首创的政治家的技艺了。

E

小苏格拉底 对,或者说我应当说对。

客人　但我们已经论证并同意不会有大量的人获得某一门技艺,你现在还要这样想。

小苏格拉底　这是我们一致同意的结论。

客人　假定有一种国王的统治技艺,那么富人团体或全体公民就决不能获得这种科学的统治技艺。

小苏格拉底　他们怎么可能呢?

客人　由此似乎可以推论,如果那些模仿性的政制要想尽可能建构一种真正的体制,由一名真正的政治家用真正的政治技艺来实行统治,那么他们就必须服从一种单一的统治。他们全都必须严格遵守他们已经立下的法律,决不违反那些成文的法规或已有的民族习俗。

301

小苏格拉底　没错。

客人　当富人寻求模仿这种理想的政治体制时,我们称这种政制为"贵族政制",但若他们无视法律,他们的政制就被造就为"寡头政制"。

小苏格拉底　我想是这样的。

客人　但当一个人模仿真正聪明的统治者,依据法律进行统治时,我们称他为"国王"。至于他是在政治科学的指导下实施统治,还是在正确意见的指导下按法律行事,在名称上没有什么区别,我们都称之为国王。

B

小苏格拉底　似乎如此。

客人　所以,如果确有这样一位真正聪明的统治者在实施统治,那么他的名字无疑是相同的——"国王"——而不可能是别的什么名字。所以我们现在加以考虑的政治体制的名称的总数只剩下五个了。

小苏格拉底　看起来是这么回事。

客人　但是等一等,有一个统治者既不按法律行事,又不按祖

制行事,而是错误地声称自己作为一名真正聪明的统治者有权宣　　C
布任何事情,并且说蔑视成文法典而为所欲为是"最好的"统治办
法,如果出现这种情况又是怎么一回事呢? 如果事实上他是在他
的欲望和无知的引导下试图模仿真正的政治家而去违反法律,我
们也一定不能把他,或把与他相同的人,称作僭主吗?

小苏格拉底　这无疑是可以的。

客人　所以,我们就有了僭主和国王,然后,当人们改变了观
念,不再坚持由一位真正科学的统治者来统治以后,就产生了寡头
政制和贵族政制,此后又产生了民主政制。人们怀疑是否有任何
人足以承担如此完善的统治。最后,人们绝望了,因为找不到任何
人愿意并能够实施合乎道德和理智的统治,极为公正地对待每个　　D
人。人们确实感到,这样一位拥有绝对权力的人一定会运用他的
权力来伤害他的私敌,把他们都铲除掉。但若我们描述过的理想
的统治者在世上出现,那么我们仍旧应当拥戴他的统治,而他也会
把时间用于治理这个真正的共同体,这是世上惟一配得上共同体
这个名字的国家,那里有着最严格的公正和最完善的幸福。

小苏格拉底　当然会这样。

客人　然而,我们还要实事求是,与蜂群产生蜂王那样的自然
过程不同,国王并不会以这种自然的方式在城邦中产生——他的　　E
身体和心灵都格外卓越,马上就能掌管各种事务。因此,人们只好
聚集起来,制定成文的法律,尽快追踪那正在逝去的真正的政制。

小苏格拉底　看起来是这样的。

客人　那么,从我们这些仿效而来的政制中产生了大量的邪
恶,今后还会有更多的邪恶产生,又有什么值得惊讶的呢? 这些政
制全都依照法律和习俗行事,却无真正科学的真知灼见,这样的基
础是不牢固的。用另一种技艺对这样的基础施加作用,显然就会　　302
毁灭这些政制试图建立的一切。比这些不断作乱的邪恶更显著的

事情是一个城邦或多或少总会拥有一些天生的力量。我们知道，我们所有的城邦已经有无数个世代受困于这些邪恶，但仍有一些城邦没有毁灭，仍旧坚强地挺立着。然而，我们也看到许多国家就像沉船一样覆灭。这些船过去就有许多裂缝，今后肯定也会出现新的裂痕，是由船长和其他水手的邪恶引起的。他们是罪人，他们的罪就是极端的无知。他们对真正的政治方面的真理知之甚少或一无所知，然而却认为自己从头到尾都知道，以为自己在这种技艺方面所受的教育比其他任何人都要好。

小苏格拉底　你说得非常正确。

客人　在所有这些不完善的政制中生活都是困难的，但我们可以问自己，哪一种政制下的生活最难忍受，哪一种政制下的生活最能容忍？尽管这个问题与我们既定的主题并无直接关联，但我们也许不得不加以考察，对吗？我们毕竟要记住，一般说来，人们在任何地方的一切行为都是为了确保自己能够过上一种最能忍受的生活。

小苏格拉底　要想不考虑这个问题是不可能的。

客人　那么就这三种政制来说，你认为在哪一种政制下生活最艰难，在哪一种政制下生活最容易？

小苏格拉底　你这话是什么意思？

客人　我刚想要提醒你，在这段辅助性的讨论一开始，我们列举过三种政治形式——由一个人统治、由少数人统治、由多数人统治。

小苏格拉底　我们是这样说过。

客人　让我们把这三种形式再分别分成两部分，这样我们就有了六种形式，再加上我们最先区分出来的有别于其他一切政制的那种真正的形式，把它称作第七种。

小苏格拉底　这三种形式怎么个分法？

客人　把由一个人统治的形式分成君主政制和僭主政制；从　　D
由少数人统治的形式，我们说过，可以分出繁荣的贵族政制，还有
寡头政制。至于把民主政制分成两部分，尽管我们在前面用一个
名字称呼它的两种形式，但我们现在必须把它当作双重的。

小苏格拉底　这是怎么回事？怎么个分法？

客人　尽管"民主制"这个词已经起着双重作用，但我们还是
要按照相同的标准对它进行划分。而在民主政制之下也可以像在　　E
其他政制中一样依据法律进行统治。

小苏格拉底　是的，是这样的。

客人　我们说过在前面就把民主政制分成两个部分是没有用
的，因为我们当时寻求的目标是想要界定一种完善的政制。然而，
我们现在已经把这种完善的政制排除在外，并断定其他的政制才
是有可能出现的政治形式。因此，我们也就可以在这一组政制中
依据遵循法律进行统治还是违反法律进行统治把每一种统治分成
两部分了。

小苏格拉底　就刚才所说的来看，似乎是这样的。

客人　由一个人进行统治，并且这种统治能够保持在法律的
规则中，也就是说依据被我们称作法律的成文法则来治理，那么这
种统治是所有六种统治中最优秀的。但若不依据法律来统治，那
么这种统治是最糟糕的，人们在这种统治下承受着最大的悲伤。

小苏格拉底　看起来是这样的。

客人　至于由少数人进行的统治，正像"少"位于一与多之间　　303
一样，我们必须把这种由少数人进行的统治视为在善恶两方面都
居于中间位置的一种政制。由多数人进行的统治在这两方面都是
最弱的，与另外两种统治形式相比，它不能实施真正的善，也不会
犯下任何严重的罪恶。这是因为，在一种民主政体中，权力在众多
的统治者中划分成很小的部分。因此，如果三种统治形式都依照

B 法律进行统治,那么民主制是最糟的,但若三种统治形式都不依照法律进行统治,那么民主制是最好的。故此,如果三种统治都不遵循法律,那么最好还是生活在民主制中。但若这些政制都循法有序,那么民主制是最不可取的,而君主制作为六种政制中的第一种,生活于其中是最好的——除非第七种政制有可能出现,我们必须高度赞扬这种体制,就像位于凡人中的神,这种体制高于其他所有体制。

小苏格拉底 你这样一说,事情也就清楚了,所以我们必须接受你的建议,照你说的去做。

C **客人** 至此,我们已经把所有实施这些统治形式中某一种统治的人——依据真正知识进行的统治除外——与真正的政治家区别开来了。这些人不是政治家,而是党派领导人和虚假的政府领导人,他们本人就像他们的体制一样虚假。他们是最高明的模仿者和骗子,因此他们也是所有智者中最大的智者。

小苏格拉底 在我看来,我们的讨论绕了一大圈,现在智者这个头衔倒最适合用来称呼那些政治领导人。

D **客人** 是的,这场露天表演确实就像那些怪模怪样的人头马或羊人,把它们的真相显露出来了。花了那么大的气力,我们终于成功地把它们与真正实践政治家技艺的人区分开来了,这是我们必须做的。

小苏格拉底 没错。

客人 还有另一个任务有待完成,要把这种人区分开来甚至更加困难,因为他们与国王更加相似,这类人本身也更难看清楚。在我看来,我们已经到了关键时刻,必须像炼金者那样行事。

小苏格拉底 为什么会是这样?

E **客人** 我们知道,炼金者的第一步工作是把泥土、砂石以及其他杂质与金矿分开。当这些杂质都去掉了,剩下的就是那些宝贵的矿石,要从中炼出金子来,只能用炼金炉,我想,提炼铜和银,有时候提炼金刚石,也是一样的。① 只有通过艰难的冶炼,才能将纯金提炼出来。

小苏格拉底 是的,人们提到冶炼过程时是这样说的。

客人 看起来我们处于相类似的处境中。我们已经把那些与政治家的技艺极为不同的成分区分出来了,这些成分与政治家的技艺是毫不相干的、不相容的,但经过这一步后,仍旧有一些与之非常相近的宝贵的成分留下来。这些成分包括将军的技艺、法官的技艺,以及与国王的技艺密切相关的公开演讲的技艺。这种技艺用于规劝人们正义地行事,并分担统治一个真正的社团的职责。我们如何才能把这些技艺也和政治家的技艺最恰当地区分开来,以便把政治技艺的最基本性质揭示出来呢? 毕竟,这是我们当前要实现的目标。

小苏格拉底 我们显然要用这样或那样的办法去尝试。

客人 如果尝试就能解决问题,那么政治家的真正性质应当能够被揭示出来。音乐将为我们提供一个例证,有助于完成我们的任务。我想从向你提问开始。

小苏格拉底 你有什么问题?

客人 有学习音乐或其他任何技艺的原则这种东西,你说有没有?

小苏格拉底 有。

客人 我们愿意承认有一种处于更高层次上的技艺也和这种获得具体技艺的过程相关? 这种技艺的本分是决定我们要不要学习某种具体技艺。

小苏格拉底 是的,我们将证明这种处于更高层次上的技艺

① 柏拉图在《蒂迈欧篇》59B 处把金刚石定义为黄金的一个分支。

是存在的。

客人 那么我们还必须同意,这门技艺有别于其他所有处于较低层次上的技艺。

小苏格拉底 对。

C **客人** 这两种不同层次的技艺就没有优先性问题了吗? 再说,如果有优先性问题,那么必定是较低层次的技艺控制较高层次的技艺,或者较高层次的技艺指导或控制较低层次的技艺?

小苏格拉底 较高层次的技艺应当控制较低层次的技艺。

客人 那么你决定了,那门决定我们要不要学习某种技艺的技艺必须控制实际教我们学习技能的技艺。

小苏格拉底 是的,确实如此。

客人 那么以同样的方式,那门决定是不是有必要进行规劝的技艺应当控制规劝这门技艺本身的运作。

小苏格拉底 无疑应当如此。

客人 用讲故事的方式而不是用发布指示的方式说服大批民
D 众,这项任务我们必须归于哪一门技艺?

小苏格拉底 我应当说,这显然是修辞学的领地。

客人 那么在具体的情景中决定是否有必要开始规劝,或者要不要使用强制手段来反对某些人,或者不采取任何行动才是正确的,这样的功能我们必须指定给哪一门技艺?

小苏格拉底 能教导我们如何作决定的技艺就是那门控制修辞学和演讲术的技艺。

客人 我认为,这种活动只能是政治家的,而不是其他人的。

小苏格拉底 好极了! 确实如此。

客人 看起来演讲术很快就能与政治家的技艺区分开来了。
E 演讲术与政治家的技艺不同,但它起着辅助性的作用。

小苏格拉底 是的。

客人　现在我们必须考虑另一种技艺的功用。

小苏格拉底　什么技艺？

客人　请你想一想军事战略方面的决策，要不要向敌国宣战。对这种技艺我们该怎么说？我们应当说做这样的决策不受任何技艺控制，还是说它肯定与某种技艺有关。

小苏格拉底　我们怎能说这样的梦话，说它与技艺无关？在这个方面，统帅的技艺和所有战争技艺都在这个领域起作用？

客人　但是，拥有知识和能力，可以对究竟以战争还是以和平的方式解决争端做出合理决定的这门技艺是什么？它就是统帅的技艺，还是属于另一种技艺？

小苏格拉底　为了与我们前面的论证保持一致，我们需要说它是另一种不同的技艺。

客人　如果我们这里的观点要与前面涉及修辞学时的观点一致，那么我们必须认为这种技艺控制着统帅的技艺？　　305

小苏格拉底　我同意。

客人　除了真正的国王的技艺，还有什么技艺我们可以尝试着把它推上王位，作为这种强大而又可怕的技艺的统治者呢？

小苏格拉底　没有了。

客人　因此我们一定不要把将军们实施的技艺说成政治家的技艺，因为我们已经证明它是政治家的技艺之仆。

小苏格拉底　显然应当如此。

客人　现在让我们来考察另一种技艺，想一想做出公正判决　　B 的法官们的活动。

小苏格拉底　务必如此。

客人　这种技艺的领域会扩展到公民之间的契约性义务吗？它必须在这个领域活动，按照既定的标准判断什么是正义的，什么是不正义的，这些标准被包含在由立法者国王确定的合法统治之

中。这种技艺通过这样一些行为来显示自己特有的德行:它对相
C　互冲突的要求做出公正的决定,它拒绝违背立法者确定的法律,它
不会由于贿赂和恐吓而放弃自己的原则,它完全超越个人之间的
友谊或敌意来考虑问题。

　　小苏格拉底　是的,是这么回事。先生,你已经成功地解释了
法官的功用和义务。

　　客人　那么我们发现法官的权力比国王的权力要小。法官捍
卫法律,是国王的仆从。

　　小苏格拉底　看起来是这么回事。

　　客人　如果你把我们已经说过的这三种技艺作为一组有着共
同性质的技艺来看待,那么你必然看到它们本身都不是政治家的
D　技艺。这是因为,真正国王的技艺不是为它自身而运作,而是为了
控制那些指导我们行为方式的技艺。国王的技艺依照自己的权力
控制它们,使它们明白什么是采取行动的正确时机,以此推动国家
的伟大事业向前发展。

　　小苏格拉底　你说得很准确。

　　客人　我们已经具体处理过的三种技艺不可以相互控制。实
际上,它们甚至不可以控制自己。它们各自有着自己的专门领地,
在一个具体的领域活动,拥有一个标志着它的专门领地的名称。

E　　**小苏格拉底**　看起来是这样的。

　　客人　有一门控制所有这些技艺的技艺。它与法律有关,与
所有属于社团生活的事务有关。它用完善的技能把这些事务全都
完善地织在一起。它是一种一般的技艺,所以我们用一个一般的
名称来称呼它。这个名称我相信属于这种技艺,而且只有这种技
艺才拥有这个名称,它就是"政治家的技艺"。

　　小苏格拉底　是的,我完全同意。

　　客人　现在我们已经弄清了国家统治中的所有各类技艺活

动,我们刚才对纺织技艺进行了考察,作为政治家技艺的一个例证,下面我们还要以此为基础,继续详尽地研究政治家的技艺吗?

小苏格拉底　当然要。

客人　那么我们必须描述国王的纺织过程。国王的纺织是怎么回事? 这项工作如何完成? 通过这项劳动它生产什么样的织物?

小苏格拉底　这些问题是我们必须加以回答的。

306

客人　要回答这些问题是困难的,但我们不能回避。

小苏格拉底　对,我们必须不惜一切代价把答案找到。

客人　说"一种善与另一种善发生冲突"就是在宣扬一种学说,这种学说很容易受到那些诉诸于流行观点的人的攻击。

小苏格拉底　我不明白你的意思。

B

客人　让我换个方式来说。我想你会把勇敢当作美德的一部分。

小苏格拉底　当然。

客人　节制与勇敢不同,但也像勇敢一样是一种具体的善。

小苏格拉底　是的。

客人　我现在必须对这两种美德作一个大胆的、惊人的论述。

小苏格拉底　什么论述?

客人　这一对美德在某种意义上是敌人,在生活的许多方面它们自古以来就处于敌对状态。

C

小苏格拉底　你这是什么意思?

客人　这个学说不管从哪个角度看都是人们不熟悉的。我认为,人们一般的说法是善的所有部分都处在相互谐和的状态中。

小苏格拉底　是的。

客人　那么我们对这个问题要给予特别的关注。情况真的这样简单吗? 或者说正好相反,由于某些内在的原因,它们不断发生争吵,就像生活在一个家庭中的人一样?

> **小苏格拉底**　我们确实要考虑这个问题。请告诉我该怎么做。

> **客人**　我们必须考虑选自各个层次的事物的例子,我们把这些事物当作优秀的,但又是相互对立的。

> **小苏格拉底**　请你解释得更加清楚些。

D
> **客人**　以敏捷和迅速为例——心灵的敏捷与迅速、肉体的敏捷与迅速、声音的快速振动。这样的性质可以在真实的活人身上看到,也可以在音乐或绘画中表现出来。你有没有赞扬过这种敏捷,或者有没有听你的朋友赞扬过它并且表示同意?

> **小苏格拉底**　有。

> **客人**　你还记得你用什么样的方式对这些赞扬表示同意吗?

> **小苏格拉底**　不,我一点儿都想不起来了。

> **客人**　我不知道自己是否能够把自己的想法用语言表达出来,让你弄清我的想法。

E
> **小苏格拉底**　我肯定你能做到。

> **客人**　你把这件事看得太容易了!不过,还是让我们来看一下这些相互对立的性质显现时的原则。我们推崇各种情况下各种行动中的快捷和紧张。但无论受到赞扬的是心灵或肉体的敏捷,还是声音的振动力,我们发现自己在赞扬它们的时候总是使用一个词——"勇猛的"。

> **小苏格拉底**　怎么会这样呢?

> **客人**　在第一种情况下我们说"这是敏捷的和勇猛的",在第二种情况下我们说"这是迅速的和勇猛的",在第三种情况下我们说"这是紧张的和勇猛的"。在所有这些例子中,我们都用了"勇猛的"这个形容词,把它用于相关的人或事物,借以表达我们对存在于它们之中的这种性质的赞许。

小苏格拉底　对。

客人　但另一方面,我们不也经常赞许表现在人们多种行为中的温和与平静吗?

小苏格拉底　对,确实是这样的。

客人　我们不也在使用一个与"勇猛的"这个词含义正好完全相反的形容词来描述这种行为吗,这个形容词我们用来描述另一群事物?

小苏格拉底　你这是什么意思?

客人　我们不断地对有节制的思想过程、温和的行动、低沉的声音、稳健的运动、平静和有节制的艺术表现表示敬仰,每当我们表达这样的赞许时,我们不是在用"受控制的"这个词,而是用"勇猛的"这个表达法,描述所有这样的优秀品德吗?

小苏格拉底　非常正确。

客人　但我们发现,当这两类行为不合时宜地出现时,我们对它们就有了不同的名称,在这种情况下,我们在提到它们的时候就通过赋予它们极为不同的性质表达自己指责。

小苏格拉底　怎么会这样?

客人　如果敏捷和迅速过度了,不合时宜了,如果声音过于尖锐而变得狂暴了,我们就把这些性质称作"过度的",甚至称作"疯狂的"。不合时宜的沉重、缓慢,或柔软,我们称之为"怯懦的"或"迟钝的"。对此,人们还可以进一步加以归纳。"充满活力的"这一类和"有节制的"这一类是相互排斥、相互对立的,而不仅仅是在具体显现中发生冲突的问题。它们在生活中一旦相遇,一定会引起冲突,如果我们进一步加以考察,通过研究受其支配的人们的品性,那么我们会发现它们之间和相反类型的人之间不可避免地会发生冲突。

小苏格拉底　这些冲突发生在什么领域?

客人　我想,这些冲突会发生在我们刚才考虑过的所有事物
D 中,当然,也会发生在其他许多事物中。人们按照他们自己的禀赋
的相关性,以一种方式或另一种方式对具体情况作出反应。他们
青睐某些与自己品性相吻合的行为方式,而在那些出于相反倾向
的行为面前,他们就退缩,视之为异己的东西。就这样,人们相互
之间在许多问题上都会产生激烈的冲突。

小苏格拉底　是的,他们是这样的。

客人　如果仅仅是两种气质间的冲突,那倒还无关紧要,但若
这种冲突在重大的公共事务中产生,就会成为一种危害性极大的
灾难,足以损害社团的生活。

小苏格拉底　你认为这是一种什么样的恶?

E 　　**客人**　我认为这当然是一种与整个社团组织有关的恶。高尚
的、有节制的人总是支持"和平与安宁"。他们总想保持他们自身
的状况,做好他们自己的事。他们按照这个原则处理与同胞的关
系,并且倾向于按同样的方式制定对外政策,愿意花一切代价与外
国保持和平。由于他们沉迷于这种发生在某个错误时期的和平愿
望,每当他们能够有效地执行他们的政策时,他们自己会变得厌
战,而且也使他们的年轻人变得厌战。这样一来,他们的命运也就
要由侵略者的仁慈来决定了。等到侵略者猝然进攻,在短短几年
内,他们、他们的孩子,还有他们所属的这个国家的所有人,才会清
醒过来,知道他们的自由已经失去了,他们已经成了奴隶。

308 　　**小苏格拉底**　你已经描述了这种艰辛的经历。

客人　但是对那些倾向于采取强硬手段的人来说,会发生什
么样的事呢?我们难道看不出他们由于对军事活动的过分喜好而
不断地怂恿他们的国家进行战争,对抗各种强敌吗?结果又会怎
样呢?他们的国家要么完全毁于战争,要么成为敌国的附庸,就像
一味寻求和平带来的结果一样。

小苏格拉底 对,这样说也对。 B

客人 那么在这些重要事务中,两种相关的性格必然相互敌对,并采取相反的行动路线,对此我们能加以否认吗?

小苏格拉底 我们必须承认。

客人 开始这部分谈话时,我们提出了一些问题,现在我们已经找到答案了。我们发现善的重要组成部分是各不相同的,在它们的支配下,人也是各不相同的。

小苏格拉底 看起来是这样的。

客人 还有一个问题需要进一步加以考虑。

小苏格拉底 什么问题?

客人 任何结合性的技艺,把有意选择的材料加以组合,制造 C
某种产品,哪怕是最不重要的产品,其结果都是好材料与坏材料的结合吗? 每一种技艺,无论使用什么材料,不都在尽可能拒绝使用坏材料,而只采用好的或合适的材料吗? 这些材料可以是相同的,也可以是不同的,但它们肯定是需要的,是足够好的,只有这样技艺才能把它们结合在一起,形成产品,使它们具有适宜的结构,便于发挥它们特定的功能。

小苏格拉底 是的。

客人 那么我们涉及的真正的政治家的技艺肯定不会故意选 D
择那些好品性与坏品性结合的人来构造社团的生活,是吗? 它显然首先会让儿童在游戏中接受考验。在这种初步考验之后,它会把年轻人托付给有能力的教育者加以训练,而它自己则始终保留发布命令和实施监督的权力。这种做法与纺织非常相似。纺织的技艺把选择材料的工作交给梳毛工和其他与配料相关的匠人,但却监视每一道工序,保留向每一种辅助性的技艺发布命令和实施监督的权力,以便使每个人都完成它们的工作,为生产织物完成他 E
们应尽的义务。

小苏格拉底　没错。

客人　我知道那些真正的政治家按照教育法规处理抚养和教育儿童的事务时使用什么样的方法。他把发布命令的权力留给自己。使教育者能够培养出恰当类型的人来的方式是他惟一允许的训练方式,他用这种人来完成他那编织国家之网的任务。他吩咐教育者鼓励青年参加这些活动而不是其他活动。有些学生无法养成勇敢和节制的品德,而是具有其他德性倾向,会在邪恶的驱使下变得不虔诚、骄傲、不义。这些人是国王要从社团中驱逐出去的。他会处死他们或驱逐他们,或者让他们在公众场合受到最严厉的羞辱,以此惩罚他们。

小苏格拉底　人们通常听到的情况是这样的。

309　　**客人**　再说,他会使那些没有能力摆脱无知的人成为奴颜婢膝的奴仆,服从社团中的其他人。

小苏格拉底　非常正确。

客人　然后,政治家会让所有其他人接受训练——这些人事
B　实上不具备足够的能力去像国王那样织造城邦,但愿意成为材料,让国王能够科学地把他们织成一个整体。政治家会把那些勇敢品质占主导地位的人当作经线来使用,而其他人则被当作又细密又柔软的纬线。他会努力把这两种具有相反性格的人织在一起。

小苏格拉底　怎么个织法?

C　　**客人**　他首先用一种神性的结合力把他们灵魂中的超自然成分连接在一起,因为这些成分与神有某种亲缘关系。在这种超自然的结合之后则是自然的结合,这种由人性的结合力形成的联系补充着由神性的结合力形成的联系。

小苏格拉底　你这是什么意思?我又一次跟不上了?

客人　正确的意见从人的灵魂中产生,涉及什么是善、正义、

有益,以及什么是与此相反的品质——这种意见以绝对真理为基础,作为一种不可动摇的信念确定下来——我要宣布,这样的信念是神性在人的种族中的显现,这种联系实际上是超自然的。

小苏格拉底 不会有比这更适宜的说法了。

客人 那么,只有真正的政治家才是优秀的立法者,只有他才 D 应当拥有权力,只有他才能凭着这种神奇的国王技艺的激励,在我们刚才提到的那些年轻人的心中锻造这种真正的信念——他们是教育的受益者,对此我们难道不明白吗?

小苏格拉底 这确实是我们应当期盼的事情。

客人 不能锻造这种联系的统治者,我们决不要赋予他"政治家"和"国王"的荣耀头衔。

小苏格拉底 确实不要。

客人 那么好,这种事难道不会以这种样式发生吗?充满活 E 力和勇气的灵魂会在这种真理的把握下被造就得很温和,自愿成为一名建立在正义基础上的社团的成员,没有比这更应当期待的了。如果灵魂拒绝这种锻造,那么它就会堕落,变得像野兽一样野蛮。

小苏格拉底 对。

客人 有节制的灵魂会怎么样?分享这种对真理的坚定信念,它难道不会真的节制和勇敢,或者不管怎么说,足够勇敢,以适应它履行公共责任的需要吗?但若它拒绝分享这种信念,那么它应当被称作愚蠢的,我们对它的谴责是完全恰当的。

小苏格拉底 确实如此。

客人 如果恶人与恶人织在一起,或者好人与恶人织在一起,那么这种织造,这种联系,决不会延续或持久,对此我们同意吗?在这些恶人存在的地方,肯定没有一门技艺会认真地尝试锻造这样的联系,是吗?

小苏格拉底　是的,肯定不会。

310　　**客人**　有些人从小就具备应当具有的那些高尚品质,法律可以在他们中间铸造这种信念上的共同联系,使之成长,而且只有在这些人中才能做到这一点。这种联系就是纯粹理智在设计中给他们指定的护身符。只有这种最具有神性的联系能够把性质各异的、具有对立倾向的各种善的成分联合在一起。

小苏格拉底　非常正确。

客人　除此之外还有其他结合的方式——人的联系。当神性的联系已经造就时,人们一开始工作就不难看清工作的性质,然后就开始造就人与人之间的联系。

B　　**小苏格拉底**　这种联系是什么? 如何造就?

客人　这种联系的形成依靠两种类型的人之间的通婚,使通婚后生下的孩子为两种类型的人共有,这种联系的形成还要依靠严禁把婚姻当作个人私事,不把女儿私自嫁出去。从优生的角度看,大部分男人的婚姻都是不恰当的。

小苏格拉底　你这是什么意思?

客人　在这样的婚姻发生时,人们难道认为不应当批评这种盛行的、以追求财富和名声为目的的婚姻吗?

小苏格拉底　不应当,这样做其实也没有什么大错。

C　　**客人**　但是我们特别关心那些想要建立"良好关系"的人,如果我们发现他们的行为不妥,就应当公开地说出来。

小苏格拉底　这样说是合理的。

客人　他们并没有按照任何健全的或始终一贯的原则行事。你瞧,他们对那些与他们相同的人欢呼致意,厌恶与他们不同的人,追求欲望的直接满足。就这样,他们过分强调了与他们自己相同和不同的重要性。

小苏格拉底　以什么方式?

　　客人　有节制的人寻找一个与自己品性相似的伴侣,在可能的情况下,他们选择娴静的女人为妻。当他们有女儿要出嫁时,他们又会寻找与他们相同品性的人做他们的女婿。具有勇敢品质的人也会这样做,寻找与他们同类的人。尽管这两种类型的人应当做的事情也许正好相反,但这种寻求同类的情况一直在延续。　　D

　　小苏格拉底　他们怎么会这样?为什么他们应当做相反的事?

　　客人　这是因为,如果具有勇敢品性的人经过许多代的繁殖,不与任何具有节制品性的人通婚,那么这种自然发展过程就会走向极端,这种人起初会变得极为强大,但到了最后就会变得极为凶残和疯狂。

　　小苏格拉底　这是可以预料的。

　　客人　但对那些过分节制和谦卑,缺乏勇气和大胆的人来说,这种人如果繁殖许多代,就会变得太迟钝而难以应对生活的挑战,到了最后就会变得软弱无能了。　　E

　　小苏格拉底　是的,这种结果也是可以预料到的。

　　客人　我再重复一下我的意思。如果神性的联系已经造就,那么要建立这些人性的联系并不困难。这种联系是两种类型的人共同拥有的关于价值标准的信念。当国王想要织造国家之网时,他会有一种清醒的见地。他决不会允许把具有温和品性的人与具有勇敢品性的人分开,为了避免这种情况,他必须把国家织造得密密实实,首先是在各种不同类型的人心中建立起共同的信念,使公众的荣誉和胜利服务于这一目的,最后,每一类型的人必须与其他类型的人建立联系,缔结庄严的婚约。当国王使用不同类型的材料把他的织物织造得像术语所说的那样平滑而又密实的时候,他必须把管理国家的各种职司托付给他们,在各种情况下让他们分担公务。　　311

小苏格拉底 他如何能做到这一点?

客人 当需要一位执政官的时候,政治家必须选择一名同时拥有两种性格的人,把权力交给他。而在需要几位执政官的时候,他必须从两种类型中分别挑选一些代表,使他们一道分担公务。节制型的执政官是极为谨慎、公正、循规蹈矩的,但他们缺乏勇气和进取心,不能高效率地工作。

小苏格拉底 对,你这个总结还是挺公正的。

B **客人** 勇敢型的人与前者相比,显得公正与谨慎不足,但在行动的大胆方面优于前者。除非这两种品质同时存在和起作用,否则一个国家决不可能在公共和私人事务两方面都发挥良好的作用。

小苏格拉底 当然是这样的。

客人 现在我们已经把织造国家之网的工作做到头了。在政治家的织造下,这些毛线都在起作用,既有温和型的,又有勇敢型C 的。这些毛线织成了一种统一的类型。国王的技艺依靠相互和谐与友谊的纽带把两种类型的生活织成一种真正的同胞关系,赢得了这种统一。这块织物成为一切织物中最美好的,最优秀的。它把城邦里的所有居民都紧密地联结在一起,无论是奴隶还是自由民。这位国王纺织工保持着他的控制权和监督权,这个国家拥有获取人间幸福生活所需要的一切。

小苏格拉底 先生,你已经完成了我们要你做的工作,在被你搁置的智者定义旁边,你为真正的国王和政治家描绘了一幅完美的图画。

斐莱布篇

提　要

　　本篇对话中的主要人物是苏格拉底和一位年轻人普罗塔库，他和一些朋友一道来看苏格拉底。这些朋友中有一位名叫斐莱布。斐莱布与苏格拉底讨论智慧与快乐哪一种善比较大，苏格拉底认为智慧这种善比较大，而斐莱布认为快乐这种善比较大。对话展开以后，斐莱布退出了论证，由普罗塔库接手。然而，严格地说来，他们并没有进行什么争论，苏格拉底一直在滔滔不绝地讲话，而普罗塔库只是表示同意或提问。

　　如果柏拉图抛弃对话的形式，让苏格拉底讲演，或者就以他的名义把这个主题写成一篇论文，那么这篇对话的内容是不会有什么损失的，或几乎没有什么损失，因为这篇对话中的苏格拉底与以往对话中的苏格拉底不一样。文中没有什么讥讽或幽默可以让我们回忆起苏格拉底的鲜明形象，而这是柏拉图早期对话带给我们的。到了晚年，柏拉图的写作风格改变了。他让他笔下的苏格拉底对斐莱布说，"我必须拥有某些与我先前的论证不同的武器，尽管有些可能是相同的。"文中没有《普罗泰戈拉篇》或《会饮篇》那样的苏格拉底的自娱，没有对那些重要人物——哲学家、数学家、政治家——的嘲笑，也没有描述欢乐的青年、青草茂盛的河畔、清澈见底的河流。从这些晚期对话中可以看出柏拉图把精力集中于他想要解决的问题。柏拉图已经老了，正在走向生命的终点，已经不能再说很多离题话了。

在《斐莱布篇》中,柏拉图对智慧与快乐进行分析,一次又一次地把二者进行对照,再三指出心灵的事物高于一切感官的娱乐。有些快乐是无罪的,在良好的生活中可以拥有快乐,但心灵比任何快乐或所有快乐都更加接近卓越。苏格拉底告诉我们,世上的任何生灵都决不要宣称快乐是第一位的,我们一定不能停止对善的寻求,灵魂有能力热爱真理,并能为真理而奋斗。

正　文

11

苏格拉底　普罗塔库,现在请你考虑这两种理论——一种是你现在想要从斐莱布那里接过来的,另一种是我和我的朋友们坚

B 持的,如果你不喜欢这种理论,那么就请你加以驳斥。让我们把两种理论总结一下好吗?

普罗塔库　好的,请说吧。

苏格拉底　斐莱布说,享受、快乐、高兴,以及可以和谐地归入此类的事物构成一切有生命的存在物的善;而我们的论点是,这些

C 事物并不是善,思想、理智、记忆,以及与此相关的事物才是善,我们可以证明正确的意见和真正的推理比快乐更优秀、更有价值,正确的意见和真正的推理可以参与所有存在的事物,无论是现在活着的存在物还是将要出生的有生命的存在物,世上没有比参与这样的存在物更加有益的事情了。斐莱布,我认为这就是我们可敬的理论的本质,难道不是吗?

普罗塔库　是的,苏格拉底,你说得完全正确。

苏格拉底　那么好,普罗塔库,你打算接管提供给你的这个论证吗?

普罗塔库　我必须这样做。我们的好朋友斐莱布已经讲过

了。

　　苏格拉底　那么我们必须竭尽全力,寻求关于这个问题的真理,是吗?

　　普罗塔库　我们确实必须这样做。　　　　　　　　　　D

　　苏格拉底　那么好,我希望我们能就另一个要点达成一致意见。

　　普罗塔库　什么要点?

　　苏格拉底　你我现在想要做的事情,是把能够使每个人的生活幸福的灵魂的某种状态或条件提出来。我这样说对吗?

　　普罗塔库　你说得很对。

　　苏格拉底　然后你们的人提出了一种快乐的状态,而我们提出了一种理智的状态,是这样的吗?

　　普罗塔库　是的。

　　苏格拉底　假定我们可以找到某些状态比这些状态更好。我　　E
想,如果这种状态比较接近快乐,如果我们双方都屈服于肯定拥有
我们现在所说的这种性质的生活,那么快乐的生活也就胜过了理　　12
智的生活。

　　普罗塔库　是的。

　　苏格拉底　但若发现这种状态比较接近理智,那么是理智战胜了快乐,这就表明快乐是较差的性质。你们俩怎么看? 同意我的看法吗?

　　普罗塔库　我自己是这样想的。

　　苏格拉底　那么你呢,斐莱布? 你有什么要说的吗?

　　斐莱布　我的想法是,无论发生什么情况,快乐都是胜利者,我还会继续这样想。至于你怎么想,普罗塔库,你自己拿主意吧。

　　普罗塔库　斐莱布,你已经把论证的权力交给我们了,所以你

已经没有权力对苏格拉底的意见表态了。

斐莱布 你说得对,但这没有什么关系。我洗手不干了,让女神来见证我做过的事吧。

普罗塔库 在另一种意义上,你也可以把我们当作附加的见证人,也就是说,你已经说出了自己的看法。现在,苏格拉底,我们必须决定下面该怎么办,斐莱布可以帮助我们,也可以做他喜欢做的事。

苏格拉底 对,我们必须进行尝试。我们显然要从这位女神开始,按照我们朋友的说法,她的名字叫阿佛洛狄忒,尽管我们的朋友还告诉我们,她的最真实的名字是"快乐"。

普罗塔库 好极了。

苏格拉底 普罗塔库,在给诸神命名的问题上,你认为凡人可以给神起名字,而我总是比你胆小,确实没有别的什么事情能令我更加害怕了。所以,在这个例子中,我会用使这位女神快乐的名字称呼她,至于快乐,我知道这是一件有着多样性的事情,如我所说,我们必须愉快地把我们的思想转向对快乐本性的考察。"快乐"这个词当然只表示单一,但它的形式是多样的,在某种意义上说,快乐的各种形式相互之间是不同的。例如,我们可以说一个不道德的人感到快乐,也可以说一个道德的人也感到快乐,只因为他是道德的;我们还可以说一个心中充满愚昧与期望的傻瓜感到快乐;我们还可以说一个理智的人感到快乐,只因为他是理智的。如果有人断言这些不同种类的快乐都是相同的,那么他肯定是个傻瓜,是吗?

普罗塔库 苏格拉底,它们是不同的,因为它们的来源不同,但就其本身来说,它们并不是相互对立的。快乐怎么能够与快乐对立呢? 这世上肯定不会有比事物与其自身更加相同的东西了?

苏格拉底 那当然了,就好像颜色与颜色。你真是聪明极了!

仅就各种颜色是颜色而言,它们没有区别,但每个人都知道黑不仅
与白不同,而且事实上绝对相反。图形与图形也一样,作为一类事
物,所有图形都是图形,但就划分为不同类的图形来说,有些部分
之间是绝对相反的,另一些则有无数的不同点,相同的例子我们还
可以找到许多。所以你一定不要相信这个论证,把各种绝对相反
的事物当作一样事物。我担心,我们就要看到快乐与快乐相反的
某些例子了。

　　普罗塔库　也许吧,但这种情况会给我们的论证带来什么危
害呢?

　　苏格拉底　尽管这件事并不像你给它们起了本不属于它们的
名字,但这个问题我们应该回答。我的意思是,你说一切令人快乐
的事物都是好的。当然了,不会有任何人想要坚持说令人快乐的
事物不是快乐,但这些事物在有些情况下是好的,在有些情况下是
坏的,而且确实在大多数情况下是坏的——与我想法一致的人坚
持这个观点——然而你却把它们都说成是好的,尽管要是有人强
迫你进行论证,你会同意它们是不同的。在坏的快乐和好的快乐
中到底有什么相同的成分出现,使你用好这个词来指称所有快
乐?

　　普罗塔库　你这是什么意思,苏格拉底?你认为有人会在同
意快乐是善以后还能忍受你的唠叨,说有些快乐是好的,有些快乐
是坏的吗?

　　苏格拉底　好吧,不管怎么说,你允许它们是不同的,而且在
有些情况下是相互对立的。

　　普罗塔库　就它们都是快乐而言,它们没有什么对立。

　　苏格拉底　我们又回到原来的立场上来了,普罗塔库。看起
来,我们甚至不想允许一种快乐与另一种不同,而要说所有快乐都
是相同的。刚才的例证并没有引起我们的内疚,我们的信念和论

D 断还是与大多数普通人没有什么区别，在讨论中表现得极为幼稚。

普罗塔库 你讲的到底是什么？

苏格拉底 我的意思是这样的。假定我对你进行反击，模仿你的方法，强词夺理地说一对完全不同的事物是完全相同的，然后我就说你刚才说过的这些话，但这样一来我们都会显得极为幼稚，我们的讨论会"搁浅和干涸"。所以让我们还是回到水中去吧，到那时我就大胆地说，我们可以努力奋斗，相互之间有可能达成一致意见。

E **普罗塔库** 告诉我怎么做，行吗？

苏格拉底 普罗塔库，这一回必须由你提问，我来回答。

普罗塔库 这个问题到底是什么？

苏格拉底 最初我被问到什么是善的时候，我建议理智、知识、心灵，等等，是善的。但若按你的建议，它们就不是善了，对吗？

普罗塔库 它们就不是善了，为什么？

苏格拉底 知识从总体上来说是一个复数，在其中这种知识14 与那种知识不同——甚至还会有这种知识与那种知识相反的情况，如果我一开始就对这个问题抱着警觉的态度，坚持知识决不会与知识不同，借此将我们的讨论引向终结，就像俗话说，找个借口从失事的船上逃走，那么我还会是一个恰当的人选，继续进行当前的讨论吗？

普罗塔库 噢，当然了，我们必须离开沉船，但一定不会是以这种方式。我的问题在于受你们的吸引，把你们的论点与我自己的看法混在一起了。现在让我们承认，快乐和知识一样，是复数，快乐与快乐之间有不同或差异。

B **苏格拉底** 那么好吧，普罗塔库，别让我们闭上眼睛，使我们看不到你给你的善附加的多样性，就像我们的做法一样。让这些多样性公平地摆在我们面前,然后让我们大胆地冒一次险,希望它们能在考察中显示出来,看我们是否必须把善的头衔给予快乐还是给予理智,或是给予第三者。因为我认为我们努力的目标不是确保我的建议或你的建议取得胜利,倒不如说我们双方都必须为真理而战,为整个真理而奋斗。

普罗塔库　我们确实必须这样做。

苏格拉底　那么让我们达成一致意见,这个意见将给我们的　　C
论断提供一个更加坚实的基础。

普罗塔库　你指的是什么论断?

苏格拉底　这个论断使每个人都感到困惑,无论他们是否想要这样,要知道有些人有时候是想要这样的,有些人有些时候则不是这样。

普罗塔库　我希望你能说得更加清楚些。

苏格拉底　我指的这个论断刚才已经出现了,这个论断确实令人惊讶。因为说多就是一和一就是多确实令人惊讶。任何人提出多是一或一是多都会遭到反对。

普罗塔库　你的意思是,有人说我普罗塔库尽管是一个人,但　　D
却有许多相反的普罗塔库,把我说成既是高的又是矮的,既是重的又是轻的,如此不一而足,尽管我始终是同一个人?

苏格拉底　这不是我的意思,普罗塔库,你提到的这个一与多的惊人例子是一种老生常谈。现在几乎每个人都同意没有必要以这样的方式理解一与多的关系,感到做这样的理解是幼稚可笑的,有损于论证的,好比说,你把多说成是某人的肢体或器官,使你的　　E
对手承认提到的这个人指的就是所有这些肢体和器官,然后使他显得非常可笑,因为他被迫承认那个不可信的一是多的论断,这个多确实可以是无限的多,而这种多只不过是一。

普罗塔库　苏格拉底,如果这些例子是老生常谈,每个人都已　　15

经承认这些说法，那么你说的与同一论断相关的其他例子又是什么呢？

苏格拉底　我亲爱的孩子，如果把一理解为某种可以产生和消灭的事物，就像我们刚才讲过的事物那样的话，那么就像我们前面说过的那样，可以认为没有必要再去探索。但假定你大胆地把一理解为人、牛、美、善，如果你严肃地关注它们并对它们进行划分，那么你说的一就是有严重争议的一了。

普罗塔库　有什么争议？

B　　**苏格拉底**　首先，我们是否必须相信这样的一具有真正的存在，我们要问怎样才能察觉它们的存在，它们永远是一又是相同，既不会产生也不会消灭，它一经开始就永远存在，它是最确定的单一，然而它后来可以存在于有产生的无限多的事物中——它是一种可以同时在一与多中发现的相同的一。它的某个局部或它的全部要从它自身中分离都绝无可能吗？普罗塔库，这不是你的问题，

C　但这些问题，涉及另一种类的一与多，如果不能恰当地解决，会引起诸多不满，如果恰当地解决了，才能令人满意。

普罗塔库　那么，苏格拉底，这就是我们当前要完成的首要任务。

苏格拉底　这正是我想要说的话。

普罗塔库　那么好吧，你可以认为我们这些在场的人都同意了你的意见。至于斐莱布，我们最好别再提他了，让这条打瞌睡的狗躺下吧。

D　　**苏格拉底**　很好，在关于这个主题的这场大会战中，我们首先应该朝哪个方向迈进呢？我有一个建议。

普罗塔库　你说吧。

苏格拉底　我们可以做这样的安排。我们把这种显现于各处的一与多的等同当作我们说出来的这些句子的结果，凡是过去或

现在说出来的每个句子都包括在内。我们正在处理的这个问题绝
对不会停止存在,它的出现并非第一次。在我看来,倒不如说,它
一而再,再而三地出现,永不消失,永不褪色。年轻人一听到这句
话就异常兴奋,好像发现了理智的金矿,他会忘乎所以地到处炫 　E
耀,像做游戏一样热衷于证明它。他会先站在一边,然后又跳到另
一边,然后又重新来过,在这样的游戏过程中他首先把自己搞糊涂
了,然后也把他的邻居搞糊涂了,无论他们年纪如何,比他大或比
他小,或是和他同龄。他对他的听众没有任何仁慈之心,无论听众 　16
是他的父母还是其他人——此外,他还会宰杀牺牲,也会杀人,包
括外国人,对外国人他当然绝不会显示仁慈,除非他碰上一位占卜
师。

普罗塔库　请你注意,苏格拉底,有许多人在场,全都是青年。
如果你继续污蔑我们,难道你不怕我们站在斐莱布一边向你进攻?
好吧,不管怎么说,我们明白你的意思。也许有某种方式或方法可
以解除我们在讨论中遇到的麻烦,我们也许会找到某种更加吸引 　B
人的方法来逼近这个主题。如果是这样的话,请你尽力而为,我们
愿意陪伴你——尽我们的最大努力,也就是说,苏格拉底,我们面
临的主题是重大的。

苏格拉底　如果我采用斐莱布的风格对你说话,那么这个主
题确实重大,我的孩子。尽管在过去我热衷的方法经常使我陷入
孤立无援的境地,但无论如何,没有,也不会有一种比我一直使用
的方法更加吸引人的方法了。

普罗塔库　把你的方法告诉我们。

苏格拉底　这种方法很容易说,但用起来就不容易了。它确 　C
实是一种工具,通过它可以在技艺的范围内做出种种发现,也可以
弄懂各种知识。让我来说明这种方法,供你考虑。

普罗塔库　请吧。

　　苏格拉底　有一种礼物是诸神从他们的住所赐给凡人的——至少在我看来这是明显的——它通过普罗米修斯，或某个像他一样的神，与那极为明亮的火种一道，到达人类手中。从前世代的人比我们要好，比我们更接近诸神，他们以讲故事的形式把这种礼物

D 一代代传了下来。他们说，一切事物据说都是由一与多组成的，在它们的本性中有一种有限与无限的联系。他们又说，我们无论处理什么事务，都必须用它来整理事物的秩序，假定有某个单一的相，然后寻找它，因为我们将发现它被包含在某处；然后如果我们掌握了它，我们还必须继续从一的相出发寻找二的相，如果找到了二的相，就可以接着找三的相或其他数目的相。我们必须对每个"一"做这样的工作，直到我们不仅明白我们开始时的一既是一又是无限的多，而且也明白有多少个这样的一。但在我们弄清位于一与无限之间的事物的相的总数之前，我们不会把我们的多说成

E 无限。等我们完成了这项工作，只有到了这个时候，我们可以让所有这些居间的相进入无限的序列，不再麻烦它们。这就是我说的，

17 诸神把考察、学习、相互教育的任务赋予我们，但你们这些能干的现代人，在造出一或者造出多的时候，不是太快，就是太慢，得到了一，马上就趋于无限，看不到那些居间的东西，而引起哲学式的讨论和争吵式的讨论之间所有差别的原因正在于如何认识这些居间的东西。

　　普罗塔库　我想我或多或少明白你的意思，苏格拉底，但我仍旧想要进一步澄清某些要点。

　　苏格拉底　普罗塔库，如果以字母为例，我的意思肯定是清楚

B 的，所以你可以用在学校里学习字母为例。

　　普罗塔库　请你说清楚些。

　　苏格拉底　通过我们的口腔，你的口腔、我的口腔、所有人的口腔，发出的声音，既是一又是无限的多，难道不是吗？

普罗塔库　当然是。

苏格拉底　如果我们只是简单地认为它是无限的多，或者认为它是一，那么我们还没有真正搞懂。使一个人"学会字母"就是让他知道声音的数量和种类。

普罗塔库　非常正确。

苏格拉底　那么，使一个人学会音乐也是一回事。

普罗塔库　怎么会呢？

苏格拉底　如果你去掌握音乐技艺，你不也像前面学习字母一样掌握某个声音吗？

C

普罗塔库　当然。

苏格拉底　我们可以从声音中区别高音、低音，以及音高，是吗？

普罗塔库　是的。

苏格拉底　如果你知道的无非就是这三个术语，那么你还不是真懂音乐，尽管你要是连这些术语都不知道，那么你根本与音乐无关。

普罗塔库　没错。

苏格拉底　我亲爱的朋友，当你掌握了高音和低音之间的音阶的数量和性质，以及与这些音阶相关的音符，以及由此产生的音符的系统，这些音符系统是我们学过的，称作"音域"，进一步说，当你掌握了表演者的身体运动的相关特点，据说这些特点是由数决定的，被称作"数目"和"尺度"，你要始终记住这是处理一与多问题的正确方式——只有到了这种时候，当你把这些都掌握了，你才有了真正的理解，无论你选来进行考察的"一"是什么，都可以按照这种方法来进行。另一方面，无限的多总是属于并内在于某个具体事物，在每一具体情况下会使人成为不受约束的笨蛋、不值得一谈的人、十足的背时鬼，因为他从来没有在任何事物中寻找数

D

E

目。

18　　**普罗塔库**　斐莱布,我认为苏格拉底现在说的话非常精彩。

　　斐莱布　他现在说的话,噢,对,我也这样看。但是我想问,为什么要对我们说这些话,他的目的是什么?

　　苏格拉底　普罗塔库,斐莱布的问题是非常恰当的。

　　普罗塔库　确实如此,那么请你作答吧。

　　苏格拉底　我会的,但我先要对我已经说过的话作一点补充。你记住,当你得到了你的"一"时,无论这个一是什么,你一定不要把你的眼睛马上转向无限,而要转向一个数;如果你被迫从无限开
B　始,你也要有相同的做法。你一定不要把你的眼睛马上转向一,而要察觉到包含着多的这个或那个数,无论这个数是什么;而抵达一必须是最后一步。我们可以再用字母为例说明我现在的意思。

　　普罗塔库　怎么个说明法?

　　苏格拉底　声音的无限多样性曾经一度被某位神祇,或某位神一样的人所察觉。你知道那个故事,在埃及有这样的人,他的名字叫塞乌斯①。他最早在声音的无限多样性中察觉到元音字母的
C　存在——不是单数的元音字母,而是复数的元音字母——然后察觉到其他声音的存在,尽管这些声音不可称作清晰发出的声音,但确实是一种声音。这类声音有许多,而不是只有一个。他还区分出今天被我们称作"哑音"的第三类字母。做完这些区分后,他对不发音的字母或哑音字母进行划分,直到获得每一个这样的字母,然后他又对元音字母和居于元音与哑音之间的那些音做了同样的工作,最后他发现了许多这样的字母,并把一整套字母称作字母,就像其中每个成员都是字母一样。这是因为他明白,若与其他字母分离,我们无人可以仅凭这个字母本身来明确这个字母。他明

---

　　①　塞乌斯(Theuth),传说中的人物。

白"字母"是一种相互有联系的一,由于所有这些声音都可以归入 D
这个一,所以他把发音称作"字母的技艺",意思是这是一门处理这
些声音的技艺。

　　斐莱布　普罗塔库,与已经使用过的例子相比,我知道这个例
子比较清楚,但我仍旧感到不满意,就像我前不久说的一样。

　　苏格拉底　斐莱布,你的意思是,这个例子与我们所说的到底
有什么关系?

　　斐莱布　是的,这是普罗塔库和我一直想要寻找的。

　　苏格拉底　然而,你说你们一直想要寻找的东西确实就在你 E
们面前。

　　斐莱布　怎么会呢?

　　苏格拉底　我们的讨论是从这样一个问题开始的,理智或快
乐应当选择哪一个,难道不是吗?

　　斐莱布　确实如此。

　　苏格拉底　我们当然也说过它们各自是一样事物。

　　斐莱布　无疑如此。

　　苏格拉底　那么前面的讨论要求我们做的正是既显示它们各
自如何是一与多,又显示它们各自如何在抵达无限多样性之前拥
有某个确定的数——提醒你一下,我们不能直接抵达无限多样性。

　　普罗塔库　斐莱布,苏格拉底用他可疑的循环方法引诱我们 19
陷入这个困难的问题。你认为,我们哪个人应当回答当前这个问
题? 如果我在完全接替你进行讨论之后还要你来回答,因为我没
有能力回答这个问题,那么这样做有点可笑,但若我们俩没有一个
能回答这个问题,那么我认为还要可笑得多。所以,你认为我们该 B
怎么办呢? 我想,苏格拉底现在提出的问题涉及快乐。它是不是
一个不同的种? 如果是,那么有多少快乐? 它们是什么样的? 至
于理智,也会有完全相同的问题产生。

　　苏格拉底　卡里亚①之子,你说得非常准确。如果我们不能对每一事物这样做,那我们就一无是处了,每一事物都是一、相似、相同,同时如我们前面的解释所揭示的那样,它也是相反。

C　　**普罗塔库**　苏格拉底,这就是一存在的方式。还有,尽管聪明人的理想是知道一切,但我认为明白自己所处的位置并非一件坏事。现在为什么要说这样的话?我会告诉你的。你让我们每个人都对这场讨论有所贡献,而你苏格拉底在讨论中可以分享成果,以便决定人拥有的一切事物中什么是最好的。当斐莱布说是快乐、高兴、享乐等等的时候,你驳斥说,这些东西不是最好的,另一类不

D　同的事物才是最好的,我们愿意以此提醒自己,并将两类事物在头脑中相提并论,对它们进行考察。我来归结一下,你坚持说有这样一些事物可以恰当地称作一种比快乐更好的善——亦即理性、知识、理智、技能,以及与此相近的一切事物——我们必须获得的是这些东西,而不是快乐等等。当这两种观点都提出来,相互争执不

E　下的时候,我们开玩笑似地威胁你,要是这场讨论没有一个满意的结果,我们就不让你回家,而你同意了我们的要求,允许我们为了达到这个目的而把你留下来。我们现在要告诉你的是一句孩子们常说的话,已经送出去的东西不能要回来。所以,不要再用你这种方法来处理摆在我们面前的问题。

　　苏格拉底　你指的是什么方法?

20　　**普罗塔库**　使我们陷入困境的方法,你提出的问题我们根本无法做出满意的回答。我们一定不要想象我们当前努力的目标就是为了使自己陷入困境,不,如果我们不能完成任务,那么就由你来完成,因为这是你答应过的。既然如此,请你自己去搞清楚是否必须划分快乐或知识的种类,或是忽略这个问题,也就是说,如果

---

①　卡里亚(Callias)是普罗塔库之父。

你能够并愿意使用另一种方法,那么就用它来澄清我们争论的问题好了。

苏格拉底　好吧,既然你这样说了,那么你就没有必要进一步恐吓你可怜的牺牲品了,你说的"如果你愿意"把我的恐惧全都赶跑了。还有,我想有某一位神正在帮助我回忆起一些事情来,有助于我们的讨论。

普罗塔库　真的吗?什么事情?

苏格拉底　我想起很久前听说过的一种关于快乐与理智的理论——也许是在梦中听到的——这种理论认为二者都不是善,善是另一种东西,它与二者都不同,比二者更好。你要知道,如果我们现在能够清楚地知道这第三样东西,那么战胜快乐就不成问题了,因为这样一来,快乐就不能继续等同于善了,是吗?

普罗塔库　是的。

苏格拉底　至于给快乐分类的方法,我想,我们不再需要了。不过,如果继续讨论下去,我们将看得更清楚。

普罗塔库　那么好极了,但愿你的结论也这样。

苏格拉底　如果我们可以先解决几个小问题,那我就开心了。

普罗塔库　什么小问题?

苏格拉底　善必须列为完善的还是不完善的?

普罗塔库　当然是一切事物中最完善的,苏格拉底。

苏格拉底　善也必须是恰当的吗?

普罗塔库　确实如此。事实上,它也必须在这个方面超过一切事物。

苏格拉底　善还有一个特点必须予以强调,一切认识善的生灵都会寻求善,渴望成为善的。它们想要捕捉善,使善成为自己的东西,也只有包含这样或那样善、并且在其发展过程中体现出善来的东西才会引起它们的关心。

普罗塔库　对此我只能表示同意。

E　　苏格拉底　如果我们可以对快乐的生活和理智的生活作一番考察,那就要把它们分割开来观察。

普罗塔库　你这是什么意思?

苏格拉底　让我们假定快乐的生活中没有理智,理智的生活中没有快乐。因为它们若是善的,那它们就不需要用其他事物来

21　补足,但若我们发现它们有这样的需要,那么它们可能就不再是我们要找的真正的善了。

普罗塔库　是这么回事。

苏格拉底　那么我们是否可以向你提问,以此进行我们的试验呢?

普罗塔库　务必如此。

苏格拉底　我有一个问题。

普罗塔库　你问吧。

苏格拉底　普罗塔库,你愿意自己的一生都生活在最大的快乐之中吗?

普罗塔库　当然愿意。

苏格拉底　如果你得到了最圆满的快乐,你就不会认为自己需要别的东西了,是吗?

普罗塔库　是的,我不需要。

B　　苏格拉底　请注意,你肯定自己不需要思想、理智、适当的计算,等等,这样一些东西吗?

普罗塔库　为什么需要? 如果我已经有了快乐,还有什么是我需要的?

苏格拉底　那么你会终生享受最大的快乐,是吗?

普罗塔库　当然了。

苏格拉底　但若你没有理性、记忆、知识、真正的判断,那么我

想,你首先必定会连自己是不是在享受快乐都不明白,因为你完全缺乏理智。

普罗塔库　必然如此。

苏格拉底　其次,如果你没有记忆,那么我想,你连自己过去是否享受过快乐也不记得,也许你在过去某个时候是快乐的,但你却没有任何记忆。再次,如果你没有真正的判断,那么当你快乐时,你也无法判断自己是快乐的,如果你缺乏计算的能力,那么你甚至无法算出自己以后会不会快乐。你的生活不是人的生活,而是某种海兽或藏身于贝壳中的海洋动物的生活。我说得对吗,或者说我们可以设想别样的情景? C

普罗塔库　不能。 D

苏格拉底　那么我们可以期望过这样一种生活吗?

普罗塔库　苏格拉底,你的论证让我彻底地无言以对。

苏格拉底　好吧,但别因此而丧失信心,让我们把注意力转向理性的生活,对它进行观察。

普罗塔库　什么是"理性的生活"?

苏格拉底　设想我们中有一个人选择了一种生活,拥有理智、思想、知识和所有的记忆,但没有一丝一毫的快乐,也没有一丝一毫的痛苦,他丝毫感觉不到这类事情。 E

普罗塔库　苏格拉底,这两种生活都不是我想要的,也没有人会想要过这两种生活,除非我搞错了。

苏格拉底　普罗塔库,一种结合的生活怎么样,由两种生活混合而成? 22

普罗塔库　你的意思是既有快乐,又有理性和理智?

苏格拉底　对,我要加以混合的就是这些东西。

普罗塔库　我想,任何人都宁可要这种混合的生活,而不要那两种单一的生活。我确实还要进一步说,每个人都会这样做。

苏格拉底　我们明白在我们当前的讨论中出现的结果吗?

B　　**普罗塔库**　是的,当然明白。有三种生活提供给我们,前两种生活对任何人或动物来说都不是充分的或可取的。

苏格拉底　那么这一次很明显了,如果你接受这两种生活,那么可以证明它们都不包含善。如果它们包含善,那么它们应当是充足的、完全的、一切动植物都想要的,这些动植物都有能力从头到尾生活在这样的境况下;如果我们中有人宁可要别的生活,那么他就是误解了真正想要的本性,由于无知和某种不幸的必然性,他得到了他并不想要的东西。

普罗塔库　看起来确实是这么回事。

C　　**苏格拉底**　那么好,我们该说的都已经说了,可见斐莱布的女神一定不能理解为与善等同的东西。①

斐莱布　不能,不过你的“理性”也不是善,苏格拉底,刚才的例子也同样说明了这一点。

苏格拉底　没错,斐莱布,我的理性也不是善。然而我想,如果这里讲的是真正的、神圣的理性,那么情况就不一样了。到现在
D　为止,我还没有宣称理性夺冠,用理性的生活反对混合的生活,但我们确实必须寻找,看我们该把亚军授予谁。至于使这种混合生活本身产生的原因,我们中的某个人很可能会说是理性,其他人会说是快乐,由此看来,这两种东西都不会是善本身,但二者之一很有可能是使善本身产生的原因。这就是我与斐莱布甚至会比以前争论得更加激烈的地方——无论这个原因是什么,由于它被包括在混合生活之中,使这种生活既是人们期望的,又是善的,而理性
E　比快乐更加接近这个原因。如果是这样的话,那么我们不能声称快乐有权获得冠军或亚军;如果我们此刻能把信仰也包括在我的

---

①　“斐莱布的女神”指快乐。

理性之中的话,快乐甚至不能获得第三名。

普罗塔库　很好,苏格拉底,在我看来,你刚才的论证已经给了快乐致命的一击,在夺取胜利者桂冠的战争中,它已经倒下了。但我认为,我们可以说勇敢的理性也不能获得冠军,因为这个论证同样也宣告了理性的失败。如果快乐连亚军都拿不到,那么理性无疑也会发现自己受到崇拜者的轻视,连理性的崇拜者也都不会认为它像以前那样美丽了。　　　　　　　　　　　　　23

苏格拉底　如果是这样的话,那么我们最好离开它,免得严格的考察引起它的痛苦,好吗?

普罗塔库　你在胡说八道,苏格拉底。

苏格拉底　你的意思是,说快乐也会有痛苦是不可能的?　　B

普罗塔库　还不止这些,你不明白,你要是不把这个问题说清楚,我们中没有人会让你走。

苏格拉底　唷!摆在我们面前要做的事情还多着呢,普罗塔库,我得说,我们要做的事情决不容易。看起来我确实需要使用新策略。如果我的目标就是确保理性亚军的地位,那么我必须拥有某些与我先前的论证不同的武器,尽管有些可能是相同的。是这样的吗?

普罗塔库　是的,当然是。

苏格拉底　我们在起步时一定要十分小心。　　　　　　　C

普罗塔库　起步?

苏格拉底　让我们对宇宙中现存的一切事物作两重划分,或者说如果你不介意,作三重划分。

普罗塔库　按什么原则划分,我可以这样问吗?

苏格拉底　我们可以用到我们前不久说过的一部分内容。

普罗塔库　哪个部分?

苏格拉底　我想,我们说过,神向我们启示了事物的两种要素,无限与有限。

普罗塔库 确实说过。

D **苏格拉底** 那就让我们以此为标准进行分类,至于第三类,就是那些产生于二者混合的事物,尽管我担心我给事物分类和列举事物的能力是非常可笑的。

普罗塔库 你想说什么,我亲爱的先生?

苏格拉底 我现在好像还需要第四类。

普罗塔库 告诉我这第四类是什么。

苏格拉底 想一想两类事物相互混合的原因,把这个原因作为一类,加在原来那三类之后。

普罗塔库 你是否肯定自己不再需要第五类来作为分离的原因?

E **苏格拉底** 也许要,但我想不是现在。一旦有了这种需要,我会去寻求第五类,我这样做的时候希望你能原谅我。

普罗塔库 好的,我肯定会原谅你。

苏格拉底 那么好,现在让我们把注意力集中在四类中的前三类。首先注意前三类中的前两类,注意观察它们各自如何分裂成多,分成许多部分,然后再把它们汇集在一起,让它们重新成为一,以此明了它们各自如何实际上既是一又是多。

24 **普罗塔库** 你能否说得更清楚一点? 如果你能够,那么我敢说我能跟得上你的意思。

苏格拉底 好吧,在说"三类中的前两类"时,我指的是前面提到的无限与有限。我要试着解释无限在某种意义上是多,而有限我们可以等一等再说。

普罗塔库 好吧。

苏格拉底 现在请你注意,我要你关注的这件事是困难的、有争议的,但我仍旧要求你关注它。让我们从"较热"和"较冷"开始,先问你自己有没有注意到,这两个词没有限度的意思,或者说用"较多"和"较少"来表示的事物的限度实际上存在于事物之中。只要事物拥有限度,那么它们无疑承受着限度。把限度赋予事物,这个限度也就是事物自身存在的限度。　　B

普罗塔库　完全正确。

苏格拉底　我们事实上可以断言,在"较热"和"较冷"中总是可以找到"较多"和"较少"。①

普罗塔库　确实如此。

苏格拉底　那么我们的论证表明"较多"和"较少"这个对子是没有限度的,我认为,没有限度就表明它们必定是绝对的无限。

普罗塔库　苏格拉底,我也强烈地感觉到这一点。

苏格拉底　噢,对,回答得好,我亲爱的普罗塔库,你的回答提　　C
醒了我,你刚才讲的"强烈"与"微弱"也具有"较多"与"较少"那样的性质。当它们在事物中出现时,它们决不会表现为一个确定的量,但我们确实把这种与"温和"相对而言的"强烈"的性质引入事物,或以别的方式引入。它们带有"较多"或"较少",但消除了确定的量。如我们刚才所说,这是因为如果它们不消除确定的量,而是　　D
把确定的、可度量的量接纳到"较多或较少"和"强烈或微弱"存在的地方,它们自身的性质就发生变化了。一旦你把确定的量赋予"较热"和"较冷",它们就不再是比较热的和比较冷的了;"较热"决不会止步,而总是进一步发展,"较冷"也一样,而确定的量是某种停滞发展和僵化的东西。由此可见,我说的"较热"及其对立面,必定是无限的。

---

　　① 此处提到的"较多"和"较少"实际上是希腊语中表示比较级的两个词,相当于英文的"more"和"less",宜在抽象意义上理解,表示"比较……的"、"更……的"。

普罗塔库　确实如此,苏格拉底,尽管像你说的那样,这些事
E　情不容易理解。不过,如果经过反复,讨论双方还是能够达到宽容
的一致意见。

苏格拉底　没错。这就是我们必须尝试的。然而,就当前来
说,为了避免讨论过于冗长,还是来看我们能否接受我将要对无限
的性质作出的解释。

普罗塔库　无限的性质是什么?

苏格拉底　当我们发现事物变得"较多"或"较少"的时候,或
者变得可以接纳"强烈"、"微弱"、"非常"等等术语的时候,我们都
25　必须把它们归入一个类别,亦即无限这个类别;这与我们前面的陈
述是一致的,如果你还记得的话,这就是我们要尽力而为的事,把
这些分割成部分的东西汇集起来,给它们打上某个单一性质的标
记。

普罗塔库　我记得。

苏格拉底　那么不接纳这些术语,而接纳与之性质相反的术
语的事物,我们必须把它们全都分开,归在有限之下。这样的术语
首先是"相同"和"相等",其次是"两倍"和其他任何表示倍数的术
B　语,或表示尺度之间关系的术语。我认为我们这样做是恰当的。
你认为如何?

普罗塔库　你说得好极了,苏格拉底!

苏格拉底　那好吧。下面我们该如何描述第三类,有限与无
限的混合?

普罗塔库　我想,还是由你来告诉我吧。

苏格拉底　如果有人听到我的祈祷,那么倒不如说让神来告
诉我们。

普罗塔库　那你就祈祷吧,看神会不会来告诉你。

苏格拉底　我在想,普罗塔库,我正在寻求一位神,他做我们

的朋友已经有好一阵子了。

普罗塔库　真的吗？什么原因使你相信这一点？　　　C

苏格拉底　我以后会解释的。现在请注意听。

普罗塔库　你继续说吧。

苏格拉底　我想，我们刚才谈了"较热"和"较冷"，不是吗？

普罗塔库　是的。

苏格拉底　现在加上"较干"和"较湿"、"较高"和"较矮"、"较快"和"较慢"、"较大"和"较小"，以及刚才我们提到属于某种包含"较多"和"较少"的东西。

普罗塔库　你指的是那种无限吗？　　　D

苏格拉底　是的。现在，作为下一步，把它与有限这一家族结合。

普罗塔库　什么是有限的家族？

苏格拉底　刚才我们汇集了无限这个家族的成员，但我们把汇集有限的家族给省略掉了。我们必须把这个家族也汇集起来，以显示有限的性质，但我们没有这样做。在汇集这两个种类的家　　　E
族的过程中，我们谈论的家族会变得比较清晰，尽管到了最后它们可能会成为同样的东西。

普罗塔库　你讲的到底是什么家族？请解释。

苏格拉底　就是"相等"、"两倍"，等等。通过引进一个定数，使对立双方的冲突终结，使之成比例或处于和谐状态。

普罗塔库　我明白了。你的意思是，通过不同的混合，我们显然可以发现各种不同的产物。

苏格拉底　你正确地理解了我的意思。

普罗塔库　那么你继续说吧。

苏格拉底　导致疾病与健康的因素也要正确结合吗？

普罗塔库　无疑如此。

苏格拉底 声音方面的高与低、快与慢是无限的,对它们来说,引入"相同"一类的因素不是马上就能产生有限,使整门音乐的技艺圆满地建立起来吗?

普罗塔库 说得好。

苏格拉底 还有,如果在非常冷和非常热衷引入"相同"一类的因素,也就消除了过度与无限,创造出尺度与平衡。

普罗塔库 确实如此。

苏格拉底 在此,我们发现了好天气和其他一切美好事物的

B 源泉,亦即把无限与有限混合,对吗?

普罗塔库 当然。

苏格拉底 确实还有其他无数事物我可以省略,比如与健康相伴的美与力,此外,在我们的灵魂中可以找到一大批美好的事物。亲爱的斐莱布,我们的女神一定注意到人类对法律的藐视和人性的极端邪恶,其原因在于人的快乐和欲望缺乏限度,因此要在人类中建立法律和秩序,而法律和秩序标志着有限。你认为女神

C 把人类给宠坏了,而我正好相反,认为女神保存了人类。你怎么看,普罗塔库?

普罗塔库 我极为满意,苏格拉底。

苏格拉底 如果你懂我的意思,那么我讲的第三种东西是存在的。

普罗塔库 是的,我认为我懂。我想,你断言事物中有两种因素——首先是无限,然后是有限。但对你提到的第三种东西我还不能完全理解。

苏格拉底 我亲爱的先生,你不能理解的原因在于你被第三种东西的多样性给搞糊涂了。但是无限同样也表现出形式的多样

D 性,尽管我们给它们贴上统一的标志,"较多"及其对立面,把它们视为单一的。

普罗塔库　对。

苏格拉底　还有，表现出多样性来也好，并非真正的单一也好，我们并不抱怨有限。

普罗塔库　不抱怨，没理由抱怨。

苏格拉底　不管怎么说，没理由。至于第三个种类，我把所有两种因素结合的产物都算在内，你可以认为这是我的意思，凡有产生，在有限的帮助下从尺度中产生的东西都属于第三类。

普罗塔库　我懂了。

苏格拉底　现在继续往下说。我们说过，除了这三类，还要考虑第四类，我们双方要一起考虑。我希望你们认为一切事物的产生都必然有原因。

普罗塔库　是的，我是这样想的。没有原因，它们如何产生？

苏格拉底　好吧，原因和制造者之间除了用词不同之外还有什么区别吗？用它来称呼那个创造事物并使之成为一和同的东西，这样做恰当吗？

普罗塔库　非常恰当。

27

苏格拉底　进一步说，被造的事物与产生而存在的事物之间又只是用词上的差别吗？

普罗塔库　是的。

苏格拉底　那么创造者应当拥有在先的位置，而被造者在产生时追随创造者，这岂不是很自然吗？

普罗塔库　确实如此。

苏格拉底　因此，作为事物产生条件的原因从属于另一个不同的原因，是吗？

普罗塔库　当然。

苏格拉底　现在我们这三个种类包括了所有产生的事物，以及它们得以产生的要素，对吗？

E

普罗塔库　确实如此。

苏格拉底　我们正在谈论的第四类是塑造所有这些事物的原
B　因,它显然与其他事物都不同,对吗?

普罗塔库　是的,确实不同。

苏格拉底　我们现在把第四类区别出来了,这对于按序列举
这类事物不会带来什么伤害,借此我们也可以记住它本身。

普罗塔库　我同意。

苏格拉底　那么,第一样东西我称作无限,第二样称作有限,
C　第三样是从二者混合中产生出来的东西,至于第四样,我希望称它
为混合与产生事物的原因,这样称不会有错,对吗?

普罗塔库　确实没错。

苏格拉底　让我们继续前进。下一个问题是什么? 我们进到
这一步的目的是什么? 不就是发现亚军的位置应当给快乐还是给
理智吗? 我们的目的不就在于此吗?

普罗塔库　是的。

苏格拉底　因为我们已经区分了三样东西,所以要决定冠军
和亚军,我们不就处在比较有利的位置上了吗? 这就是我们争论
的起点。

普罗塔库　也许是吧。

D　　**苏格拉底**　那么继续前进。我认为我们已经决定胜利属于快
乐与理智混合的生活。是这样的吗?

普罗塔库　是的。

苏格拉底　那么我们当然可以看到这是一种什么样的生活,
属于哪一类?

普罗塔库　无疑如此。

苏格拉底　我想,我们事实上断言它是我们第三类的一部分。
因为这一类并非仅由两样事物组成,而是由一切受到限制的无限

的事物所组成。因此,把我们赢得胜利的那种生活视为它的一部分是正确的。

普罗塔库　是的,完全正确。

苏格拉底　很好。你那种不混杂的快乐生活怎么样,斐莱布? E 说它应当属于我们提到的哪一类才是正确的? 但在你表达自己的观点之前,还是先来回答我提出的一个问题吧。

斐莱布　请问吧。

苏格拉底　快乐与痛苦包含限度吗? 或者说它们属于那种接受"较多"和"较少"的事物?

斐莱布　它们属于那种接受"较多"的事物,苏格拉底。快乐若是不具有数量和程度上的无限的本性,那么它就不会是最高的善。

苏格拉底　同样的道理,斐莱布,痛苦也不是最坏的。因此我 28 们必须寻找某些无限之外的性质来解释善的成分如何依附于快乐。好吧,如果你乐意的话,我们可以把这个无限沉思的论题之一搁下。但我要问你们俩,难道我们可以把理智、知识和理性算作我们上面提到的哪一类东西,而又不会犯下反对光明的罪过? 按照我们作出的回答正确与否,我们现在的考察会发生重大转向。

斐莱布　你在荣耀你自己的神,苏格拉底。 B

苏格拉底　我也在荣耀你自己的女神,我的朋友,对我们的问题做出回答仍旧是必要的。

普罗塔库　苏格拉底做得对,斐莱布,你要知道我们必须按他说的去做。

斐莱布　好吧,你是自愿代表我说话的,不是吗,普罗塔库?

普罗塔库　确实如此,但我现在有点困惑不解,苏格拉底,还是请你自己说吧,否则的话,你会看到我们拨错了弦,对你提供的选择做出错误的决断。

C　　**苏格拉底**　我必须按你说的去做，普罗塔库，事实上你强加于我的任务并不难。但我开的玩笑确实引起了你的警觉，斐莱布把我开的玩笑称作炫耀，刚才我问你理性和知识属于哪一类，是吗？

普罗塔库　确实如此，苏格拉底。

苏格拉底　这个问题其实很容易。因为所有聪明人都同意，并因此而诚实地荣耀自己，我们拥有的理性是天地之王。我认为他们这样说是对的。但若你不介意，我希望我们能够对这一类事物做出更加充分的考察。

D　　**普罗塔库**　那你就开始吧，苏格拉底，请别在乎要花多长时间，我们不会与你争吵的。

苏格拉底　谢谢你，让我们开始。我们是不是应当从下面这个问题开始呢？

普罗塔库　什么问题？

苏格拉底　普罗塔库，我们说，事物的总和，或者被我们称作宇宙的东西，由一种无理性的或盲目的力量所控制，或受纯粹的机缘所支配，或者正好相反，让我们追随我们的前辈说宇宙由理性和神奇的规范性的理智所统治。

E　　**普罗塔库**　这是一个非常困难的问题，我亲爱的苏格拉底。你的前一种建议在我看来完全是一种亵渎。理性为宇宙安排了秩序，把正义赋予这个有序的宇宙，规范着太阳、月亮、星辰，以及整个天穹的旋转，我自己从来没有想过或想要表达与此相反的观点。

苏格拉底　那么你希望我们同意较早的思想家们的观点，视之为真理，是吗？我们一定不要为了自己的平安而去迎合其他人29　的意见，而要冒着危险承担批评的重任，因为有些能干的人断言这个世界并不像我们描述的这样，而是无序的。我们这样做对吗？

普罗塔库　我肯定愿意这样做。

苏格拉底　那么好,现在把你的注意力放到摆在我们面前的 B 下一个问题上来。

普罗塔库　什么问题? 请说。

苏格拉底　我们可以察觉到一切有形体的动物具有某些成分,亦即火、水、气,以及土,如谚语所说"我们看到大地也像飘摇于风暴中的水手"①,在动物的构成中,这些成分都会出现。

普罗塔库　没错,我们现在的讨论难度之大,也像在真理的风暴中飘摇。

苏格拉底　好吧,现在让我来向你指出某些事情,适用于构成我们身体的每一成分。

普罗塔库　你在说什么?

苏格拉底　在我们身上的这些成分只是微不足道的残片,它们在质量上也远不是纯粹的,或拥有一种与其真正性质相适应的力量。让我举个例子来向你解释,但你必须视之为适用于所有成分。宇宙中有火,而我们身上也有火,不是吗?

普罗塔库　当然。

苏格拉底　我们身上的火在数量上是少的、弱的、微不足道 C 的,而宇宙之火是巨大的、神奇的、美丽的,拥有一切属于火的力量。

普罗塔库　你说得完全正确。

苏格拉底　继续往下说,宇宙之火是由我们身上的火供养、产生、增长的,还是正好相反,你我之火以及其他所有动物之火的维持、产生和增长都要归因于宇宙之火?

普罗塔库　这个问题甚至不值得回答。

苏格拉底　你说得对,我确实认为你也会对土——我们动物 D

────────────

①　这句谚语出处不详,土和大地是一个词。

拥有的土和宇宙拥有的土——说同样的话。事实上,我在前面那个问题中提到的所有元素都是这样。你的回答在我预料之中,是吗?

普罗塔库　有谁能够做出不同的回答并相信自己说得对?

苏格拉底　我不这样认为,无论他是谁。下面随我再进一步。如果把我谈论的所有元素当作一个集合的单一体,那么我们不是把它称作身体吗?

普罗塔库　当然。

E **苏格拉底**　好,让我告诉你,同样的名字可以用来称呼这个有序的宇宙,由于它也是用相同的成分构成的,所以它也是一个身体,不是吗?

普罗塔库　你说得对。

苏格拉底　那么,总起来说,这个属于我们的身体是由这个宇宙的身体供养,从宇宙的身体中产生和获得我刚才提到过的所有成分,或者说,反过来才是对的?

普罗塔库　苏格拉底,这是另一个问题,不值得提出来。

30 **苏格拉底**　好吧,看看另一个问题值不值得提? 我看你会怎么说。

普罗塔库　你说吧。

苏格拉底　我们不承认属于我们的身体有灵魂吗?

普罗塔库　我们显然会说我们有灵魂。

苏格拉底　我的朋友普罗塔库,如果拥有和我们的身体同样元素、而在各方面要美得多的宇宙的身体实际上不拥有灵魂,那么我们的灵魂是从哪里来的?

普罗塔库　显然不会有其他来源了,苏格拉底。

苏格拉底　是没有了,普罗塔库。我们肯定不会作这样一种

B 设想,有限、无限、二者的结合,还有呈现在一切事物中作为第四种

东西的原因,会设计不出最美丽、最宝贵的灵魂,是吗? 这个最后命名的原因,一方面提供了属于我们有灵魂的身体的元素,维持我们的体格,有病时治疗它,还提供各种安排和治疗尺度,我们实际上把它当作智慧,有着许多不同的运用,也决不会在宇宙的元素问题上出错,尽管灵魂仍旧是由同样的元素构成的,大量地弥漫于整个天空,但更加美丽,未受污染。

普罗塔库　不会,做这样的设想是完全不合理的。　　　　　　C

苏格拉底　放弃了这样的想法,那么我们最好还是追随我们已经说过多遍的另一种观点,宇宙中存在着许多"无限"、丰富的"有限"和主宰性的原因,它产生了秩序,规定了年、季节、月份,完全配得上称作智慧和理性。

普罗塔库　确实配得上。

苏格拉底　但是智慧和理性不能没有灵魂地产生出来。

普罗塔库　它们不能。

苏格拉底　因此你会说由于原因的力量,宙斯的本性中有国　　D
王的灵魂和国王的理性,而其他诸神按其喜欢被称呼的名字,拥有其他完善的性质。

普罗塔库　确实没错。

苏格拉底　普罗塔库,别以为我们讲的这些事情是无意义的,相反,它为我们提到过的那些古代思想家提供了支持,他们声称理性永远统治一切。

普罗塔库　是的,确实如此。

苏格拉底　还有,它给我的考虑提供了一个答案,这就是心灵　　E
属于被我们称作万物之原因的这个家族。我想,这一次你知道答案是什么了。

普罗塔库　是的,我完全掌握了,尽管我刚才不明白你实际上已经提供了这个答案。

31　　　**苏格拉底**　好吧,普罗塔库,开点小玩笑有时可以轻松一下。

　　　　普罗塔库　对。

　　　　苏格拉底　我的朋友,我想我们现在已经相当满意地证明了理性属于什么种类,拥有什么样的功能。

　　　　普罗塔库　我敢肯定是这样的。

　　　　苏格拉底　至于快乐所属的种类,我们在前面已经找到了。

　　　　普罗塔库　没错。

　　　　苏格拉底　那么让我们把关于二者的要点记在心里,也就是说我们发现理性与原因有关,属于原因这一类,而快乐本身是无限的,属于无限这一类,而无限从不在其自身中包含开端、中间和终结,从开端、中间、终结中也不会产生无限。

B　　　**普罗塔库**　我们当然应当记住这些要点。

　　　　苏格拉底　下面我们要做的是,在什么地方可以找到快乐和理智,无论何时产生,使之产生的原因是什么。先来看快乐。我们前面的考察从快乐开始,现在也要从快乐开始。不过,离开对痛苦的考察,我们对快乐的考察决不可能是合适的。

　　　　普罗塔库　好吧,如果这是我们的必经之路,那就这么办吧。

　　　　苏格拉底　现在我怀疑,关于它们的出现,你是否同意我的看法?

C　　　**普罗塔库**　你的看法是什么?

　　　　苏格拉底　快乐与痛苦都出现在"结合的"那一类事物中的自然的经验。

　　　　普罗塔库　我亲爱的苏格拉底,你能不能再提醒我们一下,你现在用的"结合的"这个词指的是我们前面提到的哪一类?

　　　　苏格拉底　你真的需要我提醒,普罗塔库! 好吧,我会尽力而为的。

　　　　普罗塔库　谢谢你。

苏格拉底　让我们把"结合的"理解为我们前四类中的第三类。

普罗塔库　你讲了无限和有限以后再提到的那一类，我想，你把健康与和谐也归入这一类。

苏格拉底　完全正确。现在请你特别注意。　　　　D

普罗塔库　你继续说吧。

苏格拉底　当我们发现动物身上的和谐状况出现紊乱时，我认为这时候就是它的自然状况出现了紊乱和不幸。

普罗塔库　听起来很有可能。

苏格拉底　相反，当和谐得以恢复，它的自然状况也得以复原的时候，我们可以说快乐出现了。我允许自己对这个最重要的事实作一个非常简洁明了的陈述。

普罗塔库　我认为你说得对，苏格拉底，但还是让我们试着把　　E
这个真理说得更加清楚些。

苏格拉底　好吧，我想平常话和明显的例子是最容易理解的。

普罗塔库　比如说？

苏格拉底　饿是紊乱的一种形式，是一种痛苦，是吗？

普罗塔库　是的。

苏格拉底　对应于恢复的吃东西是快乐的一种形式，是吗？

普罗塔库　是的。　　　　　　　　　　　　　　　　　　32

苏格拉底　还有，渴是一种毁灭的形式，是一种痛苦，而在液体对干涸的地方施加作用以后产生的复原是快乐的一种形式。还有，高温引起的非自然的破坏或融化是一种痛苦，而使我们恢复到自然状态的冷是一种快乐。

普罗塔库　确实如此。

苏格拉底　在寒冷的作用下体液被冻结而引起的动物的自然状态的紊乱是一种痛苦，而相反的过程，亦即被冻结以后又融化

了,又恢复原先状态,是一种快乐。现在考虑一下这个陈述是否满
意,这是个一般的公式。如我所述,当一个生命有机体由无限和有
B　限构成的自然状态被毁灭了以后,这种毁灭是痛苦,相反,如果这
样的有机体自己的正确本性回归了,那么这种反转一定是快乐。

普罗塔库　就算是吧。我想这个陈述至少给了我们一个概
要。

苏格拉底　那么好,我们可以认为有一类快乐与痛苦是由这
对经验构成的吗?

普罗塔库　可以。

苏格拉底　那么现在来看灵魂本身在期待这些经验时是如何
C　感觉的。它在期待快乐时就感到快乐,在预见到痛苦时就会感到
痛苦。

普罗塔库　是的,当然如此,这是另一类不同的快乐和痛苦,
属于灵魂本身,与身体无关,是从期待中产生的。

苏格拉底　你把握住我的意思了。我想,如果我可以借助于
两种纯粹的经验,不混杂痛苦的快乐和不混杂快乐的痛苦,来说明
D　我的观点,那么我们可以对这个有关快乐的问题做出清楚的回答,
被划入快乐一类的事物是否都是受欢迎的,或者说我们是否必须
承认前面区分过的某些其他类别,把快乐与痛苦视为像热与冷或
其他所有这样的事物,有时候是受欢迎的,有时候不是,原因在于
它们本身并不是善,尽管它们中有些事物在某些时候以某种方式
获得了善的事物的性质。

普罗塔库　你说得很对,这是研究我们当前这个主题的一个
恰当的方式。

苏格拉底　那么首先让我们一道来看下面这个要点。如果我
们现在的观点是正确的,如果在状况恶化的时候有痛苦,在恢复的
E　时候有快乐,那么我们把这样的动物视为并没有经历恶化或恢复,

并且要问在这种时候它们必定处于一种什么样的状态。请你注意我问的这个问题,告诉我,在这种时候这个动物是否既没有感到快乐也没有感到痛苦,无论是什么程度的?

普罗塔库 是的,无疑如此。

苏格拉底 所以这是第三种状态,有别于感到快乐的状态和感到痛苦的状态,是吗? 33

普罗塔库 确实是。

苏格拉底 那么好,努力记住这一点,是否记得这一点会对我们关于快乐的判断造成很大的差异。如果你乐意,与此相关的一个小问题我们最好能解决掉。

普罗塔库 告诉我是什么问题。

苏格拉底 你知道,对一个已经选择了理智生活的人来说,没有任何东西可以阻止他按这种方式生活。

普罗塔库 你指的是一种既非快乐又非痛苦的生活吗? B

苏格拉底 是的,因为当我们刚才对不同生活作比较时,我相信对一个已经选择了理性和理智的生活的人来说,一定不会有任何快乐的经历,无论这种快乐是大还是小。

普罗塔库 这确实是我们说过的。

苏格拉底 那么他在任何事情上都有权过这种生活,说这种生活在所有生活中最像神的生活也不算一种过分的猜测。

普罗塔库 确实不能肯定诸神会感到快乐或快乐的对立面。

苏格拉底 不能,当然不能,这两种情感都不像是会在他们那里产生。如果这两种情感与他们有关,我们会提出进一步的考虑, C
如果我们不能在争取第一的竞赛中为理智确定得分,那么我们会确定理智在争取第二名的竞赛中的分数。

普罗塔库 非常正确。

苏格拉底 现在继续往下说,第二类的快乐如我们所说,只属于灵魂,总是与记忆有关。

　　普罗塔库　为什么会这样呢?

　　苏格拉底　我想,如果我们想要恰当地弄清这些事情,我们首先必须研究什么是回忆,或者甚至可能是在考察记忆之前研究什么是感觉。

D　　**普罗塔库**　这是什么意思?

　　苏格拉底　你必须这样看,在那些不断影响我们身体的经验中,有些经验在抵达灵魂之前就枯竭在身体中,在这种情况下灵魂就没有受到影响,而另一些经验穿透身体和灵魂,产生一种紊乱,这些紊乱对身体和灵魂来说各是独特的,但对双方来说又是共同的。

　　普罗塔库　就算是这样吧。

　　苏格拉底　现在如果我们说那些没有渗透身体和灵魂的感觉都不会被灵魂察觉,而那些渗透了身体和灵魂的感觉也不会因此而不被察觉,这样说对吗?

E　　**普罗塔库**　当然对。

　　苏格拉底　你一定不要假定我说"不被察觉"的意思是一个与此相关的遗忘过程,遗忘是记忆的消失,而在我们讨论的情况下记忆还没有到来,谈论一样还不存在或从来没有存在过的东西的失去是荒谬的?

　　普罗塔库　当然。

　　苏格拉底　那么只要换个名字就行了。

　　普罗塔库　怎么个换法?

34　　**苏格拉底**　你现在把灵魂不受身体紊乱的影响,没有察觉到身体的紊乱,说成是"遗忘",但你必须把它替换为"无感觉"。

　　普罗塔库　我懂了。

　　苏格拉底　当灵魂与身体形成了同一种情感并一起受感动的

时候,如果你把"感觉"这个术语用于这一时刻,那么你就能恰当地表达你自己的想法。

普罗塔库　非常正确。

苏格拉底　那么我们已经懂得感觉是什么意思了。

普罗塔库　确实如此。

苏格拉底　在我看来,把记忆称作感觉的保存是正确的。

普罗塔库　是这么回事。　　　　　　　　　　　　　　　　B

苏格拉底　而我们使用追忆这个词的意思与记忆有所不同,是吗?

普罗塔库　是这样的。

苏格拉底　我想指出这个不同的地方。

普罗塔库　有什么不同呢?

苏格拉底　灵魂与身体一道经历的经验在灵魂自身中得以再现,我们把这种情况说成是"追忆"某事。难道不是这样的吗?　　C

普罗塔库　无疑如此。

苏格拉底　再说,灵魂失去了对某个感觉或曾学到的东西的记忆,然后又在灵魂中恢复了这种记忆,这种记忆又重现了,那么我们通常把这些过程说成"追忆"。

普罗塔库　我同意。

苏格拉底　现在让我来告诉你我们已经说过的这些要点。

普罗塔库　什么要点?

苏格拉底　关于和身体分离的灵魂的快乐,还有它的欲望,我们已经有可能得到一个最清晰的观念了。我想我们采纳了的、正在进行的讨论过程许诺要对二者进行解释。

普罗塔库　那就让我们开始吧,苏格拉底。

苏格拉底　我想我们的考察必然大量涉及快乐的起源和它采　D
取的各种形式。而要进行这方面的考察,事实上必须先对欲望的性质以及欲望出现的地方进行考察。

普罗塔库 那就让我们来考察欲望,我们不想有损失。

苏格拉底 普罗塔库,我们会有损失的,让我来告诉你为什么。当我们发现了自己要寻找什么的时候,如果我们被各种疑虑所困扰,我们已经在损失了。

普罗塔库 你说得好!那就让我们试着来解决下一个问题。

E **苏格拉底** 我们刚才说过饿、渴,等等,是某种欲望,是吗?

普罗塔库 无疑如此。

苏格拉底 我们用一个名字来称呼这么多不同的事物,它们有什么相同的性质呢?

普罗塔库 唉呀,苏格拉底,我怕这个问题不容易回答,不过我们必须回答。

苏格拉底 那我们就回到原处,重新开始。

普罗塔库 回到哪里?

苏格拉底 我们平常不是说一个人"渴"吗?

普罗塔库 我们确实这样说。

苏格拉底 这样说的意思是指他正在变"空"① 吗?

普罗塔库 当然。

苏格拉底 那么他的渴是一个欲望吗?

普罗塔库 是的,是一个喝的欲望。

35 **苏格拉底** 是一个喝的欲望,还是一个通过喝来重新补充的欲望?

普罗塔库 我应该说,是一个通过喝来重新补充的欲望。

苏格拉底 那么当一个人变得缺乏时,他显然想要得到他正在体验到的东西的对立面,也就是说,他正在变空,期望得到补充。

———————

① 亦有缺乏之意。

普罗塔库 显然如此。

苏格拉底 那么好,一个第一次感到缺乏的人有无可能明白自己感到或想起需要补充某些他在当下没有经历或他在过去从来没有经历过的东西?

普罗塔库 当然不可能。

苏格拉底 不管怎么说,我们必须承认有欲望的人想要某些 B东西。

普罗塔库 那当然了。

苏格拉底 那么他想要的东西不是他正在经历的东西,因为他口渴,渴是一种缺乏,而他想要的是补充。

普罗塔库 是的。

苏格拉底 那么在那个口渴的人的身体中一定有某样东西在领悟这种补充。

普罗塔库 必然如此。

苏格拉底 但这样东西不会是身体,因为身体当然是缺乏的。

普罗塔库 没错。

苏格拉底 因此惟一可选的就是灵魂,灵魂领悟到补充,而它在这样做的时候显然要通过回忆。否则通过什么它才能这样做 C呢?

普罗塔库 很难再指出别的什么来了。

苏格拉底 那么我们明白从这种讨论中已经显现出来的东西吗?

普罗塔库 什么东西?

苏格拉底 它告诉我们,欲望并不属于身体。

普罗塔库 怎么会是这样?

苏格拉底 因为它揭示出,每一动物所尽的各种努力都是为了追求与它的身体正在经历的状况相反的状况。

普罗塔库　　是这样的。

苏格拉底　　再说，产生这种努力的冲动引导着动物朝着与它当下体验相反的方向发展，我想，这就证明了存在着与这种当下体验相反的对某事物的回忆。

普罗塔库　　无疑如此。

D　　苏格拉底　　既然我们已经证明了是回忆在引导我们趋向我们欲望的目标，那么我们的讨论清楚地表明，灵魂产生了一切冲动和欲望，灵魂确实是整个动物的决定性原则。

普罗塔库　　你说得完全正确。

苏格拉底　　那么身体不能感到渴、饿一类的感觉，我们不能反对这种说法，是吗？

普罗塔库　　非常正确。

苏格拉底　　在此还有另一个要点需要我们注意。在我看来，我们的论证旨在揭示某种处于我们已经谈论过的这些事物中的生活。

E　　普罗塔库　　什么要点？你讲的是什么样的生活？

苏格拉底　　补充的过程、缺乏的过程、一切与生物的保存与衰亡有关的过程、痛苦与快乐的更替的过程，我们从一种感觉过渡到另一种感觉的过程。

普罗塔库　　是这样的。

苏格拉底　　当我们处于一种中间状态的时候又怎么样？

普罗塔库　　中间状态？

苏格拉底　　当我们由于正在经历的事情而感到痛苦，而同时又回忆起快乐，使我们的痛苦得到缓解，尽管此时得到补充还是以36　后的事。我们该怎样理解此时的状态？此时我们可以说自己处于中间状态吗？

普罗塔库　　务必如此。

苏格拉底 这种状态从总体上说是痛苦的状态还是快乐的状态?

普罗塔库 快乐的状态! 不对,倒不如说是一种双重痛苦的状态,一方面是身体实际经历着痛苦,另一方面是灵魂在无法得到满足的期待中感到痛苦。

苏格拉底 你把它称作双重痛苦的原因是什么,普罗塔库? 是不是因为这种缺乏的过程有时候与一种对将要到来的补充的特别的希望相连,而在有的时候并无这种希望?

B

普罗塔库 是的,当然如此。

苏格拉底 那么你难道不认为我们在希望得到补充时通过我们的记忆感到快乐,尽管在这种时刻由于缺乏的过程还在持续,所以我们同时又感到痛苦?

普罗塔库 是的,无疑如此。

苏格拉底 在这样的时候,人们既感到痛苦又感到快乐,动物也一样。

普罗塔库 看起来是这么回事。

苏格拉底 现在以这种情况为例,我们处在缺乏之中,又没有希望获得补充。这种时候不就会出现你刚才描述过的双重痛苦的感觉吗,尽管你认为这种痛苦是"简单的重合",没有再作区分?

C

普罗塔库 非常正确,苏格拉底。

苏格拉底 现在让我来提一个建议,用这种方法可以对这些经验进行考察。

普罗塔库 什么方法?

苏格拉底 我们可以说这些痛苦和快乐是真的或是假的吗? 或者说有些是真的,有些不是?

普罗塔库 但是苏格拉底,快乐或痛苦怎么会是假的呢?

苏格拉底 恐惧能是真的或假的吗,普罗塔库? 或者期望,或者意见？

普罗塔库　在我看来，我倾向于意见可以有真假，但其他不会有真假。

苏格拉底　没有真假的是什么？看起来，我们提出的这个问题的意义确实非同小可。

普罗塔库　没错。

苏格拉底　但这个问题与我们开始时讨论的问题有关吗？年轻的斐莱布会向他自己问这个问题。

普罗塔库　也许吧。

苏格拉底　不管怎么说，我们一定不要去研究那些无关紧要的枝节问题或与讨论无关的事情。

普罗塔库　你说得对。

苏格拉底　现在把你的观点告诉我，我对刚才提出来的这一问题产生好奇已经有很长时间了。有与真快乐相反的假快乐吗？

普罗塔库　怎么可能呢？

苏格拉底　那么按照你的看法，无论是在梦中还是醒着，或是神经不正常，没有人会认为自己感到快乐但并没有真的感到快乐，或者感到痛苦但并没有真的感到痛苦。

普罗塔库　苏格拉底，我们大家都把所有快乐当作善。

苏格拉底　你这种看法对吗？我们要不要考虑一下你这种说法是对还是错？

普罗塔库　一定要。

苏格拉底　那么就让我们用更加清楚的术语来陈述一下你刚才关于快乐与意见的说法。我想有这么一回事，叫做拥有意见，是吗？

普罗塔库　是的。

苏格拉底　也有这么一回事叫做拥有快乐，是吗？

普罗塔库　是的。

苏格拉底　有拥有意见的事物吗?

普罗塔库　当然。

苏格拉底　也有感到快乐的事物吗?

普罗塔库　无疑有。

苏格拉底　那么无论是否正确地拥有,拥有意见的主体总是真的拥有一种意见,是这样的吗?

普罗塔库　当然是。

B

苏格拉底　同理,感到快乐的主体,无论是正确地感到还是错误地感到,它显然总是处在真的感到快乐的位置,是吗?

普罗塔库　是的,这样说也是对的。

苏格拉底　那么必然面临的问题是,尽管拥有意见和感到快乐的真实性有同样的根据,为什么我们通常认为意见有真有假,而快乐只有真的?

普罗塔库　是的,我们必须面对这个问题。

苏格拉底　你认为问题是否在于,只有当我们问的不是一般的意见,而是某种具体的意见时,意见的真假或正确与错误的问题才会出现?

C

普罗塔库　是的。

苏格拉底　那么我们又有了一个进一步的问题需要达成一致看法,也就是说极有可能其他事物有性质,快乐与痛苦没有性质,而只是快乐与痛苦。

普罗塔库　这很清楚。

苏格拉底　但事实上显然可见它们有性质,我们前不久讲过它们的大小、强弱、苦乐,等等。

普罗塔库　我们确实说过。

D

苏格拉底　还有,普罗塔库,如果我们把坏加到我们讨论的这些东西上去,那么我们难道不能说它变成了一个坏的意见,或者说它变成了一个坏的快乐吗?

普罗塔库 为什么不能,当然可以,苏格拉底。

苏格拉底 再说,如果把正确或其对立面加于它们,假如它是一个意见,那么我们可以说它是一个正确的意见,假如它是一个快乐,那么我们可以说它是一个正确的快乐,是这样的吗?

普罗塔库 必然如此。

E　　**苏格拉底** 但若那个被拥有的意见的内容是错误的,那么我们一定不会同意说这样的意见是正确的,因为它犯了错误,没有正确地产生意见,是这样的吗?

普罗塔库 是的,是这样的。

苏格拉底 那么好,如果我们观察到一种痛苦或快乐是错误的,因为那个产生这种情感的对象犯了错误,那么我们还能把"正确"、"健全"之类的赞扬性的术语附加于它吗?

普罗塔库 如果快乐已经被假定为错误,那么当然不可能。

苏格拉底 现在注意,我想我们经常带着一种不正确的、错误的意见经历快乐。

38　　**普罗塔库** 当然,苏格拉底,由于这个原因我们把意见称作错误的,但没有人会把快乐本身说成是错误的。

苏格拉底 好吧,普罗塔库,你的话勇敢地为快乐的原因作了辩护。

普罗塔库 噢,不对,我只是在重复我听到的话。

苏格拉底 但是,我的朋友,我们发现,一种是与正确的意见和知识相连的快乐,一种是不断发生在我们每个人身上的与错误的意见和无知相连的快乐,这两种快乐没有什么区别吗?

B　　**普罗塔库** 我要说,它们的区别很大。

苏格拉底 那就让我们开始思考它们的区别。

普罗塔库 请你带我们走你倡导的那条道路。

苏格拉底 很好，我会带你走这条路的。

普罗塔库 行。

苏格拉底 我们同意，意见有时候是假的，有时候是真的，是吗？

普罗塔库 是这样的。

苏格拉底 还有，我们刚才说快乐与痛苦经常与这些真的或假的意见相伴。

普罗塔库 没错。

苏格拉底 记忆和感觉总是在产生意见和想要作出判断的企图，是吗？

普罗塔库 确实如此。

苏格拉底 我建议，我们必须相信从这种联系中产生的东西。

普罗塔库 它是什么？

苏格拉底 如果一个人看到一个位于远处的、不清晰的物体，那么他一般会想要确定他看到的这个物体是什么，你同意吗？

普罗塔库 我同意。

苏格拉底 那么他下一步会向自己提问。

普罗塔库 问什么？

苏格拉底 "那个被我看到的在崖石边大树下的物体是什么？"如果他看到了某个事物的影像，那么你认为他会这样问自己吗？

普罗塔库 当然会。

苏格拉底 然后他会回答自己的问题，如果他得到的影像是对的，那么他会说，"那是一个人"。

普罗塔库 肯定如此。

苏格拉底 如果他弄错了，以为他看到的是牧羊人制造出来的一个东西,那么他一定会称之为偶像。

　　普罗塔库　他很有可能这样做。

E　　**苏格拉底**　如果有人和他在一起,那么他会把对自己说的话说给他的同伴听,用有声的语言道出他的想法,至此,我们前面称作意见的东西现在成了断定。

　　普罗塔库　当然。

　　苏格拉底　但若只有他一个人,他会继续独自思考那个事物,沿着自己的思路在心里想很长时间。

　　普罗塔库　无疑如此。

　　苏格拉底　那么好,我担心你是否会在这些事情上分享我的看法。

　　普罗塔库　什么事情?

　　苏格拉底　在我看来,在这种时候我们的灵魂就像一本书。

　　普罗塔库　为什么?

39　　**苏格拉底**　在我看来,记忆与感觉的结合,再加上不断地对记忆和感觉起作用的情感,可以说它们一道在我们的灵魂中写字。当这种经验写下了正确的东西,就会在我们身上产生正确的意见和论断;如果在我们内心写下的东西是错误的,那么我们得到的就是相反的意见和论断。

　　普罗塔库　我认为你这样说肯定是正确的,我赞同你的说法。

B　　**苏格拉底**　那么请把你的赞同也赋予在这种时刻出现在我们灵魂中的第二位艺术家。

　　普罗塔库　它是谁?

　　苏格拉底　它是一位画家,继作家之后,它在灵魂中画上我们已经作出的这些论断的图景。

　　普罗塔库　我们怎样知道它在行动,什么时候?

　　苏格拉底　我们在得出意见和论断的时候要把视觉或其他感

觉去掉,在此之后这位画家又在我们心中绘画,也就是我们先前对之发表过意见和论断的那些对象的图画或影像。这种情况在我们心中发生,难道不是吗? C

普罗塔库　确实有这种情况。

苏格拉底　那么关于正确意见和论断的图画是真的,关于错误意见和论断的图画是假的,对吗?

普罗塔库　无疑如此。

苏格拉底　好吧,如果我们到此为止没错,那么在此还有一个与此相关的问题需要考虑。

普罗塔库　什么问题?

苏格拉底　所有这些情况只涉及现在和过去,与将来无关吗?

普罗塔库　正好相反,这些情况对现在、过去、将来都同样适用。

苏格拉底　我们在前面说过,仅由灵魂感觉到的快乐与痛苦 D 可以先于那些经过身体而后再被灵魂感觉到的快乐与痛苦,不是吗? 这就表明我们可以拥有关于未来的预见性的快乐和痛苦。

普罗塔库　非常正确。

苏格拉底　我们前不久假定在我们心中产生的文字和图画适用于过去与现在,但它们不适用于将来吗? E

普罗塔库　它们确实适用。

苏格拉底　你说"它们确实适用"的意思是,我们心中拥有的全都是与将要发生的事情有关的那些期盼,我们的一生都充满着期盼吗?

普罗塔库　无疑如此。

苏格拉底　那么好,这里有个进一步的问题要你回答。

普罗塔库　什么问题?

苏格拉底　一名正义的、虔诚的人在各方面都为神所青睐吗?

普罗塔库　是的。

苏格拉底　对不正义的、坏透了的人我们可以说相反的话吗?

40　**普罗塔库**　当然。

苏格拉底　但如我们刚才所说,每个人都充满着期盼,是吗?

普罗塔库　没错。

苏格拉底　在这种期盼之上必须加上由我们的画家进行的描绘。人们经常梦见自己弄到了大量的黄金,乐事不断。他们自己确实看到了这幅图景,马上就兴高采烈。

B　**普罗塔库**　我知道。

苏格拉底　现在我们可以说,在好人心灵中刻写的东西标志着一种真正的与神沟通,因为他们受到神的青睐,而在坏人心灵中刻写的东西正好相反,对吗? 你是怎么想的?

普罗塔库　我们确实应该这样说。

C　**苏格拉底**　所以坏人在他们心中描绘的快乐并不比好人少,但我想,这些快乐是虚假的。

普罗塔库　当然。

苏格拉底　那么坏人面对大部分虚假的快乐而感到高兴,而好人面对真正的快乐而感到高兴。

普罗塔库　这个结论是不可避免的。

苏格拉底　因此我们的结果是,虚假的快乐确实存在于人的灵魂中,它实际上是对真正的快乐的一种可笑的模仿,对痛苦来说,结果也一样。

普罗塔库　是的,它们确实存在。

苏格拉底　现在我们发现,尽管说一个人拥有意见,那么他确实是真的拥有意见,但这个意见有时候所指的不是事实,无论它涉及的是现在、过去,还是将来。

普罗塔库　没错。

苏格拉底　我想,这就是我们错误意见的来源,也是我们错误 D
地拥有意见的根源。是这样的吗?

普罗塔库　是的。

苏格拉底　那么好,我们应该给意见所指的痛苦与快乐规定
一下相应的条件,是吗?

普罗塔库　你这是什么意思?

苏格拉底　我的意思是,任何感到快乐的人,无论是否有事实
根据,他总是真的感到快乐;然而有时候这种快乐与现在和过去的
事实无关,在许多情况下,也许在大多数情况下,这种快乐所指的
事情决不会成为事实。

普罗塔库　这也是必然的,苏格拉底。 E

苏格拉底　同样的原则也可适用于恐惧、愤怒,以及所有诸如
此类的情感,也就是说它们有时候是错误的,是吗?

普罗塔库　确实如此。

苏格拉底　现在请告诉我,除了依据它们的错误程度之外,我
们还能够区别意见的好坏吗?

普罗塔库　不能。

苏格拉底　那么除了依据错误程度,我们也不能察觉其他任 41
何感觉的好坏,在这些坏感觉中出现的快乐是坏的。

普罗塔库　不对,苏格拉底,你说的正好与真理相反。这肯定
并非因为感觉是错误的,我们才把痛苦与快乐当作坏的,而是因为
感觉包含某些其他种类的严重的恶。

苏格拉底　行,如果我们感到这样做适宜的话,就让我们稍后
再谈这些坏的快乐,它们具有坏的性质是由于恶。然而,我们必须 B
讨论这些错误的快乐——其数量巨大,频繁出现——它们以另一
种方式存在或出现在我们身上。我们将发现我们做出的这个决定
也许是有用的。

　　普罗塔库　那当然好,如果出现错误的快乐有其他方式的话。

　　苏格拉底　行,普罗塔库,我认为有。当然了,在我们真正建立起这种信念来之前,我们也一定不能允许我们的这种信念不经考察。

　　普罗塔库　很好。

　　苏格拉底　那就让我们为进行进一步论证来明确一下我们的立场。

　　普罗塔库　可以。

C　　**苏格拉底**　如果我们记得没错,前不久我们说过,当我们心中拥有被称作"欲望"的那种东西时,此时的灵魂与身体是分离的,与身体各部分相伴的只有感觉。

　　普罗塔库　我们记得没错,我们是这样说的。

　　苏格拉底　灵魂想要拥有一种与身体相反的状况,由于灵魂受外界影响的方式,我们知道使我们痛苦或快乐的是身体而不是灵魂,是吗?

　　普罗塔库　是的。

　　苏格拉底　再来看这时候会发生什么情况。

　　普罗塔库　你告诉我吧。

D　　**苏格拉底**　此刻发生的情况是这样的。痛苦与快乐并存,它们是对立的,我们同时经验到痛苦与快乐,二者并存。

　　普罗塔库　看起来是这样的,确实如此。

　　苏格拉底　我们已经提到过另一个要点,并且有了一致意见,是吗?

　　普罗塔库　什么要点?

　　苏格拉底　痛苦与快乐,二者都可以承受"较多"或"较少",都属于无限。

　　普罗塔库　我们确实这样说过,那又怎样?

苏格拉底　我们对这些事情做出正确的决定,这意味着什么?

普罗塔库　决定?你的决定是在什么意义上说的?　　　　E

苏格拉底　我的意思是,我们通常会找一些快乐或痛苦来作比较,确定它们的大小、程度或烈度,或者找一个痛苦与一个快乐来作比较,以便对这些事情作出判断。

普罗塔库　是的,你道出了问题的种类,我们想要在这些方面做出决定。

苏格拉底　好吧,如果这样做是对的,以影像为例,过远或过　42　近观察事物的大小会模糊真相,产生错误的判断,这种情况对痛苦与快乐来说不也是一样的吗?

普罗塔库　是的,苏格拉底,而且程度更高。

苏格拉底　所以,我们现在讲的与前不久讲的正好相反。

普罗塔库　是吗?怎么会呢?

苏格拉底　前面讲的是,这些意见的正确与否影响着引起痛　B　苦与快乐的那些东西。

普罗塔库　非常正确。

苏格拉底　但是现在我们却提出了这样一个原因来解释为什么与某些痛苦的事情相比,快乐会显得更大、更强烈,或者与快乐相比,痛苦会显得如此,认为这种情况取决于我们是从远处还是从近处观察它们,并且将两种情况并列。

普罗塔库　对你描述的这些情况来说,其原因必定是你所说的这个原因。

苏格拉底　你要是从这两种情况中减去不真实或显得过分、使它们看起来比其原样较大或较小的地方,那么你会承认减去的　C　部分是不正确的显现,你也就会约束自己对快乐或痛苦下这样的论断,因为这种感觉只有一部分是正确的和真实的。

普罗塔库　确实如此。

　　苏格拉底　接下去,如果我们继续往前进,我们将察觉出动物身上显现出来的错误的快乐与痛苦,这些快乐与痛苦是错误的,甚至比错误的感觉还要错误。

　　普罗塔库　你这是什么意思? 快乐与痛苦到底是什么?

　　苏格拉底　我想,人们经常说,当有机体的自然状态被结合与
D　分离、补充与缺乏、成长与衰败的过程损害时,其结果就是痛苦、困顿、受难——事实上我们可以叫得出名字来的一切事物都是这样的。

　　普罗塔库　是的,人们经常这样说。

　　苏格拉底　当有机体按它们的自然状态建立起来以后,它们自己也就满足了,这种建立就是快乐。

　　普罗塔库　是这样的。

　　苏格拉底　但假定这些过程没有一个会出现在我们的身体中。

　　普罗塔库　什么时候能有这种情况,苏格拉底?

E　　**苏格拉底**　噢,普罗塔库,你提的这个问题不着边际。

　　普罗塔库　为什么不着边际?

　　苏格拉底　因为你没有阻止我重复已经进行过的考察。

　　普罗塔库　什么考察?

　　苏格拉底　普罗塔库,我说的是,假定这些过程都没有进行,那么我们从中应当做出什么推论?

　　普罗塔库　你的意思是,如果身体没有经历朝着这两个方向的运动?

　　苏格拉底　是的。

　　普罗塔库　那么事情马上就清楚了,苏格拉底,在这种情况下既无快乐又无痛苦。

43　　**苏格拉底**　你答得完全正确。但我希望你能继续告诉我,聪

明人向我们保证这些过程之一必定会在我们身上发生,因为一切
事物总是在成长或衰败。

普罗塔库　是的,他们确实作过这样的论断,人们认为这种说
法很有分量。

苏格拉底　当然了。他们是大人物。但事实上我想回避这个
向我们挺进的论证。我有点想要后撤,希望你会和我一起撤退。

普罗塔库　请解释一下撤退的方向。

苏格拉底　让我们回答他们说"就算如此吧",但我有一个问
题是向你提出来的。一个生物是否总是能够意识到对它发生的一
切? 我们是否程度不同地注意到我们在成长,等等,或者说事实与
这种说法相反?　　　　　　　　　　　　　　　　　　　　　B

普罗塔库　肯定与事实相反,我们几乎都没有注意到这样的
过程。

苏格拉底　那么我们刚才说的话是不对的,我们不能说成长
或衰败一类的变化产生了痛苦与快乐。

普罗塔库　当然不是。

苏格拉底　我会提出一个较好的公式,较不容易受到攻击。　　C

普罗塔库　什么公式?

苏格拉底　大的变化使我们感到痛苦和快乐,但中小变化不
会引起我们的任何痛苦和快乐。

普罗塔库　你比原先又朝着真理迈进了一步,苏格拉底。

苏格拉底　如果是这样的话,那么我们又回到我们前面提到
过的那种生活中去了。

普罗塔库　什么生活?

苏格拉底　被我们说成是既不痛苦又无快乐的那种生活。

普罗塔库　非常正确。

苏格拉底　关于这一点,让我们承认有三种生活:快乐的生　　D

活、痛苦的生活、既不快乐又不痛苦的生活。或者说,你是怎么看待这个问题的?

普罗塔库　我的看法和你说的完全一样,有三种生活。

苏格拉底　那么没有痛苦和感到快乐是一回事吗?

普罗塔库　肯定不是一回事。

苏格拉底　当你听到有人说一切事情中最快乐的就是终生无痛苦地生活,你认为他这样说是什么意思?

普罗塔库　在我看来他的意思是说无痛苦就是快乐。

E　　　**苏格拉底**　那么好,让我们随意拿三样东西来,给它们加上更加吸引人的名字,第一样叫金子,第二样叫银子,第三样叫既不是金子又不是银子。

普罗塔库　我接受你的说法。

苏格拉底　现在我们有可能把第三样东西与其他两样中的某一样等同吗,即等同于金或银吗?

普罗塔库　不能,当然不能。

苏格拉底　那么同理,把中间状态的生活说成是快乐的或痛苦的,如果这是一种见解或是一种说法,那么这种说法不可能是正确的,除非我们舍弃正确的推理。

普罗塔库　这样说不对。

44　　　**苏格拉底**　还有,我的朋友,我们确实看到人们这样说和这样想。

普罗塔库　人们确实这样想。

苏格拉底　他们认为自己在不感到痛苦的时候就感到快乐吗?

普罗塔库　他们在各种场合下都这样说。

苏格拉底　我想他们确实是这样想的,否则他们就不会这样说了。

普罗塔库 也许是吧。

苏格拉底 不管怎么说,如果没有感到痛苦和感到快乐确实是两回事,那么他们关于感到快乐的看法就是错误的。

普罗塔库 它们之间的差别确实已经证明了。

苏格拉底 那么我们应当按照哪条思路进行下去呢,一共有三样东西,如我们刚才所说,还是只有两样东西,痛苦对人类来说是一种恶,而从痛苦中解脱出来被称作快乐,快乐本身就是善?   B

普罗塔库 我们怎么能在当前向自己提出这样的问题,苏格拉底? 我不明白。

苏格拉底 普罗塔库,实际上你不明白在场的这位斐莱布有什么敌人。

普罗塔库 你说有什么敌人?

苏格拉底 这些人在自然科学方面享有盛名,他们认为快乐根本不存在。

普罗塔库 噢,为什么不存在?

苏格拉底 斐莱布和他的朋友把快乐仅仅称作逃离痛苦,这是他们的看法。   C

普罗塔库 你认为我们应当相信他们的看法吗,苏格拉底,或者说你认为怎么样?

苏格拉底 不要相信他们,但要利用他们神授的礼物,他们的看法不是根据科学得来的,而是出于执拗,如果我可以这样说的话,执拗与卑鄙不是一回事。他们对快乐恨得咬牙切齿,并且把快乐当作不健康的,快乐对人的吸引不是被他们视为真正的愉快,而是一种诡计。在这一点上你可以利用他们的学说,同时又可注意到他们在其他方面的执拗,然后你就会知道我把什么样的快乐当作真正的快乐,在对这两种关于快乐的本性的观点作了考察以后,我们可以为我们的决定找到一个比较的基础。   D

普罗塔库　很好。

苏格拉底　那么就让我们追随这些同盟军的前进路线，看他们执拗的脚印会把我们引向何方。我想他们的基本立场是这样的。如果我们想要看到任何事物的真正性质，无论这个事物是什

E　么，比如说为了对坚硬的性质做出最好的理解，我们应该首先注意世上最坚硬的事物还是最不坚硬的事物？现在，普罗塔库，你必须回答我们执拗的朋友，就像回答我的问题一样。

普罗塔库　是这样的，我会告诉他们，我们的注意力必须放在拥有最大程度的这种性质的事物上。

苏格拉底　那么，如果我们想要看到的这种真正性质是快乐，

45　我们应当把我们的注意力放在据说是最大的、最强烈的快乐上，而不是放在最小的快乐上。

普罗塔库　人人都会同意你现在说的话。

苏格拉底　我们显然拥有的快乐，身体的快乐，实际上被人们承认为最大的快乐，是这样的吗？

普罗塔库　当然。

苏格拉底　那么这些快乐在病人那里，还是在健康的人那里比较大或变得比较大？我们现在要小心，不要在匆忙之中迈出错

B　误的一步。我要大胆地说，我们倾向于说在健康的人那里比较大。

普罗塔库　可能吧。

苏格拉底　但请告诉我，在那些最大的快乐之前总有最大的欲望，是吗？

普罗塔库　没错。

苏格拉底　那么发高烧的病人或其他感到口渴或寒冷，身体有病的人，比其他人拥有更大的欲望，他们的欲望一旦得到满足就会得到更大的快乐，难道不是吗？我们能不承认这是真的吗？

普罗塔库　对,这肯定是真的,你已经把它说成这样了。

苏格拉底　那么好,如果我们说人们想要看到最大的快乐应 C
当注意病人而不是健康,这样说不也就显然是正确的吗? 你一定
要小心,不要把我的问题理解为患重病的人是否比健康的人拥有
"更多的"快乐;你必须明白我涉及的是快乐的量。我问的是在什
么例子中可以看到最大量的快乐。我们说过,我们必须明白快乐
的真正性质,看他们对那些根本否认快乐存在的人是如何解释的。

普罗塔库　我对你的意思理解得相当好。 D

苏格拉底　我要大胆地说,普罗塔库,你会按我的指示行事。
现在请你告诉我,在一个放荡的人那里,你能比在一种有节制的生
活中发现更大的快乐吗——不是"较多的"快乐,我要提醒你,而是
作为极端或程度意义上的大的快乐? 你想一想再作回答。

普罗塔库　我明白你的意思,我发现有巨大的差别。有节制
的人肯定受到那句格言的约束——"切勿过度",并且遵守这种警 E
告,而放荡的人受他极度的快乐所支配,快乐驱使着他,使他变得
极端愚蠢,成为镇上的笑料。

苏格拉底　对。如果是这样的话,最大的快乐,还有最大的痛
苦,显然不会出现在灵魂与身体状况良好的时候,而会出现在灵魂
与身体状况不好的时候。

普罗塔库　确实如此。 46

苏格拉底　我们现在必须选择一些例子,来考虑一下是什么
样的特点使我们称之为最大的。

普罗塔库　对,我们必须这样做。

苏格拉底　有这样一种类型的疾病,我想要你用它们的特点
来考察快乐的性质。

普罗塔库　什么类型?

苏格拉底　令你厌恶的类型,但这种快乐在我们刚才讲过的

那些执拗的人看来是极为可恶的。

普罗塔库　它们是一些什么样的快乐?

苏格拉底　举例来说,抓痒,通过挠和抓一类的行为来止痒。当我们发现自己经历诸如此类的事情时,以上苍的名义,我们称之为什么? 快乐还是痛苦?

普罗塔库　苏格拉底,我确实认为必须称之为一种混合的经验。

B　　**苏格拉底**　当然了,在此我并不想引进与斐莱布有关的论题,但不观察一下这些快乐,以及与之相关的东西,我很难想象能够解决摆在我们面前的问题。

普罗塔库　那么我们必须开始攻击这些相关的快乐。

苏格拉底　你指的是具有混合性质的快乐吗?

普罗塔库　一点没错。

苏格拉底　有些混合的东西与身体有关,而且只和身体有关,

C　而另一些混合的东西与灵魂有关,只属于灵魂,我们将要发现与快乐混杂的痛苦与灵魂和身体都有关,而整个经验有时候被称作快乐,有时候被称作痛苦。

普罗塔库　你这是什么意思?

苏格拉底　当一个有机体的自然状态建立起来或遭到损害时,它可以同时具有两种对立的经验。它可以在冰冷的时候被加热,或者在酷热中得到冷却。我想,它想要获得某样东西而驱除另一样东西,"苦与甜"混合在一起,要是这个流行的术语可以使用的

D　话,当它难以驱逐某样东西时,就会引起不适,以至于发展到非常激烈的地步。

普罗塔库　你说的这些话非常正确。

苏格拉底　在这些事例中,混合在一起的痛苦与快乐有时候势均力敌,有时候则会分出高下。

普罗塔库　当然。

苏格拉底　在痛苦对快乐居于主宰地位的这一类感觉中,你必须算上我们刚才讲过的抓痒的快乐。如果这种炎症或刺激来自体内,再怎么抓你也抓不到,只能触及皮肤表面,那么你会用火烤感染的部位,试图用热量来扭转你的状况,你会一下子感到巨大的快乐,一下子又感到身体内外的差别,痛苦与快乐结合在一起,一会儿痒,一会儿痛,就是无法达到平衡,这是因为他在采用强迫性的手段试图剥离那些混杂的东西,或者把分离的东西纠结在一起。

普罗塔库　非常正确。

苏格拉底　另一方面,当这类事发生、快乐在混杂的经验中占主导地位时,尽管抓和挠一类的行为会引起一点小小的痛苦,但能带来巨大的、强烈得多的快乐,使你激动,使你无法停止,它会产生各种各样的反应,改变你的态度,改变你的呼吸,使你竭尽全力去做,使你精神错乱,像疯子那样狂呼乱叫。

普罗塔库　确实如此。

苏格拉底　还有,我的朋友,这种状况会使人们说自己快乐得要死,我还要添上这样一些话,那些愚蠢、放荡的人会更加全心全意地追求这种快乐,称之为最大的快乐,并认为这是他们生活中最大的幸福。

普罗塔库　苏格拉底,你的叙述已经把大部分人的想法说了出来。

苏格拉底　是的,普罗塔库,到此为止我们说的这些快乐只涉及相互影响着的身体表面和内部。但在有些情况下,灵魂的表现与身体相反,或者是作为与身体的快乐相反的痛苦,或者是作为与身体的痛苦相反的快乐,二者结合在一起成为一个复合体。我们前面的讨论表明,在这种时候我们处于缺乏状态,拥有补充的欲望,我们由于期待补充而感到高兴,由于处于缺乏的过程之中而感

D　　到痛苦,但有一件事我们还没有说,我们现在可以断定有无数的例子表明灵魂处于和身体不同的状态之中,从这些例子中我们发现了一种痛苦与快乐混合的类型。

普罗塔库　我倾向于认为你说得对。

苏格拉底　此外还有一类痛苦与快乐的混合。

普罗塔库　是哪一类呢?

苏格拉底　我们说过,只由灵魂感受到的那种混合。

普罗塔库　我们是在什么意义上这样说的?

E　　苏格拉底　愤怒、恐惧、期盼、悲哀、热爱、好胜、心怀恶意,等等——你不是把这些情感划为灵魂本身的痛苦吗?

普罗塔库　是的。

苏格拉底　我们难道看不出它们也充满巨大的快乐吗? 我们需要用这样的诗句来提醒自己激情和愤怒的特点,或者说在悲哀和期盼中快乐与痛苦混合在一起吗? ——"愤怒使聪明的人陷入暴戾,它进入人们的心胸比蜂蜜还甘甜。"①

普罗塔库　不需要了,你说的这种情况确实在发生。

48　　苏格拉底　还有,你记得人们在看悲剧的时候既欣喜又流泪吗?

普罗塔库　确实如此。

苏格拉底　如果你注意到我们看喜剧时的心灵状态,那么你明白在这里我们也拥有一种痛苦与快乐的混合吗?

普罗塔库　我不太明白你的意思。

B　　苏格拉底　我知道你不明白,普罗塔库,因为要理解我们通常以这样一种方式受影响决非易事。

普罗塔库　对我来说确实不容易。

----

① 荷马:《伊利亚特》第 18 卷,第 109 行。

苏格拉底　但是,事情越模糊,我们就越要努力去把握它。我们可以使人们较为容易地理解痛苦与快乐在其他事例中的混合。

普罗塔库　请你继续。

苏格拉底　我们刚才提到心怀恶意。你称之为灵魂的痛苦,还是称作什么?

普罗塔库　我称之为灵魂的痛苦。

苏格拉底　不管怎么说,我们发现一个心怀恶意的人因为他的邻居生病而感到快乐。

普罗塔库　无疑如此。

苏格拉底　无知,或我们称之为愚蠢的状态,是一种坏事。

普罗塔库　是的,那又怎样?

苏格拉底　不怎么样,观察一下"可笑"的性质。

普罗塔库　你行行好,告诉我吧。

苏格拉底　一般说来,它是一种恶,其名字源于某种心灵状态。我还要说它是恶这个属中的一个种,它的意思正好与德尔斐神庙的那句铭文相反。

普罗塔库　你指的是"认识你自己"吗,苏格拉底?

苏格拉底　是的。它的意思显然与这句话相反,就是"不认识自己"。

普罗塔库　当然。

苏格拉底　普罗塔库,你必须将它分成三部分,看你行不行。

普罗塔库　你这是什么意思? 我相当肯定我不行。

苏格拉底　你想要我马上作这种划分吗?

普罗塔库　是的,我确实要求你现在就这样做。

苏格拉底　如果有人不认识自己,必定以下列三种方式之一。

普罗塔库　哪些方式?

苏格拉底　首先是在财富方面,他可以认为自己比实际情况还要富有。

普罗塔库 确实有许多人这样想。

苏格拉底 其次还有更多的人认为自己比实际情况更高大、更英俊,认为自己的身体比实际上更好。

普罗塔库 确实如此。

苏格拉底 以第三种方式不认识自己的人要多得多,也就是 49 在心灵方面。他们认为自己德性极高,而实际上并不是。

普罗塔库 确实如此。

苏格拉底 许许多多的人声称自己拥有智慧的美德,不断地争吵,并且撒谎说自己有多么聪明,是吗?

普罗塔库 当然如此。

苏格拉底 我们把所有诸如此类的行为称作恶,这肯定是正当的。

普罗塔库 无疑如此。

苏格拉底 好吧,普罗塔库,我们必须对此再作划分,分成两部分,看清楚在这种心怀恶意的人身上快乐与痛苦如何可疑地混 B 合在一起。然后你会问,怎么个分法? 我想,所有拥有这种错误想法的人可以分成两类,就像把所有人分成两类一样,一类是强有力的人,另一类人正好相反。

普罗塔库 这是不容置疑的。

苏格拉底 那就以此为划分的原则。那些弱小而又虚张声势的人受到耻笑时没有能力进行报复,你可以正确地称之为"可笑的";而那些有能力进行报复的人你最好恰当地称之为"可怕的"或 C "可恨的"。强者的无知是可怕的和可恨的,因为它会给周围的人带来灾难,即使在戏台上也是这样,但弱者的无知是可笑的,事实上亦如此。

普罗塔库 你说得完全正确。然而,我对此处讲的快乐与痛苦的混合还是不太清楚。

苏格拉底　好,那就先来看心怀恶意的性质。

普罗塔库　请继续。

苏格拉底　我想,痛苦和快乐都可以是错误的,是吗？　　D

普罗塔库　无疑如此。

苏格拉底　对敌人遭到的不幸感到高兴,既不是错误,又不是心怀恶意,对吗？

普罗塔库　当然对。

苏格拉底　我们说过无知总是一种恶吗？

普罗塔库　是这样的。

苏格拉底　那么,我们在作三重划分时提到的想象性的智慧、　E想象性的美貌,以及其他各种错觉在弱者那里是可笑的,在强者那里是可恨的,但若我们在我们的朋友那里发现这些错觉,我们还要不要坚持我前面的说法,亦即它是可笑的呢？

普罗塔库　当然要。

苏格拉底　那么我们难道会不同意无知是一种恶吗？

普罗塔库　不容置疑,无知是一种恶。

苏格拉底　当我们嘲笑无知时,我们是快乐的还是痛苦的？

普罗塔库　我们显然是快乐的。　　　　　　　　　　　　50

苏格拉底　我们不是说过,心怀恶意使我们对朋友的不幸感到快乐吗？

普罗塔库　必定如此。

苏格拉底　那么我们的论证结果是,当我们嘲笑我们朋友的那些可笑的事情时,我们这时候混杂着心怀恶意,也就是说我们的快乐与痛苦是混杂的,因为我们前面同意过,心怀恶意是灵魂的痛苦,嘲笑是一种快乐,二者在这种情况下同时出现。

普罗塔库　对。

B　　　**苏格拉底**　因此我们的论证已经清楚地表明,在悲痛、悲剧、喜剧——不仅是戏台上的,而且是整个悲剧性的人生意义上的——以及其他无数场合中,痛苦都与快乐混合在一起。

　　　普罗塔库　最坚定的对手也只能同意你的说法,苏格拉底。

C　　　**苏格拉底**　再说,我们列了一个清单,包括愤怒、期待、悲哀、恐惧、心怀恶意,等等,在所有这些事情中我们都可以发现我们已经重复多遍了的混合,是吗?

　　　普罗塔库　是的。

　　　苏格拉底　那么,我们明白我们已讨论过的事情全都是关于悲哀、心怀恶意和愤怒的吗?

　　　普罗塔库　我肯定我们是明白的。

　　　苏格拉底　如果是这样的话,不是还有很多事情要进行讨论吗?

　　　普罗塔库　确实如此。

　　　苏格拉底　现在你认为我指出喜剧中快乐与痛苦的混合的目
D　的到底何在? 不就是为了给你提供一个根据,使你相信在恐惧、热爱,以及其他事情中证明相同的混合是相当容易的吗? 把握了第一个例子,我希望你会相信我必定会就其他事例进行一个漫长的论证,会去把握一般的原则,无论是身体单独受影响,还是灵魂单独受影响,或是二者一起受影响,我们将不断地讨论快乐与痛苦的混合。所以现在请你告诉我,你们是饶了我呢,还是让我一直讲到半夜? 我想得到你们的同意,今天就放了我,我保证,明天我会来
E　和你们讨论整个问题,而现在,如果我们想要解决斐莱布提出的问题,我想还是讲一下当前仍旧突出的问题为好。

　　　普罗塔库　很好,苏格拉底,就按你的想法谈这些突出的问题吧。

　　　苏格拉底　在谈了混合的快乐以后,我们很自然的就会转向

不混合的快乐,我们确实几乎无法避免这样做。

普罗塔库　好极了。

苏格拉底　那我就重新开个头,试着对你,也对我自己,讲一讲不混合的快乐。有些人认为一切快乐都是痛苦的休止,我完全不同意这种看法,但是如我所说,我要利用他们的证据来表明某些快乐显然是很不真实的,还有一些快乐表现得非常庞大和数量众多,但实际上却与痛苦混杂在一起,这种快乐是从身体和灵魂遭受的严重痛苦中解脱的过程。

普罗塔库　但是,苏格拉底,我们应当把哪一种快乐判断为真的呢?

苏格拉底　那些由于颜色、图形、大多数气味、声音而产生的快感是真的,在这些东西缺乏的时候我们并不感到缺乏,也不感到痛苦,但它们的出现却是可感的,令人愉快的。

普罗塔库　苏格拉底,你在什么意义上谈论这些事物的好处?

苏格拉底　我的意思不那么直截了当,所以我必须解释清楚。我说的美的形式不是大多数人所理解的美的动物或绘画,而是直线和圆以及用木匠的尺、规、矩来产生的平面形和立体形。我怀疑你是否能明白。我认为这样的事物是美的,但它们与其他大部分事物不一样,大部分事物的美是相对的,而这些事物的本质永远是美的,它们所承载的美是它们特有的,与搔痒所产生的快乐完全不一样。有些颜色也具有这种性质。你明白了吗? 看你有什么要说的?

普罗塔库　我是在设法理解,苏格拉底。但也许你还得说得更清楚一些。

苏格拉底　很好。柔和清晰的声音可以产生一系列纯粹的音调,它们的美不是相对于其他事物而言的,而是它们自身的,它们所产生的快乐也是它们自身固有的。

普罗塔库 对,确实是这么回事。

E **苏格拉底** 气味提供的快感不那么崇高,但它们不一定与痛苦混合在一起这一事实,以及经验之一般性质与来源,使我倾向于把它们归入刚才提到的这个类别。① 如果你跟得上我的意思,那么我们现在涉及的有两类快乐。

普罗塔库 我跟得上。

52 **苏格拉底** 如果我们真的明白这些快乐与饥饿者无关,一个如饥似渴的学习者并没有直接感受到痛苦,那么现在让我们在这两种快乐之上再加上学习的快乐。

普罗塔库 我赞同这种观点。

苏格拉底 但假设某人充分地进行了学习,但后来又把他学到的东西全忘了,你认为这样的损失与痛苦有关吗?

普罗塔库 无关,至少与这个人本身没什么关系,但若他对曾
B 经发生过的事情进行反思,那么他感到痛苦乃是因为他失去了的东西是有用的。

苏格拉底 但你要知道,我亲爱的朋友,我们现阶段涉及的只是这个自然的自我的实际经验,与任何反思无关。

普罗塔库 那么你说得对,我们并不因为遗忘了学到的东西而感到痛苦。

苏格拉底 所以我们必须断定这些学习的快乐不与痛苦混杂,这种快乐不属于一般人,而只属于极少数人。

普罗塔库 确实如此。

C **苏格拉底** 我们已经迈出了关键的一步,我们可以满意地在纯粹的快乐与那些可以公正地称之为不纯粹的快乐之间划一条界线了。此外我们还可以添上这样的话,那些强烈的快乐以不节制

---

① 指嗅觉快感也属于不与痛苦混杂的一类。

为标志,而那些不强烈的快乐以节制为标志。快乐可以发展到一
个很大的范围,也可以达到强烈的程度,无论这种情况是经常发生
的,还是罕见的,都让我们将之划归我们所说的"无限"这一类事
物,这样的快乐或大或小会同样渗透身体和灵魂,而其他类型的快 D
乐我们可以归诸于有节制的事物。

普罗塔库 你说得很对,苏格拉底。

苏格拉底 然而我们必须注意,它们还有另一个特点。

普罗塔库 什么特点?

苏格拉底 我们应当把哪一种状态当作真实的标志? 是纯
粹、清晰、充分,还是极端、巨大、饥饿?

普罗塔库 你问这个问题的目的是什么,苏格拉底?

苏格拉底 普罗塔库,我的目的是尽一切力量来确定,是否有
一些种类的快乐,以及某些种类的知识,是纯洁的,而其他快乐或 E
知识是不纯洁的;若能获得它们的纯粹形式,必将有助于我们,你、
我,以及所有在场的人,做出这一决定。

普罗塔库 你说得很对。

苏格拉底 那么好,我提议用一种普遍的方法来考察一切被
我们称作纯洁的东西,也就是说,我们要从考察一个精选过的例子
开始。

普罗塔库 我们选择什么好呢?

苏格拉底 如果你愿意的话,让我们首先考察白。 53

普罗塔库 没问题。

苏格拉底 我们如何才能得到纯粹的白? 白是什么? 是数量
尽可能大的白的事物,还是极少混杂其他颜色的白的事物,在其构
成中没有或几乎没有其他颜色?

普罗塔库 显然应当是最完全、最清楚的白的颜色。

苏格拉底 你说得对。普罗塔库,那么我们应当把它当作一

B　切白的事物中最真实的、最美好的,而不是把数量巨大的白的颜色
当作最真实的,难道不是吗?

　　普罗塔库　你说得很对。

　　苏格拉底　那么我们说少量纯粹的白不仅比大量混合的白更
白,而且更加美丽、更加真实。

　　普罗塔库　对,完全正确。

　　苏格拉底　接下去又如何? 我想,在谈论快乐的时候,我们不

C　需要大量同类的例子,我们现在已经明白,任何一种纯粹的快乐比
相对不那么纯粹的、大量的快乐更加快乐、更加真实、更加美好。

　　普罗塔库　不容置疑,是这样的。摆在我们面前的这个例子
已经充分说明了问题。

　　苏格拉底　现在进入另一个要点。不是有人告诉我们,快乐
总是某种将要产生的事物,所谓现时存在的快乐是没有的吗? 某
些思维精巧的思想家努力向我们揭示了这种理论,为此我们要向
他们表示感谢。

　　普罗塔库　为什么会是这样?

D　　**苏格拉底**　我亲爱的普罗塔库,这正是我要在下面的提问中
予以充分考虑的地方。

　　普罗塔库　请你继续往下说,你尽管问好了。

　　苏格拉底　如你所知,有两种事物——一种是独立自存的事
物,另一种事物则总是以别的事物为目标。

　　普罗塔库　你这是什么意思? 它们是什么?

　　苏格拉底　一种事物总是据有头等重要的位置,另一种事物
居于其下。

　　普罗塔库　你能说得更加清楚些吗?

　　苏格拉底　我想,我们以前注意过那些男人在一起相互爱慕,
相互接纳,是吗?

普罗塔库 是的。

苏格拉底 那么看你能否在这个所谓的存在的世界中找到与 E
此相似的对子?

普罗塔库 我能否再说第三遍,"请你说得更加清楚些,苏格拉底"?

苏格拉底 这其实一点也不深奥,普罗塔库,尽管我们的讨论正在发生滑稽的转折,但我说的意思是始终有两种事物,亦即一种事物总是以其他事物为目的,而另一种事物在其出现时是最先出现的。

普罗塔库 我或多或少有点明白了,谢谢你的重复。

苏格拉底 我大胆地说,随着论证的展开,我们会比以前理解 54
得更好,我的孩子。

普罗塔库 无疑如此。

苏格拉底 现在让我们来掌握另一个对子。

普罗塔库 好吧。

苏格拉底 一方面是所有变易的东西,另一方面是所有存在的东西。

普罗塔库 我接受你的这个对子:存在与变易。

苏格拉底 很好。在这个对子中我们应该说哪一个是目的?存在是变化的目的,还是变化是存在的目的?

普罗塔库 你现在问的是不是这样一个问题:被你称作存在的东西是否就是变易的目的?

苏格拉底 没错,我是这个意思。

普罗塔库 天哪!你的问题岂不是"告诉我,普罗塔库,你认 B
为造船的目的是为了船,而不是船的目的是为了造船",是这样的吗?

苏格拉底 这确实是我的意思,普罗塔库。

普罗塔库　那你为什么不自己来回答这个问题,苏格拉底?

苏格拉底　我可以回答得很好,但你也必须参与讨论。

普罗塔库　那当然了。

C　　**苏格拉底**　现在我认为,以他物为目的的事物变成存在时可以为它自己提供手段① 或工具一类的东西,而变易总是以存在为目的,所以总起来说,变易以存在为目的。

普罗塔库　是的,这很清楚。

苏格拉底　那么,如果快乐真的是变易,一定会有某些以快乐为目的的存在产生。

普罗塔库　当然。

苏格拉底　就手段与目的的通常关系而言,目的位于善之下,而手段,我的好朋友,必须在其他东西之下找到它的位置。

普罗塔库　无疑应当如此。

D　　**苏格拉底**　因此,如果快乐是变易,那么我们应当把它置于其他东西之下,而不是置于善之下,是吗?

普罗塔库　是的,完全正确。

苏格拉底　既然如此,如我在当前的论证开始时所说的那样,我们必须感谢这种理论的作者,把快乐说成是变易的东西,而不是永恒的东西,他在这样做的时候显然嘲笑了那些把快乐说成是善的人。

普罗塔库　确实如此。

苏格拉底　还有,这位思想家也不会忘了嘲笑那些在变易的事物中寻求满足的人。

E　　**普罗塔库**　你这是什么意思?你指的是谁?

苏格拉底　我指的是这样一些人,他们为了从饥渴一类的麻

---

①　此处"手段"原文是医疗。

烦中得到解脱,为了这些状况的变易而感到高兴,并视之为快乐,还说他们自己不在乎生活在没有饥渴以及可与饥渴相提并论的那些经验的生活中。

普罗塔库　你的描述确实适合他们。　　　　　　　　　55

苏格拉底　那么好,我们全都要承认与变易相对的是衰亡。

普罗塔库　必然如此。

苏格拉底　因此,那种宁可选择我们所讲的第三种生活的人所选的是一种衰亡与变易的更替,这种生活既不包括快乐也不包括痛苦,而只是极为纯粹的思想活动。

普罗塔库　苏格拉底,有人建议把快乐当作我们追求的善,而从中推出的许多结论看起来是站不住脚的。

苏格拉底　对,因此我们必须对这个论证进行增援。

普罗塔库　怎么个增援法?

苏格拉底　认为我们的身体中没有任何善,也不值得尊敬,在　B
其他任何事物中也没有值得我们尊敬的善,除非我们的灵魂中有作为善的快乐,它既不是勇敢、节制、理性,也不是任何适用于灵魂的善——因为这些东西根本不是善——这样的说法确实站不住脚。还有,一个不感到快乐只感到痛苦的人被迫承认每当他感到痛苦的时候他就是恶的,尽管事实上他是最好的人,相反,感到快　C
乐的人在每一次感到快乐的时候都会获得一种格外的与他的快乐相称的德性。

普罗塔库　苏格拉底,这整个想法确实是站不住脚的。

苏格拉底　那么好,我们已经试着用各种可能的方法考察快乐,但我们不要表现出对理性和知识的过分亲热。我们倒不如用一块最可靠的试金石来检验它们的成色,看其中是否包含某些杂质,这样一来我们就能看出其中最纯洁的成分,拿它们最纯洁的部分与快乐的最纯洁部分相配,作出我们的判断。

普罗塔库 对。

D **苏格拉底** 我想,我们现在可以把我们要学习的知识划分为技术知识以及与教育和文化相关的知识,可以吗?

普罗塔库 可以。

苏格拉底 先以各种手艺中使用的技术知识为例,让我们首先考虑我们作了划分以后的第一种知识是否与知识的关系更密切,另一种则不那么密切,这样我们就可以公正地把第一种知识视为最纯粹的,把第二种视为相对不那么纯粹的。

普罗塔库 对,我们必须这样看待它们。

苏格拉底 那么我们应当在几种技艺中确定较高的知识类型吗?

普罗塔库 怎么个确定法? 你认为哪一种是较高的?

E **苏格拉底** 举例来说吧,如果你从任何技艺中去掉数量、尺度、重量的成分,那么剩余的部分就几乎是无足轻重的了。

普罗塔库 确实无足轻重。

苏格拉底 因为在这样做了以后,剩下的就只是猜测、以经验为基础的感觉的实施、以手指为尺度,在这种情况下,你能做的事就只能是凭着你的实践能力在各门技艺或手艺中碰运气了。

56 **普罗塔库** 我丝毫也不怀疑你说得对。

苏格拉底 好吧,在这方面我们有大量的例子,以音乐为例,当我们不是按照尺度来调整和声,而是凭借实践着的手指头的运气——在整个音乐中,吹笛子也好,弹七弦琴也好,在弹七弦琴的时候手指头要按到琴弦的恰当位置才能弹出准确的音符,——那么就有大量的不确定的因素存在,所得到的效果就极不可靠了。

普罗塔库 你说得非常正确。

B **苏格拉底** 还有,我们在医疗、农业、航海、军事中也会发现相同的事。

普罗塔库 是这样的。

苏格拉底 然而,建造这门技艺大量使用尺度和工具,追求精确性,这样一来也就使得建造比其他大多数种类的知识更科学。

普罗塔库 什么样的建造?

苏格拉底 我想到的是造船和造房子,以及其他要使用木头的制作。我相信,它要使用直尺、木钉、绳索、圆规、铅锤,还有真正 C 的三角板。

普罗塔库 你说得完全正确,苏格拉底。

苏格拉底 让我们把所谓的技艺和手艺分成两类:一类技艺活动与音乐有亲缘关系;另一类技艺活动与木工有亲缘关系。这两类技艺可以分别按其精确程度来做出区分。

普罗塔库 是这样的。

苏格拉底 让我们把刚才提到的这些技艺当作基本的技艺,当作一切技艺中最精确的技艺。

普罗塔库 我想你指的是数的技艺,而你提到的其他技艺都与此相连。

苏格拉底 确实如此。但是我们难道辨别不出这些技艺本身 D 可以分成两类吗,普罗塔库? 你是怎么想的?

普罗塔库 你指的是哪两类?

苏格拉底 第一类是数的技艺或算术的技艺,我们难道区分不出普通人的算术和哲学家的算术吗?

普罗塔库 我是否可以问,按什么原则来区分这两种算术?

苏格拉底 二者有一个重要的区别,普罗塔库。普通人做算术时确实在使用不同的单位,他的"二"可以是两个敌人、两头牛,或世界上两个最大或最小的事物;而哲学家与他的这种做法毫无 E 关系,哲学家赞同这样的做法,对无限具体事例中的数使用完全相同的单位。

普罗塔库 你这样讲肯定是正确的,对数的使用确实有一个重要的区别,可以公正地相信确实有两种算术。

57 **苏格拉底** 那么一方面有建造或商业中使用的计算与度量,另一方面有哲学中的几何与计算,我们应当说它们是同一类的,还是应当承认有两类?

普罗塔库 根据我们前面已经说过的话,我应当赞同有两类。

苏格拉底 对。现在你明白我们为什么要提到这些事情了吧?

普罗塔库 也许明白了。但我希望你把要点说出来。

苏格拉底 好吧,在我看来,我们的讨论到现在为止,已经和

B 刚开始讨论一样,提出了一个可与快乐问题相比拟的问题。这就是考察一种知识是否比另一种知识更加纯粹,就好比问一种快乐是否比另一种快乐更纯粹。

普罗塔库 是的,之所以要提出这个问题来的原因是很清楚的。

苏格拉底 那么好,我们难道还看不出,不同的技艺处理不同的事物,拥有不同的精确性吗?

普罗塔库 当然能看得出来。

苏格拉底 那么接下去我们要说的,首先不就是在一个单一的名称下提到某一门技艺,并确实它是一门技艺,然后把它当作两

C 门技艺来处理,提出关于二者的精确性和纯洁性问题,据此发现由哲学家来实践这门技艺或由非哲学家来实践这门技艺何者更为精确?

普罗塔库 我确实认为这就是问题所在。

苏格拉底 那么,普罗塔库,我们该如何回答呢?

普罗塔库 苏格拉底,我们前进得够远了,我们发现两种知识在精确性方面有着惊人的差异。

苏格拉底　有了这种发现会使我们回答起问题来要容易些吗?

普罗塔库　当然了,让我们这样说,我们面前的这些技艺高于所有其他技艺,这些技艺中包含着真正的哲学家的努力,他们使用起尺度和数量来在精确性和真实性方面具有巨大的优越性。　D

苏格拉底　就算你说得对吧,那么依据你的说法我们将充满自信地回答那些能干的扭曲论证的人……

普罗塔库　回答什么?

苏格拉底　有两种数的技艺和两种度量的技艺,还有大量与此相同的成对的技艺,尽管每一对技艺共享一个名称。

普罗塔库　让我们对那些能干的家伙做出回答,苏格拉底,这是你的说法。　E

苏格拉底　这些就是我们坚持拥有最大精确性的知识种类吗?

普罗塔库　当然是。

苏格拉底　但若我们对辩证法的技艺有所了解的话,那么我们很像是要受到她的驳斥,普罗塔库。

普罗塔库　那么我们又该如何描写辩证法的技艺呢?　58

苏格拉底　每个人显然都会承认我们现在讲的辩证法。我不怀疑存在于永恒不变的实在之中的辩证法可以被那些拥有一些理性天赋的人所掌握,他们的认识远比其他人更加真实。你怎么看,普罗塔库? 你对这个问题如何决断?

普罗塔库　苏格拉底,我以前多次听过高尔吉亚① 的讲话。他经常说,说服的技艺远远优于其他一切技艺,因为这门技艺不依靠暴力,而依靠自愿服从来征服一切。但是这一次,我一点儿也不　B

————————

① 高尔吉亚(Gorgias),希腊著名智者。

在乎站在反对你或他的立场上。

苏格拉底　我想,你的意思是"拿起武器来吧",但是我想你出于礼貌已经把武器扔掉了。

普罗塔库　好吧,你愿意怎么说就怎么说。

苏格拉底　我感到有点疑虑,不知我是否可以责备你的误解。

普罗塔库　什么误解?

苏格拉底　我亲爱的普罗塔库,我现在想要发现的不是哪一

C 种技艺或哪一种形式的知识在大小、有用等方面优于其他一切技艺或知识,而是哪一种技艺或知识最关注准确性、精确性,最关注最大程度地拥有真理,尽管这门技艺可以是很小的,或没有什么用处的,这才是我们现在正在寻找的东西。你必须加以考虑的东西是——如果你认为高尔吉亚的技艺具有卓越地为全人类服务的性

D 质,而又将此过程归于我刚才提到的拥有卓越真理性的性质,我用少量纯粹的白优于大量的不纯粹的白说明了这种性质,那么你是不会冒犯高尔吉亚的——你必须加以考虑的是我们心中的这门技艺是否可以被合理地说成在其纯洁性上拥有最大程度的理性和理智,或者我们是否必须寻找某些其他的技艺,说那些技艺更好。这个问题需要大量的思考和深入的反思,我们一定不要管一门知识有多少益处,也不要管这门技艺有多大名声。但若我们的灵魂拥有某种能力,会自然地导向对真理的热爱,并且愿为真理而奋斗,那就让我们勤奋地探讨,并且问它是什么,我们已经进到这一步,所以以你必须考虑我向你提出的问题。

E 普罗塔库　好吧,我已经想过了,在我看来,要说一门知识或技艺比这种技艺拥有更多的真理是困难的。

59 苏格拉底　你在说这些话的时候是否想到大多数技艺,以及那些被人们频繁使用的技艺,首先与意见有关,并在意见的领域中努力探讨?你是否明白这些人把自己当作研究实体的学者,耗费

毕生的精力研究我们置身于其中的宇宙,研究宇宙如何产生、如何运作,宇宙中的事件如何发生? 我们可以这样说吗? 你是怎么想的?

普罗塔库 我们可以这样说。

苏格拉底 那么我们中的这些人承担的任务与永恒的事物无关,他们的研究对象只是那些正在产生、将要产生,或已经产生了的事物。

普罗塔库 非常正确。

苏格拉底 我们可以说准确或精确的真理所依附的事物没有 B 一个现在、过去或将来能摆脱变易吗?

普罗塔库 当然不能。

苏格拉底 那我们又如何能够长久地把握任何完全没有永恒性的事物呢?

普罗塔库 我认为不能。

苏格拉底 由此可以推论的是,提供完善真理的理性和知识也与这些事物无缘。

普罗塔库 看起来是这样的。

苏格拉底 那么,既针对你、我,又针对高尔吉亚和斐莱布,我们可以一劳永逸地提出下述合理的论断。

普罗塔库 你说吧。 C

苏格拉底 我们发现,确定性、纯洁性、真理,以及我们所谓的完全清晰,要么处于那些永恒的、不变易的、不变更的、不混杂的事物之中,要么处于那些与此关系最密切的事物之中,而其他一切事物都必须被称作低劣的、次要的。

普罗塔库 你说得非常正确。

苏格拉底 至于我们已经讨论过的这些东西的名字,把最美好的名字给予最美好的事物,岂不是最合适的吗?

普罗塔库　是的。

D　　**苏格拉底**　它们的名字不就是最受人尊敬的理性和理智吗?

普罗塔库　是的。

苏格拉底　那么这些名称的用法就是指以真正的存在为对象的、准确的、适宜的思想。

普罗塔库　确实如此。

苏格拉底　我可以指出,我原先提议要对之做出决断的正是这些名称。

普罗塔库　没错,苏格拉底。

苏格拉底　很好。但就在这个地方,有人会说,我们手中已经
E　掌握了不同的成分,理智与快乐,准备加以混合,用这些材料,或从这些材料中,我们作为建设者将建造我们的房屋——这个比喻不算坏。

普罗塔库　这个比喻挺不错的。

苏格拉底　我想,接下去,我们必须开始把它们混合在一起。

普罗塔库　当然。

苏格拉底　我建议,有些要点我们最好还是先提醒一下自己。

普罗塔库　什么要点?

苏格拉底　我们以前提到过的要点,但我认为有不少谚语说
60　到好事情需要"一而再,再而三"地重复。

普罗塔库　当然。

苏格拉底　那么好吧,我请你们注意,我想我可以把我们已经说过的要点告诉你。

普罗塔库　请吧。

苏格拉底　斐莱布认为快乐是一切生灵的恰当追求,一切生灵均以快乐为目标;他实际上说的是,一切事物之善是快乐而不是别的东西,快乐与善这两个术语可以恰当地用于同一个事物、同一

个存在。而另一方面，我苏格拉底认为它们不是一回事，而是两样
东西，它们事实上不同，名称也不同；"善"与"快乐"相互不同，理智
比快乐更有权被列为善。普罗塔库，我们时不时提到的不就是这
些论断吗？

普罗塔库 确实就是这些。

苏格拉底 还有另一个要点我们应当同意吗？

普罗塔库 什么要点？

苏格拉底 善在某个方面与其他一切事物都不同。

普罗塔库 在哪个方面？

苏格拉底 一个永久、完全、绝对拥有善的动物决不会有其他
任何需要，它的满意程度是完全的。是这样的吗？

普罗塔库 是的，是这样的。

苏格拉底 我们可以通过试验的方式继续想象，个别的生命
相互隔绝，分别对应于与理智不混合的快乐，以及没有任何快乐成
分的理智。

普罗塔库 我们这样做过。

苏格拉底 我们发现有人对这两种状态中的某一种感到满意
吗？

普罗塔库 确实没有。

苏格拉底 但若我们前面有什么失误之处，那么要是有人愿
意的话，现在是提出问题和重新把它说得更加正确的时候了。让
他把记忆、理智、知识和真正的意见归为一类，问他自己若无这些
东西，他能否得到或拥有他想要的任何东西，更不要说得到快乐
了。快乐尽管可以是巨大的、极端强烈的，但是若无任何真正的意
见，若无任何对其经验性质的认识，若无哪怕是片刻的记忆，他就
不可能得到快乐。然后让他再对理智提出相同的问题，是否会有
人选择不伴随任何快乐的理智，哪怕是稍纵即逝的快乐，而不是宁

可选择那些伴随着快乐的理智,或者说是否会有人选择没有任何
理智的快乐,而不是宁可选择那些伴随着理智的快乐。

普罗塔库 不可能,苏格拉底。这个问题没有必要再问一遍
了。

61　　**苏格拉底** 那么快乐和理智二者都不可能是每个人都想要得
到的完全的东西,不可能是绝对的善。

普罗塔库 不是。

苏格拉底 那么,如果我们想要知道应该把我们设立的亚军
的奖励授予谁,我们必须对善进行把握,无论是精确地把握还是粗
略地把握。

普罗塔库 你说得很对。

苏格拉底 我们不是在某种意义上已经发现了一条通向善的
道路了吗?

普罗塔库 什么道路?

苏格拉底 如果我们要寻找某人,先从正确地弄清他居住的
B　地方开始,我想,这就朝着发现这个人迈进了一大步。

普罗塔库 当然。

苏格拉底 那么好吧,关键就在这里。我们的讨论已经清楚
地告诉我们,在这个快要结束讨论的地方,我们一定不要在不混合
的生活中寻找善,而要在混合的生活中寻找善。

普罗塔库 是这样的。

苏格拉底 到那些混合得很好的生活中去寻找比到那些混合
得很糟的生活中去寻找更有希望找到。

普罗塔库 希望要大得多。

C　　**苏格拉底** 那就让我们把这些成分混合在一起,普罗塔库,伴
随着向诸神的祈祷,向狄奥尼修斯、赫淮斯托斯或其他任何具有这
种混合功能的神祇祈祷。

普罗塔库　务必如此。

苏格拉底　你知道这是为什么吗？就好像我们提供饮料，有两口井供我们支配，一口井中是蜜，代表快乐，另一口井中是令人清醒的、不会喝醉的、有益健康的水，代表理智。我们必须继续工作，真正地很好地调和它们。

普罗塔库　当然。

苏格拉底　继续往下说。我们开始的时候会不会把所有的快乐与所有的理智混合在一起来获得良好效果呢？　　　D

普罗塔库　有可能。

苏格拉底　不，这样做是不安全的。我想我能告诉你一种不太危险的混合方法。

普罗塔库　请你告诉我。

苏格拉底　我们刚才是这样想的，一种快乐比另一种快乐更加真实，一种技艺比另一种技艺更加精确，是吗？

普罗塔库　当然是。

苏格拉底　知识与知识不同——一种知识涉及有生灭的事物，另一种知识涉及既无产生又无衰亡，而是永远不变易和不更替　　　E
的事物。按照其真实程度来考察它们，我们得出的结论是后者要比前者更真实。

普罗塔库　完全正确。

苏格拉底　但若我们在混合之前就看清这些将要混合的东西中哪些是最真实的部分，那么这些最真实的部分的混合足以构成并向我们提供完全可以接受的生活，或者说我们仍旧需要别的什么生活？

普罗塔库　我的看法是，我们应当按照你说的去做。　　　62

苏格拉底　现在让我们设想有一个人懂得什么是正义本身，能够给出一个与他的知识相一致的解释，那么他更像是一个懂得其他一切存在的人。

普罗塔库 很好。

苏格拉底 如果他能解释神圣的圆和球体,但却对人间的圆和球体一无所知,因此他在造房子时使用的尺子不是圆,而是另一类的,那么我们可以说这样的人恰当地拥有了知识吗?

普罗塔库 苏格拉底,你的这番描述使我就要发笑了,我们正在把自己局限在神圣知识的范围内。

苏格拉底 你在说什么?我们所做的不就是把其他成分添加进去,虚假的尺度和虚假的圆的技艺,以及所有与之相关的缺乏确定性和纯洁性的东西?

普罗塔库 如果我们想要回家,我们就要找到回家的路,所以我们必须这样做。

苏格拉底 音乐也一样,我们前不久说过有些音乐完全依赖于碰运气和模仿,因此缺乏纯洁性。

普罗塔库 如果我们的生活要想称得上是一种生活的话,那么我想我们必须这样做。

苏格拉底 我是否可以这样问,你想要我像一个被众人争夺和推搡的搬运工那样避让,把门打开,让各种各样的知识涌进来,让低劣的东西与纯洁的东西混在一起吗?

普罗塔库 苏格拉底,我确实不明白,在有了第一类知识以后把这些知识都接受过来会有什么害处。

苏格拉底 那么我会允许所有知识涌进来,组合在一起,就像荷马把各种水混合在一起似的。

普罗塔库 当然要这样做。

苏格拉底 这件事已经完成了。现在我们必须回复到快乐的源泉上来。把我们想要的那些成分混合在一起的方法,亦即把最真实的部分取出来加以混合的方法,已经不行了,我们想要得到各种知识的欲望使我们必须在承认快乐之前就一下子承认整个知识。

普罗塔库　非常正确。 E

苏格拉底　现在是我们对快乐提出相同问题的时候了,我们是否要把所有快乐都一下子放出来,还是先把那些真正的快乐放出来。

普罗塔库　为了安全起见,还是先把那些真实的快乐放出来,这是最重要的。

苏格拉底　那么就算我们已经这样做了。下一步该做什么呢? 我们难道不要像在前面其他事例中那样,在我们的混合中包括必要的快乐吗?

普罗塔库　噢,对了,当然要包括必要的快乐。

苏格拉底　是的,但是我们发现把我们的生命耗在所有技艺 63
的知识上是无害有益的,如果我们也能对快乐说同样的话,亦即把一生用于享受所有的快乐是有益无害的,那么我们必须把所有快乐都混合在一起。

普罗塔库　那么关于这个具体的要点我们该怎么说呢? 我们该怎么做?

苏格拉底　普罗塔库,这个问题一定不能向我们提出,而应当向快乐本身和理智提出,我们应当对它们之间的相互关系进行考察。

普罗塔库　怎么个考察法? B

苏格拉底　是这样的。"亲爱的快乐——如果我应当用这个名字或用其他什么名字称呼你——你会选择与所有理智生活在一起,而不会选择与理智分离,是吗?"我想它们的回答无疑是肯定的。

普罗塔库　不这样回答,它又能怎样回答呢?

苏格拉底　与前面说的相一致,它会说:"一家人要想孤立和

C 分离是有害的,也几乎是不可能的,其他事情也很清楚,但我们的
看法是,就家庭与家庭的关系来说,我们希望知识这个家庭与我们
生活在一起,关于一切事物的一般的知识,以及关于我们每个人自
己的尽可能圆满的具体知识,没有什么比这更好了。"

　　普罗塔库　我们会对它说:"你的回答好极了。"

　　苏格拉底　我们应当这样说。下一步我们应当向理智和理性
提问:"你们想要任何快乐添加到这种混合中来吗?"当我们这样问
的时候,理性和理智可能会说:"什么样的快乐?"

　　普罗塔库　我要大胆地设想,它们确实会这样说。

D　　**苏格拉底**　我们会这样回答:"在你们所知的真正的快乐之
上,你们还需要有最大的、最强烈的快乐与你们相伴吗?"对此理性
和理智可以很好地回答说:"苏格拉底,如果这样做的话,就好像是
在我们的前进道路上设下许多障碍,扰乱我们居住的灵魂,阻止我

E 们的产生和存在,而对我们的后裔来说,快乐在大多数场合下完全
把我们给毁了,使我们变得粗心和健忘。不,你们可以认为那些被
你们说成是真正的和纯洁的快乐与我们或多或少有所相连,除此
之外,你们可以添上那些与健康和节制相伴的快乐,实际上你们还
可加上所有那些与美德相关的快乐,这些快乐把美德当作它们的

64 神,到处追随。但对一个想要看到一种美好与和平的混合,并能从
中学到什么是善——人之善与宇宙之善,他应当以何种形式拥有
善——的人来说,若将始终与愚蠢以及各种方式的罪恶相伴的快
乐与理性相混合肯定是最无意义的行为。"我们难道不能说理性在
此用这些话聪明而又能干地代表记忆、正确的意见和它自己做了
回答?

　　普罗塔库　确实如此。

　　苏格拉底　但还有一样东西是我们必须拥有的,没有它,世上

就没有任何东西可以产生。

普罗塔库　什么东西？　　　　　　　　　　　　　　B

苏格拉底　实在，对一样事物来说，如果我们说它不与实在相混合，它就决不会真的产生，即使产生了也不会继续存在。

普罗塔库　不会，当然不会。

苏格拉底　确实不会。如果现在还需要有任何附加的成分，你和斐莱布可以告诉我。在我看来，在当前的讨论中我们已经创造出一个有序的体系，可以称作无形体的有序的体系，用来正确地控制灵魂居于其中的那个有形体的东西。

普罗塔库　苏格拉底，你可以放心，我的结论与你相同。

苏格拉底　那么现在我们也许可以或多或少正确地说，我们　C现在已经站在善的门槛边上了，那里居住的都是善，是吗？

普罗塔库　至少我是这样想的。

苏格拉底　我是否可以问，我们应当把什么东西当作我们的混合中的最有价值的成分，这种成分使这种混合排列有序，使我们乐意接受？如果我们发现了这种东西，我们就可继续考虑这种因素在整个事物的分布中比较接近快乐，还是比较接近理性。

普罗塔库　很好，你的建议可以极大地帮助我们做出决断。　D

苏格拉底　事实上我们很容易看到任何造成混合的原因，无论这个原因是什么，要么拥有极高的价值，要么根本就没有价值。

普罗塔库　怎么会这样呢？

苏格拉底　世上每个人都肯定能认得出来。

普罗塔库　认出什么来？

苏格拉底　无论何种复合，若不按某种方式或某种尺度和比例，都既会毁坏相混合的成分，又会首先毁坏它自己；如果你注定　E要碰到这种情况，那么这不是真正的混合，而只是一大堆没有真正混合的东西堆放在一起。

普罗塔库　非常正确。

苏格拉底　所以我们现在发现善在美的性质中找到住处,因为我想尺度和比例是多种多样的,尺度和比例产生了美和卓越。

普罗塔库　是的,确实如此。

苏格拉底　当然了,我们说过,真理也和这些性质一道被包括在混合之中。

普罗塔库　是这样的。

65　　　**苏格拉底**　那么如果我们不能在一个单一的形式下找到善,那就让我们借助美、比例、真理三者的联合来确保善,然后将此三者视为一体,让我们断言,"它"也许最恰当地决定了混合的性质,由于"它"是善的,混合本身才变成善的。

普罗塔库　对,这样说是恰当的。

苏格拉底　好吧,普罗塔库,现在任何人都有能力决定是快乐
B　还是理智与最高的善更加接近,对人或诸神更有价值。

普罗塔库　这个答案是清楚的,但我们毕竟还要把它准确地说出来。

苏格拉底　那就让我们对这三种形式与快乐和理性的关系分别加以考察,因为我们必须弄清这三种形式与二者的关系何者更接近。

普罗塔库　"三种形式",你指的是美、真理和尺度吗?

C　　　**苏格拉底**　是的,普罗塔库。首先把握真理,在这样做了以后,你可以观察这三样东西,理性、真理、快乐,然后你可以花时间去回答你自己的问题,是快乐还是理性更接近真理。

普罗塔库　花什么时间? 我认为它们有巨大的差别。快乐是
D　一切骗子中最坏的,按照以往的解释,如果快乐与爱有关,一般认为这是一种最大的快乐,那么连发假誓都能得到诸神的宽恕——快乐被假定为就像儿童一样,完全缺乏理性。另一方面,理性如果

不与真理相同,那么在所有与理性相似的事物中,它是世上最真实的事物。

苏格拉底 接下去给尺度以同样的考虑。快乐比理智更有尺度,还是正好相反?

普罗塔库 你要我考虑的这个问题也很容易回答。我不认为你能发现任何比快乐和强烈的享乐更无尺度的事物,无论这个事物是什么,也不能发现任何比理性和知识更有尺度的事物。

苏格拉底 说得好。然而,还有第三样事物,我想要你告诉 E 我。理性比快乐在美中拥有更多的部分吗? 也就是说理性比快乐更美吗? 或者正好相反?

普罗塔库 当然了,苏格拉底,没有人,无论是醒着还是在做梦,会看到理智和理性是丑陋的,也没有人会有可能察觉到它们是丑陋的或正在变得丑陋,或者将要变得丑陋。

苏格拉底 对。

普罗塔库 但我认为,当我们看到某人,无论谁,经历着快乐——我想这种快乐是真实的,尤其是最大的快乐——我们在这 66 些快乐中察觉到一种成分,要么是十分可笑的,要么是极为丑陋的,所以我们自己感到羞耻,想要尽力掩盖它或隐匿它,我们把这类事情留到黑夜再做,感到这种事不应当暴露在光天化日之下。

苏格拉底 那么,普罗塔库,你要向这个世界上的直接的听众发出的信息是这样的。快乐不是第一位的财富,也不是第二位的,倒不如说,第一位的财富已经被永远安置在有尺度的领域中——尺度或恰当,或者其他可敬的术语,都可以表明我们现在讲的这种性质。

普罗塔库 至少就我们当前的讨论来看是这样的。

苏格拉底 第二位的财富安放在有比例的、美丽的领域,或者 B 完善的、令人满意的领域等等——凡是能表明这种性质的术语都行。

普罗塔库　这样说好像是对的。

苏格拉底　如果你接受我崇敬的东西,把理性和理智放在第三位,那么你距离真理不会太远。

普罗塔库　也许不太远。

苏格拉底　不远,如果在这三者的旁边,你放上第四样属于灵

C 魂本身的东西,知识与技艺,以及被我们称作正确意见的东西,因为它们比快乐更加接近善。

普罗塔库　你也许是对的。

苏格拉底　第五样是被我们辨认和区分出来的无痛苦的快乐,称之为灵魂本身的纯粹的快乐——有些依附于知识,有些依附于感觉。

普罗塔库　也许是吧。

苏格拉底　"但是,把你们有序的歌声停止在第六次降调处",如奥菲斯所说;看起来我们的讨论确实就像唱歌一样,在第六次选

D 择中停止。现在惟一留下来要做的事情就是圆满地结束我们的讨论。

普罗塔库　这是我们必须做的事。

苏格拉底　那么好,让我们"为拯救者献上第三杯奠酒",第三次重复我们前面已经说过的话。

普罗塔库　什么话?

苏格拉底　斐莱布坚持说我们在所有快乐的总和中找到了善。

普罗塔库　我明白你的"第三杯奠酒"的意思了,苏格拉底,你指的是刚才我们曾经对原先的论述作过概述。

E 　　**苏格拉底**　是的,现在让我们来听下面的话,经过详细考察之后,我感到不仅斐莱布的论断是可恶的,而且其他许多人经常讲述

的论断也是可恶的,我认为,对人类生活来说,理性比快乐更好,更有价值。

普罗塔库 你是这样做了。

苏格拉底 再说,当我对许多其他事情产生怀疑时,我也说过,如果有任何东西比理性和快乐更好,我会站在理性这一边反对快乐,为理性争得亚军的桂冠,而快乐会因为连亚军都得不到而感到失望。

普罗塔库 是的,你是说过这些话。

苏格拉底 然后我们指出它们中任何一个都不能令我们完全满意。 67

普罗塔库 非常正确。

苏格拉底 然后在我们的论证的那个部分,理性和快乐都被当作存在而打发掉,它们都不是善本身,因为它们都不是自足的,不具有令人满意的完善的性质,是吗?

普罗塔库 完全正确。

苏格拉底 但是现在我们发现了比二者更好的第三样东西,我们发现理性距离这位胜利者的性质比快乐要近得多。

普罗塔库 确实如此。

苏格拉底 然后按照我们的论证所宣布的决定,快乐占据第五的位置。

普罗塔库 显然如此。

苏格拉底 快乐不是第一位的,不是,即使所有牛和马,以及 B 存在的每一个动物,依据它们对快乐的追求这样告诉我们,快乐也不是第一位的。当民众认定快乐对于我们的良好生活具有头等重要性的时候,他们就好像占卜者依赖鸟类一样,是在以动物为理由,把动物的欲望设定为权威性的证据,而那些运用哲学缪斯的力量来推测这样或那样真理的理性论证所知的欲望反倒不是权威性的。

普罗塔库　苏格拉底,你的目的已经达到了,我们全都认为你的结论完全正确。

苏格拉底　那么你们可以让我走了吗?

普罗塔库　剩下要做的事已经不多了,苏格拉底,我相信你不会比我们放弃得更快,所以我会提醒你还有哪些任务需要完成。

蒂 迈 欧 篇

提　要

　　《蒂迈欧篇》在长达数百年的时间里对人类的心灵产生了广泛而又深刻的影响。它是柏拉图有关创世论的描述,但它又不仅仅是一种描述,而是一种解释。在柏拉图看来,宇宙是有理智的,因此宇宙的生成可以通过理智的探寻来发现。《圣经·创世记》第一章说:"神说要有光,就有了光。"① 但这不是柏拉图处理问题的方式。他首先考虑什么是光,然后再思考光必定以何种方式产生。《创世记》中的章节是诗歌,而《蒂迈欧篇》虽有大量诗歌的内容,但其目标是科学。

　　柏拉图给自己确定的思考范围是物理学、天文学和生物学。他的心灵气质使得他在任何地方都不恪守教条,而这篇对话是最不具有教条主义性质的。他犹豫不决,不断地提问,胜过他在早期著作中对伦理的讨论。他的陈述只表示一种可能性,他的宣谕也是这样,甚至只表示可能有一定道理,而关于这类事情要想达到确定性的惟一方式就是向神询问。不过,用心灵去思考这些问题至少比懒惰地不作任何思考要好得多。他还说,进行这种思考是为了转移兴趣和获得新鲜感,这是他给自己疲倦了的心灵开出的一副药方。他说:"有时候,一个人可以为了消遣而搁置对永恒事物

---

① 《创世记》1:3,和合本译文。

的沉思,转而思考有关生成的真理,这种道理只具有可能性。他将因此而得到无悔的快乐,为他自己在有生之年找到一种聪明而且适度的消遣方法。"(59C－D)

但是柏拉图决不会对热忱和深刻等而视之,当他的心灵找不到可能的解释时,他就转向另一个领域,即诗学,在这里他同样也很自在。在《蒂迈欧篇》中,他说真理是永恒的、不变的、永远不可表述的。时间只存在于现在,不存在于过去和未来,把时间说成是过去的和未来的只具有象征的意义。它是"永恒实在的移动的影像。"一代幼一代的诗人重复着柏拉图的意思,许多话直接来源于《蒂迈欧篇》。

由于对话中的思想通过柏拉图,以及通过他以后若干世纪里的人,传到中世纪,因此我们在阅读这篇对话时必须明白对话中有关科学真理的阐述与神秘真理结合在一起,人们从中可以得到许多启发。我们在阅读它的时候,至少在一开始,会不可避免地把它当作古人相信的一种解释。柏拉图说神用无数个三角形创造了宇宙,并十分仔细地作了描述和比较。他还说到当人被创造出来时,神把呼吸置于人的口中,这些描述相当精确和具体,令人惊讶。无疑,如柏拉图所说,他在进行这类写作时是在休息和自娱,但他也感到这些描述是合理的,是相当可能的,具有真理性。

然而,柏拉图也像近代怀疑主义那样安详。他会指出,科学不可能真正做到精确,因为科学处理的对象是暂时的、有限的、变化的,而不是永恒的。可见的世界是一个摹本,一个影像,没有任何永恒性。它是不变的存在的变化的反映。因此,尽管这种反映是不完善的,但我们从中可以发现真理,亦即神、创造者、至善者。这个问题极为重要,这种真理尽管不具有科学的精确性,但灵魂会努力捕捉隐约显现出来的超验的实在。

柏拉图在《蒂迈欧篇》结尾处说,古时候死亡的到来伴随着快乐而非痛苦。在写这些话的时候他已经很老了,即将走到生命的尽头。无数的人向他学习,对他表示热爱,从他那里得到生活的启示和指引,得到关于超验世界的影像,认定终极真理就是神,就是我们的创造主和圣父。柏拉图说这些都给予他巨大的欢乐,当死亡逼近时,他声称自己的灵魂"感到解脱,感到自己能够快乐地飞翔"。最能理解他的亚里士多德写道,他证明这位好人是幸福的。这是柏拉图主义的一个方面,而人们对这个方面的重视是不够的。

正　文

苏格拉底　一位、两位、三位,我亲爱的蒂迈欧,第四位在哪里,他们昨天是我的客人,今天要尽地主之谊? ⟨17⟩

蒂迈欧　他肯定病了,苏格拉底,因为他决不会故意缺席。

苏格拉底　那么如果他不来了,你和另外两个人必须接替他的位置。

蒂迈欧　那当然了,我们会尽力而为,决不会让你失望。你昨天盛情款待了我们,要是我们这些人能对你的好客给予回报,那我们就太高兴了。 ⟨B⟩

苏格拉底　你们还记得我要你们谈论的那些要点吗?

蒂迈欧　有些还记得,你在这里可以提醒我们那些遗忘了的内容,或者说,要是你不嫌麻烦,你能简要回顾一下整个问题吗?你要是能这样做的话,那么这些要点就能更加牢固地记在我们心中了。

苏格拉底　我当然乐意这样做。我昨天的主要论题是国家——如何组建国家,什么样的公民组成的国家看起来是最完善的。 ⟨C⟩

蒂迈欧　是的,苏格拉底,你说得没错。

苏格拉底　我们一开始就把农夫、匠人与国家的卫士阶层分开,是吗?

　　蒂迈欧　是的。

　　苏格拉底　然后我们给每个人一种与其本性相适应的工作和
专门的技艺,我们谈论了那些做武士的人,说它们是城邦的卫士,
承担着反对来自内外两方面进攻的任务,他们不承担其他工作,他
们对待公民是仁慈的,是公民天然的朋友,当他们与敌人在战场上
相遇的时候,他们是凶狠的。

　　蒂迈欧　没错。

　　苏格拉底　如果我没记错的话,我们说过卫士应当在情感和
哲学方面拥有良好的气质,使自己成为应当成为的那种人——对
朋友友善,对敌人凶狠。

　　蒂迈欧　当然。

　　苏格拉底　关于他们的教育我们是怎么说的? 他们不是要接
受体育、音乐,以及其他所有适合于他们的各种知识的训练吗?

　　蒂迈欧　非常正确。

　　苏格拉底　经过这样的训练以后,他们不会把金银财宝或其
他任何东西当作自己的私产。他们就像是雇佣军,从受他们保护
的人那里取得报酬——他们所得的报酬仅够维持简朴的生活——
居住在一起,共同消费,不断地实践美德,这是他们惟一的追求。

　　蒂迈欧　这些话我们都说过。

　　苏格拉底　我们也没忘了那些妇女。我们宣称,要通过训练
来使她们的本性和谐地发展,像对男人一样给所有妇女规定共同
的追求,无论是在战时还是在平时。

　　蒂迈欧　没错,我们是这样说的。

　　苏格拉底　关于生孩子我们是怎么说的? 或者说我们的建议
太独特了,以至于不容易忘记吧? 我们提到,妻子儿女都应当是共
同的,这样就不会有人知道谁是自己的孩子,而会想像所有人都属

于一个大家庭,每个人都把与自己处于同一年龄段的人当作自己 D
的兄弟姐妹,把比自己年长的人当作自己的父母和祖父母,把比自
己年轻的人当作自己的子女和孙儿。

蒂迈欧 对,如你所说,这个建议很容易记住。

苏格拉底 你们是不是也还记得,为了能够确保拥有最优秀
的后代,我们说过,主要的执政官,无论男女,应当悉心安排青年们 E
的婚姻,使用某种抽签的方法秘密择配,使优劣不同的男子分别与
相同品质的女子结合,这样做不会引起争吵,因为他们会认为这种
结合乃是出于机缘,是拈阄的结果,是吗?

蒂迈欧 我记得。

苏格拉底 你们还记得吧,我们说过,优秀父母的子女应当加
以培养,劣等父母所生的子女则应秘密送给那些低劣的公民,当所 19
有儿童成长之际,统治者应当随时注意他们,凡有值得培养的,就把
他们从下层领回,而同时将那些不值得培养的儿童送去替换,是吗?

蒂迈欧 是的。

苏格拉底 那么,我现在已经把我们昨天的讨论要点都说过了,
是吗?或者说,我亲爱的蒂迈欧,我还有什么遗漏的地方需要补充?

蒂迈欧 没有了,苏格拉底。这些正是我们昨天所谈的。 B

苏格拉底 在开始之前,我想把我自己对我们所描述过的国
家怀有什么样的情感告诉你们。我想把自己比做这样一个人,当
他看到一些美丽的动物,无论是由画家的技艺创造出来的,还是真
正活着但处于静止状态的动物,心中就产生一种愿望,想要看到它
们活动起来,并且做出某种适合其体态的举动——这就是我对我
们已经描述过的国家所抱的情感。所有城邦都会有冲突发生,我 C
想要听一听有哪位能够谈论一下我们的城邦如何对付邻邦,如何
以相应的方式出征,如何在战时以光明正大的言行与其他城邦打
交道,无愧于她所受到的训练和教育。克里底亚和赫谟克拉底,我 D

明白，我自己决不会有能力以恰当的方式赞美我们的城邦和公民，也不对我自己的无能感到奇怪，令我感到奇怪的是古往今来的诗人们也不见得比我高明——我这样说的意思并不是瞧不起他们，不过大家都明白他们是一群模仿者，可以轻而易举地模仿他们自身生活环境中的各种事物，但若要人在行动中模仿超出其教养范围以外的事情可就难了，要想恰当地在言语中加以再现更难。我知道智者们发表过许多勇敢的言辞而又极为自负，但他们浪迹各城邦，居无定所，所以我担心他们对哲学家和政治家的看法可能是错的，他们可能不知道哲学家和政治家在战场上与敌人搏杀争斗时的言行。因此，惟一适宜同时参与政治和哲学的就只有你们这些在天性和教养方面都合适的人了。就拿我们的朋友蒂迈欧来说吧，他来自意大利的罗克里，这个城邦拥有可敬的法律，他本人的财富和地位不亚于他的任何一位同胞，不仅在他的国家里曾经担任过最重要、最荣耀的职务，而且据我看来，在哲学上有着很深的造诣。还有克里底亚，每一位雅典人都知道他在我们所谈论的这些事务中是内行。至于赫谟克拉底，我保证有许多事情可以证明他的天赋和教养使他完全有资格从事这种沉思。因此，昨天当我看到你们想要我描述国家的构成时，我就十分情愿地照办了，我知道，只要你们愿意，没有人比你们更适宜作进一步的讨论，若是参加我们国家发起的适宜的战争，你们全都能有出色的表现。因此，当我完成了预定的任务时，我也要你们完成这项任务。你们经过商量，同意在今天回应我一番宏论，就像我昨日用一场讨论的筵席款待你们一样。我现在就像要过节似的，比其他任何人更急于赴宴，准备享用这场应许了的大餐。

赫谟克拉底　苏格拉底，就像蒂迈欧所说的那样，我们不会有一点缺乏热情的表示，也没有任何借口可以拒绝你的要求。昨天从你那里一回到克里底亚府上的客厅，也就是我们的下榻之处，不,甚至更早些,在返回的路上,我们就已经在谈论这些问题了。克里底亚当时给我们讲了一个古代的传说,现在,克里蒂亚,我希望你能把它对苏格拉底再讲一遍,以便他能够帮助我们断定这故事是否满足他的要求。 D

克里底亚　只要我们的同伴蒂迈欧表示同意,我一定照办。

蒂迈欧　我完全同意。

克里底亚　那么,请听,苏格拉底,这个故事虽然怪诞,却肯定是真实的,因为七贤① 之中最聪明的梭伦证明了这个故事的真实性。梭伦是我的曾祖父德洛庇达(Dropides)的亲朋好友,梭伦在他 E 的诗篇中多处提到这一点,德洛庇达把这个故事告诉我的祖父克里底亚②,而他老人家又讲给我们听。他说,雅典人的城邦在古时 21 候有许多伟大而又神奇的业绩,但由于年代久远和人类遭受浩劫而湮灭无存,其中有一件最伟大的业绩尤其重要,它比其他所有业绩更加伟大,而我们现在就来讲述它。此刻讲述这件业绩是适宜的,既可借此表达我们对你的谢意,又可在这位女神③ 的节日颂扬这位女神的真实与高贵。

苏格拉底　好极了! 这一桩由克里底亚依据梭伦的权威宣布的、不是传说而是事实的雅典人的古代著名业绩到底是什么呢?

克里底亚　我要讲的故事是从一位老人那里听来的,是关于旧世界的,因为克里底亚④ 在讲这个故事的时候,据他自己说,已经将近90岁了,而我那时候才十岁左右。那一天是"阿帕图利 B

---

①　柏拉图在《普罗泰戈拉篇》中提到的希腊七贤是:米利都的泰勒斯、米提利尼的庇塔库斯、普里耶涅的彼亚斯、雅典的梭伦、林杜斯的克莱俄布卢斯、泽恩的密松、斯巴达的喀隆。

②　祖父与孙子同名。

③　此处的女神指雅典城邦保护神雅典娜。

④　指其祖父克里底亚。

亚节"① 的"青年登记日"，按照习俗，我们的父母要设置奖品进行
诵诗比赛，而我们这些孩子要朗诵几位诗人的诗歌，我们中有许多
人朗诵了梭伦的诗歌，当时他的诗歌还没有过时。我们部落中有
C　一个人说，在他看来，梭伦不仅是最聪明的人，而且也是最高贵的
诗人，他这样说也许是因为他本来就有这种想法，也许是为了讨好
克里底亚。

　　老人听了这话大为高兴，当时的情景我记得很清楚。他笑着
说道，阿密南德，你说得对，假如梭伦也像别的诗人那样，把诗歌当
作一生的职业，完成他从埃及带回来的故事，而不是由于回国以后
陷入党争和其他许多麻烦事而被迫将这项工作搁置，去处理其他
D　事情，那么在我看来，他一定会像荷马、赫西俄德，或其他任何诗人
一样出名。

　　阿密南德说，克里底亚，那故事讲的是什么？

　　克里底亚说，它讲的是雅典人有史以来最伟大的业绩，确实值
得彪炳史册，但由于年代久远和建功立业者的逝去，没能够流传下来。

　　阿密南德说，请你把整个故事告诉我们，还请你告诉我们梭伦
从谁那里听到这个真实的传说，他又是怎么听来的。

E　　克里底亚答道，在埃及三角洲地区的前端，在尼罗河分岔处，
有个名叫赛斯的地区，那里的一座大城市也叫赛斯，阿玛西斯国王
就是那里的人。② 城里的公民崇拜一位女神，乃是这座城市的创

---

　　①　阿帕图利亚节（Apaturia）是雅典人的一个节日，在朴安诺批司翁月
（Pyanepsion）举行，延续三天，在节期中雅典人把他们成年的儿子注册为公
民。希腊人没有统一的历法，雅典人的历法每个月都有专名。朴安诺批司翁
月相当于公历 10—11 月。参阅王晓朝《希腊宗教概论》，上海人民出版社，
1997 年，第 138—143 页。

　　②　阿玛西斯（Amasis），埃及国王，公元前 569—525 年在位。参阅希罗
多德《历史》第二卷。

建者,用埃及话来讲她的名字是奈斯(Neith),他们还断定这位女神就是希腊人的雅典娜。赛斯人非常热爱雅典人,自称与雅典人有一些血缘关系。梭伦来到这座城市后受到高度尊敬。他向当地最精通古代事务的祭司请教,发现自己以及其他希腊人在这方面可以说是一无所知。有一次,为了引诱他们谈论古代的事情,他开始讲述我们这方面最古老的传说——被称作"人类始祖"的福洛涅乌、关于尼俄柏的故事、大洪水以后幸存的丢卡利翁和皮拉。① 他追溯他们后裔的谱系,计算年代,试着算出这些事情发生距今已有多少年。

这时候有位非常老迈的祭司说,啊,梭伦呀梭伦,你们希腊人永远长不大,你们都是儿童,你们中间一位老人都没有。

听了此话,梭伦当即问道,你这样说是什么意思?

那位祭司答道,我的意思是说,你们在心灵上全都是年轻的,在你们中间既没有从古老传统中沿袭下来的旧观念,又没有任何由于年代久远而变得陈旧的知识。为什么会是这样,我要把理由告诉你。由于种种原因,人类在过去曾经遭受过毁灭,将来也还会有浩劫,其中最重要的原因是由于火和水,其他较小的原因则不胜枚举。有这样一个故事,这个故事甚至在你们国家里也有流传。从前,赫利俄斯之子法厄同②驾着他父亲的金马车出游,由于不能

---

① 福洛涅乌(Phoroneus)是希腊神话中所谓的第一个人,尼俄柏(Niobe)是传说中的底比斯王后。希腊神话说宙斯被青铜时代的人类所做的坏事所激怒,发洪水消灭人类,结果世上仅存丢卡利翁(Deucalion)和皮拉(Pyrrha)夫妻两人,洪水过后他们奉神祇之命把石头从肩后抛去,丢卡利翁投掷的石头变成男人,皮拉投掷的石头变成女人,就这样重新创造人类。

② 赫利俄斯(Helios)是希腊神话中的太阳神,他的儿子法厄同(Phaethon)不善驾驭,离地球太近而几乎把地球烧毁,被主神宙斯用霹雳击死。

按照他父亲所取的轨道行驶,结果烧坏了大地上的一切,自己也被

D　霹雳打死。这个故事在形式上是神话,但实际上却说明环绕地球
在天穹中运转的天体会发生偏离,还说明经过长时间的间隔后在
大地上会发生大火灾,在这种时候,所有居住在山区和干燥地区的
人比居住在河边或海滨的人更容易遭到毁灭。尼罗河使我们免受
这种劫难,它是我们的大救星,永远不会出错。另一方面,在诸神
发洪水冲涮大地的时候,你们国家里居住在山区的牧人都得以幸

E　存,而那些像你们一样住在城里的人却被河水冲到海里去了。而
在这块土地上,无论是当时还是在其他任何时候,从来不曾有过水
从高处冲下田地的事,相反却总是从低处往上涨。① 由于这个原
因,在我们这里保存下来的东西乃是最古老的。事实上,无论在什
么地方,只要没有极端严寒与酷暑的阻碍,就会有人存在,有时候

23　多一些,有时候少一些。无论什么事情发生在你们国家或我们国
家,或者发生在我们所知道的任何地区,只要这些事件是高尚的、
重大的、惊人的,都会被我们的前辈记载下来,保存在我们的神庙
里。而你们和其他民族的人此时才刚刚开始拥有文字和其他一些
文明生活所需要的东西,在经历了一段常规的岁月以后,那从天而

B　降的洪水又像瘟疫一般对你们进行扫荡,剩下的只是一些不懂文
字、缺乏教化的人,于是你们又全都变得像儿童一样幼稚,对古时
候发生的事情一无所知,无论是在你们那里发生的还是在我们这
里发生的。

　　梭伦啊,你刚才叙说的你们希腊人的谱系,顶多只能算作童话
故事。首先,你只记得一次大洪水,可在此之前有过多次大洪水;
其次,你也不知道在你们现在所居住的这块土地上曾经居住过人

C　类中最优秀最高贵的种族,你和你的整个城邦都源于这个种族的

---

　　① 此处讲的是尼罗河三角洲的情况。

少数幸存者的后代。这一点你是不知道的,因为那些浩劫的幸存者死后,许多个世代都没有能力写下一些文字传给后人。梭伦啊,在最大的一次洪水之前有过一个时期,在现今雅典城邦这个地方确实有过一个在战争和其他各方面组织得最完美的城邦,据说它表现出来的行为是天下最高尚的,它具有的政治制度也是天下最卓越的。

　　梭伦对他说的这番话感到惊讶,热切地请求这位祭司把有关古代公民的事情原原本本地、有序地讲一遍。

　　祭司说道,梭伦,欢迎你来听有关这些古代公民的事情,既为了你,也为了你们的城邦,更重要的是为了这位我们两个城市共同的女神,她是我们双方的保护神,也是我们双方的养育者和教育者。早在建立我们这个城邦之前一千年,她就从地母神和赫淮斯托斯那里取得了你们这个种族的种子。后来她才建立了我们的城邦,这件事在我们的神庙中有记载,迄今为止已有八千年了。关于生活在九千年以前的你们的公民,我会向你简要叙述一下他们的法律和最著名的业绩,而那些细节我们可以在今后空闲时去阅读神圣的记载。如果你拿他们的法律与我们的法律作一番比较,那么你会发现其中有许多内容与你们的古代法律极为相似。首先,有一个祭司阶层,与其他所有阶层分离;其次,有一个阶层是工匠,他们各自从事某种技艺,彼此不相混淆;此外还有牧人、猎人和农夫这些阶层,各司其职。还有,你一定也会注意到,埃及的武士阶层有别于其他一切阶层,法律责成他们全心全意地献身于军事。还有,他们使用的武器是矛和盾,女神在亚细亚人[①] 中间首先教会我们使用这些武器,而在你们那个世界中女神首先教会了你们。

　　至于智慧方面,你会注意到我们的法律从一开始就注意到所

---

　　① 　当时把埃及视为亚细亚的一部分。

C　有事物的秩序,甚至延伸到预言和提供健康的医药,从这些神圣的元素中派生出人类生活所需要的东西,还要添加许多与之相关联的各种知识。在建立你们那个城邦的时候,这位女神首先把这种秩序和安排给了你们,她之所以选择你们出生的这个地方,乃是因为她看到这个地方季节适宜,在这里可以产生许多最有智慧的人。

D　这位女神既爱战争又爱智慧,所以她首先作了这样的选择,而这个地方最能产生像她那样的人。你们的祖先就居住在那里,拥有这样的法律或更好的法律,在所有美德方面都超过了其他人类,成为诸神的孩子和门徒。

　　我们的历史中记载着你们国家许多伟大的、惊人的功绩。其

E　中有一件事是最伟大最英勇的。据史书记载,有一次,一支强大的人马从远方悍然前来侵袭,想要征服整个欧罗巴和亚细亚,而你们的国家挫败了他们的进攻。这支人马来自大西洋,因为那个时候大西洋是可以航行的,在你们希腊人称作"赫拉克勒斯之柱"的那

25　个海峡① 前面原来有一座岛屿。它的面积比利比亚② 和亚细亚两块土地合在一起还要大,是去其他岛屿的必经之地,而经过这些岛屿才能抵达对面那个被真正的大海围绕的整个大陆。相对于这个大海来说,位于赫拉克勒斯海峡以内的这个海③ 只是一个具有狭窄入口的港湾,那个大海才是真正的海洋,而被这个大海环绕的陆地才是真正意义上的无边无际的大陆。且说在这座大西岛上,

B　当时有一个强盛的帝国,统治着全岛和其他许多岛屿,还有这个大陆的某些部分;此外,来自大西岛的人在海峡以内还曾征服位于赫拉克勒斯柱石以内的远至埃及的利比亚的一些地区,征服了远至

---

①　即直布罗陀海峡。
②　指非洲北部。
③　指地中海。

第勒尼安① 的欧罗巴的一些地区。这群人马,当时聚集在一起,企图以一次突袭征服我们的国家和你们的国家,以及海峡以内的整个地区,那个时候,梭伦啊,你们的国家挺身而出,向全人类显示出她高尚的美德和力量。在勇猛善战和军事技术方面,她是出类拔萃的,是希腊人的领袖。当时其他城邦与之离散,而她被迫单独作战,处于极度危险之中,但她打败了侵略者,取得了胜利,拯救了许多未被征服的人,使他们免受奴役,并且慷慨地解放了海峡以内所有其他人。但是后来发生了可怕的地震和洪水,在一个不幸的昼夜里,你所有的勇士全部被大地吞没,那个大西岛也同样沉入大海不见了。如今大海中的这些部分既不能航行也无法探测,因为那座岛屿下沉后变成了阻塞航道的暗礁。

苏格拉底,我已经向你简要地讲述了老克里底亚告诉我的、他从梭伦那里听来的故事。昨天听你谈到你们的城邦和公民,使我想起刚才对你说的这些事,我心中禁不住诧异,觉得你所描绘的情况大部分都和梭伦的故事相吻合,实在是一桩巧事,但我当时还不愿意说出来。因为时间相隔已久,我遗忘得太多了。我想,我一定要先在心里把这个故事仔细温习一遍,然后再讲。所以,我昨天毫不犹豫地同意了你的要求,因为我想所有讨论最大的难处是找一个与我们的目的相适应的故事,而提供了这样一个故事我们就可以很好地进行讨论了。

因此,就像赫谟克拉底告诉你的那样,昨天在回家的路上,我一离开你家就和我的同伴交谈,把我所能记得起来的故事讲给他们听,和他们分手之后,我在夜里又细细回想,把整个故事几乎全都想起来了。常言说得没错,童年时学的功课会牢记在心,我不敢肯定自己能否记得昨天谈话的全部内容,但对很久以前听说过的

① 第勒尼安(Tyrrhenia)位于欧洲。

C　事情我相信决不会漏掉一个细节。我当时带着儿童的好奇心聆听那位老人的叙述,反复向他询问,而他也很热心,不厌其烦地教诲我,所以,这个故事就像一幅永不褪色的图画牢牢地铭记在我心中。天亮以后,我又把这个故事向我的同伴们背诵了一遍,使他们也和我一样能有话说。苏格拉底,我的开场白就说到这里,现在,我已经做好准备,讲述整个故事。不仅是一个总纲,而且有具体细节,就像我听到的那样。昨天你对我们描述的城邦和公民是虚幻的,

D　今天我们要把它转化为现实。你说的城邦应当就是雅典古时候的城邦,我们要把你想象的公民假定为就是那位祭司所说的我们的祖先,这样说不会有什么不和谐之处,说你的城邦公民就是那些古代的雅典人也不会出现什么矛盾之处。让我们分一下工,按照我们的能力,各自努力完成你要我们承担的任务。苏格拉底,现

E　在请你考虑这个故事是否适用于我们的目的,或者说我们应当寻找别的故事来替代它。

　　苏格拉底　克里底亚,你讲的这个故事对目前正在举行的女神节日来说非常自然和适宜,并且它是事实而不是虚构,所以我们为什么还要去寻找比它更好的故事呢? 如果我们抛弃了这个故事,我们该如何,或到哪里去寻找别的故事? 我们做不到,因此你

27　必须讲述这个故事,祝你好运,而我由于昨天已经讲了许多,现在该轮到我缄口聆听了。①

　　克里底亚　苏格拉底,让我来解释一下我们所安排的发言次序。考虑到蒂迈欧是我们这里最高明的天文学家,专门研究宇宙的性质,所以他应该第一个发言,从宇宙的生成开始,一直讲到人的被造;然后,由我来接着谈论他所说的被创造出来的人,其中有

---

　　①　本篇对话标准页有些地方只分 ABCD 四部分或 ABC 三部分,以下不一一注明。

些人会受益于你提供的那些卓越的教育;然后,与梭伦的故事和他 B
的法律相一致,我们把这些人置于法庭上,当作公民来看待,他们
就好像那些被遗忘已久,后来又因为埃及神庙文献的记载而得以再现
的雅典人,下面我们要把他们当作雅典人和我们的同胞来谈论。

苏格拉底 看起来,蒙你盛情回报,我将享受一席丰盛的宏
论。[①] 既然如此,蒂迈欧,我想你还是在向诸神祈祷之后就开始发
言吧。

蒂迈欧 苏格拉底,只要稍微有一点头脑的人,在每件事情开 C
始时总要求助于神,无论这件事情是大是小。我们也不例外,要讨
论宇宙的性质、宇宙如何被创造出来,或者说宇宙是存在的,但不
是被创造的,如果我们不是完全丧失理智的话,当然有必要向男女
诸神求助,祈求我们所说的话语首先能够得到他们的首肯,其次我
们自己也都能接受。我说的这些话就算是我们对诸神的祈祷吧,
此外我还要对自己添加一番鼓励,但愿我说的话你们都能听懂,同 D
时也希望我能把自己的看法很好地表达出来。

首先,依我看来,我们必须做出下述区别,并且要问:什么是永
恒存在没有生成的东西,什么是永恒生成无时存在的东西? 那可
由思想以推理来把握的是永恒自持的东西,而那作为意见之对象 28
以非推理的感性来揣测的则是变动不居、无时真正存在的东西。
我们知道,凡是生成的东西必定由于某种原因方才产生,因为若无
原因,没有任何东西能被创造出来。当创造主用他的眼光注视那
永恒自持者,并且用它作为模型,构造出事物的外形和性质,凡这 B
样完成的作品必定是完美的,但若他注视的东西是被造的,他所使
用的模型也是被造的,那么他的作品就不完美。那么天,或整个宇
宙,无论用这个名称还是其他更恰当的名称——假定就用这个名

---

① 参阅本篇 20C。

称,我要问一个从事任何研究一开始总要提出来的问题——这个宇宙究竟是永恒存在、没有开端的呢,还是被创造出来的、有开端的? 我的回答是,它是被创造出来的,因为它看得见,摸得着,并且C 有形体。因此,是可感的东西,以及一切可以被意见和感官所把握的事物,都处在一个创造的过程中,而且是被创造出来的。我们肯定过,凡是被创造出来的事物必定有被创造的原因。但是,要找出这位宇宙之父和宇宙的创造者是一件难事,即使我们能够找到他,也难以把他告诉所有人。然而,我们必须要问这个和宇宙有关的问题。这位"工匠"在创造这个宇宙时用的是什么样的模型,是永29 恒不变的模型还是被造出来的模型? 这里,如果这个宇宙确实应当是美的,而且这位创造者又是善的,那么他显然一定会注视那永恒者,倘若不是这样(这是个亵渎神明的假设),那么他所注视的必然是被创造出来的模型。但是每个人都能看到,创造主必定注视永恒者,因为这个宇宙是一切被造事物中最美的,而在一切原因中,创造主是最善的。既然以这种方式被创造出来,这个宇宙就被造就为理性和心灵可以把握的这种样式,它必定是不变的,具有必B 然性,如果这些前提不假,那么这个宇宙是某个东西的影像,是完全必然的。对于一切事物,最重要的是从其本原的性质入手。因此,关于一种摹本及其模型,我们必须认定所给予的说明本身与被说明的东西有着同样的性质;对于持久恒定且以思想来辨识的事物的说明本身也将是持久恒定的;若要使这个说明尽可能做到无可争议和不可辩驳,语言也不能有任何漏洞;但若这个说明是关于C 那模仿原型的摹本的,那么这个说明也将相似地模仿前面那个说明。因为,正如生成模仿存在,所以信念也模仿真理。因此,苏格拉底,在关于诸神和宇宙产生的众多意见中,如果我们不能提供完整的、在各方面都非常精确的、相互一致的意见,那么请你别见怪。只要我们的意见也像其他意见那样是一种可能的解释,那么也就

够了,因为我们必须记住我这个发言者和你这位评判者都只不过 D
是凡夫俗子,我们必须接受这个似乎有理的故事,不要进一步追究
它的真实性。

苏格拉底 妙极了,蒂迈欧! 我们一定会按你的要求办事。
你的开场白是迷人的,我们已经接受了,现在你可以进入正题了吗?

蒂迈欧 行,就让我来告诉你们这位创造者为什么要造出这
个生成的世界。他是善的,没有一位善者会对任何东西产生妒忌; E
没有妒忌,他就希望一切都要尽可能地像他自己。这就是最真实 30
意义上的创世的根源和宇宙的起源,而在这方面我们应当相信聪
明人的证词。由于神① 想要万物皆善,尽量没有恶,因此,当他发
现整个可见的世界不是静止的,而是处于紊乱无序的运动中时,他
就想到有序无论如何要比无序好,就把它从无序变为有序。至善
者的行为决不会是最不美的,或曾经是最不美的,创造者反思这些 B
本性可见的事物,觉得没有一个无理智的生灵整个儿看来会比有
理智的生灵更美,而理智不可能在缺乏灵魂的东西中出现。由于
这个原因,当他建构这个宇宙时,就把理智放在灵魂里,而把灵魂
放在身体里,他在用尽善尽美的本性进行工作。这样,就可能性而
言,我们可以说这个生成的宇宙是一个由神的旨意赋予灵魂和理 C
智的生物。

假定这一点成立,我们可以进入下一阶段。创造主按照哪一
种生物的样子来创造这个宇宙呢? 我们毋须在意任何按其本性只
以"部分"存在的性质,因为任何相似于不完善者的事物决不会是
美的。但是让我们假定,这个宇宙同那以一切其他生物的个体或
者族类作为所属部分的生物最为相像。因为这个宇宙一开始就包
含一切理智的存在于自身,恰如这个世界包含我们和其他一切可

---

① 此处的神是单数,指作为创造者的神。

见的生灵在内一样。由于神想要把这个宇宙造得与最美好、最完
善的理智的存在最为相像,因此就把这个宇宙建构成为一个包含

31　所有本性上同种的生物于其自身之内的可见的生物。既然如此,
我们说只有一个宇宙。这样说对不对呢? 还是应当说宇宙有许多
个,或者无穷多呢? 如果说摹本是按照模型被造出来的,那么必然
只有一个宇宙。因为把一切其他理智的生物包括在内的东西,决
不能在一个之外再有第二个,或者说还有一个同伴;倘使有第二个
的话,那么必须有包容此二者在内的另一个生物存在,而此二者各
为其中的一部分,这样一来,就不能说二者是相像的,而应当说它

B　们是按照那包容二者的第三个生物被创造出来的才对。为了使这
个宇宙成为惟一的,与那完善的生物相似,创造主没有创造两个宇
宙或无数个宇宙,而只创造了这个独一无二的宇宙和天,它现在是
惟一的,将来也是惟一的。

　　凡被创造出来的东西必然是有形体的,也是可见的和可触知
的。但若没有火,那就什么也看不见,没有固体,则无从触知,而要
有固体则非有土不可。因此,神在创世开始时就用火与土构成宇

C　宙的形体。不过,要把两种东西结合起来,不能没有第三者,必须
要有某种东西能把它们结合起来。最好的结合物乃是能够将它自
身与它所结合之物最完全地融为一体的东西,而要达到这个目的,
比例极为重要。因为任意三个数,无论是立方数还是平方数,都有

32　中项,倘使其中项同末项的关系,正如首项同中项的关系一样,或
者颠倒过来,其中项同首项的关系,正如末项同中项的关系一样,
那么中项轮流成为首项和末项,而首项和末项轮流成为中项,结果
必然是三者可以互换位置;既然可以互换位置,那么三者就是相同
的。如果这个宇宙只被建构成一个平面而不具有厚度,那么只要

B　一个中项就足以将它本身和其他两项结合起来了;但这个宇宙必
须是立体的,而把立体结合在一起的中项绝不是只有一个,而必须

要有两个,①所以神把水与气置于火与土之间作中项,尽可能使它们拥有相同的比例——气与水的比例有如火与气,水与土的比例有如气与水——这样,他就把各种元素结合起来,造就一个可以看见又可以触知的天。②由于上述原因,宇宙的形体从这四种元素中被创造出来,这些元素在比例上是和谐的,因此宇宙拥有友爱的精神,内部融洽,除了建构它的创造主以外,没有任何力量可以使它解体。 C

　　创世把四种元素中的每一种全都用上了,因为创造主用了所有的火、所有的水、所有的气、所有的土建构宇宙,不让任何一种元素有一点儿微粒或能量遗漏在外。他的用意是:第一,要尽可能使这个生物③整体上完善,其部分也完善;第二,它应当是惟一的, 33因为没有剩下任何东西可以用来创造另一个宇宙,并且它也不会衰老,不受疾病侵袭。创造主考虑到,如果炎热和寒冷,还有其他一切强大的力量,包围着这些合成的物体,并且从外部向它进攻,结果就会使它们提前分解,加诸于它们的疾病和衰老也会使它们销蚀。出于这样的考虑,创造主把宇宙造成一个整体,完全拥有每个部分,从而使宇宙完善,既不会衰老,也无病痛。他赋予宇宙适 B当而又自然的形体。对于这个要在其内部包容一切生物的生物来说,适当的形体应当是可以把其他一切形体包容于自身的形体。因此,他把宇宙造成圆形的,就像出自车床一样圆,从中心到任何方向的边距都相等。在一切形状中,这种形状是最完美的,又是所有形状中彼此最相似的,因为创造主认为相似比不相似要好得多。

---

　　① 这里讲的平方数的比例是:$a^2 : ab/ab : b^2$;颠倒过来是 $b^2 : ab/ab : a^2$;换位成为 $ab : a^2/b^2 : ab$。立方数在连续比例中必须有两个中项,例如,$a^3 : a^2b/a^2b : ab^2/ab^2 : b^3$。

　　② 此处的天是宇宙的同义词。参阅本篇31B。

　　③ 指宇宙。

C　他把这个圆球的表面造得十分平滑,这有好些理由。第一个理由
是,这个生物不需要眼睛,因为在它之外没有什么东西要看。它也
不需要耳朵,因为在它之外也没有什么东西要听。还有,在它之外
也没有环绕的空气要呼吸,它也不需要使用什么器官来接受食物
和排泄经过消化的东西。既没有什么东西会从它那里出来,也没
有任何东西会进到它里面去,因为没有任何东西是在它之外的。
出于神的设计,它被造成这个样子,它自身的排泄物就为它自己提
供了食物,它所做的一切或承受的一切都发生在它内部,是它自身

D　的行为。因为造物主明白,自给自足的事物胜过需要其他东西的
34　事物。由于它不需要获取任何东西,也不需要自卫,因此创造主认
为没有必要给它安上双手。它也不需要脚或任何行走的器官。但
是适合球体的那种运动却赋予了它,这就是七种运动中最适宜心
灵和理智的运动,① 宇宙被造就为在同一地点、以它自己为范围、
按照始终不变的方式旋转。其他六种运动都从它那里被拿走了,
使它不会受其影响而脱离常轨。由于这种旋转运动不需要脚,所
以宇宙造出来就没有腿和脚。

B　　　这就是永恒的神关于这个要成为神的宇宙的计划,他把宇宙
造得表面平滑,从中心到各个边缘距离相等,使之成为一个由许多
完善物体组成的完整而又完善的物体。他在宇宙中心安放了灵
魂,灵魂从那里扩散到整个宇宙,又使之包裹整个宇宙的外表。他
使宇宙成为惟一旋转的圆球,卓越无比,能够与自己交谈,因此不
需要其他的朋友和伙伴。怀着这些意图,他把这个宇宙造成了一
个有福的神。

　　　尽管我们刚才谈了物体以后再谈灵魂,但神并非在创造物体
C　之后创造灵魂,因为当他把二者放在一起时,他决不会允许幼者去

---

① 关于"七种运动"参阅本篇 36D。

管辖长者,我们以这样的方式谈论物体和灵魂说明我们的说话方式很随意,因为我们自己也以某种方式经常处于机缘的控制之下。而他创造的灵魂在起源和优越性上都先于和优于物体,灵魂是统治者和主宰,而物体是它的下属。神以这样的方式从下述元素中把灵魂创造出来。他使用不可分、不变化的存在和分布在物体中的存在,组合成第三种中介性的存在。他以同样的方式处理相同者和相异者,亦即把每一种不可分的存在与按比例分布在物体中的存在调和在一起。然后,他把这三种新的成分混合为一种形式,用强力迫使相异者的那些不情愿的、不肯联合的性质变成相同的。当他用中介性的存在使它们合而为一以后,他又把这个整体恰当地分成许多部分,每一部分都是相同、相异、存在的混合体。他的划分按下述方式进行:第一次,他从整体中取出一部分[1];第二次,他取出第一部分的两倍[2];第三次,他取出的部分是第二部分的二分之三倍、第一部分的三倍[3];第四次,他取出第二部分的两倍[4];第五次,他取出第三部分的三倍[9];第六次,他取出第一部分的八倍[8];第七次,他取出第一部分的二十七倍[27]。① 在此之后,他对上述二倍数[即1,2,4,8]和三倍数[即1,3,9,27]这两个系列中的间隔进行填补,从原初混合体中切割一些部分并将其置于这些间隔之中,这样一来每一间隔之间均有两个中项:一个中项是按照同样的比例或分数超过其一个端项同时又被另一个端项所超过的[例如,1,4/3,2,在这个间隔中,中项4/3比1大1/3,比2

35

B

C

36

---

① 这七个数字可以排列为左右两行,以表明下文所说的两个系列:

　　　　1(第一次)

　　　　2(第二次)　　3(第三次)

　　　　4(第四次)　　　9(第五次)

　　　　8(第六次)　　　　27(第七次)

左行所列包括"二倍数的系列";右行所列包括"三倍数的系列"。

小 2 的三分之一];另一中项则按照同样的整数超过其中一个端项
同时又被另一个端项所超过。由于插入了这些中项,就在原来的
间隔 3:2 和 4:3 和 9:8 之上又形成了新的间隔,于是他就用 9:8 的
B　　间隔填补所有 4:3 的间隔。可是每填一次,仍然留下一个分数,这
个分数的间隔可以用 256:243 的比式来表示。如是,他从其中割
下这些部分的那个混合体现在完全用尽了。他又把整个混合体分
裂成为两个长条,拿这两个长条在中点交叠起来,形成一个大"十"
C　　字,又将每个长条环成圆圈,在交叠点的对面自相结合,同时与另
一长条互相结合。① 他给这两个圆圈配上运动,使其沿着一条中
轴线不停地自转,一个圆圈为外圈,另一个圆圈为内圈。外圈的运

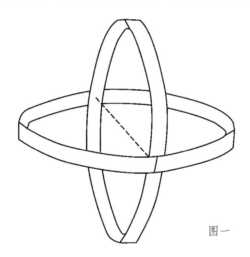

图一

---

　　① 　见图一,该图表示两个长条互相结合的形状。图中内面以黑点标明
的是两个长条原来的交叠点;外面以短线标明的则为各个长条自相结合以及
和另一长条互相结合的结合点。此一结合点与原来的交叠点居于正相反对
的方向,如虚线所示。按照蒂迈欧在下文所说,外圈表示"相同"的运动,内圈
表示"相异"的运动。

动他称之为"相同"的运动,内圈的运动则表示"相异"或"他者"的
运动。他使"相同"的运动循着外缘向右运转,而"相异"的运动则
循着前者的对角线向左运转。① 他支配着"相同"的一类运动,因　D
为他使这种运动保持完整,不作分割,而对内圈的运动他则将之分
割为六部分,按照"二倍数"和"三倍数"的间隔,即三个二倍数和三
个三倍数的间隔,将它分成为七个大小不同的圈,然后他指定内外
二圈按照相反方向运行。对于那由内圈分裂而成的七个圈,他指
定三个以同等速度运行,其余四个② 的运行速度各异,也不和上
述三个相同,但彼此之间却保持着既定的比例。

　　创造主按自己的意愿造就灵魂以后,就在灵魂之中构造有形
体的宇宙,并把二者放在一起,中心对中心。灵魂从宇宙中心扩散　E
到各处,直抵宇宙的边缘,无处不在,又从宇宙的外缘包裹宇宙,而
灵魂自身则不断运转,一个神圣的开端就从这里开始,这种有理性
的生命永不休止,永世长存。天③ 的形体是可见的,但灵魂是不　37
可见的,分有理性与和谐,是用最优秀的理智造成的,具有永恒的
性质,是被造物中最优秀的。鉴于灵魂乃出于"相同"、"相异"和
"存在"三者的混合,又经过了按照特定比例进行的分割与联合,处
于回归自身的旋转之中,所以它一接触到任何存在的事物,无论是
分散成部分的还是完整的,灵魂都会自行启动并贯通整个存在,并
且宣示这东西和什么相同,和什么相异,与什么事物相关,以什么
样的关系、为了什么、在什么时间,同时作用于这个生成的世界和　B

---

　　① 现在他将内圈推斜,使之与处于水平状态的外圈形成斜角;由此我
们见到"相同"的运动即是"在水平面上向右"运转(由东向西)的天球赤道,而
"相异"的运动则是与天球赤道作相反方向运转(由西向东)的黄道,并与天球
赤道形成一个角度。他将黄道分为七份,就是七个行星的轨道。

　　② 三个球体是太阳、金星、水星;四个球体是月亮、火星、木星、土星。

　　③ 指宇宙。

永恒不变的世界中的每一事物,并且受它们的影响。当与真理等
同的理性运行时,无论位于相异还是相同的轨道上——以无言的
方式在自我运动的领域中静默地把握它的内在进程——我要说的
是,当理性围绕感性世界翱翔,而那运行着的"相异"的圈也把感觉

C 的真实情况传达给整个灵魂时,意见和确定的信念也就产生了。
但若涉及的是理性事物,那平稳运转的"相同"的圈也会做出宣告,
此时获得的必然是理智与知识。如果有人肯定产生上述两种情景
的不是灵魂,而是别的东西,那么他的话完全不是事实。

　　当造生了它的父亲看到它——一座为永恒诸神而造的神龛——
活生生地运动起来,十分喜悦;因为喜悦他就思忖着把这个摹本
造得更像那原型。因此,鉴于那原型是一个永恒的生物,他也试着

D 尽其所能使宇宙永恒。这种理想的性质是永恒,而要把这种性
质圆满地归诸于一个生物是不可能的。因此,他改变主意,制造一
个运动着的永恒的影像,于是他在整饬天宇的时候,为那留止于一

E 的永恒造了依数运行的永恒影像,这个影像我们称之为时间。日、
夜、月、年在天被造出来之前并不存在,但当他在建构天的时候把
它们也给造了出来。它们全都是时间的部分,过去和将来也是时

38 间的生成形式,而我们不经意地将它们错误地用于永恒的存在,因
为我们说"过去是"、"现在是"、"将来是",等等,实际上只有说"现
在是"才是恰当的,而"过去是"和"将来是"只能用来谈论有时间的
生成变化,因为"过去是"和"将来是"都表示运动,而不动的永恒自
持者不宜随时间变老或变少,也不能说它过去曾经怎样、现在变成
怎样、以后将会怎样,并且总的说来它们也不属于以生成为原因的
处于运动状态的那些感性事物。这些时间的生成形式模仿永恒

B 性,并且依照数的法则旋转。我们还使用这样一些说法:已变者
"是"已变了的,现变者"是"现变着的,将变者"是"将要变的,不存
在者"是"不存在的,这些说法都是不准确的表达方式。不过要想

完整地讨论这个主题,可能放到其他场合更加合适。

　　时间和天在同一瞬间生成,一起被创造,神这样做为的是,如果它们也有解体的时候,那么它们也会一起分解。天是按照永恒的模型建构的,意在使之尽可能与永恒相似,这个模型是永恒的,所以被创造的天在过去、现在、将来的一切时间中都存在。这就是神在创造时间时的念头和想法。他创造了太阳、月亮,以及被称作行星的那五颗星辰,用来确定和保持时间方面的数,在把星辰的形体创造出来以后,神就把它们安放在"相异"的运动轨道上,七个星辰有七条轨道。首先是距离大地最近的月亮的轨道;其次是太阳,位于大地之上的第二条轨道;然后是启明星① 和献给赫耳墨斯的那颗星②,它们的轨道速度与太阳相同,但运行方向与太阳相反,因此太阳、水星、金星有规律地你追我赶,互相超越。至于其他星辰,如果我们要详细说明神给它们安排的位置以及为何要如此安排,这些问题虽然是次要的,但是讲起来比主要问题还要麻烦。所以还是等我们将来有空时再来对它们作相应的说明。

　　当每一为创造时间所必需的星球已经上了各自恰当的轨道时,它们已经成了有形体的生灵,为生命之链所束缚,也了解给自己指定的任务——遵循"相异"的圈子运动,横切并且穿越"相同"的圈子,同时也受"相同"的圈子约束——它们沿着不同的轨道运行,有些轨道较大,有些轨道较小,轨道较小的星辰运行较快,轨道较大的星辰运行较慢。由于相同的运动,运行最快的星辰似乎被运行最慢的星辰所超越,而实际上是前者超越后者,因为相同的运动使它们全都按照螺旋形自转,同时由于有些星辰走的是这条路,有些星辰走的是那条路,结果使得那些运行最慢的、离开运动最快

---

① 金星。

② 指水星。

的"相同"圈子的星辰看起来距离这个圈子最近。① 为了使这些星
辰在八条轨道② 的相对运行速度有某些可见的度量,神在大地之
上的第二条轨道上点燃了一堆大火,我们称之为太阳,照亮整个天
C 空,让世上所有生物都能从星辰相同和相似的运动中学会算术。
以此方式,并由于这些原因,黑夜和白天被创造出来,这是一个最
合乎理智的旋转周期。月亮循轨道运行一圈并赶上太阳,这就是
"月";而太阳走尽了它自己的轨道,这就是"年"。几乎毫无例外,
人类还没有记下其他星辰在其轨道上运行一圈的周期,没有为之
D 定名,也没有计算星辰间的相对度量,所以很难说他们知道星辰的
漫游③ 构成了时间,因为这些星辰数量庞大,形态复杂,令人敬
畏。但是不难看到,当所有八个星辰以它们不同的相对速度运行
时,它们可以同时完成循环,用相同者的旋转和相同的运动来测
量,时间的完全数就成全在这个"完全年"上。④ 以这种方式,亦由
于这些原因,星辰生成以后就在天空中循环运动,到最后,通过对
E 永恒的模仿,被造的天也尽可能像那完善而又理智的生物。

　　到时间诞生为止,这个被造的宇宙与其原型是相似的,但由于
其中还没有包含所有生物,所以它仍旧有不相似之处。于是,创造
主就按照模型开始完成剩余的工作。就像理性动物的心灵会产生
关于性质和数的类型,神觉得这个被造的生物⑤ 也必须具有这样

---

　　① 　亦即从速度来看,土星似乎最接近恒星界域。
　　② 　此处讲的八条轨道有一条指地球的轨道。按照当时人的理解,大地
是宇宙的中心,下文说它随着宇宙的枢轴旋转,所以在轨道上运行的只有七
个星辰。
　　③ 　行星一词的原义为"漫游者"。
　　④ 　"完全年"又称"世界大年",以全部行星从同一地点出发最后同时回
到出发点为一周年。其历时多少,历来有不同算法,柏拉图似乎估计为 36000
年。
　　⑤ 　指宇宙。

的类型。这些类型有四种。一种是天上的诸神的族类[①]；第二种 40
是飞翔在天上的鸟类；第三种是水族；第四种是在陆地上行走的生
物。神用火创造了大部分神圣的天体，使它们成为可见的最明亮、
最美丽的东西；他按照宇宙的样子把天体造成浑圆的形状，让它们
追随至尊者的理智运动前进，把它们散布在天穹中，使整个天空闪
闪发光，成为真正灿烂的宇宙。他赋予每个天体两种运动：一种是 B
在同一地点按同一方式进行的原地运动，由此使之对同一事物怀
有恒久不变的相同思想；另一种则是前进，即受相同与相异所支配
而产生的运动。它们不受其他五种运动的影响[②]，为的是使它们
中间的每一成员都可以达到最高的完美境界。由于这个原因，恒
星被创造出来，它们是神圣的、永恒的、永远在同一地点按照同一
方式进行运动的生物。其他星辰则是往来漫游、方向不一的，这种
星辰被造的方式上面已经说过了。大地是我们的保姆，随着那条
纵贯宇宙的枢轴旋转，大地也是诸神中最年长的，位于天穹最内 C
里的地方，是白天与黑夜的卫士和制造者。我们用不着细说这些
星辰如何像舞蹈一样在轨道上循环往复、相互穿插、交会相遇，又
有多少星辰处于相反的位置，什么时候、什么星球被其他星球遮掩
而发生星蚀、它们又在什么时候隐而复现，给那些不能计算它们运 D
动规律的人送来关于未来事物的凶兆——如果不能再现这个天体
系统，那么试图说明这一切是徒劳的。因此，我们已经说够了，关
于那些被造的可见的诸神我们就谈到这里吧。

　　我们的能力不足以知道或讲述其他神祇的起源，所以我们只
好接受古人的传说。他们说自己是诸神的后裔，作为诸神的后裔，
当然知道自己的祖先——这是他们自己说的。我们又怎能怀疑诸 E

---

① 　指星辰。
② 　参阅下文阐述各种运动的段落。

神后裔的话语呢？尽管他们并没有提供可能的或确定的证据,但由于他们声称自己说的是发生在他们自己家族里的事,所以我们只能依从习俗听信他们的话。下面我们就根据他们的说法,把诸神的谱系述说如下：

俄刻阿诺和忒提斯是该亚和乌拉诺斯的子女；俄刻阿诺和忒提斯生了福耳库斯、克洛诺斯、瑞亚,以及和他们同辈的一些神；克洛诺斯和瑞亚生了宙斯、赫拉,以及所有据说是他们的兄弟姐妹的那些神；再从这一辈衍生出其他许多后裔。①

41

当所有神祇,那些在旋转中显示可见的形象的神,以及那些具有更加隐蔽性质的神,都已经创造出来时,宇宙的创造者对他们说："众神啊,众神的后裔啊,你们是我创造出来的,我是你们的创造者和父亲,未经我的许可,我创造的作品是不容毁坏的。所有组合而成的事物都可以分解,但只有罪恶的存在才想要分解那和谐、幸福的结合物。由于你们都是被创造出来的生灵,并非完全不朽,完全不可分解,但你们确实不会解体,也不会遭受死亡的命运,因为在我的意愿中,你们拥有比你们诞生时赖以结合的那些力量更加重要、更加伟大的结合力。现在,你们要聆听我的吩咐。还有三个有生灭的族类② 不曾创造出来,没有它们,这个宇宙就是不完整的,因为它还没有把一切生物包含在内,如果要达到完善的地步,它就必须包含一切生物。另一方面,如果它们是我创造出来的,在我的手中得到了生命,那么它们的地位就与诸神等同了。为了使它们有生灭,而这个宇宙又能真正地包容万物,所以我吩咐你

B

C

---

① 据希腊神话,该亚(Gaea)是大地女神,乌拉诺斯(Uranus)是天神,俄刻阿诺(Oceanus)是大洋神,忒提斯(Tethys)是海洋女神,福耳库斯(Phorcys, Phorcus)是海神,克洛诺斯(Cronus)是乌拉诺斯之子,农业神,瑞亚(Rhea)是土地女神,宙斯(Zeus)是众神之王,赫拉(Hera)是宙斯之妻、婚姻与生育女神。

② 指生活在空中、水中和陆上的族类。

们,按照你们的本性,仿效我在创造你们时所显示的那种能耐,由你们来创造这些生物。它们中间有一部分配得上不朽的名字,被称作神圣的,可以成为你们和那些愿意追随公义的人的指导原则,——这个神圣的部分我会亲自播下种子,使其有一个开端,然后再移交给你们。至于其他的部分,就由你们把不朽的和可朽的因素结合起来,把它们造出来以后供给它们食物,使它们成长,到它们死的时候,再由你们把它们收回去。"

　　作了这样的吩咐以后,他把剩余的元素又一次倒进原先用来调制宇宙灵魂的大杯,以同样的方式调制。不过,这一次用的元素不如从前那么纯净,而是降到次等和三等的纯净度。调制完毕后,他把全部调制好的东西分成若干个灵魂,与星辰数量相等,再把灵魂指派给星辰,每个星辰上都有一个,就像战车上的驭手,然后再把宇宙的性质告诉它们,并把命定的法则向它们宣布。按照这条法则,所有灵魂第一次出生的方式都是一样的,一视同仁,没有一个灵魂会在他那里受到轻视。灵魂被播撒到与之相适应的时间工具① 上去,生成为最虔敬的生物。还有,由于人的性质有两种,具有如此这般较为优秀性质的人以后就被称作男人。灵魂必然要被植入生物体,而生物体总是在获取和排除某些生物体的成分,因此就产生下列结果:第一,灵魂必然全都拥有一种相同的感觉能力;第二,灵魂必然拥有爱,其中混合着快乐与痛苦,此外还混有恐惧和愤怒,以及与此相联或相对立的情感。如果灵魂能够克服这些情感,那么就可以过一种公义的生活;如果反过来被情感所支配,那么它们的生活就是不公义的。一个人如果在他的寿限内善良地生活,那么死后会回到他原先生活过的星辰上去居住,幸福、惬意地生活在那里。如果他不能做到这一点,那么在他第二次降生时

① 指星辰。

C 就会变成女人。如果在做女人期间他仍旧怙恶不悛,那么就会在转世时不断地变成与他恶性相近的野兽,他的劳苦和转化不会停止,直到他服从体内相同和相似的旋转运动,摆脱那些由火、水、土、气四种元素合成的混乱而又累赘的东西,乃至于用理性克服非

D 理性,回复原初较好的状态。这些法则都已经详尽地交待给了诸神,将来如果有谁犯了罪恶那就不是他的过错了,于是创造主播散诸神,有些播在大地上,有些播在月亮上,还有一些播在其他时间工具上。① 播完之后,他就吩咐那些年轻的神塑造各种可朽的物

E 体,希望他们能够提供人的灵魂仍旧缺乏的东西,对之作适当的添加,并统治它们,以最优秀、最聪明的方式指挥这些可朽的生灵,因为这些生灵会躲避诸神,自己作恶。

　　发布了这些命令以后,创造主就按以往习惯的方式过日子去了,而他的孩子们听了这些吩咐后就照着去办。他们从创造主那里接受了有关可朽生灵的不朽原则,模仿他们自己的创造者的办

43 法,从宇宙中借取一定比例的火、土、水、气——这些元素今后是要归还的——取来之后就把它们结合在一起,不是借助用于他们自身的不可分解的纽带,而是使用许多微小得看不见的钉子,把不朽

B 的灵魂钉在处于不断吸收和排泄状态中的形体上。这个过程就好比流淌在一条大河中的水,既不制服别的东西,也不受别的东西制服,而是一味冲撞流转,结果就使整个生物移动前进,这种运动谈不上合理,也不能说不合理,只是漫无目的地朝着各个方向展开,把六种运动全用上了②,既前进又后退,既向右又向左,既向上又向下。它像潮汐一样涌进排出,提供着营养,与外界的接触在身体

C 内部引发更大的混乱——即物体与外界的火、土块、流水相撞,或

---

① “时间工具”指星辰。
② 第七种运动是自转。

者被激荡的气流吹刮——这些冲突产生的运动都会经过身体传到
灵魂。因此,这一类运动都被称作"感觉",直到今天还在用这个名
称。这些感觉在当时确实引起巨大的、连续的运动,和那永远流淌 D
的河流结合在一起,猛烈地震撼着灵魂的运行,并从另一方向把相
同的路径完全阻塞,使之不再成为主导性的前进道路,从而也干扰
了那个二倍数系列的间隔[即 1,2,4,8 之间的间隔]和三倍数系列
的间隔[即 1,3,9,27 之间的间隔],以及用 3:2,4:3,9:8 这些比例
来表示的中项和联结用的环节——尽管只有用这些东西把它们结
合在一起的创造主才能分解它们,但感觉运动在这里造成了各种
各样的扭曲,使循环运动被打破,产生各种可能的无序,因此灵魂 E
在运动时会发生颤抖,会有不合理的行为,有时逆转,有时歪斜,有
时上下颠倒。试想一下,假定一个人颠倒站立,头顶大地,两脚向
上抵住什么东西,那么拿这个位置和旁观者相对,那么他的右方乃
是旁观者的左方,他的左方则是旁观者的右方,而旁观者的左右方
在他看来也是左右错位的。如果灵魂深刻地感受到诸如此类的影
响,那么每当它们旋转着与外部事物接触时,无论这些事物是同类 44
的还是异类的,它们总是违背事实把同说成异,把异说成同,它们
的看法成为虚妄的、愚昧的,到了这个地步,灵魂的运动或旋转就
不再具有统驭和领导能力了。还有,如果受外界影响的感觉与灵
魂发生暴力冲突,并席卷整个灵魂,那么灵魂的运动表面上是征服
者,而实际上已经被征服了。

由于受到上述种种影响,居于可朽形体内的灵魂最初是没有 B
理智的,但当营养物的吸收和灵魂的发育趋于缓和,灵魂的运动平
静下来而纳入正轨,并且随着时间的推移趋向稳定,几种循环运动
回归灵魂的天然形式,使它们的旋转得到矫正,到了这个时候灵魂
就能用正确的名字称呼相同和相异,并使灵魂的拥有者成为理性
的存在物。如果在此过程中伴有正确的教养或教育,那么这个理 C

性的存在物就成为健康的、完善的人,免受一切疾病中最大的病患①,但若他拒绝教育,那么他将终生瘸腿走路,最后还将带着不完善的无用之身返归冥土。不过这是下一阶段的事,当前我们必须更加准确地说明眼前的主题,要说明身体及其肢体的生成,就要对灵魂的生成作前提性的考察——灵魂是如何被创造出来的,而要说明灵魂被造的原因或灵魂的创造依据神的什么旨意,我们必须继续前进,使我们的解释成为最可信的。

D

　　诸神首先模仿宇宙的圆球形状,把两种神圣的运动包含在一个圆球形的物体中,亦即我们所说的头,它是人身上最神圣的部分,也是其他一切部分的主宰。考虑到头必须参与各种运动,诸神在组合人的身体时让所有肢体作头的仆从。为了让头部不至于在高低不平的地面上一路翻滚,或在向高处攀援和从低处爬出来时发生困难,所以神把躯干赋予头,作为头的运载工具,躯体有长度,同时又长出可以伸展和弯曲的四肢。神发明了这样一个物体作为运载工具,依靠四肢可以攀援和支撑,到处行走,使我们最圣洁的头高高在上。这就是腿和手的起源,由于这个原因,每个人都有了手和腿。诸神认为正面比背面更荣耀,更有利于发布命令,所以就使我们在大部分时间里向前运动。由于这个原因,人体的正面必定要与其他部分很不一样。因此在安排头部的时候,诸神首先在人头上安放一张面孔,并在面孔上设置一些能够按照灵魂的意愿管理各种事物的器官。他们确定这个具有权威的部分是天然的正面。在各种器官中,他们首先发明了能放射光芒的眼睛。他们遵循下述原则把眼睛安放在脸上。眼睛里的火不会引起燃烧,但会发出温柔的光芒,诸神取来这样的火,使之成为一种与白天的光线相似的东西。我们体内与白天光线相似的那股纯火以柔润而浓密

E

45

B

---

　　① “最大的病患”指愚昧。

的光束从眼中发射出来,整个眼睛,尤其是其中心部分是压缩过 C
的,可以抵挡其他一切杂质,只让这种纯洁的元素通过。每逢视觉
之流被日光包围,那就是同类落入同类之中①,二者互相结合之
后,凡是体内所发之火同外界某一物体相接触的地方,就在视觉中
由于性质相似而形成物体的影像。整个视觉之流由于性质上的相 D
似而有相似的感受,视觉把它触及的以及触及到它的物体的运动
传播到全身,直抵灵魂,引起我们称之为视觉的感觉。但是到了夜
晚,外界同类性质的火消失了,视觉之流被截断,身体中的火发射
到不相似的事物上发生了变化,并且熄灭,这是因为周围的空气已
经失去了火,因此不再具有与火相似的性质,眼睛不能再起到看的
作用,我们也就感到昏昏欲睡。诸神发明出来保护视觉的眼睑一 E
合上,就挡住了体内的火,而这种火的力量也就消散并遏止了体
内的运动,随着运动平息下来,就出现了安宁,随着安静的加深,几 46
乎无梦的睡眠也就到来了。但若体内仍有某些较大的运动,那么
这些运动会按照它们的性质和位置,在我们心中产生相应的梦幻,
等我们醒来后还能记得清清楚楚。现在要了解镜子和其他各种光
滑平面上产生影像的道理已经不再有什么困难了。人体内的火与
外界的火交会,二者的结合每次都会在光滑的平面上留下无数的
影像。所以每当那出自脸部的火在光滑平面上与视觉之火相结合
的时候,就必然产生这种影像。② 在这种影像中,左边成了右边, B
右边成了左边,因为此时视线与视觉对象之火相接触的方式与通
常的接触方式相反。但若视线之火在接触对象时与之互换一个方
向,那么在其影像中右边仍为右边,左边仍为左边,只要使镜子光

---

① 此处用"同类相知"的原理来解释视觉,即从眼睛里发出的火的流射
与视觉对象所发出的火的流射相遇。

② 比如一个人对镜自照。

C　滑的平面两边翘起①，迫使右边的视觉之流移向左面，左边的视觉
　　之流移向右边，就会出现这种现象。如果将这面镜子垂直转动，那
　　么镜子的凹面就会使整个影像上下颠倒，因为底下的光线被移到
　　上面，上面的光线被移到底下。

D　　　所有这些都只能算是次要的、协作性的原因，神把它们用作助
　　手以便使至善的模型尽可能付诸实现。在大多数人看来，它们不
　　是次要的原因，而是万物主要的原因，因为它们会产生冷和热、凝
　　固和分解，以及诸如此类的结果。但实际情况并非如此，因为它们
　　在理性或理智方面是无能的。惟一能够恰当地拥有心灵的是不可
E　见的灵魂，而火、水、土、气全都有可见的形体。理智与知识的热爱
　　者首先必须探索那些理智性的原因，然后再去探索那些被动或被
　　迫施动的事物的原因。我们也必须这样做。我们应当承认上述两
　　种原因，但也应当把两种原因区分开来：一种原因为心灵所拥有，
　　创造美的和善的事物；另一种原因缺乏理智，其结果总是出于偶然
　　性，无秩序和预先设计可言。有关视觉的次要的、协作性的原因有
　　助于眼睛获得其现今具有的能力，关于这种原因我们已经讲够了。
　　因此现在我要开始谈论神把眼睛赋予我们有什么更加高尚的用途
47　和目的。在我看来，视觉乃是我们最大利益的源泉，因为我们若是
　　从来不曾见过星辰、太阳、月亮，那么我们有关宇宙的谈论一句也
　　说不出来。而现在我们看到了白天与黑夜，看到了月份和年岁的
　　流转，这种运动创造了数，给了我们时间观念和研究宇宙性质的能
B　力。从这一源泉中，我们又获得了哲学，诸神已赐予或将赐予凡人
　　的恩惠中没有比这更大的了。我认为这就是视觉给我们带来的最
　　大好处，至于其他那些较小的好处，我还有必要谈论吗？即使是普
　　通人，如果失去视觉，也会为他的损失徒然地痛哭。然而，我还是

---

　　①　即凹镜。

要这样说,神发明了视觉并且将它赐予我们,其目的在于让我们能够看到天上的理智运动,并把它应用到我们自身的理智运动上来,这两种运动的性质是相似的,不过前者稳定有序而后者则易受干扰,我们通过学习也分有了天然的理性真理,可以模仿神的绝对无误的运动,对我们自身变化多端的运动进行规范。言语和听力也一样。诸神出于同样的目的和原因把言语和听力赋予我们。这就是言语的主要目的,而言语对这一目的贡献也最大。还有,为了和谐,神还把适合我们嗓音和听觉的音乐赋予我们。和谐的运动和我们灵魂的运动具有相似的性质,缪斯将和谐赐给艺术的爱好者,不是像人们现在所想像的那样为了获得非理性的快乐,而是为了用它来矫正灵魂内在运动的无序,帮助我们进入和谐一致的状态。她们把节奏赐给我们的原因也一样,一般说来人的行为总是不守规矩的,不光彩的,而节奏可以帮助我们克服这些缺点。

　　到此为止,我们所说的内容,除了一小部分外,都是在讲理智的运作,但我们还必须讨论通过必然性而生成的事物——因为这个宇宙的生成是必然性与心灵一道工作的结果。心灵是主导性的力量,它通过对必然性的劝说把大部分被造的事物引向至善,使必然性服从理性,并在创世之初以这种方式建构这个宇宙。但若要正确地说明这项工作得以完成的方式,那么还必须把变化的原因也包括在内,解释这种原因的影响。因此我们必须回过头来寻找另一个合适的起点讨论这些问题,就像我们前面的讨论一样。为此,我们必须考虑在这个天① 尚未被创造出来之前火、水、气、土的性质,考虑这些东西在原先的状态中会发生什么事,因为迄今为止还没有人解释过它们生成的方式,但我们却已

C

D

E

48

B

---

　　①　宇宙。

经在谈论火和其他元素，就好像知道它们的性质似的。我们还把它们当作始基和构成整体的字母或元素，而实际上任何聪明人都

C 无法把它们合理地比做音节或最初的复合物。让我就这样说下去吧。我现在要讲的不是万物的始基或本原，不管我们用什么样的名称来称呼它们，这是因为，如果继续使用我们现在的讨论方式难以阐述我的意见。你们别以为我应当担负这个重大而又困难的

D 任务，我自己也不这样想。请你们记住我一开始就说过的可能性，我会尽力像其他人一样提出一个可能的解释，或者说提出一个更加可能的解释。让我从头开始，一样一样地说。还有，在开始解释之前我要向神祈祷，恳求他把我们从这种怪异的、不寻常

E 的探讨中拯救出来，把我们带往可能性的天堂。现在让我们重新开始。

在重新开始讨论宇宙的时候，我们需要做出比以前更加充分的划分。我们在前面划分了两个类别，现在我们必须分出第三类来。划分两个类别对前面的讨论是充足的，我们假定一类是有理智的、始终同一的模型，第二类是对原型的摹本，有生成变化并且

49 可见。那时候我们尚未区分出第三类，因为当时考虑到前两类就已经够了。但是目前的论证似乎需要我们用言辞提出另一个类别，而要对这个类别作解释非常困难，不容易看清。我们要把什

B 么样的性质赋予这种新的存在类别呢？回答是，它以一种类似保姆的方式承受一切生成的事物。这个说法是正确的，但我必须把它讲得更加清楚些。要做到这一点需要冗长的时间，其原因很多，尤其是因为我必须先提出关于火和其他元素的问题，确定它们各自到底是什么东西，也就是说，无论我的解释可能的还是确定的，都难以说明为什么这种元素要叫做水而不叫作火，为什么这种元素称作甲元素而不是其他元素称作甲元素。这件事太难了。我们如何解决这个难题，关于元素的问题应当如何提出才是

正确的呢？

　　首先，我们看到刚才被称为水的元素，我想，经过凝聚变成了 C
石头和土，同一种东西经过熔化和消散，却又变成了蒸气和空气。
空气，由于燃烧而变成了火；火再经过压缩和熄灭，又回复到气的
形态；气再经过汇集和凝聚，产生云和雾；由此进一步压缩，则成为
流水；而水又再次变成土和石头；因此事物的生成似乎就是不同元 D
素的循环转化。既然这些元素没有一样在形态上始终不变，那么，
我们又怎么能够肯定地说某种元素确实是甲元素而不是其他元素
呢？无人可以这样说。但按照下面这种说法来谈论元素可能是最
稳妥的：看到任何一种不断变化的东西。比如火，我们一定不要称
之为"这"或"那"，而要说它具有"这样的性质"，在谈论水的时候也
一定不要说"这"，而一定要说它具有"这样的性质"。假定我们自 E
己要用"这"和"那"这些语辞来指称这些东西，我们一定不要认为
这样的说法蕴涵着这些东西具有稳定性的意思，因为它们变化无
常，很难适用于"这"或"那"这样的表达法，"这"、"那"、"与这相关
的"，或其他类似的表达方式，指的都是永久性的东西。我们一定
不要对任何元素使用"这"，而应当使用"这样的"，这个词表示同一
元素的循环变化，例如我们说被称作"火"的东西应当永远具有这
样的性质，对其他任何生成的东西都可以这样说。只有若干元素
在其中成长、显现、衰亡的东西才可以被称作"这"和"那"，但对那 50
些具有热或白这样的性质的东西，对那些同时承受相对立的性质
的东西，对那些由对立的性质组合而成的东西，我们一定不要这样
指称。让我再一次尝试把意思说得更加清楚些。假定有人塑造各
种形状的金块，并且不停地将每一金块又重塑成其他各种形状，这
时有人指着其中之一问道，"它是什么？"迄今为止最稳妥、最真实 B
的回答是，"它是金子"。我们不能称之为三角形或其他用金子铸
成的形状，尽管这些形状曾经存在过，但它们甚至在被提及的瞬间

就已经发生了变化,如果提问者愿意使用那个稳妥的不确定的表达法——"这样的"——我们会感到满意。同样的论证也适用于接受一切形状的一般的事物,我们应当始终用同一的名称去称呼它,因为它永远接纳一切事物,但决不会改变自身的性质,也不会在任何地方、以任何方式、擅取任何类似于进入其中的任何事物的形

C　状;它是一切形状的天然接受者,随着各种有形体的进入而变化和变形,并因此而在不同时间里呈现出不同的状态。但是进出于其中的所有形体都是按照那永恒的实体以一种奇妙的方式按照其模型塑造出来的,关于这一点,我们以后再来研究。因为当前我们只需要弄懂三种东西:第一,生成者,处于生成过程中的东西;第二,

D　接受者,生成过程发生于其中的东西;第三,被模仿者,被生成的事物天然地模仿的东西。我们可以恰当地把接受者比做母亲,把被模仿者比做父亲,把生成者比做子女。另外我们还可以注意到,如果模型有各种各样的形状,那么置于其中塑造的质料不可能已经准备妥当,除非被塑的质料没有形状,没有任何形状的印记,这样

E　它才能在塑造中接受形状。如果质料已经具有某种意外获得的形状,那么要在它上面打上相反的或完全不同的印记就很难,这个印记会非常模糊,与原先的形状混在一起。因此,要接纳一切形状的事物应当没有形状,就好比调制香膏,人们首先要设法使那准备溶解香料的液体尽可能不含一点气味。又比如,用某些柔软的材料来塑造各种形状的人,总是坚决不允许那些材料留有任何形状,而

51　会在动手塑造之前先将那材料的表面弄得尽可能平整光滑。同理,要使接受一切形状的东西适宜全面地、不断地接受永恒存在的相似物,那么它本身一定不能有任何具体形状。因此,我们不可以把一切可见的被造物之母和接受者称作土、气、火、水,或称作它们的复合物,或称作从它们那里派生出来的元素, 而应说它是一种

B　不可见的、无形状的存在, 它接受一切事物, 以某种神秘的方式

分有理智，是最难以理解的。如果我们这样说，那么我们不至于犯下大错，然而由于我们前面的考察所获得的关于它的知识，我们确实可以说，不断燃烧的火和滋润万物的水是它的部分性质，而当它接受土和气的印迹时，这种作为生成者之母的基质就变成了土和气。

　　让我们更加准确地考虑下面这个问题：是否有所谓的"自在的火"或"自在的实体"，或者说只有这些能被我们看到或以某种方式通过身体器官感受到的东西才是真正存在的，此外没有任何东西存在？我们通常习惯于谈论的拥有理智的"型"根本不存在，而仅仅是一个空名吗？这个问题我们一定不能未经考察和判断就加以搁置，也一定不能过于自信地说对这个问题无法进行判断。我们一定不要因为讨论这个枝节问题而使我们本来就很漫长的讨论变得更为冗长，但若有可能用简短的话语提出一个重大原则，那倒正是我们所企求的。

　　我的观点可以表述如下：如果心灵和真实的意见是两类不同的东西，那么我要说的是，那些不能被感觉所感知而只能为心灵所理解的自在的"型"肯定是存在的；但若如某些人所说，真实的意见同心灵没有什么不同，那么我们通过身体所感受到的一切事物都可以当作最真实的和最确定的。但我们必须认定这两种东西有区别，因为它们来源不同，性质也不同。前者借助教化而植入我们体内，后者则是说服的结果；前者始终有真正的理性相伴，后者则无理性；前者不会被劝说所征服，后者则能够被劝说所征服；还有，可以说每个人都分有真实的意见，但心灵只属于诸神和少数人。因此我们也必须承认有一类存在是始终同一的、非被造的、不可毁灭的，既不从其他任何地方接受任何他者于其自身，其自身也不进入其他任何地方；任何感觉都不能感知到它们，惟有理智可以通过沉思来确认它们的存在。另一类存在与前一类存在拥有同样的名称并且与之相似,但它们可以被感觉所感知,是被造的,总是处于运动之中,在某处生成而且又在那里消逝,可以被结合着感觉的意见所把握。第三类存在是永久存在不会毁灭的空间,它为一切被造

B　物提供了存在的场所,当一切感觉均不在场时,它可以被一种虚假的推理所把握,这种推理很难说是真实的,就好像我们做梦时看到它,并且说任何存在的事物必然处于某处并占有一定的空间,而那既不在天上又不在地下的东西根本就不存在。对于诸如此类的存

C　在的真实的、确定的性质,我们仅有模糊的感觉,也不能摆脱梦寐而说出真理来。因为影像并不包括其所据以形成的实体,影像的存在总像是其他事物瞥然而过的影子,所以我们一定会推断它肯定有处所[即位于空间],以某种方式维持其存在,否则就无从存在了。但是真正的、精确的理性揭示了真正存在的性质,认为这两种东西[即影像与空间]既然不同,就不可能存在于对方之中而成为同一事物,同时又是二者。

D　　　我已经简略叙述了我对这个问题思考的结果。我的定论是:存在、空间、生成这三者以其自身的方式在宇宙产生之前就已存在;生成的保姆受水的滋润和火的烧灼,并接受土和气的形式,经

E　受了随之而来的各种影响,呈现出奇特的多样性,并充盈着既不相似又不均衡的力量,不能在任何部分达到均衡,而是到处不均衡地摇摆,既受这些形式的运动的影响而晃动,又在被晃动时反过来影响它们;各种元素在晃动中分离,并持续不断地朝着不同的方向离散。就好像那些被簸谷器和其他扬谷工具所晃动和簸扬的谷粒,

53　实的重的落在一边,瘪的轻的则飞散到其他地方。以这种方式,四种元素也在接受器中摇晃,接受器像簸谷器一样运动,最不相似的元素彼此离散得最远,最相似元素相互拥挤得最紧。由此,不同的

B　元素在被用于建构宇宙之前就已经有了不同的处所。诚然,它们最初还全然没有理性与尺度。但当这个宇宙开始进入有序状态

时,火、水、土、气确实显示出某些其自身拥有的性质,但它们完全处在这样一种状态中,这是我们可以期待的那种神不在场时可能发生的状况。我要说,这就是它们当时的性质,而神用型与数来塑造它们。我们要始终认定,神在尽一切可能从不美不善的东西中造出尽善尽美的东西来。现在我要尽力向你们说明它们的性质和生成,我要使用一种不常见的论证方法,但我不得不这样做。我相信你们跟得上我的论证,因为你们所受的教育已经使你们熟悉了科学的方法。

C

首先,每个人都明白,火、土、水、气都是物体。任何物体都有体积,每一有体积之物必然都被表面所包裹,每一由直线构成的平面则由若干三角形组成,一切三角形从根本上来说只有两种,各有一个直角和两个锐角,① 其中一种三角形连接底边两端,构成其半个直角的两条边是相等的,另一种三角形则可分成不相等的部分,有不相等的边。综合可能的解释与证明的方法,我们假定这些结构就是火和其他物体的原初成分,但先于二者的始基是什么则只有神和亲近神的人才知道。其次,我们必须确定这四种彼此不同但又可能在某些场合通过溶解而彼此相生的最美的物体是什么。如果我们发现了这个道理,就可以明白土、火,以及有比例的中间元素产生的真正源泉了。我们不愿意承认各种不同的可见的物体有比这些东西更美的。因此我们必须尽力构造这四种绝美的物体,并且确保我们可以对人声称自己已经充分理解了它们的性质。且说有两种三角形,其中等边三角形仅有一种形态,等腰三角形或不等边三角形则有无限多的形态。如果我们按照特定的秩序办事,那么我们必须从无限多的三角形的形态中

D

E

54

①　两种三角形即有两条等边的直角三角形和不等边的直角三角形;其他一切三角形都可以用这两种三角形来构成。

再次选择一种最美的形态,如果有人能够为这些物体的构成指出一个比我们选择的形态更美的形态,那么他可以拿走棕榈枝①,并且不是我们的敌人而是我们的朋友。现在我们认为最美的三角形乃是同样的两个三角形相合后可以构成一个等边三角形的三角
B 形②,而其他形状的三角形都不用谈了。其理由何在,细说起来就太长了。如果有人不同意这种说法,并能指出我们的错误,那我们甘拜下风。所以,让我们选定两种三角形作为构成火和其他元素的东西:一种是等边三角形,另一种三角形的长边的平方等于其短边平方的三倍。

　　现在让我来解释一下前面没说清楚的地方。我们原先想象所
C 有四种元素都是相互生成的,这样的假设是错误的,因为四种元素都由我们所选择的基本三角形中生成,其中有三种元素来自不等

边三角形,只有第四种元素由
等边三角形构成。因此,它们不
会全都相互化解成其他元素,
由大量小物体结合成少量大物
体,或者相反,由少量大物体分
解成大量小物体。但是有三种
元素可以这样分解与结合,因
为它们都由一种基本三角形构

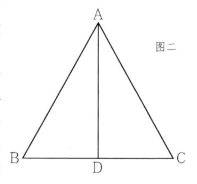

图二

D 成,因此在大物体分解时,就会从中产生许多小物体,各自采取适当的形状。或者反过来说,当许多小物体分解成构成它们的那种基本三角形,那么一经结合,也可以构成另一类巨大的物体。这就

是它们相互生成的道理。现在我必须提到几种构造，说明它们的生成各自需要多少个基本三角形。首先是最简单、最小的构造，其成分乃是斜边二倍长于较短一边的三角形。当两个这样的三角形沿其斜边相邻接，如此重复三次，诸斜边与短边均以同一个点为中心，那么一个等边三角形就从这六个三角形里产生出来了。① 如果将四个等边三角形放在一起，并且使其平面角相交于一点，就形成一个立体角，在最钝的平面角之后产生。当四个这样的立体角被造出来时，第一种立体② 就构成了，它将整个表面分成相等和相似的各个部分。第二种立体③ 出于同样的三角形，却由八个等边三角形构成，它从四个平面造出一个立体角，而当六个这样的立体角形成时，第二种立体也就完成了。第三种立体④ 用一百二十个基本三角形相互连接而成，有十二个立体角，每个立体角都被五个等边三角形的平面所包含，还生有二十个等边三角形的底面。现在，两种基本三角形之一，在生成这三种立体后就不

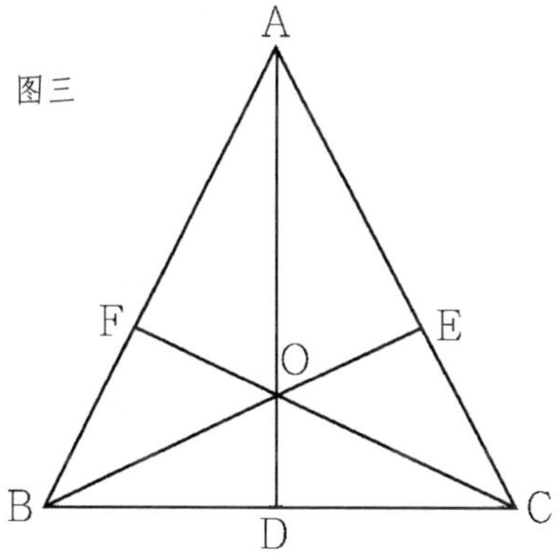

图三

---

① 见图三，图中等边三角形 ABC 以 A、B、C 三个顶点与其对边的中点即 D、E、F 构成之线分割，可以形成六个不等边三角形。每个三角形的斜边为最短边的两倍。同时，$\angle FAO = 1/3$ 直角；而 $\angle FOA = 2/3$ 直角。因此"三个平面角"每一个为 60°，共为 180°，即"最钝的"平面角；而立体角则少一度，即 179°。

② 即四面体或棱锥形，火的分子。

③ 即八面体，气的分子。

④ 即二十面体，水的分子。

再产生新的立体,而由直角等腰三角形来生成第四种立体①:四个直角等腰三角形放在一起,它们的直角交汇成中心,形成一个等边的四边形;六个这样的四边形,邻接在一起,形成八个立体角,每个立体角又由三个直角平面组合而成;如此构成之立体是正方体,有六个等边四边形底面。此外还有第五种复合而成的立体②,被神用来界定宇宙的轮廓,同时使用的还有生物的形状。

C

思考这些问题的人会提出宇宙在数量上是无限的还是有限的这个问题,如果有人认为宇宙在数量上无限,那么正好反映出他的心灵具有无限可悲的性质。③ 但若他提出的问题是应当把宇宙当作一个还是五个来看待,那么他的提问要合理得多。依据可能性的方法进行论证,我认为宇宙只有一个,但其他人从别的观点出发会有不同的意见。这个我们只好不管他了,让我们还是来谈谈四种元素的基本形体,我们刚才已经在思想上把这些基本形体想出来了。

D

让我们把立体指定给土,因为在四种元素中土是最不活动的,又是最富有粘性的,而具有最稳定基础的东西必定要具有这样的性质。在我们一开始所设定的三角形中,有两条等边的三角形比不拥有等边的三角形具有更加稳定的基础;在用不同三角形所组成的复合图形中,等边四角形,无论就整体来说还是就部分来说,其基础都比等边三角形更加稳定。因此,在把这种形状指定给土的时候,我们坚持这种看法是可能的,我们还在其余形状中把最不活动的形体指定给水,把最容易活动的形体指定给火,而把活动性

E

56

---

① 即含有 24 个直角等边三角形的立方体,土的分子。

② 即十二面体,神如何使用十二面体含义不明,可能是指黄道十二宫而言。

③ 古希腊原子论者认为有无限多个宇宙。

适中的形体指定给气。我们还把最小的形体指定给火,把最大的
形体指定给水,把中等的形体指定给气;还有,我们把最尖锐的形
体指定给火,尖锐程度其次的指定给气,尖锐程度再其次的指定给
水。在这些基本形体中,其底面最少的必然是最容易活动的,因为
它在任何情况下都是最锐利的、最有渗透力的;又由于它由最少数
量的同等微粒构成,因此它的分量又必然是最轻;次一等的形体所
拥有的这些性质就较差,再次一等的形体所拥有的性质就更差了。
如果我们同意这些说法,那么按照严格的推理和可能性的解释,棱
锥形的立体乃是火的原始成分和种子,而我们把按照生成秩序第
二个产生的形体指定给气,把按照生成秩序第三个产生的形体指
定给水。我们必须设想,所有这些形体都非常微小,如果单独拿某
种元素的微粒来看,那是看不见的,只有许多微粒聚集成块,我们
才能看见。关于各种元素在数量上所占的比例、元素的运动,以及
它们的其他属性,在必然性允许或同意的范围内,神到处都精确地
按既定的比例使之成全与和谐。

　　根据上述有关元素或种的讨论,可以得出以下最有可能成立
的结论。土与火相遇,并且被锐利的火分解,这种分解无论发生在
火自身还是发生在一定量的气或水中,都将继续运动,直至其微粒
和谐地聚集,互相结合,重新变为土,因为土决不会变成另一种元
素。但水就不一样了,当水被火或气所分解,就可以变成一份火的
微粒和两份气的微粒,一个单位体积的气可以分解为两个单位体
积的火。还有,当很小的火的形体被包含在很大的气、水、土的形
体中,并且双方都在运动时,火就在斗争中被征服和分解,这时两
个单位体积的火就会合并成一个单位体积的气,如果气被征服和
分解,那么两个半单位体积的气会浓缩成一个单位体积的水。让
我们以另一种方式来考虑这个问题。当其他元素之一与火相结
合,由于火的角和边都很锐利,所以就被火分割,并与火聚集在一

起,这时候就不再被火分割了。因为没有一个自身同一的元素能在相同的状况下被另一相同的元素改变,它也不能改变这个与其相同的元素。① 但由于在转化的过程中,弱者要与强者搏斗,所以分解会继续下去。还有,当一些微小的粒子被包含在较大的粒子

B 中时,就会被分解和消灭,此时它们若能融合于某些具有征服性的元素,就可以免于灭绝,并由火变成气,由气变成水。但若另一种元素的形体发起进攻,它们[微小的粒子]就会继续分解,直到完全后退四散,它们会在同种元素中寻找避难所,或者被具有征服性的

C 力量战胜和吸收,它们或是与胜利者呆在一起,或是由多个变成一个。由于有这样一些运动,所以所有粒子都在改变它们的位置,因为借助接受器的运动,大量的各种元素的粒子被散布到它恰当的地方,② 而那些已经变得与自身不同而与他物相同的粒子又在向着那与之相同的粒子所居之地转移。

　　一切未经混合的、原初的物体都是由于上述原因而产生的。至于包括在这些种类之中的次一级的属类,其成因都可归于由两

D 种基本三角形所组成的多种多样的结构。每一个这样的结构并非只产生一种大小的三角形,而是有大有小,有多少四种元素的属类,就有多少大小不同的构造。因此,当它们既与自己的同类结合,又与异类结合时,其构造就有了无限多样性,凡想要对事物的真理提出有可能成立的解释的人必须考虑到这一点。

　　只有理解了静止与运动的性质和条件的人,才能跟得上我们

E 下面的讨论,否则就会遇到极大的障碍。关于这个问题我们已经有所阐述,但有一点尚未说明——运动决不会存在于同质性的状

---

① "同类相亲"是古希腊思想中的一条公理。

② 此处认为各种元素在空间围绕一个中心分圈聚居,土居中,其次为水,火则居于球形宇宙的外缘。

态中。因为难以想象没有推动者而有被推动者，或者没有被推动者而有推动者，这样想确实是不可能的——没有二者的存在就没有运动，而这两者决不可能是同质的，因此我们必须将静止置于同质性中，将运动置于同质性的缺乏之中。不均等是缺乏同质性的原因，而我们在前面已经描述了不均等的起源。① 但有一个问题我们尚未论及——事物为什么在依其种类划分之后仍旧不停地相互转化和运动——对此我们现在就要做解释。所有四种元素都被包含在宇宙的旋转运动之中，而且这种运动是环状的，具有一种聚集的倾向，② 其中的一切都会压缩聚拢，不留任何空隙。因此，火渗入万物最甚，其次是气，因为就稀缺性来说它在元素中列第二位，其他两种元素亦按照它们的稀缺性程度进行渗透。那些由最大的粒子构成的事物其结构中留下的空隙最大，而那些由最小的粒子构成的事物其结构中留下的空隙最小。经过压缩而产生的聚集使较小的粒子进入较大粒子的空隙。就这样，当小粒子被置于大粒子一旁，小粒子就分割大粒子，大粒子就合并小粒子，所有粒子都在上下攒动，偏离它们原来的位置，因为每一体积方面的变化又会引起空间位置的变化。由于这些原因而产生的不均等性总是存在的，导致这些元素在任何时间中持续不断地运动。

接下去，我们必须首先考虑火有许多不同的种类。比如，第一种火是燃烧着的火焰，第二种火是火焰发射出来的东西，它并不燃烧，仅为眼睛提供光明，第三种是火的残余，火焰熄灭之后可以在炽热的灰烬中看到这种火。气同样也有差别，最明亮的那部分气称作以太，最混浊、最昏暗的那种气就是雾和黄昏，其他还有因三

---

① 参阅上文，基本三角形变化多端的形状和体积是造成不均等的原因。

② 即具有向心力。

角形的不均等而产生的没有名称的气。还有,水首先可以分成两种,一种是液体,另一种是熔质。① 液体的水由细小的不均等的水的微粒组成,由于缺乏同质性和粒子的尖锐性,因此它自身流动并且易受外力的推动;而熔质的水由较大的、统一的粒子组成,比前一种水稳定,并且由于其粒子具有同质性而分量很重。但若火进入这种水,使其粒子化解,摧毁了它们的同质性,就会使其流动性增大,变成流质并受相邻气的挤压而散布在大地上,这种固体的分解称作熔化,而它们散布到大地上称作流动。还有,火离开熔质以后并不进入真空,而是进入相邻的气,这些气反过来将那尚能流动的熔质挤压到原来由火占据的位置,并使之结合。就这样,通过挤压,这团物体恢复了均等,再次联合起来,因为造成不均等的火已经退却,这种退火过程就称作冷却,退火后所发生的结合称为凝固。在所有各种被称为熔质的事物中,最宝贵的是由最精细、最具有同质性的粒子构成的黄金,从岩石中提炼出来以后使之凝固,这种东西非常独特,闪闪发光,是黄色的。黄金有个支族,密度很大,所以它非常坚硬,呈黑色,被称作金刚石。另有一类东西,其微粒形状与黄金很相似。这类东西又可分成几种,它的密度大于黄金,并含有少量的细土,因此比黄金还要坚硬,不过由于其内部空隙较大,所以比黄金轻,这种明亮而又浓稠的水在凝固以后被称为铜。有一种土中混有铜,随着岁月的流逝,两相分离,又变成独立存在的东西,被称作锈。依据可能性的方法进行推论,不难说明其余同类现象。有时候,一个人可以为了消遣而搁置对永恒事物的沉思,转而思考有关生成的真理,这种道理只具有可能性。他将因此而得到无悔的快乐,为他自己在有生之年找到一种聪明而且适度的消遣方法。现在就让我们来尽情消遣一下,对下列问题做出可能

---

① 金属被当作一种水。

的解释。

　　与火混合的水是稀薄的液体——之所以被称作液体乃是由于它的运动和在地面流淌的状态——它也是柔软的,因为它给土让路。水的基础不如土那么稳定,但当火和气从混合物中分离而只留下水,因而变得较具同质性时,它就因火与气的离去而自行收缩。如果这种水凝固得非常厉害,那么位于大地上方的这种水就变成冰雹,在地面上的这种水就成为冰;但若其凝固程度较小而仅处于半固体状态,那么这种水飘扬在空中就是雪,由露水凝结在地面上就是霜。还有,无限多样的水相互混合,通过地上生长的植物过滤出来,这类水的总称是汁液。这些流汁不同比例的混合又产生许多种类,大多数没有名称,但其中有四种具有强烈的性质,并且很容易区分,有专门的名称。第一种是酒,对灵魂和肉体都有温暖作用;第二种是油,滑润而且耀眼,看上去闪闪发光,包括沥青、蓖麻油、橄榄油,以及其他具有同类性质的东西;第三种流汁的总称是蜜,能使嘴巴的收缩部分尽量放松,回归自然状态,并产生甜味;最后一种是与所有汁液都不同的植物的汁,具有发泡的性质,还有燃烧的性质,有助于肉类的分解,被称作果酸[植物酸]。

　　至于土的种类以下列方式形成,从水中分离出来的土变成类似石头的东西。与土混合的水在变化过程中分解而成为气,以这种形式向气原有的位置上升。但由于它的周围并没有什么真空地带,于是就挤压相邻的气;周围的气较重,在被置换以后这种气就向土的四周挤压,在强力作用下形成真空,而那些土则被挤压到新气上升后所留下的空隙中去。土经过气的挤压而成为不能被水溶解的东西,这就是石头。石头中较好的种类由同质成分构成,并且是透明的,具有相反性质的石头则品质低劣。但若在火的作用下,水的成分迅速离去,那么就可以形成一种比石头更加脆的东西,我们给它起的名字叫做陶。有的时候水分仍旧可以保留,土经过火

E

60

B

C

D

的熔化，再加冷却，就成为黑颜色的石头。在水从水土混合物中分离出来的过程中还可以产生两种由土的精细颗粒构成的东西，具有咸的性质，用它们构成的半固体又可再溶于水。一种是碱，可以用来清除油和土的污渍；另一种是盐，可以用来调味，为味觉所喜

E 爱，如法律所证明的那样，是诸神的喜爱之物。①　水土复合物不会被水化解，而只能被火化解，其原因有如下述。火与气都不能使土熔解，因为火与气的粒子小于土的结构中的空隙，它们可以不用一点强力就穿越土粒子，不会造成土的熔解和分裂。但是水粒子较

61 大，必须用强力才可穿越土，结果土就溶解了。因此，土若是没有被强力压缩得很结实，那么只有水可以化解它；若是压缩得很结实，那就只有火能加以分解，因为这时候只有火能进入土的内部。再说水，如果凝合得十分坚固，便只有火能分解它，但若凝合稍松，则火与气都能加以分解，后者进入它的空隙，前者则钻入它的三角形。但若气凝聚得很坚固，那就没有任何东西能够将它分解，除非这东西能够钻进它的基本三角形；若是气凝聚得不很坚固，那么也只有火能够将它熔解。至于土和水组合而成的各种物

B 体，由于有水占据受强力压缩的土的空隙，外面的水的微粒就无法进入，只能漫淌在物体的周围而不能使物体分解；但若火的微粒进入到水的空隙，那就对水产生如同水之于土那样的作用。这样的粒子是土水复合物液化而成为流体的惟一原因。这样的物体

C 有两种：一种是玻璃和类似石头的熔液，其中土的成分多于水的成分；另一种是蜡和乳香一类东西的基质，在其构造中含有较多的水。

　　以上我已经说明了物体因形态、组合、变化而形成多种多样的类别，但我还要努力指出它们的特性和原因。首先，我已经描述过

------

　　①　有关献祭的法律规定用盐作供品。

的物体必定是感觉的对象。但我们还不曾考虑过肉体、属于肉体的东西,或灵魂的可朽部分,是如何产生的。要是不解释与感觉有关的特性,这些问题就不能得到恰当的解释,而对后者的解释同样也不能离开前者;然而要想同时对二者进行解释几乎是不可能的,因为我们必须对其中之一进行假设,然后再对我们假设的性质进行考察。为了能够按常规在说明了元素之后再解释感觉的特性,让我们先假设肉体和灵魂的存在。

首先让我们来考察,火是热的,这样说是什么意思,我们可以根据对我们的身体起切割作用的力量来对此进行推论。我们大家全都感到火具有锐利的特性,还可以进一步考虑到火的边缘之薄、棱角之锐、微粒之小和运动之快——所有这些特性使得火的运动锐不可当,无论遇到什么物体都加以切割。我们千万别忘了火的原始形状① 比其他任何形状更具有把我们的身体切割成碎片的力量,这样就自然而然地产生被我们称作热的感觉,热这个名字就是这么来的。与此相反的感觉则非常明显,我们的描述无论如何不会有误。处于人体周围的较大的水的微粒进入人体,驱逐了较小的微粒,可是由于较大的微粒不能占据较小微粒的位置,所以挤压我们体内的水,我们体内的水原来是不平衡、不宁静的,由于受到挤压而进入静止状态,而静止的原因在于平衡和收缩。但是这种挤压是违反本性的,受到挤压的东西会起来抗争,迫使侵入者离开,颤抖和哆嗦这些名称指的就是这种抗争和震动,而整个感觉和引起这种感觉的原因都叫做冷。我们用硬这个词指称一切使我们的肉体退让的东西;用软这个词指称一切对我们的肉体退让的东西,事物亦因其相对的硬和软而被称作硬的或软的。凡退让的事物基础都比较小,但那些以四角形的底面为基础的事物很稳固,可

① 棱锥体。

以抵抗很强的外力,其他那些结构紧密的事物也具有顽强的性质。关于轻与重的性质若能与我们关于上与下的观念联系起来考察,就能得到最好的理解。有人假定这个宇宙分成相互分离和对立的两个区域,凡有体积的东西都朝着下面这个区域移动,而位于上面这个区域的事物之上升都是违背其意愿的。这种假设是错误的,因为既然整个宇宙是球形的,那么它的所有端点到中心的距离都相等,它的中心到所有端点的距离也相等,因此可以认为中心与端点的位置是相对的。这就是宇宙的性质,要是有人把其中的任何一点说成上或下,他怎么能不被公正地指责为表述不当呢? 把宇宙的中心称为上或下都是不恰当的,只能称作中;宇宙的边缘不在中间,边缘上的某个部分及其相对部分与中心的关系也没有什么不同。确实,如果一个事物所处的位置相对于各个方向来说都是一样的,那么我们怎么能够把包含相反关系的名称赋予它而不犯错误呢? 如果宇宙中心有个完全处于均衡状态的物体,那么就没有任何力量能够把它拉到这个端点而不是那个端点上,因为每个端点都一样,没有丝毫差异。再假定有人环绕宇宙旅行,当他站在与先前相反的端点上,就不免会把同一地点既称为上又称为下。①如我刚才所说,谈论这个球状的东西,如果有人说它有一部分是上,另一部分是下,那么他不像是个理智清醒的人。人们为什么会使用这些名称、人们最初处于什么环境下用这些名称划分天穹,这些问题可以按照下列假设来进行解释。假定宇宙中有某个部分是火元素聚集的地方,这里积聚着大量的火;再假定某人有能力把火分割成若干块,称它们的重量。为了保持平衡,他一面将天平高高举起,一面用力把一些火去掉,投向不熔于火的气,这时显然可见小块的火比大块的火更容易拉开,因为当两个物体由同一力量同

---

① 上和下是相对而言的。

时举起的时候,由于抗力的作用,体积小的必然比体积大的更容易屈服于对它施加的力,这时我们就说体积大的物体重,容易下坠,体积小的物体轻,容易上升。我们在地面上也可以准确地发现相同的情况。我们经常把土制的东西剖开,有时候就把土块剖开,用强力违反其本性地把它们投向性质与土不同的气,而这两种元素都倾向于其同类。我们在这样做的时候,体积较小的物体比较容易屈服,听从我们的摆布,因此我们称它是轻的,称它被迫前往的地方为上面;体积较大的物体则与此相反,被称为重的和下面。可见,这些名称的相互关系必然有变化,因为大量聚集的各种元素占据相对的位置,我们可以看到有些物体在一个地方是轻的、重的、上面的、下面的,但在另一个地方可能正好相反,双方的关系在各方面都表现为相反的,互相转换的。在这些情况中有一点必须加以考虑:在某些情况下各种元素向着同类物体运动的过程使得运动着的物体变重,使得那物体所趋向的地方成为下面;但对那些具有相反倾向的事物,我们就用相反的名字来称呼它们。以上就是我们对产生这些现象的原因所做的说明。至于光滑和粗糙,任何人都能向别人解释其成因。因为粗糙就是坚硬与不规则的混合,而同质性和密度的联合作用造成光滑。

D

E

64

　　与整个身体有关的那些感觉中最重要的感觉仍需考虑,这就是我在谈论感觉时已经讲过的快乐与痛苦的原因,一切事物通过身体的各个部分被感知,与此相伴的则有快乐与痛苦。无论感觉是否出自感官,要记住我们刚才已经区分了两种性质,一种是易动的,一种是不动的,让我们想象各种感觉的原因具有这两种性质,我们必须朝着这个方向去追索,寻找我们想要获取的猎物。一个具有易动性质的物体得到一个印象,无论这个印象多么轻微,都会在体内将此感受环状传递,在身体各部分传送,直至最后抵达心灵的始基,向它表明动因的性质。可是具有相反性质的物体,即不动

B

C

的、不向周边地区延伸的物体,只能接受印象,但不会将此印象传送到相邻的部分,不会对整个生物产生影响,因此印象的承受者虽受触动却无知觉。对于骨头、毛发以及人体其他以土元素为主要成分的部分来说是这样的,但上面所说的这种特性主要和视觉及听觉相关,因为这两种感官中所包含的火和气最多。一种印象如果违反自然,非常强烈,骤然加于我们,那就是痛苦,如果从这种状态突然回归自然,那就是快乐,温和而渐进的回归是无法感知的,而猛烈又突然的回归是可以感知的。另一方面,最易产生的感觉印象也最容易感受,但并不一定伴随着快乐或痛苦,例如视觉的感受就是这样,我们上面说过,视觉在白天与我们的身体实际上是一体的,因为无论视觉发生切割、烧灼,或其他行为,都不会产生痛苦,而当它回复自然状态时,也不会产生快乐。可是视觉的每一行为都会留下清晰而又强烈的感觉,无论眼睛被动地看还是有意识地看,其原因就在于视线的分散和重聚都没有使用强力。不过那些由较大微粒构成的物体只有经过一番斗争才会屈服于动因,然后将运动传送周身,从而引起快乐和痛苦,如果运动违背它们的自然状态就出现痛苦,而回归自然状态就产生快乐。经历了渐进的损耗而本性趋于空泛,但却在骤然之间获得大量补充的事物,感受不到空泛,但对补充却非常敏感,因此在这些情况下不会有痛苦,只会有巨大的快乐,对于灵魂的可朽部分来说,香料的使用是一个明显的例子。但在瞬间经历剧烈变化而又非常艰难地逐渐恢复其原先状态的事物,其感受与前者正好相反,身体的烧灼和切割是这种情况最明显的例子。

　　至此我们已经讨论了整个身体的一般感受,以及产生这些感受的动因的名称。现在,只要我能做到,我就要尽力谈论身体的具体部分的感受以及产生这些感受的动因。首先让我们提到我们在谈汁液时省略未谈的内容,涉及专属舌头的感受。这些感受的产生,同其他大多数感受一样,好像也是由于收缩和扩张,但这些感受比其他感受更加粗糙或光滑,因为土元素的粒子经过作为舌头检验工具的小血管① 抵达心脏,遇到这部分最湿润、最柔软的肉而被分解,在它们被分解时,它们使小血管收缩和干燥。如果这些粒子比较粗糙,那么小血管就会收敛;如果这些粒子不那么粗糙,那么小血管就只会变硬。作用于小血管的粒子起着清洁剂的作用,对整个舌头表面进行清洁,如果这种作用过于强烈,以至于销蚀舌头上的某些部分,比如用碱,那么由此产生的所有感受都称作苦。但若这些粒子碱性较弱,只能起到中度清洁作用,就被称作盐,由于它不会产生苦味或那么粗糙,所以被认为适宜与其他东西调和。还有一些粒子被口中的热量熔化而变得平滑,它们得到充分的燃烧而又反过来点燃为它们供热的部分,由于它们的分量很轻,所以就向头上的各个感官飞升,切割其前进道路上遇到的一切,它们具有的这种特性被称作辣。还有另一种粒子原先已经通过销蚀作用而净化了,它们进入狭窄的血管,与其中原有的土粒子和气粒子形成一定比例的混合,引发它们的旋转与相互渗透,在新进入的粒子周围形成空隙。这些由水粒子构成的器皿围绕气扩散,用一层湿润的薄膜把气包裹起来,这里讲的气也就是水中的空隙,这层薄膜有时候是土质的,有时候纯粹是水,包裹着气的纯粹透明的薄膜称作水泡,由液状的土构成的薄膜处于滚动和起泡状态,被称作沸腾和发酵。造成这些特性的原因就是酸。还有一种性质相反的特性,其产生的原因也正好相反。当与舌头相合的大量粒子进入口腔,这些粒子就滋润着粗糙的舌头,使它成为光滑的,也使原先不自然地紧缩的部分松弛,或者使不自然地松弛了的部分紧缩,重新恢复它们的本性,这种具有强烈治疗作用的特性是

D

E

66

B

C

---

① 此处将神经的功能归于血管。

每个人都感到高兴并且乐于接受的,它的名字叫做甜。关于味觉就谈到这里。

D　　　嗅觉没有什么不同的种类,因为一切气味的性质都是不确定的,没有哪种按特定比例配成的元素能够拥有某种气味。我们鼻子上的这些血管对土元素和水元素来说太窄,对于火元素和气元素来说又太宽,由于这个原因,没有人能感受到元素的气味。但任

E　何气味总是来自物体的潮湿、腐烂、熔解,或者蒸发,总是在这个过程中被感知,亦即当水变成气或者气变成水的时候,在此过程中,它们全都是汽或雾。雾就是气变成水,汽就是水变成气,因此一切气味都比水稀薄,都比气浓稠。可以为此作证的是,一个人在呼吸遇到障碍而尽力吸气时,没有气味会一道滤入鼻腔,吸进去的只是

67　不带任何气味的气。因此各种气味没有名称,也不能分成数目不多的、有限的、简单明了的若干种类,只能分成令人痛苦和令人快乐的气味。一种气味刺激并扰乱我们位于头部和脐孔之间的整个空腔;另一种则对这一部位有镇静作用,使之能舒服地恢复自然状态。

　　　在考虑第三种感觉,亦即听觉的时候,我们必须谈到听觉产生

B　的原因。我们一般可以这样假定,有一种敲击穿越耳朵,由气传送给脑和血,抵达灵魂;由敲击引起的振荡始于头部,终于肝脏所居的区域。快速运动的声音是尖锐的,缓慢运动的声音是深沉的;有

C　规律地运动的声音是平稳柔和的,反之则是刺耳的。大量的声音就产生喧闹的效果,而少量的声音则效果相反。至于声音如何调和,我必须以后再讲。

　　　还有第四种可感事物,具有非常复杂的多样性,现在必须加以区分。人们一般称之为颜色的东西是从各种物体上发射出来的火焰,拥有与视觉相对应的粒子。我在前面开始的时候已经谈了产

D　生视觉的原因,在此提出一个合理的颜色理论乃是自然的,恰当

的。

　　来自其他物体而落入视线的粒子,有些较小,有些较大,有些
则与视线本身的粒子大小相等。那些相等的粒子是不可感知的,
我们称之为透明。较大的粒子使视线收缩,较小的粒子使视线扩　　E
张,这些粒子在视觉中所起的作用就像作用于肌肉的热和冷的粒
子、作用于舌头使之收敛的粒子、一切引起热感被我们称为辣的粒
子的作用一样。白与黑实际上是收缩和扩张的结果,只是出现在
另一领域中,有不同的表现。因此我们必须把视线的扩张称作白,
而将视线的收缩称作黑。也还有一种不同类的火,它的运动更加
快捷,使视线扩张,直至抵达眼睛,强行穿入并熔解眼部的通道,从　　68
而使一种由水、火两种元素合成的东西从那里流出,我们称之为
泪。本身是火的这种流体与相反方向过来的火相遇,里面的火像
闪电一般向外迸发,而外面的火虽然找到了进入的通道,却被湿气
所熄灭,如此混合的结果产生各种颜色。这种感受我们称之为耀
眼,引起这种感觉的物体被称为明亮的或闪光的。还有另一种火
的性质介于二者之间,当它与眼睛的湿气接触并与之混合时不会　　B
发生闪耀,而是与潮湿的射线混合在一起,产生血一般的颜色,我
们称之为红色。明亮的色彩与红、白二色相混合则成为金棕色。
然而,一个人即使知道如何按比例配制各种颜色,要讲出来也未免
太愚蠢了,因为他既不能提供必然的原因,也确实不能提供任何可
被接受的或可能的解释。还有,红与黑、白二色相混合成为紫色;　　C
但若在混合之后再加热,使黑色与其他颜色混合得更彻底,结果就
成为赭色。金棕色与暗褐色合成火红色,灰色来自黑色与白色的
混合;暗黄色来自白色与金棕色的混合。白色若和明亮的色彩相
遇,并浸入黑色,就变成深蓝色;深蓝色与白色相混合成为浅蓝色;
火红色与黑色相遇产生深绿色。要按照可能性的规则说明怎样合　　D
成这些颜色、怎样调制颜色并不难。然而,想用试验来证明所有这

一切的人忘记了人与神之间的区别。因为只有神拥有把多种事物合成为一、把一种事物分解为多的知识和能力，但没有人能够完成这两样工作中的任何一样，无论是现在还是将来。

E　　　这些元素就是创造主必须使用的。至善至美事物的创造主在创造这个自给自足、完美无疵的神① 时，委派这些必要的原因作使者来完成他的工作，而他自己则筹措一切生成之物所具有的善。因此我们可以区分两种原因：一种是神圣的原因；一种是必要的原因。我们要依据我们的本能，在一切事物中寻求神圣的原因，以
69　求获得幸福的生活。同时，我们要为了寻求神圣的原因而寻取必要的原因，因为若无必要的原因，就不可能单凭神圣的原因来辨明我们所追求的神圣事物，也不可能理解它，或以任何方式享用它。

　　到此为止，我们已经为使用各种原因作了准备，这些原因就是我们在讨论的剩余部分要加以使用的材料，就好比木头是木匠使用的材料。现在让我们用少许话语回顾一下我们的起点，看我们
B　走到这一步是怎样走过来的。然后我们就可以努力提出一个适当的结论，给我们的故事戴上一顶王冠。

　　我一开始就说过，当一切事物处于无序状态时，神创造了每一事物与其自身的关系、一切事物相互之间的关系、事物所能接受的一切尺度与和谐。因为在那个时候，没有任何东西是有比例的，只有少数偶然的例外，也没有任何东西配得上我们现在使用的名称，
C　例如火、水，或其他元素。创造主首先使这些元素有序，然后用这些元素建构这个宇宙，使之成为一个包含所有可朽的与不朽的生物于自身之中的生物。创造主自己创造了神圣事物，但把创造可朽事物的使命交给了他的儿子。他的儿子们模仿他的做法，从他

---

① 指宇宙。

那里接受了灵魂的不朽本质,以此为中心塑造有生灭的形体,用这种形体来运载灵魂,又在形体内建造了一个具有可朽性质的灵魂,这种灵魂会受到各种可怕的、不可抗拒的情感的影响。这些情感 D 首先有快乐,是趋向罪恶的最大的引诱者;其次有痛苦,是对善的妨碍;再次是急躁和恐惧,经常给人提出愚蠢的主意;还有不易劝解的愤怒和容易使人误入歧途的希望。他们将这些情感同非理性的感觉、依必然性法则行事的大胆的爱欲结合在一起,把人造了出来。由于担心神圣的灵魂在有可能避免的情况下受到玷污,他们把可生灭的灵魂另加安置,放在身体的另一个部分,在头和胸之间 E 造了脖子,就像峡谷和边界,使两部分分开。在胸部,或者在所谓的胸腔里,他们安置了可朽的灵魂,又由于这部分身体的不同部分也有优劣之分,所以他们把胸腔隔成两半,就好像一所房子分成男 70 人的居室和女人的居室,在中间像隔板一样设了一道横膈膜。较为低劣的这部分灵魂拥有勇敢和激情,喜爱争强斗胜,所以他们将它安置在比较靠近头部的地方,即位于横膈膜和脖子之间,使它能听命于理性,并且当欲望拒不服从来自理性大本营的命令时,它们能够配合理性对欲望进行控制和约束。

　　心脏是血管汇聚的地方和流向所有肢体的血液的源泉,被安 B 放在卫士的位置上。每当激情接到理性的命令,说有外来的侵略或内部欲望的损害时,它就激动起来,沿着那些关节和小道,身上所有的感觉器官也能很快地接到命令和恐吓,会尽一切可能服从理性的指挥,这样也就可以贯彻由最优秀者来统治的原则了。但 C 是诸神预见到,心脏在遇到危险或情绪激动的时候所产生的跳跃必定发生扩张和燃烧,因此他们就制造了肺脏,安放在那里衬托心脏。肺的第一个特点是柔软无血,其次是内部有许多海绵般的孔隙,用于呼吸和喝水。肺有冷却、呼吸、缓解心脏紧张的功能。为 D 此,他们把气管连到肺部,又将肺叶安置在心脏周围作柔软的衬垫,这样,每当心脏情绪激动而拼命跳动时,它可以碰撞到柔软的肺并得到冷却,由此减少伤害,从而也就能够更好地侍奉理性。

　　另一部分灵魂对饮食和其他东西拥有欲望,这些东西是具有身体性质的理性所需要的。诸神把这部分灵魂安放在横膈膜和脐 E 孔之间,这个区域就好像有一个管理者,负责身体的食物,而这部分灵魂就好像一只野兽被束缚在这里,人要想存活就必须喂养它。诸神把这个地方做为这部分灵魂的处所,为的是让它始终得到喂 71 养,并让它的住处尽可能远离思想中枢,让它尽可能少发生喧闹和骚扰,从而使那部分最优秀的灵魂可以安静地思考全体和个人之善。诸神知道人的这个较低的部分不懂理性,即使能对理性有某种程度的感觉,也决不会对理性的观念加以关注,而多半会被种种幻象和错觉所迷惑,无论是在白天还是黑夜。为了防范这个弱点, B 神把这部分灵魂与肝脏结合在一起,安放在人的下部。神把肝造得坚实、平滑、光亮、甘美,同时又带有苦味,以便那发自心灵的思想力抵达肝脏时可以像照着一面反映物象的镜子那样被反映出来,提醒这部分灵魂,使其有所畏惧。每逢思想力带着告诫来到这里时,它总是利用肝的这个发苦的部分①使警告迅速传播,因此肝脏呈现出胆汁的颜色,并且由于收缩作用而起皱纹,变得粗糙; C 进一步又使肝叶蜒曲皱缩,使整个脏器的出入口闭塞,内部通道阻滞,引起痛苦和恶心。反之,当理智的温和气息传到肝脏上,就会呈现性质相反的影像,这种气不会触动或引发与它自身性质相反的性质,却可以使肝脏中固有的甘甜起来平息肝脏之苦,对肝进行 D 调理,使之正常、平滑、自在,使居于肝脏附近的这部分灵魂幸福快乐,安稳度夜,在睡眠中得到预兆,因为这部分灵魂与心灵和理性无缘。创造我们的诸神记得他们生身之父的嘱咐,要尽可能把人

----

　　①　即胆汁。

类创造得完善,因此他们就拿我们的肝脏作为产生预兆的部位,使我们身体的低劣部分的缺陷也能得到矫正,获得一定程度的真理。神把占卜的技艺赋予人不是针对人的智慧,而是针对人的愚昧,对此我们可以提出一个证明。人获得预言的真理和灵感不是在他理智清醒的时候,而是在理智受到约束的睡眠的时候,或者是在由于疾病或神灵附体而心智狂乱的时候。一个人要想明白已说过的话和看到过的异象的意思,无论是在梦中说的还是醒着的时候说的,无论是否具有预言的和神灵附体的性质,都只有先恢复理智,然后才能用理性来确定这些话语和异象的意义何在,确定它们对什么人的过去、现在、未来的祸福有预示作用。如果他仍旧处于疯狂状态,就不能判断他所见到的异象和他自己讲的话。有句古话说得好,"惟有理智健全者才能对他自己和他自己的事务采取行动和判断。"由于这个缘故,习惯上就让那些占卜师来判断神灵启示的真实意义。有些人把他们称作先知,因为这些人不知道占卜师实际上只是在解释那些神秘的言语和异象,他们根本不能称作先知,而只能称作预言的解释者。

E

72

B

　　这就是肝的性质,它被安放在我们已经描述过的那个位置,以便获得预兆的迹象。在个体生物活着的时候,肝脏的预兆迹象是明显的,但当它死了以后,肝脏就变得混浊不明,其显示的预兆也就变得晦涩而不可解了。与肝脏毗连的那个器官[脾脏]位于肝的左侧,为保持肝脏的光洁而设,犹如一块放在镜子旁边随时可以用来揩拭的抹布。因此,当身体内部失调而产生的污垢出现在肝的区域时,脾脏松软的肌体就将它全部清除和吸收,因为脾脏的组织是多孔而无血的。当脾脏塞满了污垢以后,它就膨胀而溃烂;但若污垢得以清除了,那么它就会收缩并恢复原状。

C

D

　　关于灵魂的问题,比如哪部分灵魂是神圣的、哪部分灵魂是可朽的,它们为什么要分离、为什么要分别放置、与什么为邻,等等,这些问题只有神承认我们说的话是真理,我们才能充满自信;但我们仍旧可以大胆地断言我们说的话有可能是正确的,通过进一步的考察可以使之变得更加可能。让我们就这样假定吧。

E　　我们可以用相同的方式叙述身体其他部分是怎样创造出来的。这种方式似乎非常适宜解释身体为什么要按照下述原则来建构。

我们这个种族的创造者明白,人类会在饮食方面不节制,会远远超过必要的或恰当的程度大吃大喝。为了不让疾病很快摧毁人类,使我们这个有生灭的种族不至于在没有完成使命的时候就死73　亡,诸神在作了预见之后就在我们身上安置了所谓的下腹部,作为接受过量饮食的一个容器,还在腹内安放了弯弯曲曲的肠子,以免食物通过太快而使身体马上就需要更多的食物,成为永不满足的饕餮之徒,使整个种族成为哲学与文化的敌人,反叛我们身上最神圣的成分。

B　　骨头、肌肉,以及我们身体其他相似的部分,是这样创造出来的。这些东西的始基全在于髓的生成。因为联结灵魂和身体的那些生命纽带紧紧地维系在髓上,髓是人这个种族的根基。髓本身是由其他材料构成的。神使用那些适宜构成最完善的火、水、气、

C　土的端正平滑的基本三角形,——我的意思是,神把它们按照种类分开,又按适当的比例调配混合,制成了髓,使之成为各种可朽的生物普遍共用的种子,然后把各种灵魂①植入种子,使灵魂被包裹在种子中,使髓的种类也像它后来接受的不同灵魂的种类一样多。有些髓就像田野,要接受神圣的种子,神就把它造成浑圆的形

D　状,把这个部分称作脑髓,其意图是在每一生物创造完成时,盛载这种始基的容器应当是脑袋,可是那些用来容纳剩余的、可朽的那

---

① 指理性的、勇敢的、食欲的灵魂,或各部分灵魂。

部分灵魂的髓,神把它们造成浑圆细长的形状①,一律称作骨髓。他把整个灵魂系在骨髓上,就好像把船系在锚上,沿着我们身体的整个骨架开始塑造人体,首先是为骨髓建造骨骼,用骨骼把骨髓完全覆盖起来。

　　神用下列方式制造骨骼:首先取来筛过的纯净细滑的土拌入 E
骨髓使之湿润,然后加以搓揉,再将它放入火中,然后取出放入水中,然后又取出放入火中,然后再取出放入水中,经过多次反复,使它在水和火中都不会分解。用这种东西作材料,他制成一个球形的头颅包裹脑子,在头颅上他留了一个狭窄的小口,就好像用车床 74
制造出来的一样。围绕着颈部和背部的骨髓,他塑造了许多脊椎骨,连成一条直线,仿佛枢轴的模样,从头部一直延伸到整个躯干。为了保护所有种子,他用石头一般的东西制成容器把种子围在里面,又使用一些不同的或相异的力量塑造了一些关节,嵌入骨骼,使之能够运动和屈伸。然后神又想到骨骼太脆太硬,要是把它们 B
放到火里加热然后再用水冷却,就会摧毁里面的种子。考虑到这个因素,神发明了腱和肉,用能够收缩和松弛的腱包裹脊椎骨,从而使整个身体能够弯曲和延伸;而肉可以用来抵御炎热和寒冷,如遇倾跌,还可以摔得轻一些,不易损伤。肉本身含有温暖的水分, C
到了夏天排出汗液,湿润皮肤,给周身带来凉爽;而在冬天则由于肉含有温暖的水分而能抵御外部严寒的侵袭,起到保护身体的作用。考虑到上述因素,神把水、火、土调和在一起,又用酸和盐合成酵素,与三种元素的混合物搅拌在一起,制成了柔软多汁的肉。至 D
于腱,是他用骨头和未发酵的肉合成的,具有二者的中间性质,并呈黄色。所以腱的性质比肉坚实和强韧,比骨头柔软和湿润。神用这些东西来包裹骨骼和骨髓,先用腱把它们扎在一起,然后用肉

―――――――――

　　① 圆柱形。

E　把它们团团围住。凡是活动性较强、比较敏感的骨骼①，神给它包
　　上的肉最少;活动最少的骨头则被包上最多最厚的肉。还有骨关
　　节,理性指明这地方不需要许多肉,于是神在关节上只放上薄薄的
　　一层肉,以免妨碍关节的伸缩,给活动带来不便,也免得厚重的肌
　　肉缠结在一起,因其过于结实而引起感觉麻木,造成心智的健忘
75　和愚钝。大腿、小腿、臀部、上下臂骨,以及其他一切没有关节的部
　　分,还有体内由于髓中所含灵魂数量较少而缺乏理性的一切骨骼,
　　所有这些部分全都长上了厚厚的肉,而那些拥有心灵的部分一般
　　说来长肉较少,除非创造主将之造成能够传送感觉的器官,例如舌
B　头。但一般说来不是这样。因为依据必然性原则而在我们身上产
　　生并成长的本质不允许有着敏锐感觉的肉同坚硬的骨头结合在一
　　起。如果二者可以结合,那么头部就会有许多感觉敏锐的肉和坚
　　硬的骨头,而人类也会有一个强壮多肉的肌腱般的脑袋,其寿命则
　　可能是我们现在寿命的一倍或多倍,并且更健康,更少痛苦。但是
C　在考虑应当创造一个寿命较长而品质低劣的族类还是创造一个寿
　　命较短而品质优良的族类时,我们的创造者们得出的结论是,每个
　　人都应当尽可能选取短而较好的生活,不应当选取长而较劣的生
　　活,因此他们就给头部包上一层薄薄的骨头,但没有肉和腱,因为
　　头部没有关节。就这样,头部拥有较多的智慧和感觉,但也是身体
D　较弱的部分。由于这些原因,神以这种方式在头的一端安上肌腱,
　　环绕着脖子,按照相似性的原则,均匀地胶合在一起,又把脸部下
　　方两块颚骨的一端联结起来。他把其他腱分散到身体各处,把肢
　　体与肢体联结起来。我们的创造者抱着必要和至善的目的造出了
E　我们的嘴巴,有牙齿、舌头、嘴唇,就像现在这个样子,亦即出于必
　　要的目的把它设计成一个入口,出于至善的目的将它设计成一个

---

　　①　指头部和脊椎的骨头。

出口。进入口中给身体作食物的东西是必要的,而从口中出去的滔滔不绝的言语则是理智的侍者,是一切流射之物中最美好、最高尚的东西。还有,头部既不可只有一副裸露的骨架,因为季节变化会带来寒冷和酷热,也不可使之长满肌肉,以至于变得迟钝和麻木不仁。于是就从那没有完全干燥的肉质中分离出一片宽大的薄膜覆盖头颅,我们称之为皮肤。皮肤碰上大脑的湿气并借助湿气生长起来,形成了覆盖头颅的罩子。从骨缝下面升起的水分滋润着头顶上的皮肤,形成某种结,使头皮收缩紧贴在脑壳上。骨缝的多样性是由灵魂中的力量和食物的力量引起的。二者之间的对立越强烈,骨缝越多;二者之间的斗争越少,骨缝就越少。神圣的力量又用火在这皮肤上穿刺,形成许多小孔,湿气就从这些小孔中散发,纯净的液体和热量全都散发了,惟有与皮肤性质相同的混合物由于其形体大小与小孔相等,在其自身的推动下生长起来,钻出小孔,但由于动作缓慢而被外面的气顶回皮肤内,结果就在皮肤底下蜷曲起来,并且生了根。头发就这样在皮肤中生长起来,它与皮肤同质,因为它就像一根皮制的线,由于冷却而收缩得比皮肤更加坚硬和细密,每根头发一从皮肤上长出来,就被冷却而压缩了。使用上述我已经提到过的基质,创造者把脑袋造成有头发的,为的是让头发也可以像肉那样起到保护脑袋的作用,成为一种重量很轻的覆盖物或保护层,无论冬夏均可起到这种作用,而又不会妨碍感觉的敏锐。手指由腱、皮、骨组成,手指上又生出一种由三者结合而成的东西,这就是在干燥过程中形成的兼有三者性质的硬皮,不过这些都是硬皮构成的次要原因,其首要原因则在于心灵面向未来的设计。因为我们的创造者非常清楚,将来有一天会从男人身上生出女人和其他生物①,他们还知道有许多动物出于许多目的会

76

B

C

D

E

①　参阅本篇最后部分讲述男人转世成女人,以及男女生育的段落。

用到指甲,因此他们在第一次创世造人的时候就给人安上了指甲的胚子。出于这个目的,以及由于这些原因,他们使肢体的端点长出皮肤、头发和指甲。

77　　　现在,这个可朽生物的所有部分和肢体都已经长全了,由于它的生命必定要靠火和气来维持,而火与气的分解或缺乏会使生命死亡,因此诸神就想出下列补救办法。他们用各种元素混合出一种与人相近的本性,但有着不同的形态和感觉,由此创造出另外一类生物。这就是树木、庄稼及其种子,它们经过栽培而被改良,不过最初只有野生植物,它们的出现比经过改良的品种要早得多。

B　凡是拥有生命的东西都可以被称作生物,我们现在说的生物拥有第三种灵魂,亦即位于横膈膜和脐孔之间的灵魂。这种灵魂没有意见、理智或思想,只有快乐和痛苦,以及与之相伴的各种欲望。由于这种生物总是处于被动状态,生来不具有运动的能力,不能抗

C　拒外来的运动,也不能自动,因此也就不能观察和反映它自身的利益。它确实是活的,在这方面与生物没有区别,但它又是固定的,扎根于某个地点,没有自动的能力。

　　　在这些卓越的力量① 创造了所有这些生物作为拥有低劣性质的人类的食物以后,他们又在我们身体内开挖了各种管道,犹如在花园里开挖沟渠,以便引水灌溉。首先,他们循着脊椎骨在皮肤

D　和肌肉相连处开了两条暗沟或血管②,分别对应于身体的左边和右边。他们使这两条血管沿着脊椎骨延伸下去,其间是最适宜在此处滋生的骨髓,这样做为的是使流体能够从上到下顺利地流淌

E　到身体的其他部分,以达到均匀灌溉的目的。其次,他们将头部四周的血管分成许多枝杈,相互交织,并按不同方向延伸,有些从头

---

　　① 指创造人类的诸神。
　　② 指大动脉和大静脉,在柏拉图时代,还不知道静脉与动脉的区别。

部右侧绕向左侧,有些从头部左侧绕向右侧,使它们和皮肤一道形成联结头部和躯干的纽带,因为头顶没有肌腱包裹,这样做也是为了使身体两侧的感觉能够传到全身。再次,诸神按照下述方式安排身体的灌溉,如果我们一开始就承认,凡由较小粒子构成的物体可以留住较大的粒子,凡由较大粒子构成的物体则不能留住较小的粒子,那么这种方式就比较容易理解。在各种元素中,火的粒子最小,因此能够穿透水、土、气,以及它们的合成物,但没有一样元素可以留住火。同样的原则也可用于人的肚子,当食物和饮料进入肚子,肚子就把它留住了,但它不能留住气和火,因为它们的粒子小于构成肚子本身的粒子。

　　然而,为了把水分从肚子送往血管,神用火和气织成一个网状物,在其入口处又有两个较小的网兜;进一步他又把其中的一个网兜的入口分成两岔,从这些小网兜引出许多索状物,把整张网的外缘拉住。① 整张网的内层是用火造成的,而较小的两个网兜及其网腔则用气造成。他取过这张网按下述方式放入刚刚造好的生物体内。他把较小的网兜从口腔放进去。这样的网兜有两个,一个顺着气管放入肺,另一个则顺着气管放入肚子。前者分成两

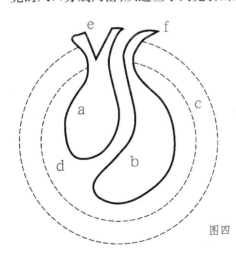

图四

---

　　① 见图四,这幅图可以帮助说明这段晦涩的论述:(a)上部内层小网;(b)下部一层小网;(c)由气构成的外层;(d)由火构成的内层;(e)通过鼻孔的两个气道;(f)通过口腔的一个食道。

D　岔,用鼻孔作为它们的通道,如果经由口腔的第一个通道堵住了,还可以用鼻腔来通气。他用一个网[亦即较大的那张网]包裹身体的空腔部分,一会儿使整个空腔温和地进入小网,因为它们都是气构成的,一会儿又使它们从小网往外回流。他使这张网在身体的

E　孔穴间穿行出入,火束则随着气的进出通道运动,只要那可朽的生物不解体,这个过程就决不会停止。我们说,起名者用吸气和呼气这两个名称来给这个过程定名。这种运动在身体中发生,既是主动的又是被动的,为的是身体能够吸收水分和被冷却,从而获得营养和生命。因为在呼吸的时候,人体内部的火随着气的进出而进

79　出,穿过肚腹而抵达食物和饮料,把它们分解成许多小颗粒,然后引导它们穿越那些通道而进入血管,就好像把它们从一个源泉导向沟渠,使得血管中流动的溪流像流经水管那样畅流全身。

　　　让我们再来思考一下呼吸现象,探讨这种现象的成因。原因

B　是这样的:由于运动着的物体能够进入的地方无真空可言,而我们把气呼出体外的结果是谁都清楚的,也就是说呼出的气并非进入真空,而是将邻近的物体推离原处,被推离的物体又将与它邻近的物体推走;依此类推,必定有被推开的东西回到呼气之处,随着吸

C　气进入体内,填补空隙,这个过程就像车轮旋转,因为不存在真空。因此,胸和肺每次把气呼出体外,当即会有身体周围的气加以填充,这些气通过肉的毛孔进入体内作循环运动,而从身体各处排出的气也迫使体外的空气通过口腔和鼻孔进入体内。这一运动的起源可以假设如下。每一生物内部,凡接近血液和血管的地方是最

D　热的。身体里面有火源,我们刚才把这个火源比做网,说它全由火织成,并延伸到身体的中心,而这张网的外层是用气组成的。现在我们必须承认,热天然地从它自身所在的区域伸向与其同类的元

E　素。热有两类出口,一类通过身体,另一类通过口和鼻。当热朝着一个出口运动时,也就驱使气转向另一个出口,使这些气与火相混

而变热,而出来的气则变冷。但当热改变位置,位于另一个出口的粒子变得较热时,这较热的气趋向于这个方向,携着它的天然元素火,推动着另一出口处的气;以同样的方式,在同样的力量推动下,一种循环往复的运动就由这个双重的过程构成了,我们称之为吸气与呼气。

　　下列现象都应当按照同样的原则来进行考察:医学中的拔火罐、吞噬饮料、无论是抛入空中还是沿着地面滚动的物体的抛射、或快或慢而显得高低不同的声音,有时候由于声音在我们体内引发的运动不均等而使我们感到声音不和谐,有时候又由于声音在我们体内引发的运动具有均等性而使我们感到声音的和谐。因为,当先行较快的声音开始停顿下来时,较慢的声音就赶上较快的声音,并推动前一声音前进,这时二者就是均等的。这种情况发生时,后一声音并没有强加一个新的不和谐的运动,而只是开始一个与那正在停止的较快运动相应的较慢的运动,由此产生一种混合高低音的表达,产生一种连蠢人也能感受到的快乐,而对聪明人来说,这是以凡俗的运动在模仿神圣的和谐,会给他们带来一种更高的愉悦。还有,水的奔流、雷霆的轰击,以及琥珀和赫拉克勒斯之石① 吸引物体的奇怪现象,这些现象的发生都不是由于有什么吸引力,而是因为不存在真空,若是正确地考察一下就可以发现,诸如此类的神奇现象发生的原因可以归诸于同时存在某些条件,物体相互之间发生着循环式的推动,并随着物体的分离或结合而换位,趋向于它们各自的恰当位置。

　　我们已经看到,这就是呼吸的性质和原因,我们此刻的讨论就是从这个主题开始的。火切割食物,又随着气在体内周身升腾,火与气一道上升,并把来自腹部的切割过的食物微粒带入血管,所以

---

　　①　赫拉克勒斯之石(Heraclean stones)指磁石。

食物之流就在所有生物的全身不停地流动。这些营养性的微粒都

E　是刚从同类物质中切割而来的,无论来自大地生长的果子,还是来
自田野里的谷物,都是神安排给我们作食物的,它们由于互相混合
而呈现各种颜色,不过红色是最主要的,火切割食物时留下了印
记,因此周身流动的液体就有了我们所说的这种颜色。我们把这

81　种液体称作血,给肌肉和全身提供营养,因此,身体的每个部分都
能得到水分,也可填满体内的孔隙。

　　补充和排泄的过程也遵循同类相聚这一事物运动的普遍方
式。我们身体周围的元素使我们不断消耗与化解各种东西,并使
之归向同类;血液中的微粒也在我们体内被分解,它含有一个宇宙

B　中的生物体那样的结构,因此也被迫模仿这种普遍的运动。因此,
我们体内每一个被分解的微粒都在趋向其同类的过程中填补体内
的孔隙。如果排泄多于补充,那么我们就会死亡,如果补充多于排
泄,我们的身体就生长和增加重量。

　　整个生物的结构若处于新生期,由于它拥有的基本三角形都
是新的,所以可以比做刚下水的船舶,其成分相互结合得很紧密,
但是整个机体还很柔弱,因为它的髓产生不久,并且要靠乳汁来哺

C　养。然后许多构成肉类和饮料的三角形从外面进入体内,它们比
体内原有的三角形老一些并且弱一些,这时候生物的结构就以它
自身的新三角形将它们分割,于是这生物就因为取得许多同类物
质作为食料而成长起来。但当三角形之根① 由于经过长时间的

D　战斗而变得迟钝以后,它们就不能再对进入体内的食物的三角形
进行分割和消化,反倒是它们自身变得很容易被外来物体所分割。
每一生物以这种方式发生颓败和衰退,这种情况被称作老年。最
后,髓中原来结合得很紧密的三角形的纽带不能再维持,被存在之

----

① 即基本三角形的原始构造。

链瓦解,接着又使束缚灵魂的纽带陷于松弛,而灵魂一经如此自然的解脱,就高高兴兴地飞走了。顺应自然的变化是快乐的,违反自然的变化是痛苦的。因此,由疾病或创伤所引起的死亡是痛苦的、剧烈的,由于年老而自然寿终是最轻省的死亡,与这种死亡相伴的是快乐而非痛苦。

现在每个人都能明白疾病发生在什么时候了。身体由土、火、水、气四种元素构成,由于这些元素的过量或缺乏、它们所处自然位置发生变化,或由于存在着多种火和其他元素,身体若接受了不适宜的火或其他元素,或出现任何类似的不合常规的变化,就会引起体内的失调和疾病。任何一种元素若是以违反自然的方式产生,那么各种各样的变化都会发生,例如原先冷的元素就变热,原先干的元素就变湿,原先轻的元素就变重,原先重的元素就变轻。我们认为,一种东西只有以同样的方式,在同样方面,按既定的比例,增加并减少相同的东西,才能与其自身保持同一、完整和健全。凡是违背这些法则的增减都会引起种种变化和无穷无尽的疾病与腐败。还有次一等的结构也是自然的,这种结构给能够理解的人提供了又一个观察疾病的机会。髓、骨、肉、腱都由四种元素构成,血的构成方式虽然不同,但也是由四种元素构成的,所以大部分疾病都按照我已经说过的方式产生,不过最严重的疾病却是由于这些基质一开始就以一种错误的秩序生成,结果导致毁灭。按照自然秩序,肉和腱由血造成,腱来自与其性质相同的血纤维,肉则来自一种与血纤维分离时凝固而成的东西。出自腱和肉的这种粘液不仅使肉胶着于骨骼,而且给那些包裹骨髓的骨骼添加营养,帮助它生长;此外还有一种由最纯粹的、最光滑的、油性的三角形所构成的粒子,它渗入厚实的骨头滋润骨髓。当每一过程都照此秩序发生,就会产生健康的结果;如果秩序颠倒了,就会发生疾病。肉被分解后形成的那些损坏了的基质被送回血管,此时血管中过量地容纳了不同种类的血液,再与血液中的气相结合,结果就呈现各种颜色和苦味,具有酸和碱的性质,又包含各种胆汁、浆液和粘液。

83　　凡误入歧途的东西都会带来腐败,首先就是血液的污染,然后是血液停止向身体提供营养,而本来向全身提供的营养是由血液来输送的,它们不再遵循原先自然的运行秩序,而是相互为敌,因此它们彼此之间不能再有所裨益,还要对那正常的身体组织进行攻击,使之腐败和化解。这样一来,肉的最老的部分受到腐蚀,由于其坚硬而不能分解,因此经过长时间燃烧后变黑,又由于到处受到腐蚀

B　　而发苦,殃及尚未腐败的身体的其他部分。有时候,苦的性质被冲淡,那发黑的部分由苦的变成酸的;有时候,那苦的部分由于浸染血液而呈现更加红的颜色,再与那黑色相混合而呈现草绿色;还

C　　有,当新肉被那体内的火化解时,就会呈现金棕色与苦味相混合。对于所有这些汁液,某些医生,或者倒不如说某些善于从不同事物中概括出普遍性质来的哲学家,会把它们称作胆汁。但是胆汁有许多种类,可以按照颜色来加以区分。至于浆液,那种血液中的水一样的部分①,是无害的,但那种黑色并呈酸性的胆汁在热的作用下与某种盐一样的东西混合,就成为有害的,被称作酸性粘液。还

D　　有,那种由鲜嫩的肉遇到空气所分泌出来的汁液在流出过程中体积很小,肉眼看不见,等到形成液体并产生可见的泡沫时就呈现白色,我们将这种嫩肉的分泌物与气混合后所产生的东西称作粘液。

E　　新产生的粘液或粘液的沉淀物是汗和泪,还包括从身体里排泄出来的其他体液。如果血液不按自然的方式从肉类和饮料中获得补充,而是违反自然法则,从具有相反性质的东西中大量吸收,那么

84　　上述情况的发生也就成了引起疾病的原因。如果有一部分肉因疾病而分解,但此时只要身体的基础还算牢固,无序的力量也还没有

---

① 指血清。

过半,那么身体还是容易康复的;但若把肉联结到骨头上的东西也病了,不再能把它自己与肌肉和腱分开,不能供应养料给骨骼,并且也不能再起到联结肌肉与骨头的纽带作用,从原先油性的、光滑的、粘性的状态变成粗糙的、碱性的、干燥的,总之由于其营养不良,使得所有位于肉和腱之下的东西全都腐烂,与骨骼分离,而肉 B 也会随之销蚀,使腱裸露并且充满盐分,而这些肉分解后又进入血液的循环,使得前面说过的疾病更加严重。身体的这些病痛虽然是严重的,但还有一些在前面发生的疾病比它们更为严重。如果这些肉体的感染很严重,那么先前的无序会变得更加混乱,一旦骨骼本身由于包裹它的肉过于厚实而不能得到足够的气,发霉、变热而生成坏疽,那么整个自然过程就会颠倒过来,腐烂的骨头会进入 C 血液,再由血液进入肉体,然后再进入血液,到了这种时候,比前面提到过的疾病凶险得多的各种疾病都会发生。不过,最最危险的疾病是骨髓病,要么过量,要么不足,这是最严重的失调的根源,到了这种时候,身体的整个进程就完全颠倒了。

还有第三类疾病,我们可以设想它在三种情况下发生,因为这类疾病有时候由气引起,有时候由粘液引起,有时由胆汁引起。当 D 负责把气分送到整个身体的肺被粘液阻塞,吐纳不畅,有些通道失去作用,有些通道输入的气超过常量时,就会使那些得不到气的部分发生腐败,而那些得到过量的气的部分则会血管扭曲;这些气还会分解被包裹在气中的身体部分,封住位于躯体中心的横膈膜区域,由此产生无数痛苦的疾病,伴随着大量出汗。当肉在体内被分 E 解之后,体内产生的气经常不能外泄,也会引起体外之气进入体内时所造成的那种痛苦;倘若气包围了腱和肩膀上的血管,使它们肿胀,就会将所有与肩部相连的大腱向后扭曲。这些反常状态被称作破伤风或角弓反张,其原因就在于相伴而来的痉挛。要治愈这些疾病是困难的,大多数情况下,发一阵高热反而会使抽搐减轻。

85　白色粘液如果由于气泡的原因而留存在体内是危险的,但若能够
　　与体外的气交流,那么问题就不太严重,只会引起白癣、皮疹以及
　　诸如此类的疾病,使身体呈现许多斑点。当这种粘液与黑色的胆

B　汁混合,散布到那最神圣的头部的许多通道上,如果在睡眠中,那
　　么它的影响尚属轻微,如果是在人清醒的时候进行侵袭,那就不
　　太容易消除了, 因为这种疾病发生的部位是神圣的, 称之为"神
　　圣的病"也是贴切的。① 还有, 酸性和碱性的粘液是粘膜炎一类
　　疾病的根源, 但它们有许多名称, 因为发生这种炎症的部位有很
　　多。

　　　　身体的炎症来自体内的燃烧和发炎,其根源在于胆汁。胆汁

C　一发现排泄的通道就会沸腾,并且形成各种肿块,如果留存在体
　　内,就会引起许多发炎的疾病,最严重的是胆汁与纯粹的血液混合
　　而将血中的纤维排挤掉,这些血纤维分布在血液中,起着平衡血液

D　浓淡的作用,使血液既不至于遇热而稀化到从毛孔渗出体外,也不
　　至于浓稠到难以在血管中循环流动。血纤维的构成就是为了保持
　　这种平衡,当血液失去活力并且正在冷却的时候,若有人将它的纤
　　维素收集起来,那么剩余的血液便又成为流动的;但若撇下这些血
　　纤维不管,那么它们很快就会因为周围的寒冷而凝结。血纤维对
　　血液有着这种作用,而胆汁只是陈腐的血,从肉中分解后又进入血

E　液。它起初作为一种热的液体逐渐注入血中,然后由于血纤维的
　　作用而凝固,等到胆汁凝固并冷却的时候,就引起身体发冷和发
　　抖。当有较多的胆汁进入血液时,胆汁可以凭着它的热量征服血
　　纤维,并在胆汁的沸腾中使血纤维陷于混乱;如果胆汁有足够的力
　　量继续保持这种优势,它就能渗入髓内,把那栓住灵魂的缆绳烧
　　毁,犹如解开船缆一般,让灵魂自由离去;但若胆汁注入血液的分

———————

① 即癫痫病。

量不多,而身体有力量抵抗胆汁的分解,那么被征服的仍是胆汁,这时候胆汁要么从身体表面排出,要么通过血管被驱逐到下腹部或上腹部,仿佛一批因内战而被逐出城邦的流放犯,从身体中被排除出去,腹泻、痢疾,以及诸如此类的疾病就是这样产生的。如果身体因为过量的火而失调,其结果就是不断地发热和发烧;如果原因在于过量的气,那么会每天发烧一次;如果原因在于过量的水,那么隔日发烧一次,因为水元素比气和火迟钝;如果原因在于过量的土,那么要四天发一次烧,因为土是四种元素中最迟钝的,要用四倍的时间才能涤除病因,这种病很难治好。

　　以上就是各种身体疾病产生的方式,而依赖于身体的灵魂则以下述方式出现失调。我们必须承认,心灵的疾病产生于理智的缺乏,而对理智来说有两种情况:一种是疯狂,另一种是无知。一个人无论经历两种情况中的哪一种,都可以称作有病,过度的快乐和痛苦乃是最大的与灵魂相关的疾病。因为一个人要是处于巨大的快乐或痛苦之中,又以不适当的方式获得其中之一或避免其中之一,那么他就不能正确地看或正确地听,而是心智错乱,根本不能使用理智。一个人的骨髓内如果种子太多,仿佛一棵果树结了过量的果实,就会产生病痛,也会由于他的欲望和产物而得到许多快乐,在一生的大部分时间里,他由于这些巨大的快乐和痛苦而处于疯狂状态,他的灵魂亦由于他的身体而变得愚蠢和失常。但是人们并不认为这种人有病,而是认为他们故意作恶,这种看法是错的。事实上,无节制的性行为乃是灵魂的一种疾病,其主要成因在于骨骼疏松而产生的某种元素的潮湿和流动。一般说来,在坏人故意作恶的观念支配下人们指责那些所谓快乐无度的行为,但这些指责是错的。因为没有人想要成为恶人,恶人之所以恶,乃是因为身体有病或因为受到不良教育。这些事情人人都痛恨,但发生在这个人身上是违背他的意愿的。拿痛苦来说也一样,灵魂同样

86

B

C

D

E

由于身体的缺陷而遭受许多痛苦。酸性的和碱性的粘液,以及其
他带苦味的胆汁,如果在身体中流转,但又找不到外泄的出路而闭
87　塞在体内,其蒸发出来的汽与灵魂的运动相遇,并且混合在一起,
就会产生不同程度、不同范围的各种疾病。这些体液如果渗入灵
魂的三个区域①,就会依其侵袭部位之不同而造成各种各样的坏
B　脾气和坏情绪,产生鲁莽和懦怯、健忘和愚蠢。进一步说,倘若这
种身体之恶加上政治制度之恶,以及公私场合下的言论之恶,再加
上人们从儿童时代起就缺乏可以医治这些恶的教育,那么我们这
些恶人之所以变恶的两个原因就完全超越了我们的控制。在这种
情况下应当受责备的,与其说是植物倒不如说是栽培者,与其说是
受教育者倒不如说是教育者。但无论情况如何,我们都必须尽最
大努力,通过教育、追求和学习来避恶求善,但这已经是另一个主
题的内容了。

C　　　与上述探讨相应,我们要提出一个治疗身体和心灵,使之得以
保存的模式,我要说这样做是适宜的,也是正确的,因为我们的责
任要求我们多谈善少谈恶。凡是善的事物都是美的,而美的事物
不会不合比例,因此美的生物也必定合乎比例。迄今为止我们所
感受到的生物的均衡、比例、合理性都比较小,但我们对最高级、最
D　伟大的均衡却未加以注意,因为对于健康与疾病、善与恶的问题来
说,关系最大的莫过于灵魂和肉体之间所存在的均衡或不均衡。
可是对于这样的问题,我们全然没有感觉到,更没有反思如果以弱
小无能的身躯作为运载工具来运载坚强伟大的灵魂,或者与此相
反,把小小的灵魂安置于巨大的身躯,那么整个生物不会是美的,
因为它缺乏一切均衡中最重要的均衡,而在有目能见的人看来,如
E　果心灵和身躯是均衡的,那么这个生物是最美丽的,最可爱的。好

---

① 指头部、骨髓和骨骼。

比说,某个身体上的腿长得太长,或者在别的方面不匀称,那么不仅看上去不美,而且在完成它的工作时会遇到许多麻烦,由于行动不灵而经常跌倒,甚至扭伤肢体,这就是给它自身带来无数的恶的原因。我们应当用同样的方式来看待这个被称作生物的东西的双重本性。在这个复合物中,如果有一个比肉体还要强大的充满激情的灵魂,那么我要说,它会扰乱整个人的内在性质,引起种种失调;如果灵魂热切地想要探索某种知识或者做研究,那也是在浪费体力。还有,在公开和私下的教育或辩论场合,争执到了白热化的程度就会引起身体内部的发热和分解,引起许多炎症。大多数教医学的人不懂这种现象的本质,他们描述的病因与真实原因正好相反。还有,当非常魁梧强壮的身躯同弱小无能的理智结合在一起的时候,由于人生来就有两种欲望——一种是为身体谋求食物的欲望,另一种是为我们的这个神圣部分① 谋求智慧的欲望——那么强者的运动会越来越占据优势,力量会越来越强,而这种状况就会使灵魂变得越来越迟钝、糊涂、健忘,由此产生最严重的疾病——无知。有一个办法可以防止这两种不均衡,这就是不要只使用灵魂而不使用身体,也不要只使用身体而不使用灵魂,只有均衡地使用二者才能保持健康。因此沉浸在某些理智活动的数学家和其他学问家也应当经常参加体育活动,做做体操,而那些醉心于身体健美的人如果想要被称作真正美的和真正善的,就应当转而注意灵魂的适当运动,应当从事各种艺术和哲学。身体各部分也应以同样的方式对待,要仿效宇宙的运动方式来进行锻炼,因为身体由进入体内的元素来加热或冷却,又受外部事物的影响而变干或变湿,更由于两类运动的作用而产生各种经验和感受,如果身体完全听命于这些运动的支配,那么身体就会趋向静止和灭亡。但若

88

B

C

D

---

① 指头部。

能够模仿我们所说的宇宙的保育者和保姆的方法,不让身体静止,
E 而让身体经常处于运动之中,使整个身体动荡,就能自然而然地免
除体内体外一切运动的影响,同时借着适度的震荡使漫游于体内
的许多微粒和各种感受能够各按其亲缘关系归于正常的秩序,就
像我们在前面谈论宇宙时说过的那样。他不会听任敌对双方相处
在一起,引起体内的斗争和疾病,而会使友好的双方处在一起,从
而得到健康。由事物自身产生的运动是世上最好的运动,因为这
89 种运动与思想运动和宇宙运动在性质上最为相似;由他物引起的
运动不那么好,但最不好的运动乃是外物加诸于静止身体的局部
运动。所以,使身体荡涤污垢、重新结合的最佳方式是体操;其次
是振荡运动,比如划船或其他不太疲劳的运输性的活动;第三种运
B 动可以在绝对必要的情况下使用,但若有其他方法,聪明人就不会
使用它——我指的是医生的清洗性治疗,因为疾病若不是十分危
险,都不应当用药物来刺激,每一种疾病的机制都与生物的机制相
似,而生物复杂的机体都有既定的寿命。对整个族类来说是这样,
C 对个体来说也是这样,除非遇到不可避免的意外事故。来到这个
世上的生物各有其确定的寿限,我们身上的基本三角形的存活也
有一定的寿限,超过这个寿限,就没有人能够继续存活。这条法则
对疾病的机制也适用,如果有人不顾生命的期限,试图用药物将疾
病硬压下去,其结果往往是使疾病变得更多,更严重。所以,只要
D 病人还有时间,就要用养生法来消除疾病,而不要用药物去刺激一
个不好惹的敌人。

　　关于以身体为其中一部分的这个复合的生物、关于人应当如
何接受训练和训练自己以求得最合理的生活,我们的看法已经说
够了,我们必须尽力提供最优秀的训练方式以适应我们的目的。
E 哪怕最简略地讨论这个问题都会非常费力,但若我只像前面那样
提供一个大概的轮廓,那么可以适当地概述如下:

　　我已经屡次提到,我们体内有三种灵魂,各有其自身的运动,现在我必须尽可能简略地加以重复,如果有一种灵魂停滞不动了,那么它必然变得十分虚弱,但若不断地进行锻炼和运动,它就会变得非常坚强。因此,我们务必要使三种灵魂的运动保持均衡。　　90

　　我们应当考虑到,神把神性赋予每个人的灵魂中那个最崇高的部分,我们说过这个部分位于人体的顶部,因此我们不是从土中生长出来的植物,而是来自天上的生物,是这部分灵魂使我们从地上上升,趋向我们天上的同类。我们说的这些话是真的,因为神力使我们的头和根从我们的灵魂最初生成之处悬挂下来,把我们的　　B整个身躯造成直立的。当一个人耽于欲望,孜孜不倦地追求欲望的满足时,他的全部思想必定是有生灭的,为了能够实现他的目的,他必定是完全可朽的,因为他十分重视他的有生灭的部分。热忱地喜爱知识与真正智慧的人,使用理智多于使用身体其他部分的人,必定拥有不朽的、神圣的思想,要在人性所能分有的不朽性　　C的范围内获得真理,他一定要完全不朽,因为他永远珍视神圣的力量,并使他身上的神性保持完美,他能得到至高无上的幸福。照料各种事物只有一种方式,这就是给它提供与其本性相合的食物和运动。与我们体内那个神圣的原则天然相符的运动就是思想和宇　　D宙的旋转。每个人都应当通过学习宇宙的和谐运动来矫正我们头脑的运动过程,这个过程在我们出生时就遭到歪曲,我们要使思想的存在与思想同一,更新它的原初性质,在达到这种同一后过上诸神摆在人类面前的最幸福的生活,既为人类的当前,也为人类的未来。

　　　到此为止,我们这场讨论一开始所规定的任务就要完成了,从　　E创造宇宙一直谈到创造人。只要仍旧属于这个主题的范围,我们还可以简略地提一下其他生物的生成,这样做能使我们的论证达到最佳程度的均衡。下列观点都与生物这个主题有关。来到这个

91　世上的男人如果是懦夫,或者过着一种不正义的生活,那么可以合理地认为他在下一次出生时就会变成女人。这就是诸神在那个时候要在人身上创造性交欲望的原因,他们在男人身上造出一种具有生命力的基质,又在女人身上造出另一种具有生命力的基质,按下列方式分别进行。体内的液体流经肺部,再经过肾脏而进入膀胱,并由于气的压力而排出体外,诸神在那排泄液体的出口处钻了

B　一个孔,使之能接触到那从头部经过脖子沿着脊椎下来的渗入体内的骨髓,在前面的谈话中我们称这种骨髓为种子。拥有生命和呼吸能力的种子在那个部分产生,并从那个部分得到一种向外发射的强烈欲望,由此在我们身上创造了生育之爱。男人身上的生殖器因此而变得不听节制,自行其是,仿佛一头不可理喻的野兽,

C　在情欲的推动下变得疯狂,想要支配一切;而女人所谓的子宫或母体的情况是相同的。子宫里的小生灵① 具有生育子女的欲望,如果到了适宜的生育年龄而又长时间没有生育,它们就不耐烦,生气了,于是就在体内到处乱爬,堵住呼吸的通道,并通过阻塞呼吸而使它们抵达端点,引发各种疾病,直到两性的欲望和爱情使男女互

D　相结合,就像从树上采摘果实,播种在田野一般的子宫里,然后那些微小无形的、肉眼看不见的小生灵再次分裂,在体内成熟,最后终于诞生,动物的生殖就这样完成了。

　　女人以及一般的雌性动物就被造成这个样子。但鸟类却是由那些天真而又轻率的男人变形而成的,尽管他们的心灵也朝向天空,但由于心思过于简单而又以为可以用视觉最清楚地证明天上的事物;这些人在转世时就被再造变形为鸟,身上长出羽毛而不是

E　毛发。野生爬行动物这个种族来自那些思想上从来没有哲学,又从不考虑天空性质的人,因为他们停止使用头部的运动,听从胸腔

---

　　① 指卵子。

内那两部分灵魂的使唤。如此习以为常,他们的前肢和头颅就耷拉下来,靠近地面,因为彼此性质相近;他们的头部也变长了,并且有各种形状,由于不使用,他们头脑中的灵魂运动已经崩溃了。这就是它们被造成四足或多足动物的原因。动物越愚蠢,神给它们的支撑就越多,它们也就更加接近地面。这类运动中最愚蠢的就把整个身体匍匐在地面上,而不再需要脚,所以神就把它们造成无足的爬虫。第四类是水中的居民,是从最愚蠢、最无知的人变形而来的,改造者① 认为他们不再配得上呼吸纯净的气,因为他们拥有一颗犯下种种过失的污浊的灵魂,因此就把污浊的深海中的水作为他们呼吸的元素。由此产生鱼类、贝壳类,以及其他水生动物,它们居住在最偏远的地方,这是对他们的极端无知的一种惩罚。这些就是一切动物从一种形态转化为另一种形态的法则,所有动物的转化从一开始就伴随着获得智慧或失去智慧,由于失去智慧而变得愚蠢。

    现在我们可以说,关于宇宙性质的讨论到此结束。这个宇宙接受了可朽的和不朽的生物,借着它们的生成,宇宙自身得以完成,成为一个包容许多可见生物在内的可见的事物。这个惟一被造的天是一位可以感知的神,它是理智的形象,是最伟大、最优秀、最美丽、最完善者的形象。

92

B

C

---

    ①   指神。

克里底亚篇

提　要

　　《克里底亚篇》是柏拉图打算写的三篇一组对话中的第二篇，但我们今天能看到的只有十几页。这组对话中的第一篇是《蒂迈欧篇》，苏格拉底在对话中复述了以前关于建构理想国家的那场讨论的主要线索，然后要三位在场者在下一次会面时讨论，一个这样的国家在一场伟大的战争中该如何行动。蒂迈欧代表三位在场者讲话，宣称他们愿意这样做，并请克里底亚把他从他的祖父那里听来的故事告诉苏格拉底，这个故事发生在好几千年以前，讲的是雅典人所经历的最伟大的斗争。

　　这个故事是克里底亚的祖父从梭伦那里听来的，而梭伦又是在访问埃及时从一些祭司那里听来的。雅典的敌人来自大洋上的大西岛，兵力强盛，当它发出威胁想要奴役整个地中海地区的所有民族时，小小的雅典却战胜了它。不久后，大海淹没了大西岛，整座岛屿沉入海底，再也看不见了。克里底亚现在想要用古雅典人的光荣斗争和辉煌胜利来说明苏格拉底的理想城邦在相似的环境下会如何战斗。蒂迈欧从宇宙的生成一直谈到创造人，然后就把讨论交给了克里底亚。接着，克里底亚就开始讲述远古时期的雅典人的理想国在面对强敌时如何行动。

　　上述内容都是《蒂迈欧篇》的内容，而不是《克里底亚篇》的内容。严格说来，现存的《克里底亚篇》只是两篇对话的一部分导言，但它确实更多地属于第二篇而不是第一篇。大西岛的故事在《蒂迈欧篇》中并不重要，而我们拥有的这几页《克里底亚篇》主要就是对这个神奇岛屿的描述。柏拉图又在使他的心灵得到休息。他在讲述一个美丽的故事，一个所能想出来的最神奇的岛屿。至于这篇对话为什么没有写完，我们一无所知。

正　文

蒂迈欧　噢，苏格拉底，我在这场讨论的汪洋大海中的艰苦航程就要结束了，现在我已经进入港口，感到无比轻松！我的感觉就像旅行者在经历长途跋涉以后终于到达了终点。所以我要向这位在我们的故事中很久以前就已经诞生了的神①　祈祷，求他降恩帮助我们，把我们讲过的话保存下来，如果我们在谈论这些事情的时候无意中说了什么错话，也希望他给予适当的处罚。让偏离正道的人回头乃是正确的处罚，这样才能使我们在以后讨论创造诸神的时候能够提出正确的看法。我要恳求他把最确定的、最优秀的药物赐给我们，这就是知识，与此同时，我要把继续讲述这个故事的任务交给克里底亚，而我们原来讲好要由我来讲述。

克里底亚　是的，蒂迈欧，我接受这个任务。但我在开始的时候也必须提出同样的要求，就像你以前对我提出的一样。由于这个主题十分重大，因此我必须恳求得到你们的迁就，考虑到剩下来有待继续讲述的内容，我甚至感到比你更有权利提出这样的要求。当然，我完全明白我的要求看起来很冒昧而又不得体，可是我不能不这样做。确实，就你刚才的阐述来说，有哪个头脑健全的人会不承认它的精妙绝伦呢？而我尽力想要说明的是我将要阐述的内容

106

B

C

107

————————

①　指宇宙。

B 更难把握,所以我要求得到更大的迁就。蒂迈欧啊,事实上人们谈论诸神要比谈论像我们这样的凡人更加容易,谈论诸神更容易令听众满意。听众若是对某些事情不熟悉或完全无知,就会给谈论者带来了极大的便利,就诸神的事务来说,我们当然知道自己对此会有多少知识。我要做的无非就是把我的意思说得比较清楚,并且尽可能举例说明。我们每个人作出的所有表述当然都属于想象和

C 描述。现在,假定我们在考虑画家所描绘的神像和人像的难易程度,看它们如何分别给观众留下满意的印象。我们会看到,如果画的是大地、山峦、河流、森林、星空,还有一些在天上运动的星辰,一方面,这些东西只要能画得有一点儿像,人们就感到满意了,另一方面,由于我们对这一类对象的知识从来不是精确的,所以我们不

D 会对作品进行批评和考察,并且在遇到这种情况时就容忍了这些不清晰的、欺骗性的画法。但若艺术家要画的是人体,我们的日常观察使我们很快就能发现这种画的缺点,如果有谁不能画出完全相似的画,我们就会提出严厉的批评。那么好吧,我们应当承认讨论问题也是这种情况。如果谈论的主题是天体和神,那么只要有一点儿相似我们就感到满意;如果谈论的主题是生物和人,那么我们就会提出许多批评意见。我们当前未经预演的叙述也一样,如果我不能取得恰当、完美的效果,请你们务必多多包涵。事实上,

E 我们必须明白,想要生动地描述人的生活是困难的,而不是容易
108 的。苏格拉底,我要提醒你们注意这一点,尽量迁就我要讲述的内容,而不是不予迁就,而为了做到这一点,我已经说了一大堆话。如果你们全都感到我的要求是正当的,那就请你们欣然同意吧。

苏格拉底 我们当然会表示同意,克里底亚。我们不仅会迁就你,而且还会迁就在你之后要发言的赫谟克拉底。不消说,过一

B 会儿轮到他发言的时候,他也会提出和你一样的请求。为了让他能够准备一段新鲜的开场白,而不必再说这种老套,希望他能明

白,在他还没有开口之前,我们已经同意让他任意发挥了。不过我得警告你,亲爱的克里底亚,请注意你的听众们的心理。在你前面出场的这位创作家①已经给人留下了神奇的、令人喜爱的印象,如果你想要证明自己并不比他差,那么你需要最仁慈的迁就。

赫谟克拉底　苏格拉底,你对我朋友的警告也就是对我的警告。但是,克里底亚,俗话说"没有勇气就不能得到胜利",所以你必须像一名男子汉一样勇敢地开始你的讲述,你要请求佩安②和缪斯的帮助,展示和赞扬你的古雅典同胞。　　　　　　　　　C

克里底亚　啊,我亲爱的赫谟克拉底,你的位置在后,前面还有别人,所以你仍旧勇气十足。不过,等一下你就会明白这是一种什么样的境况了,但不管怎么说,我必须接受你的鼓励和建议,尽量恳求诸神的帮助,包括你提到的这些神,但首要的是记忆女神。　D我的讲话幸运与否就取决于她的力量。只要我能充分回忆和复述这个由梭伦带回来的、由祭司们讲述的故事,那么我相信,在场的诸位会认为我的任务完成得不错。不过,闲话少说,现在我就开始讲故事。

首先让我们提醒自己,自从我们要说的这场战争在"赫拉克勒斯之柱"③两边的居民之间爆发以来,至今已有九千年了。故事　E说,我们的城邦从头到尾承担着指挥一方的重任,而另一方的领袖是大西岛的国王。你们记得,我们说过大西岛是一个比利比亚和亚细亚加在一起还要大的岛屿,但是后来由于地震而整个儿沉没到海底,成为不可航行的暗礁,阻碍着人们穿越海峡进入大洋。至

---

① 指蒂迈欧。

② 佩安(Paean)最初是希腊神话中为诸神治疗疾病的医生的名字,后来在更一般的意义上指除恶者,并与阿波罗神混同。

③ 赫拉克勒斯之柱(the Pillars of Heracles)是指直布罗陀海峡。

于当时有多少野蛮人和希腊人的部落,随着我下面叙述的展开,你

109 们就能知道各种各样的细节了。但我们一开始必须了解一下当时
雅典人的政治状况以及他们所抗击的敌人的情况,而在这两个方
面,我们必须先谈我们的同胞。①

　　远古的时候,诸神把整个大地划分为若干区域,但没有为此而

B 发生争斗。以为诸神不知道什么是他们自己应得的,或者以为他
们虽然知道这一点,但有些神想要通过争斗而攫取属于其他神的
东西——这些都是歪曲事实的想象。他们通过公正的抽签划定了
各自的领地,但在自己的领地上安顿他们自己的兽类和畜类的时
候,他们却没有像牧人对待牛群一样很好地喂养我们。不过,他们

C 不像牧人用鞭子抽打羊群那样用强力来逼迫我们的身体,而是按
照生物自己的意向来调节它们的生命进程,用说服的方式控制它
们的灵魂,为它们掌舵,从而使整个有生灭的族类活动和前进。就
这样,不同的神得到了不同的区域作为自己的领地,分而治之。但
是赫淮斯托斯和雅典娜是同父所生的兄妹,性格相同,再加上都喜
爱智慧和技艺,所以他们也得到一块共同掌管的领地作为才艺和
理智之家,这就是我们这块土地。他们在这块土地上培育了一个

D 善良的种族,把政治的本领教给他们。他们的名字虽然保留下来,
但他们的业绩却由于年代久远和他们继承人遭到毁灭的缘故而湮
没无闻。我们已经说过,那些幸存者的后裔只是不识文字的山地
居民,他们听说过这个国家的统治者的名字,但对他们的业绩却知
道得甚少。尽管他们非常乐意把这些名字传给他们的子孙,但对
先辈们的德行与法律他们除了一些隐晦的传说之外几乎一无所

E 知。更由于他们和他们的子孙多少世代以来一直生活在贫乏之
中,因此他们所注意的是他们自己的需要,所谈论的也是他们自己

---

　　① 指远古希腊人。

的需要,因此遗忘了这些远古时代的故事。神话传说的搜集以及研究古代事物,只有到了人们已经拥有了生活必需品并有了大量闲暇之后才发生在城里,而在此之前则是不可能的。这就是为什么有许多古人的名字保存下来了,而他们的业绩却没有得到保存。我可以担保我的话是正确的。如梭伦所说,祭司们在叙述当年战争的时候提到了许多名字,比如凯克罗帕斯、厄瑞克透斯、厄里克托纽、厄律西克松①,以及史籍中有记载的忒修斯② 以前的大部分人物的名字,还提到了一些妇女的名字。尤其是,按照当时的习俗,这位女神③ 的形象被刻在头盔上,表明当时的妇女和男子一样参加军事训练,可见一切雌雄相伴而群居的生物生来就能共同实施他们那个族类所擅长的活动。

在那个时代,住在这片土地上的大部分公民都忙于从事各种技艺和耕作,但是以打仗为职业的这种公民一开始就被那些神圣的人④ 分开,单独居住。他们没有任何私人财产,把一切物品都视为公共的,除了充足的给养,他们不向他们的同胞公民要求任何东西,简言之,他们从事我们昨天谈话中虚构的卫士阶层的各种实际活动。尤其是,我们所说的这个国家的疆域是真实可信的。首先,她的疆域从地峡开始,朝着内陆这一边一直延伸到基塞隆山⑤

110

B

C

D

---

① 凯克罗帕斯(Cecrops)是传说中阿提卡的第一位国王、雅典城邦的创建者;厄瑞克透斯(Erectheus)是传说中的雅典国王,是冶炼神赫淮斯托斯与凡人所生;厄里克托纽(Erichthonius)是传说中最先使用四匹马驾驶战车的雅典国王;厄律西克松(Erysichthon)是传说中帖撒利国王德里奥帕斯的儿子,因遭农业女神的诅咒,自食其肉而死。

② 忒修斯(Theseus)是传说中的希腊英雄和雅典国王。

③ 指雅典娜。

④ 指传说中的英雄或城邦创建者。

⑤ 基塞隆(Cithaeron)位于希腊半岛中部玻俄提亚地区与阿提卡地区之间。

E　和帕耳涅斯山① 的顶峰,再从右边经过俄罗比亚② 地区直抵海边,左边则以阿索普斯河③ 为界。还有,我们这块土地比世界上任何土地都要肥沃,所以在那个时代确实能够供养一大批不耕种的武士。有许多事实可以证明这块土地的优越。由现存的遗迹可知这块土地土壤种类多样,适宜耕种,易获丰收,可与世上任何土

111　地相比,这里的草场适宜放牧各种牲畜。但在古代它的出产是最丰富、最优质的。有什么证据可以证明这一点,我们为什么要称之为现存的遗迹呢? 这块土地是大陆突向大海的一条细长的岬角,

B　我们知道它的海床边缘的大海非常深。在这九千年中——从我们谈论的时代到现在为止——有许多次可怕的大洪水,在这些周期性的运动中,从高处不断冲刷下来的泥土没有像别的区域那样沉积,而是不断地流失到深深的大海中去。结果,通常在一些小岛上发生的情况就出现了。与当初的土地相比,如今留存下来的土地可以说就像一位病人留下的骨骼,所有松软肥沃的土壤全都冲走了,只剩下一副贫瘠的空架子。在我们谈论的那个时代,这种荒凉

C　的状况还没有开始。现在的高山都是光秃秃的,而在我们现今称作费留斯平原④ 的那个地方过去覆盖着许多肥沃的土壤,在山区则有大量的森林,至今仍能看到这些森林的遗迹。我们现在有些山只能长些小树,而在并非很久以前那里的树木还可用来建造巨大的房屋,这些房屋倒塌之后,屋顶上的椽子至今仍旧保留下来。

D　那里也还有许多人工栽培的树种,为牲畜提供取之不尽的饲料。此外,土壤也逐年得益于"宙斯之水",不像现在这样,雨一下来就

① 帕耳涅斯山(Parnes)位于阿提卡地区东北部。
② 俄罗比亚(Oropia)地区位于希腊半岛。
③ 阿索普斯河(Asopus)位于帖撒利地区。
④ 费留斯(Phelleus),地区名。

从光秃秃的地面流入大海,而是被深厚的土壤吸收,贮存在那无气孔的、可以制陶的粘土中。就这样,较高地区吸收的水分渗透到低洼的地方,给各地带来清泉与小溪。过去有过清泉与小溪的地方至今仍有圣地留存至今,足以证明我们对这片土地的解释是真实的。

以上就是这个国家大致的自然条件,人们在这片土地上辛勤耕作,就像我们可以期待真正的农夫所做的那样专心。他们虽然没有其他职业,但也热爱一切高尚的东西,拥有极高的自然禀赋。他们拥有肥沃的土地和充足的水源,风调雨顺,气候宜人。至于当时城市的起源是这样的。首先说雅典卫城,当时的雅典卫城不是现在这个样子。它之所以变成现在这样乃是因为一场突如其来的大洪水在一个晚上把这里的土壤全部冲走,然后又发生地震,接着丢卡利翁[①] 时代的那次大洪水之前的第三次大洪水又来了。而在另一个较早的时期,雅典城的范围非常大,它一直延伸到厄里达努河畔和伊利苏斯河畔,把普尼克斯山包括在内,另一面的边界则与吕卡贝图山相对。[②] 整个地面覆盖厚厚的土壤,除了少数地方,大部分地面是平坦的。城外沿山麓一带住着工匠和耕种附近土地的农夫,山顶上只有卫士的住所环列于雅典娜和赫淮斯托斯神庙的周围,神庙有一道围墙隔开,就像一所住宅的花园一样。在城北边,他们按照神庙的样式建造了公共住宅和冬季食堂,以及其他适宜他们共同生活方式的房屋,只是没有金银装饰品,因为他们在任何情况下都不会把这些金属用于这种目的。他们在豪华和卑贱之

E

112

B

C

---

① 丢卡利翁(Deucalion)是希腊神话人物,青铜时代的人类做了坏事而激怒宙斯,宙斯发大洪水消灭人类,仅存丢卡利翁夫妻二人。

② 厄里达努河(Eridanus)流经雅典城北,伊利苏斯河(Ilissus)流经雅典城南,普尼克斯山 (Pnyx)是雅典卫城西部的一座小山,吕卡贝图山(Lycabettus)则是雅典城东北方一座较大的山。

间采取了一个中庸之道,给自己建造体面的住房,在那里一直住到老,世代相传,每一代都是卫士。到了夏天,他们自然地离开原先的花园、体育场和食堂,来到城南活动。在现今卫城的地界上,当时只有一个喷泉,后来因为地震而闭塞了,但喷泉附近至今还有泉水潺潺流出。它当时提供了充足的水源,无论冬夏都一样。这就是他们的生活方式。他们就是本邦公民的卫士,自由地追随希腊人的领袖。他们还尽量使有资格携带武器担任卫士的男女两性数量相同,保持在大约二万人左右。

由于有这样的人格和这样先进的管理方式,希腊人和他们的共同体是正义的。他们仪态俊美,德性完善,以此著称于整个欧罗巴和亚细亚,拥有当时最伟大的名声。至于当时希腊人的敌人的情况,如果我还记得小时候听来的故事,如果我听到的这个故事是真实的,那么我现在就可以讲给你们这几位朋友听。

但是在开讲之前,我必须作一个简短的解释,免得你们听到我屡次用希腊名字称呼蛮夷而感到惊讶。产生这种情况的原因在于,梭伦当年曾想用这个故事作为创作诗歌的素材,所以他考察了这些名字的含义,并且发现最初提到这些名字的埃及人已经把它们译成自己的语言了。而梭伦在弄懂了名字的含义以后又把它们译成我们的语言,写在自己的手稿中。我父亲得到了他的手稿,后来又传给了我,我从儿童时代就熟读了这些手稿。所以,你们要是听到这些名字就像我们同胞的名字一样,请不要感到奇怪,我的解释到此结束。好吧,这个故事确实很长,开头大约是这样的。就像我们前面说的那样,诸神用抽签的方式把整个大地划分为几个区域,有大有小,在各自的领地上建立自己的庙宇和祭坛。波塞冬得到大西岛这块领地,把他与一位凡间女子所生的儿子安置在大西岛的某个地区,我们现在就来描述这个地方。从岛的中部直到海边,有一片平原,据说是世上所有平原中最美丽的,土质也非常肥沃。而距这片平原中心处大约五十斯塔达① 的地方，矗起一座四面陡峻的高山，世上没有比它更高的山了。山上住着一位原始的"地生人"②，名叫厄维诺，还有他的妻子留基佩。这对夫妇只有一个女儿，名叫克利托。等她到了可以婚嫁的年龄时，她的父母都死了。波塞冬爱着这个姑娘，和她做了夫妻。为了使她居住的这座山不受外人侵袭，他切断了山下四周的土地，用大大小小的海和陆地一圈圈地围绕那座山，形成屏障。要是我们能称之为圈的话，从岛中央算起，他一共造了两道这样的陆地圈，三道这样的海洋圈，各圈之间距离相等，使人无法接近，因为当时还没有船舶，也没有航行。波塞冬亲自安排位于中心的岛屿，对神来说这是件轻而易举的事。他从地下引出两股清泉，一股是热的，一股是冷的，使那里的土地长出大量可供食用的各种植物。然后他生了五对孪生儿子，又把整个大西岛分为十块。他把包括孩子们的母亲的住处以及周边地区在内的那块土地赐给第一对孪生子中的头生子，这块土地是十块土地中最大最好的，并指定他的头生子做国王，统治他的弟弟。其他的儿子则封为亲王，每人管辖许多民众和大片国土。接着，他给他们起名字。那位当了国王的大儿子叫阿特拉斯，也就是大洋和整个大岛的名字；这个岛之所以被称作大西岛乃是因为古代的第一位国王是阿特拉斯。③ 他的孪生弟弟的那一份领地在这座岛接近"赫拉克勒斯之柱"的一端，与现今称作伽

D

E

114

B

---

① 斯塔达(单数 stadion，复数 stadia)是希腊长度单位，意译为"希腊里"，一斯塔达约合 606.75 英尺，约合 185 公尺。

② 按古希腊传说，有一种人是从土地中生出来的，称为"地生人"。

③ 大西洋和大西岛词根是阿特拉斯(Atlas)。在希腊神话中，阿特拉斯是肩负天空的神，后来由于看了女怪墨杜萨的头，化成一座大山，就是非洲西北部的阿特拉斯山。大西洋(Atlantic Ocean)一名阿特拉斯衍变而成。大西岛(Atlantis)这个名字原为阿特拉斯女儿的名字。

狄拉①的地区相对,他弟弟的名字在希腊文中叫做欧美卢斯,但用他自己国家的语言来说是伽狄鲁斯,他的名字无疑也是这个地区名字的起源。第二对孪生子,一个叫安斐瑞斯,另一个叫厄维

C　　蒙;第三对孪生子,大的叫涅塞乌斯,小的叫奥托克松;第四对孪生子,大的叫厄拉西普,小的叫麦斯托;第五对孪生子,大的叫阿札厄斯,小的叫狄亚瑞佩。这批兄弟和他们的后裔在岛上居住了许多个世代,统治着他们自己的领地以及大海上的其他许多岛屿,此外,还像我们已经说过的那样,他们作为宗主国,还统辖着海峡这一边的民众,远达埃及和第勒尼安。

D　　　　阿特拉斯后来生了许多儿子,都很杰出,国王的王位传了许多代,都由长子世袭。他们拥有巨大的财富,过去任何王室都不曾有过,以后大概也不多见;凡是城市或其他任何地方所需要的资源,

E　　他们应有尽有。尽管这个大帝国有许多附属国的进贡,但它自身的供给主要来自这个岛本身。首先,岛上有各种矿藏,生产坚硬而又可熔的金属,其中包括一种现在只知其名但当时确有其物的金属,叫山黄铜,② 岛屿各处都有采掘,除了黄金之外,它比其他任何金属都要贵重。岛上的森林盛产各种木材,供木匠们制造家具和修建房屋,也能保育大量的野生动物和家畜,甚至还出产许多大

115　象。这里可以给这种最庞大、最贪食的动物提供大量食物,决不亚于给一切栖息在沼泽、湖泊、河流、山野、平原中的其他动物提供的食物。除此之外,这里还出产现今世界上仍可见到的各种香料,无论用的是草根或草茎,还是从花果中提取汁液,都炼制得很精美。至于人工栽培的果实,既有可代裹腹的干果③,又有各种被我们总

---

①　伽狄拉(Gadira)即现今西班牙的海港卡迪斯。

②　此处"山黄铜"的原文是ορίχαλαχ。

③　指谷物。

称为豆子的果实,还有林子里生长的各种果子,吃了这些果子就好 B
像既吃肉又喝酒又有了油脂①;有些果子可供我们欣赏,但不易保
存;② 还有一种果子可以饭后吃,用来缓解饮食过量。③ 这个神圣
的岛屿盛产一切,品质优良而又多产,而当时这个岛屿还在阳光普
照之下。④ 所以,国王们使用这些大地的馈赠来建造和美化他们 C
的神庙、王宫、港口和码头,整个布局大体如下。

　　他们首先在环绕他们祖居的那几圈海沟上架设桥梁,修建一
条出入王宫的大道。他们的宫殿最初就建在他们的神⑤ 和祖先
住处的外围,每位国王一继位就大兴土木,为原来就非常美丽的宫
殿增光添彩,并力图超过前任国王,最后使王宫达到惊人的规模而
又极为富丽堂皇。他们从海边开挖一条运河直抵围绕王宫的内圈 D
海沟,长五十斯塔达,宽三普勒戎,深一普勒戎⑥。沿着这条像码
头一样的运河从海上可以进入这条最里面的海沟,因为他们把这
条运河开凿得非常宽,足以行驶最大的船舶。此外,他们又在三道 E
海沟中间的两圈陆地上开挖水道,挖在那些桥梁之间,使之足以通
过一艘三层桨座的战船,又将水道覆盖,形成地下航路,因为那些
陆地圈的两岸要比海平面高出许多。由运河相连而进入大海的那
条最大的海沟,宽三个半斯塔达,与之相邻的那一圈陆地也是同样
的宽度。再向内的水陆两个圈的宽度都是二斯塔达。直接环绕中 116
心的一圈陆地则宽一斯塔达,中心岛即是王宫所在地,其直径为五

---

　　① 指橄榄或椰子。
　　② 指石榴或苹果。
　　③ 可能指香橼,一种常绿小乔木,果实长圆形,黄色,果皮可入药。
　　④ 指当时还没有沉没。
　　⑤ 指海神波塞冬。
　　⑥ 普勒戎(plethron)是希腊长度单位,一斯塔达等于六普勒戎,一斯塔
达约合 101 英尺,31 公尺。

斯塔达。他们用这些水陆圈和桥梁把中心岛团团围住,这些桥梁宽一普勒戎,全部用石头砌成,每座桥的两端都修建了塔楼和门。

B 他们从整个中心岛和内外几个陆地圈的地下采掘石块,有些是黑色的,有些是白色的,有些是红色的;在采掘石块的同时,他们修建了两个地下船坞,以天然岩石作顶棚。有些建筑物是单色的,有些则采用各种颜色的石块,组合在一起构成内在和谐而又色彩缤纷的装饰花样。他们把最外面的一道城墙抹上涂料,朝外的一面抹

C 的是黄铜,朝内的一面抹的是熔化了的锡,而真正卫城的围墙则用山黄铜涂抹,像火一样闪闪发光。

　　卫城内的王宫布局如下:王宫中心建有奉祀克利托和波塞冬的神庙,任何人不得随意进入,周围设有黄金围栏,这里原是十位国王和亲王的诞生地,也可说是这个种族各支派的发祥地。十大区域的民众每年按季节运送时鲜果品到这里,祭献给各位国王和

D 亲王。波塞冬自己另有一座神庙,长一斯塔达,宽三普勒戎,高度与此相应,但外观上带有非希腊的风格。整座神庙的外部用白银涂饰,山墙上装饰的雕像除外,是用黄金涂饰的。至于神庙的内部,屋顶完全是象牙的,包裹着黄金、白银和山黄铜,其他墙壁、柱

E 子、地板,等等,全都用山黄铜涂饰。庙中安放着一座波塞冬的金像,他站立在一辆由六匹长翅膀的骏马拉的战车上,十分高大,头部接近屋梁,周围是一百个骑着海豚的涅瑞伊得斯①,人们相信海中的仙女是这个数目。还有其他许多民间奉献的雕像安放在那里。庙外四周排列着十位国王和亲王以及他们的王妃的金像,还有其他许多巨大的雕像是由本国以及附庸国的国王和民众奉献的。还有一个祭坛,其体积之大与制作之精堪与整座神庙相配;王宫的建筑亦与宏伟的帝国和壮丽的神庙相称。

---

① 涅瑞伊得斯(Nereids)是海中的仙女。

他们使用两股泉水,一股是冷的,另一股是热的,水量充沛,水 117
质优良。泉眼四周盖了房屋,种了许多与水质相合的树木,还建有
一些浴池。这些浴池有些是露天的,有些则在室内,以便冬天洗热 B
水澡。浴池有好几种类别,分别供国王、普通公民、妇女使用,还有
专供马匹和其他负重牲口用的,各种浴池都配有相应的设备。浴
后的废水被导入波塞冬的丛林,那里有各种树木,由于土质肥沃,
所以都长得异常高大和美丽,然后再通过一些桥边的沟渠将水排
入外圈海沟。除了许多祭祀诸神的神庙,他们还建造了许多花园 C
和运动场。有些运动场供人使用,有些运动场供马使用,建在由那
些环状海沟形成的陆岛上。特别是,他们在较大那个陆岛上保留
了一块土地作跑马场,宽一斯塔达,长度则为绕岛一周,在这里进
行赛马。跑道的两边建有营房,大部分卫士驻扎在这里,一些亲信 D
卫士则驻扎在靠近卫城的那圈较小的陆地上,另有一些最忠诚的
卫士则驻扎在卫城中靠近王宫的地方。船坞里停满了三层桨座的
战船,码头上堆放着各种船用装备,秩序井然。有关王族住地的安
排就是这些。如果经过三个最外面的港口,可以看到有一道城墙,
从海边开始,与最大的海沟和海港的距离均为五十斯塔达,两端衔 E
接在通入大海那条运河的出口上。在这道城墙以内,居民住宅鳞
次栉比,港口和运河中船舶相拥,来自世界各地的商贾云集,喧嚣
熙攘的人群昼夜不绝。

我已经相当忠实地向你们报告了我听说的这个城市和古老王
宫的状况,现在我必须尽力回忆这个区域及其组织的一般状况。首 118
先我要说的是,这个地区作为一个整体据说是一片高原,它的海岸
十分陡峭,但是城市周围却是一片平原,平原以外又被绵延到海边的
高山环绕。这片平原是平坦的,呈长方形,长三千斯塔达,其宽度从这
片内陆的中心算起到海滨约为二千斯塔达。这片内陆坐北朝南,北方
来的冷空气对它没有影响。当时环绕这片内陆的山脉,其数量、宏伟、 B

美丽都是现今存在的任何山脉所无法比拟的。山间有无数富庶的村庄,又有众多河流、湖泊、草地,给各种野兽和家畜提供丰富的饲料和饮水,还出产不同种类的木材,充分满足各种类型制作的需要。

C　　　一方面是由于原始的地理构造,另一方面是由于历代国王的长期经营,这片平原形成了这样一种状况,我现在就来描述一下。这块土地最初生来就是四边形的,是一个长方形,四个角接近直角。他们在这块土地的四周挖了一条水道,使得原来不够整齐的地方都变整齐了。至于这条水道的长、宽、深,听起来令人难以置信,因为与其他同类工程相比,人们会觉得如此巨大的工程决非人力所能完成,但我必须把我听到的故事原原本本地告诉你们。这

D　条水道的深有一普勒戎,宽均为一斯塔达,由于沿着整个平原的四边开挖,所以它的全长为一万斯塔达。这条水道接纳从各处山上流下来的溪水,环流平原四周,经过城市两侧,然后由此宣泄入海。城市后面朝着山峦的那些内陆上开凿了一些笔直的运河,宽约几普勒戎,横切平原,流入通往大海的水道,每两条运河之间的距离

E　为一百斯塔达。这些运河用于把木材从山里流放到城里来,还可在生产中利用舟楫之便。城市与城市之间也有一些渠道可供交通。这里每年实际上有两次收获。农夫在冬季靠天空降雨,夏季则靠水渠引水灌溉。至于他们的人数可以这样计算,每块份地都

119　有一名军事小头领进行管辖,面积约为一百平方斯塔达,份地的总数达六万。位于山区和国内其他部分的份地数量也是巨大的,全都按照规定划分为不同的地块,并按照自然区域或村落指定头领。每位头领按规定都应当提供这样一些军备和士兵:六分之一辆战

B　车(总计可有一万辆战车)、两匹马及两名驭手、两匹不带战车的马、一名持轻盾的战斗兵、① 一名能骑马的驭手;此外还有重装兵

---

① 这种战斗兵从战车上跳出去徒步战斗。

两名、射手和投手各两名、轻装掷石手和标枪手各三名;还要提供水手四名(总共配置一千二百艘战船)。以上就是王城的兵力部署,其他九大地区情况各不相同,需要很长时间才能细说。

官职和权力的分配从一开始就有如下规定:十位国王和亲王 C 在他们自己所管辖的地区和城市里对民众拥有绝对的统治权,他们可以制定大部分法律,还可以按他们的意愿处罚和处死任何人。但是这些国王和亲王之间的权力关系则由波塞冬规定,以法律条 D 文的形式由最早的国王铭刻在位于中心岛的波塞冬神庙的一根山黄铜柱子上。实际上,这些国王和亲王们习惯每隔四年和五年——表示对偶数和奇数同样尊重——在这座神庙里聚会,讨论他们的共同事务,查询各自有无违反法律的情况,并且做出判决。在此之前,他们先按照下列方式交换誓言。在波塞冬圣地里养着许多献祭用的公牛,① 十位国王和亲王屏退随从,单独留在庙内。 E 他们向神祷告,求神保佑他们能捉住他所愿意接受的牺牲。然后他们开始追捕公牛,只用棍棒和套索,不用铁器。捉住任何一头公牛之后,就牵到那条铜柱旁,在柱顶上割断牛的喉管,使鲜血流到那铭文上。在那铜柱上除了刻写着法律条文之外,还有一句祈求神力降祸于违法者的咒语。他们按照自己的礼仪献祭,献上公牛 120 的四肢,然后他们调制了一大碗酒,每人往酒中滴入一滴牛血,等柱子洗刷干净以后,其他牛血就倒入熊熊大火。然后他们用自己的金杯从大碗中舀酒,行奠酒礼,把酒撒在火上,并宣誓要按照铜柱上所刻的法律进行判决,惩处违法者,使他们今后不再故意犯 B 法,除了遵守祖先的法律外,不制定也不遵守其他任何诫命。当每位国王和亲王为他自己同时也为他的家族发了重誓之后,他就喝尽杯中之酒,并且将金杯献给神庙。献祭完毕以后,他们吃了筵

---

① 祭祀波塞冬时宰杀公牛,参阅荷马:《奥德赛》,第3卷,第6行。

C 席,办了一些必要的事情。夜色降临时,祭坛上的火已经熄灭,他们穿上最华丽的深蓝色长袍,傍着祭火的余烬通宵坐在地上,此时圣地各处的火把也全都熄灭了。如果有人提出指控,就在这个时候进行,并且进行判决。判决之后,等到天明,他们就在一块金牌上写下判决,连同他们所穿的礼服一并奉献给神庙,作为纪念物。那里还有一些有关国王权力的专门法律,其中最主要的是:不许亲

D 王们同室操戈;倘若有人企图在任何城邦推翻他们的王室,其他亲王就应当前往救援;他们应当像前辈们一样共同商议有关作战方略和其他事务;战争指挥权属于阿特拉斯国王。还有这样一条规定:若无十人之中半数以上的同意,国王无权处死任何一名亲王。

当时位于这个区域的国家是强大的,神赋予它神奇的力量,但是后来它侵犯我们这个地区,其原因在故事中是这样的。在许多

E 个世代中,那里的人作为神的姻亲拥有一些神性,能够服从法律。他们确实是真诚和高尚的,能公正而又谦卑地处理相互之间的关系。因此,他们除了美德以外看不起其他任何东西,并轻视他们眼

121 前的繁荣,把他们所拥有的大量黄金和其他财物当作一种累赘。巨大的财富并没有使他们沉溺于奢侈的生活,也没有使他们失去自制能力。他们清醒地认识到,所有这些财产是依靠美德和相亲相爱才积累起来的,如果一味追求并且荣耀这些财产,那么就会引起自身的衰退和美德的丧失。正因为有这样的思想,并且在他们身上仍旧拥有神性,所以他们的财富就进一步增长。但是后来他

B 们身上的神性由于经常揉合大量的凡俗成分而变淡变弱了,他们身上的人性开始占了上风,于是再也不能承载他们的幸运,他们的行为也失去了分寸。有清醒眼光的人明白,他们开始变得愚蠢,因为他们最珍贵的天赋中最美好的东西正在失去;但对看不清什么是真正幸福生活的人来说,当他们骄横跋扈、以权势凌人的时候,

还以为自己是美好幸福的。众神之神宙斯依据法律统治他的王国,他有慧眼能够识别这类事情,看到这个光荣的种族堕落到邪恶的境地。他想要对他们进行审判,借此使他们重返正道。于是他命令众神到他最荣耀的住处来开会,此处位于宇宙的中心,可以俯瞰一切有生灭的事物。众神到齐以后,他说……

C

法　篇

提　要

　　《法篇》是柏拉图的最后一部作品,在他去世前若干年内写成。它与其他对话不同,而苏格拉底没有作为对话人物出现这一事实强化了这种差别。在《智者篇》、《政治家篇》、《蒂迈欧篇》中,苏格拉底起的作用很小或没起什么作用,但毕竟都出场了,参与对话了。而在《法篇》中,他一次也没有被提到。

　　三位老人——一位克里特人,一位斯巴达人,一位雅典人——在克里特相遇,谈论法的好坏。最后,那位克里特人和那位斯巴达人要那位表现得具有较高智慧的雅典人谈谈,一种优秀的制度应当有什么样的法。他们同意法在理想国中不会产生,因为理想的国家根本不需要法,而需要用法来统治的地方必定有不正义的现象存在。但不管怎么说,法的统治无论如何是第二流的。这种意见表达了人们对利益共同体的真实看法,如果加以坚持,就能增进对理想共同体的理解,进而改善实际的法。

　　柏拉图老了,死亡已经离他不远。他将与之辞别的这个世界具有与以往不同的面貌。对他来说,这个世界也变得极为重要。他不想进一步寻求彼岸世界,而是要回到尘世中来实现他看到的某些真理。他放弃了诗性思维和讲故事的方式,把塑造人性而非推进知识当作国家的首要事务,不过他的这种想法并不表明他放弃了先前的信念,即只有知道什么是正义才能成为正义的人。

　　柏拉图在《国家篇》中说过,凡人的事务不值得过分严肃地对待。他在《法篇》中重复了这个意思,但又说严肃对待还是必要的。然后他花了大量篇幅谈论如何用法规范生活。有一条法的开头是这样的:"关于梨、苹果、石榴,以及类似的水果……"。诸如此类的内容占据了大量篇幅,但读者若是坚持着读下去,就可以发现柏拉图是在一个新的高度上谈论这些问题。他不可能长时间停留在常识水平上。

　　《法篇》共分十二卷,据说是由柏拉图的学生奥布斯的菲力浦划分的。他的划分不尽恰当,大体说来,第一、二卷讨论立法的基本原则,第三卷谈到国家的起源,第四、五卷比较各种政体,第六卷讨论官吏的任命,第七卷谈教育,第八卷谈爱情,第九卷谈惩罚,第十卷谈宗教和神,第十一卷谈贸易和遗产继承,第十二卷谈军事和外交。

正　　文

第　一　卷

　　雅典人　先生,你们所说的这些法的确立应当归功于谁? 归功于某位神,还是归功于某些人?　624

　　克利尼亚　无疑应当归功于某位神。我们会把它归功于宙斯,而在拉栖代蒙,按照他们自己的传说,应当归功于阿波罗,我们这位朋友属于拉栖代蒙。你说,是这样的吗?

　　麦吉卢　没错。

　　雅典人　你是说,弥诺斯像荷马所说的那样每九年与他父亲相会一次,弥诺斯为你们克里特城邦立的法以他父亲的神谕为基础?　B

克利尼亚　我们那地方的故事是这样说的。还有一些细节，625 说弥诺斯的兄弟拉达曼堤斯——你当然熟悉这个名字——怀疑弥诺斯的公正。但无论如何，我们克里特人坚持说弥诺斯处理了古代克里特的法，为他赢得了应得的名声。

雅典人　你确实道出了一种高尚的区别，对宙斯之子尤其适 B 宜。你和我们的朋友麦吉卢都是在这种神圣法的体制下长大的，我们若在今天上午的旅行中花些时间来讨论政治和法，我相信你们不会表示反对。我明白，从克诺索斯①到宙斯的洞穴和神庙相当远，但路上有一些阴凉的地方可以歇脚，否则这个季节的酷热可受不了。这些高大的树木对我们这把年纪的人来说可真是好极了，我们可以多歇歇，说说话。这样，我们就可以抵达长途旅行的终点而不感到疲倦了。

C 　　**克利尼亚**　那当然了，先生，那些丛林惊人地美丽，远处有高大的柏树林，还有大片草地，都是我们可以休息的地方。

雅典人　听你这么说我很高兴。

克利尼亚　你当然会高兴，等我们到达那里，我们大家会更加高兴。好吧，让我们出发，愿我们交好运！

雅典人　一定会的！现在请你告诉我，你们的法对你们的公餐、身体锻炼、特殊装备作了一系列的规定，这样做的目的是什么？

克利尼亚　先生，要问这是为什么，就我们国家的情况来说，D 这个目的十分明显。你们俩自己也能看得出来，克里特岛作为一个整体，与帖撒利不同，二者不在同一水平面上。当然，这就是帖撒利人宁可依靠骑兵，而我们宁可依靠快速匍匐前进的原因，因为我们的地形崎岖不平，只能进行这种训练。在这样的地形上，士兵当然只能轻装，不能负重奔跑；弓箭本身较轻，因此也是值得推荐

---

①　克诺索斯(Cnossus)是克里特王宫所在地。

的武器。这样的安排当然都具有军事目的,如果把我自己确定的看法说出来,那么我们的立法者在进行这些安排时心里想的是战争。例如,他规定公餐的原因就在于,当所有人都上战场并通过战争手段来保护自己时,他看到这种环境就会迫使他们一同就餐。我相信,他有意指责人类的愚蠢,因为人们不明白自己终生处于接连不断的战争中,反对其他所有城邦。因此,如果一支军队为了保护自己而必须在战时共同就餐,被长官指定去放哨的士兵除外,那么在和平时期也应当这样做。在他看来,大多数人谈论的和平只是一个空名,因为在实际生活中,一个城邦对其他所有城邦的常规态度就是未经公开宣布的战争。想到这些问题,你们就会发现我们克里特的立法者着眼于战争,为我们的公共惯例和私人习惯提出了一个普遍的纲领,又本着同样的精神把他的法传给我们,要求我们遵守。他确信,如果不能在战场上保持优势,那么任何财产或交往都不会带来什么利益,战败者的一切好处都将落入胜利者手中。

雅典人　先生,你们的军训似乎可以帮助你们深刻地洞察克里特的制度。但有一个问题你还可以说得更加明确一些。你提到组织完善的城邦,我想你的意思是说这样的城邦必须武装起来,在战争中战胜敌人。我说得对吗?

克利尼亚　完全正确,我想我的这位朋友也会有同样的看法。

麦吉卢　噢,我的好朋友,从任何拉栖代蒙人那里你还能期待有别样回答吗?

雅典人　这也许是对城邦关系的正确检验,但村庄与村庄的关系可能不一样,对吗?

克利尼亚　我认为不对。

雅典人　村庄与村庄的关系也一样吗?

克利尼亚　当然一样。

雅典人　如果拿我们村庄里的一个家庭与另一个家庭相比，或者拿一个人与另一个人相比，结果又如何呢？结果也一样吗？

克利尼亚　完全一样。

D　　**雅典人**　个别的人也一样吗？如果是这样的话，那么我们必须认为个人与他自身的关系也是敌人与敌人的关系，或者说在这种情况下我们又该怎么说呢？

克利尼亚　啊，我的雅典朋友！我宁可称你为雅典人，而不叫你阿提卡人，因为我想你们得到这位女神① 的喜爱，配得上这个名称。你已经把这个推论推向极致，使你的命题更加确凿无疑，不可推翻。进一步说，你自己对这个已经阐明了的真理会颇感满意。人类处于一种公开的战争状态，每个人都与其他人为敌；人类同时也处于一种秘密的战争状态，每个人都与自己为敌。

E　　**雅典人**　请你告诉我，这种秘密战争状态该如何理解？

克利尼亚　呃，先生，在这种状态下一个人可以赢得最基本、最细微的胜利，也就是战胜自我。如果战败了，那么他也是被自我打败的，这种情况最难以令人置信，也是最具毁灭性的。这就表明，我们每个人都在与自己打内战。

627　　**雅典人**　假定我们把这个论证颠倒一下。倘若每个人都是自己的主人，或者说是由他自己掌握的，那么我们可否说家庭、村庄、城邦都具有同样的特征？

克利尼亚　你指的是它们都可以是自己的主人，或者说可以掌握自己？

雅典人　一点儿没错。

克利尼亚　这又是一个非常恰当的问题。事实是确凿无疑的，尤其是就城邦来说。在任何一个城邦里，如果优秀阶层成功地

---

① 指雅典娜。

统治着大众和低劣阶层,那么这样的城邦可以说是它自己的主人,它也可以正当地接受人们对胜利者的祝贺;但若情况相反,我们就一定要把话倒过来说。

雅典人　低劣者能否真正地支配优秀者,这个问题我们不用 B
提了,因为回答这个问题需要更加充分的考虑。在我看来,你现在的论断是这样一个意思:不正义的多数人有时候可以借助暴力共同征服正义的少数人,他们是不正义者的亲属和同胞公民。如果这种企图获得成功,那么这个城邦可以说是被它自己奴役了,这种情况可以说是邪恶的;但若这种企图失败了,那么我们就说它是好城邦,它是自己的主人。

克利尼亚　先生,这些话听起来有些自相矛盾,但我们不能加 C
以否认。

雅典人　暂停一下,让我们来考虑另一个要点。同一父母可以有许多儿子,如果他们大多数是不正义的,只有少数是正义的,那么这种情况也不值得奇怪,是吗?

克利尼亚　是的。

雅典人　这样的家族或家庭在坏人占多数时可以说是被它自己弄坏了,如果多数人失败了,我们又可以说它又成了自己的主 D
人,你我也不会认为这些说法太琐碎。我们当前考察的目标不是使它的用语更恰当,而是要判明一种立法理论是正确的还是错误的。

克利尼亚　你说得对,先生。

麦吉卢　是的,我也同意,到目前为止,你说得很好。

雅典人　好吧,那就让我们继续前进。我刚才提到的这些一家里的兄弟们可能想要有一名判决者来决定他们之间的事情,是吗?

克利尼亚　那当然了。

　　雅典人　那么谁是较好的判决者呢？把那些坏兄弟全部剪

E 除,命令好兄弟进行统治的那个人,还是把统治权交到好人手里,
但宽恕了坏人的生命,使他们自愿服从这种统治的那个人？ 如果

628 我们能发现一个人能够通过制定规则使一个家庭的多种成员调
和,使他们永远和睦相处,而又不至于死人,那么还可以有第三种
判决者。

　　克利尼亚　这第三种判决者才是最优秀的判决者或立法者。

　　雅典人　但是你注意到了吗,在他为这些人制定的所有规则
中,他立法的着眼点与战争正好相反?

　　克利尼亚　确实可以这样说。

　　雅典人　那么城邦的组织者是什么人? 着眼于对外战争他才

B 去组织城邦生活吗? 倒不如说,他着眼于城邦内部不时发生的内
乱,你知道,这种情况被称作内讧。这是一种任何人都不想在自己
的城邦里看到的战争,或者说如果内讧一旦发生,就希望它尽快平
息,我可以这样说吗?

　　克利尼亚　显然如此。

　　雅典人　下述两种过程人们会喜欢哪一种? 一派战胜另一

C 派,消灭对手,恢复和平,或是通过调解重建友谊与和睦,使公民们
把注意力投向外部的敌人?

　　克利尼亚　呃,任何人都会为了他自己的城邦的利益而喜欢
后一种过程。

　　雅典人　立法者也会这样想吗?

　　克利尼亚　噢,那当然了。

　　雅典人　任何立法者在制定法规时都抱有最良好的意愿吗?

　　克利尼亚　这是不可否认的。

　　雅典人　但是战争和内讧都不是最好的,而是我们祈求加以
避免的东西,和平与互惠才是最好的。这样看来,一个城邦战胜自

己就变得不像是好事,而必定是一种坏事了。尽管一个人可以这　　D
样想,有病的身体要接受医治,这种状况对它是最好的,但他忽视
了从来不需要这种治疗的身体。所以,如果有人对城邦的幸福采
取与此相同的看法,或者说对个别的人的幸福这样看——我指的
是如果对外战争是其惟一关注的目标——那么他就绝不是一名真
正的政治家。任何人要想成为一名成功的立法者,也只能把战争
作为赢得和平的工具,而不能把和平当做战争的工具。

　　克利尼亚　先生,你的论证看起来是健全的,但若拉栖代蒙人　　E
的制度和我们国家的制度不以后者① 为其严肃的目标,那么我就
大错特错了。

　　雅典人　它们无疑具有这个目标,但我们现在关心的是把它　　629
们置于冷静的考察之中,而不想要进行固执己见的争论,因为我们
确信制定这些制度的人心中也和我们一样拥有相同的利益。如果
你们愿意善意地提供帮助来推进这种考察,那么我们可以诉诸于
一位热衷于战争的人讲的话,这个人是堤泰乌斯② ,他出生在雅
典,但后来归化斯巴达,成了我们这位斯巴达朋友的同胞。你们记
得,他说他要"轻视"任何人,无论这个人的财富有多么巨大,也不　　B
论这个人有多少优点——他相当全面地列举了各种优点——除非
他能证明自己是第一流的勇士。③ 克利尼亚,你肯定听说过这些
诗句;至于麦吉卢,他无疑可以随口背诵。

　　麦吉卢　那当然。

　　克利尼亚　我们国家的人也知道这些诗句,是从斯巴达传过
来的。

---

①　指战争。

②　堤泰乌斯(Tyrtaeus)是公元前 7 世纪希腊诗人。

③　堤泰乌斯:《残篇》12。

雅典人　好吧,假定我们一道向这位诗人提问:堤泰乌斯,神灵凭附的诗人,由于你出色地歌颂了战争中的杰出人物,所以我们

C　确信你拥有智慧和天赋。因此,克诺索斯的克利尼亚、我本人,还有我们这位朋友,已经倾向于赞同你的主要看法,但我们想要弄确实我们讲的是不是同一种人。所以请你告诉我们,你是否同意我们区分出来的战争的两种形式?

　　我想,我们实际上并不需要堤泰乌斯这样杰出的诗人来回答

D　说有这样两种形式的战争。被全人类称作内讧的事情是存在的,内讧当然是最危险的战争,这是我们几分钟前说过的;而另一种形式的战争是与各种各样的外敌作战,这种战争相比之下要温和得多,对此我想我们全都会表示同意。

克利尼亚　是这么回事。

雅典人　那么你们那些伟大的颂歌,以及你们相应的赞同,指

E　的是哪一种勇士或战争? 假定你们指的是对外作战。那么,你们在诗句中至少提到了你们不能宽容那些没有勇气去"面对屠杀,打倒和消灭敌人"的人。所以我们可以继续追问下去。你们大加赞扬的堤泰乌斯讲的战士指的是那些在对外战争中抵抗外敌的人。他肯定会承认这一点,是吗?

克利尼亚　他肯定会。

630　　**雅典人**　但是我们肯定,在一种最大的战争中表现出超出常人的勇敢,这样的人更加优秀无比。对此,我们也可以引述一位诗人的话来证明。塞奥格尼是西西里的麦加拉人,他说:"库尔努斯,忠诚的勇士,在那致命的内讧时刻,他的行为比金银还要宝贵。"①因此我们可以断定,这种人可以在一场致命的战争中更好地证明自己胜过其他人,这个衡量的尺度包括正义、自制、智慧在内,再加

---

　　①　塞奥格尼:《哀歌》第77—78 行。

上勇敢，而不是仅有勇敢。因为一个人决不可能在内讧中证明自 B
己的忠诚和忠心，除非他拥有所有美德，而有大量的雇佣军会在堤
泰乌斯所说的这种战争中坚定不移，至死不渝，尽管他们中大部分
人是鲁莽的、不义的、野蛮的、极为冒失的，鲜有例外。我们的论证
现在可以得出什么结论？我们到底想要说明什么？显然，你们那 C
位接受了宙斯教导的克里特的立法者，或者其他任何像他那样老
练的人，在立法中除了以最高的美德为目标不会有其他目标。这
种最高的美德就是塞奥格尼所讲的在危难时刻表现出来的忠诚，
我们可以称之为完全的正义。至于堤泰乌斯专门加以颂扬的品质
可以说相当高尚，值得诗人赞美，但准确地说，它排在第四位，拥有 D
第四等价值。

　　克利尼亚　先生，你把我们这位克里特的立法者的地位排得
非常低。

　　雅典人　不对，我的朋友，不是你们的立法者，而是我们的立
法者，如果我们认为莱喀古斯或弥诺斯在为拉栖代蒙或克里特立
法时主要着眼于战争，那么我们的结论势必如此。

　　克利尼亚　那我们该怎么说呢？

　　雅典人　说真话，把探索真理时必须说的话说出来。他们的 E
立法以作为整体的美德为框架，而不是以其中最不值得考虑的部
分为指向。他们旨在构思一套分类的法典，尽管他们的分类与我
们当今法典的制定者的分类不同。今天的法典制定者在构思任何
附加段落时都要寻找其必要性——这些法典一部分涉及财产及遗
产继承，另一部分涉及人身攻击，以及其他相类似的部分，总数不
定。但是我们认为，我们开始已经说过的立法者构思法律条文的 631
程序是正确的。我毫无保留地赞同你对你们国家立法的评价。从
美德开始，进一步解释这种美德是你们的立法者通过立法想要实
现的目标，这样做是非常正确的。但是当你说他的整个立法只以

某一部分美德为指向，这样说就太轻率了。我认为你的理解有误。
B　还有一个区别，我希望你能在你自己的谈话中看到，而不要指望在
别人的谈话中看到。我可以解释一下它的性质吗？

克利尼亚　我十分乐意。

雅典人　先生，我希望你能这样说，克里特人的法在所有希腊
人中拥有非常崇高的名声，这种状况并非没有很好的理由。这些
法有着正确的目标，影响着乐意守法者的幸福。实际上，法赋予他
们所有好事物。但是好事物有两种不同的类型：一种是凡俗的；一
种是神圣的。前者是后者的结果。因此，一个接受了较大的好事
物的城邦会顺便得到较小的好事物，而拒绝接受其中之一的城邦
C　会同时失去二者。在这些较小的好事物中健康居首位，美貌居第
二位，力气以及其他所有身体素质居第三位，占据第四位的是财
富，财富不是"盲目的"，而是视力清晰的，因为财富是智慧的仆从。
关于神圣的好事物，首要的是智慧，其次是心灵的节制，第三位的
D　是正义，它是智慧、节制与勇敢相结合的产物，而勇敢本身是第四
位的。所有这些东西都排在前一类事物之先，当然了，立法者必定
会注意到这种秩序。然后他会告诉他的公民，他的其他所有命令
实际上都是为了实现这些目标；而在这些目标中，人们看着神圣的
东西，而所有神圣的东西都看着它们的领袖，也就是智慧。立法者
E　应当通过正确分配荣誉和耻辱来监管公民们的婚姻以及后来的生
育活动，还有子女的抚养与成长，从婴儿期直到老年。他必须借助
这些社会关系来仔细观察和研究快乐、痛苦、欲望，以及由欲望引
632　起的激情，并在实际的法律条文中对正确行为给予批准和赞扬。
此外还有愤怒和恐惧这些激情，由不幸引起的各种灵魂的纷扰，由
于交好运而带来的反映，由于处于疾病、战争、贫困，及其对立面，
而引起的各种情感——所有这些情况他都应当加以解释并决定在
这些情况下人的情绪会变得如何，不会变得如何。

其次,我们的立法者必须监管他的公民获取和消费财富的方 B
法,注意这些过程是否拥有正义,看它们是在增强还是化解人们相
互之间的联系,看他们是自愿的还是不自愿的,把荣誉授予依法行
事的人,而对不守法者制定专门的惩罚。最终完成立法时,他必须 C
决定应当以什么样的方式为不同阶层的公民举行葬礼,如何表示
对他们的尊敬。完成立法后,立法者会为整个法律体系设立卫士,
有些卫士拥有智慧,有些卫士拥有真正的信仰,最后由理智来把整
个体系融为一体,使之服从于节制与正义,而不是服从于财富或个
人的要求。

先生们,我希望上面列举的这些线索可以帮助我们在这些归 D
功于宙斯和庇提亚的阿波罗的法中寻找优点,并且希望仍旧由你
们来解释。这些法是由弥诺斯和莱喀古斯制定的,熟悉法的人可
以对它进行科学研究,甚至也可以从生活习惯的角度来研究,但它
们究竟如何形成体系,对像我这样的普通人来说,这个问题并不清
楚。

克利尼亚 先生,我们下一步该做什么?

雅典人 我想我们的考察不需要从头开始,如果你们愿意,我 E
们可以从养成勇敢这种美德的那些训练谈起,然后再考察美德的
第二种形式和第三种形式。一旦完成了最初的论题,我们可以试
着以它为模式,边走边聊,一样样谈下去,以此消磨时间。等我们
讨论了所有美德,到那时候只要神允许,我们可以指出我们所列举
的所有规范都以美德为目标。

麦吉卢 好极了。假定你想要批评我们这位朋友,宙斯的崇 633
拜者,你会怎么做。

雅典人 我的批评同时也针对你和我自己,不亚于针对他。
因为我们全都与这个论证有关。现在开始吧。我们可以说你们的
立法者着眼于战争,规定了你们的公餐和身体锻炼,是吗?

麦吉卢　是的。

雅典人　这样做所要实现的美德是第三位的还是第四位的? 因为在考虑这种美德与其他美德时,把美德的各个部分列举一下是可能的,或者不管怎么称呼这些部分,只要意思清楚就行。

B

麦吉卢　呃,就算第三位吧,我,或者其他任何拉栖代蒙人,都会说追猎是他发明的。

雅典人　假定我们想要发现第四位美德,或第五位美德,要是能做得到,我们该怎么办?

麦吉卢　我也会冒险指出第四位美德,即耐劳,我们斯巴达人的拳击对抗与骑兵突袭训练在很大程度上与这种忍受身体痛苦的美德相连,通常包括严厉的鞭笞在内。① 此外,我们还有一种极好

C

的锻炼吃苦耐劳能力的方法,称作“秘巡”②,参加巡查的人要在冬天赤脚走路,走遍整个国家,不分夜晚与白天,没有任何随从,自己干那些奴仆干的事。还有,我们的“国殇日”③ 也包含锻炼吃苦耐劳的能力,因为这种比赛在炎热的夏季举行。实际上,其他类似的考验还有许多,不胜枚举。

雅典人　我的拉栖代蒙朋友,你说得很好。但请你告诉我,我

D

们应当如何培养勇敢? 用勇敢来与恐惧和痛苦对抗,仅仅如此而无其他内容了吗? 或者说勇敢也包含对抗期望和快乐,以及对抗期望和快乐带来的危险的诱惑与奉承,各种勇敢融合在一起,像蜡一样,形成一种勇敢的气质?

---

　　① 斯巴达贵族家庭的男孩自幼在军营受训,住毡篷草席,吃粗粝之食,而且每年要跪在神像面前受一顿鞭笞,以锻炼吃苦耐劳的能力。

　　② 秘巡(crypteia)是斯巴达的一种制度,指派贵族青年秘密巡查全国各地。

　　③ 国殇日(gymnopaediae)每年举行一次,纪念在提瑞亚(Thyrea)阵亡的勇士,参加庆祝的青年裸体表演舞蹈和体操。

麦吉卢　我相信这是一个正确的解释，勇敢与所有这些东西发生对抗。

雅典人　要承认你的看法，除非我们忘了前面的谈话，我们来自克诺索斯的朋友谈到城邦以及个人是被自己打败的。你们忘了吗？

克利尼亚　我当然没忘。

雅典人　那么好吧，我们要把"坏"这个名称给予被痛苦击败　E的人，还是也应当给予被快乐击败的人？

克利尼亚　我认为这个名称属于被快乐击败的人更为恰当。我想我们全都更倾向于说，被快乐所支配的人是被自己击败的，这种耻辱甚于被痛苦所征服的人的耻辱。

雅典人　那么我们这一对接受宙斯和阿波罗指导的立法家①确实不可能把一种片面的勇敢确立为正宗，这种勇敢只能对抗凶　634恶的敌人，而在那些聪明伶俐、足智多谋、充满诱惑的对手面前却被证明为无能，是吗？他们肯定知道勇敢的两面性，是吗？

克利尼亚　我相信他们知道。

雅典人　那么我必须提出第二个问题。你们这两个城邦有什么习俗可以使人们养成不回避快乐的习惯，就好像不回避痛苦一样？一个人可以被迫或在荣誉的激励下忍受各种痛苦，并且克制　B痛苦。我想说的是，你们的法有什么地方可以找到关于快乐的同类规定？我想知道，你们的制度有什么办法可以赋予人们反抗痛苦和快乐的同样的勇敢，使人在必须胜利之处成为胜利者，使人不至于败在他最邻近的、最世俗的敌人手中。

麦吉卢　先生，我不能随口说出大量有关快乐的法律条文来　C和有关痛苦的法律条文相比，不过我还是比较幸运地知道许多微

――――――――――

①　指莱喀古斯和弥诺斯。

小的细节。

克利尼亚 根据我们克里特的法,我也不能提出同样明显的例证。

雅典人 我的朋友们,这不值得奇怪。但若我们每个人在发现真理和至善的愿望的引导下,在我们这些国家中的任何一个国家的法中考察某些细节,那么我相信我们可以温和地处理这个问题,而不至于彼此结怨。

克利尼亚 说得对,雅典人。我们必须照你说的去做。

D **雅典人** 克利尼亚,苛刻和严厉实际上并不能使我们成熟。

克利尼亚 确实不能。

雅典人 那么,有哪些方法可以用来保存或消除拉科尼亚① 和克里特的制度是另外一回事,就一般情况来说,我可能比你们更有资格指出当前普遍流行的对这些制度的批评。如果你们的法确

E 实是世上仅有的好法,那么我们必须定下这样一条法律:年轻人不得提出这些法应当是什么样的这样一类问题,而应当一致认可它们是神的恩赐,是可敬畏的,不得有不同意的声音,在这个问题上要直截了当地拒绝听取任何争论;但若老年人有些想法,那么他必须在没有年轻人在场的时候把这些想法告诉与他年纪相仿的执政官。

635 **克利尼亚** 完全正确,先生。从我们古代立法家的时代一直到今天为止,我相信惟有你公正地说出了他的意图,说得完全正确。

雅典人 好吧,现在没有年轻人在场,至于我们这些人的年纪足以得到立法家的许可,我们可以就这个主题进行一场私人谈话,

---

① 拉科尼亚(Laconia)是伯罗奔尼撒半岛上的一个地区的名字,此处指斯巴达。

而不至于有所冒犯。

克利尼亚　是这样的。因此，我们请你无保留地批评我们的制度。如果我们的消息来源正当，彼此又无怨恨，那么我们就不会由于听到某些事情而感到受了冒犯，反而会得到修正的机会。

雅典人　谢谢你。但是我当前的目标不是批评你们的法，因 B 为我们还没有对之进行彻底的考查，而是想指出问题的难处。你们的城邦在所有城邦中，希腊人的也好，非希腊人的也罢，是我们所知惟一的这样的共同体，立法者命令你们把最强烈的快乐和愉悦完全抛弃，尽管在我们刚才讨论的与痛苦和恐惧有关的事务中，他认为自童年起被这种制度要求回避这些事情的人将会面临无法 C 回避的灾难、恐惧和痛苦，而那些受过这方面锻炼的人反倒能够躲过这些灾难。因此，这位立法者对快乐肯定也会这么看，他也应当对快乐抱着同样的想法。他会对自己说，如果我们的公民从小就没有经历过最强烈的快乐，如果他们在受到给他们带来耻辱的快乐的进攻时没有顽强地加以抵抗，那么这些快乐所产生的影响将引导他们走向与屈服于恐惧的人同样的命运。他们会堕落成为那 D 些能够抗拒快乐诱惑的人的奴隶，不过他们是另一种奴隶，而且更加可耻，他们会按那些人的指派去制造快乐，尽管那些人有时候是极端邪恶的人。这样，他们的灵魂一半受奴役，另一半保持自由，不再有资格配得上勇敢者或自由人的称号。我请你想一想，这些说法是否合适。

克利尼亚　初听上去相当合适。但是，面对如此重大的问题 E 马上就充满自信地得出结论也许是不成熟的和愚蠢的。

雅典人　那就按照我们的计划进入下一步，我的朋友，让我们从讨论勇敢进到讨论节制。在这两种不按照统一的原则组织起来的社会体系中，我们能够发现什么优先的东西吗，就像我们刚才在讨论战争时所做的那样？

636　　　**克利尼亚**　不太容易。但我们规定实行公餐和身体训练的目的还是为了培养这两种美德。

　　　雅典人　啊,我的朋友,要想确保一种制度的运作像它的理论一样无可置疑,看起来确实非常困难!假定这种制度的运作对国家和人身起着相同的作用,那么我们不可能对这个问题规定一个确定的态度,因为这种制度的运作既有益处,又包含对身体的伤
B　害。例如,你提到的这些身体训练和公餐制度,它们尽管以许多方式有益于城邦,但也为派别的出现提供了危险的开端,米利都人、波埃提亚人、图里人的例子就说明了这一点。尤其是,人们一般认为这种制度在人类与动物都具有的性生活方面会损害古代的天然
C　法则。人们首先会对你们这两个城邦提出这种指责,因为你们这两个城邦以及其他一些城邦尤其醉心于身体锻炼。无论这些事情被当作运动还是保障,我们一定不要忘记人们认为这种快乐是男性与女性进行生殖活动时由自然赋予的,是本性的施暴和对性欲
D　快乐的屈服。你知道我们对克里特人的最一般指控就是,克里特人在该尼墨得① 那个故事中是撒谎者,我们说他们确信自己的法来自宙斯,但当他们继续讲述这个故事时,如果他们乐意的话,却又可以以宙斯为例来说明他们也沉溺于这种快乐。对这个故事我们没有必要进一步考虑,但是研究共同体和私人生活的快乐与痛苦和研究法这个主题同样重要。因为痛苦与快乐确实是自然的一
E　对孪生子,是许多事情的源泉,在适当的时候从正确的泉眼中适度取水的城邦、个人,或任何生灵,是幸福的;而缺乏知识、不按规定季节取水的,其命运完全相反。

　　　麦吉卢　你说得确实不错,先生,我不否认我们目瞪口呆,不

---

　　　① 该尼墨得(Ganymede)是希腊神话人物,是特洛伊王特洛斯之子,为宙斯所喜爱。

知该如何回答。然而,在我看来,我认为我们拉栖代蒙人的立法者
下令要回避快乐是正确的。至于克诺索斯的法,如果我们的朋友
愿意接受任务,可以由他来为之辩护。在我看来,快乐这件事在斯　637
巴达规范得比世上其他任何地方都要好。我们的法律完全禁止那
些引发这种强烈快乐的事情,那些最容易犯下奸情的人以及干各
种蠢事的人全都被驱逐出境。在我们全国各地以及那些被斯巴达
人控制的城镇,你看不到酒宴,也看不到通常与酒宴一道举行的各
种激发快乐的活动。如果碰上一名喝醉了的狂欢者,那么我们中　　B
任何人都会对他做出最严厉的处罚,哪怕是狄奥尼修斯节① 也不
能用作赦免冒犯者罪过的理由。我在阿提卡看到人们在节日游行
的车上狂饮,在塔壬同,这是我们的一个殖民地,我看到整座城市
在酒神节狂饮,而在我们中间却没有这种活动。

　　雅典人　来自斯巴达的朋友,尽管抗拒性欲的力量是存在的,
这种力量能愚蠢地使性欲得到扼制,但无论如何,某种类型的生殖
活动值得赞扬。我的同胞会很好地保护自己,会对你们的做法反　　C
唇相讥,因为你们斯巴达妇女的这种活动要得到法律的批准。当
然了,要充分证明塔壬同或我们国家对这类事情的处理是正确的,
同样也会遭到反驳,并且这种反驳并不亚于对你们的批评。本地
人总会遇到一些外地人对他们所不熟悉的风俗表示惊讶。这不值
得奇怪,而是因为我们在这方面有既定的习俗,不过你们的风俗可　　D
能是不同的。

　　你我现在讨论的不是人类的习惯,而是那些创造了习俗的立
法者的功绩或过失。所以我们必须深入思考整个喜庆酒宴的主
题;这是一种极为重要的习俗活动,并不需要立法者的判决。问题
不在于喝酒或禁酒,而在于举行酒宴。我们应当追随西徐亚人和

---

　　① 　狄奥尼修斯(Dionysus)是希腊酒神。

波斯人的时尚——更不要说迦太基人、凯尔特人、伊比利亚人、色
E 雷斯人了,他们全都是好战的民族——还是你们国家的时尚? 就
像你们提醒我的那样,他们绝对拒绝参与这种活动,而西徐亚人和
色雷斯人,无论男女,都喜欢大碗大碗地喝酒,袍子打湿了也不在
乎,反而视之为光荣豪迈的行径。波斯人也沉溺于你们斯巴达人
禁止的这种活动,嗜酒如命,还有其他一些奢侈活动,不过不像我
提到的这些民族那样混乱无序。

638 **麦吉卢** 但是,亲爱的先生,你别忘了,当我们手持武器时,他
们被我们打得到处跑。

雅典人 不对,先生,你一定不能用这种招数来抗辩。逃跑和
追击经常不会留下什么记录,今后也这样;这就表明我们不能把战
场上的胜败看得太重,胜过对一种习俗的考察,而它是否值得赞扬
B 尚无法确定。在战争中,人口较多的城邦可以打败人口较少的城
邦,使之成为自己的附庸,就好比叙拉古战胜罗克里,你们知道罗
克里城邦享有盛名,拥有世界这个部分① 最好的法,或者好比雅
典战胜开奥斯,类似的例子无疑还有许多。所以我们必须把战争
胜负问题撇开,依据习俗自身的性质来讨论各种习俗,希望借此能
使我们自己信服,有些习俗值得赞扬,有些习俗不值得赞扬。

C **麦吉卢** 你对习俗怎么看?

雅典人 我认为,当我们考虑某种习俗时,一提到它的名字就
对它进行过分的谴责或赞扬是极不合适的。就好比有人听说了小
麦这个名字,马上就把它当作一种有益于健康的东西来加以过分
的赞扬,而不考虑它的结果或起作用的方式——我的意思是它如
何起作用,对什么人起作用,和什么东西一道起作用,以什么样的
D 形式被食用,对处于什么健康状态的人起作用。这就是我对当前

---

① 指希腊。

所争论的问题的看法。我们一听到"饮酒"这个词,一方就谴责这种习俗,另一方就赞扬这种习俗,双方都采取了一种奇怪的方式。实际上,双方的根据都建立在一些明显的事实或特征上——一方认为有大量的证据可以证明,另一方认为我们看到不喝酒的人在战场上取胜——但哪怕是事实也是可以争论的。如果我们继续按照这些线索来处理已有的习俗,那么我个人是不会感到满意的。因此我建议用另一种不同的方法来处理饮酒这个话题,我相信这种方法是正确的。我们可以借此作一番尝试,说明处理诸如此类问题应当遵循什么样的适当程序。我要指出,在我们当前讨论的这些问题上有无数的人想要反对你们这两个城邦。

E

麦吉卢 那是一定的,要是能找到一条处理这种问题的正确道路,我们一定不能加以拒绝。

639

雅典人 那就让我们以这样一种方式来处理我们的问题。假定有人称赞养山羊,或者说山羊本身是一种有价值的动物,而另一个人看到牧羊人不在的时候山羊在毁坏庄稼,于是他就谴责这些家畜,或者对任何不受控制或控制得很不好的牲畜挑毛病。我们可以说这种情况下提出的任何批评都没有什么有效性吗?

麦吉卢 当然没有。

雅典人 对此你有什么可说的?一个人只有拥有航海知识才能成为一名有用的船老大,无论他是否晕船,是这样的吗?

B

麦吉卢 要是他把晕船这种失调与他的专业知识混合在一起,那么他不是。

雅典人 战场上的指挥官怎么样?只要他拥有军事知识,哪怕他是个懦夫,在危险时刻晕头转向,他仍旧是一名称职的指挥官吗?

麦吉卢 这种人是地地道道的废物!他可以去指挥女人,而不能指挥男子汉。

C **雅典人** 无论什么社会活动都天然地需要领袖,活动参与者在他们的指导下受益。一个人要是从来没有看到过别人正确地组织各种活动,而只看到许多活动没有领袖或只有坏的领袖,然后就提出赞扬或谴责,这样的观察者作出的评价,我们会认为它有什么价值吗?

D **麦吉卢** 假定他们从来没有见证或参加这样的活动,对之进行指导,我们怎么可能这样想呢?

雅典人 现在停一下。假定我们可以把举行酒宴当作一种社会活动,行吗?

麦吉卢 当然可以。

雅典人 那么有谁曾经看到过这种活动得到了必要的指导?你们俩都犹豫不决,答不出来了。这对你们来说绝无可能,因为这种事情是你们俩不熟悉的。但我曾经在不同的地方参加过多次酒

E 宴,我甚至非常仔细地研究过它们,但我从来没有看到或听说有哪个酒宴得到过完全正确的监管。我这样说并不是指这些酒宴有这样那样的小缺点,而是认为一般说来这些酒宴的监管都是错的。

克利尼亚 先生,你必须解释一下你的意思,说得再准确些。我们在这些事情上的经验就像你说的那样贫乏,哪怕我们出席这样的集会,也无法一眼看出什么样的监管是适当的,什么样的监管是不适当的。

640 **雅典人** 你不会那么糟。但是请你尽力跟上我的解释。你的理解无疑是这样的,在每一次集会或有安排的活动中,无论目的是什么,总会有某些人在控制集会,是这样的吗?

克利尼亚 没错。

雅典人 请注意,我们刚才说指挥官在战斗中必须是勇士。

克利尼亚 我们说过,确实应当如此。

雅典人 一位勇士不会像懦夫那样易受惊吓。

克利尼亚　这样说也没错。　　　　　　　　　　　　　　　　B

雅典人　如果我们可以把军队置于一位完全不受惊吓和骚扰的将军的指挥之下，那么我们务必这样做，是吗？

克利尼亚　完全应该。

雅典人　但我们当前思考的这位指挥官不是在你死我活的战场上，而是处于朋友之间的和平交往中，这样做的目的是为了增强共同的良好情感。

克利尼亚　没错。

雅典人　我们现在想到的集会是酒宴，而这种集会不会没有　　C
令人激动的场面。

克利尼亚　当然会有，我应当肯定这一点。

雅典人　那么让我们再回过头来说，这种活动需要有指挥官。

克利尼亚　确实需要，比其他活动更需要。

雅典人　如果有可能的话，我们要不要从这样的指挥官那里得到激动的许可。

克利尼亚　绝对需要。

雅典人　进一步说，我假定这位指挥官应当非常机智和圆滑。
因为他要做的事情是保全各派之间现存的友好关系，并确保这些　　D
友好关系通过集会得到进一步增强。

克利尼亚　这样说相当正确。

雅典人　所以这位指挥官就开始控制喝酒的人，使他们保持清醒的头脑和文雅的举止，而不是相反。如果喝酒的人处在一位自己也在喝酒的轻率的年轻人的控制之下，要是不产生巨大的灾难性的后果，那么他可以认为自己十分幸运。

克利尼亚　他确实可以这样想。

雅典人　如果这些派别尽可能按照正确的规范在我们中间行事，那么就会有人对这种制度提出批评，这些批评也许是正确的，

E　但当一个人痛斥一种习俗，因为他看到这种习俗在各个可能的方面都监管得不好，那么首先，他显然不懂这种习俗受到了误导，其次，无论什么过程显得不幸都可以理解为在其实施过程中缺乏清641　醒的指导和指挥官。你们肯定能看到酗酒的水手，或其他任何一种指挥官，把任何归他指挥的东西都毁掉了，比如船只、车辆、军队。

　　　克利尼亚　先生，你最后的观点无疑是正确的。但是请你继续解释这种闹饮的习俗如果不加正确引导会给我们带来什么好处。以军队为例，就像我们刚才说的那样。如果它得到了正确的领导，其结果就是获得胜利——这个好处可不算小——对我们其B　他例子来说结果也一样。但是恰当地监管酒宴到底能给个人或城邦带来什么值得赞扬的利益呢？

　　　雅典人　恰当地监管一个孩子，或一群孩子，又能给个人或城邦带来什么值得赞扬的利益呢？如果以这样的方式提问，那么我们一定不能回答说城邦从中得到了某些微不足道的利益。但若这个问题问的是城邦从这些被教育者所受的教育中能产生什么巨大C　的利益，那么这个问题就很容易回答。教育是造就好人的方式，一旦造就出来，这样的人就会高尚地生活，并且能够在战场上征服他们的敌人。所以，教育带来胜利，尽管胜利有时候也导致教育的丧失，因为胜利的战争经常把人引向骄傲，而人们由于骄傲就会被无数的邪恶所玷污。再说，卡德摩斯式的教育从来就没有出现过，而卡德摩斯式的胜利在过去和未来都只能是太普通了。①

　　　克利尼亚　我们可以想像，你们在适当的时候一面喝酒一面D　畅谈友谊，并且认为这种做法对教育贡献良多，是吗？

————————

　　　①　卡德摩斯(Cadmus)是希腊神话中的底比斯城的创建者和国王，据说首创字母和发明书写方法。

雅典人　非常正确。

克利尼亚　那么接下去,你能向我们提供证据来说明这个论断是正确的吗?

雅典人　噢,先生,就好比真理必须留给神,在存在大量争论的情况下,我能加以确定的就是这些了。但若要我提出个人意见,那我会十分坦率地说出来,因为我们现在的谈话讨论的是法与政治。

克利尼亚　这正是我们的企图——看你自己对这件有争议的事到底怎么看。　E

雅典人　那么好吧,为了完成任务,我就这样作罢。但你们要努力跟上我的解释,要像我一样努力。先让我们来作一个观察。希腊人的普遍看法是:我们的城邦公民热衷于谈话,每天都有大量的讨论;拉栖代蒙人倾向于沉默寡言;克里特人的心思多变,胜过流利的言谈。所以,如果我在饮酒这样一个微不足道的话题上高谈阔论,我怕你们会得到这样一种印象,说我在一件小事情上花费了太多的话语。但是事实上,一种真正的声音理论离开了真正的音乐理论必然不能得到确定的、适当的解释,还有,离开了一种详尽的教育理论也不行,而这些理论都需要长时间的讨论。所以我要问,如果我们现在应当放弃对这些问题的讨论,把话题转到法的其他部分去,那结果会如何?　B

麦吉卢　先生,你也许不明白,我自己的家庭和雅典人是近邻。这种事现在已经成了任何地方孩子们的一种普遍经验,如果有人对他们说,你们是某个城邦的近邻,那么他们心中马上就会产生一种亲切感——我们把它当作第二个祖国,仅次于我们自己的国家。这种情况在我身上肯定是有的。我们拉栖代蒙人很早就在为雅典愤愤不平,或者感到自己对她负有义务。这些孩子曾经对我说,麦吉卢,不管我们干的这件事是否体面,但我们是为你们的　C

城邦干的。

　　听了这些发言,以及你对谴责你们城邦的论调所作的反驳,我对你们的城邦产生了强烈的同情。但就今天来说,我喜欢你的方言的口音,也相信当前流行的说法,当一名雅典人是好人时,他就

D　　格外地好。只有在雅典,善才是不受约束的、自动成长的,是完全意义上的、真正的"神的恩赐"。所以,在我看来,你不需要顾忌讲得太长有什么不妥,尽管随意好了。

　　克利尼亚　先生,我也有话要讲,我的话可以帮助你解脱困惑,把想法全部讲出来。你也许听说过厄庇美尼德①,这位预言家出生在这个城邦,与我的家族有亲戚关系。希波战争爆发之前十

E　　年,他按照神谕的吩咐访问雅典,在那里向神献祭,当时雅典公民们知道波斯人在备战,格外警觉,于是他就告诉他们敌人在十年内不会进犯,如果雅典轻举妄动,那么不仅不能达到目的,反而会受到更大的伤害。从那时候起,我的家族开始与你们的同胞缔结友谊,从那以后,我的祖先和我本人对雅典都抱有好感。

643　　**雅典人**　那么我接受了,听了你们的话使我感到格外轻松。我的任务不算重,但要说得好就不容易了,不过我一定会尽力。作为论证的第一步,让我们定义教育及其结果,因为我们知道,我们已经大胆探索过的主题必定会循着既定的路线抵达终点——酒神。

　　克利尼亚　必然如此,因为这就是你的快乐。

B　　**雅典人**　好。我现在就试图解释一下什么是真正的教育,而你们必须考虑我的解释是否可以接受。

　　克利尼亚　请你开始吧。

　　雅典人　我首先要说的是,擅长做某事的人必定从小就开始

---

①　厄庇美尼德(Epimenides)是公元前 6 世纪的克里特诗人和预言家。

练习,哪怕是当作游戏也热心去做,还会模拟这些工作所需要的环境。比如说,一个男孩子要做一名好农夫,或者做一名好建筑工,那么在前一种情况下他会制造一座玩具房子,在另一种情况下他会去学着种地,而在这两种情况下,他们的老师都会按照真的工具制作小一号的工具给他们使用。尤其是,他们会把一切必要的预备知识教给孩子们。因此,将来要做木匠的孩子在游戏中学会使用直尺和铅垂线,将来要当兵的学会骑马,等等。我们应当把游戏当作教育孩子的工具,引导孩子们的兴趣和爱好,使他们在成年以后可以去实现自己的理想。所以我们可以说,教育的总和与本质实际上就是正确的训练,要在游戏中有效地引导孩子们的灵魂去热爱他们将来要去成就的事业。但如我所说,你们必须考虑自己能否接受我已经说过的这些话。

克利尼亚　我们确实可以接受。

雅典人　那么让我们提高警惕,不要去谈那些与我们对教育的解释无关的事情。当我们要对人的训练表示同意或批评时,我们会把我们中的一个人称作受过教育的,把另一个人称作没受过教育的——这里的区别有时候就像小贩与商人——还会把某个这样的人称作受过极为良好教育的。但我们当前的讨论已经进到这一步,有人会说这些事情并不是教育,教育乃是从小在学校里接受善,使之抱着热情而又坚定的信念去成为一个完善的公民,既懂得如何行使又懂得如何服从正义的统治。我认为,我们的论证会把这种训练与其他训练分开,把教育这个名称完全归于它;任何以财富、身体的力气,以及其他与理智和正义无关的事物为宗旨的训练,都是粗俗的、不高雅的,完全不配称作教育。所以我们一定不要咬文嚼字,而要遵循我们刚才已经同意的立场,认为正确地接受教育就是接受我们所说的善。我们绝对不可以轻视教育的任何一个方面,因为教育是上苍恩赐给人类的最高幸福,最优秀的人所接

受的恩赐最多。如果教育发生了错误的转向,我们都应当献出毕
生精力来修正它。

克利尼亚　确实如此。我们承认这个观点。

雅典人　我们前不久还同意过,那些能指挥自己的人是善的,
那些不能指挥自己的人是恶的。

克利尼亚　没错。

雅典人　那就让我们再次更加准确地考虑一下我们说这些话
C 是什么意思。你们也许会允许我借助一个寓言来把我的看法说得
更加清楚些,要是我能做到的话。

克利尼亚　我们全都在注意听。

雅典人　那么好,我们说,任何人都是一个人,是吗?

克利尼亚　当然。

雅典人　但是一个人在他身上有一对愚蠢的、相互争吵的顾
问,它们的名字是快乐与痛苦,是吗?

克利尼亚　你说的是事实。

雅典人　此外,人拥有对未来的预见,分为两种。两种预见的
D 共同名称是期待,预见痛苦的专有名称是恐惧,预见痛苦的对立面
的专有名称是自信。在此之上还有判断,用来察觉这些状态中哪
些较好,哪些较差,当这些判断拥有了由城邦公共决定的形式,它
的名字就叫作法。

克利尼亚　我担心自己快要跟不上你的思路了,不过还是请
你继续说下去。

麦吉卢　我发现自己的情况也跟你差不多。

雅典人　让我们按照这样一个思路来观察整个问题。我们可
以想像我们每个人都是诸神制造的木偶,也许是个玩具,也许有比
E 较重要的作用。但我们确实说不出更多的意思来,只有一件事情
是确定的。我们上面说的身体的内在状态就像牵引木偶的绳子或

线,被它们拉着活动,但它们之间是相互对立的,在我们身上起作用,把我们拉向不同的方向,而在此之中就有了美德与邪恶之分。我们的论证是,一个人事实上必须服从某一种拉力,但同时也要抗拒其他所有绳子所起的作用——也就是说,必须服从以城邦公共法的名义出现的判断,把它当作宝贵的和神圣的黄金。其他的法像铁一样坚硬,而这种法像黄金一样柔软,这些法起着原则一样的作用。所以,人必须与法合作,只要它的制定是高尚的,因为判断尽管是一种高尚的东西,是温和的、不用暴力的,但是制定一种判断需要有某种东西的支撑,而我们身上的黄金相对于其他成分来说占主导地位。我们说的木偶人以这样的方式得以完成。你们要是弄懂了下面这两点,我的意思会变得更清楚。首先,自我征服和自己打败自己究竟是什么意思;其次,个人的责任在于理解这种拉力的真义,在生活中服从这种拉力,而城邦的责任在于从某位神或我们已经提到过的某位发现者那里接受这种真义,使之成为城邦的法,成为城邦自身及其他社团交往的准则。这样做可以引导我们更加准确地把善恶问题结合起来,而对这个问题的解释可能会给我们理解教育和各种制度带来启发,尤其可以帮助我们理解这种社会性的饮酒问题——人们会认为这种事情微不足道,讨论这种事情是浪费时间,然而我们以后会明白这样做是值得的。

645

B

C

克利尼亚　你说得很对。我们现在就来讨论这个问题,只要有必要,无论怎么冗长都不要紧。

雅典人　那么好吧,请告诉我,假定我们强劝我们的木偶喝酒,那么会产生什么样的结果?

D

克利尼亚　你现在为什么要提到这一点? 你提这个问题的目的何在?

雅典人　我还没有进到问"为什么",我现在想要知道的是处在这种行为状态中的木偶一般"如何"受影响。让我更加精确地解释一下我的意思。我的问题大体上是这样一个意思,喝酒使我们快乐和痛苦,使我们的脾气和欲望变得更加强烈,难道不是吗?

克利尼亚 变得强烈得多。

E **雅典人** 它对我们的感觉、记忆、信仰、知识有什么影响?它们同样也会变得强烈起来吗?或者说,如果一个人完全喝醉了,它们就会彻底离去?

克利尼亚 呃,是这样的。

雅典人 所以这个人就会返回他幼年的精神状态?

克利尼亚 确实如此。

雅典人 在这种情况下,他的自我指挥能力是最低的。

克利尼亚 是的。

646 **雅典人** 我们可以说,这样的人处在他最糟糕的状态。

克利尼亚 确实如此。

雅典人 如此看来,"第二个童年"这个短语似乎既适用于老年,也适用于酒鬼。

克利尼亚 你说得好,先生。

雅典人 现在有没有一个论证可以相当大胆地提出建议,我们应当尝试这样的习俗,而不是竭尽全力避免它?

克利尼亚 好像有,至少你说过这样的话,刚才你还说可以提出这样的论证。

B **雅典人** 你真是一个及时的提醒者,我现在重复一下这个承诺,因为你们俩都已经说过渴望听到我的论证。

克利尼亚 我们当然要听。如果没有其他原因的话,我们这样说的原因在于你的悖论是完全不可信的,你认为人会自觉自愿地进入一种堕落状态。

雅典人 你指的是灵魂的衰退吗?

克利尼亚 是的。

雅典人　那么好吧,我的好先生,身体的坏习惯——消瘦、残 ⒞
废、虚弱,是怎么回事? 一个人自愿进入这些状态不就是悖论吗?

克利尼亚　当然是。

雅典人　噢,先生,人们自愿去找医生治病,我们必须设想他
们并不知道自己很快就会进入这样的身体状态,如果这种状态是
永久性的,那么他们会终生处于病态,是吗? 还有,当人们求助于
体育锻炼或繁重的体力劳动时,我们知道他们的健康已经受到损
害,是这样的吗?

克利尼亚　是的,我们知道这些事。

雅典人　我们也知道他们是自愿的,为的是以后的好处,是
吗?

克利尼亚　确实如此。 ⒟

雅典人　我们也一定要同样看待其他习惯性的行为吗?

克利尼亚　我认为应当这样看。

雅典人　如果这样的看法也适用于花时间饮酒,那么我们对
这种习俗也应当这样看。

克利尼亚　当然了。

雅典人　仅当说明了饮酒可以带来好处,这些好处与其他身
体的好处可以相提并论时,才能说饮酒对体育训练的初始阶段有
好处,而下一步就会带来痛苦,但其他事情不是这样的。

克利尼亚　你说得很对,如果在这种习俗中我们也能找到什 ⒠
么好处,那我会感到惊讶。

雅典人　我想,这一点至少是我们最后要搞清楚的。现在请
你告诉我,能不能区分两种恐惧?

克利尼亚　怎么分?

雅典人　可以这样分。首先,当我们预期邪恶要降临时,我们
害怕邪恶。

克利尼亚　是的。

647　　**雅典人**　当我们知道自己由于某些卑劣的行为和言词而得到一个坏名声时,我们也经常害怕我们的名声,我想可耻这个名称指的就是这种恐惧,其他人也这样看。

克利尼亚　当然了。

雅典人　这就是我说的两种恐惧,第二种恐惧是要反对我们最普遍的、最有激情的快乐,但它也反对痛苦,这种恐惧所反对的是其他,而非它本身。

克利尼亚　非常正确。

B　　**雅典人**　立法家,或其他任何称职的人难道不会把这种恐惧放在最高荣耀的位置上吗?他称这种恐惧为节制,而把自信当作节制的对立面,称作冒失,视为公私生活中最大的恶之一。

克利尼亚　正确。

雅典人　这种恐惧给我们带来的其他许多巨大的好处就不用说了。总的说来,对于获得胜利和保全自己来说,在战争中没有什么能比恐惧做出更大的贡献了。事实上,胜利拥有双重来源,对敌人的无所畏惧和害怕在朋友面前丢脸。

克利尼亚　是这样的。

C　　**雅典人**　由此推论,我们每个人既需要马上摆脱恐惧,又需要充满恐惧,产生这些对立状态的原因我们已经说过了。

克利尼亚　同意。

雅典人　当我们打算使人免除恐惧时,我们可以让他接触恐惧,让他处在法的指引下,以此实现我们的目的。

克利尼亚　可以。

雅典人　但是,假定我们的目标是使别人感到他可怕,结果又会怎样?我们难道不应当让他去与可耻做斗争,使他经受锻炼,以
D　此确保他在与自己追求快乐的欲望的斗争中取得胜利?如果一个

人只能通过与他自身的胆怯作斗争来消除胆怯，以此获得成熟的勇敢，那么缺乏参与这种斗争的经验和不懂这种竞赛的规则，就没有人可以达到他所能达到的成功的一半。他只有在诚命、习惯和机智的帮助下，首先对引诱他无耻和犯错的无数快乐和欲望发起斗争，无论是在游戏中还是在严肃的时候，才能实现对自己的完全支配。这种说法是可信的。这些经验他能少得了吗？

克利尼亚　这个观点确实有些道理。

雅典人　现在请你告诉我，有没有哪位神把某种专门导致恐　E
惧的药赐给人类？这种药的效果是，人要是允许自己吃了这种药，就会感到自己前途黑暗，现在和未来都充满危险，即使最勇敢的人在药性达到高潮时也会感到极为恐惧，当然，等到药劲一过，他还　648
会恢复原状。

克利尼亚　嗨，先生，在这个世界上我们到哪里去找这样一种药水？

雅典人　呃，没地方。但假定我们能够找到，那么立法者会利用它来增进勇敢吗？我的意思是，我们以这样的方式来讨论是有用的。请告诉我，立法家先生——无论是克里特的立法者还是你们想要说的其他社会的立法者——首先，你们会对这样一块检验　B
你们公民的勇敢或胆怯的试金石表示感谢吗？①

克利尼亚　毫无疑问，他会的，他肯定会说是。

雅典人　那么，你们希望这块试金石既安全高效又没有危险，或者说你们的希望正好相反？

克利尼亚　他肯定会希望它是安全的。

雅典人　你们会用这种药水来使你们的公民进入恐惧状态，

----

①　此处这位雅典人以对立法家说话的口吻说话，故用第二人称，而下文克利尼亚的回答则仍用第三人称。

然后通过鼓励、诫命、认信,以及他们有可能经受的种种耻辱来经
C 受锻炼,使他们最后变成无所畏惧的人吗? 在这种锻炼中表现良
好,勇敢地经受了考验的人,可以不受伤害地通过测试,而对那些
表现很差的人你们会给予某些惩罚吗? 或者说,你们会在没有什
么理由的情况下,简单地拒绝使用这种药水?

克利尼亚 呃,我亲爱的先生,他当然会使用它。

雅典人 这种做法至少能给我们提供一种比我们当前的制度
D 更加轻松安全的训练,无论是对个人、小团体,还是对人数众多的
群体。如果一个人私下里喝这种药水,经受恐惧方面的训练,那么
这样做是对的。当然了,为了体面他必须避开公众的耳目,直到获
得满意的结果。还有,当他相信自己已经准备好了,相信自己既有
天赋又有预备性的实践的时候,他可以在一大群酒徒的面前喝药
E 水,公开展示他的美德,这种美德使他能够超越和支配药水不可避
免的功效所产生的影响,而又不会陷入严重的失误或堕落,不过,
由于担心我们人的普遍弱点,他会在药力达到顶点前撤离。

克利尼亚 呃,是的,先生,你说的这种人相当聪明。

649 **雅典人** 让我们把话题再转到立法家身上来。我们会对他
说,很好,但由于上苍并没有给我们提供这样一种引起恐惧的药
水,我们自己也没有发明出这种药水来——因为那些卖假药的江
湖郎中的话不足信——我们该如何对待无所畏惧、过分自信或错
误时刻不恰当的自信呢? 有没有一种药水会产生这样的效果呢?

克利尼亚 他当然会说有,他说的药水就是酒。

雅典人 我们刚才提到的那些状态的对立面不就是酒产生的
B 效果吗? 当一个人喝酒时,它最直接的效果就是使他比前一刻愉
快,喝得越多,产生的乐观想像越多。到了最后,喝酒的人充满了
智慧的奇想,放纵言语和行动,彻底无所畏惧了,到了这个时候就
没有什么话他不敢说,没有什么事他不敢做。我认为,任何人都会

承认这一点。

克利尼亚　当然。

雅典人　让我提醒你一下我们前面说过的事情。在我们的灵魂中有两种品质养成:极度自信及其对立面——极度恐惧。

克利尼亚　我想,你是把极度恐惧当作节制来说的。

雅典人　你的记性真好。由于勇敢和无所畏惧必须要在惊恐中学会,所以必须考虑与之相反的品质是否需要有相反的条件来培养。

克利尼亚　确实可以假定为需要。

雅典人　那么看起来,要养成这种相反的品质我们至少要表现得鲁莽和厚颜无耻,不是一般的自信或大胆,而是说可耻的话,想可耻的事,甚至做可耻的事。

克利尼亚　看起来是这样的。

雅典人　我们处于下列状况时不就会表现出这种品质来吗——气愤、淫乱、骄傲、愚蠢、贪婪、胆怯? 我们还可以添上财富、美貌、身体活力,以及其他驱使我们狂热地沉浸在快乐中的东西。如果我们想要有一种不太昂贵的、相对无害的快乐,首先用作对这些状况的考验,其次作为一种锻炼,那么除了饮酒我们还能找到什么更加适当的方法? 只不过我们是带着提防心理对它加以使用的,既要用,又要提防。愠怒的脾气和野蛮的脾气是众多罪恶的源泉,要对它们进行考验哪一种方法更加危险,是极有可能失败的谈判还是像酒神节那样与之联合? 为了检验一个好色之徒的灵魂,我们可以把我们的妻子儿女托付给他,冒着我们最亲近和最亲爱的人有可能遭遇的危险来发现他的品性吗? 人们可以举出无数的例子来说明用一种嬉戏的考察方法不会付出沉重的代价。但是我想克里特人或其他人在驳斥这种方法时不能否认其中有一点是可以肯定的。建议中的这种考验相当好,与其他考验相比具有低廉、安全、快捷的优点。

克利尼亚 这一点至少是确定无疑的。

雅典人 那么,在探讨品性的天然气质时,我们看到有一种无与伦比的培养品性的技艺,我想我们可以说,这就是政治家的技艺。

克利尼亚 是这样的。

第 二 卷

652 　　**雅典人** 讨论这些事情所产生的下一个问题,我想,是这样的。正确控制酒杯可以封闭我们的天然性情,但这样做才是惟一值得推荐的办法吗? 或者说饮酒还有其他某些值得考虑的、严肃的益处? 是或不是? 我认为是,或者说我们的论证似乎在提出这种建议。但若我们只想知道这些益处是什么,那么我们必须提高警惕,提防它给我们布下的圈套。

克利尼亚 请继续说下去。

　　雅典人 我是愿意的,但我要再次回忆一下我们对教育所作
653 的正确解释,这样我才能断言这种制度在恰当的管理下可以提供一种保障。

克利尼亚 这确实是一个大胆的论断!

　　雅典人 因此我想说,婴儿最先获得的意识就是关于痛苦和快乐的意识,灵魂首先在这个地方获得美德或邪恶。因为一个人若是获得智慧和确定的真实信念,哪怕是在他老年时期获得的,也可以说他是非常幸运的,而且在各种情况下,拥有智慧和真实信念的人同时也能得到与智慧和真实信念相伴的幸福,使人生状态圆
B 满。因此,所谓教育,我指的就是善的获取,它的最初形式就是儿童所获得的那个样子。事实上,如果快乐以及与快乐相似的东西,

痛苦以及与痛苦相似的东西,在达到获得理智的年龄之前就已经在灵魂中形成,那么等这个年纪一到,由于早年在习惯方面接受的约束是适当的,这些感觉就会与理智一致,这种一致作为一个整体就是美德。但若你考虑到其中的一个因素,即对快乐和痛苦的状态进行正确的约束,使人从一开始就厌恶他应当厌恶的东西,爱好他应当爱好的东西——如果你把这个因素分离出来,并称之为教育,那么你就做对了。这至少是我的确信。

克利尼亚　是的,确实如此。先生,我们承认你刚才道出了真理,并不亚于你前面对教育所作的观察。

雅典人　好,但我还要说,教育——这种对快乐与痛苦状态的正确约束——在人生过程中以各种方式倾向于松弛和懈怠。但是诸神怜悯我们人类命运之艰辛和不幸,指定了一系列的节庆来缓解这种瘟疫,除了指派缪斯,她们的领袖是阿波罗,还把狄奥尼修斯赐给我们,与我们共享这些节日以及诸神带给节日的精神养料。因此我们必须弄清我们现在鼓吹的这个论证是否与事实相符。这个论证无非就是说,我们可以公正地断言,无论什么幼小的生物都不能使它的身体静止或不出声,而是一直都在试图运动和发出声音。它们奔跑,跳跃,欢乐,嬉戏,发出各种声音来。动物在运动中缺乏有序或无序的观念,没有被我们称作节奏或旋律的那种感觉。但我们人就不一样了,诸神怜悯我们,赐给我们觉察和享受节奏与旋律的能力。在这个意义上,他们激发我们去运动,成为我们歌舞队的领袖。他们用歌舞这根绳子把我们捆在一起,歌舞队这个名称就来源于由歌舞天然提供的快乐。① 这一点现在可以作为定论吗？可以假定我们最早的教育来自缪斯和阿波罗吗？

克利尼亚　我们可以这样假设。

---

①　歌舞队又译为合唱队,此处"快乐"一词的希腊文是χαρὰ。

B　　　**雅典人**　所以,没有受过教育的人,我们指的是他没有受过歌舞方面的训练,受过教育的人,我们指的是他受过彻底的歌舞训练,是吗?

　　　克利尼亚　一点儿没错。

　　　雅典人　你要注意,歌舞队的艺术作为一个整体既包括跳舞,又包括唱歌。①

　　　克利尼亚　无疑如此。

　　　雅典人　由此可以推论,一个受过良好教育的人跳舞唱歌都很好。

　　　克利尼亚　应当如此。

　　　雅典人　下面让我们仔细观察一下这个论断。

　　　克利尼亚　什么论断?

C　　　**雅典人**　呃,我们说一个人跳舞唱歌都很好。但我们是否应当作一个限定,仅当他唱"好"歌,跳"好"舞时,我们才说他跳舞唱歌都很好?

　　　克利尼亚　假定我们接受这个限定。

　　　雅典人　好,假定他把真正好的东西判定为好的,把真正坏的东西判定为坏的,并且以此作为行动的依据。一个人尽管在这些好东西中没有感到快乐,也没有对他感到坏的东西表示厌恶,但他D　　能正常地用适当的姿势和声音把好的东西表达出来,在这种情况下我们能说这个人在歌舞和音乐艺术中受过较好的教育吗?或者倒不如说,尽管有许多被善所附着的东西和被恶所驱逐的东西都不可能用正确的声音和姿势来表达或理解,但他对快乐和痛苦拥有正确的感觉,是这样的吗?

----

　　① 希腊悲剧中的合唱队一般分为两组,有所谓向左跳舞唱和向右跳舞唱的体系。

克利尼亚　先生,你描述的教育有巨大的益处。

雅典人　如果我们三个人懂得歌舞中的善,那么我们同样也能知道谁受过正确的教育,谁没有受过正确的教育,但若我们不懂这一点,那么我们同样无法决定教育能提供什么样的保障,这种保障在哪里。你跟得上吗?　E

克利尼亚　完全跟得上。

雅典人　所以我们必须通过考察姿势、旋律、歌曲、舞蹈中的善来追踪。如果我们让这头猎物逃走了,那么我们所有关于教育——希腊人的或非希腊人的——进一步讨论都是在白费气力。

克利尼亚　是这样的。

雅典人　现在来吧,请告诉我,我们所说的姿势或旋律中的善是什么?举个例子吧,一个与悲痛做斗争的富有男子汉气概的灵　655
魂和一个在同样处境中胆怯的灵魂。我们发现它们会以同样的姿势和言语表达自己吗?

克利尼亚　呃,当然不会,甚至在相同的情况下也不会。

雅典人　你说得确实很对,朋友。尽管音乐有形式和曲调,而其主题是节奏和旋律,据此我们也可以把一种曲调或姿势说成合乎节奏或旋律,但我们用“音色华丽”这个比喻性的说法来描述歌舞队的练习者是不恰当的。但是,胆小鬼和勇敢者有他们性格化　B
的姿势和口吻,所以把勇敢者称作好人,把胆小鬼称作坏人是恰当的。事实上,我们在处理整个主题时为了避免大量重复,我们可以一劳永逸地认定,一切与灵魂或肉体的善——无论是善本身还是善的影像——相连的姿势和旋律都是好的,而那些与灵魂或肉体的恶相连的姿势和旋律都是坏的。

克利尼亚　这个建议好极了,你可以这样处理,就当我们已经做出这种认可。

雅典人　现在进到下一步。是否歌舞队的任何表演都会给人

C　带来同等程度的快乐,或者说程度不同?

克利尼亚　你的意思是它们很不同?我认为完全不同。

雅典人　那么我们下面将要说的话很可能会成为某种困惑的源泉,是吗?一样优秀的东西在各种情况下难道是不同的?或者说,它实际上是相同的,但人们并不这样认为?我认为,没有人会承认歌舞队表演丑恶的东西实际上比表演优美的东西更杰出,或

D　者说某人会喜欢堕落的姿势,而其他人宁可喜欢相反的缪斯。当然了,人们一般认为音乐是否正确的标准就在于它所产生的快乐效果。然而,这是一种不能容忍的观点,实际上是对神灵的亵渎。下面我就要讲到引起我们困惑的另一个更加可能的原因。

克利尼亚　那是什么?

雅典人　歌舞队的表演是一种模仿,用各种行为和场景象征

E　被塑造的角色及性格,表演者的演出由此而被决定。因此,有些人发现角色的脾气和习性、歌舞队的歌词、旋律以及其他表现符合自己胃口,他们就感到快乐,为之鼓掌,进而宣布表演得好,而那些发现这些表演与自己的脾气、习性、嗜好、教养相抵触的人就不感到快乐,也不会为之鼓掌,更不会说它好。如果人的天性是正确的,但所受的教养是错误的,或者倒过来,人的天性是错误的,所受的教养是正确的,那么人们从表演中得到的快乐和厌恶各不相同。

656　如果一场表演被说成是快乐的,而实际上是坏的,那么有人不会说自己喜欢这样的歌舞,因为他害怕在其他具有判断力的人面前丢脸,但在内心他喜欢这种表演。

克利尼亚　你说得完全正确。

雅典人　现在你认为坏人喜欢堕落的姿势或旋律,而好人则从相反的姿势或旋律中得到快乐吗?

克利尼亚　可以如此设定。

B　**雅典人**　仅仅是设定?这种情况就好比在真实生活中看到恶

人的行径不但不感到厌恶,不加以谴责,反而感到快乐,就好像不知道坏人的邪恶似的,是吗? 在这样的情况下一个人不可避免地会变得像他所喜欢的那个人一样,无论是好是坏,尽管他自己也可以羞于承认。这个结果是绝对不可避免的——对善恶来说,其他还有什么结果我们可以称之为比这个结果更为重大呢?

克利尼亚 我相信没有了。

雅典人 那么可以相信,这种缪斯的教育－娱乐功能在任何 C
地方,在现在或将来,都有健全的法则,具有诗人天赋的人应当自由地采取任何形式的节奏、旋律,或发音,来激发作曲者的创作想像,并通过合唱队员和一个敬重法的社会中的青年来告诉人们,至于其结果是产生美德还是产生邪恶则听天由命,是这样的吗?

克利尼亚 这肯定是不合理的,绝对不合理。

雅典人 但人们在实际中确实这样做,我可以说在各个国家 D
都一样,惟有埃及除外。

克利尼亚 请你告诉我,埃及是如何用法律来规范这件事的?

雅典人 我说出来你会感到惊讶。这个国家似乎很久以前就承认了我们现在肯定的真理,如果这些姿势和旋律是年轻一代公民的习惯行为,那么它们必须是好的。所以他们把各种类型的发明集中起来,把样品存放在神庙里。除了按照传统模式创作,禁止 E
画家和其他设计艺术家发明新的模式,这项禁令仍旧存在,适用于这些艺术以及音乐的各个部门。如果你观察他们各处的绘画和雕塑,你会发现一万年前的作品——我这样说不是粗略的,而是准确 657
的——既不比今天的作品好,也不比今天的作品差,二者表现出同样的风格。

克利尼亚 这种情况实在令人惊讶!

雅典人 倒不如说,这是因为埃及人无比信任他们的立法者和政治家。在埃及的其他制度中无疑也可以找到许多根据,但音乐问题——它至少是个事实,很有说服力的事实——实际上证明了在这样一个范围内用法来规范展示内在永恒正确性的旋律是可能的。这种事情想必是神的作为,或像神一般的人的作为,实际

B 上,在当地的传说中,使这些旋律在无数个世代得以保存的是伊西斯①。所以,如我前面所说,只要我们能够在这样的事情中找到内在的正义,无论是什么程度的,我们就可以把它化为法律和制度,而不会误置,因为情感自身持久地表现出对高尚音乐的渴望,相比而言,使歌舞圣化,使之不受时尚的影响,这样做对歌舞艺术带来的伤害是微乎其微的。不管怎么说,在埃及这样做并没有带来什么消极影响,其结果反而是积极的。

C 　　**克利尼亚**　按照你现在的解释,好像是这样一种状态。

　　雅典人　那么我们可以大胆地说,这些就是使用音乐和歌舞艺术的正确方式吗?当我们相信自己进展良好时,我们感到高兴;反过来也可以说,当我们感到高兴时,我们相信自己进展良好。你同意吗?

　　克利尼亚　确实如此。

　　雅典人　请注意,处在这种情况下——我的意思是当我们感到高兴时——我们无法保持冷静。

　　克利尼亚　是这样的。

D 　　**雅典人**　所以我们的年轻人渴望跳舞和唱歌,而对我们老年人来说,我们认为事物在时间中变化,所以乐意看着他们游戏和欢乐。我们的身体在随着岁月的流逝已经失去灵活性,所以我们乐意安排表演比赛,让表演者唤醒我们对青年时代的回忆。

　　克利尼亚　非常正确。

　　雅典人　所以我们几乎无法否认,当前人们对娱乐活动的提

---

　　①　伊西斯(Isis)是埃及神灵。

供者有许多评判。我的意思是指这样的判断,那些为杰出的天才　E
准备的棕榈枝① 应当奖给那些为我们提供了最大快乐和享受的
人。由于我们保障在这样的场合演出的自由,所以可以论证提供
最大最多快乐的人应当受到最高的尊敬,或者像我刚才说的,应当　658
得到棕榈枝。如果有这种争论,你认为这样的说法和做法是正确
的吗?

克利尼亚　是的,也许是吧。

雅典人　我亲爱的先生,对这种主题,我们还是不要匆匆忙忙
地作什么论断。如果能够按照这样一种方式分割这个主题并考虑
它的细节,结果可能会好些。假定一个人要组织一种比赛,但没有
进一步限定,没有规定它是一场体育比赛还是音乐比赛,或是赛
马,然后我们再想像他把城邦所有公民召集起来,并提供奖品,宣
布任何人都可以参加比赛,只要他能提供快乐——奖品奖给最受　B
观众欢迎的表演者。至于表演的方式则没有任何限制,只要能够
打败竞争者,得到最多人的喜爱。对这样的宣布,我们可以期待有
什么样的结果?

克利尼亚　你到底想说什么?

雅典人　嗯,这时候很可能会有一个表演者像荷马那样讲述
史诗,第二个会表演竖琴,第三个表演悲剧,第四个也许表演喜剧。
他们中要是有人认为自己赢得奖品的最佳机会是上演木偶戏,那　C
么我也不会感到惊讶。但是我们能够说出在所有竞争者中以及大
批想要参加比赛的人中,哪一位最配得到奖品?

克利尼亚　这是一个奇怪的问题。有谁能够对此作答,就好
像他能在亲耳听到这些表演之前就可以决定似的?

雅典人　那么好吧,要不要我来回答这个对你们俩来说非常

———————————

①　胜利的象征。

奇怪的问题?

克利尼亚　当然要。

雅典人　我的回答是,如果是儿童在做决定,那么他们无疑会认为那个要上演木偶戏的人最可能获奖。

D　　　**克利尼亚**　呃,当然了。

雅典人　大一些的孩子会选上演喜剧的人,有教养的妇女、青年,他们也许是绝对多数,会选悲剧。

克利尼亚　是的,很有可能。

雅典人　而像我们这样的老人喜欢从优秀的诵诗者那里得到最大的快乐,听他背诵《伊利亚特》、《奥德赛》,或者赫西奥德的诗歌,认为这才是最优秀的艺术。那么谁才是真正的胜利者呢? 我想,这是我们要回答的下一个问题,是吗?

克利尼亚　是。

E　　　**雅典人**　你我显然都不可避免地要说,真正的胜利者是我们这样年纪的人所喜欢的。从我们的观点看,风俗习惯至今仍是各种社会现存的最佳安排。

克利尼亚　当然如此。

雅典人　所以我本人实际上与当前流行的观点在下述方面是吻合的。判断音乐的标准是它所能提供的快乐,但音乐并非给任何人或每个听众都提供快乐。我们可以说,最优秀的音乐是那些
659　能使最优秀的、恰当地受过教育的人感到快乐的音乐,尤其是,它要能使在善与教育方面都非常卓越的人感到快乐。我们说,对音乐作判断需要善,其原因在于判决者不仅需要智慧,而且需要勇敢。一位真正的判决者一定不能随波逐流,顺从听众,一定不能在大众的喧嚣下丧失自己的判断力,也不能由于胆小怕事而虚弱地
B　宣布一个违背自己本意的判断,并在判决中借助诸神的名义来表明自己已经完成了职责。说实话,判决者的任务不是向听众学习,

而是教育听众,反对那些以错误的、不恰当的方式给听众提供快乐的表演者。按照古代希腊的规矩,当时不存在现今西西里和意大利风俗中的这些自由,把事情交给大多数听众来裁决,根据他们的投票来决定胜利者。这种做法既腐蚀了诗人,同样又腐蚀了听众的嗜好,因为诗人的创作标准以裁决者的嗜好为依据,听众成了他们实际上的老师。反复表演优于听众的角色必定会改善听众的嗜好;但若不是这样,那么结果也正好相反,上演的角色就是听众自己的行径。我们要再一次问,我们当前的论证结果给我们提供了什么样的教训?某些东西也许能产生这种效果。

克利尼亚　什么效果?

雅典人　呃,我相信这个论证第三次或第四次把我们带回原先的立场,教育实际上就是把儿童引导到由法律宣布为正确的规矩上来,其正确性为最优秀的人和最年长的人的共同一致的经验所证明。儿童的灵魂学习感受快乐与痛苦不可以用成年人的方式,这些成年人感受快乐与痛苦的方式或者是违法的,或者是服法的,而要与成年人为伴,在与成年人所经历的相同事物中习得快乐和痛苦。我认为,这就是所谓“诗歌”的真正目的。它们确实是为灵魂而唱,十分诚挚地要在灵魂中产生我们已经说过的和谐,亦即“戏剧”和“歌曲”的作用,但是年轻人的灵魂不能承受这种诚挚,并照样实施。正因如此,面对虚弱有病的身体,医生试图通过可口的饮食为之提供完善的营养,但他也会用不完善的、不可口的饮食来使病人接受一种食物而拒绝另一种食物,因为他必须这样做。以同样的方式,真正的立法家会进行劝告,劝告无效就强迫,拥有诗人天赋的人必须创作他们应该创作的东西,用高尚精美的诗句来再现好人,用适当的节奏来再现好人的心怀,用优美的旋律来再现好人的节制,这些人是纯粹的,高尚的,简言之,是善的。

克利尼亚　我的天哪!你认为在别的城邦诗歌就是这样创作

出来的吗? 据我的观察,并不存在你所赞扬的这种方式,除非在此地的家庭中,或者在拉栖代蒙;而在其他地方我注意到有无数舞蹈和音乐方面的发明,不断地发生变化,但这些变化不是在法的推动下发生的,而是由于某种不受规范的嗜好,这种嗜好远非确定的、

C 永久的,不像你解释的埃及的情况那样,从不发生任何变化。

雅典人 你观察得好,克利尼亚。但若你想像一下我对现有方式的看法,那么这种不幸的印象很可能应当归于我没有把自己的想法说清楚。也许,我说过的话确实会给你留下这种印象,但这些话只解释了我对音乐的希望。因为对一种重大的、没有补救办法的错误进行谴责,尽管有时候是不可避免的,但绝对不是一桩愉

D 快的责任。由于我们谈论的只是原则,所以请你告诉我,你认为这个原则在你们自己人中间和我们的斯巴达朋友中间实施得要比其他希腊人中间好些吗?

克利尼亚 肯定好一些。

雅典人 假定我们中的其他人追随同样的方式,我们可以说这是对现存状态的一种改进吗?

克利尼亚 如果他们能追随斯巴达和我们的榜样,以及遵守你本人刚才给我们的诚命,我认为这是一种极大的改进。

雅典人 好吧,让我们对这个问题达成一种理解。在你们两个共同体中,由各种教育和音乐所传承的教导达到了这样一种效

E 果,是吗? 你们强迫你们的诗人去教导民众,善人是幸运和幸福的人,因为他是节制的和正义的,而无论他是伟大还是渺小,是强大还是虚弱,是富裕还是贫穷。但若一个人是不正义的,那么哪怕他"比弥达斯和昔尼拉斯还要富有"①,也只是一个可怜虫,他的生活

---

① 堤泰乌斯:《残篇》12.6。弥达斯(Midas)是希腊传说中的弗里基亚国王,昔尼拉斯(Cinyras)是希腊传说中极为富有的人。

是可悲的。借用一些你们自己的诗人的话——这是他们的原话——"我既不愿提到他的名字,也不认为他有什么可取之处",尽管他会谋求或取得所有那些流行的没有公正的善,而实际上作为一个人,他"应当与敌人搏斗,把他打倒在地"。如果一个人是不正义的,我不会让他"看血淋淋的屠杀而不加回避",或者"看色雷斯北风的胜利"①,更不会让他享受各种流行的那些享有好名声的东西。因为被大众称为善的东西,实际上并非真正配得上这个名称。你要知道,俗话说健康是最大的善,美貌列在第二位,财富列在第三位,其他的善还有无数,比如敏锐的视力、听力,以及其他感觉,当一名独裁者也是善的,满足自己所有欲望也是善的,幸福之王就是拥有所有这些好处,还有长生不老。但是你们坚持的是,尽管所有这些官能对正义的人和宗教来说都是大善,但对不正义的人来说,从健康开始,所有这些东西都是邪恶。说得具体一点,如果一个人永远享有所有这些所谓的善,而没有正义和美德的陪伴,那么视、听、感觉、生命本身,都是最大的恶,但若他只活了很短时间,那么这些东西就不那么恶了。这是我的学说,我明白你会劝说或强迫你们国家的诗人也传授这种学说,同时为你们的青年教育制定相应的节律和标准。现在请考虑,我充满自信地肯定,被人们称作恶的东西尽管对正义者来说是恶的,但对不正义者来说是善的;被人们称作善的东西,尽管它们对善人来说确实是善,但对坏人来说是恶。所以我要像前面问过的那样来问你,你我对此看法一致吗?

①　此句暗喻观看性交。在远古希腊皮拉斯基人的创世神话中,宇宙女神欧律诺墨(Eurynome)在急速旋转中抓住北风(Boreas)在手中搓揉,造出大蛇俄菲翁(Ophion),大蛇与女神交媾怀孕,产下宇宙卵,是为创世之始。参阅王晓朝:《希腊宗教概论》,上海人民出版社1997年版,第33页。

克利尼亚 部分一致,部分绝对不一致。

雅典人 我想,我没能使你信服的地方也许是这样一个观点:如果一个人享有终生的健康、财富、绝对的权力——如果你乐意,我还要加上罕见的力气,长生不死,与一切所谓的恶无缘——但只要他是不正义的,内心是傲慢的,那么这样的人生是可悲的,而不是幸福的,是吗?

克利尼亚 完全正确。我不相信的就是这个观点。

雅典人 好。那么下面我该说什么呢?姑且承认这个人是勇敢的、强大的、富裕的,能够满足他一生中的各种欲望,但你否认,若是他不正义和傲慢,他的一生必定是可耻的,是吗?或者你也许会承认这种生活是可耻的。

克利尼亚 我打算承认。

雅典人 那么它必定也是恶的,是吗?你允许这样说吗?

克利尼亚 不,我并没有打算承认这一点。

雅典人 进一步说,他本人也是不快乐的和不方便的吗?

克利尼亚 我们怎么有可能退到这一步?

雅典人 你问怎么有可能?显然只能借助某位神灵的干预来使我们达到完全一致的看法,而我们当前的看法很不一致。亲爱的克利尼亚,在我这一方,我发现这些真理是确凿无疑的,甚至比克里特是一个岛屿还要确定。如果我是立法者,我要尽量迫使我们的诗人和全体公民去接受它们。如果我听说有任何居民持有这样一些观点,说有些恶人过着快乐的生活,或者说一种做法是有利的和有益的,但另一种做法更加正确,那么我要对这些人进行惩罚,更不要说坚持其他许多观点了。我试图说服我的公民们使用另一种不同的用语,这些用语与当前在克里特人和拉栖代蒙人中普遍流行的语言显然不同,这些用语肯定也在全人类中流行。呃,我高贵的朋友,为了宙斯和阿波罗的爱,假定我们可以向作为你们

立法者的这些神提出这样的问题:最正义的生活也是最快乐的生 D
活吗,或者说有两种不同的生活,一种是最快乐的,一种是最正义
的? 如果他们应该回答说有两种生活,又假定我们知道如何正确
发问,那么我们可以继续问:哪一种人更加幸福,那些过着更加正
义的生活的人,还是那些过着更加快乐的生活的人? 如果他们说,
那些过着更加快乐的生活的人更加幸福,那么从中引出的论断就
非常奇怪了。然而我并不希望把诸神的名字引入这种事情,而宁
可使用那些祖先和立法家的名字。因此,我们可以把这些问题向 E
一名祖先和立法家提出,假定他回答说,过着最快乐的生活的人是
最幸福的人。

接下去我就要说了,我的老祖宗,你不是希望我能过上最幸福
的生活吗? 然而你不知疲倦地嘱咐我过一种最正义的生活。这样
一来,我想,无论他是祖先还是立法家,当他要做出应对时都会显
得自相矛盾。但若他采取另一种观点,最正义的生活是最幸福的,
那么我想,任何听众都会问生活中有什么善或幸福比快乐还要大, 663
以至于能受到法律的赞扬,实际中又有什么样的善来到正义者身
上而不伴随快乐? 例如,好名声,来自凡人与诸神的赞扬,它们难
道是善的和光荣的,但却又是不快乐的? 反过来对坏名声也可以
这样说吗? 根本不是这么回事,尊敬的立法家。还有,既不要作恶
又不要受恶, 这个过程尽管是善的和光荣的, 但却是不快乐的
吗? 或者说与之相反的过程尽管是可耻的和邪恶的, 但却是快乐
的?

克利尼亚　肯定不是。

雅典人　因此这个理论要拒绝把快乐与正义、善与光荣分离
开来,如果这个理论没有其他用处,它至少可以用来说服人们过一 B
种正义的和虔诚的生活。因此从立法家的观点看,任何否定这些
立场的理论都是极为可耻的和危险的,因为没有一个人,如果有办

法的话,会允许自己信服并遵循这样一个没有极大的快乐而只有痛苦的过程。我可以说,年代的间隔引起我们视觉上的模糊,对儿童来说尤其如此,除非立法家能提出与我们的判断相反的看法,驱散我们的黑暗,尽其所能,用制度、颂扬、论证来说服我们,既正确又错误的论证就像一幅令人困惑的图画,看起来好像是错误的,但从相反的视角看它是正确的,从一个不正义的、邪恶的人的角度看,它是快乐的,但从一个正义的人的角度看,它是最不快乐的,在双方眼中,一切都正好相反。

克利尼亚　好像是这样的。

雅典人　我们应当说哪一种意见更有权说自己是正确的,哪些比较低劣的灵魂的意见,还是哪些比较优秀的灵魂的意见?

克利尼亚　我当然应当肯定是那些比较优秀的灵魂的意见。

雅典人　于是也应当肯定不正义的生活不仅是可耻的和卑鄙的,而且实际上比正义的和虔诚的生活更加不快乐。

克利尼亚　应当遵循我们当前的论证所得出来的结论,我的朋友。

雅典人　我们当前的论证已经表明了这个结论。哪怕并非如此,那么一位更加有节制的立法家为了对年轻人产生良好影响而大胆地虚构,他能够发明比这更加有用的虚构吗?或者说他能发明一个能够更好地引导我们自愿而非被迫地去实践一切正义的理论吗?

克利尼亚　呃,这种理论也许是真理,先生,真理是光荣的、持久的,但要使人们信服真理似乎并不容易。

雅典人　是啊,但为什么那个来自西顿①的人的最荒谬的故事却那么容易使人相信呢?这样的故事多得很。

---

①　西顿(Sidon)是腓尼基一古城。

克利尼亚　故事？什么样的故事？

雅典人　呃，他们说牙齿种到地里就能长出武士来。这个例子证明，只要加以耐心的劝说，立法者就可以让年轻的心灵相信任何事情。因此，立法家需要做的事就是把他的发明能力用于发现什么样的信念有益于城邦，然后设计各种方式去确保整个共同体能始终如一地对待这种信念，比如用唱歌、讲故事、讨论等等方式。如果你有不同的看法，你仍旧享有驳斥我的完全的自由。

克利尼亚　不，我认为我们俩都感到这个观点无法驳斥。

雅典人　那么继续往下说就成了我的事。我认为我们三个人组成的歌舞队①必须通过复述我们至今为止听说过的，或今后听说的高尚学说，趁我们儿童的灵魂还年轻稚嫩的时候，使它们感到陶醉，我们整个结论及其基本精神可以用这些话来表示。如果诸神把最快乐的生活与最优秀的生活说成是一回事，那么我们的论断马上就完全正确了，比我们用其他方式说出来的论断更具有说服力。

克利尼亚　这种意图必须承认。

雅典人　首先，男孩组成的歌舞队应当献给缪斯，在第一次公开登台亮相时应向整个城邦展现它的全部能力。其次，三十岁以下的成年人的歌舞队在表演时应当祈求医神②为他们道出的这种学说的真理作见证，祈求他的恩典能使年轻人信服这种学说。当然了，还必须有三十至六十岁之间的人组成的第三支歌舞队。年纪更大的人当然不再能唱歌，但可以留着他们讲故事，他们的风

664

B

C

D

---

　　①　希腊戏剧中的歌舞队人数不等，有的只有三个演员，有些则由数十人，参阅吉尔伯特·默雷：《古希腊文学史》，中译本，上海译文出版社1988年版，第220页。

　　②　指阿波罗。

格语调同样受到神的激励。

克利尼亚　先生,请告诉我,你说的第三支歌队是什么人? 我的朋友和我不太明白。

雅典人　他们就是我们在前面的讨论中经常提到的那些派别。

E　克利尼亚　我们越听越糊涂。行行好,你能解释得清楚一些吗?

雅典人　你们可以回忆一下我们在讨论开始时说过的话,一切幼小的生物都天然地充满着火元素,不能保持它们肢体和声音665 的平静。它们不停地叫喊跳跃,混乱不堪,其他动物不能意识到肢体和声音的秩序,只有人是个例外。运动中的秩序称作节奏,声音中的秩序——锐音和抑音之混合——称作音调,二者的结合就叫做歌舞艺术。进一步说,由于诸神的怜悯,阿波罗和缪斯成了我们的同伴和领袖,你们还记得,我们在此之外,还添了狄奥尼修斯作为第三位领袖。

克利尼亚　呃,我们当然还记得。

B　雅典人　我们已经说了阿波罗的歌舞队和缪斯的歌舞队,所以剩下来的第三支歌舞队必然称作狄奥尼修斯的歌舞队。

克利尼亚　你说什么! 请你解释一下。一支老人组成的歌舞队献给狄奥尼修斯! 如果你不是在开玩笑,由三十岁或五十岁到六十岁的人组成他的歌舞队,那么听上去确实太奇怪了。

雅典人　你说得很对。我这样说不是为了引起争论,而是为了表明这样的安排是非常合理的。

克利尼亚　当然不是为了争论。

雅典人　那么我们一致同意到此为止所获得的结果?

C　克利尼亚　什么结果?

雅典人　每个人必须不间断地复述我们已经描述过的这些咒

语,无论是成年人还是儿童,是自由民还是奴隶,是男人还是女人;事实上整个城邦都必须以各种形式对自己不断重复这些咒语,为此我们必须不惜一切代价设计出无穷多样的和精致的形式,使得表演者对这些咒语的赞美和享受可以永不衰退。

克利尼亚　这种结果可以确保,任何人对此都一定会同意。

雅典人　如果这种最有价值的成分——它与时间和智慧的结 D 合使之具有比其他任何成分更多的权威性,它的颂歌将是一切颂歌中最高尚的——最有可能是善的话,那么它一定会在我们城邦的什么地方歌唱呢? 我们要未经引领就极为愚蠢地撇开对最高尚最有用的音乐负有责任的身体吗?

克利尼亚　如果你的论证是可信的,那么我们一定不能撇开身体。

雅典人　那么这些变化着的安排会是什么样子? 也许是这种样子?

克利尼亚　什么样子?

雅典人　人年纪大了,就会不那么喜欢唱歌。如果这时候还 E 要强迫他唱歌,那么他从中感受到的快乐会比以前少,岁数越大,心灵越审慎,对唱歌越感到忸怩不安。我说得对吗?

克利尼亚　完全正确。

雅典人　当他站在舞台上面对各种各样的观众唱歌时,他当然会感到更加忸怩不安。此外,如果从社会低层中把这种年纪和性格的人组织起来进行唱歌表演,就像参加竞赛的歌队一样,还要 666 他们禁食,那么他们的歌唱肯定是极不和谐的,虚弱的,他们的表演也会成为无精打彩的。

克利尼亚　你说的这些话无可驳斥。

雅典人　那么我们应该如何鼓励他们精神饱满地歌唱? 我们难道还不需要制定一条法律来保证达到下列效果吗? 首先,我们要绝对禁止十八岁以下的男孩子饮酒。我们要告诉他们，必须保持节制，使他们身体或灵魂中的火在他们进入生活的辛劳之前越烧越旺。其次，当我们允许三十岁以下的成年人有节制地饮酒时，

B　我们将绝对禁止闹饮和开怀畅饮。但当一位男子接近四十岁的时候，我们要告诉他，在吃完宴席后要向诸神祈祷，尤其要恳求狄奥尼修斯降临圣礼——我指的是酒杯——请他在今后的岁月中，继续赐给我们美酒，用来医治老年的干燥，使我们恢复青春，治疗我

C　们鲁莽的脾气，通过遗忘使之变得温和，就好像铁在炉中熔化，变得更加驯服。有了这样一种气质，任何人都更容易精神饱满地唱歌，或者像我们常说的那样把他的咒语说出来，而不会感到忸怩不安，这种不安也许不是在大量陌生听众面前，而是在个人朋友圈里。

　　　　克利尼亚　确实如此。

D　　　**雅典人**　为了引导他们承担我们所说的唱歌的任务，这种方法并非完全不合时宜的，是吗？

　　　　克利尼亚　不合时宜？我认为很合时宜。

　　　　雅典人　迫使他们出声的方式是什么呢？当然必定要选用与他们人格一致的音乐。

　　　　克利尼亚　呃，当然了。

　　　　雅典人　对神一般的人有益的音乐是什么？是歌舞队的歌曲吗？

　　　　克利尼亚　呃，先生，我们个别的斯巴达人和克里特朋友都不大会唱歌，但如果训练我们合唱，我们还是会学的。

　　　　雅典人　对此我一点也不感到奇怪，事实上你们从来没有唱

E　过最高尚的歌曲。你们的城邦组织得像一支军队，而不像城市居民组成的社会；你们让年轻人过军营生活，就像关在一起吃草的小牛犊。你们从来没有因为自己的小牛犊躁动不安和吼叫就把它领

回家,而是把它交给一位专门的驯养者加以多方调教,使之不仅成为一位好士兵,而且适宜管理国家及其城镇。这样的训练实际上就使他成为我们一开始讲过的勇士,比堤泰乌斯讲的勇士更加优秀,因为他会时时处处尊敬勇敢的美德,这种个人和社会的美德是第四位的,而不是第一位的。

克利尼亚　先生,你又在以某种方式藐视我们的立法者了。

雅典人　不,我亲爱的先生。如果我这样做了,那么并非出自我的本意,不过请你们还是允许我遵循我们论证的引导。如果我们能够找到一种比歌舞队和公开演出更加优秀的音乐,那就让我们试着把它指定给这些人,我们说过这些人急于在最高尚的音乐中取得他们的份额,不过我们也提到过他们会对此感到忸怩不安。

克利尼亚　务必如此。

雅典人　好吧,再说,我们一定不要认为,一切事物的主要价值在于它所具有的魅力,或在于某种意义上的正确,或在于它们的有用,是吗?举例来说,饮食,或一般有营养的东西,带有魅力,我们称这种魅力为滋味,至于它的正确性和有用性,实际上就是各种美味佳肴有益于身体健康的性质,这种性质也就是它们的正确性。

克利尼亚　确实如此。

雅典人　还有,学习的行为也伴有一种魅力,一种兴趣,但赋予其正确性和有用性的却是所学的真理,是它的善与高尚。

克利尼亚　是这么回事。

雅典人　依据同一性原则来运作的各种模仿艺术又怎么样?如果它们至今为止是成功的,我的意思是它们产生了伴随性的快乐,那么我想魅力是它的正确名称,是吗?

克利尼亚　是的。

雅典人　但一般说来,这种产物的正确性并不依赖于它们带来的快乐,而完全取决于其性质和力度。

667

B

C

D

克利尼亚　对。

雅典人　那么以快乐为我们判断的惟一标准只有在下列情况下才是正确的,一种表演既不能给我们提供有用性,又不是真理,又不具有相同的性质,当然,它也一定不能给我们带来什么坏处,而仅仅是一种完全着眼于其伴随性的魅力而实施的活动。所以,把不伴随刚才具体指出过的各种结果的表演称作快乐是非常恰当的,是吗?

克利尼亚　只涉及无害的快乐吗?

雅典人　是的。当它既无害又无益,不值得加以严肃考虑的时候,我对它也使用"游戏"这个名字。

克利尼亚　非常正确。

雅典人　那么从这个论证中肯定可以推论,一个人快乐的感觉或他的错误信念,绝不是一个可以用来判断任何表演的恰当标准。我还要说,不能用它们来判断任何比例和均衡。相等的东西决不相等,均称的东西决不均称,因为有人相信它是这样的,或者因为有人感到不快乐;不对,我们应当用真理作为衡量的标准,无论对真理作何种解释,而不要用其他东西作标准。

克利尼亚　确实如此。

雅典人　现在我们可以说,一切音乐都是一门产生"相同"的艺术或表演。

克利尼亚　当然了。

雅典人　于是,当一个人告诉我们快乐在音乐中是判断的标准时,我们必须拒绝接受这种说法。能保持与高尚模式同一的是其他类型的音乐,而不是这种类型的音乐,如果确实有这种类型的音乐,那么我们应当严肃地对待。

克利尼亚　是这样的。

雅典人　我们的公民当然也会做同样的事。由于他们的宗旨是最高尚的歌曲，所以他们一定不会要那些令人快乐的歌曲，而要正确的歌曲。实际上我们解释了表演的正确性就在于恰如其分的象征和保持原初的性质。

克利尼亚　没错。

雅典人　还有，人们普遍允许音乐作品具有象征和描述性质。创作家、表演者、听众，对此也都表示同意，是吗？　　C

克利尼亚　无疑如此。

雅典人　因此，能对具体作品做出正确判断的人在各种情况下必定明白这种作品是什么。如果不明白它是什么，或它指代什么，或它实际上是什么东西的影像，那么他就远远不能察觉艺术家的目的是正确的还是错误的。

克利尼亚　他要能察觉确实还早呢。

雅典人　如果不明白这种正确性，那么他还有可能讨论作品　　D
的善与恶吗？我这个问题表达得不很清楚，但要是换个说法，也许就清楚了。

克利尼亚　什么说法？你说吧。

雅典人　如你所知，眼睛可以察觉无数相同的东西。

克利尼亚　当然。

雅典人　假定一个人并不知道某些物体象征什么，他有无可能对艺术家作品的正确性作出判断？比如，他能说出某个真实场景中的某些东西是什么意思吗，这些东西摆放在那里象征别的事　　E
物——更不要说这些东西的颜色或形状了——或者说这些东西在象征中全都混在一起了？你认为一个人要是根本不知道这个人要用这些东西来象征什么，他有可能对这个问题做出决断吗？

克利尼亚　当然不能。

雅典人　现在假定我们明白艺术家画出来的或塑造出来的某个图形是人的图形，他描绘了人的所有肢体，还有人的颜色和轮

669　廊。由此是否可以推论这个活人有能力做出进一步的判断,这个作品是美的,或者在某些方面缺乏美?

　　克利尼亚　呃,先生,不管怎么说,我们全都是行家,有能力进行鉴定。

　　雅典人　非常正确。那么一个人作为任何象征(无论是绘画、音乐,还是其他艺术部门)的有理性的判断者必须具备下列三种素质:首先,他必须理解象征物的象征意义;其次,象征物如何象征才
B　是正确的;第三,也是最后一点,如何用语言、旋律或节奏很好地进行象征。

　　克利尼亚　好像是这样的。

　　雅典人　现在我们必须省略对音乐的难处作充分解释。讨论音乐的想像比讨论音乐的其他方面需要更多的时间。为什么音乐的想像比音乐的其他方面更加需要小心谨慎的考察,其原因在于音乐想像所产生的错误是最危险的,因为它鼓励恶的道德品质,而且最难发觉,因为我们的诗人并非都与缪斯们处于同一水平。我
C　们可以肯定,缪斯们自己决不会犯下如此巨大的错误,以至于给阴柔的音阶、音调或婚礼旋律配上阳性的唱词,或者给自由民的姿势配上只适合奴隶的节奏,或者把自由民的姿态与不恰当的节奏结
D　合在一起。她们更不会把人、动物、机械的声音,以及其他各种声音混在一起,用一个大杂烩来象征一个单一的主题。而我们凡俗的诗人特别喜爱用这种无意义的、复杂的混合来激发我们这些"有愉悦经验者"的不敬,这是奥菲斯的话。事实上,我们不仅看到这一类的混淆,而且我们的诗人还走得更远。他们把说话配上格律,
E　从而把节奏、音调与旋律分割开来,他们又无伴唱地演奏弦琴①和笛子,从而将旋律、节奏与歌词分割开来,然而这样一来,要发现

---

　　①　希腊弦琴(cithara)是一种类似竖琴的乐器。

这些无歌词的节奏和音调所象征的意义,或者说要考虑它们所象征的模式,就成了一桩最艰巨的任务。不,我们不得不得出结论,使弦琴演奏和笛子演奏从舞蹈或歌唱中分离出来,使之成为对速度和技巧的展示,还有对动物声音的模仿,这些流行的东西都是邪恶嗜好中最坏的,把两种乐器作为独立的音乐工具来使用并不比没有音乐的变戏法好到哪里去。关于这件事情① 的理论就谈到这里。但我们自身的问题毕竟是,我们由三十个或五十个公民组成的歌舞队要用哪种音乐,而不是他们要回避哪种音乐。我想,从我们已经说过的这些话中马上可以做出一些推论。让那些五十岁到六十岁之间的人来为我们唱歌,他们所受的教育至少比歌舞队的演员所受的教育要好。当然,他们必须对节奏和旋律有敏锐的感受,要能对节奏和旋律作判断。确实,要是一个人对多利亚音阶一无所知或所知甚少,他又如何能够判断这种曲调的正确性或诗人给它确定的节奏是否正确呢?

克利尼亚　他显然什么也不能做。

雅典人　事实上,一般公众是非常可笑的,因为他们相信人能够对旋律和节奏中的善恶做出适当的判决,他们只是被训练得随着笛声唱歌或迈步前进,当然,当他们这样做的时候并不意味着他们对这些事情完全缺乏理解。我们可以说,凡是有适当成分的音调就是正确的,凡是有不适当成分的音调就是不正确的。

克利尼亚　无可否认。

雅典人　一个人要是连音调中有什么成分都不知道,那又该怎么办? 我是在问,他能判断它的正确性吗?

克利尼亚　无疑不能。

雅典人　看起来我们又再次返回我们的发现,我们强制性地

---

①　指音乐。

D　敦促我们的歌手唱歌,但他们需要先接受一种教育。他们全都要能够跟得上曲调的节奏和音符,要能唱出预定的音高,如果我们根据年龄和性格,从他们中间选择适当的人来演唱相应的音部,那么这样的表演马上会给表演者带来纯洁无邪的快乐,也会给他们的

E　年轻人上一课,使他们明白如何恰当地评价音乐。如果以这样的方式受教育,那么这种教育是受他们自己支配的,比一般人所受的

671　教育或诗人自己所受的教育更为细致。尽管诗人无法避免对音阶和节奏作判断,但诗人并非一定要成为我们指出的第三点的判决者——他的象征是好还是坏——而我们所说的这些人则需要这些素质,以便能在最优秀与优秀之间作选择,否则他们就没有人能有效地吸引年轻人趋向美德。我们的论证已经尽力达到了它最初的目标,表明我们为"狄奥尼修斯的歌舞队"所作的辩护是好的,但我

B　们还需要考虑它是否成功。当然了,任何这样的集会随着酒越喝越多,不可避免地会产生喧哗,我们一开始就假定这种情况必然会发生。

　　　克利尼亚　是的,不可避免。

　　　雅典人　在这样的闹饮中,每个人都会放开嗓门大吼大叫、吐沫飞溅,而不像平时那样轻声低语,他们根本不注意同伴们在讲些什么,并认为自己完全有权为自己和其他所有人立法。

　　　克利尼亚　确实如此。

　　　雅典人　我们说,事情到了这个地步,饮酒者的灵魂就会发热变软,变得十分幼稚,就好像他们还很年轻一样,它们就像加热了

C　的铁,在那些有权力和技巧训练和塑造他们的人手中变得十分可塑,而对他们进行塑造的任务我们说要由好的立法家来承担。他要为酒宴立下规矩,引导我们的赴宴者,但这些人此时已经变得面红耳赤,心中充满自信,完全摆脱了平时的节制,不愿遵守秩序,不愿保持安静,边喝酒边听音乐,做出种种不体面的举动来。这些都

是那种不适宜的自信所致,而酒宴刚开始的时候,他还心存恐惧, D
这种恐惧接受了节制的名字,而它的意思是知道羞耻。

克利尼亚　非常正确。

雅典人　至于这些法律的监察者及其同僚,我们必须选择那
些安详的清醒者作不清醒者的队长,如果没有这些人,那么酒宴上
的战斗就会比田野里的战斗没有指挥员更加危险。还有,若是有
人不能自愿服从他们或狄奥尼修斯,也就是他们的长官、超过六十 E
岁的公民,那就应当对他进行处罚,使他像那些不服从阿瑞斯①
属下的指挥官的人一样受到羞辱,或者更加厉害。

克利尼亚　说得对。

雅典人　如果说在这样的时尚中用酒可以得到快乐,那么酒
宴中有这样一些派别在场不是会更好些吗?我说的派别不是今日 672
敌对意义上的党派,而是为了增进友谊,因为他们的交往完全可以
用法律来规范,他们也会追随由清醒者为不清醒者指出的道路,是
这样的吗?

克利尼亚　如果真有你说的这种派别,那么你说得很对。

雅典人　那就让我们不要再重复过去对狄奥尼修斯的礼物②
所作的不适当的批评,过去我们把它说成是一种邪恶的东西,城邦
不能接受它。关于这个论题还有很丰富的内容,但我犹豫不决,不
知道还要不要公开提到这位神的礼物的主要益处,因为这个说法 B
已经被误解和误断了。

克利尼亚　你说的益处是什么?

雅典人　有这么一个流行的故事非常可疑,说这位神的理智
被他的后母赫拉剥夺了,这就是为什么他要与酒神狂女们一起折

---

①　阿瑞斯(Ares)是希腊战神。

②　指酒。

磨献祭的牺牲,狂歌乱舞。这是一种复仇的形式,他把酒赐给人类的动机就在于此,而不是出于其他什么动机。在我看来,这样的故事就留给那些认为可以这样谈论神灵的人去讲,但有一件事情我可以肯定。没有任何生物是生来就拥有这种理智或所有理智的,理智要在它成熟时才表现出来。因此,当一个生物还没有达到一定的智力水平时,它是相当疯狂的。它会乱吼乱叫,一发现自己有腿,就会到处乱跑。让我提醒你们,这就是音乐和体育的源泉。

克利尼亚　我们当然没忘。

雅典人　你们也能记得,我们说过这种开端在人类中如何成为节奏感和旋律感的前兆,与这种发展有关的诸神是阿波罗、缪斯、狄奥尼修斯,是吗?

克利尼亚　没错。

雅典人　至于酒,一般的故事似乎认为它被赐给人类是为了起到一种复仇的作用,是为了使我们疯狂,而我们当前的看法是,这种礼物的意思正好相反,它是一种药物,可以产生灵魂的节制和身体的健康与力量。

克利尼亚　先生,你对这个论证的总结非常好。

雅典人　那么,我们已经处理了歌舞艺术的一半。现在我们要不要进一步考虑另一半,或者说我们可以省略?

克利尼亚　你说的一半是什么?你是怎么分的?

雅典人　呃,我们发现,整个歌舞的艺术就像整个教育一样,这门艺术的一半与声音有关,由节奏和旋律组成。

克利尼亚　是这样的。

雅典人　涉及身体运动的这部分艺术和声音运动一样有节奏,但是姿势和姿态是这部分艺术专有的,就好像旋律是声音运动专有的。

克利尼亚　完全正确。

雅典人　使声音向善,直至抵达灵魂,在此意义上,我们把这　　673
种对声音的训练称为音乐。

克利尼亚　这个名称也非常恰当。

雅典人　至于身体的训练——跳舞被我们当作一种游戏——
当这个过程达到身体之善的时候,让我们把带有这种目的的身体
训练称作体育。

克利尼亚　我们可以非常恰当地这样做。

雅典人　关于音乐——歌舞艺术的一半,我们刚才承诺要为
之提供一个完整的看法——我们的论断仍旧可以看做是标准的。
下面我们该做什么? 讨论其他部门,还是做什么?　　　　　　　B

克利尼亚　我亲爱的先生,你是在和克里特人和拉栖代蒙人
谈话。我们已经讨论了音乐,如果我们把体育放过去,那么你认为
我们俩会做出什么样的回答?

雅典人　我把你的话当作是对我的问题的一个相当明确的回
答。事实上,我承认它形式上是一个问题,但实际上可以称它为一　　C
个回答,甚至有更深的含义,这就是指示我们去完成对体育的讨
论。

克利尼亚　你正确地理解了我的意思,这件事就交给你去完
成吧。

雅典人　呃,我会的,这件事并不十分困难,因为你们俩对这
个主题都很熟悉,你们对这种技艺确实拥有比前一主题更多的经
验。

克利尼亚　你说得很对。

雅典人　那么好,这种技艺同样起源于一切生物天然的跳跃
习惯,而我们说过,在人类中,节奏感的获得产生了舞蹈。由于旋　　D
律触动和唤醒了节奏意识,二者的结合就产生了歌舞表演。

克利尼亚　是这样的。

雅典人　如我所说,这个主题的一个部门我们已经处理过了,下面我们要尽力处理另一个部门。

克利尼亚　我完全同意。

E 　　**雅典人**　如果你们俩同意,那我们可以先就我们刚才对饮酒的解释做最后的陈词。

克利尼亚　你为什么要提议做这件事?

雅典人　如果一个城邦实施的习俗现在处在严肃的讨论之下,这种习俗作为一种自律的训练要使它接受法律和制度的控制,那么我们要以同样的原则允许迁就其他快乐,把对所有快乐的嗜好当作把握这些快乐的一种手段,毫无例外地按我们确定的界线加以处理。但若这种实施仅仅被当作游戏,允许所有人随意喝酒,

674 想跟谁一起喝就跟谁一起喝,在喝酒时为所欲为,那么我就不会再同意允许这样的城邦或个人嗜酒。我甚至会在克里特和拉栖代蒙的做法上进一步添上迦太基人的做法,他们的法律禁止任何士兵在战场上喝酒,在军训期间也只能喝水。在城邦生活中,我要绝对

B 禁止男女奴隶在一年到头履行他们的职责时喝酒,同样也要绝对禁止船长和水手在履行职责时喝酒,议事会的重要成员在要去开会时也不能喝酒。进一步,我还要绝对禁止在白天喝酒,除非有教练员和医生的命令,在夜晚男女将要同房时也绝对不能喝酒,由健全的法律规定了的其他不能喝酒的场合在这里就不一一说了。因

C 此你可以看到,按照我们的论证,没有一个城邦需要许多葡萄园,一般的农业生产和生活方式都属于要加以规范的事务,尤其是葡萄栽培要保持在一个合理的狭小限度内。先生们, 如果你们同意,可以把我刚才讲的这些话当作我对酒这个主题所作的最后陈词。

克利尼亚　确实说得好,我们完全同意。

第　三　卷

雅典人　那么,这个问题就谈到这里。但是我们可以拿什么　676
来作为一个国家的开端呢? 处理这个问题最好的、最方便的办法
我想是这样的。

克利尼亚　什么办法?

雅典人　当我们研究一个城邦在美德和邪恶两方面的进展
时,我们通常会从某一点开始,因此我们同样也可以用这个起点作
为国家的开端。

克利尼亚　这个起点是什么?　　　　　　　　　　　　　　B

雅典人　呃,我想这个起点就是永无止境的时间以及时间带
来的变化。

克利尼亚　请你解释一下。

雅典人　城邦已经存在了很长时间,人们在城邦社会中生活。
你认为自己有可能说出城邦存在多久了吗?

克利尼亚　我不知该怎么说才好。

雅典人　但你至少得承认城邦已经存在很久,长得令人难以
置信,是吗?

克利尼亚　是的,这一点无可置疑。

雅典人　你必定会承认在这段时间里有成千上万个城邦诞
生,也有许多城邦灭亡,是吗? 还有,各种形式的制度都在这个或
那个城邦里反复出现。有的时候一个小城邦成长为大城邦,有的　　C
时候一个大城邦变成小城邦;有的时候一个坏城邦变成好城邦,有
的时候一个好城邦变成坏城邦。

克利尼亚　确实如此。

雅典人　因此,如有可能,我们必须寻找这些变化的原因。我

相信,在这个地方我们可以找到一把钥匙,打开这些制度的最初起源及其改进的关键。

克利尼亚 这个想法很好,我们必须竭尽全力——你解释你的想法,而我和我的朋友会尽可能跟上你的步伐。

677 　　**雅典人** 你们俩对古代传说怎么看? 这些传说包含着真理吗?

克利尼亚 你指的是哪些传说?

雅典人 人类多次被大洪水、瘟疫,以及其他原因毁灭,只留下极少数幸存者。

克利尼亚 噢,每个人都相信这种故事。

雅典人 很好,让我们假定有一次大洪水造成了人类的灭绝。

克利尼亚 你要我们观察的要点是什么?

B　　**雅典人** 当时躲过这场大灾难的少数人必定都是山里的牧人,由于住在高山上,他们成了人类之火的稀有余烬。

克利尼亚 呃,显然如此。

雅典人 这些人必定不熟悉各种技艺,尤其不懂那些城镇居民之间进行竞争和超越的技巧,以及他们相互伤害的诡计。

克利尼亚 这种可能性肯定有。

C　　**雅典人** 现在我们是否可以假定有这样一个时刻,位于低处和海边的城市全都毁灭了?

克利尼亚 无疑可以这样假设。

雅典人 那么我们还可以说当时所有工具都佚失了,任何有价值的发现,包括政治科学或其他各种专业,全都佚失了,是吗?当然了,我亲爱的先生,如果这些发明能够永久保持到现在,那么还会有什么新发现吗?

D　　**克利尼亚** 由此说来,我们必须认为,那些年代里的人在好几万年中对这些事情一无所知。而他们得到这方面的启示至今不过几千年或两千年,这些启示者有代达罗斯、奥菲斯、帕拉墨得斯,发明音乐的有玛息阿和奥林普斯,安菲翁发明了竖琴,还有其他无数的人做出无数的发明。可以说,这只是昨天和前天发生的事。

雅典人　你说得太妙了,克利尼亚,但有些地方说得很含糊,谁是严格意义上的昨天的人?

克利尼亚　我想,被你挑到毛病的可能是帕拉墨得斯吧?

雅典人　我说的就是他。我的朋友,你要知道他的发明使其他所有人相形见绌。没错,赫西奥德很久以前就模糊地提到过他的发明,但是按照你们克里特人的传说,这些发明的实际运用属于其他人。　　E

克利尼亚　确实如此。

雅典人　我假定人们可以这样说,处于灾难时期的人的国家是这样一种状况。人口可怕地锐减,大量土地变得荒无人烟,大部分动物灭绝了,只有少量牛群,也许还有一些山羊幸存,为那些少得可怜的牧人提供生计。　　678

克利尼亚　无疑如此。

雅典人　但对城邦、制度、立法来说——这是我们当前讨论的主题——我们能想像对这些东西的最模糊的记忆保存下来了吗?

克利尼亚　呃,肯定没有。

雅典人　这就是当时的状况,从这样的状况中要产生我们整个实际生活,包括城邦、制度、科学、法律、多重的道德上的恶,以及同样多重的道德上的善,是吗?

克利尼亚　我不太能跟得上你的意思。

雅典人　呃,我的先生,我们能假定那时候的人不像过去那样熟悉城市生活中无数的幸福和灾难,所以他们必定要在德性方面成熟起来,或者是养成美德,或者是变得邪恶?　　B

克利尼亚　非常需要。我们同意你的看法。

雅典人　于是,随着时间的推移和人类的繁衍,人类生活就成了我们现在看到的这个样子,是吗?

克利尼亚　没错。

雅典人　我假定,这种变化不是一蹴而就的,而是在一个漫长的时期内逐渐形成的。

C **克利尼亚**　不可能是别的情况。

雅典人　我确实应当假定,这个时候他们仍旧提心吊胆,因为从高山到平原都有各种可怕的事情发生。

克利尼亚　当然。

雅典人　因此在人类数量极为稀少的时候,尽管他们碰到陌生人仍旧会表示欢迎,但由于技艺的丧失,一切水陆交通肯定完全消失了,是吗?所以我想,当时的社会交往不那么容易实行。铁、

D 铜,以及其他金属矿藏,由于发洪水的原因都已经被忘却,要想重新发现这些矿藏是个大问题,因此他们也几乎没有机会砍伐树木。山区幸存下来的少量工具肯定很快就用坏了,要等到开矿的技艺重新出现,才有可能获得新的工具。

克利尼亚　是的。

雅典人　那么我们必须假定这件事的发生要经过多少个世代?

E **克利尼亚**　无疑要经过许多个世代。

雅典人　因此,所有需要铁、铜,以及类似材料的技艺在此期间,或在更长的时期内,也都佚失了。

克利尼亚　那当然。

雅典人　因此,由于多种原因而非某一原因,内乱和战争在整个时期内也都消失了。

克利尼亚　这些原因是什么?

雅典人　一个原因是人类的孤独使产生相互交往和交友的需

要;另一个原因是他们不必为了维持生计的方式而发生争吵。除 679
非在最初的某些场合,他们想要吝惜他们的牲畜,因为那是当时最
主要的用来维持生计的东西,但实际上当时奶和肉的供给还是够
的,因为除了饲养牲畜以外,他们还可以通过狩猎来提供很多优质
的肉食。还有,他们的衣服、被褥、房屋、器皿、烹饪用具都很短缺。
这你知道,铁对陶工和织匠的技艺来说并非必需的,神把这两种技 B
艺赐给我们,弥补我们的各种需要,使我们这个种族在落入这般境
地后仍旧能够生存和增长。因此,由于我已经指出过的这些原因,
他们并非极端贫困,不会因为赤贫而引起纷争,但他们当时也不能
称作富裕的,因为他们没有金银。一个既不贫困又不富裕的社会
通常会产生优秀的品性,因为它既没有给暴力和作恶留下什么空
间,也没有给竞争和妒忌留下什么余地。因此他们是好人,这一方 C
面是由于这个原因,另一方面是由于他们极为单纯。众所周知,他
们简单到这种地步,一听到某种事物被称作美好的或愚蠢的,他们
就会顺从地把这些说法当作正确无误的真理来接受。没有一个人
会像今天的人这样精明,会对欺骗表示怀疑。把关于神的事和人
的事告诉他们,他们就信以为真,并照此生活。就这样,他们成为
你我已经描述过的这种人。

克利尼亚　我同意你的陈述,我的朋友也同意。 D

雅典人　那么我认为,我们可以说人类在许多个世代里都过
着这样一种生活,与大洪水之前的时代相比,或与我们当今时代相
比,在各种技艺方面他们是未开化的、无知的,尤其是对那些战争
技艺,比如像今天的陆战或水战,还有城市内部的战争,以讼争和
派别的名义出现,凭着精心设计的多重诡计用言语和行动相互伤 E
害和作恶。一般说来,他们比现在的人更加单纯、更富有男子气,
因此也更加自制、更加正义。之所以如此,我们已经解释了其中的
原因。

克利尼亚　是这样的。

雅典人　要明白,我们刚才所作的那番陈述,以及以此为基础
680　的推论,其目的只是为了能够知道在那些遥远的年代立法的需要
是如何出现的,又是谁制定了法律。

克利尼亚　是的,你说得好。

雅典人　我们也许还不能说那个时候需要立法者,因为法律
这种东西在当时还不是一件寻常事,是吗? 实际上,那时候的人甚
至还不知道字母,但却按照习俗和所谓"传统法"来规范他们的生活。

克利尼亚　这至少是一个非常好的假设。

雅典人　但即使是这样一种状况,也已经有一种政治的形式了。

克利尼亚　什么形式?

B　　**雅典人**　我相信,那个时代的政治形式一般称作王朝,在希腊
人和非希腊人的许多地方至今仍旧能够看到这种形式。荷马在谈
起王朝的时候,显然把它当作"独眼巨人"① 的生活方式。他说:
"他们没有议事的集会,也没有法律。他们居住在挺拔险峻的山峰
之巅,或者阴森幽暗的山洞,各人管束自己的妻子儿女,不关心他
人的事情。"②

C　　**克利尼亚**　你们的诗人似乎确实是个大好人。我向你保证,
我以前也读过他的一些美丽的诗句,尽管不是很多,因为我们克里
特人不太接触异邦人的诗歌。

麦吉卢　我们在斯巴达对这些诗歌倒很有兴趣,尽管荷马所
描述的生活肯定是伊奥尼亚的,而不是拉科尼亚的,但我们把他当
D　作最优秀的诗人。他的故事描绘了原始时代那些人的野蛮性格,

---

①　在希腊神话中独眼巨人(Cyclops)有好几种,分别是牧人、铁匠、瓦匠
等等。

②　荷马:《奥德赛》,第 9 卷,第 112 行以下。

但确实可以用来充分肯定你们现在的理论。

雅典人　是的,他确实这样做了,我们可以引以为证,表明确实可以在不同时代找到这种政治类型。

克利尼亚　确实如此。

雅典人　也就是说,在这些大灾难发生以后,这些人以家庭为单位分散在各处,拥有自己的家宅,是吗? 我们难道看不到,这样的社会由老人统治,因为他们继承了他们的父母亲的权威? 其他人追随他们,组成一个群体,就像许多鸟聚集在一起,处在家长的控制之下。这是各种王权统治中最公正的类型。

克利尼亚　一点没错。

雅典人　下一步便是很多人聚集在一起,共同体的规模加大了,开始转向农业。起初在山区坡地上种植,发明制造了某种围栏,用来防范野兽,随后就在这样的共同体中出现了一种较大的新型家宅。

克利尼亚　这至少是事情发展可能拥有的顺序。

雅典人　那么有没有不太可能的事情呢?

克利尼亚　那会是什么事情?

雅典人　随着那些较小的、较为原始的家宅成长为较大的家宅,每个群体都带来了自己的家长统治者,以及某些自己的私人习俗——所谓私人的,我指的是这些群体的,因为它们互相隔离,几个群体被不同的祖先和养育者按照不同的对待神和人的行为习惯加以训练,如果祖先比较守纪律,那么他们的行为习惯也比较守纪律;如果祖先勇敢,那么他们也比较勇敢。因此我说,每个群体就这样变成了较大的有着自己专门法律的定居的团体,用他们自己的好恶影响着子女和后代。

克利尼亚　呃,这是不可避免的。

雅典人　每个群体当然也会首先赞同自己的法,其次才是其他群体的法。

克利尼亚　没错。

雅典人　根据种种迹象,我们发现自己已经不知不觉地抵达立法的起点。

克利尼亚　是的,确实如此。

雅典人　至少,下一步必定是这些联合在一起的群体选择一些代表,他们当然会核查所有的法律用语,公开而又明白地向各部D落的首领和领袖——也可以称作他们的国王——说明自己赞同的内容,提出加以采纳的建议。因此,这些代表自己就是立法者,当他们任命首领作执政者的时候,这些家长制的群体就形成了贵族政制,或者也可能是君主制,在这种政治的转型期间代表们会监管各种事务。

克利尼亚　没错,可以把这一步设定为整个过程中的下一步。

雅典人　那就让我们开始解释第三种类型的政治如何产生,在这种类型中,政治和社会都会展现出各种各样的形式和命运。

克利尼亚　这种类型是什么?

E**雅典人**　荷马也提到过这种类型,认为这种类型是从前一种类型中产生出来的。我相信他说过这样一些话:"他创建了达尔达尼亚,因为神圣的伊利昂,这座凡人的城市还没有在平原上建起,682人们还居住在多泉的伊达山麓。"① 这些诗句,像他谈论独眼巨人的那些诗句一样,是神灵附体的时候说出来的,无比真实。你知道,诗人们吟诵的时候也要有神灵的激励才有灵感,凭着神灵的恩典和缪斯们的帮助,他们往往会道出真实的历史事实。

克利尼亚　这一点我完全相信。

雅典人　让我们继续讲述这个故事,让它来引导我们进一步

---

①　荷马:《伊利亚特》第 20 卷,第 216 行以下。伊利昂即特洛伊。

发挥想像,因为它很有可能会给我们所要达到的目标提供一些暗示。所以我们的步骤肯定是正确的,是吗?

克利尼亚　非常恰当。　　　　　　　　　　　　　　　　　　B

雅典人　我要说的是,伊利昂的泉水来自一块广阔的高原,而这座城市地势较低,靠伊达山上下来的几条河流供水。

克利尼亚　故事是这样讲的。

雅典人　我们一定会假设,这已经是大洪水过后许多个世代以后的事了,是吗?

克利尼亚　无疑是在许多个世代以后。

雅典人　建城者实际上肯定已经忘掉我们现在讲的这场灾难,他们充满自信地把城市建在这样一块坡地上,面对几条从高山　C上下来的河流。

克利尼亚　呃,是的,那场灾难必定已经属于极为遥远的过去。

雅典人　我想,由于人类的繁衍,那个时候也有了许多其他的城邦共同体。

克利尼亚　是的,当然了。

雅典人　你知道,就是这些其他的城邦共同体围攻了伊利昂,他们极有可能是从海上过来的,因为当时所有人都早已遗忘了他们对大海的恐惧。

克利尼亚　是这样的。　　　　　　　　　　　　　　　　　　D

雅典人　在阿该亚人成功地攻下特洛伊之前有那么几十年的耽搁。①

---

①　在历史上,大约公元前 2000 年左右,一支印欧语人从欧洲南下进入希腊半岛,他们被称作阿该亚人(Achaeans),也就是后来希腊人的第一代,他们进入伯罗奔尼撒半岛以后主要在阿哥利亚活动,在荷马史诗中,阿该亚人是攻打特洛伊城的主体。

克利尼亚　是这样的。

雅典人　在伊利昂被围的十年中,包围这座城市的各支队伍①自己国内发生了各种不幸的事件,年轻一代发动了暴乱。还有,当勇士们返回自己的城市和家园时,那些年轻人对他们的迎接既不是荣耀的又不是公平的,而是伴随着无数的屠杀和驱逐。后来,这些被赶走的人又回来了,他们不把自己称作阿该亚人,而是称作多立斯人,也就是那些被驱逐后又重新聚集起来的人。至于后来的事情,在你们自己拉栖代蒙人的传说中有详尽的描述。②

克利尼亚　确实如此。

雅典人　就这样,我们发现自己神佑似的又回到了这个要点上来,就在这个地方我们偏离了法律这个主题,讨论起音乐和饮酒来,所以我们现在可以结束这个论证了。因为我们已经谈到了拉栖代蒙人的定居这一步,你们俩都认为拉栖代蒙人的体制是健全的,而克里特人的体制也与法律关系密切。从我们不太连贯的论证中,再加上对各种政治体制及其基础的检视,我们肯定获得了很多好处。我们考察了在一个漫长的时期内从一个基础中产生的前后相继的三种共同体,现在我们要进入第四种,考察一个城邦的基础——你或者宁可说它是一个国家——这种共同体一直存在到现在。如果整个讨论能使我们理解在这样的基础上什么东西值得称赞,什么东西不值得称赞,什么类型的法律使它们得以保存,什么类型的法律使它们瓦解,什么样的变化对一个共同体的幸福有贡献,那么麦吉卢和克利尼亚,我们还有什么必要再从头开始,除非你们对我们已经说过的东西有反对意见。

①　指由希腊各部落组成的希腊联军。

②　大约公元前1180年,巴尔干地区又发生一次部落大迁徙,同属于希腊语支的多利斯人(Dorians)陆续南下,进入希腊半岛和某些爱琴海岛。

麦吉卢　呃，先生，如果我们能够拥有一位神的话语，说我们 C
研究立法问题的第二次尝试是好的，是的，就我们已经讨论过的情
况来看它是好的，那么我准备继续长途跋涉，并且认为这个白天太
短了，尽管如果我没弄错的话，今天是夏至。

雅典人　那么我假定我们要继续考察。

麦吉卢　我十分愿意。

雅典人　麦吉卢，让我们先想像有这样一个时期，拉栖代蒙、
阿耳戈斯、墨西涅，以及它们的所有领地，实际上全都处在你们祖 D
先的控制之下。如故事所说，他们下一步就是要把他们的力量一
分为三，建立三个城邦，也就是拉栖代蒙、阿耳戈斯、墨西涅。

麦吉卢　没错。

雅典人　于是阿耳戈斯变成了特美努斯的王国，墨西涅成了
克瑞司丰特的王国，拉栖代蒙成了普罗克列斯和欧律斯塞涅的王
国。①

麦吉卢　是的。

雅典人　整个共同体发誓承认他们的统治，并支持他们挫败 E
任何颠覆他们王权的企图。

麦吉卢　确实如此。

雅典人　凭着神的名义起誓，除了被自己所推翻，你认为有没
有哪一位国王曾经被打倒，有没有任何政府曾经被推翻？这就是
我们在开始讨论这个观点之前的立场，你们已经忘了吗？

麦吉卢　噢，当然没忘。

雅典人　那么我们甚至可以更加自信地肯定这个立场，因为
我们从历史事实中可以得出相同的结论，因此我们的看法有事实

---

①　这里提到的特美努斯(Temenus)、克瑞司丰特(Cresphontes)、普罗克列
斯(Procles)、欧律斯塞涅(Eurysthenes)均为传说中的国王。

684 作支撑,而不仅仅是空洞的想像。我们知道有这样一些历史事实:
三个统治家族与其治下的城邦相互发誓,这是他们所采用的法律
所明确要求的王权和忠诚,国王除了在家族中传承王位之外不应
再扩大特权,而他们的臣民要尊重契约,既不应该在内部作乱废除
国王,也不应该屈从来自外部的对王权的颠覆;如果平民的权力受

B 到侵犯,国王要按照惯例支持平民,不亚于对待一位王族成员,而
民众同样也要支持国王,不亚于对待其他平民。我相信,这些都是
事实,是吗?

　　　　麦吉卢　是这样的。

　　　　雅典人　那么好,这就是三个城邦在立法中一开始所作的规
定,它对于已经建立起来的制度极为重要,无论其最初的动议是由
国王提出的还是平民提出的,不是吗?

　　　　麦吉卢　你这是什么意思?

　　　　雅典人　我的意思是,在任何情况下,一个城邦违反了这种体
制的法律,总会遇到结成同盟的另外两个城邦的反对。

　　　　麦吉卢　是的,显然如此。

C 　　　　**雅典人**　现在我可以提醒你,人们通常期待平民或大众作为
立法者来制定这样的法律,以便能接受他们自己的动议,这就好比
人们希望一位教练或医生对身体的训练和治疗成为接受者的快
乐。

　　　　麦吉卢　对。

　　　　雅典人　而事实上,如果能够以适当的痛苦为代价确保身体
的健康和良好状态,那么人们通常会对此表示感谢。

　　　　麦吉卢　当然。

D 　　　　**雅典人**　说到那个时期还有一个便利条件,可以极大地促进
立法。

　　　　麦吉卢　什么便利条件?

雅典人　在试图确定某种对财产的拥有时,他们并没有进行巨大的变革,而在其他城邦中,人们会提出土地改革或取消债务的要求,认为没有这些措施,就不可能获得平等。但当立法者试图进行这种改革时,每个遇到他的人都会大喊"不要乱来",还会诅咒那些重新分配土地和免除债务的始作俑者,因为这种做法足以使人绝望。而多立斯人,你知道,他们在这方面有这种便利条件,使他们可以免受不愉快的指责。在他们中间,土地的分配没有什么争执,也没有积累下来的债务负担。

E

麦吉卢　相当正确。

雅典人　我必须问,他们的基础和立法证明了它的失败,其原因何在?

麦吉卢　呃,它在什么方面遭到了失败,为什么要对它提出批评?

685

雅典人　因为在这三个城邦中,有两个城邦的制度和法律迅速发生退化,只有一个城邦,也就是你们斯巴达,仍旧保持着原样。

麦吉卢　要回答这个问题不容易。

雅典人　如果要用我这个头脑清醒的老头的法律游戏来减轻我们旅途的疲劳,这是我们出发时讲过的,那么我们所面对并要加以讨论的问题全都是这样的。

麦吉卢　无疑如此,所以我们必须按你说的去做。

B

雅典人　那么有什么法律比这些共同体制定的法律更适宜进行研究? 有哪些更大的、更出名的城邦,我们可以拿来对它们的基础进行考虑?

麦吉卢　如果我们放弃它们,再要提出其他城邦也不容易。

雅典人　有一件事情相当清楚。那个时代的创建者把他们的创造当作一种适当的保护,不仅是对伯罗奔尼撒的保护,而且是对整个希腊世界的保护,因为他们感到自己有可能受到外族的侵犯,

C

而实际上他们也已经受到伊利昂居民的侵犯。当时的特洛伊人傲慢地相信尼尼微的亚述人的力量,结果也就招致对特洛伊的远征。尼尼微这个帝国现存的威望仍旧很高。那个时代的人也同样害怕这个联合王国,就好像我们今天对这位伟大国王的恐惧一样。当

D 特洛伊第二次被占领,成了亚述帝国的一部分时,它对希腊人确实抱着深深的怨恨。在这种形势下,分布在上述三个城邦的青壮年组成一个团体去征讨特洛伊。他们说这三个城邦的国王都是兄弟,全都是赫拉克勒斯子孙,这种说法确实是一个奇特的发明和巧

E 妙的处理方式,而且人们全都相信了。首先,人们认为赫拉克勒斯的子孙比珀罗普斯的子孙更适宜担任各路人马的统帅;第二,人们认为这支军队比曾经围攻过特洛伊的军队更加勇敢,因为它是由获胜的多立斯人组成的,而当年那支队伍则是由打了败仗的阿该亚人组成的。因此,我们可以说,这就是当时的形势,这也就是创建者立法的目的。

麦吉卢 呃,是这样的。

686 **雅典人** 所以,考虑到这些城邦以往联系的困难和危险,以及他们隶属于同一家族的三位做国王的兄弟——更不必说他们得到了许多神谕的批准,尤其是德尔斐的阿波罗的神谕,我们可以假设这些立法者所做的工作具有稳定和长远的效果。

麦吉卢 确实可以作这种假设。

雅典人 然而我们看到,这些意义重大的预见很快就消失得

B 无影无踪,我们说过,除了你们拉科尼亚那一点地方,而你知道,时至今日,它一直处在与另外两个城邦的连续不断的战争之中。尽管最初的设计得到了贯彻,形成了一个同盟,它的军事力量也一直所向披靡,不可抗拒。

麦吉卢 是的,确实不可抗拒。

雅典人 那么这个失败的根源在哪里?这个问题肯定值得考

察——这个巨大的、令人敬畏的组织会碰上什么恶运。

麦吉卢　是的,确实要加以考察。把注意力从这个事例转向
另一个方向的人应当仔细观察使这种宏伟的组织得以保存或毁灭
的法律和制度。　　　　　　　　　　　　　　　　　　　　　　C

雅典人　是的,我同意。就在这个地方,我们发现自己可以幸
运地开始对它的大小进行研究。

麦吉卢　这一点可以肯定。

雅典人　那么我要问,亲爱的先生,刚才我们是否已经无意识
地成为一种对人类普遍错误的牺牲品。人类不断地想像自己做出
了某些伟大的发明,以为只要知道使用它的恰当方式,无论什么样　　D
的奇迹都可以创造出来。就在这一点上,我怀疑你我的想法可能
已经误入歧途了,就像别人通常会犯的错误一样。

麦吉卢　请你解释一下,好吗? 你注意到什么了?

雅典人　呃,我的朋友,我最近实际上对自己的情绪感到好　　E
笑。我想像有一支军队,也就是我们现在正在谈论的东西,这是一
支多么伟大的军队啊,如我所说,只要我能恰当而又及时地使用
它,就能向希腊人做出雄辩的证明!

麦吉卢　我看还不完全像你说的这样,能够这样想,我们的理
智难道不是很健全吗?

雅典人　也许是的,但我想到的是,一看到某些巨大的、强盛
的、有力量的事物,我们马上就感到这样一个神奇的事物的拥有者
知道了如何使用它,就可以用它造出奇迹来,就能够获得幸福。

麦吉卢　噢,你这样说也是对的,不是吗?　　　　　　　　　687

雅典人　请你仔细考虑一下我这样说的意思,然后再对我的
颂扬作判断。以我们现在正在谈论的军队作为第一个例子。如果
它的缔造者明白如何恰当地指挥它,那么可以说他们确实能够达
到他们的目标,但我的问题是如何获得? 我想,如果他们稳定持久

B　地存在,因此也能保障他们自己的自由,统治所有臣民,简言之,保证他们自己及其后代能够快乐地与所有人相处,希腊人也好,非希腊人也好。这些也是可以对他们进行颂扬的依据。

麦吉卢　确实如此。

雅典人　还有,当一个人的注意力被吸引到巨大好运或家族显赫一类的事情上来,对此他也表达了同样的赞美,他的想法是这种便利条件使它的拥有者可以满足他的所有欲望或极大部分欲望,会有这种事吗?

麦吉卢　我想会的。

C　**雅典人**　从我们的论证可以推论,有某种欲望对所有人来说都是共同的,我们的论证本身肯定了这一点。

麦吉卢　什么欲望?

雅典人　各种事件与人的灵魂的欲求并不一致,所有事件都与之不一,如果不是这样的话,那么至少取决于人力的事情是这样的。

麦吉卢　当然。

雅典人　如果我们所有人从小到大都一直抱着希望,那么我们现在必然也在祈求。

麦吉卢　必然如此。

D　**雅典人**　还有,我假定,我们向与我们亲近的人祈求,希望可以得到自己想要的东西。

麦吉卢　当然。

雅典人　现在假定一父一子,孩子是个男孩,父亲是成年人,他们是亲近的人。

麦吉卢　当然。

雅典人　请注意,这个男孩祈求得到的东西很多,而他的父亲就向上苍祈求能够满足他儿子的要求。

麦吉卢　你的意思是祈求者思想还不成熟,还很年轻?

雅典人　是的。但若这位父亲,年老的或年轻的,你喜欢怎么说都行,不知道什么是好的和对的,只是依照自身的欲望进行祈求,就好像忒修斯与他那不幸的牺牲品希波吕忒,①但这位儿子却知道什么是好的和对的,在这种情况下又会怎么样? 你认为在这种情况下,这位儿子会在父亲祈祷后跟着祈祷吗?

麦吉卢　我看出来了,你的意思是一个人努力祈求的对象不应当是与他自己愿望相一致的事情,除非他的希望也和他的清醒判断相一致。社团和我们每个人的祈求与渴望也要拥有理智,这是一个标志。

雅典人　是的,我尤其要提醒自己,像政治家一样的立法者在制定法律时也要始终记住这一点。如果我们没有忘记我们谈话开始时讲过的话,那么我也要提醒你,你们俩都同意过,一位好的立法者必须着眼于战争来设计各种制度,而我当时极力主张,立法家不能只着眼于四种美德中的一种。我说,他应当着眼于所有美德,而其中最主要的和第一位的美德是可以给其他所有美德带来约束的美德,这就是伴随着适当欲望的判断、理智和正确的信念。所以我们的论证又回到原来的地方。我重复以前说过的话,嘴唇两张皮,你把它当作开玩笑也好,当作认真的也好,都没有关系。我要说的是,我把没有理智的人手中的祈祷当作一件危险的工具,因为这样做会击碎他的希望。如果你把我的话当作认真的,那就请你这样做。我充满自信地说,如果你们跟得上我们已经摆在面前加以考虑的这个故事,你们马上就会发现这三位国王毁灭的原因,在他们的整个设计中指挥员和被指挥的人都没有胆小鬼,也没有对

E

688

B

C

①　忒修斯(Theseus)是传说中的希腊英雄,希波吕特(Hippolytus)是他与亚马孙人的女王所生的儿子。

军事一窍不通的人,使他们遭到毁灭的原因是他们具有的其他各
D 种邪恶,尤其是他们对人的最高关切一无所知。这就是这一连串
事件的结果,而这种情况在今天仍旧存在,将来也会存在。在这个
被你们遗弃的地方,我要试着进行更加充分的论证,友谊将引导我
尽力把它向你们说清楚。

    克利尼亚 先生,口头喝彩也许会使你疑心,但我们的行为表
明我们非常赞同你的意思。我们将热心地跟随你的谈话,这才是
一位尊重自己的人表明自己同意与否的方式。

E   **麦吉卢** 说得好,克利尼亚,我们会这样做的。

    克利尼亚 当然了,有神的允许。请你开始吧。

    雅典人 那么好,根据我们论证的线索,我们说摧毁这种强大
力量的是最大的愚蠢,这种情况在今天也不可避免地会产生同样
的结果。如果是这样的话,那么一位立法者的目标必须是在一个
共同体中创造他所能创造的一切智慧,并用他的力量来消灭愚蠢。

    克利尼亚 是的,显然如此。

689   **雅典人** 我现在一定要描述什么类型的愚蠢可以正确地称作
最大的愚蠢,而你必须考虑是否同意我的观察。

    克利尼亚 你认为是什么类型?

    雅典人 判断告诉他高尚的或好的东西,他并不热爱而是仇
恨;而判断告诉他卑鄙邪恶的东西,他却喜欢和热爱。就是这种快
乐与痛苦之间的不协调,我称之为最糟糕的愚蠢,也是最大的愚
B 蠢,因为它本身是灵魂的居民,痛苦与快乐在灵魂中就像一个共同
体中的民众和普通人。灵魂自身也拥有知识、判断、推理,以及被
我说成是非智慧的东西,因此呈现多样性,而推理是灵魂的天然统
治者,整个灵魂就像一个共同体,在其中会出现普通平民的造反,
反抗执政官和法律。在这种人身上,优秀的推理虽然存在于灵魂
C 中,但并没有起好作用,而是起相反的作用。如果你明白我的意

思,那么就是这些类型的愚蠢,而非那些职业者的愚蠢,我要称之
为共同体或个别公民身上最大的不和谐。

克利尼亚　我们确实明白了,先生,我们认可你的观点。

雅典人　那就让我们把这一点定下来,并且宣布我们确信政
府的功能决不能托付给这种意义上的愚蠢的公民。他们的愚蠢必
定要受指责,哪怕他们是计算专家,长期接受吃力的训练和其他一　　D
切使心灵聪明的学习,而那些相反类型的人应当被视为聪明的,哪
怕他们如谚语所说"既不能读书又不能游泳",我们执政官的位置
应当留给这些聪明人。确实,我的朋友,在没有和谐的地方,怎么
会有智慧最微小的颗粒呢? 这是完全不可能的,而最美好、最伟大
的和谐可以非常恰当地称作最大的智慧。按照规矩生活的人享有
一份这种智慧,而没有智慧的人必定是酒囊饭袋,于社会无补,只
能起相反的作用,这全都是因为他在这方面的愚蠢。好吧,如我刚　　E
才所说,让这一点成为我们记录在案的信念。

克利尼亚　务必如此。

雅典人　我想,在一个共同体中,必定要有统治者和被统治
者,是吗?

克利尼亚　当然。

雅典人　很好。现在我要问,统治和服从需要有哪些公认的　　690
资格,我们在大小城邦和家庭中可以找到多少种这样的资格? 所
谓的父亲和母亲不就是一种吗? 或者一般地说,人们普遍公认父
母有资格统治他们的后代?

克利尼亚　这是非常确定的。

雅典人　按照顺序,下一种就是出生高贵的有资格统治出生
卑贱的;再按照顺序,第三种就是年长的有权统治,年轻的要服从,
是吗?

克利尼亚　当然是的。

B **雅典人** 第四种是奴隶要服从,而他们的主人要统治他们,是吗?

克利尼亚 呃,当然是了。

雅典人 我想,第五种是强者统治,弱者服从,是吗?

克利尼亚 当然,这种资格也是无法反对的。

雅典人 是的,这种资格在整个动物王国盛行——这是自然本身的安排,如底比斯的品达① 所说。第六种我们可以宣布是最重要的,这就是愚蠢的人追随和接受聪明人的领导和统治。然而
C 就是这种资格,它是对自愿的从属者的非暴力的法律统治,我多才多艺的品达,我不能称之为不自然的。

克利尼亚 你说得很对。

雅典人 还有第七种统治,我们说这种统治依据上苍和命运的青睐。我们把人们召集在一起抽签,并称之为最公平的安排,运气好的人就进行统治,运气不好的就接受统治。

克利尼亚 对,确实如此。

D **雅典人** 你瞧,我的立法者——可以设想我们现在正在对一位轻松愉快的立法者说话——我们问在统治这个问题上有多少种资格,它们相互之间又是如何发生冲突的。我们刚才已经发现了整个纷争的源头,你们的任务就是对之进行弥补。但假定你们现在开始加入我们对阿耳戈斯和墨西涅的国王们的考察。这些城邦的力量在当时的希腊是非常伟大的,但它又如何导致自己的毁灭?
E 他们在哪些方面违反了他们的原则? 他们的错误不就是遗忘了赫西奥德的箴言,"一半经常多于全部"吗?② 他的意思是,要想得到全部是有害的,得到一半就足够了,所以有节制的自足比无节制的

---

① 品达(Pindar)是公元前 6 世纪希腊诗人。

② 赫西奥德:《工作与时日》,第 38 行。

攫取要好。

克利尼亚 他说得也对。

雅典人 那么城邦的毁灭从什么时候开始,通常会在什么地方露出端倪? 是在国王那里,还是在平民那里? 你怎么说?

克利尼亚 依据可能性以及通常的经验,其根源在于国王的 691
奢侈导致浮夸的歪风。

雅典人 那么这种违反已有法律的疾病显然是在古代就从国王这里开始了。他们相互之间没有保持和谐,而这是他们发誓要做到的。就是这种无节制的不协调——它看起来与智慧很相似,但在我们的判断中它确实是一种极大的愚蠢——毁灭了整个体系。

克利尼亚 极为可能。

雅典人 好,很好。那么一位立法者在这种时候应当采取什 B
么措施来预防这种症状呢? 要回答这个问题对神来说是轻而易举的,但要是哪位先知能够预见这一点,那么他一定比我们聪明,是吗?

麦吉卢 你指的是什么回答?

雅典人 呃,麦吉卢,只要看看在你们自己的社会里是怎么做的,就可以发现当时应该做的是什么?

麦吉卢 你必须说得更加清楚一些。

雅典人 好的,这一点是绝对清楚的。

麦吉卢 哪一点?

雅典人 如果我们无视恰当的比例而对任何事物过多地赋 C
予,比如说把过多的风帆给予一艘船,把过多的营养给予一个身体,把过多的权威给予一个灵魂,其结果就必然是翻船,在一种情况下是身体过于肥胖,在另一种情况下是灵魂的专横,结果就是犯罪。你们问我该怎么说。呃,我的朋友们,肯定应当这样说。人的灵魂在年轻时或在尚可理喻时如果不受控制,那么它就不可能担 D
负起社会最高权威的重担,而且会染上最糟糕的心灵疾病,亦即愚蠢,疏远它的最亲密者。当这种事发生时,灵魂很快就会毁灭,失去它的所有力量。因此一位伟大的立法者需要用他对适当比例的洞察预见这种危险。我们现在已有推论是这种危险会得到预见,但事实上它似乎必须……

麦吉卢 必须怎样?

雅典人 必须有某位神用他对未来的预见支配你们,要你们
E 同时设立两位国王而不是一位,从而使他们的权力拥有更加合乎比例的限度。甚至在那以后,有某人的理智在神的助佑下,注意到
692 你们的统治者仍旧会有狂热之举,因此就设法限制王族的专横,让二十八位长老在处理政务时发出与国王同等的声音。第三位神启者注意到你们的政体仍旧充满阳刚之气,因此就引入一个礼仪官的职位,由抽签决定,作为一种约束。就这样,你们自己的拉科尼亚的王政由多种正确成分混合而成,有着某种限制,其结果就是使
B 这种政体得以保存,它也证明了我们所说的一般的保存。因为这些事情如果留给特美努斯、克瑞司丰特,以及那个时代的立法者去处理,无论他们是谁,那么甚至连"阿里司托得姆自己那一份"①也不能幸存。事实上,他们在立法工作中非常老练,或者说他们几乎不可能想像用一句誓言就能保证年轻人的心灵有节制,因为年
C 轻人的心灵获得权威后一定会转变为独裁,而一个政府若想长期繁荣,那么神已经告诉我们该怎么做,他已经向我们显示一个政府过去是怎样组成的,现在必须如何组成。你我应当能够理解,如我前述,这种事情并不是理智所能证明的,而总要通过以往的事例才容易看得清。当时有这样一位有预见的人,而且还有力量限制国王的权力,并在三个国家之一加以实施。这一时代的伟大发现必定保存在这些国家中,而对我们稀缺的资源表示轻视也绝对不会

---

① "阿里司托得姆自己那一份"指斯巴达。

使波斯人或其他人的舰队来进攻希腊人。

克利尼亚　非常正确。

雅典人　克利尼亚,打退这些进攻确实没有得到任何人的赞　　D
扬。我这样说的意思并不是说那时候在陆地和海上取得的胜利对
胜利者来说都不是一种荣耀。我之所以说这段历史不值得赞扬,
乃是因为在开始受到侵犯时,三个国家中只有一个拿起武器保卫
希腊,而其他两个已经极端腐败,其中有一个甚至采取激烈的敌对
行动来试图阻止拉栖代蒙人的努力,而另一个国家,阿耳戈斯,尽　　E
管在伯罗奔尼撒的第一次划分中在几个国家中占据首位,但对要
他出兵支援,抗击外国人的呼吁也没有做出什么回答,他什么也没
做。如果详细讲述这场战争的故事,那么会有一大堆对希腊人的
指责。事实上,希腊并没有真正地做出什么防卫。若无雅典人和　　693
拉栖代蒙人共同起来驱除遭受奴役的威胁,那么希腊人的群体早
就已经相互混合在一起,野蛮人和希腊人混杂,希腊人与野蛮人混
杂,就好像现在波斯专制统治下的臣民那样杂居。

　　克利尼亚和麦吉卢,这就是我对过去和现在所谓的政治家和
立法家提出的指责,我这样做乃是因为希望通过对其原因的考察,
揭示其中必然发生的不同过程。本着这样的精神我刚才说,考虑　　B
到一个共同体应当是自由的、明智的、和平的,立法家在制定法律
时必须着眼于此,所以建立一个过分强大的,或纯粹的王权肯定是
错的。我们已经不止一次提出这些立法者必须考虑的目标,尽管　　C
我们的建议看上去并非每次都一模一样,但我必须要求你们不要
对此感到惊讶。你们必须明白,当我们说立法者必须以明智、智
慧、和平为目标时,这些目标并非不同的,而是相同的。如果我们
看到自己进一步使用许多不同的表达法来达到相同的效果,那么
我们一定不要被他弄糊涂了。

　　克利尼亚　在回顾我们的讨论时,我们一定尽力记住。而当

D　前你可以解释一下和平、智慧与自由。你会说立法者的宗旨在于
哪一点?

　　雅典人　请你们注意,我们可以说各种体制有两个策源地,其
他各种体制都是从其中派生出来的,其中一个的名字是君主制,另
一个的名字是民主制。第一种制度最完全的形式可以在波斯人中
看到,第二种制度则可以在我们自己的同胞中看到。如我所说,这
两种制度是其他所有体制的主线,一般说来,其他各种体制都是在
E　此基础上编织出来的。好吧,在自由、和平与智慧结合的地方必定
要同时具有两类成分。我们的论证就是要指出,不拥有这些成分
的共同体不可能得到正确的治理。

　　克利尼亚　当然不可能。

　　雅典人　我们提到过的一种社会表现出极端的、过分的对君
主制原则的忠诚,而另一种社会则忠诚于自由体制,因此这两种社
会都没有能够在二者间达到平衡,而你们拉科尼亚和克里特却获
得了较大的成功。对某个时期的雅典人和波斯人也可以这样说,
但决非现在。我们要不要探讨这种状况的原因?

694　　　**克利尼亚**　如果我们想要完成我们的考察,务必如此。

　　雅典人　那就把你们的耳朵竖起来。当波斯人在居鲁士时代
沿着服从与自由的中道前进时,他们开始为自己赢得了自由,并成
为无数民族的主人。作为一个政府,他们给予臣民一份自由,并赋
B　予臣民与自己平等的地位,因此他们的士兵愿意追随指挥官,敢于
冒着危险前进。还有,若有臣民是聪明人,适宜作谋士,那么国王
不会对他心生妒忌,而会允许他自由发表言论,让他出名,所以上
苍恩赐的智慧可以自由地用来提出公共事务方面的建议,服务于
公众。因此,自由、和平,以及一般普及的理智之间的结合,在那个
时代带来了全面的进步。

　　克利尼亚　看起来,在历史过程中确实有这样一个时期。

雅典人　从波斯在冈比西斯统治下的衰落和在大流士统治下　C
的全面复兴，我们又能看出什么来？我们又得像猜谜语一样踌躇
不决吗？

克利尼亚　不管结果怎样，至少是对我们研究这个基本问题
的一个贡献。

雅典人　我自己对居鲁士的看法是这样的：尽管他是一位好
将军和一名真正的爱国者，但他完全没有接受过正确的教育，也从
来没有想到要管束他的家人。

克利尼亚　我们该怎样理解你的话？

雅典人　他好像很年轻就开始戎马一生，不停地打仗，把对他　D
的儿子们的管教留给女人去处理，王子们从小娇生惯养，无忧无
虑，享有各种特权。没有人会在任何事情上批评他们，每个人都赞
美他们的各种言行，其结果就可想而知了。

克利尼亚　照你的解释，这种管教好极了。

雅典人　呃，后宫的嫔妃照料着王子们，没有男子汉可以帮助　E
他们，也不会有人用战争和危险告诫他们，你能看到的就是这样一
种管教。

克利尼亚　看起来确实挺合理。

雅典人　至于他们的父亲忙着为他们攫取大批的牲畜和无数　695
的百姓，但却忘了这笔巨大财富的继承人没有按他们波斯祖先的
要求得到训练，因为你知道，波斯人是简朴的牧民，是贫瘠山地的
儿子，他们身体强健，吃苦耐劳，能在野外长期生活，必要的时候也
能过艰苦的军旅生活。这位父亲闭眼不管嫔妃和太监对他儿子的
教育方式——这是米地亚人①的教育——他的儿子们被所谓的　B

①　米地亚(Medes)是现今伊朗西北部的一个古国，公元前550年成为
波斯帝国的辖地。

幸运腐蚀,放弃正确的管教所产生的结果由此得到证明。至少,这位父亲死的时候,继承祖业的儿子们已经被傲慢和放纵吞没了。长子冈比西斯不能容忍与他人平等,开始排斥他的兄弟;后来由于酗酒和缺乏教育,他失去了他的聪明才智,最后在米地亚人和那位著名的太监手中失去了他的王位,他的愚蠢遭到了极大的轻视。

C　　　**克利尼亚**　故事确实是这样讲的,但可以假定与事实相当吻合。

　　　雅典人　我们还知道,大流士或七位首领为波斯人恢复了王位。

　　　克利尼亚　确实如此。

　　　雅典人　让我们沿着我们的论证所建议的思想线索前进。你知道,大流士并不是国王的亲儿子,没有受过傲慢和浮夸的教育。当他在六位同伴的帮助下取得政权后,他把整个国家分成七块,至今仍旧留有某些模糊的踪迹。生活在他自己制定的法律下,他感

D　到满意,在这个国家里,他通过立法引入了某些平等,使波斯人之间的和睦与公共精神得以提升,而当年居鲁士曾经对附属于米地亚人的波斯人作过这种许诺,用自由和慷慨赢得过普通民众的心。于是波斯人的军队效忠于大流士,为他赢得了大片土地,就像居鲁士留下来的国土一样大。但是等到大流士一死,薛西斯① 又是一个接受溺爱教育的王子! 大流士啊,大流士,我想我们可以正确地

E　表示抗议,你不能指责居鲁士,因为你对薛西斯的教育与居鲁士对冈比西斯的教育是一样的! 我要说,薛西斯是同一类教育的产物,他后来的政绩也一模一样。广泛地说,从他那个时代一直到今天,波斯人从来没有一位真正的大王,说他们有名无实并不为过。按

---

　　① 薛西斯(Xerxes)是波斯国王,大流士一世之子,公元前 485—465 年在位。

照我的理论,这种事情并非偶然,其原因正在于君主的儿子和暴富者的后代所过的这种恶的生活。这样的教养决不会在男孩子、青年男子、成年男子身上产生杰出的善。我认为,这是立法者需要考虑的地方,也是我们当前讨论需要考虑的地方。我要公正地指出,你们拉栖代蒙人的社团值得敬佩,因为你们没有在穷人和富人、普通公民和王族子弟之间做出具体区别,给予不同的教养,只有你们最早的神启的神圣权威除外。具体的城邦荣誉确实一定不能授予财富,也不能授予不伴随善的双脚的速度、外貌的美丽、肢体的力量,甚至也不能授予不包括节制在内的善。

696

B

麦吉卢　先生,你这个说法该如何理解?

雅典人　你承认勇敢是善的一部分吗?

麦吉卢　肯定是。

雅典人　好。那么先请听我的论证,然后决定你自己的观点。你希望一个非常勇敢的人也应当像你家中或邻居家中不节制的浪荡公子一样吗?

麦吉卢　上苍作证,绝对不要!

C

雅典人　一个人拥有娴熟的技巧,这个词的意思也就是说他很聪明,但却不正义,对此你会怎么说?

麦吉卢　我没什么可说的。

雅典人　还有,缺乏节制的地方,正义也不会盛行。

麦吉卢　是的,怎么会呢?

雅典人　也不会有我们刚才思考过的这种智慧,因为一个人的快乐与痛苦与其正确思考的结果相一致。

麦吉卢　是的,决不会有。

雅典人　此外,我们还要进一步考虑,节制是否也决定了分配各种城邦荣誉的正确与否。

D

麦吉卢　那又怎样?

雅典人 假定节制独立存在于人的灵魂中,与其他善分离,那么节制一定是,或一定不是荣誉的正确称号?

麦吉卢 你都说了,我没什么可说的。

雅典人 你回答得很妙。假如你回答是或不是,在两种情况下你都会碰上我认为是错误的解释。

麦吉卢 这么说来我确实回答得很好。

雅典人 是这样的。相对于真正荣耀的东西来说,一种附属
E 品不值得讨论,我们可以把它放过去,保持沉默。

麦吉卢 我想,你说的附属品是指节制。

雅典人 是的。正确健全的程序应当把首要的位置赋予其他东西,无论它是什么,它与这种附属品相结合,对我们起着最重要的作用,然后我们可以把第二位的位置赋予对我们起次要作用的东西。我们只有以同样的方式穿越整个以荣耀程度为标准的系列,才能使各种事物都得到它恰当的位置。

麦吉卢 我完全同意。

697 **雅典人** 那么,建造这套标准就是立法者的事务的一部分。

麦吉卢 确实如此。

雅典人 那么在把建造整套标准以及各种具体细节的事留给立法者的时候,我们要试着为自己建立一种三重划分,区别第一类、第二类、第三类,我们不也是一定意义上的成熟的立法者吗?

麦吉卢 我完全拥护。

B **雅典人** 那么我要说,使所有成员幸福快乐地生活,以正确的方式赋予他们光荣与耻辱的标志,显然是一个社会义不容辞的职责。这种正确的方式就是把灵魂之善放在首要的、最荣耀的位置上——而灵魂的节制总是被假定为必不可少的——把身体的利益和善放在第二位,把城邦之善,我们称之为财富,放在第三位。任
C 何立法者若是把财富放在最荣耀的位置上,或者把较高类别的事

物放在较低的位置上,因此违反了这些限度,那么这种行为一定是对宗教和政治的冒犯。我们可以把这一点当作确定的信念吗?

麦吉卢　是的,绝对可以。

雅典人　引导我们对这个观点作漫长讨论的是我们对波斯人的共同体的考察。我们发现他们还在不断退化。其原因在于普通民众的自由太少,君主的权力太大,从而使他们的民族情感和公共精神终结。由于它们的消失,权柄们关心的不再是他们臣民的共同利益,而是他们自己的地位。只要认为对自己有一点儿好处,他们就会把国家的城市和民众投入烈火,使之荒无人烟,于是人们野蛮地相互仇视,深怀敌意。另一方面,当需要民众组成军队保护自己时,他们在民众中找不到忠诚者,也没有人愿意在战场上为他们冒险,在理论上他们的军队成千上万,但实际上人数再多也不起作用。因此他们就招募雇佣兵和外国人来打仗,指望这些人能救自己的命,就好像没有自己的军队似的。还有,他们的愚蠢被迫表现出来,因为他们的习惯行为表明,整个社会对名声和荣誉的尊重与金银财宝相比只是一个玩具。

麦吉卢　确实如此。

雅典人　至此,我们可以结束论证,波斯人当前统治的病根在于过分的服从与过分的王权。

麦吉卢　无疑如此。

雅典人　下面要讲到阿提卡的国家,我们同样要指出,来自各种权威的、不加限制的、绝对的自由,远比服从有限制的权力的统治更糟糕。古时候波斯人进攻希腊人——或者我应当说进攻欧罗巴的居民——当时我的同胞们生活在一种可敬的体制下,它的统治基础是一种四重的社会等级。还有,我们受良知的支配,自觉自愿地服从法律。此外,来自海上和陆上的强大敌军使我们惊恐万状,迫使我们只能更加严格地服从法律和执政官。这些原因都在不断地强化我们相互之间的忠诚。在萨拉米海战① 发生前数十年，达提斯② 来到波斯军队的前锋所在地，对波斯军队下达了大流士的命令，向雅典人和埃雷特里亚人进攻，他的任务是带兵俘虏雅典人和埃雷特里亚人，大流士警告达提斯，要是失败了就别活着回来。达提斯指挥大军迅速打败了埃雷特里亚人，完全捕获了埃雷特里亚人，这个消息传到我们雅典。据说埃雷特里亚人一个也没能逃脱，达提斯的士兵手拉手就像一张网似的横扫埃雷特里亚全境。这个消息无论是真是假，令希腊人胆战心惊，尤其是雅典人，他们派出使者向各地求援，但除了拉栖代蒙人，其他希腊人都拒绝了。甚至连拉栖代蒙人也来得太迟，无论是因为他们面临墨西涅人的战争压力，还是由于其他紧迫事件，我不清楚到底是什么原因，但不管怎么说，他们的援兵到达时马拉松战役已经开始了。

马拉松战役以后，不断有波斯人备战的消息传来，波斯国王也不断地对我们发出威胁，后来有消息说，大流士死了，他的儿子继承了王位，用年轻人的那种热情坚持征服希腊的事业。雅典人明白，波斯人的整个行动主要针对自己，想要对马拉松战役的失败进行报复。当听到阿索斯③ 这座通往赫勒斯旁海峡的陆桥已经开通，海上出现敌人的小股舰队时，他们感到这下子从陆上和海上都无法逃脱了。他们也找不到援兵。他们记得波斯人第一次从海上进攻埃雷特里亚时的情景，当然也就设想后来在陆上发生的事又会重演。另一方面，所有从海上逃跑的希望显然都不可能了，因为敌人拥有上千条战船，具有更大的威胁。能够想到的获救机会只

---

① 萨拉米(Salamis)海战发生在公元前 480 年薛西斯领兵侵略希腊的时候。

② 达提斯(Datis)是大流士手下的将军。

③ 阿索斯(Athos)是邻近赫勒斯旁海峡的一个半岛。

有一个——非常渺茫而又铤而走险,但仍旧是他们仅存的机会——
他们回顾了以往如何在极端危险的情况下坚持战斗,最终取胜。
在这样的希望支持下,他们明白自己获救的机会只能掌握在他们
自己手中,掌握在他们的神那里。这些原因结合在一起,激发了他　C
们相互间的忠诚——恐惧使他们想要逃跑,但对现存法律的服从
又平息了这种恐惧,因为他们已经学会要服从现存的法律——
这就是良知,我们前面不止一次地这样称它。如我们所说,要成为
高尚的人,必须服从良知,而出于恐惧而逃脱应尽义务的是懦夫。
要是他们不被我们所谈论的这个时刻吓倒,那么他们决不会重新
振作起来打败侵略者,保卫神庙、祖坟、国家,以及其他最亲近的东
西,而事实上他们确实这样做了,否则的话,我们在这场危机中早　D
就化为灰烬在天空中飘荡了。

　　麦吉卢　先生,你的观察不仅完全公正,而且很能说明你自己
和你的同胞。

　　雅典人　无疑如此,麦吉卢,你也一样,你们继承了祖先的品
格,是聆听这些时代历史的正确人选。但我要你和克利尼亚考虑
我的叙述与立法有什么相关之处。我的叙述不是为了讲故事,而
是为了我说明过的那些目的。请注意,由于我们的命运在一定意　E
义上与波斯人的命运是一样的——尽管他们把共同体的成员变成
彻底的下属,而我们鼓励民众争取无限的自由——我们前面的谈
话在一定意义上与我们下面要说的和应当说的问题密切相关。

　　麦吉卢　说得好,但你必须把你的观点说得更加清楚些。　700

　　雅典人　我会这样做的。我的朋友,在我们古老的法律下,我
们的成员不是主人,他们在一定意义上是法律的自愿的仆人。

　　麦吉卢　你说的法尤其是指哪一些?

　　雅典人　如果追溯我们生活中的过度自由是如何发展起来
的,那么这个源头就是当时有关音乐的法。我们的音乐当时分成

B 几个种类和类型。第一种歌是颂歌,就是对诸神的祈祷词;第二种歌与第一种歌正好相反,被称作哀歌;阿波罗颂歌是第三种;第四种是酒神颂歌,如果我没弄错的话,是用来庆祝狄奥尼修斯诞生的。nome(牧歌)这个词用来指另一类歌,尽管这类歌有弦歌的性

C 质。① 现在我们已经确定了各种歌的类型,不允许再混淆。有能力的人要认识这些规则,要按照规则做出评价,在需要的情况下要像今天一样惩罚违规者,不得遗漏,比如剧场里表示不赞成的嘘声、狂呼乱叫、欢呼与鼓掌,等等;受过教育的人把安静地聆听表演

D 当作规则,而对那些孩子和他们的侍从,以及那些下等人,就需要有官员的权杖来维持秩序。这样,大批民众就会接受严格的控制,而不会冒险在喧哗中作判断了。

　　后来,随着时间的推移,诗人们出现了,与他们相关的非音乐的法规也制定出来,他们是天才,但对缪斯领域中的正确与合法却一无所知。他们充满无限的想像力和追求快乐的欲望,把哀歌与

E 颂歌、阿波罗颂歌、酒神颂歌全都拼凑在一起,他们实际上还用竖琴模仿笛子的旋律,创造出一种大杂烩。就这样,他们的愚蠢引导他们无意识地诽谤他们的职业,假设在音乐中无所谓对错,判断的正确标准就看能给听众提供多少快乐。为了能够创作出具有这种

701 效果的音乐和谈话,他们当然要鼓励听众藐视音乐法,还把自己伪装成能干的法官。就这样,我们曾经一度安静的听众发现了一种声音,在说服他们要明白艺术中的善与恶,于是这个领域中的古代的"最优者的统治权"让位给了一种邪恶的"听众的统治权"。如果这样做的结果是民主制的产生,那么只要它还限制在艺术范围内,是自由民的创造,那么还不会有大害。但就像我们看到的那样,音

---

　　① 此处各种歌的希腊文是:ὕμνος(颂歌)、λαμὲντ(哀歌)、Παιάνς(阿波罗颂歌)、Δῑθύραμβος(酒神颂歌)、νομή(牧歌)、κιθαρίζω(弦歌)。

乐已经成为对普遍知识的总的欺骗和对法律以及追随其后的自由的藐视。自信有了所谓的知识,恐惧也就被抛弃了,而失去恐惧也就产生了鲁莽。因为对判断的漠视必然产生毫无顾忌的过分自由,这种东西不是别的什么,而就是应受谴责的鲁莽。　　B

麦吉卢　非常正确。

雅典人　所以向着自由的旅程的下一站将是拒绝服从执政官,再接下去就是不受权威的约束和不接受父母和长者的矫正。然后,他们努力接近这个种族的目标,摆脱对法律的服从,一旦达到这个目标,他们就会藐视誓言和一切宗教。我们古老传说中的　　C提坦的情景就会重现,人类又退回到地狱般的处境,充满无止境的悲哀。再说,噢,我们为什么要提起这些事?我想我们必须经常约束我们的论证。我们一定不要偏离主题,尽管它的嘴上并没有马嚼子,以至于如谚语所说,骑在马上丢了座位。不,如我刚才所说,　　D我们必须不断地问自己,我们为什么要说这些话。

麦吉卢　当然要问。

雅典人　我要说,因为这些话与前面说的话是相关的。

麦吉卢　和前面的哪些话相关?

雅典人　呃,我说过立法者在立法时应当有三个目的——他为之立法的社会必须拥有自由,这个社会必须拥有和平,这个社会必须拥有理智。我相信这就是我们的观点。

麦吉卢　确实如此。

雅典人　这就是我们要以最专制的和最自由的社会为例的原因,现在我们要问自己,哪一种社会的公共生活才是应有的。我们　　E发现,当我们在两个例子中看到专制和自由各自拥有一定比例时,两种社会都会获得最大限度的幸福,而当事情在两个例子中都被推向极端,一个是极端服从,一个是极端的不服从,那么其结果在两个社会都不能令人满意。

702   **麦吉卢** 非常正确。

    雅典人 出于同样的目的,我们要回顾多立斯入侵者定居的情况、达耳达诺斯① 在山脚下建城的情况、在海边建城的情况,甚至还要回顾大洪水后最早的幸存者的生活情况。我们前面关于音乐与饮酒的讨论,以及在此之前讲过的所有话,都是为了相同的目的。我们整个讨论的目的就是学会一个社会如何得到最佳的管
B 理,一个人如何最佳地规范他的个人生活。但是我们得到任何结果了吗? 我要问你们,麦吉卢和克利尼亚,我们对自己能够提出什么样的试验?

    克利尼亚 呃,先生,我相信自己找到一种试验了。我想,在我们整个论证中有某些东西是合乎天意的。事实上,我发现自己正处在这样一个位置,很适合自己的需要,你和我们的朋友麦吉卢
C 的出现也正是时候。由于我还没有把我的情形告诉你们,所以我甚至把你们的出现当作一个极好的兆头。你们一定要知道,克里特岛的一大块地方正在建设一个殖民城邦,克诺索斯人负责这件事。克诺索斯当局把这件事托付给了我和另外九个人。我们发出的指令是进一步依据我们认可的克里特地方法设计这个殖民地的立法框架,或者依据其他地方的法律。我们自己并不在意这些法律来源于外国,只要我们认定它是最好的。假定我和你们现在正
D 在做这件事,让我们先对有关社会的各种理论设计作一番选择,可以假定我们正在从头开始建设。这样做可以结束我们的探索,同时我也可以发现我们提出的理论对将要建设的社会是有用的。

    雅典人 我不反对,克利尼亚! 如果麦吉卢没有反对意见,那么我向你保证,我会尽力协助你的。

    克利尼亚 谢谢你。

---

① 达耳达诺斯(Dardanus)是希腊神话中特洛伊城的创建者。

麦吉卢　我也愿意这样做。

克利尼亚　我要向你们俩表示最衷心的感谢。让我们开始　E
吧,设想一下这个城邦的基础。

第 四 卷

雅典人　那么好吧,我们必须如何设定我们的国家? 我的意　704
思并不是问它现在的名字是什么,或者今后要用什么名字称呼它。
国家的名字可以来自它产生的地方或地区,或者来自某些河流、山
川的名字,地方的神灵也会在城市创建之初把他们神圣的名字赋
予城市。在我的问题中我比较关心的是,它的位置在海上还是内　B
陆?

克利尼亚　呃,先生,我刚才讲的城市离海边八十斯塔达左
右。

雅典人　城市边上有港口还是完全没有港口?

克利尼亚　先生,没有港口。但海边有一个很好的港口。

雅典人　啧,啧! 太可悲了! 城市周围的土地怎么样? 物产　C
丰富还是土地贫瘠?

克利尼亚　无可奉告。

雅典人　近处有无其他相邻的城市?

克利尼亚　呵,没有。这就是为什么要在那里建定居点的原
因。原来的居民很久以前都迁走了,好多个世代无人居住在那里。

雅典人　有平原、山脉、森林吗? 把这方面的情况告诉我,好　D
吗?

克利尼亚　与克里特其他地方的情况差不多。

雅典人　你的意思是那里崎岖不平而非一马平川?

克利尼亚　绝对如此。

雅典人　它的情况,从获取善的角度来看,还不是令人绝望的。如果它建在海边,有很好的港口,缺乏许多生活必需品,不能自给自足,那么我们就需要一位强大的保护人和立法者来防范这种处境下产生出来的众多精巧的罪恶。好在它现在离海边有八十
705　斯塔达,足以令人感到欣慰。尽管如此,它离海边还是太近了,更何况你说那里还有一个很好的港口。即便如此,我们还要感恩。一般说来,人们都希望与大海为邻,但它毕竟是一个又咸又苦的邻居。它会使城市充斥商人和小贩,培育出易变和多疑的灵魂习惯,从而使得社会对自己不信任和不友好,也对全人类不信任和不友好。尽管如此,我们仍旧可以从那里的物产情况得到进一步的安
B　慰。由于它崎岖不平,因此它显然不能一下子出产各种东西,也不能丰收。若有丰富的物产,那么大规模的出口就有可能了,如果是这样的话,我们的城市就会有大量的金银流通。现在我们已经考察了各个方面,你可以回想一下我们说过的话,在那里没有一件事情会成为在这个社会里发展高尚、正义品格的严重障碍。

克利尼亚　我们想过了,像前面一样,我们同意你的意见。

C　**雅典人**　下一个问题是:这个地方如何提供造船的材料?

克利尼亚　那里既没有枞树,又没有松树,柏树也不多。而你知道,修造船的内部通常需要用这些木材,而那里连落叶松和梧桐树也很少看到。

雅典人　这仍旧不能算是一件坏事。

克利尼亚　为什么?

D　**雅典人**　因为一个社会要模仿它的敌人的所作所为必定遇到困难。

克利尼亚　我们前面的拍一个结论使你说这样的话?

雅典人　呃,我亲爱的先生,请你依照我们刚才对克里特体制的单一目的所做的观察,来注意我的论证过程。你们俩完全认定

它的目的是军事，而我回答说，善也完全应当成为这种体制的目的，但我不能承认它们应当以缺乏完整性的某一部分善为目的。现在轮到你们俩来遵循我的建议了，你们不要去留意那些与善或部分善无关的事情。

我从一开始就采取了这样一个基本原理，仅当以其他一切事物为目的的那个事物为惟一目的时，才有可能正确地制定法律，这样做必定会相伴产生多种多样的高尚的结果，并会轻视其他各种目的，无论它是财富还是别的什么与我具体指出过的目的相分离的东西。至于我提到的那种对敌对者的有害的模仿，我指的就是海上居民受敌人骚扰的情况。比如弥诺斯，——克利尼亚，我以他为例并不包含为你的同胞辩护的意思在内——由于拥有强大的海上力量，曾经把阿提卡置于一个蛮荒的附庸国的位置。他的牺牲品当时还不像今天这样拥有打仗的战士，他们境内也没有丰富的木材适宜建造海上的战船。所以他们不能马上模仿敌人，把自己的水手转变成为水兵，把侵略者赶出去。当时的情况就是这样，他们宁可多次失去七对青年，① 而不愿使自己从幼稚无知的人变成海军战士，掌握海战技艺，在盾牌的掩护下撤到船中。他们的观念是，一旦受到敌人的进攻，那就战死在岗位上，他们也不会找出种种似乎可信的理由和借口，扔下武器，去进行所谓"光荣的撤退"。带武器的战士在战船甲板上打仗通常就是这种情况，对他们不需要进行无限的赞美，而是正好相反。因为我们决不能用邪恶的方式去训练人，至少不能对共同体中最优秀的成分进行这样的训练。我认为，能从这种训练中学到的东西实际上是不高尚的，荷马告诉我们，奥德修斯指责阿伽门农在受到特洛伊人的进攻时下令把战船拖下海。奥德修斯的谏诤是这样的："战斗正在激烈地进行，你

---

① 　指远古希腊习俗，用青年男女向神灵献祭。

却命令把我们的那些精良船只拖下海去,好让已对我们占有优势的特洛伊人更占上风,让我们被他们彻底打败。如果我们把船只拖下海,阿该亚人便会不断回首观望,放弃战斗,全军的统帅啊,你的建议实在有害。"①

因此,你瞧,荷马非常明白,要一些勇士来支持一个幼稚的人是一件坏事。呃,如果按这样的习惯进行训练,那么雄狮遇到小鹿也会逃跑,更不必说遇到拥有自己海军力量的国家了,而且这些国家也会为了自身的安全对自己力量中的低劣成分给予奖励。由于这些国家把它们的安全归功于船长、桨手,以及其他船员的技艺,而非归于其他闲杂人等,所以它们也就不可能把荣誉奖励给各式各样的个人。然而,一旦排除了这种可能性,这个国家如何能够保持不受伤害?

克利尼亚　几乎不可能。不过,先生,希腊人与非希腊人在萨拉米进行的海战拯救了希腊人,或者我们至少在克里特可以这样讲。

雅典人　没错,全人类都这样讲,无论是希腊人还是其他人。但是我们,亦即麦吉卢和我本人,坚持说,希腊人的得救始于陆上,亦即在马拉松,终于另一处,即普拉蒂亚。② 还有,如果这样一些用语可以被允许用于那个时期的拯救行动的话,那么我要说这些战役的胜利使希腊人变得更加优秀,而其他战役并没有产生这种效果。你瞧,我已经打算拿阿特米西乌海战③ 来和萨拉米海战相提并论了。事实上,我们当前考察地理和立法的目的在于一种社

---

① 荷马:《伊利亚特》第 14 卷,第 96 行以下。

② 公元前 479 年,希腊联军与波斯侵略者决战于普拉蒂亚(Plataea),以少胜多。

③ 阿特米西乌(Artemisium)海战也发生在公元前 480 年薛西斯领兵侵略希腊的时候。

会体系的道德价值,我们并不赞同大多数人的意见,认为生活中最 D
宝贵的事情就是保存生命。我们认为,像我们前面说过的一样,生
活中最宝贵的事情就是使自己彻底变成善的,并且只要活着就要
保持这种善。

克利尼亚　那当然了。

雅典人　那么我们惟一必须考虑的就是我们处理定居点的事
务和立法有无遵循同一原则——为了社会的至善。

克利尼亚　确实如此。

雅典人　那么下一步,请告诉我,你建设的这个定居点有多少 E
人口?他们全都是由克里特各地来的自愿者组成的吗,假定各地
人口增长太快,已经无法保证有足够的食粮?我想,你们不会从整
个希腊征召申请者,尽管我已经注意到来自阿耳戈斯、伊齐那,以 708
及其他希腊各地的人在你们国家定居。请告诉我,你希望你们当
前要安置的公民来自哪个地区?

克利尼亚　他们最有可能来自整个克里特。至于其他希腊
人,伯罗奔尼撒人似乎最受欢迎到这里来定居。事实上,就像你刚
才说的那样,我们中间已经有了来自阿耳戈斯的移民,而在我们当
前这个社会中最杰出的人来自戈提那①,那里的人是伯罗奔尼撒
著名的戈提那人的后裔。

雅典人　一个国家处理定居事务不是一件易事,尤其是,有时 B
候整个定居点的成员并非像一群蜜蜂似的从同一个地方迁来,相
互之间保持友好,只是由于原来的领地不够大,生活必需品不够充
分才迁徙到这里来。还有的时候,一个共同体会因为党派之争而
用暴力驱逐部分成员,也有整个共同体由于受到外来的强大进攻
而遭到驱逐。现在,有一种方式的定居和立法在各种情况下都比 C

① 戈提那(Gortyn)是克里特的一个古城。

较容易,而另一种方式就比较难。种族、语言、体制方面的相同确实有助于促进人们之间的友好情感,因为他们在宗教仪式以及其他类似的事情中会融为一体,但他们不会容忍与其原有法律和体制不同的新法律和新制度,也许,有的移民团体已经因为遵守坏的法律而结成派别,其成员出于习惯势力而拒不服从新城邦的创建

D 者及其立法。另一方面,由各种不同因素汇合在一起的人也许比较愿意接受新法律,但这也是一件难事,需要很长的时间才能使其全体成员如谚语所说的那样“同呼吸,共命运”。实际上,立法或建立一个社会是人力所能达到的最完善的顶峰。

克利尼亚 无疑如此,但最好把你的评价说得更清楚些。

E **雅典人** 呃,亲爱的,我怀疑我对立法者所作的反复思考会诱使我说出一些不好听的话来。不过,要是我的评价是中肯的,那就不会带来什么损害。我为什么犹豫再三,说出这样的话来,因为这件事毕竟是全人类都要关心的。

709 **克利尼亚** 你心里想的是什么事?

雅典人 我差点要说出,人从来不立法,我们的立法总是偶然性和无限多样的环境起作用的结果。制度遭到破坏,战争的暴力或一无所有的贫民改变法律。还有,疾病也经常强迫我们制定新的法律,尤其是在瘟疫降临的时候,或者是在有损于身体健康的天气延长或反复出现的时候。鉴于这些事实,人们也许会改变想法,

B 会像我刚才所说的那样认为人没有制定过任何法律,人类的全部历史都是由偶然事件组成的。还有,同样的话用于航海、医药、谋略显然也有一定道理。然而,对这些事情说另外一番话也决不会不合理。

克利尼亚 什么话?

雅典人 神是一切,而偶然性和情境处于神之下,为我们确定

C 生命的整个过程,不过,我们还必须允许有第三者存在,这就是技

艺,一位起弥补作用的合伙人。这样我就不会认为航海者在暴风雨中行船的技艺没有什么用了,是吗?

克利尼亚　当然不会。

雅典人　同样的意思在其他例子中也适用,所以我们在立法中也应当承认同样的道理。我们承认地区的条件对于幸运的定居者来说是必要的,这样的共同体也必须设定会出现一位真正的立法者。

克利尼亚　这一点可以确定无疑。

雅典人　因此,一个有技艺的人需要我们提到过的某种偶然性,但他也非常明白自己要祈求什么样的运气,除了他自己的技艺外,他不需要进一步依赖任何东西。

D

克利尼亚　确实如此。

雅典人　无疑,如果我们问从事其他任何职业的人,你们在祈求什么,那么他们无疑也会告诉我们,是吗?

克利尼亚　当然。

雅典人　那么我们假定,立法家也能这样做。

克利尼亚　可以这样假定。

雅典人　好吧,假定我们在对一位立法家说话。我们问:"立法家,我们必须给你什么?"我的意思是,如果立法家的工作就是能够使你们具有能力,凭借自己的努力为他人塑造你们的社会,那么我们需要给立法家提供什么样的社会条件。

E

克利尼亚　我不知道正确的答案是什么。

雅典人　你明白我们在以立法家的名义说话吗?

克利尼亚　明白。

雅典人　那么这就是答案。他会说,给我提供一个由一位独裁者统治的社会,但这位统治者要年轻些,要有很强的记忆力,要能快捷地学习,要非常勇敢,要有一颗高尚的灵魂。还有,如果这

710
些条件都已经具备,它们还必须与某种我们已经提到过的东西相伴,一起在这位独裁者的灵魂中起作用,这种东西对实现善的每个部分来说都是不可缺少的。

克利尼亚　麦吉卢,我想,我们的朋友说的这种相伴的东西是节制。我说的对吗,先生?

雅典人　对,克利尼亚,节制是这个语词的普通意义,但不是它的最高的、最深刻的意义。在最高意义上,可以说节制与智慧是同一的。节制是一种天生的表面性质,在儿童和动物身上都能看
B 到,它们中有些在快乐方面缺乏自制,有些则拥有自制。我们说过,这种性质若是与其他各种善分离,那么它本身就没有价值。你听懂了吗,有没有疑问?

克利尼亚　呃,当然听懂了。

雅典人　很好,如果这个社会要用最快的速度把这种制度建立起来,成功地使它的社会生活幸福美满,那么我们的独裁者必定拥有这种天赋,以及所有那些我们提到过的天赋。我向你保证,对于建设这个定居点的体制来说,没有,也不可能有其他更好的、更快捷的方法了。

C 克利尼亚　是的,先生,但一个人如何,或用什么样的论证才有可能说服自己相信这种学说的真理?

雅典人　呃,当然了,克利尼亚,显见得这是一件自然而然的事情。

克利尼亚　我再问一遍,这种理论是什么? 你说要有一位独裁者,他必须年轻、节制、聪明、勇敢、心灵高尚,是吗?

雅典人　你还必须加上幸运,这种幸运仅仅在于由于机遇使一位杰出的立法者有机会从事立法工作。神把大量的幸福赐给这
D 个共同体也是偶然的。因为当时有可能得到幸福的还会有第二个或第三个同样优秀的共同体,优秀的共同体越多,要得到幸福就越

难,反过来说也一样。

　　克利尼亚　听你的意思,最好的国家是从君主制中产生出来的,只要有一位最好的立法者和一位有约束的君主,那么要建成一个最好的国家是轻而易举的,而要从寡头制中产生好国家就不那么容易,要从民主制中产生好国家就更不容易。这是你的意思吗?　E

　　雅典人　我就是这个意思。独裁制是最方便的起点,其次是君主制,再次是民主制,寡头制列在第四位。我们要承认,寡头制的发展有很大的困难,因为在这种制度中拥有重大影响的人很多。请注意,按照我们的看法,这种体制并非没有机会建成优秀的国家,但必须要有一位天生的真正的立法者,而且他要能与社会中大部分有影响的人分享权力。如果后一种人很少,但却是最强大的,那么在这样的地方,就像在君主制中一样,你们通常可以看到那里很容易发生革命。　711

　　克利尼亚　什么? 我跟不上你的意思。

　　雅典人　我这个看法说了已经不止一次了,除非我记错了。但也许你和你的朋友从来没有观察过处在独裁统治下的社会。

　　克利尼亚　我必须说,我也没有特别的欲望想要这样做。

　　雅典人　如果你曾经观察过,那么你肯定会明白我指出过的那个特点?　B

　　克利尼亚　什么特点?

　　雅典人　独裁者想要改变公共生活的基调并不费劲,也不需要很长时间。他只需要沿着这条道路改变自己,以此为第一步——无论这条道路是走向美德还是走向邪恶——指导整个共同体。他首先必须以他自己的行为作标准,奖励一种值得赞美的优秀行为,惩罚不值得赞美的行为,羞辱那些倔强地不服管教的行为。　C

　　克利尼亚　但你为什么要设定其他社会成员在说服和高压下

会很快地仿效这种榜样？

　　雅典人　噢，我的朋友，别相信会有比权威者的个人指导更快捷、更容易的改变共同体的法律的方式了，现在没有，将来也不会

D　有。不，我们并非要寻找改变法律的不可能性和困难，真正的困难在于那些在历史过程中出现的非同寻常的事情，这些事情的出现决不会给社会带来无限的幸福。

　　克利尼亚　我不知道这是什么事情？

　　雅典人　我指的是，那些身居高位的人身上天赋的节制感和

E　正义感苏醒了，比如说君王，或者极为富有的人或家族，或者是像涅斯托耳这样的人，据说涅斯托耳在品德方面高于其他所有同时代人，但不是靠他的辞令，而是靠他的节制。尽管这种事在我们时代从来没有听说过，但在特洛伊战争年代确实存在过。无论情况如何，如果曾经有过这种人，或者今后会有这样的人，或者这样的人现在就在我们中间，那么他自己的生活该有多么幸福，其他人听到从他充满美德的嘴里讲出来的话语该有多么幸福！我们可以叙

712　说以各种形式出现的这种力量。如果一个人的智慧与节制相结合，那就是一种最高的力量，在这种情况下，不需要依靠其他条件，就会产生最好的体制和最好的法律。所以你们可以把这些神谕般的话当作一个寓言，其中包含着这样一个证明，一方面对社会来说，要得到优秀的法律是难的，但另一方面，只要事情变得像我所说的这样，那么它就会最快捷、最容易地全面发展。

　　克利尼亚　但是，为什么会这样？

　　雅典人　假定我们把这个寓言用于你的城市，试图按照想像

B　来塑造它的法律，就像老人玩儿童游戏似的。

　　克利尼亚　你的想法倒挺新奇，但你别再拖延了！

　　雅典人　当然了，我们必须呼唤神的临在。这样，他就能听到我们的讨论，仁慈地帮助我们建设我们的城市和法律！

克利尼亚　我同意！

雅典人　请告诉我，我们要建议这个社会采用什么类型的体制？

克利尼亚　你提出这个问题想要问什么？你应当问得更清楚 C
些？你的意思是它应当是民主制的，还是寡头制、贵族制、君主制
的？你肯定不会认为它应当是独裁制的，或者说至少我的朋友和
我难以接受。

雅典人　这些名称中哪一个描述了你们自己的体制？不知道
你们哪位可以比较容易地作答。

麦吉卢　我年纪大些，我先说也许比较公平，是吗？

克利尼亚　是的，我也这样想。 D

麦吉卢　呃，先生，一想起拉栖代蒙人的体制，我确实不能马
上告诉你它的恰当名称是什么。它确实与独裁制有相似之处——
事实上，我们的监察官的权力确实是极为独裁的——但有时候我
又认为我们的体制在所有社会中是最民主的。还有，如果否认它 E
是一种寡头制，那么就会引起悖论，但同时所有人，包括我们自己
在内，都断定它是一种活生生的君主制，是这种制度最古老的形
式。你的问题提得突如其来，我要说，我确实不能明确地告诉你，
我们的体制属于哪一种类型。

克利尼亚　我发现自己也像你一样困惑，麦吉卢，我几乎无法
充满自信地确定我们克诺索斯的体制属于哪一种类型。

雅典人　我的朋友们，那是因为你们喜欢真实存在的体制，而
我们刚才指出的这些类型实际上并不是体制，而只是我们所说的 713
这个定居点的某些主导性成分，它的某些组成部分想要支配它，于
是就各自依据其主导因素进行设计。但若一个社会必须从它的某
个部分得到它的名称，那么最好的办法是以一位神的名字命名，这
位神是理性的人的主人。

克利尼亚 这位神是谁?

雅典人 要想使我的回答令你完全满意,我们也许要再花一些时间使用那个寓言。

克利尼亚 噢,我们必须从这个寓言开始,是吗?

雅典人 确实如此。呃,在我们讨论其根基的这个社会建立

B 很久以前,在克洛诺斯时代——他们是这样说的——有一种更加方便的统治形式,一种非常幸福的形式,在我们今天最好的共同体中仍旧可以看到。

克利尼亚 那么,我要说,你必须告诉我们是什么形式。

雅典人 那当然了,依据我自己的判断,我之所以要把它引入这个论证就是由于这个原因。

C **克利尼亚** 这样做也很恰当,鉴于关系重大,你最好把整个故事都告诉我们。

雅典人 我必须按你说的去做。好吧,按照世代传承的故事,在那个幸福的时代,各种生活用品的供应极为丰富,从不短缺。其原因据说是这样的。克洛诺斯当然明白,凡人要是不狂妄自傲和不正义,那么没有一个人能够对整个人类实施不负责任的控制。明白了这一点,于是他给我们的共同体派来的国王和执政官不是

D 人而是精灵,它们属于比人更加神圣和优秀的种族,就好像我们现在对我们的羊群、牛群和其他家畜做的事情一样。我们不会指派公牛去管理公牛,或者指派山羊去管理山羊;我们的种族比牲畜高一等,因此成为它们的主人。这位神出于对人类的仁慈,做了同样的事,他指派精灵这个较高等的种族来监管我们,为了我们的方便

E 而不厌其烦,赐给我们和平与怜悯、健全的法律和充足的正义,还有人的家庭内的和谐与幸福。所以,这个故事给我们现在的人提供的教育是,一个共同体如果不是由神来统治,而是由人来统治,那么其成员就不可能摆脱邪恶和不幸。我们应当竭尽全力——这

就是这个故事的寓意——再造克洛诺斯时代的生活,应当规范我
们的私人家庭和公共社会,使之服从我们中间的不朽成分,并把法
律的名称给予这种理智的约定。但若一个人、一种寡头制,或者一
种民主制,用它自己的灵魂关注自己快乐、激情和欲望的满足,那
么这样的灵魂就无法自持,而会处在长期的、贪得无厌的疾病控制
下。当这样的人或体制把法律踩在脚下,对个人或社会发号施令,
那么如我刚才所说,一切获救的希望都消失了。克利尼亚,这就是 B
我的论纲,我们必须考虑我们对此是否信服。

克利尼亚　使我们信服? 当然了。

雅典人　那么你是否熟悉这样一种理论,认为法律像体制一
样有许多种类型? 我们才看到在人们的眼中有多少种类型的体
制。请你们相信,我现在提出来的这个问题并不是微不足道的,而
是提得恰到好处。我们又回到正确与否的标准问题上来了。据
说,我们法律的标准既不是战争,又不是作为整体的善。无论现存 C
体制是什么样的,法律都应当照看它的利益,它的长治久安,要反
对瓦解,而界定真正的正义的最佳方式应当说就是……

克利尼亚　就是什么?

雅典人　就是统治者的利益。

克利尼亚　你必须做出更加清楚的解释。

雅典人　我会的。你知道,他们说法律在一个社会中总是由
占主导地位的部分制定的,是这样的吗?

克利尼亚　是这样的。

雅典人　那么,你能想象,当民众、其他某些政党、或某个独裁 D
者,如果你喜欢这样说的话,得到了人们的举手拥护,那么胜利的
一方将按照自己的意愿,以其自身在这个永久权威中的利益为目
标来制定法律,是吗?

克利尼亚　当然不是。

雅典人　如果有人触犯了这些法律,那么立法者会惩罚他,因为他违反了正义,意思就是这些法律都是按照正义制定的。

克利尼亚　我应当能够理解。

雅典人　那么这些法律在任何情况下都是正义的,并且仅仅是由于它们自身的原因。

克利尼亚　按照这种解释,是这样的。

E　　**雅典人**　事实上,这就是我们前面提到过的统治者的原则之一。

克利尼亚　原则?哪些原则?

雅典人　呃,就是我们已经考察过的声称拥有权威。我们发现父母对他们的后代声称拥有权威,老人对年轻人声称拥有权威,出生高贵者对出生低贱者声称拥有权威,你还可以记起来,在有些情况下人们相互声称拥有权威。这实际上还只是我们开列的清单之一,我们注意到,品达曾经把"高举的暴力之手"——用他自己的话来说——当作天然的正义。

715　　**克利尼亚**　是的,我们前面确实说过。

雅典人　现在请考虑,我们要把社会托付给哪一方。以前在公共生活中反复出现过这样的情景。

克利尼亚　什么情景?

雅典人　竞争职位以后,胜利的一方以协议的方式规定了公共事务的运作,把权力归于自己,不让失败者分担任何工作,甚至
B　也不让他们的后裔参与。一个党派监视着其他党派因妒忌而策划的叛乱,因为叛乱者认为取得职位的那些人过去作恶多端。这样的社会,我们当然不会把它视为法治国家,就好像法律若不是为了整个共同体的共同利益,就不是真正的法律一样。我们说,为一个党派做事的人是党派分子,而不是公民,他们所谓的公民权力是空洞的陈词滥调。我们这样说的理由是,你我都不愿把你们社会中

的职位授予那些只为自己财富打算，或只为自己占有某些利益的
人，比如膂力、地位或家庭。我们认为，绝对服从已有法律的人才　　C
能对其同胞取得胜利，我们只能把诸神使臣的工作交给这样的人，
让他担任最高职位，次一等的职位则通过竞选产生，其他职位也同
样通过有序的选拔来确定。我刚才把权力称作法律的使臣，这样　　D
说并非为了标新立异，而是因为我深信社会的生存或毁灭主要取
决于这一点，而非取决于其他事情。法律一旦被滥用或废除，共同
体的毁灭也就不远了；但若法律支配着权力，权力成为法律驯服的
奴仆，那么人类的拯救和上苍对社会的赐福也就到来了。

　　克利尼亚　对，先生，我以神的名义起誓，你说得对！你看得
真远。

　　雅典人　呃，是的，人们年轻的时候在这些事情上总是近视，
年纪越大，看得越远。　　　　　　　　　　　　　　　　　　　　E

　　克利尼亚　是的，确实如此。

　　雅典人　我们下一步该做什么了？假定要在这个国家定居的
人就站在我们面前，我们下面的讨论就是对他们说的，这样做行
吗？

　　克利尼亚　务必如此。

　　雅典人　我会对他们说：朋友们，老人们常说，在神的手中常
握着一切事物的开端、终结和中间，事物在自然的循环中运动，走　　716
向终结，沿着正确道路前进的事物比背弃神的法则的事物更加正
义。以卑微、恭敬的态度密切追随神的法则的人是幸福的，而那些
空洞自傲的人，例如为财富、等级、年轻、美貌而感到自豪，陷入荒
淫的火坑，既不接受管教又不要指导，反而要去指导别人，这样的　　B
人就会遭到神的离弃。这样的人被离弃后会聚集他的同类，用疯
狂的行为制造混乱。在有些人眼里他似乎是伟大人物，但要不了
多久，他就会无限制地修改正确的东西，毁灭他自己，毁灭他的家

庭,毁灭他的国家。事情就是这样,对此有判断力的人该怎么办,我们有什么预见吗?

克利尼亚 结论是明显的,每个人都必须刻意成为神的追随者。

C　　**雅典人** 什么样的行为才是神喜欢的,可以用来表明自己对神的追随? 这样的行为只有一种,可以用一个古代的原则来概括:有特定尺度的事物"同类相亲"。因为,没有特定尺度的事物既不能相互亲爱,也不会得到那些有尺度的事物的爱。在你我看来,"神是万物的尺度"这句话所包含的真理胜过他们所说的"人是万物的尺度"。所以,要被这样的存在① 热爱的人自己必须尽力成

D　　为神一样的人。按照这个论证,神热爱我们中间有节制的人,因为这样的人像神;神不喜欢我们中间无节制的人,因为这样的人与神不同,对不正义的人来说,这条规则也同样适用。请你们注意,我认为从这个规则中可以推导出其他规则,可以推导出所有规则,这条规则是最伟大的,最真实的。因为善人最适宜过上这种光荣的、有益的生活,享有幸福,他们最适宜向神献祭,通过祈祷、奉献,以及各种方式的崇拜与上苍交通,而对恶人来说,其结果完全相反。

E　　因为恶人的灵魂是不纯洁的,而善人的灵魂是纯洁的,善人和神都
717　不会接受肮脏的礼物;不虔诚的人做这些事是徒劳的,而虔诚的人这样做是合情合理的。

　　　这就是我们必须射中的目标,但我们要使用什么样的箭和力量呢? 首先我要说的是,如果冥府神祇拥有的荣耀低于奥林帕斯

B　　诸神② 和城邦的保护神,甚至低于其他拥有我们已经提到过的这

---

① 指神。

② 奥林帕斯(Olympians)教是希腊正统宗教,崇拜以宙斯为首的十二位主神。

些力量的低等神灵,那么我们就真的找到目标了。在崇拜了这些
神祇以后,有判断力的人会崇拜精灵,然后是英雄,再其次是他的
家神的偶像,按照法律的要求进行崇拜。

现在我们要提到孝敬仍旧在世的父母。宗教在这个地方要求
人们适当地承担这种最早的、最沉重的债务,这种义务是我们所有
义务中最神圣的。它要求一个人尽其所能和所有,侍奉那些养育　C
他的人,尽力照顾他们的需要,首先是他们的食宿,其次是他们的
身体,然后是他们的心灵。他们在年幼时得到的精心照料和长辈
为他们付出的辛劳就像一笔贷款,现在要由他们在长辈年老和迫
切需要时加以偿还。还有,一个人在一生中都应当对父母保持特
别恭敬的态度,因为轻狂的话语会带来沉重的厄运,指派涅墨西斯　D
为使者监察这种事是完全正确的。所以当父母发火时,应当顺从
他们,要用言语和行动平息他们的愤怒。你们要理解,做父亲的认
为自己受到儿子的伤害而勃然大怒其实是非常自然的。父母过世
的时候,最有节制的葬礼是最好的。不应超越习俗,举行浮华的葬
礼,但在祖宗墓地里埋葬死者时也不能缺少葬礼,还要遵守同样的　E
规则每年祭奠死者。在花费适当的钱财祭祀祖先时,最重要的是　718
在心中牢记死者,永远尊敬他们。如果我们这样做了,并按照这些
规矩去生活,我们就能不断地得到上苍和更高力量的恩赐,我们的
日子和我们的生活就会充满希望。至于我们应当对孩子、同胞、朋
友、其他公民承担的义务,以及应当为陌生人提供的款待,与外邦
人的关系等等,也是法律要求我们做的。一个人应当热爱生活,解　B
释生活。在上苍的保佑下,认真贯彻这些法律,将确保我们的社会
幸福美好,要做到这一点,一部分要靠说服,另一部分要靠对那些
不听劝告的人实施强制性的法律。

像我本人这样的立法家还应当说或者必须说其他一些事情,
但不适宜用法律条文的形式来说。我要向那些立法家提出建议,

C 在真的制定法律之前,在尽力讨论完其他事情以后,你们要为自己以及你们为之立法的那些民众竖立一个样板。那么用什么样的形式能够最好地表达这些事情呢?用一连串简要的提纲来表达这些事情并不容易,然而若以这种方式观察这些事情,我们也许能够得到一些确定的结果。

克利尼亚 我们有可能得到什么样的结果?

雅典人 我希望这些主题能够使听众听从劝告,趋向美德,而这显然也是我们的立法家在其立法活动中想要达到的效果。

D **克利尼亚** 当然。

雅典人 这使我想起,我们已经说过的东西可以起一些作用——如果我们的话语并非针对完全野蛮的灵魂而言——可以得到民众和朋友们的倾听。所以,如我所说,如果它能使听众变得比较友好,甚至略微有些友好,打算接受指导,我们就有理由感谢上苍。热心向善的人,竭力向善的人不容易找,要找到许多这样的人更不容易。赫西奥德批评那些聪明人说:"通向恶的道路是平坦的,而且不远,不必流汗就能抵达;然而永生神灵在善和我们之间放置了汗水,通向它的道路既遥远又陡峭,而且出发之处的路面

E

719 崎岖不平,可是一旦到达最高处,尽管还会遇到困难,那以后的路就很容易走了。"①

克利尼亚 这段话也说得很好。

雅典人 是的,确实很好。但我要建议你们一起来考虑我们前面的论证对我本人产生的影响。

克利尼亚 让我们来听听有什么影响。

B **雅典人** 让我们还是对着立法者说话。立法家,请你告诉我们一件事。如果你知道我们必须做什么和说什么,那么你应当把

---

① 赫西奥德:《工作与时日》,第287行以下。

这个"什么"告诉我们。这一点肯定是清楚的,是吗?

克利尼亚　当然是。

雅典人　但是不久前我们听你说过,立法家一定不能允许诗人随心所欲地创作,不是吗?因为他们好像并不知道会在什么地方违反法律,危害社会。

克利尼亚　我必须承认这是事实。

雅典人　假定我们把诗人的问题向立法家提出,那么我不知道这样说是否公平。

克利尼亚　怎么说?

雅典人　这样说。立法家,这是一个古老的故事,我们的诗人总是这样说,而世上的人也普遍相信这种说法,当诗人们坐在缪斯的三足祭坛前时,他已经失去了理智。他就像那涌出清泉来的泉眼一样不断地吐出诗句来,由于他的诗句表现了他的技艺的本质,因此必定与他自己的话语有矛盾之处,人们根本无法知道诗人说的话是真理,还是他的诗中人物说的话是真理。对同一事物或同一主题做出两个相反的陈述,这不是立法家要做的事,立法家通常对一样事物只做一种判断。就拿你自己刚才说过的那件事为例吧。葬礼可以是奢侈的,这句话的意思也可以是葬礼可以是体面的简朴的。从不同的类型中,你选择并只能选择一个适中的类型要求人们普遍接受和无限地加以推广。但在我讲的这件事情中,如果我是一名诗人,我的听众是一位富婆,我在和她讨论她的葬礼有什么要求,那么我会向她推荐浮华的葬礼,但若我面对一位极为节俭的穷人,或者面对像你这样有着适度财产和节制人格的人,那么我会向他推荐简朴的葬礼。不过,你刚才说光讲节制还不够,所以你必须告诉我们花多少钱才算节制,或者承认你的陈述还不是一条法律。

克利尼亚　确实如此,你说得对。

雅典人　那么,我们指定的立法家在他的法典面前就提不出令人满意的陈述来吗? 他难道只是非常简单地告诉我们应该做什么,不应该做什么,再加上一些惩罚的威胁,然后就转入下一条法律,而没有一句鼓励的话,或对接受者的建议? 这就好比一种类型的医生,当我们请他们来看病时用的是一种方法,第二种类型的医生为我们看病用的是另一种方法,我们要提醒自己两种方法间的差别,然后就可以向我们的立法家提出请求,就好像儿童会向他们的医生请求得到最温和的治疗。你喜欢这个比喻吗? 有医生,也有医生的助手,但我们把医生的助手也称作医生。

B　　**克利尼亚**　就算是吧。

雅典人　两种人虽然拥有同样的名称,但是自由民或奴隶以经验的方式来获得他们的职业知识,通过观察他们主人的行为和听从主人的指示,这种方式并不是自由人学习技艺和向学生传授技艺的科学方式。你同意所谓医生有两种类型吗?

克利尼亚　我当然同意。

C　　**雅典人**　一般说来,我们共同体中的病人既有奴隶又有自由民,但都由奴隶来给他们治病,你有没有注意到这些奴隶医生会匆匆忙忙地给病人看病,开处方? 这样的医生决不会在意奴仆的抱怨,也不会询问病人的病情,他就像一位鲁莽的抄写员,蛮不在乎地依据经验给病人一些嘱咐,然后就匆匆离开,去给下一个生病的

D　奴仆看病——这就是奴隶医生从他主人那里学来的治病方法。自由行医者给自由民看病,这样的医生大部分都能以一种科学的方式自始至终地治疗疾病,充满自信地对待病人和病人的家属。他会向病人了解病情,尽力调理病人的症状。在没有得到病人的支

E　持以前,他不会开处方;而一旦他开出旨在使病人完全康复的处方,就能得到病人的完全服从。上述两种治疗疾病的方法,哪一种是比较好的医生或身体健康指导者使用的方法? 两种方法中有一

种包含双重过程,有一种是单一的,这种单一过程的方法是比较差的,是令病人恼火的方法,是吗?

克利尼亚　是的,先生,包含双重过程的方法要好得多。

雅典人　那么你看我们是否可以考虑一下这两种方法,包含双重过程的方法和单一过程的方法,在立法上的运用?

克利尼亚　应当这样做。

雅典人　那么我问你,我们的立法者将要制定的第一条法律是什么? 他立法的自然过程不就是从规范新建社会第一步的一条法令开始的吗? 　721

克利尼亚　呃,当然了。

雅典人　创建任何社会的第一步肯定是婚姻关系,是吗?

克利尼亚　没错。

雅典人　假定某个社会的立法是健全的、正确的,那么它必定始于婚姻法。

克利尼亚　我非常赞同。

雅典人　那就让我们先以简要形式陈述这条法律。这条法律也许可以这样说:

男子应在年龄到达三十岁,并在三十五岁之前结婚;拒绝结婚　B
者应受罚款和失去地位的惩罚,罚金若干,失去地位的方式是如此
这般。

这段话可以作为我们婚姻法的简要表述。它的复杂形式我们可以这样说:

男子应在年龄到达三十岁,并在三十五岁之前结婚,在此年龄段的人可以视为已经拥有不朽意识,人的本性使我们每个人以各种形式表现这种不朽意识,想要在世上赢得名声,不愿默默无闻地躺在坟墓里,就是这种不朽意识的表现。因此,人类这个种族是时　C
间的双生子和伴侣,绝不能与时间分离,这就是人类不朽的性质。

通过世代延续,这个种族保持同一,通过繁殖后代分有不朽。因

D 此,虔诚断然禁止人们用自己的行为剥夺自己的欢乐,比如有些人不想要妻子和孩子,自愿地剥夺自己。所以对那些服从法律的人我们不会让他受到伤害,而对那些不服从法律,到了三十五岁还不结婚的人,那就让他每年交付若干数量的罚金,使他不能用他单身状态作为赢利和偷闲的资源,让他失去年轻人经常给予长者的那些公共荣耀。

你已经听到以这种形式表述的这条法律,现在可以考虑一下,

E 一般说来我们的法律要不要在条文中加上说服性的话语,或者说是否至少要用双倍的篇幅来表述,或是只限于法律条文本身,只需要一半的篇幅。

麦吉卢 先生,喜欢简练从来就是我们拉栖代蒙人的方式,然

722 而我无法决定在我们的城邦里要不要强制实施你们的法律,我的意见也许比较罗嗦。对任何法律,我的选择确实会像你举的这个例子一样,两种形式都有可能。但我们一定不要忘了,我们当前的建议也需要我们的朋友克利尼亚的批准,因为是他的城邦将要采取我们所建议的这些法律。

克利尼亚 麦吉卢,谢谢你的美言。

雅典人 呃,争论应该多几个音节还是少几个音节没有什么意义,我关注的确实不是法律条文的篇幅或简洁程度,而是它的性

B 质——相比较而言,刚才提到的一种法律在使用中比另一种法律具有双倍的优点。我才说过,我们关于两种类型的医生的比喻完全是适当的。然而,尽管我们的立法者没有人曾经注意到自己在立法中完全依赖一种工具,但是立法实际上有两种工具可用,这就

C 是说服与强迫,如果民众缺乏教育,那就可以使用这两种方法。权柄在立法中决不会搀和说服的方式,他们的工作完全依靠强迫。唉,凭天发誓,我想法律还有第三种必需品,而这种东西事实上普

遍被人忽视。

克利尼亚　请告诉我它是什么？

雅典人　呃，我们自己今天的谈话碰巧已经把它揭示出来了。我们从早晨开始讨论法律，而现在已经是中午了，我们已经抵达这个令人兴奋的中心，我们所有的谈话都和法律有关。然而我想，我们关于法律的讨论才刚刚开始。因为迄今为止我们所说过的内容只是法律的一个开场白。我为什么要这样说？因为我观察到，对每一种事物的讨论和口头表达都有它的前奏和预备性的内容，我们可以说这些预备性的内容为将要进行的研究提供了一种有用的方法上的介绍。例如，所谓竖琴曲的创作"规则"或一般的音乐创作"规则"，有一些精心撰写的介绍，而被我们当作真正"规则"的共同体的法律却从来没有人提到这个名称，也没有撰写和发表这方面的文字，而且人们认为这种东西是不存在的。然而我相信，我们当前的讨论表明这种东西是存在的。我认为，我们刚才所说的以复杂形式表达的法律并不仅仅是法律，它实际上包含着两样东西，既是法律又有法律的介绍。有些法律被我们比做奴隶医生的抄写员式的处方，这样的法律是不合格的法律，而所有那些在前面讲述的内容——麦吉卢称之为说服——事实上是说服性的，只具有开场白式的修辞学性质。因为我发现自己限定了整个讨论的框架，讨论者的基调是说服，是为了使听众能够接受立法者在立法中开出的处方，亦即他制定的法律，其中充满着友好精神并带来驯服的后果。正是由于这个原因，所以我认为应当恰当地用另一个名称称呼它，它不是法律的文本，而是法律的前奏。

你们会问我，要跟随这种观察我有什么建议。我想我会让一名立法者不断地注意，既不要一下子抛出他的整部法律，又不要在不提供任何介绍性的开场白的情况下留下它的各种条文。这一做法上的差异在我们刚才考虑过的两个例子中会造成巨大差别。

克利尼亚　我也会敦促理解自己工作性质的立法者按这种方法进行工作，而不用其他的方法。

C　　**雅典人**　在这一点上我完全同意你的意见，克利尼亚。所有法律都有它们的开场白，开始立法工作的每个人都应当事先确定各部分的前奏，并与整个主题相适应。他要说的话不是微不足道的，无论这些话能否被人们清楚地记得，但它将产生巨大的差别。但若我们坚持每一条所谓的大大小小的法律都要有一个序言，那可能就错了。事实上，我们一定不要以这种方式处理每一首歌或每一次讲话。确实，在各种情况下都有恰当的开场白，但我们不会

D　在任何地方都使用它，我们必须让个别的讲话者、歌手、立法者根据自己的判断来决定要不要使用开场白。

克利尼亚　我完全同意你的意见。但是，先生，请你不要再浪费时间了。让我们返回我们的论证，如果你愿意，我们可以用你前不久说的话重新开个头，当然我们不会把它当作一个必要的开场白。让我们从头再来一遍，这是人们在游戏中常说的，在这"第二

E　遍"中我们在理解的基础上不再进行随机的论证，而是提出一个开场白——我的意思是，让我们一开始就承认我们正在作开场白。至于对诸神的崇拜和对长辈的孝敬，我们已经说过的话是非常恰当的，但我们必须试着进一步推进这个主题，直到你们感到我们整个序言都已经完全充分了。然后，而不是在此之前，你们将听到真正的法律条文。

724　　**雅典人**　好，那么我们的开场白，如我们同意的那样，已经恰当地涉及了诸神、次一级的力量、活着的与去世的长辈。按照我的理解，你希望我能够就我们尚未涉及的这个主题的某些部分给你提供一些启发。

克利尼亚　完全正确。

雅典人　呃，下一步，发言人和听众应当尽力思考他们应尽的

义务,而不必考虑心灵、身体和生计方面的问题,借此获得教育,这
样做是恰当的,符合他们的共同利益。因此,这些事情,而不是其
他事情,无疑就是我们必须谈论和聆听的事情。

克利尼亚　非常正确。

第　五　卷

雅典人　听着,我们现在要讨论诸神和人们敬爱的祖先,你们
要把耳朵竖起来。每个人除了诸神还拥有一样最神圣的东西,而
且这样东西确实是他自己的,这就是他的灵魂。与每个人相关的
事物从来都有两类:一类是优秀的,从事统治;另一类是低劣的,服
从统治。所以,每个人都应当始终喜爱那些光荣的优秀事物,胜过
喜爱那些低劣的事物。因此,我吩咐人们要在荣耀统治我们的诸
神以及诸神之下的神力之后,荣耀他们自己的灵魂,我想这个建议
是对的。然而,可以说我们中间还没有人正确地荣耀了他的灵魂,
尽管他们以为自己这样做了。我认为,荣耀是神圣的,是善的,不
能由恶的事物来授予。有人认为自己正在依靠语言、才能或服从
来完善自己的灵魂,但这样做并不会使他的灵魂比以前完善,他以
为自己荣耀了自己的灵魂,但实际上并没有。

举例来说,一个尚未成年的人在自己适宜对一切事物发表意
见之前想要荣耀他的灵魂,允许自己的灵魂为所欲为,以为这就是
对灵魂的荣耀,而我们宣布,这样的做法不仅不能给灵魂带来荣
耀,而且会给灵魂带来伤害,我们要求人们把荣耀灵魂放在荣耀上
苍之后。又比如,一个人犯了过失,但不指责自己,反而把大部分
责任推给别人,认为自己没有错,他以这种方式尊敬他的灵魂,或
者说他以为这样做是对灵魂的尊敬,这样的做法给灵魂带来的远
非荣耀,而是伤害。还有,人们在缺乏立法者的训诫和批准的情况

下追求快乐,这样做并没有给灵魂带来荣耀,而是带来耻辱,是在用不幸和悔恨玷污灵魂。还有,换个方法说,一个人不愿忍受艰辛、恐惧、痛苦,而是屈服于它们,这种投降行为不会给灵魂带来荣

D 耀,所有这样的过程都会给灵魂带来耻辱,而忍受艰难困苦才是值得赞扬的。还有,如果一个人认为要不惜一切代价地活着,那么这也会给灵魂带来耻辱;他内心的投降者把这个不可见的世界视为完全邪恶的,而一个人应当用具有说服力的证据来反对他的幻想,他甚至不知道我们最主要的善是否属于这块土地上的诸神的恩赐。还有,当一个人喜欢美丽的相貌胜过喜欢善时,也会给灵魂带来莫大的耻辱。因为这种倾向宣告了身体比灵魂更加荣耀,因此

E 是极端错误的。地上出生的东西没有一样比天上出生的东西更荣耀,用刚才那种奇怪的想法欺骗自己的人并不懂得被他轻视的灵

728 魂是极为珍贵的。还有,当一个人使用卑劣手段谋得财富,或者对这种攫取并不厌恶时,那么他并没有用这种供物真正地荣耀灵魂,而是使灵魂远离荣耀! 为了一袋硬币他出卖了自己最珍贵的东西,但地上或地下的所有黄金都不能与善等价交换。

　　总而言之,无论谁若不能在任何条件下远离立法家在他的解释中列举的低劣和邪恶,反而竭尽全力去做那些与善良和美好相

B 反的事情,那么他就不知道自己正在以这样的方式愚蠢地积累他对他自己拥有的最神圣的事物——他的灵魂——的羞辱和伤害。事实上,我们中没有人,或很少有人像俗话所说的那样,对恶行作最严厉的"审判",人们在成长过程中变得像那些恶人一样,越来越像,他们回避善人,拒绝与好人谈话,不和好人交往,而是去追随另

C 一类人,成为坏人的亲密伴侣,而与坏人打交道当然只能做坏人自然会做的事,说坏人自然会说的话。所以这种状态并非审判,而是报复,是邪恶的痛苦后果,因为审判和正义一样都是善。碰到报复的人和没碰到报复的人都是不幸福的,这是因为前者无法治愈他

的疾病,后者失去其他许多获救的机会。但是我们认为,荣耀一般说来总是跟随比较优秀的东西,是为那些可资改进的较差的事物而设的,甚至有可能使较差的事物变得很好。

所以,人拥有的一切事物没有一样会像灵魂避恶求善那样天生的快捷,灵魂想要获得主要的善,并在余生中始终保持善。因此,我们赋予灵魂第二位的荣耀。处于第三位的那种荣耀属于身体,这一点不管怎么看都清楚。但下一步我们要问,有哪些不同的荣耀,哪些是真的,哪些是假的,这就是我们立法者的任务。我想,他会提出这样一些建议。身体应当受荣耀的不是它的美貌,也不是它的强壮,也不是它的敏捷,也不是它的健康,尽管有许多人会这样想,身体应当受荣耀的也不是与这些性质相反的性质。以适中程度展现这些性质的身体也远远不是最清醒、最健全的。因为一种身体使人的灵魂空虚和不堪重负,另一种身体使人的灵魂驯服和卑微。这种状况与拥有财产是一样的,可以用同样的标准来衡量。所有这些事情只要过度,就会滋生出公共的和私人的世仇、派别、缺陷、屈服,这可以算作一个通则。

不要让任何人为子女将来的富足而觊觎财富;这样做对他们自己不是好事,对国家来说也不是好事。因为拥有遗产虽然可以使年轻人不必奉承别人,然而不缺乏其他所有人都需要的最好的、最和谐的事物,这种状况可以产生一般的和谐与协作,驱逐生活中的痛苦。我们应当使我们的孩子富足,但不是拥有黄金,而是拥有敬畏。我们以为自己在年轻人忘记节制时训斥他们,就能保证他们拥有敬畏这种遗产,但实际上这样做并不能取得效果,就好比我们现在告诫年轻人说,"年轻人必须尊敬所有人"。明智的立法家更有可能要求年纪大的人尊敬年轻人,要求他们决不要让年轻人看到或听到自己做了丑事,说了丑话,因为当年纪大的人忘了节制的时候,年轻人也会忘记节制,会变得极端无耻。教育年轻人和我们自己的最佳方式不是训诫，而是靠终生有形的实践，这才是一个人应当告诫他人的地方。如果一个人荣耀和尊敬他的亲人，也尊敬和自己崇拜同样神灵的同族人，那么他可以合理地为生育子女期待生育女神的青睐。

D　　　至于在几样人生事务方面的朋友和同伴，如果一个人把他们对自己的服务看得更重大，更充分，而把自己对朋友和同伴的仁慈看得较低，那么他会对他们抱有善意。在一切与城邦和同胞有关的事情中，最优秀的人，或至今为止最优秀的人，就是那些在奥林

E　匹克赛会上取得胜利、在战争或和平时期取得胜利、在遵守家乡法律方面取得信誉、终生为家乡人忠实服务的人。至于对待外邦人，我们必须记住，这种约定有独特的神圣性，我们确实可以说，外邦人冒犯外邦人，与冒犯本地人相比，更容易引来神的复仇。因为客居的外邦人没有朋友和同胞，更需要得到人和神的怜悯。因此，被

730　他冒犯而来向他复仇的人本来都是可以帮助他的人，但没有一个人能够像神或精灵那样保护外邦人，就好像化身为公鹅的① 的宙斯的使者。那么，拥有预见而从不冒犯外人的人在生命之旅终结时又有什么可焦虑的呢！再说，最大的冒犯，无论是对本地人还是对外地人，总是对求援者犯下的，他们在求援时总是呼喊某位神的名字，这位神在作了应许后也总是关注着受苦者，因此求援者所受的苦一定会由神来替他复仇。

B　　　我们已经公正地考察了一个人与其父母、自身、财产、城邦、朋友、亲人、外人、同胞之间的关系，下一步要考虑的则是一个人必须以什么样的方式度过充满诚信的一生。我们现在谈论的已经不是法律的效果，而是如何通过表扬和批评使人对我们以后要制定的法律具有较好的、愿意接受矫正的态度。

---

① 　此处原文为 Xenios，希腊神话中的宙斯有各种化身。

在一切好事物中，真理具有首要地位，这在诸神和凡人中都一 C
样。有些人知道什么是幸福，我祝愿他从一开始就得到真理，作为
一个真正的人生活。这样的人是可信的，而那些自愿接受假相的
人是不可信的，那些不自觉地喜欢假相的人则是傻瓜，他们的命运
不值得羡慕。因为，背叛真理的人和傻瓜肯定都没有朋友。时间 D
会发现他在生命终结接受审判时极端孤独，没有同伴和子女，无论
他们是否还活着。荣耀归于自己不作恶的人，但能够使别人也不
作恶的人配得上双重荣耀，乃至更高的荣耀，第一重荣耀是不作恶
的人方才配得上是一个人，第二重荣耀是把他人作的恶报告权柄，
使许多人能够成为真正的人。努力使人们服从权柄的人是伟大的 E
完善的公民，美德的棕榈枝应当归于他。有些人把自己喜爱的节
制、理智，以及所有优良品质灌输给他人，对此我们也要做同样的
评价。我们要把最高等级的荣耀赋予那些传播这些优良品质的
人，不能传播这些品质但乐意这样做的人必须列入第二等。至于 731
有人独善其身，在可能的情况下不与朋友分享这些优良品质，我们
应当批评他这个人，但不要批评他拥有的品质，而要尽力使这种品
质成为我们自己的。

在这种追求美德的竞赛中，我们与所有人都是竞争者，但一定
不能有妒忌。因为对一个我们想让他改进国家的人来说，他在赛
跑时不会用邪恶的传闻来阻碍他人，而妒忌的人则会把诬告他人
当作自己进步的正当手段，但这样做既不能使他自己获得真正的
美德，也会使他的对手因为不公正的批评而泄气。这样一来，他就 B
使整个社会的美德赛跑残缺不全了，他的谎言降低了比赛的良好
声誉。每个人都应具有高昂的精神，但同样也要非常仁慈。因为
要躲避他人所施予的残酷暴行几乎或完全不可能，惟一的办法就
是勇敢地面对，抵抗、矫正对方，没有仁慈心的灵魂不可能有这样 C
的行为。有些罪人的过失尚可弥补，但我们首先必须肯定没有一

个罪人可以用弥补的方式获得拯救。因为没有人会故意接受最大的恶,至少不会在他最珍贵的财产中接受这种恶。但是,每个人最珍贵的财产就是他的灵魂,所以我们可以肯定没有人会故意在这种最珍贵的东西中接受最大的恶,并终生与恶相伴。然而,尽管恶

D 人或作恶者总是可悲的,但他的疾病尚可治愈,在他身上总有可怜悯之处。与恶人在一起,我们要治疗和驯服他的欲望,但我们不要像一名泼妇那样对他训斥,为了挽救那些无节制的、不思悔改的冒犯者和完全腐败的人,我们必须约束我们的怒火。这就是我们说一个善人在这种情况下既要有高昂的精神,又要温和的原因。

灵魂所犯的一切错误中最大的是大多数人自身的错误,这个

E 错误的发生有着种种理由,因此没有人试图避免它,用一句格言来表达,这就是"每个人都天然地是他自己的朋友",这样说当然有一定道理,人确实应当是自己的朋友,但强烈地依赖自我事实上是我们每个人的种种恶行的永久源泉。一看到被爱者,爱的眼睛就瞎

732 了,所以人无法正确判断什么是正确的,善的,光荣的,人经常自以为是,不顾真正的事实,而可以算得上是伟大的人既不关注自我,又不在乎自己的附属物,而是关注正义,这种正义与其说表现在他自己的行为中,倒不如说表现在他人的行为中。从这个错误中也

B 会产生一种普遍的信念,以为自己的愚蠢就是智慧,其结果就是我们在一无所知的时候以为自己知道一切,拒绝跟随别人去做我们不懂的那些事,在行动中犯下不可避免的错误。因此,每个人必须力避极端的自爱,要步步紧跟比自己好的人,决不要认为这样做是一种耻辱。

还有一些小小的、经常性的规劝,但它们并非无益的,规矩必须通过反复才能牢记在心。我们可以这样说,就好像水从湖泊里白白流走,但一定会有水流进来保持平衡,而回忆就是保持智慧的

C 好办法。由于这个原因,必须约束不合理的大笑和眼泪,每个人参

加礼仪时,都必须敦促同伴们隐藏所有过分的快乐或悲伤,无论在某个环境中遇到的是大量的幸运还是困难重重。陷于不幸时,我们应当抱着长久的希望,相信依靠神对我们的恩赐可以减轻我们碰到的麻烦,相信我们的处境在上苍的青睐下会变得比较好。这些就是我们的希望和相关的思考,我们每个人都应当生活在希望中,在工作中不畏艰难,使这些希望成为我们的邻居和我们自己充满自信的回忆。

神对这种肯定要建立的体制必定会说些什么,所有人都必须追求什么样的个人品性,这些问题我们现在已经全部说完了,然而我们还没有谈到纯粹出自人的考虑。但我们必须涉及这一点,所以我们下面的话是对人说的,不是对诸神说的。对人来说,没有比快乐、痛苦、欲望更自然的事了,所以人们说这些东西是任何可朽性质不可避免、绝对依赖的主线。因此,我们必须赞扬高尚的生活,不仅认为这样的生活名声最高,而且认为这种生活本身就是最优秀的。如果人们在年轻时品尝它,而不是拒绝它,那么我们的一生占主导地位的是压倒痛苦的快乐。如果以正确的方式品尝,并能明显地实施,那么结果必然如此。但正确的方式又是什么? 对此,我们必须依据我们的论证来发现它。依据下列线索,通过比较生活的相对快乐与痛苦,我们一定会发现有一种生活与我们的体制天然不合,另一种生活与我们的体制天然一致。我们希望得到快乐,我们既不会选择也不希望得到痛苦。尽管我们并不希望用中性状态① 来代替快乐,但我们希望用它来摆脱痛苦。我们希望痛苦少快乐多,但我们不希望快乐少痛苦多。至于快乐与痛苦相等的状况,我们提不出确定的理由来表明是否希望得到它。快乐与痛苦的频率、范围、烈度、均衡,以及与此相反的状态都会影响我

———————

① 指既不快乐也不痛苦的状态。

们的选择。由此必然得出推论,一种包含无数次的、广泛的、强烈的两种感觉的生活是人们希望得到的,哪怕快乐过度;但若痛苦过度,人们就不希望得到这种生活。还有,包含很少或很微弱的快乐与痛苦的生活是不值得考虑的,如果痛苦占据主导地位人们就不希望得到它,如果与痛苦相反的感觉占据主导地位人们就希望得到它。但就一种保持二者平衡的生活来说,我们必须恪守我们较早的立场,如果吸引我们的感觉占主导地位,我们就希望得到它;如果被我们排斥的感觉占据主导地位,我们就不希望得到它。所以我们必须把我们的生活视为在此限度内的,必须考虑哪一种生活对我们的欲望来说是自然的。但若我们说自己希望得到的东西不是前面说过的这些东西,那么这样的说法完全是因为无知和缺乏真实生活的经验。

　　如果这个选择过程是愉快的、吸引人的、合乎美德的、高尚的,可以引导我们获得凡人的最高幸福,我们必须进行选择,并视之为自立之法。那么,有什么样的生活可供选择,又有多少种生活是我们希望得到的或不希望得到的呢? 当然了,我们会把节制的生活当作一种,还可以把智慧的生活算作另一种,还有一种是勇敢的生活,健康的生活是另一种,这样一共有四种生活,与此相对我们还可以提出另外四种生活,这就是愚蠢、胆怯、放荡、有病的生活。人们熟悉的一种意见和事实是,有节制的生活都是温和的。它所提供的痛苦和快乐都是不激烈的,它的欲望和情欲从来不会达到疯狂的地步,而是温和的。放荡的生活都是鲁莽的,它提供的痛苦和快乐都是猛烈的,它强烈的欲望和疯狂的情欲会狂热到极点。就大小、数量、强烈程度而言,在节制的生活中,痛苦被快乐所压倒;而在放荡的生活中,快乐被痛苦所压倒。从中我们必然推论,前者是比较快乐的生活,后者是比较痛苦的生活,希望得到快乐生活的人必定不能选择放荡的生活。如果我们现在的推理是健全的,那么马上就可以明白放荡必定总是与放荡者自身的意愿相违背。大量的人生活无节制，其原因总是无知或缺乏自制，或同时具有两个原因。对于有病的生活与健康的生活我们也必须说同样的话，两种生活都既有快乐又有痛苦，但在健康的生活中快乐压倒痛苦，在有病的生活中痛苦压倒快乐。　　　　　　　　　　　　　　　　　　C

　　我们对各种生活作选择的目的不是要保证痛苦的优势，我们已经宣称比较快乐的生活是另一方面占优势的生活。与放荡的生活相比，我们在有节制的生活中以较少的数量、较小的范围、较弱的强度保持快乐与痛苦的展现——与愚蠢的生活相比，聪明的生活　　D也是这样，与胆怯的生活相比，勇敢的生活也是这样。由于在两两成对的不同生活中，在一种生活中快乐具有优势，在另一种生活中痛苦具有优势，勇敢的生活战胜胆怯的生活，聪明的生活战胜愚蠢的生活，由此带来的结果就是，节制的、勇敢的、聪明的、健康的生活比胆怯的、愚蠢的、放荡的、有病的生活更快乐。总之，这种身体的或精神上的优秀生活比那些堕落的生活愉快，更不必说它在适当性、正确性、美德、名声等方面的优势了。因此我们的结论是，　　E这样的生活给人们带来绝对的、无保留的幸福，它给人们带来的幸福比与它相反的那种生活更大。

　　作为立法开场白的讨论可以到此结束了。当然，在序幕之后，必定要上演作品本身，或者更加真实地说，我们要有一个民法的提纲。这就好比蜘蛛织网，或其他编织工作，经线与纬线不能用同样　　735的线，经线的质量一定要好，一定要结实，还要有一定的韧性，而纬线可以比较柔软，具有适当的柔顺性，这你是知道的。这个比喻表明，公民也必须拥有某些相类似的区别，有些公民要从事统治与管理，有些公民要接受的教育和考验则很少，这个区别适用于各种情况。你一定知道，建立一种体制要做两件事：一件事是把职务授予个人；另一件事是给官员提供一部法典。

B　　　但在谈论这些主题之前,必须作下列观察。掌握畜群的人,牧
羊人、牧牛人、牧马人,等等,如果不首先净化畜群,那么他绝对不
会开始照料它们。他首先会把健康的牲畜与有病的牲畜分开,把
纯种牲畜与杂种牲畜分开,把杂种牲畜赶到其他畜群中去,然后照
C　料纯种牲畜。如果不提纯畜群,他将遇到无穷无尽的麻烦,因为出
自本性或由于管理不当,这些家畜的身体和心灵都已经退化了,如
果让它们与其他健康的牲畜继续呆在一起,就会引起整个畜群衰
退。关于这些低等动物我们就不多说了,我们提到它们只想起一
个比喻的作用。对人来说,这个问题也是立法者首先要关心的,他
D　要能够发现和使用一种方法,能够处理净化问题和其他问题。例
如,在人类社会的净化方面,情况是这样的。净化社会有许多种方
法,有些比较温和,有些比较激烈。有些方法——最激烈的和最好
的方法——可以由同时作为独裁者和立法者的那个人来使用,但
若一名创建新社会和新法律而又较少拥有独裁权力的立法者能够
用最温和的方法来达到净化的目的,那么他会很满意。最好的办
E　法就像最有效力的药,是痛苦的,通过正义与惩罚的结合来达到矫
正的效果,而这种惩罚最严厉的就是死刑或流放,通常用来清除社
会中最危险的成员,那些重大的罪犯,无可救药的冒犯者。比较温
736　和的净化方法我们可以这样描述:有些人由于缺乏生存手段而准
备追随他们的领袖参加杀富济贫的战斗,这种人被立法者视为国
家的大患,立法者会尽可能善意地把他们送往国外,委婉地说来就
叫做"解脱",这一过程的名称就叫"殖民"。每个立法者从一开始
肯定会或多或少地使用这种方法,但我们自己的处境,在当前时
刻,仍旧是令人高兴的。我们既不需要去殖民,也不需要选择其他
净化方法。可以说,我们已经有了一个大水库,这个水库有多种水
B　源,进入这个水库的水有些来自河流,有些来自山溪,我们只需
要小心翼翼地确保库中之水的纯洁,从它的某个部分取水满足我

们的需要，或者把它的某个部分排除掉。没错，在政治方面做相类似的事情当然会有某些麻烦和危险，但我们现在只涉及理论，不涉及实际操作，所以从理论上说我们可以完成招募公民，并确保其纯洁性。事实上，有些坏人想要成为我们所建立的这个国家的成员，但我们可以让他们接受长时间的多种考验，阻止他们到来；而对那些想来的好人，我们要表示衷心的欢迎和恳切的期盼。　　　　　　　　　　　　　　　　　　　　　　　　　　　　　C

　　别忘了，我们享有的好运值得庆贺，就好像赫拉克勒斯的子孙建城时交的好运一样，既没有没收财产的残酷斗争，又没有废除债务、重新分配财产的问题。在一个古老的、已经建立起来的社会中，一旦必须创立新法，那么革新和守旧都以某种方式证明了这样　D
做实际上是不可能的，剩下来可以做的事情只是抱着虔诚的意愿对已有法律的某些方面作缓慢地、小心翼翼地修正。总会有一些改革者拥有大量地产和大量负债人，如果不免除债务和重新分配财产，负债人就不可能以一种自由精神享有他们的权益，因此改革　E
者希望他们获得某种适度的财产，确信贫困的产生更多地在于人们的贪婪，而不是更多地在于个人财产的减少。这样的信念确实是社会安全最稳定的根源，使人们保持这样的信念是后来建立一切政治制度的最稳固的基础。如果这些最初的条件不具备，那么政治家后续的行为总是困难重重。如我所说，我们幸好没有这种　737
危险，不过，解释一下在不能幸免的情况下如何摆脱这种危险对我们还是有帮助的。我们可以说，我们必须把实施正义与摆脱贪婪结合起来，在这种结合中寻找我们避免这种危险的方法。除此之外我们没有任何或大或小的道路可以获得拯救，这一原则必须视为我们社会的一个支柱。事实上，必须用某些制度确定财产，其中　B
包括不得反诉财产的主人，否则的话，任何有理智的人只要有可能就会拒绝接受这种人们在其中长期相互妒忌的社会体制。有些人出于上苍恩赐的运气找到一个新社会,就像我们现在一样,其中还没有内部的敌意,但若分配土地和房屋就会引入这样的敌意,可见这样做完全是一种堕落行为,是极端的愚蠢。

C 那么,什么样的分配方法才是公正的呢?首先,我们必须确定一个适当的公民总数;其次,我们必须就如何分配达成一致意见,每人应当得到多大份额,应该得到多少土地和房屋,等等。总人口应当有多少才是令人满意的,要正确回答这个问题不必考虑相邻

D 共同体的领地。共同体的领土应当足以维持一定数量的最有节制的人的生活,但不要再大了,共同体的人口应当能够足以保护自己,反对侵略,还要能在邻国受到侵犯时帮助邻国。通过考察领地和邻邦,我们可以把这些要点确定下来,这些要点既是理论的又是实际的,但对我们当前的论证来说,我们可以开始用提纲或轮廓的形式完成我们的法典。

E 让我们假定——为方便起见我们说个整数——我们有五千零四十位土地所有者,这些人能够武装起来保护自己的财产,土地和房屋也按同样的数目划分,一人一份。让这个总数首先除以二,然后除以三,事实上这个数字也可以被四、五、以及后续一直到十为止的整数整除。任何立法者当然至少必须熟悉数,知道什么数字,

738 或什么样的数字对一个既定的国家最有用。因此我们会选择能够承受一连串划分的那个最大的数。当然,整个整数系列可以用任何数字来除,得到任何商数,但我们对五千零四十所作的划分可以用于战争的目的,或者说适用于缔结和平,我们还可以按照这个数字来征税和进行公共分配,用整数作除数除以这个数共有五十九个商,而从一开始算起,共有十个商是前后相继的。

B 那些从事法律事务的人必须在闲暇时间彻底掌握这些关于数的知识,要像我说的那样准确地理解它们,城邦的创建者也必须提到它们,其原因我现在就来说明。无论是重新创建一个新的基础,

还是恢复老基础,在关于诸神及其圣地的事务上——比如一个城
邦必须建什么神庙,应当把神庙献给什么神或什么精灵——没有
一个聪明人会想去打扰从德尔斐、多多那、阿蒙神的神谕中得来的　C
信念,或者动摇来自任何神灵显现和神灵启示的古老传说的信念,
这些信念已经导致献祭和祭仪的建立,无论它是原创的和本土的,
还是从埃图利亚、塞浦路斯,或者别的地方传来的,神谕、神像、祭
坛、神龛、圣地的供奉后来都固定下来了。立法者应当尽可能避免　D
干扰这些事务,他应当给每个区指定保护神,或指定精灵和英雄,
他划分领地时的第一步应当给每一位神灵指定一块专门的区域来
负责供奉。他这样做的目的是,在特定时期把崇拜各种不同神灵
的人聚集在一起,为满足人们的需要提供机会,宗教节庆可以增进
人们相互间的友谊和亲密。公民们能够这样相互熟悉和了解确实　E
是一个社会的福气。如果不了解对方的性格,或对此一无所知,那
么就没有一个人能够达到一定的等级,或他可以承担的职务,或恰
当地行使正义。因此,向所有邻居证明自己不是骗子,而是货真价
实的真正的人,不能被当作冒牌货来对待,这是社会中的每个公民
在做其他事情之前应当努力做到的。

　　我们的立法事务下一步必定朝着另一个方向移动,就好像下　739
跳棋时从这条"神圣的界线"移向别处。这话初听上去好像有点突
如其来,然而我们的思考和实际经验显然告诉我们,一个社会好像
只能享有居第二位的最好的体制。我们中有些人可能会对这样的
社会感到不满,因为他们不熟悉一位并不拥有独裁权力的立法者
的处境,但是严格的立法程序会区别最好的、次好的、第三等的体
制,而把选择权留给对建设城邦基础负有责任的派别。据此我建　B
议,我们当前的讨论也要采取这种方法。我们要描述最好的、次好
的、第三等的体制,把选择权留给克利尼亚,或者留给其他任何人,
这个人也许正好承担选择的任务,想把他认同的价值具体化为体

制，以满足他自己的爱好。

那么，拥有最佳体制和法典的最佳社会就是那句古谚所说的

C 那种社会，"朋友的财产确实是公共财产"。假如世上现在有这样
的社会，曾经有过，或者将来会有这样的社会——妻子、儿女，以及
一切财产公有——假如用某种方法消灭了我们生活中用"所有权"
这个词来表示的一切事物，假如用一切可能的办法使我们天然拥
有的东西都成了某种意义上的公共财产，我的意思是，假如我们用

D 来看、听、做的眼睛、耳朵和双手都服务于公共事务，还有，假如我
们都能完全一致地表示赞同或表示谴责，从同样的源泉中产生快
乐与痛苦，简言之，假如一种社会体制使其成员变得完全像一个
人，那么我们再也找不到比这个标准更真实、更好、更能衡量他们
品质的标准了。假定在某个地方有这样的城邦，这个城邦的居民

E 是诸神或诸神的子孙，他们在那里过着无比幸福的生活。假定我
们不再向别处寻找体制的模型，而是以此为榜样，努力把我们的国
家建成这种样子。一旦这样的国家诞生了，那么我们可以说它是
不朽的，也是惟一可以称得上位居第二的最好的国家，至于位居第
三的最好的国家，有上苍的青睐，我们放到后面再说。现在要说的
是，我们所说的这种体制是什么，怎样才能实现它？

740 首先，让他们在他们中间划分土地和房屋，不要共同耕作，因
为共同耕作掩盖了他们在出生、哺育和教育方面的差别。要带着
这样的想法来划分，土地是分给个人使用的，但他必须把这块土地
当作整个社会共同财产的一个部分，整个领地是他的祖国，他要精
心照料这块土地，就像儿子为母亲做事一样，他还要把这块土地当
作呵护她的凡人子女的女神，对所有神祇和地方精灵也要这样想。

B 这种想法可以长久存在，我们必须进一步加以发挥。依据我们现
在的划分建立起来的灶神之火的数量必须永远保持不变，既不能
增加也不能减少。在任何城邦确保这一点的方法是这样的。让拥

有份地的人根据自己的喜爱指定一个儿子做家庭的继承人,在自 C
己生前或死后继续崇拜家庭的神和管理家产。如果子女不止一个,
那就依照法律把女儿嫁出去,其他的儿子则过继给无子嗣的其他
公民,对此双方要达成友好的协议。如果一个人没有朋友,或者有
类似问题的家庭数目太大,或者由于生育的原因而男女比例失衡,
碰到这些情况我们就要设立一位最高的、最有权的执政官来考虑 D
如何解决人口过度或不足的问题,想出最好的办法来保证我们的
家庭数量为五千零四十,不能再多。办法有几种。一种是对生育
进行检查,在人口过多时加以控制,在人口不足时加以鼓励,可以
用授予荣誉或使之丢脸的办法来影响年轻父母,也可以对他们的
长者发出警告,只要能起到作用。此外,在最极端的情况下,假如 E
用尽所有办法也不能保持五千零四十这个数字,如果婚配引起人
口过度增长,那么在失败之中我们就不得不使用我们不止一次谈
论过的老办法,这就是挑选那些相互比较友爱的人实行移民。如 741
果情况正好相反,比如遇上洪水、疾病、战争,公民突然死亡而使得
总人口远远低于指定的这个数字,那么在这种时候,尽管我们知道
只要有办法就决不能吸收那些教育程度低劣的人做公民,但我们
仍旧不得不这样做,如谚语所说,"连神也没有办法"。

　　让我们想像,我们当前的论证在用这样的腔调敦促我们:最高
贵的人啊,你们的成长并不缺乏荣耀的本性,这种本性必然会产生
和谐、平等、同一、统一,就像能产生公平和良好效果的数字和其他 B
事物一样。尤其是你们这些人在这里已经接受委托,你们首先要
保持固定的人数,其次,你们不要轻视相互之间买卖自己那份土地
上出产的物品,如果你们轻视它,那么你们就是在反对自己分得的
那块土地——它是一位神——此外还有立法者。这是因为,首先,
我们当前的法律发现告诫,要是愿意,人们可以按照规定的条件接
受这块土地,如果不愿意,那么可以不接受,此外法律还有进一步 C

的行动，无论这块土地是否献给所有神灵，无论男女祭司会不会有献祭的意向，一次、两次或三次，想要出售或购买分给个人的房屋和土地的人将会为他的行为受到恰当的惩罚，这些事情将被刻在柏树板上，放在神庙里作纪念。其次，这条法律的实施将由人们认

D　为目光最敏锐的执政官来监督，这种违法事件一旦发生就不可能逃脱，冒犯法律，违抗神灵的人都会受到惩罚。这条规则若能配上一种相应的组织，将会给社会带来大量的幸福，没有一个恶人知道这是一种什么样的组织，而那句古老的谚语说过，考验就是通往德

E　性之路。因为这样的组织不会给侥幸留下什么大的空间，其结果就使得无人需要侥幸，或者许可在卑鄙的呼唤下制造侥幸——甚至连大声指责"粗卑的手艺"也会使有着一颗自由灵魂的人感到厌恶——没有人会停止依靠这样的手艺来积累财富。

742　　　　与上述禁令一起颁布的还有一条法律，任何个人都不能拥有金银，只能拥有日常交换用的流通货币，因为用货币向手艺人支付工钱的事情几乎无法避免，某些行业也要用货币向那些挣工资的人支付工钱，无论他们是奴隶还是外邦来的定居者。因此，我们要

B　规定一种本国的货币，在国内有用，而到了国外就没用了。至于共同的希腊货币，为了满足一些人旅行和探险的需要，比如派遣驻外使馆人员和组织必要的使团，国家必须拥有一些流通的希腊货币来满足这些种类的需要。如果某个人不得不去国外旅行，那么他在启程前要获得执政官的批准，旅行回来后手头若还有外国货币，他应当把外币交给国家，兑换成地方货币。如果发现有人私藏外币，那就要没收充公，上交国库，对私藏外币者要给予和偷运外币

C　者同样的诅咒和谴责，再加上罚款，数额不低于偷运进来的外币总额。不得有任何嫁妆，在嫁娶中不能送嫁妆，也不能收嫁妆，不得把钱存放在私人那里谋利，也不能放高利贷。但是法律允许限定

D　利率的借贷。任何活动都有原则和意图，密切注意这些活动的原

则和意图,考察者就可以正确地看出哪些活动对社会是最好的。请你们注意,聪明的政治家的意图不会是多重的。有人会说,一位好的立法者必定想要用他的智慧使他为之立法的城邦尽可能伟大、富裕,拥有金矿和银矿,拥有陆上和海中的各种物产。人们还会说,如果他是一位正确的立法者,他必定想要使他的城邦尽可能地良好和幸福。这些目标有些是可能的,有些是不可能的。因此,　E
国家的建设者试图做那些可能的事,而不会把那些不可能的事当作自己的目标,也不会进行尝试。一般说来,幸福的实现实际上必须等候善的到来,所以国家的建设者会以善和幸福的结合为目标。但要马上变得极为富裕和极为良好是不可能的,如果我们说的富裕指的是那些民众心目中的富裕,也就是少数人拥有极大的财富,这实际上是一个恶人梦寐以求的事情。既然如此,我决不承认富　743
裕的人是真正幸福的人,除非他也是一个善人,但要说一位极为善良的人也应当极为富裕,那完全是不可能的。有人会问,这是为什么?呃,我的回答是,这是因为以公正和不公正二者加在一起为本所获得的利润大于仅以公正为本所获得的利润的两倍,而一个既　B
不愿体面地花费又不愿不正当地花费的人的开销少于一个准备在荣耀的目的上体面地花钱的人的开销的一半。因此,按相反方式行事的人绝不会变得比那赢得双倍利润的人更为富有,而他的花费也只有后者的一半。这两个人一个是好的,另一个人在节俭的时候不是坏的——尽管有时候他可以完全是坏的——但我已经说过,他决不是好人。事实上,用诚实和不诚实的手段赢利,正当或不正当地花钱的人,只要他是节俭的,他会变得很富裕,尽管他完全是个坏人,如果他是奢侈的,那么一般说来他会变得很穷;而一　C
个在荣耀的事情上花钱,并且只从诚实的来源中获取时,这样的人不容易变得极为富有或极端贫困。由此看来,我们关于极富的人不是好人这个论断是站得住脚的,如果他们不是善的,那么他们也不是幸福的。

　　我们法律的目标是让我们的人民获得最大的幸福，相互忠诚，
D　但若公民们在法律中有许多争讼，那就不会相互信赖了，还会犯下
　　无数的过错，但这两种情况都比较少见。我们规定，我们的社会一
　　定不要金银，也不要用手工技艺谋利，不能有高利贷，也不能容忍
　　利欲熏心的小人，而只允许有限度的农耕，人们不能用它来谋利，
E　以至于忘了拥有财产的目的。拥有财产是为了灵魂和身体的存
　　在，没有身体的训练和自由的教育，财产也就没有任何意义。我们
　　曾不止一次地说过，在我们所推崇的事物序列中，财产所据的地位
　　应当最低，因为人的普遍利益以三样东西为目标：正当地追求和获
　　得财产是第三位的，最低的；身体的利益居第二位；灵魂的利益居
744　第一位。对我们现在考虑的体制来说也一样，如果按照上述原则
　　来规定荣誉，那么就可以正确制定国家的法律，但若有任何法律使
　　公众对健康的推崇高于明智，或者对财富的推崇高于健康和明智，
　　那么我们可以认为这些法律的制定是错误的。所以，立法者应当
　　一次又一次地问自己：我的意图是什么？我达到目的了吗？以这
　　样的方式，而非以其他任何方式，立法者也许能够完成他的立法工
　　作，实现他的意图。

　　我们说，让获得份地的人在我们已经陈述过的条件下拥有土
B　地。让所有人带着同样的东西进入我们这个殖民城邦，这确实是
　　件好事，但又是不可能的。前来定居的人有些带着较多财产，有些
　　带着较少财产，因此这个社会一定会出现不同等级的人，由于种种
　　原因，尤其是因为我们的社会为每个人提供相同的机会，因此公职
　　人员的选拔以及付给他们薪酬也分成不同的等级。这种选拔当然
C　要涉及个人的资格，这种资格不仅是个人的和祖传的美德，也不仅
　　是身体的气力和相貌，而且要看有无资产。一种比例代表制的统
　　治可以合理地分配荣誉和职位，尽管这种做法不平等，但可以避免

内部纠纷。据此,我们必须把公民分成四个等级,第一等、第二等、第三等、第四等——也可以用别的名字称呼它们——按照公民的财产数量决定他们属于哪个等级,在他们由穷变富或由富变穷时改变他们的等级,让每个人隶属于恰当的等级。　　D

至于由此产生的进一步后果,我想制定另一条其他类型的法律。无序可以恰当地被称为分散而非分裂,在摆脱了致命的无序状态的社会中,必定在它的任何部分都没有赤贫的人群,也没有极富的人群,二者都会带来不良后果。因此,立法者一定要制定贫富标准。收入低于贫困线以下的人可以获得配给,这条规定要长期　　E维持,执政官,或其他想要获得善人名声的人,在任何情况下都不得默许取消这种配给。立法者要以这条贫困线为尺度,允许人们获得两倍、三倍、四倍于它的收入。如果有人由于库藏、捐赠、商务,或碰上其他类似机会而获得了大量收入,那么他可以把超过限度的收入交给国家和国家的神,以此保持好名声,避免所有对他的　　745起诉。如果有人不服从这条法律,那么任何人只要愿意都可以去告发他,并得到他超过限度的财富的一半作奖励,而被定罪的违法者还要从他自己的财产中支付同样数额的罚金,至于他超过限度的财富的另一半就献给诸神。除了每个人分配来的基本财产外,每个公民必须在法律任命的执政官那里事先公开登记他的全部财产,这样做是为了一旦有涉及财产问题的法律诉讼,法官就能够轻　　B而易举地判案。

其次,城邦的创建者在为他的城市选址时要考虑有利于实现他的目的的各种有利条件,然后要尽可能地将城市的位置设在整个领土的中心,要想发现或讲述这样一个地方并不难。然后,他必须把他的城市分成十二个部分,但他首先要建立一块供奉赫斯提、宙斯和雅典娜的圣地——他会称之为城堡——从那里他再延伸出　　C城市的十二个区和整个城邦的领土。十二个区的平等性应当通过这样的方法来保证,土地比较肥沃的地区面积应当比较小,土地比较贫瘠的地区面积应当比较大。然后他要进一步划分五千零四十份土地。每一份土地又由两块组成,一块较近,一块较远,组成一

D　份土地。最邻近城市的地块与最邻近边境的地块搭配,离城市稍远的地块与离边境稍远的地块搭配,总之,根据地块的远近程度搭配每一份土地。我们还应当根据这些地块的肥沃与贫瘠来进一步调整它们的面积,使之平等。当然,立法者也必须把整个人口分成十二个部分,要按照他们的其他财产使每一部分人的总财产大体相当,并对此作详细记录。接下去他要努力把这十二个部分指定

E　给十二位神,以神的名字为这十二个部分命名,如此确定下来并神圣化的人群就称作部落。接下去,城市的十二个部分也必须按照划分整个领土的相同方法进行,每个公民必须有两座房子,一座靠近国家的中心,一座靠近边境。到此为止,定居的事情算是完成了。

　　有这样一种想法是我们必须仔细考虑的。我们刚才提出来的
746　整个纲领中的所有安排并非都像是能够找到完全实现的条件。它假定在此定居的所有人都喜欢这样的社会规范,愿意忍受终生把自己的财产限制在一个确定的界限内,愿意接受我们已经提出来的生育方面的限制,愿意不要金银,以及我们已经提到过的立法者禁止拥有的东西。他们还要接受事先规定了的城堡的中心位置,把住宅分布在整个领土上,就像立法者已经规定了的那样,尽管这位立法者好像是在讲述他的美梦,或者是在蜡板上塑造他的城市

B　和居民。当然了,整个纲领并没有错,但是它的作者需要再次考虑它的后果。因此,我们的立法者再次对我们做出下列告诫。

　　我的朋友们,别以为我在当前的讨论中对你们的敦促无动于衷。事实上,我认为在讨论将要实施的计划时展示一个完善的、可

C　供模仿的模型是最公平的,不能视之为毫无优点和真理,而对那些根本不包含这种完善性的计划,人们应当拒绝加以实施。人们应

当尽一切努力去实现完善的计划,使现实尽可能接近理想,使现实
状态在性质上与理想状态最接近。人们应当允许立法者完善他心
中理想的轮廓,等这一点做到了,人们才可以与之讨论他的立法建
议有哪些是冒险的,哪些会引起很大的困难。因为你们知道,在任
何事情上都必须坚持前后一致的原则,哪怕是制造一个最微不足道的
事物,只要制造者还值得一提,他就应当能够保持前后一致。　　　　D

　　我们已经讨论了把整个领土分成十二个区的问题,我们现在
直接关心的是,必须清楚地看到这十二个部分会以什么明显的方
式接受进一步的多重划分,以及从这些划分中如何产生不同的群
体,直至五千零四十个个人。这样的划分会产生兄弟般的关系、守
卫队、社区、战时组织、小分队等等问题,更不要说还有货币问题和
衡器问题,用来测量固体和液体,用来称重量。我要说,你们瞧,所
有这些细节都必须由法律来规定,以适应人们之间的相互和谐关
系。还有一种担心我们必须打消,由于法律规定了一个公民拥有　　E
的器皿不得超过规定的大小,立法者会因此而得到过分讲究细节
的迂腐名声。但是立法者必须以此为一般的原则,认定数的划分　　747
和复杂性是有用的,无论这些复杂性展现在纯粹的数中,还是展现
在长度或深度中,或是展现在音符和运动中,或是展现在直线运动
或旋转运动中。立法者在对所有公民颁布法令时必须记住这些
事,在可能的情况下决不要缺少这些量化的标准。因为,在家庭生
活和公共生活中,在所有艺术和技艺中,没有其他任何一个教育部
门能像数的理论一样拥有巨大的潜能,但人们对它最大的推荐却
是它会使人昏头昏脑,也会使人变得灵巧、谨小慎微、注重细节、胆　　B
小,总之它会给人的各个天然部分带来奇迹般的教养方面的改进。
所以,只要进一步依靠法律和制度在那些追求利润的人的灵魂中
排除了不自由的精神和商业主义,那么你会看到所有这些知识部
门都是美好的,合适的,否则你会惊讶地发现你生产出来的不是一　　C

名哲学家,而是一名标准的无赖。这种效果实际上已经产生了,我们可以在埃及人、腓尼基人,以及其他种族中看到这种情况。这种情况的产生是由于他们缺乏自由追求的精神,也是由于他们的富足,或者由于他们的立法者的缺点,或是由于偶然的不幸,或是由于某种容易导致这种倾向的天然环境。

D 事实上,麦吉卢和克利尼亚,我们一定不能忽视这个进一步的考虑。有些地方比其他地方更容易产生好人或坏人,但我们现在并非要依据事实来立法。我知道有些人把他们的吉祥或凶兆归于刮风和日晒,有些人归于他们的饮水,还有一些人归于他们土地的出产,这些出产不仅为身体提供较好的或较差的营养,同样也影响

E 着灵魂的善恶。还有,最令人注意的是,有些地方是某些超自然的存在物的家,或者是精灵出没的地方,它们仁慈地或不仁慈地接受定居者死后的身体。聪明的立法者会尽力考虑这些事实,尽力使他的立法适合这些事实。所以,你,克利尼亚,也当然要这样做。作为一个地区的殖民规划者,你必须首先注意这些要点。

克利尼亚 你说得非常好,先生。我一定会照你说的去做。

第 六 卷

751 **雅典人** 好吧,把已经讲过的这些事情做完后,你的下一个任务就是在你的这个社会中任命行政官员。

克利尼亚 呃,当然是。

雅典人 这件事确实涉及社会组织的两个部门。首先是设立行政职位和任命行政官员,决定恰当的职位数量和适当的任用官

B 员的方式。等这件事做完后,接下去就确定这些行政部门的法律,决定有多少个部门和行政官,每个行政官员要用什么样的适当方式来进行管理。但在我们进行选举之前,我们可以暂停一下,先来

确定一条与此相关的原则。

克利尼亚　这条原则会是什么?

雅典人　呃,这条原则是这样的。每个人肯定都能看到,如果一个组织良好的国家在立法中取得了伟大成就,但却把极为优秀的法律交给那些不合格的官员去执行,那么这些法律再好也不会起什么好的作用,不仅是这个国家会成为人们的笑柄,而且这样的社会肯定会发现它的法律是最大的伤害和不幸的源泉。

C

克利尼亚　是的,确实如此。

雅典人　所以,我的朋友,我们必须注意这种危险有可能在你现在思考的社会中出现,在它的体制中出现。你瞧,首先是那些将要被选举担任公职的人,他们本人和他们的家庭无疑都要接受彻底的考验,从他们的幼年一直到他们参选的时候为止;其次是那些参加投票选举的人应当接受很好的法律训练,懂得如何用正确的方法表示同意或不同意,这是候选人必然面临的两种命运。但在我们这个事例中,这些人是最近才聚集起来的,相互之间不熟悉,也不懂得如何磋商,我们能够期待这样的人按这种无可非议的习俗选举他们的执政官吗?

D

克利尼亚　这确实几乎是不可能的。

雅典人　还有,假定你已经像人们通常说的那样开始工作了,说请你们原谅的时间已经没有了,假定这就是你现在的处境,也是我的处境,你和你的九位同事一起向克里特人民宣誓,要全身心地投入这项建设工作,而我也发誓要用我们当前设想的这个故事来帮助你。当然了,我不能让我现在讲的这个故事没有脑袋,如果它像个无头怪物似的乱吼乱叫,那就太难看了。

E

752

克利尼亚　你说得很对,先生。

雅典人　是的,此外,我的意思是我要为你尽力而为。

克利尼亚　很好,我也全心全意,让我们照我们说的去做吧。

雅典人　要是有神的许可,我们会的,但愿我们能够取得进展。

B　　**克利尼亚**　我们可以相信神允许我们这样做了。

雅典人　当然可以。所以在神的帮助下,让我们提出下一个观点。

克利尼亚　什么观点?

雅典人　事实将会证明我们当前的建城实验是一项勇敢的冒险。

克利尼亚　你这样说的时候心里想着什么,你为什么要特地这样说?

雅典人　我想到了我们立法时的轻率,因为我们毫无依据地
C　希望人们会接受我们建议的法规。然而,克利尼亚,有一点是非常清楚的,哪怕没有特别敏锐的洞察力,也能知道没有人会一开始就轻易地接受这些法规,因此我们要耐心等候,直到那些适合担任公职的人出现,他们从小就已经品尝到了担任公职的滋味,并准备长大以后在这个委员会中发挥自己的作用。请你们注意,一旦我们的观点得到承认,并有计划或有方法能确保其实现,那么我相信通过一段间隙,以这样的方式规划出来的社会就有了生存的保证。

D　　**克利尼亚**　听起来好像很有道理。

雅典人　我们再来考虑一下与我们的目的相适应的措施。克利尼亚,我认为在所有克里特人中,这首先是你们克诺索斯人的责任。你们不仅要用各种宗教关怀来对待你们定居的这块土地,还要高度注意最初的官员任命,要尽可能使用最确定、最优秀的方法来做这件事。总的说来,这是一个相对较轻的任务,但我们不可避
E　免地要尽最大的努力从选择执法官开始。

克利尼亚　我们在考虑这一点的时候有什么样的措施或计划?

雅典人 我会告诉你的。克里特的儿子们,鉴于克诺索斯在你们众多城邦中的领先地位,我宣布这是克诺索斯人的责任,你们要和新来的居民一道从两部分人中选择三十七个人的领导集团,从新居民中选十九个人,其他的人从克诺索斯人中选举。克诺索斯人应当把这样一个领导集团献给你的城邦,而你既是这个殖民城邦的公民,又是创建这个城邦的十八人之一,或者是他们自己赞同的,或者是你用一种最温和的强迫手段使他们同意的。

克利尼亚 先生,你为什么不把自己和麦吉卢也列为享有我们公民权的人呢?

雅典人 呃,克利尼亚,雅典是一个骄傲的国家,斯巴达也是。这两个国家都很远,而你们有各种合格的人选,就好像你创建城邦有你的同伴一样。我刚才说的话也同样适用于你的这些同伴。关于我们当前处境所需要的最令人满意的程序,我就说那么多。要让这种制度能在时间的流逝中存活下来,就要按照这样一个过程任命这个委员会。那些在骑兵或步兵队里携带武器,并在年纪许可的时间内上战场打仗的人都应在选举执政官时有自己的声音。选举应当在被国家认为最庄严的圣地举行。每位选举人都要把他的提名牌放在祭坛上,上面写着他提名的候选人、候选人的父亲、候选人的部落、候选人所属的居民区,提名人自己的名字也要写在牌子上,还要写上与被提名人相同的内容。任何人若是对提名牌的内容有疑问,只要他愿意,就可以把提名牌拿到市场上去公布,不少于三十天。提名的候选人可达三百人,由当局把候选名单向整个共同体公布,然后每个公民将根据自己的意愿对候选人进行初选,负责选举的官员会把得票在先的一百人公布。整个选举的第三步在两次献祭之间进行,公民们可以随意从这一百名候选人中选举自己喜欢的人,得票最多的三十七人将在接受审查后由官方任命为执政官。

753

B

C

D

E　　那么,麦吉卢和克利尼亚,在我们的国家里制定这些选举规则和对当选者进行审查的是谁呢? 我想,我们可以看到在一个社会中肯定要有人做这件事,但在还没有任何执政官之前由谁来做这件事仍旧是个问题。我们必须找到这样的人,不管是用鱼钩还是用弯钩,他们也肯定没有什么同伴,但都来自那个最高的阶层。诚如谚语所说,"良好的开端是成功的一半",我们全都赞扬良好的开端。尽管在我看来,良好的开端还不仅是成功的一半,然而一个良

754 好的开端决不能够被赞扬为这项工作的圆满完成。

克利尼亚　非常正确。

雅典人　既然我们同意这个观点,那我们就一定不能在还没有弄清楚如何解决这个问题之前就在沉默中把它放过去。尽管我自己希望除了一次必要的、有益的观察之外,我不想在这个结合点上重复多次。

克利尼亚　这个结合点是什么?

雅典人　我要说的是,我们将要建立的这个城邦,除了它得以

B　建立于其中的社会之外,是无父无母的。之所以这样说,不是因为我忘了已经有大量的城邦建立以后常与它们的创建者的想法不一,或者后来变得不同,而是因为此时的情景就像一个孩子似的,哪怕有朝一日他会与他的父母有差别,然而他那儿童时期的无助状况此时仍旧存在。他依赖父母,父母也关心他,他老是跑回家,在家人中找到他仅有的同盟者。我说的这种联系也都能在我说的

C　克诺索斯人与我们的新国家之间的关系中找到,他们的关心我们当然要感谢。所以,像我已经说过的那样——健全的思想不会因为重复而被糟蹋了——我认为克诺索斯人必须参与选举事务。他们应当共同选择不少于一百名的新到达的殖民者,要尽量选择年长的和最好的,另一百人则来自克诺索斯。这后一百人必须到我

D　们的新城邦来,承担部分依法任命官员和审查当选者的工作。等

这件事做完后,这些克诺索斯人应当返回克诺索斯,把这个新建的国家留给定居者,让他们用自己的努力来保存国家,并使之繁荣昌盛。继续往下说,让那些属于这个三十七人委员会里的人现在或今后得到任命,以实现下列目的。他们首先应当是执法官,然后他们要负责登记每个公民交给公家的财产数量,头等公民可以留四个明那,二等公民可以留三个明那,三等公民可以留两个明那,最低等的公民可以留一个明那。如果任何人被发现隐匿超过规定数额的财产,那就要将他的财产充公,还要公布于众,对他进行起诉,使他留下不老实的坏名声,让大家都知道他为了金钱而藐视法律。要让他在执法者面前为了这种可耻的所得而受审。如果违法者打输了官司,他就失去了自己应得的那一份"公共福利",除了份地以外,他再也得不到任何福利待遇了。他的罪行也会被记录下来,一辈子都不能取消,存放在一个每个人只要想看就都能看到的地方。执法官的任期不得超过二十年,低于五十岁的公民不得当选。如果某位公民在担任这个职务时已经六十岁了,那么他的任期不能超过十年,与这条规定相一致,如果一个人的寿命超过七十岁,就不能在这个重要的委员会中任职,在任何情况下不能有例外。

那么让我们说,执法官应当承担三项职责。除了我们现在提到的具体职责外,在立法开始的时候,每一项新的法规都会赋予他们更多的职责。而现在,我们可以按照顺序任命我们的其他官员。我们下一步当然必须挑选军队的将领以及他们的助手,为方便起见我们可以称之为主帅和副帅,我们还要挑选各个部落的步兵指挥官,对这些人我们也可以很方便地称之为统领,事实上,人们一般就是这样叫他们的。① 首先是将军职位的提名,将军必须由我

①　此处几个军职的希腊文是:主帅(ἱππαρχης)、副帅(φύλαρχης)、统领(ταχιάρχης)。

们的公民担任，由执法官提名，由所有当过兵的人或正在服役的军

人选举。然而，若是有人认为某人不适宜被提名为将军候选人，那

D 么他应该提出自己的候选人，并指出要用自己的候选人代替哪一

位候选人，他还要发誓，然后把自己的候选人当作竞选者提出来，

举手表决获得多数通过后才被列入选举名单。获得选票最多的三

个人将被任命为将军，在通过与执法官相同的审查后掌管军事。

E 当选的将军们可以提名步兵统领的候选人，共十二名，每个部落一

名，整个选举过程和将军的选举一样，也要经过候选人复议、投票

选举和最终审查。这个临时性的议事会——因为公民大会或公民

议事会的议员此时都还没有任命——由执法官在适当的、最神圣、

最宽敞的地方召开，全副武装的步兵和骑兵占据显要位置，军中所

有等级在他们之下的人组成第三个团体。将军和主帅由所有军人

756 通过投票选举，统领由所有步兵选举，副帅由所有骑兵投票选举。

将军们必须任命他们自己的轻装兵、弓箭手或其他部队的指挥官。

这样，还需要安排的就是副帅的任命。选举副帅的准备阶段与选

B 举将军一样由执法官提名，复议候选人和投票选举的过程也和选

将军一样。来自步兵的副帅候选人要由骑兵们来投票，得票最多

的两名候选人将成为整个武装力量的指挥官。在投票过程中有两

次机会可以对选举结果表示异议，但若有人对选举结果第三次表

示异议，那么整个选举无效，需要重选。

　　要建立一个由三十打人组成的议事会——三百六十这个数字

C 便于进一步划分——这些人将分成四组，每组九十人，每一等级的

公民选举九十名议员。首先要在最高财产等级的全体公民中举行

强制性的投票，弃权者要交纳法律规定的罚金。投票结束后，当选

者的名字要及时记录下来。第二天由第二财产等级按同样的程序

投票。第三天由全体公民投票选举第三财产等级的议员，但第三

D 等级的公民必须参加，而最低的第四等级的公民如果不参加可以

免除罚金。第四天,这个最低的第四等级的议员要由全体公民投
票选举,但对选择弃权的第三、第四等级的公民免除处罚,而那些　　E
第一等级和第二等级的成员如果拒绝参加投票就要受处罚,第二
等级的罚金是先前罚金的三倍,第一等级的罚金是先前罚金的四
倍。第五天,当局要向公众公布选举记录,对这些当选者再进行一
次全体公民的投票,若有拒不参加者仍要处以原先数量的罚金。
来自各等级的一百八十人就这样选举出来,再根据抽签决定其中
的一半送交审查,这些人将组成当年的议事会。

　　以这样的方式进行的选举会产生一个介于君主制与民主制之
间的体制,一种合理的制度必定要这样做。奴隶和他的主人之间　　757
决不会有友谊,卑贱者和高尚者之间也不会享有同样的荣耀;确
实,以平等的方式对待不平等的对象,如果不用特定的比例来加以
限制,就会以不平等的结果而告终;这两种情况事实上就是产生内
乱的丰富源泉。有句古谚说得好,平等产生友谊。这条公理是非
常合理的,令人敬佩的,但它没有清楚地说明什么样的平等会产生　　B
这种效果,如果对此模糊不清则会给我们带来浩劫。事实上,在同
一名称下有两种平等,但它们在大部分情况下产生的结果相反。
一种平等是数量和尺度的平等,任何社会和立法者都可以用抽签
的方法简单地规定各种奖励,但是真正的、最优秀的平等很难用这
种方法获得。对人世间的公共和私人事务,哪怕是宙斯给予的奖
励也只能产生恩惠,不能产生平等。它会使强者更强,弱者更弱,　　C
因为赐予要适合两种承受者的真正性质。尤其是授予两部分人的
荣耀要合理,对高尚的人要授予较大的荣耀,而对与之相反的人则
要授予与其相对应的荣耀。我们实际上也会发现这种纯粹的正义
总是体现在政治体制中。克利尼亚,我们必须以这种平等为目标,
在建设我们新生的城邦时我们一定要注意这种平等。如果有其他
人能找到这样的社会,那么他们也会抱着同样的目的立法,不是着　　D

眼于少数独裁者或某个独裁者的利益,也不是着眼于富人对社会的主宰,而是着眼于正义去消除各种各样的不平等,这种正义在我们刚才的解释中就是一种真正的平等。然而,一个社会作为一个整体,为了避免它的各个组成部分之间的分裂,在使用这些标准时

E 毕竟也要作某些限制。你知道,平等和放纵总是在违反一种绝对完善的正义的统治。事实上,就是由于这个原因,我们必须使用某些抽签的平等来避免民众的不满,尽管当人们用这种办法处理最正义的事情时应当祈求神的保佑和好运的指点。所以你瞧,我们不能同时提供两种平等,因此我们在使用一种平等的时候一定要极为吝啬,因为这种平等的实现诉诸于幸运。

758　　　　我的朋友们,一个社会要想存活,必须采用这样的办法,其原因我们已经指出了。正如一艘船在海上航行必须有人日夜不停地瞭望,一个国家也是这样,它要在城邦间事务的波涛中颠簸,面临

B 被各种阴谋推翻的危险。因此,行政官员必须轮流值班,一刻也不能中断。公民议事会靠指派的方法是不能处理好这些事务的,由于我们不得不让大部分议员在大部分时间里呆在自己家中,处理他们所在的那个区的事务,因此可以指定每个月由十二分之一的

C 议员值班,由他们担当卫士的职责,负责会见来自国外的使者和国内的公民。无论来者有什么事要汇报,或者有什么问题要提出,都由轮值议员负责解答,有什么问题要向其他国家提出和要求对方答复也由他们处理。在一个国家中,不断地会有各种新情况发生,

D 国家要对此做出防范,而这些情况一旦发生,就要迅速作出反应,消除各种不幸。由于上述原因,召集或解散公民议事会议的权力必须赋予这个轮值委员会,包括召开常规性的会议、临时性的会议,或者召开特别会议。这个由十二分之一的议员组成的轮值委员会在当值的一个月中要起到上述作用,而在每年的另外十一个月中则不担负这种职责。轮值委员会必须与我们的其他官员保持

不间断的联系,监管整个国家。

这就是在这个城邦里管理国家事务的合理方式。但这个城邦　E
及其领土的一般监管又如何呢? 我们已经把整个城市和周围的领
地都分成了十二块,那么我们要不要给城市的街道、公共和私人建
筑物、港口、市场、河流,还有那些神圣的区域、圣地,以及其他类似
的地方指定管理者?

克利尼亚　我们肯定要这样做。

雅典人　所以,我们可以说要有专门管理献祭的人,要设立男　759
女祭司来管理圣地。至于对街道、房屋的管理以及维持恰当的秩
序——对人来说,要避免居民的权利受到伤害,对较低等的动物来
说,我们要在城墙内和郊区保持体面的文明状态——我们将任命
三种官员来管理,负责我们刚才提到的这些事务的人我们可以称
之为“市政官”,专门管理市场的人我们可以称之为“市场专员”。
至于那些管理圣地的男女祭司,我们说要是有世袭的祭司,那么一　B
定要让他们继续工作,不得干扰,但若很少或没有世袭的祭司,比
如在我们这个定居点刚刚建立的时候,那么就应当在还没有任命
男女祭司的地方加以确定,让他们负责向诸神献祭的事务。上述
官员的任命一部分通过选举产生,一部分通过抽签产生。我们在
城市和乡村的每个区都必须把来自民众的成分与不来自民众的成
分友好地结合起来,使之产生最完满的和谐。然而对祭司来说,我
们必须让神按他自己的意愿行事,用抽签的方法决定祭司的人选,　C
只不过抽签决定了的祭司人选还要通过进一步的审查,首先要审
查他有无亵渎神灵的言行和合法的出生,其次要审查他的住宅是
否洁净,他的生活是否纯洁,以及他的父母是否有血案,或有无诸
如此类对宗教的冒犯。我们应当从德尔斐取来最普遍的宗教法
规,让最先任命的官员负责解释。每个祭司的职位可以保持一年,　D
不能再长,按照我们神圣的法律负责崇拜仪式的人不得低于六十

岁,这条规定也适用于另一性别的祭司。负责解释宗教法规的人要从四个部落中选举产生,每个部落每次选一人,共选三次。得票最多的三个候选人要接受审查,由其余九人进行审查,他们必须去德尔斐聆听神谕,以便从每三人中指定一人负责一位候选人的审

E　　查。审查的规则和审查者的年龄要求与对祭司的要求相同。如有空缺出现,则由发生空缺的这四个部落补选。至于神庙的库房管

760　理和圣地界内土地的出产及租佃事宜,应当从最高财产等级的公民中为每个最大的圣地指定三人管理,为中等大小的圣地指定两人管理,为最小的圣地指定一人管理,这些管理者的选举程序和审查与将军的选举一样。关于宗教制度我们就谈这些。

　　　如果有能力,我们就不应当使城邦处于没有防卫的状态。城邦的保卫工作应当作如下安排。一旦我们选举和任命了城邦的将

B　　军、统领、主帅、副帅、轮值官,以及市政官和市场专员,那么保卫工作就由他们负责。我们整个国土的其他所有部分也应当以下列方式来看守。由于我们整个国土被分成大体相等的十二个区,因此要通过抽签决定一个部落负责一个区一年的保卫工作,这个部落要能提供五名"乡村巡视员和卫队长",我们也许可以这样称呼负责这项工作的人。这五个人每人要从他自己的部落中挑选十名年

C　　轻人,年龄必须在二十五岁以上,但不能超过三十岁。要用抽签来决定这些巡逻队员负责的区域,每年在一个地方巡逻一个月,用这种方法使每个队员熟悉全部国土。这些卫士和他们的指挥官应当任职两年。按照最初由抽签决定的位置,他们受巡逻队长指挥在

D　　某个区值勤一个月,一个月以后他们就按照时序轮换到下一个区值勤,所谓时序就是从西向东。一年值勤期满之后,每个队员不仅熟悉了整个国家在某个季节的状况,而且熟悉每个区在各个季节中的状况,然后他们会按照指挥员的要求,按照相反的时序在各个

E　　区巡逻,直到第二年值勤期满。下一年必须重新选举乡村巡视员

和卫队长,卫队长负责指挥由十二人组成的巡逻队。他们在各处值勤时要做许多事情。首先,他们必须有效地建立抵御敌人入侵的边境防卫设施,修建必要的防护栏和壕沟,竖起堡垒,对付任何敢于前来蹂躏国土的敌人和牛。为了达到目的,他们可以使唤自己家里的家畜和奴仆,把它们当作工具来使用,当然在繁忙季节应当尽可能避免役使它们。简言之,他们要尽量使整个国家变得敌人无法接近,而朋友最容易接近,无论这个敌人是人还是家畜和牛。他们的职责还包括把所有道路修得尽可能平整。他们要修建堤坝和沟渠,使雨水能在山顶和山坡上畅流而不至于泛滥成灾,要使坡地能得到或吸收足够的雨水。他们要修建各种水利设施使耕地得到灌溉,甚至使那些最干燥的地区也能有充足的水源。他们以种植和建筑来崇拜和赞美清泉水,无论是河流中的还是山泉中的,通过开挖沟渠来确保丰富的水资源供应。如果附近有圣地的丛林或园区,那么他们要修建输水管,在各个季节向圣地供水,以增强圣地的魅力。在各个布防点上,我们的年轻人应当为自己和他们的长官修建体育锻炼场所,还要让他们的长官能洗上热水澡,为此要贮备大量的干柴。他们也要在这里提供一个友好之家,为那些在农耕中受伤的人提供治疗。他们提供的治疗应当比那些庸医更为有效。

　　上述工作以及相类似的事情对一个区来说既很实用,又可作为城邦生活的装饰品,还能为公民提供一种有吸引力的消遣活动。各区的官员有许多责任。由六十人组成的机构将保卫一个区,不仅要抵抗敌人,而且要防范那些伪装的朋友。任何人,奴隶或自由民,若是对邻居或同胞犯下严重的过错,那么案子应当由五位指挥官来审。比较严重的案子,其涉案金额在一个明那以上,但不超过三个明那的,或有十二名原告的,都应当这样做。而那些很小的过失则可以由某个指挥官单独审。没有可靠的调查,法官不可以判

762 案,也不可在没有调查的情况下免去官员的职务,除了那些负责终审的人可以这样做,比如君主。尤其是我们那些乡村巡视员,这些官员若是压迫归他们照料的人,把不公平的负担强加于村民,未经同意就试图征用村民的农产品,接受村民为了得到某种优惠而赠送的礼物,或者对下属的分配不公平,那么这些官员就要因为其腐败行为而被打上可耻的烙印;官员只要对区里的居民犯下过失,哪怕只有一明那的案值或者更少些,犯罪的官员都将在村民和邻居面前接受由他们自愿发起的审判。如果官员在受到大大小小的指

B 控时拒绝受审,并希望能够在轮值期满后去一个新的区,以此逃避指控,那么原告可以向公共法庭起诉。如果告赢了,那么原告从拒绝接受自发审判的潜逃者那里可以得到双倍的赏金。指挥官和乡村巡视员在两年任期中的日常生活是这样的。首先,每个区都有

C 一个公共食堂,所有人都在那里就餐。如果有人哪一天没去食堂,或者有某个夜晚违反规定在外留宿,除非由于有他的长官的命令,或者由于某些绝对无法避免的突发情况,那么其他人就要向五名指挥官举报,把他当作逃兵处理,送到市场上去示众。要像对待逃避责任的卖国贼那样鞭打他们,不能赦免,任何人见到他只要愿意

D 都可以动手鞭打。五名指挥官在自己的岗位上若有腐败行为,就由整个六十人来处理这件事。任何人若是知情不报,将与犯错误的指挥官受到相同的法律制裁,对他们的处罚比对年轻人更加严厉,这样的人将不再有资格担任监管年轻人的任何职务。执法官将严格调查这些案子,重在彻底防止这类事件的发生或有人逃避

E 应得的惩罚。必须让所有人坚信,一个人无论是谁,若不首先当好一名仆人,就不能成为一名可信赖的主人,要想成功地履行公务——首先侍奉法律,因为侍奉法律就是侍奉上苍——就不能自傲,在侍奉法律之后尊敬长者是年轻人的光荣。其次,我们的乡村官员在两年任期中必须过一种非常节俭的生活。事实上,当选

之后，这十二人与他们的五名指挥官就是仆人，他们没有自己的仆人，不能使唤他们自己的奴隶，不能随意役使农夫和村民，也不能在私人生活中使用奴仆，而只能在公务中使用奴仆。在公务以外的其他事务中他们必须完全依靠自己，既当主人又当奴仆。他们还要在夏季和冬季携带武器巡逻，以便完全熟悉整个国家的地形及防卫，这可以认为是一项重要的学习任务，目的是使他们对自己的国家了如指掌。让他们在青壮年时期练习追猎或其他形式的狩猎，其原因就在这里，而他们自己也会从这样的练习中得到快乐和益处。我们可以用诸如侦察员、乡村巡视员这样的名字来理解这种人和这种职业，但应征者必须是那些决心成为能干的祖国卫士的人。

　　我们选举官员的下一步涉及对市政官和市场专员的任命。我们的乡村巡视员有六十人，与此相应的市政官有三人。城市的十二个区可以像管理机构那样分成三个区域，市区本身的道路，几条从乡下通往首都的大道，还有按照法规建造起来的整齐划一的房屋，都归他们管辖。尤其是，他们必须管理供水事务，乡村官员负责向城里输送水，保证水库蓄水充足洁净，使之不仅能供应城市日用，而且能美化城市。因此，担任市政官的人必须具备能力，而且还要有处理公务的闲暇。同样，属于最高财产等级的公民可以按自己的意愿提名市政官，得到提名最多的六人作为候选人，然后由负责选举的官员根据抽签选择其中三人送交审查，审查通过后，他们将担任这一职务。

　　下一步是选举五名市场专员，候选人必须来自第一和第二财产等级。其选举程序与市政官的选举基本相同，得到提名最多的十人为候选人，再用抽签的办法决定其中五人当选，然后在通过审查以后宣布他们的任职。在选举中，每个参加者都应当投票，拒绝这样做的人，如果其行为被当局查明，将处以五十德拉克玛罚款，

763

B

C

D

E

764

还要被宣布为是一名坏公民。任何公民都有权参加公民大会或出席公开的公民议事会。第一和第二财产等级的成员必须参加会议,如果有人缺席,将处以十德拉克玛以下的罚款。第三和第四等级的成员参加会议不是强制性的,如果不参加会议也不用交纳罚

B 金,除非得到当局的紧急告示,要求所有公民参加某次会议。市场专员们要按照法规监督和维护市场的秩序,并且负有保护圣地及圣地内清泉的责任,如果有奴隶或外邦人侵犯圣地,那么市场专员们要惩罚冒犯者,鞭笞或监禁他们。如果冒犯者是公民,那么他们

C 有权对冒犯者处以一百德拉克玛以下的罚款,案子若与乡村巡视员联合审理,那么罚金可以加倍。乡村巡视员拥有自己的罚款权和处罚权,他们可以单独处以一个明那的罚款,若与市政官联合审理,则可处以两个明那的罚款。

　　　下面我们可以来规定音乐和体育训练方面的督察了,两个领域分别要有两套班子来处理教育事务和竞赛事务。法律规定由教

D 育官员负责监理体育场和学校的维护和提供的教育,以及与此相关的给男女儿童提供的照料和住宿事务。竞赛官负责组织和裁判音乐和体育竞赛,竞赛官分为两类,一类负责音乐,一类负责体育。在体育比赛中,竞赛官既要负责裁判人又要负责裁判马,这样做是恰当的;而在音乐比赛中,可以让一些官员专门裁决独唱或独奏,

E 比如独唱演员、竖琴手、笛手,等等,让另一些官员专门裁决合唱。所以我认为,我们首先应当为我们的儿童合唱队和男女成年人的合唱队选择督察。这些合唱队在舞蹈和整个音乐体系中表演。对

765 它们来说,有一个这样的权威就足够了,他的年纪一定不能低于四十岁。督导独唱或独奏表演的官员年纪不低于三十岁也就足够了,他要负责宣布比赛结果。合唱队的实际主持人或督察应当以下列方式任命。所有从事合唱的成年人必须参加一个会议,不能缺席,否则就要受到处罚——这件事将同执法官来处理——但其

他人可以根据自己的意愿自由参加。候选人必须是公认的音乐专家，对若干候选人审查的惟一标准是他们的专业能力，然后可以用排除法来确定由谁来担任这个惟一的职位。得到提名最多的十名候选人要接受审查，审查后仍高居榜首的人要按照法律的要求担任当年的合唱队督察。选举独唱和独奏方面的督察，方法与此完全相同，当选者要监管一年的独唱和独奏竞赛，负责裁决这方面的事务。接下去我们要从第三和第二财产等级中任命负责包括赛马在内的体育竞赛的督察，前三个等级的公民必须参加选举，最低等级的公民可以缺席而不受惩罚。初选获得成功的二十名候选人要再次由抽签决定最后的当选，在任命前也要通过审查委员会的批准。在任何官员的选拔中，如果有人在审查中没通过，都应当按相同的办法补选替补者，并通过相同的审查程序。

　　在我们的考虑中，还有一个部门的官员要选举，这就是教育总监，他要对男女公民的教育事务总负责。同样，法律规定这个惟一的职位必须要由不低于五十岁的男性公民来担任，他必须是一个合法家庭的父亲。女性要担任这个职位实际上是不可能的。提名者和被提名者都必须牢记，这个职位是国家高级职位中最重要的。因为在所有成长的生灵中——树木、温和或野蛮的兽类、人类——最初的嫩芽和幼崽都是美好的，这个时期对其一生能否达到善的顶峰影响最大。我们把人称作温和的动物，但实际上，若是拥有正确的天赋和教育，那么人确实比其他动物更像神，更温和，但若训练不足或缺乏训练，那么人会比大地上的任何东西更加野蛮。因此立法者一定不能把对儿童的训练当作第二位的或附属性的任务，这方面的当务之急是选择最优秀的人担任教育总监，负责教育事务，必须由各方面最优秀的公民来担任这个职务。同理，在选举教育总监时，除了公民议事会及其委员会，所有官员都要去阿波罗神庙，在那里秘密地投下自己的一票，选择一名自己认为最适合管

B

C

D

E

766

B

理教育的执法官担任这个职务。获得选票最多者将由全体已经任
命了的官员进行审查,得票最多的这位执法官除外,通过审查后他
C 将任职五年,到了第六年,再通过同样的程序任命新的教育总监。
如果一名官员在他任职期满前就去世了,而他的任期还有三十天
以上,那就要由处理选举事务的委员会按照同样的方式选举一名
替补者。如果一名负责孤儿事务的官员去世,那么他的父系和母
系亲戚应当在十天内指定死者的一名堂兄弟来继任,如果没有这
样做,那么每个相关的人都要受到处罚,直到指定新的监护人为
D 止,每人每天的罚金是一德拉克玛。我们知道,如果不任命法官,
社会就不成其为社会。但是一名法官不能像一名仲裁官那样大喊
大叫,更不必说在那些预备性的程序中说话声音胜过那些党派争
论了,法官的权限若有争议也不能保证进行充分的审判,因此组织
一个良好的法庭法官人数既不能过多,也不能太少,致使能力不
E 足。在每一案子中,法官应当了解有争议的双方,要有足够的时间
反复进行预备性的调查,详细把握案情的经过。因此有争议的双
方首先要在他们的邻居和朋友面前受审,这些人对有争议的事情
767 是最熟悉的。案子审完后,如果当事者不能从这个法庭中得到满
意的裁决,那么他可以开始向另一个法庭起诉。如果两个法庭均
不能解决问题,那么第三个法庭的判决应当是终审裁决。

在一定意义上,上述法庭的任命也是一种行政官员的选举。
事实上,任何行政官员都必定是处理某些事务的法官,而法官尽管
不是真的行政官,或真的能够变成行政官,但在一天中的某些重要
B 时刻,他也要对某些事情做决断。因此我们可以把法官包括在行
政官之中,然后开始说谁适合承担这项功能,他们要处理什么事
务,在各种情况下应有多少名官员。最简单的法庭可以由与案情
有关的人员组成,他们通过协商,一致同意选择他们中的某些人来
处理案子。但对其他所有案子的处理将有两种法庭:一种法庭处

理的案子是某个人受到他人的伤害,想要把对方告上法庭,求得判决;另一种法庭处理的案子是某个公民认为有人伤害了公众的利益,因此为了支持国家而将他告上法庭。我们必须解释什么样的法庭要有多少法官。首先,我们必须为所有个人设立一个共同的正义法庭,使争执双方的声音有第三者听到,其构成是这样的。在夏至后的那个月新年开始的前一天,① 所有行政官员,无 论是一年任期的还是更长时间任期的,都要在阿波罗神庙里集合,在对这位神起誓以后,他们可以分别选举法官,每个管理部门选一名,这个人应当被本部门的官员认定为是最称职的,最善于审理与他的同胞公民有关的案子,在将要到来的一年中最虔诚。选举完成后,投票者将对当选者进行审查,如果有人没有通过审查,那就要以同样的方式补选,通过审查者将为那些拒绝其他司法审判的派别担任法官,选举法官的投票应当是公开的。公民议事会的成员和其他有权任命法官的官员必须作为证人和旁听者出席审判,希望旁听者也允许参加。如果有人认为任何法官故意错判案子,他应当向执法官提出上诉,被确认有错判行为的法官必须对受害者做出所受损害一半以上的补偿,如果认定要给予法官更大的惩罚,那么处理上诉的执法官应当进一步明确处罚,或者规定法官要向公众和执行处罚者交纳的罚金。至于对反公众罪行的审判,首先必须让公众说话——如果国家受到伤害,那么所有人都是受害者,如果剥夺了这样的裁决,那么每个人都会抱怨——但在审理这类案子时,除了把最初阶段和最后阶段留给公众,对案情的法庭调查应在三名最高级别的行政官面前进行,原告和被告应当就由那几位最

① 希腊各地历法极不统一,雅典历法一年的首月是卡通巴翁月,约相当于公历的7—8月。参阅王晓朝:《希腊宗教概论》,上海人民出版社1997年版,第139页。

高行政官出席法庭调查达成一致意见。如果双方不能达成一致意
B 见,那就要由议事会对双方的选择作调整。只要有可能,每个公民
也应当参与私人案子的审判,因为一个人若是不参与审判就会感
到自己不是这个共同体的真正组成部分。因此,必须要有各个部
落的法庭,在特定时候用抽签的方法来决定这些法庭的法官,他们
的审判要尽量不受私人因素的影响,但所有案子的终审必须由我
们所说的已经设立了的这个完全不会有腐败行为发生的法庭来进
C 行,这个法庭负责审理那些在他们的邻居面前或部落法庭中无法
解决的案子。

关于法庭问题——如上所述,这种事务不加限定同样很难称
其为行政事务——我们已经用所谓勾画轮廓的方式处理了一部
分,但还有一部分尚未完成。实际上,在我们立法的最后一部分,
D 我们还可以看到一项更加准确的对法规和法律行为的分类。所
以,尚未完成的这部分内容我们留到我们的工作快要结束的时候
再来考虑,而我们对其他行政官员的选任方法已经作了相当充分
的规定。我们的考察若不按照自然秩序从头到尾详细地覆盖整个
基础,我们就不能充满自信,准确而又全面地处理市政和行政管理
E 的每个细节。你们可以看到,到目前为止,我们对选举官员所作的
这些安排已经使这个准备阶段有了充分的结论,并可作为新的立
法的起点,而无需进一步推延或犹豫。

克利尼亚 先生,你对这个准备阶段的处理我完全理解,我更
高兴的是你把已经得出来的结论作为一个起点,与下一步要做的
事情联系起来。

769 **雅典人** 那么我们可以说,我们这场老头们的大游戏到目前
为止进展良好。

克利尼亚 我在想,你所谓的进展良好实际上是想说这是一
个思想有活力的人的艰苦工作。

雅典人　也许是吧，但是问问你自己是否同意我的下一个观点。

克利尼亚　什么观点？你想说什么？

雅典人　呃，你知道画家在画一个人物的时候，他的笔好像从来不会有画完的时候，他会不断地为它着色或润色——或者无论什么用专业术语表示的某个过程——但似乎永远不能抵达那个时刻，此时这幅画的美丽和活力已经不能再增强了。

克利尼亚　尽管我本人对这些艺术缺少专业知识，但我听别人谈论得够多了，足以使我跟上你的描述。

雅典人　也不会感到困惑！但仍旧有一个观点，我们可以利用这个机会来加以说明。假定一位画家的意愿是想要画一幅非常美丽的画，美得无法更美了，几年过去了也不会褪色。但你知道，由于这位画家不是长生不老的，因此他必须培养一名继承人，能够修补时间给这幅画带来的损害，或者由于这位画家的本领不到家，使这幅画有某些缺陷，因此这位继承人要能够给这幅画润色，或者是尽管画家付出了巨大的劳动，但其效果很快就发生了变易？

克利尼亚　当然。

雅典人　那么好，立法家不是也有同样的意愿吗？首先他想要尽力制定一套接近绝对完善的法律。然后随着这些法律的付诸实施，接受时间的考验，你难道认为会有立法家如此粗心，竟然忘了这些法律必定有一些缺陷，要有某些继承人来修补它们，以此确保由他建立起来的社会体制可以逐步改善，而不会衰退吗？

克利尼亚　每个立法者当然都会有这样的意愿。这是必然的。

雅典人　所以，如果有人发现了某种方法——一种用例证或教训来使别人明白保存和改善法律的重要性的方法——那么我想,他绝对不会厌烦对这种方法作解释,直到获得成功为止。

克利尼亚　当然不会厌烦。

770　　**雅典人**　那么,我自己和你们俩现在不也应当做同样的事吗?

克利尼亚　做什么事? 你想说什么?

雅典人　呃,我们想要建立一套法典,任命一些执法官,但我们这些人已经快要日落西山了,所以我们不能仅仅为那些比我们年轻的人立法,而且同时也要让他们成为立法者和执法官。

B　　**克利尼亚**　只要能够做到,我们务必这样做。

雅典人　我们至少可以试一试,尽力而为。

克利尼亚　当然可以。

雅典人　所以,我们应当对他们这样说:朋友们,法律的保存者们,我们当前为各个不同部门立的法有许多省略的地方,这种情况无法避免。我们将尽力而为,为更多的部门和整个体系刻画轮廓。但是你们必须为这个轮廓填补具体内容,必须知道这样做的目的是什么。麦吉卢、克利尼亚和我本人已经相互之间反复说明

C　　了这一点,但我们现在急着想要你们成为我们富有同情心的追随者,你们的目的应当是把像我们这样的立法者和执法者的想法全

D　　都记住。总的说来,我们完全一致的看法是,无论用什么方法来使我们全体公民的灵魂——男性的或女性的、年轻的或年老的——拥有与人性相应的优秀美德,它们必定是某些职业、天赋气质、财产、激情、信念,当然还有学习的产物。我要说,学习没有终结,只要生命在延续,就要努力学习,没有任何灵魂会把学习视为累赘。

E　　如果不这样做,那么到了最后,除了俯首听命于卑劣者的统治,或者被驱逐流放,不会有别的什么选择了,不改变那种产生卑劣者的政治体制,这样的命运必定会出现。这就是我们当着你们的面宣布的"我们"一致同意的论断。而"你们"这一方,在开始赞扬或批

评我们的法律之前要确立双重目的,即批评那些与实现我们总的
意愿不相吻合的法律,接受那些与我们的良好意愿相一致的法律,
使之成为你们生活的准则。所有其他的追求你们必须放弃,尽管
这些追求能导致某些不同的所谓的善。

　　我们可以按照下列方式进一步立法,以宗教为起点。首先我
们必须回到五千零四十这个数字,我们发现对这个数字作划分有
许多便利之处,在建立部落时,你们记得,可以把这个总数分成十
二份,再将其中的一份除以二十便可得到二十一这个商。我们的
总人数可以用十二整除,同样我们每个部落的人数也可以被十二
整除;所以每次这样的划分必定被视为神圣的,是上苍的恩赐,因
为十二这个数字与每年的月份数相应,与宇宙的旋转相应。事实
上,就是因为这个原因,所有共同体都本能地把这个数视为神圣
的,尽管有些权柄也许会做出更加真实的划分,得到更加幸运的神
圣的结果。对我们来说,当前的目的是证明我们有理由喜欢五千
零四十这个数,因为这个数可以被从一到十二的各个数整除,十一
除外,要证明这一点并不难,因为只要把划分开的两部分放在一起
就可以了。如果我们有空闲,用很少话语就可证明这个事实。所
以我们可以把我们当前的任务托付给这个传统的信念,做这样的
划分。每个部落都可用一位神或一位神的儿子的名字来命名,再
为他们提供祭坛和其他器皿,在那里我们每月将举行两次献祭,这
样每年有十二次献祭为十二个部落举行,有十二次献祭为城里的
十二个区举行。这些献祭的目的首先是确保得到神的青睐,促进
宗教;献祭的第二个目的,从我们的角度看,是增进人们之间的相
互了解和发展各种社会交往。因为从缔结婚姻和增强对嫁娶双方
所属部落的联系角度看,这样做是完全必要的。我们一定要尽力
防止婚姻事务中可能发生的任何错误。为了保证得到最好的效
果,甚至我们男女青年的体育运动也应当采取男女共舞的形式,这

样就可以附带地给他们提供一个相互观看裸体的机会,但参加跳舞的人应当已经达到适当的年龄,有足够的理智,在各方面都能接受的清醒和节制中进行。我们合唱队的监理要对所有这类事情进行监督和控制,他也要和执法官一道对我们立法有可能忽略的地方进行补充。如上所述,在所有繁多的微小细节中,立法者不可避

B 免地会有所省略,而那些对此拥有日常经验的人应当在实践中学会如何使用制定规则和每年修订的方法提供补充规定,直到法规达到相当完善的地步。所以,要试验所有这些献祭和节日舞蹈的细节,一个适当而又确定的时间是十年,在此期间,在各部门工作

C 的行政官可以向执法官报告原有法律忽略了的地方,提出补充,直到各项法规都臻于完善,然后向民众宣布他们有能力补充法律,并从今以后将这些补充的法律与那些最初由立法者制定的法律一道实施,这个时候如果最初的立法者还活着,那么行政官可以与立法者一起行动,如果最初的立法者已经死了,那么行政官就单独行

D 动。行政官一定不要故意去创立什么新法,如果他们认为自己绝对有必要这样做,那么应当征求所有行政官、全体公民议事会成员、所有神谕的意见,在这些权柄的批准下方能制定新法,没有它们的批准,无论什么样的改变都是不允许的,因为法律总是需要有反对的意见。

所以,每当二十五岁或二十五岁以上的男子在其他部落找到

E 了适合自己的配偶,可以与之共同生儿育女,那么他无论如何都要在三十五岁以前结婚。但首先要让他知道寻求适当配偶的正确方式,因为如克利尼亚所说,每一法律都必须从它自己的绪言开始进入正文。

克利尼亚 先生,谢谢你提到我。我发现最适宜引进这种法律的时机,你已经用了。

773 **雅典人** 你真是个好人。那么下面这番话是我们将要对一位

出生在某个高尚之家的儿子说的。我的孩子，聪明人会对你已经订下的婚约表示赞同，他们给你提的建议不是要让你过分关注对方的贫富，而是要你在其他条件基本相等的情况下，尽可能与家境比较贫寒的人结婚。这样做实际上对双方所处的社会和家庭都有益，因为从差别中求得平衡和保持特定的比例比无限制的极端要好。知道自己脾气过于急躁、行事过于鲁莽的人应当尽可能选一个安宁的家庭结亲，而脾气和行事方式与此相反的人应当找一个与此相反的家庭结亲。我们可以为所有婚约制定一条惟一的规矩：一个人应当为了城邦的利益而求婚，而不是主要根据自己的想像。然而存在着这样一种天然的本能，我们每个人都会接近与自己最相似的人，这就使得整个社会上的人品性和道德不一，这也就给大部分国家带来不可避免的结果，而我们的国家不希望有这种情况发生。假如用法律禁止富人与富裕家庭结亲，或禁止一个能干的人与能干的家庭结亲，强迫脾气急躁者找一个脾气温和的人做伴侣，或强迫一个脾气冷淡的人找一个热情洋溢的人做伴侣，那么要制定这样的法律确实是可笑的，更有甚者，会引起人们的普遍怨恨。要看到一个国家像一只倒满热气腾腾的美酒的好碗确实不容易，但通过其他人或清醒的神灵的矫正，美好的婚姻还是能够给我们提供健康的、美好的配偶。我要说没有人，或几乎没有人，能够察觉到子女的婚配也是这样。正是由于这个原因，所以我们在立法时省略了婚姻问题，努力让每个人在其子女的婚姻中建立一种平衡，要追求婚姻状况的平等，而非无止境地追求富裕的婚姻，要用不具有法律强制力的批评来指点那些追求富裕配偶的人。

当然了，如前所述，这番话是我们对婚姻的告诫，也是一个追求永恒者的义务，其方法就是让自己的子女和子女的子女在他死后仍旧侍奉神。所有这些话，以及更多的话，可以在论及婚姻义务

的序言中说。但若有任何人拒绝自愿地服从城邦的要求,疏离城
邦,到了三十五岁还不结婚,那么如果他属于最富裕的等级,他每
年要交纳一百德拉克玛的罚金,第二等级的交七十德拉克玛,第三
B　等级的交六十德拉克玛,第四等级的交三十德拉克玛,这种罚金将
会献给赫拉。拒绝或拖延交纳罚金的人要负上十倍于罚金的债
务。收缴罚金的事务由这位女神的司库负责,他在非强制的情况
下收缴,所有违法者都要当众交纳。这就是拒绝结婚者在金钱方
面受到的惩罚。至于来自晚辈的荣誉,违法者一样也得不到,没有
一个比他晚出生的人会对他表示任何尊敬,这是不可避免的。如
C　果他要责打对他不尊敬的人,那么所有人都会支持和保护受伤害
的一方,任何在场的人要是不这样做将会被法律宣布为懦夫和叛
徒。

　　我们已经讨论过嫁妆问题,但我们可以再次强调,尽管在我们
的社会里,所有公民的生活必需品都可以确保,但假定仍旧有穷人
到老不能娶妻是合理的,因为他们付不起嫁妆;再说,女方十分傲
慢或者男方试图卑鄙地控制女方的钱袋,也都会引起不能结婚的
D　现象。所以,服从我们建议的人会有一个良好的记录,不服从我们
建议的人就要向公共金库交纳罚金。接受或者提供嫁妆不得超过
五十德拉克玛的价值,或者不超过一个明那,或者不超过半个明
那,最富裕的阶层不超过这个数目的两倍,如果超过这个标准提供
E　或接受嫁妆,那么超过标准的部分应当献给赫拉和宙斯,这些神祇
的司库要像我们说过的那位赫拉的司库那样强制收取罚金,或在
不强制的情况下让独身者从自己的私人钱袋把罚金交出来。

　　同意订婚的权力首先应当属于当事人的父亲,如果当事人没
有父亲,则属于他的祖父,如果他也没有祖父,那么属于他父亲的
兄弟,如果他也没有这样的亲戚,那么这个权力就从父系转向母
系。如果父母两系的近亲都没有了,那么就由当事人最近的远亲,

无论是什么亲戚,与监护人一道行使这个权力。

关于订婚仪式以及正式结婚前后要举行的神圣仪式,当事的 775 公民都应当向宗教法律的解释者咨询,按照他们的指点恰当地举 行这些仪式,使各方满意。

关于结婚喜宴,男女双方家庭邀请的朋友不能超过五人,亲戚 也不能超过五人,喜宴开支要与家庭境况相称,最富裕等级的不能 B 超过每人一明那,第二等级的是第一等级的一半,其他等级按照这 个比例递减。服从这条法规将受到所有人的赞扬,不遵守这条法 规的将由执法官给予惩处,把他们当作从来没有听到过缪斯婚礼 之歌的乡巴佬。至于酗酒问题,这种情况除了在庆祝酒神节的宴 会上会发生,其他场合不太会有,但对婚宴来说,酗酒毕竟是危险 的,尤其是对要结婚的人。新郎和新娘最好是在头脑清醒的时候 C 相见,因为他们此刻面临着人生道路的重大转折,必须十分谨慎。 再说夫妻应当在头脑清醒时同房,怀孕是件不确定的事,不知道会 在什么时候发生,这全在神的把握之中。此外,这种事情决不能在 狂欢时进行,新生命的孕育必须安静有序地进行。而一个喝醉了 酒的男人只会乱爬乱摸,他的身体就像他的心灵一样疯狂。喝醉 D 酒的人在播种时是笨拙的,鲁莽的,所以毫不奇怪,他通常会生出 呆滞的婴儿,其灵魂就像身体一样扭曲。因此,男子一定要终年谨 慎,终生谨慎,尤其是在生育后代时,他一定要尽可能避免各种有 损健康的行为,或错误的接触,或使用暴力——如果有这些情况发 生,就会给那未出生的生命的灵魂和身体留下印记,造成后代的退 E 化——总之,这类行为日夜都要避免。因为神本身掌握着人的生 命的第一步,并且在生命成长的各个阶段给予矫正,所有当事人都 必须抱着适当的敬畏之情来做这件事。

已经要结婚的人必须考虑建立一个属于他自己的家,他必须 776 离开父母,与他的妻子住在新家中,在那里生儿育女。在人生的所

有想法中,总会有某些事情无法实现,当希望破灭时人的心思会集
中在这一点上,久久不能忘怀,而永久的伴侣会给你带来温暖,使
B 你很快忘掉不愉快的事。由于这个原因,我们的年轻夫妇应当离
开父母,离开新娘的亲戚,去他们的老宅居住,就像去一个殖民地
定居。他们会回父母家探视,父母亲戚也会来探望他们。他们在
自己的家中生育和抚养子女,由此把生命的火炬一代代传递下去,
按照我们法律的要求,永远侍奉神。

　　下面要谈到个人物品与财产。如果所有权能使人真正感到满
足,那么一个人应当拥有哪些东西?有许多物品很容易得到,就像
我们很容易指出它们的名字来一样,但奴仆有很多种,很难说清
C 楚。为什么会这样?因为我们对奴仆的看法半对半错,我们关于
奴隶的用语和实际经验是矛盾的,对此我们可以马上证明。

　　麦吉卢　请你告诉我们,你的话该如何理解?先生,我的朋友
和我对你的意思困惑不解。

　　雅典人　但你们没有感到惊讶,麦吉卢。拉科尼亚的"希洛
人"① 可能是希腊生活中最令人困惑的问题,人们的争论涉及希
D 洛人的功过。关于玛里安迪尼人在赫拉克利亚实行的奴隶制,以
及帖撒利的农奴地位问题,也有相类似的争论,尽管不那么尖锐。
如果考虑到这些情况以及其他类似的情况,我们该如何确定对奴
仆的所有权?我在论证过程中涉及的那个要点,也就是你很自然
地问我在想什么的地方,就是这个问题。当然了,我们全都明白,
我们应该说一个人要拥有最优秀的、最可信赖的奴隶。但是,奴隶

---

　　① 希洛人(Helots)是被斯巴达人征服的麦西尼亚人,音译"黑劳士"。
他们是斯巴达的国有奴隶,不属于奴隶主个人,而属于奴隶主全体。他们平
时被束缚在土地上从事农业劳动,战时被征为轻铠兵,担任军中杂役和运输
工作。

经常证明在各方面比我们的兄弟或儿子要优秀得多,他们经常保护主人的生命、财产和家庭。你们无疑知道这些关于奴隶的看法是很普遍的。　E

麦吉卢　是的,确实如此。

雅典人　对奴隶的相反看法同样也很普遍,比如说奴隶心灵腐败,聪明人决不能信赖所有奴隶。我们诗人中最伟大的天才在谈到宙斯时做出了精湛的解释:"使一个人陷入奴籍,便会使他失　777去一半良好的德性。"① 所以一个人在争论中可以持有一种观点,也可以持有另一种观点。有些人不信赖所有奴隶,在心中一遍又一遍地反复鞭笞他们的奴隶,就好像他们在与许多野兽打交道,而另一些人则正好相反。

麦吉卢　非常正确。

克利尼亚　那么,先生,既然这个问题有那么多分歧意见,在　B我们的国家里该怎么办呢? 我们该如何处理奴隶所有权,如何管教奴隶?

雅典人　呃,克利尼亚,人这种动物是变化无常的,所以很清楚,真正的奴隶与真正的自由人和主人之间,不像是存在着或将会产生一种经得起考验的、必不可少的区别,所以如何对待这种形式的财产给我们带来了困难。在麦西尼亚普遍而又反复产生的大量　C事实,还有拥有大量讲一种方言的农奴的那些共同体的经验,提供了大量的证据,表明这种制度是邪恶的,更不必提意大利的海盗船所进行的各种掠夺和冒险了。面对所有这些事实,我们确实会感到困惑,不知该如何处理整个问题。我明白,我们确实只有两个对待奴隶的方法:一是不让那些安分守己的、驯服的奴隶聚在一起,也尽可能不要让他们全都讲一种语言;二是恰当地对待他们,为他　D

①　荷马:《奥德赛》,第17卷,第322行。

们多作些考虑,这样做确实是为了他们,但更多地仍旧是为了我们
自己。对待处在这种地位上的人不使用暴力是恰当的,在加害于
他们时——如果这种事有可能——要比加害于和自己地位平等的
人更加踌躇再三。因为正是这些很容易被伤害的事情最能表现一
个人对正义的真正的、不伪装的敬畏和对错误的憎恶。因此一个
人的性格和行为不能在他与奴隶的关系中犯下错误和受到邪恶的
E　　玷污,胜过他与其他人的关系,由此可为善的丰收播下种子,对每
一位主人、每一位独裁者、每一位有权对较弱的一方行使权力的
人,我们都可以真诚地说同样的话。当然了,我们这样说并不是认
为当奴隶该受惩罚时也不惩罚他们,也不是认为可以娇纵他们,不
需要用我们对自由人使用的那种办法来告诫他们。我们对奴仆使
778　　用的语言应当是简洁的命令,而不应当是男女之间使用的那些熟
悉的开玩笑的话,然而有许多主人在对待他们的奴隶时使用这种
方式,表现得极为愚蠢,因为对奴隶的娇宠会马上使得双方的关系
变得很难受,对顺从的奴隶来说是这样,对下命令的主人来说也是
这样。

克利尼亚　你说得很对。

雅典人　好吧,我们已经尽力为公民提供了足够数量的有能
力帮助他做各种事情的奴仆,我想,我们的下一步应当是规划我们
的建筑。

克利尼亚　是的,当然是这样的。

B　　**雅典人**　我们的城市实际上是新建的,原先没有居民,所以我
们必须关注它的建筑及其所有细节,也不要忘了神庙和城墙。克
利尼亚,这个主题实际上应当在婚姻问题之前讨论,但由于我们整
个建构都是在想像中进行的,所以要搁置这个主题现在是个极好
的机会。等我们的规划付诸实现时,如果情况允许,我们将首先处
理城市建筑,然后把制定婚姻法当作我们这类工作的最终圆满完

成。而当前我们要做的无非是提出一个简要的提纲。　C

克利尼亚　是这么回事。

雅典人　那么神庙应当建在市场周围，实际上是围绕整个城市，着眼于安全和清洁，要把神庙建在高地上。执政官的衙门和法庭应当建在神庙附近，在神圣的高地上接受诉讼和进行判决，这样做的原因部分在于法律事务本身是庄严的，部分在于这里是可敬畏的神祇的住地，法庭在这里审理那些谋杀案或其他要处以死刑的罪行是适当的。至于城墙，麦吉卢，我的想法和你们斯巴达人一样，就让它们安宁地睡在大地上，不要去吵醒它们。我之所以这样说，理由如下。经常被人引用的那位诗人幸福地提到过城墙，他说一座城市的城墙应当是铜的和铁的，而不是石头的，但若我们已经带领年轻人在每年的巡查中挖战壕、修堡垒，想要以此御敌于国门之外，而在这样做了以后我们还是把自己关在城墙之内，那就会贻笑大方。首先，城墙决不会带来城市生活的健康，反而会普遍地使城里人的灵魂变得软弱无力。城墙诱使居民在城内寻找庇护所，而置进犯的敌人于不顾，城墙也诱惑居民放松日夜不停的警戒，使他们认为自己找到了一种真正安全的办法，也就是把自己关在城墙内，躲在城墙垛子后面睡觉，就好像他们生来就是为了躲避辛苦似的，他们不知道真正的安宁必定来自辛劳，而不光荣的安宁和懒惰会带来更大的辛苦和麻烦。或者说，是我大错特错了。不，如果人们必须要有城墙，那么他们应当从一开始就把他们的住处建成一道城墙，用整个城市的房屋连成一道连续不断的城墙，在每一所房子里都可以防守，每条街道四面都是统一的，有规则的。这样的城市就像一所巨大的房屋，也不会很难看，它易于防守的特点给它带来无限的好处，在安全方面胜过其他任何城市。维护这些最初的建筑首先应当是拥有者的责任，而市政官应当担负起监督的责任，对维护不善者处以罚款。市政官的责任还包括维护城市清洁

D

E

779

B

C

卫生,禁止私人乱建乱挖,以免影响市政规划。他们也要负责市区雨水的排泄,还要为城里城外的住宅制定建筑规则。我们的法律 **D** 不可能处理城市生活的所有方面,有许多细节只好省略,执法官可以按照他们的实际经验发布补充性的法规。现在,这些建筑物和市场上的建筑物,包括体育场、学校、剧场,都已建成,在等着人们的到来,学校等候学生,剧场等候观众,按照恰当的立法顺序,我们现在可以开始为婚姻以后的事情立法了。

克利尼亚 务必如此。

雅典人 很好,克利尼亚,让我们假定婚礼已经结束。在婴儿 **E** 诞生之前,新婚夫妻有不少于一年时间的间隙。新娘和新郎在一个高于一般水平的社会中该如何渡过他们的时光——这正是我说"按照恰当的顺序"的意思——这个问题并不是最容易回答的。我们已经碰到过一些这样难解的问题,但没有一个会像这个问题令民众大倒胃口。还有,克利尼亚,我认为,对于我们确实相信是正确的东西,必须不惜一切代价地把它说出来。

780　　**克利尼亚** 当然,我们必须这样做。

雅典人 如果有人建议给社会提供一套关于公共行为和共同生活的法律,然而却又在这些法律对私人事务形成压力时认为这些法律是肤浅的,认为想要规范一切是不恰当的,个人的私生活应当享有自由,可以按照自己的意愿为所欲为——如果他一方面认为个人行为不受法律控制,而另一方面又骄傲地认为他的公民准备依据法律来指导他们的相互关系和公共行为——那么他就大错 **B** 特错了。为什么我要这样说? 因为我将要指出我们的新婚男子将频繁地出现在公餐桌上,不会多于也不会少于他结婚之前。我想,当公餐制一开始在你们国家出现时,这种制度曾引起人们的惊讶,但在战争时期或其他某些同样紧急的情况下,对于处在极度危险之中的某些小团体来说,这种制度是必要的,当你们有了这种尝

试,并且普遍地适应了公餐制以后,你们认为这种做法对于国家的 **C**
安全有很重要的作用。事实上,以这样的方式,公餐制成了你们的
习俗之一。

克利尼亚　极为可能。

雅典人　这就是我们要说的要点。尽管曾经有人认为这种做
法太奇特,强制推行这种制度是危险的,但是希望推行这一制度的
立法者会说现在不会有这样的困难。然而,尽管采用这种制度会
取得各方面的成功,但会有一个天然的后果,而且当前也没有其他
什么地方采用这种制度,所有这些都会驱使立法者像谚语所说的
那样,“在火堆里梳理羊毛”,在大量的诸如此类的工作中白白浪 **D**
费他的精力,无论是提议还是实施这种制度,这个后果都不可低
估。

克利尼亚　先生,你显然是在犹豫不决,你想说明什么问题?

雅典人　为了避免对这个主题作冗长无用的讨论,请你们精
力集中一点。社会生活凡是有确定的秩序和法律,其结果就是幸
福,但是抗拒法律或制定错误的法律比正确立法出现得更加频繁。
我们当前的论证就是在这个地方停了下来。事实上,我的朋友,你 **E**
们的男子公餐制是一种值得敬佩的制度,有着神奇的起源,如我所
说,它确实出于一种真正的、必然的天意,但你们的法律没有规定
妇女的地位,在你们国家里看不到任何妇女公餐制的遗迹,这是一
个巨大的错误。不,由于女性秘密和灵巧的特点,你们对女性这半 **781**
个种族事先所作的安排已经留下了无序的状态,这是立法者的错
误让步造成的。由于对女性的疏忽,你们已经让许多事情失控,而
实际上只要将它们置于法律之下是能够做到井然有序的。未加任 **B**
何约束的女性,并非如你所想像的那样,是问题的一半,不,她是问
题的两倍,甚至超过两倍,因为女性的天赋禀性比男性低劣。因
此,我们最好能从国家的善着眼,把这个问题提交修改和矫正,设

C　计一套同时适用于两种性别的制度。事情就是这样,人们在这样的消费中是不会快乐的,在一个不知公餐制为何物的国家或社会里,一个谨慎的人不会提出这样的建议。所以,实际上该如何迫使妇女参加公餐而又不被嗤笑呢？没有别的什么事比强迫已经习惯于在阴暗的角落里生活的女性出现在大庭广众之下更难了,如果这样做了的话,那么女性表现出来的愤怒抵抗会比立法者强大得

D　多。我曾经说过,在其他社会里,女性可能不会因为受到正确的统治而大喊大叫,而在我们自己的社会里她们可能会这样做。所以,如果你们希望我们关于整个体制的讨论抵达终点——这在理论上是可能的——我打算捍卫我的建议,把公餐制当作健全的,可行的,只要你们俩都喜欢听我的论证,否则我们可以放弃这个主题。

　　克利尼亚　先生,我向你保证,我们俩都喜欢听你的论证。

　　雅典人　呃,那么你们会听到的。但若发现我走了很长一段

E　路以后又回到了起点上来,那么你们一定不要感到奇怪。你们知道我们有足够的时间,也没有什么急事,所以我们可以很从容地从各个方面考察我们的主题,这个主题就是法律。

　　克利尼亚　非常正确。

　　雅典人　好,现在让我们回到开头那个话题上来。任何人确实应当完全明白一件事。人类要么根本就没有开端,也不会有终

782　结,但总有过去和将来,否则的话从有人类起到现在为止必定已经有无数个世代了。

　　克利尼亚　无疑如此。

　　雅典人　很好。那么我们能不能假设,有无数各种各样的国家在全世界兴起和灭亡,也有各种各样合理的和不合理的制度,以

B　及各种各样的饮食习惯和气候变化,在引起生命有机体的许多变化？

克利尼亚　可以,当然可以。

雅典人　呃,我们相信曾经有过这样一个时期,葡萄、橄榄树、得墨忒耳和她女儿珀耳塞福涅馈赠的礼物、特里普托勒摩斯① 馈赠的礼物,还有其他人的发明,这些东西不都是引起变化的工具吗?所以,我们必须假定在这些事物出现之前,动物像今天一样互相为食,不是吗?

克利尼亚　确定无疑。

雅典人　此外,我们注意到现在仍旧有许多地方用人来献祭,而另一方面有报道说,有些民族连牛肉都不吃,献祭也不用动物作牺牲;他们用糕饼、蜂蜜浸泡的食物,还有其他"纯洁"的供品,来荣耀他们的神祇。他们禁食肉类,认为吃肉是有罪的,或者用血玷污诸神的祭坛是有罪的。那个时代人类的生活完全遵守所谓的奥菲斯教义,普遍实行素食,完全禁止食用一切动物。

克利尼亚　这个传说广泛流传,极为可信。

雅典人　当然了,你们会问我,你现在提这些事情用意何在?

克利尼亚　先生,你说得一点没错。

雅典人　所以,克利尼亚,我要试着进行解释,我的用意出于下述考虑。

克利尼亚　请你开始吧。

雅典人　我注意到,人类普遍受到三种欲望的驱使,如果一个人受过良好的训练,那么会产生美德,如果一个人受到不良的训练,那么会产生相反的结果。从人出生那一刻起,他们的需要首先是食物和饮水。一切动物均有求食的本能,也有避免一切不适的本能,这方面的要求若不能充分满足,它们就会发出愤怒的嚎叫。

①　特里普托勒摩斯(Triptolemus)是半神,在得墨忒耳指导下学会制造犁和种植小麦和大麦,并传授给人们。

783　　我们第三种最紧迫的需要和最强烈的欲望产生较迟,但却最能使
人疯狂——我指的是那种不可压抑的淫荡的性欲。我们必须把这
三种不健康的欲望从追求所谓的快乐转向追求善,我们必须试着
用三种最高的事物——畏惧心、法律、真正的谈话——来检查和制
B　裁它们,在缪斯和体育诸神的帮助下,克制这些欲望的生长和盲
动。

　　这样,我们才能按照我们关于婚姻、抚养、教育子女的法规去
生儿育女。我们的讨论按照这些线索展开,我们的几项法律也有
可能完成,就像我们前面提到的公餐制的例子一样——至于最终
要不要让妇女参加公餐,或者说只有男子才参加公餐,等我们弄清
了相关问题后,我们也许就能看得更加清楚了——我们将尽量减
少这些必要的预备性的事情,因为我们对这些用来规范和保护我
C　们自己的预备性的事情还没有立法。这样,如我所说,除了使我们
的立法更加恰当、更加合理外,我们将对这些预备性的事情本身有
更加准确的认识。

　　克利尼亚　非常正确。

　　雅典人　那就牢记我们刚才提到过的要点,我们很有可能会
再提到它们。

　　克利尼亚　你要我们牢记的要点到底是什么呢?

　　雅典人　就是我们用三个分句来表达的要点,你可能记得,我
D　们首先提到食物,然后提到饮水,第三就是性的激动。

　　克利尼亚　呃,先生,我知道了,我们肯定能记住你现在强调
的这些要点。

　　雅典人　很好。现在让我们来为结了婚的夫妇立法,目的是
指导他们如何和以什么方式对待生育,或者说,如果他们不服从,
那么就诉诸于法律处罚。

　　克利尼亚　以什么方式?

　　雅典人　新娘和新郎都要以尽力为城邦提供最优秀的后代为
目的。当你们与别人联合做事的时候，如果合作者都能用心理解
自己在做什么，事情就能做得很漂亮，但若当事人一点儿也不用
心，那么结果就完全相反了。所以，让新娘把心思放在她的新郎身
上，和他同房，新郎这一方也一样，只要他们的孩子还没有出生，他
们就应当这样做。将要做母亲的人要接受我们已经任命了的妇女
监理的监督之下——由执政官来决定有多少人担任这个职务，由
执政官选择一个适当的时间进行妇女监理的选举和任命——他们
每天都要在伊利绪雅的神庙里集合，时间不少于一小时的三分之
一。开会的时候，每个成员都要向这个委员会的所有成员，男的或
女的，报告她看到在这些生育者中间有谁注意了这些法规的细节，
我们规定了婚姻的献祭和仪式。如果一对夫妇多产多育，那么这
个生育和监督生育的时期将延续十年，但不能再长；如果一对夫妇
在这个时期结束时仍无子嗣，那么就要由这个管理妇女的委员会
与夫妇双方的亲属共同商议安排一个兼顾双方利益的分居。如果
为了双方的某种利益而发生争执不下的情况，那么他们应当挑选
十名执法官来仲裁，哪些执法官可以参加仲裁由他们决定的。女
监理可以进入年轻夫妇的家，用警告和恐吓制止他们有罪的愚蠢
行为，如果他们仍旧犯错误，那么就向执法官报告，让执法官来制
止这种冒犯。如果他们采取的行动也证明是无效的，那么这件事
情就要公布于众，冒犯者的名字下会有这样一句话，"屡教不改
者"。一名犯有这种错误的男子将被判定为无能者，除非他能在法
庭上成功地驳斥起诉者。他将被排除在婚宴和生日宴会之外，如
果他出现在这些场合，任何人只要愿意都可以揍他而不受惩罚。
同样的法律也适用于女性冒犯者，如果她的名字被公布于众而又
不能成功地为自己辩护，那么她将被排除在妇女游行和其他高尚
活动之外，禁止参加婚礼和儿童的生日宴会。当一对夫妇已经按

E

784

B

C

D

E

照法律的要求生育了自己的子女,此时男方若是与一名不是他的妻子的妇女苟合,或者女方与一个不是她的丈夫的男子有苟合之事,而对方仍旧在生育者之列,那么他们要交纳由那些生育者规定数量的罚金。在此生育规定之外,那些节欲的男女应当受到各种尊敬,而那些不节欲的人则会名声扫地。当有较多的人在这些事情上表现出合理的节制时,法律应当对此保持沉默;但若有许多人不节制,那么就要像前面说过的那样制定法规来强制人们实行节制,要使他们的行为与现在规定的法律相一致。

785

一个人的第一年是他整个生命的开始,应当在相关神庙中注册为"生命的开端"。对每个支族的男孩或女孩来说,还必须要有进一步的记录,记在一堵刻有执政官年号的白墙上,我们的纪年是用执政官的名字命名的。旁边还必须要有这个支族的成员名单,死者的名字被删去,由此可以看出每天有多少人活着。对女孩来说,结婚的年龄——要具体说明最长的年龄跨度——是从十六岁到二十岁,而男子的结婚年龄是从三十岁到三十五岁。担任公职的最低年龄限制,妇女四十岁,男子三十岁。服兵役的年龄规定,男子是从二十岁到六十岁,对女子来说——无论何种适宜妇女担任的军事工作——是在生育子女之后,在需要并适宜的情况下服役,不超过五十岁。

B

第 七 卷

788　　　**雅典人**　现在,我们的男孩、女孩都已经出生了,下一步我们当然就要考虑如何抚养和教育他们。这个主题可不能在沉默中放过,但我们的处理将戴上指导和告诫的假面具,而非以法律的形式出现。从一般的观察来看,家庭生活的隐私表现为许多小事,儿童的痛苦、快乐、欲望都会轻易引发这些小事,而立法者不可能就这

B

些小事逐一提出告诫,由此使我们公民的性格变成一堆大杂烩。这样做对于整个公众是一种恶,而在这些微不足道的小错误频繁发生时,用法律来进行惩罚是不合适的,有损尊严的。这种法律,就像我们制定的法律一样,确实包含着一种危险,因为犯罪的习惯就是来自重复这些微不足道的错误。因此,尽管我们无法针对这些小事立法,但要我们保持沉默也不可能。我必须试着想出一些所谓的例子来说明我的意思。而现在我的看法肯定显得像是谜语。

克利尼亚　你说得没错。

雅典人　好吧,我想下面这句话可以被我们假定为至理名言:正确的抚养制度必定最能使身体、灵魂完善和卓越。

克利尼亚　确实如此。

雅典人　我想,使儿童身体完善的意思,用最简单的方式来说,就是必须使他们从一开始就正直地成长。

克利尼亚　呃,当然了。

雅典人　进一步说,我们观察到,一切生物的成长在其初始阶段都是最快的、最明显的。确实有许多人认为,人在出生后的头五年中生长最快,而其后二十年的生长还不到头五年的两倍,这难道不是事实吗?

克利尼亚　当然是。

雅典人　那么,当身体迅速生长,体重猛增的时候,如果不加以恰当的锻炼来达到平衡,那么就会出现各种灾难性的后果。我想,这也是一个众所周知的事实。

克利尼亚　确实是。

雅典人　所以,身体接受抚养的这个主要生长期同时也是它需要最多锻炼的时期。

克利尼亚　你在说什么,先生? 我们真的要把最多的锻炼强加于那些小孩和新生的婴儿吗?

B　　　**雅典人**　你说得不准确。还要更早些,当婴儿还在母体中就应当锻炼。

　　　克利尼亚　什么,我的天哪! 在胚胎中? 你不会是这个意思吧?

　　　雅典人　我确实是这个意思,尽管我对你不懂其中的奥妙并不感到惊讶。这种锻炼是奇妙的,但我希望能向你作解释。

　　　克利尼亚　务必。

　　　雅典人　我自己的同胞可能比较容易理解这个观点,因为他们中有些人非常热衷于运动。事实上,在我们中间,儿童们,还有

C　一些已经不再是儿童的年轻人,都有养鸟的习惯,为的是斗鸟。不过现在他们养鸟已经不再是为了能够进行斗鸟表演了。这些养鸟人都把鸟带在身上,比较小的拿在手里,比较大的藏在长袍里,放在肘部,走很远的路,这样做并非为了他自己锻炼身体,而是为了

D　他的宠物的身体。这种做法至少表明,聪明人注意到摇晃和震动对所有身体都有益,无论是它们自己运动,还是被船只载着晃动,或者骑在马上摇晃,或者其他种类的身体被迫运动。就这样,身体吸收了固体或液体的营养物,生长得健康而又美丽,更不必说强壮了。注意到这些事实,我们该如何开始行动? 要是我们指示怀孕的妇女要注意运动,等孩子出生后要塑造婴儿的身体,好比制作蜡像要趁蜡还柔软的时候进行,头两年要用襁褓包裹婴儿,那么你会嘲笑我们吗? 我们要不要强迫母亲背着孩子不停地走动,去乡间,去神庙,去亲戚家,直到孩子可以自己站立为止,或者由于担心过早行走会伤了孩子的肢体,所以要做母亲的一直背到第三年为止,

E　如果不这样做就要用法律制裁她们? 我们的保姆又怎么样? 要不要规定我们的保姆必须是身体最强健的,每个婴儿要有不止一个保姆,违反这些规定的人要受到处罚? 肯定不要。因为这样做的

话,会使我们自己面临更多的我提到过的后果。

克利尼亚　什么后果?

雅典人　我们为什么一定要去受人嘲笑呢? 我们更无法保证我们的保姆必定会有女人的心思,或者女仆的心思,我想没有人会服从这样的规定。

克利尼亚　那么请你告诉我,既然如此,我们为什么还要认为需要做出所有这些指示呢?

雅典人　我会告诉你为什么。因为在一个社会里对家庭事务 B
进行立法会受到忽视,在这种情况下要指望公共法律有稳固的基础是愚蠢的,而我们的主人和自由公民的心灵可能会通过聆听这些指示而承认真理。明白这个道理的公民会把我们现在作出的指示当作法律,用来指导自己的行为,只有这样做了,他在管理自己的家庭和城邦时才能同样幸福。

克利尼亚　我相信你说的这番话包含许多真理。

雅典人　我们在开始谈论婴儿的身体时讲过一些基本要点,因此在我们以此为线索详细解释对婴儿心灵进行的训练之前,不 C
能假定我们已经完成了这一类立法。

克利尼亚　非常正确。

雅典人　我们提到的这两个事例有一个基本的观点,即人们认为日夜不断地对婴儿的身体和心灵进行抚养,这样做对婴儿,尤其对初生婴儿,是有益的。如果只有这样做才有可能使我们对婴儿的抚养接近理想状态,那么我们最好还是把他们都送到海上去。从下列事实中我们也能得到一些教训。儿童的保姆通过自己的经验知道我们提出来的这条原则的真理性和有用性,女科里班忒的 D
做法也证明了这一原则。你知道,当母亲们想要使烦躁的婴儿入睡时,她们的办法不是让他不要动,而是正好相反,让他运动——她们通常抓住婴儿的胳膊摇晃——不是让他安静,而是让他听某 E

种音调。这也就是说,她们实际上对婴儿发出咒语,就好像酒神女祭司做的事情一样,载歌载舞地运动。

克利尼亚　请你告诉我,先生,我们该如何解释这些事实?

雅典人　呃,要找到解释并不难。

克利尼亚　这个解释是什么?

雅典人　上述两种不安都是惊吓的表现形式,惊吓的原因可以归结为灵魂的某些病态。因此,当灵魂的无序状态碰上摇晃时,791 这种外部运动就支配着内部运动,也就控制住了惊吓或疯狂的根源。通过这种控制,心灵产生一种精神上的安宁,从先前的烦躁和激动中解脱出来,于是在这两个例子中产生了预期的效果,在一个例子中使婴儿入睡,在另一个例子中,酒神狂女在向神祇献祭时伴B 着笛声狂舞,然后从暂时的疯狂中摆脱出来,恢复清醒头脑。我在这里说的尽管非常简明扼要,但这个解释却很有道理。

克利尼亚　确实很有道理。

雅典人　能产生这些效果的办法使我们承认,自幼经受这种惊吓的心灵最有可能养成胆怯的习惯。现在我们每个人都会承认,这种办法是在培养胆怯,而不是在培养勇敢。

克利尼亚　没错。

雅典人　因此,我们必须承认还有一个与此相反的过程,也就C 是在惊吓和恐惧产生时对其进行控制,这种对勇敢的培养需要终生进行。

克利尼亚　非常正确。

雅典人　呃,在此我们可以说,婴儿在运动中接受训练为灵魂美德的养成贡献了一个重要因素。

克利尼亚　是的,确实如此。

雅典人　进一步说,鼓励儿童养成温和的脾气将会在道德品质的发展中起主导作用,而暴躁的脾气则会促使邪恶的产生。

克利尼亚　无疑如此。

雅典人　所以我们必须试着说明一种能引诱新生婴儿快乐的　D
方法,只要我们有能力使之产生这样的效果。

克利尼亚　我们确实要这样做。

雅典人　我要说一下我拥有的确定信念:娇宠儿童会使他们
的脾气变得暴躁、乖戾,有一点儿小事就闹别扭,但若用相反的态
度、非常严厉、非常霸道地对待他们,则会使他们没精打采、低三下
四、闷闷不乐,使他们不适宜与他人交往,参与公共生活。

克利尼亚　但是请你说说,当这些小生灵还不能听懂人的语　E
言,还完全不可能接受教育的时候,又如何能让国家当局承担起抚
养他们的责任呢?

雅典人　呃,我相信是以这样一种方式。新生的小生灵,尤其
是新生的人,从一开始就会尖叫,尤其是婴儿,不仅会尖叫,还会流
眼泪。

克利尼亚　没错。

雅典人　所以保姆要根据这些迹象来猜测应该向他们提供什
么;如果婴儿在得到了保姆提供的东西后就安静了,保姆就会认为　792
自己猜对了,但若婴儿仍旧在哭喊,那么就是猜错了。因此,你瞧,
婴儿喜欢什么不喜欢什么是根据尖叫与眼泪这些明显的征兆来发
现的,在不少于三年的时间里,这样说都是对的,而这头三年过得
好不好对人的一生来说并非无关紧要的。

克利尼亚　是这样的。

雅典人　脾气乖戾、忧郁的人总是自惭形秽,比善人更容易抱　B
怨。我想你们俩都会承认这一点,是吗?

克利尼亚　我肯定承认。

雅典人　好,如果我们雇佣所有的聪明人抚养正在成长的孩
子,让他们在头三年中全都避免这种困顿、惊惧的经验,尽可能远

离痛苦本身,那么在这段时间里成长起来的灵魂一定会充满快乐和仁慈。你们难道不这样想?

C　　　**克利尼亚**　我没有疑义,先生,只要我们能提供充分的快乐。

　　　雅典人　我亲爱的先生!这正是克利尼亚和我将要产生分歧的地方。你向我们提出的建议是我们所能接受的最不幸的事情,因为这种不幸从儿童开始生长的时候就已经系统地进入他们的生活。让我们来看我说得对不对。

　　　克利尼亚　请展开你的意思。

　　　雅典人　呃,我的意思是你我之间的这个分歧点将会带来严重的后果。所以,麦吉卢,你也必须动动脑筋,帮我们做出决断。我自己的意向是,正确的生活道路既不是追求快乐,也不是无限地

D　避免痛苦,而是想要达到一种中间状态,对此我刚才用了"仁慈"这个词,我们全都有可能借助神谕的力量把这种状态归于神本身。我认为,像神一样的人必定会追求这种心灵习惯,他肯定不会不顾一切地追求快乐,也不会忘记自己要经历一份痛苦,我们也一定不要让他承受他人的痛苦。男女老少,或是新生婴儿,在其接触的范

E　围之内,人的性格确实是在幼年由习惯造成的。呃,要不是我怕被你们误解为是在开玩笑,我会说得更彻底一些。我会下令派人专门监视那些生育期的妇女,要她们在怀孕期间不能有频繁激烈的快乐或痛苦,以保证她们养成仁慈、明智、安详的精神。

793　　　**克利尼亚**　先生,你不需要让麦吉卢来判断我们俩谁拥有的真理更多。坦率地说,我承认我们全都必须避免一种无节制的痛苦或快乐的生活,在所有事情上走中庸之道。这是对你这番高尚言论的恰当回应。

　　　雅典人　克利尼亚,你的回应确实令人敬佩。那么就让我们三个人进一步思考下一个要点。

　　　克利尼亚　什么要点?

雅典人　我们大家现在要讨论的无非就是这些规定,而不是别的什么东西,所有人都把这些规定称作"不成文法",认为是"祖宗之法"。还有,通过最近的谈话,我们产生了一种信念,这种传统既不是制定出来的法律,也不是毫无规范的东西。它是一种体制的榫眼,是连接各种已经成文的法规的通道,通过这些不成文法以及那些有待记载的规定,真正的源于祖先的传统得以保存。这些规定的制定是正确的,并在实践中为人们所遵循。它们可以起到一块盾牌的作用,保护迄今为止已经成文的所有法规,但若不成文法背离了正确的界限,那么整个情况就好比撤去了支柱和挖去了基础的房屋。任何令人敬佩的建筑物一旦失去原来的支撑,一般的结果就会倒塌,一部分一部分地倒塌,或者是整个儿全部倒塌。克利尼亚,我们一定要记住这一点,要尽一切可能把你的城邦牢牢地铆接在一起,尽管它才刚开始建设。凡是可以称作法律、风俗或习惯的事情,无论大小,都不可掉以轻心,因为它们全都是社会的铆钉,少了一样东西,其他东西就不能永久长存。如果说宏大的立法要用无数项碎的传统和风俗习惯来使之壮大,那么我们对此一定不要感到奇怪。

克利尼亚　你肯定是对的,我们不会忘记你的提醒。

雅典人　那么,直到男女儿童长到三岁以前,要让他们一丝不苟地服从指令,这样做首先会给我们的抚养工作带来好处。到了三岁,以及三岁以后,四岁、五岁、六岁,这些年龄的儿童玩耍是必要的,因此我们先前的悉心照料和严厉惩罚可以放松一些——尽管这样做并不是退步——这就好比我们在讲到对待奴隶时说过,既不要愤怒地用野蛮的刑罚来处置犯了罪的奴隶,也不要娇宠奴隶,对他们不加管束,对待自由民我们也一定要采取同样的态度。至于儿童们玩的游戏,自然本身在儿童的这个年龄就会告诉儿童有哪些游戏可以玩,他们只要呆在一起,就会自己发明游戏。所有三岁到六岁的儿童,首先要在所在区域的圣地里集合,就这样把原先分布在各村的儿童集中在一起。还有,保姆们要注意他们的行为是否得体,至于保姆本人和所有保姆在这一年中,都必须接受我

B 们已经提到过的由执法官任命的妇女总管的控制。这些总管由负责监督婚姻事务的妇女选举产生,每个部落一名,总管的年龄必须与监督婚姻的妇女相仿。接受任命的总管每天要去圣地一次,处罚任何冒犯者。如果冒犯者是奴隶或外邦人,那么就由某些公仆

C 来执行,如果有公民对处罚的正当性提出争议,那么女主管就要把他带到乡村巡视员的法庭上去裁决;如果没有争议,那么女主管可以行使自己的权威,甚至对公民实施处罚。男女儿童满六岁以后就要分开,男孩与男孩在一起,女孩与女孩在一起,分别学习他们自己的课程,男孩子要学习骑马、射箭、投掷,女孩子如果高兴的话

D 也可以学,但最重要的是学习使用长枪和盾牌。当然了,关于这些事情的现有流行观念全都基于一种普遍的误解。

克利尼亚 什么流行观念?

雅典人 大家相信,人的两只手做各种事的能力存在着天然的差别,而两只脚或两条腿有没有这样的差别人们就觉察不出来

E 了;正是由于保姆和母亲们的愚蠢,所以我们全都是一只手残废的。实际上,自然把我们身体两侧的肢体造得一模一样,只是由于我们不正确的习惯,才使它们有了差别。无疑,在那些不那么重要的行为中,用哪只手无关紧要,例如,弹奏七弦琴,一般用左手扶琴,右手拿琴拨子,弹其他琴也一样,但若要把这种做法当作惯例要其他所有人照办,那就没有必要了,而且这样做也非常愚蠢。我

795 们可以用西徐亚人的做法为例,他们并不规定用左手拿弓,右手拉弦,而是不管哪只手都可以。他们赶马车以及做其他事情也是这样,由此可以说明,想方设法使人的左手比右手弱有多么不自然。

B 我说过,如果事情仅仅涉及牛角做的琴拨子,或者某些类似的器

具,那么用哪只手只是件小事,但若要用到铁制的兵器、弓箭、标枪,等等,尤其是必须要用长枪和盾牌来对抗时,用哪只手的差别也就出来了。在这个世界上,学过某些课程的人与没学过的人,接受过良好训练的人与根本没有接受过训练的人,是有差别的。一个练习过摔跤和拳击,技艺臻于完善的人,不会发现自己不能用左手搏斗,如果他的对手迫使他改变位置,攻击他左侧,那么他不会停止战斗或不用左手还击。我想,使用刀剑,或使用其他武器的时候也应当这样做,人生来就有两副肢体进行防卫和进攻,只要有可能,就决不要留下其中的一半不接受训练。呃,如果一个人生来就有革律翁那样的身体,或者愿意的话,有布里亚柔斯那样的身体,那么他一定要能够用任何一只手投标枪。男女官员必须注意这些问题,女官员要监督儿童的游戏和饮食,男官员要负责教导他们,使我们所有男孩和女孩顺利地成长,既温和又勇敢,善用左右手,他们的天赋也不会由于受到那些已有习惯的压制而被扭曲。

　　出于实用的目的,对儿童的教导可以分成两类:一类是身体方面的教养,与身体有关;另一类是音乐,旨在心灵的卓越。身体的教养又可分为两个部门:跳舞和摔跤。一部分跳舞是为了表演诗人的灵性作品,同时要注意保持一定的尊严和体面;另一部分跳舞旨在身体的健美和高贵,确保身体的柔韧和肢体的强健,使肢体能够优雅地运动,优雅既伴随着各种形式的舞蹈而产生,又渗透在各种舞蹈中。至于摔跤,这种出自愚蠢、空洞的荣耀而发明的手段——摔跤由安泰俄斯或凯居翁发明,拳击由厄培乌斯或阿密科斯发明① ——在

———————

　　① 安泰俄斯(Antaeus)是希腊神话中的利比亚巨人,擅长格斗;凯居翁(Cercyon)是希腊著名的摔跤手;厄培乌斯(Epeus)希腊传说中拳击的发明者;阿密科斯(Amycus)是希腊传说中的珀布律喀亚王,凶残好斗,与每一位外来的客人进行拳击。

野外遭遇中是无用的,用于庆祝活动是粗鄙的。但是,不伤及脖
子、胳膊、肋骨的所谓"站立式摔跤"对于增强体力和增进健康是有
B 用的,这种训练在各种情况下都不能忽视。当我们进到我们法典
的恰当位置时,我们要把这一条作为指令写下来,既给我们这些学
生,也给他们未来的教师,诸如此类的知识一方要仁慈地传授,另
一方要感恩地接受。还有,我们也一定不要忽略适宜的舞蹈表演,
穿戴盔甲的运动在这个岛上是献给库里特① 的,在拉栖代蒙是献
给那对双胞胎天神的。② 我还可以指出,这种舞蹈在我们国家献
给处女神③,她喜欢这种穿戴盔甲的娱乐。她认为空着手娱乐没
C 意思,全身戎装的舞蹈才是正确的。我们的男孩子和女孩子应当
模仿这些舞蹈,以博得这位女神的青睐,这样做肯定是最合适的,
既能培养战争技能,又可为我们的节日增光添彩。还有,男孩子从
很小开始直到他们有能力上战场为止,有义务携带武器骑马参加
D 各种节日游行,以此荣耀神;他们向诸神以及诸神的儿子祈祷时总
是伴随着或快或慢的行进和舞蹈。此外,他们的比赛和为比赛而
进行的练习必须拥有同样的目的。这样的比赛,事实上,在战时或
平时,既有利于国家又有利于家庭,而其他的身体锻炼,娱乐性的
或严肃的,并非为了自由民。

　　现在,我已经很好地描述了身体训练的过程,我一开始就说
过,这是我们必须加以考察的;现在,整个纲要已经摆在你们面前。
E 如果你们有谁能提出一个更好的纲要,那么就请摆出来吧。

　　克利尼亚　　不,先生,如果我们拒绝了你的这些建议,那么很

---

　　① 　库里特(Curetes)是神的侍者,这个词的原意可能是"年轻人",在克
里特的狂欢祭仪中手持兵器跳舞,表演着宙斯出生的神话。参阅王晓朝:《希
腊宗教概论》,第 61 页。

　　② 　双胞胎天神指太阳神阿波罗和狩猎女神阿耳忒弥斯。

　　③ 　指雅典娜。

难再提出一个更好的身体训练和体育比赛的计划。

　　雅典人　至于下一个自然而然的主题,阿波罗和缪斯们的馈赠,我想我们一开始就已经把要说的都说过了,只剩下身体训练还没有处理,但是现在我们显然必须把两样事情都说给每个人听,在谈论别的事情以前应当先说这些事情。

　　克利尼亚　是的,肯定要说。

797

　　雅典人　那么,我要请你们集中精力。这些事情我们确实已经讲过一遍了,而且讲的人和听的人都表现出高度警惕,要处理好这些惊人的悖论,尤其是在当前这个事例中。在进到我下一步将要摆在你们面前的这个论题时,我感到有些悲哀,然而我又想鼓足勇气,决不在它面前退缩。

　　克利尼亚　先生,你的论题是什么?

　　雅典人　呃,提到儿童们的游戏,我认为我们的共同体对此陷入了一种普遍的无知状态,看不到它对我们已经制定的法律能否永久保存起着决定性的影响。凡是对儿童的游戏做出具体规定的地方,就能保证儿童总是以相同的方式做相同的游戏,从中得到快乐,而我们在一些更加严肃的事务上的立法也要像儿童做游戏一样不受干扰,但由于儿童的嗜好是无限多样的,不断波动的,因此儿童游戏总是会有新的变化和新的花样。如果不规定儿童的游戏类型,不依据游戏的情况或所使用的玩具来确定判断游戏好坏的标准,那么发明和引进新游戏的人就会受到特别的尊敬,我们把这些人称为社会的害人虫丝毫也不为过。这样的人在你们背后不断地改变着年轻人的性格,唆使他们藐视古老的习俗,崇拜新颖的东西。我要再说一遍,对一个社会来说,没有比这种语言和观念更危险的东西了。请你们允许我解释一下这种罪恶有多么严重。

B

C

　　克利尼亚　你指的是对古老习俗公开表示不满吗?

D

　　雅典人　正是。

克利尼亚　呃，至少我们这些人会对这种呼吁置若罔闻。我们都会抱着最友善的精神聆听你的解释。

雅典人　那么我可以先说了。

克利尼亚　请吧。

雅典人　在讨论当前这个问题时，让我们超越一下自己，不要再在我们中间区分听众和讲话者。我们将会发现，除了从坏变成好，变化总是高度危险的，比如季节的变化、风向的变化、摄生法的变化、精神习惯的变化，总而言之，一切变化都是危险的，除了我刚才提到过的从坏变成好。我们可以思考一下我们的身体，想一想它熟悉各种各样的食物、饮料或身体锻炼方式的过程。身体一开始可能并不喜欢这些东西，但是摄生法的有用性在引导身体接受它们，身体与新的摄生法调和，对它们熟悉起来，从而使生活过得快乐与健康。但若一个人再次被迫发生改变，要使用别的得到认可的摄生法，那么他一开始会对新食谱造成的混乱感到恼火，然后再经过一段时间的熟悉才再次变得熟悉起来。呃，我们可以假定，同样的事情在人的理智和灵魂中也会发生。人们生来就处于某种法律体系之下，而这种体系又在某种幸福的神旨保佑下长期稳定不变，因此没有人记得或曾经听说过有某个时代的事情与他们自己所处的时代不一样，他们的整个灵魂充满着敬畏，不敢对已有的东西作任何改革。所以，立法者必须发明诸如此类的办法来保障共同体的利益，下面就是我就这一发现提出的建议。就像我们说过的那样，人们全都以为儿童玩耍中的新花样只是一种游戏罢了，而不把它看做一种最严重的、最可悲的罪恶的源泉，而实际上它确实是罪恶的源泉。于是，人们并不想方设法去阻止这种改变，而是一边抱怨一边听之任之。他们从来没有想到，这些玩新花样的儿童将来一定不可避免地会成为与从前时代不同的人，儿童身上的变化会诱使他们去寻求一种不同的生活方式，追求一套不同的体

制与法律。没有一个人想到由此带来的显著后果,因此我们刚才　D
称之为共同体的最大不幸。其他方面的变化若仅仅是外在的,那
么其后果当然不那么严重,但若对道德准则进行频繁的修正,则是
一种最大的变化,需要我们认真防范。

克利尼亚　是的,当然要。

雅典人　那么好,我们以前说过节奏和音乐是一种再现,用来
表达较好的和较差的人的气质,对此我们现在是否仍旧这样想?

克利尼亚　我们对这一点的信念仍旧和原来一模一样。　　E

雅典人　那么,我们必须使用各种手段来防止儿童在舞蹈和
唱歌中创造不同模式的欲望,也要防范可能有人引诱儿童去寻求
各种刺激,我们该不该这样说?

克利尼亚　完全应该。

雅典人　我们中有谁能够找到一种比在埃及使用的办法更好　799
的办法?

克利尼亚　那是什么办法?

雅典人　呃,就是把一切舞蹈和音乐神圣化。首先,节日必须
通过编制年历固定下来,要规定庆祝哪些节日,在哪些天庆祝,分
别荣耀什么神祇、神祇的儿子,或精灵。其次,某些部门必须决定
在庆祝某位神的节日里要唱什么样的赞歌,在节日仪式中要跳什
么样的舞。当这些事情都已经决定了以后,所有公民都必须公开　B
向命运之神和所有神祇献祭,向个别的神分别唱颂歌,献上庄严的
奠酒。如果有人想要违反这些法典的规定,在崇拜神灵时引进新
的颂歌或舞蹈,那么男女祭司将与执法官一道,以宗教和法律的名
义,把他从节日庆典中驱逐出去,如果被驱逐者拒绝服从,那么在
这些负责宗教庆典的人眼中,他将被终生视为不虔诚之人。

克利尼亚　这是对的。

雅典人　关于这种办法,我们在实施的时候必须十分小心。　C

克利尼亚　你担心什么?

雅典人　当一名年轻人——更不必说一名老人了——看到或听到某些不寻常、不熟悉的事情时,他不太像是马上就能解除困惑。他更有可能会停一下,就好比独自旅行或与同伴一道旅行来到了十字路口,也没有人确切地知道该往哪里走,这时候他会停下来向自己提问,或者把自己的疑问告诉同伴,在没有形成一个这条道路到底通向哪里的确定看法前,他会拒绝继续前进。这也是我们当前的处境。现在产生的一个法理问题是很独特的,对这个问题我们当然必须彻底考察,我们这把年纪的人一定不要随意充满自信地坚持说自己能够轻而易举地解决这个问题。

克利尼亚　你说得很对。

雅典人　所以我们要暂时搁置这个问题,在进行一番其他的考察后再来作决定。更何况,我们不希望我们的整个立法被摆在我们面前的这个论题无谓地打断,所以我们的立法工作仍旧要坚持到底。确实,由于上苍的仁慈,当整个讨论到达终点时,对我们当前这个问题的回答也许就出来了。

克利尼亚　先生,你的建议很好。让我们就这么办。

雅典人　我说,让我们先把这个悖论当作一个前提接受下来。我们的歌曲已经成了"经典",以往时代的人也曾把某些弦琴的曲子称作经典,由此可见,他们对所谓经典的意思并非完全陌生。有些人可能在梦中看到真理,或者在醒着的时候看到异象。简言之,让我们假定有这样一条法规,任何人都不得违反有关歌曲、祭仪、青年歌舞表演的公共标准,无论是唱歌还是跳舞,都不得超越我们法典的规定。遵循法律就能畅通无阻,违反法律就要受到惩罚,由执法官和男女祭司执行,这是前面提到过的。现在我们可以把这一点确定下来吗?

克利尼亚　可以。

雅典人　那么在这些事情上,人们可以确定什么样的他自己不会违反的法律统治呢? 这是需要考虑的另一个相关的要点。我们最安全的办法是从设想一些典型案例开始,让我先设定下面这个例子。假定献祭已经进行完了,牺牲已经按照法律的要求焚烧,而就在这个时候有些崇拜者——儿子或兄弟——突然出现在祭坛前,又献上一些祭品,这种做法完全是一种亵渎。我们难道不可以说,在这个时候他的父亲或其他族人都会感到惊愕、沮丧、灰心、不祥,急于把心中的愤怒说出来?

C

克利尼亚　确实如此。

雅典人　确实,在我们这个世界上,几乎所有社会都有这种情况发生。执政官刚以公众的名义进行献祭,而这时候就有一支歌舞队,或者有许多歌舞队,转了过来,他们不是远离祭坛,而是经常来到祭坛旁,把庄严的仪式变成纯粹的亵渎,用他们的语言、节奏和阴郁的琴声折磨听众的情感,而最成功地使这个刚献祭过的城邦突然流泪的歌舞队还将被判定为胜利者。我们一定不能赞同这种做法。如果我们的公民确实需要在某个历法规定的哀悼日听这样的哀乐,那么更恰当的做法是从国外雇一些人来表演,就好像在举行葬礼时雇一些吟游诗人来表演卡里亚音乐。我认为,这样的安排也可以用于我们讨论的这种表演,我还可以说——我们还是尽快把这个论题打发了吧——在表演这些哀歌时的恰当打扮不是花冠和金色的服装,而是正好相反。我想要再次问我们自己的惟一问题是,我们对这第一条有关颂歌所做的典型规定是否满意,颂歌应当……

D

E

克利尼亚　应当什么?

雅典人　应当用吉祥的语言。我们确实可以规定,我们的颂歌应当是完全吉祥的。或者说,我不需要重复这个问题,只要把这条规则定下来就行了。

801

克利尼亚 没问题,你可以这样做。对你的建议我们全都投赞成票。

雅典人 我们的第二条规定是什么? 献祭完了以后必须向有关的神祈祷,是吗?

克利尼亚 显然是的。

B **雅典人** 我想,第三条规定是,我们的诗人必须明白祈祷是向一位神发出的请求,因此应当十分谨慎,千万不要漫不经心,心里明明想的是要祈福,但却发出诅咒声。你知道,对神做这样的祈祷是十分可笑的。

克利尼亚 当然。

雅典人 我相信,前不久我们指出圣地或我们在城里的居所都一定不要拥有金银财宝,对此我们感到满意。

克利尼亚 我们是说过这样的话。

雅典人 现在我们要问,这个论断想要说明什么原则? 其中的涵义不就是诗人并不是判断善恶的最能干的法官吗? 因此在这种时候用错误语言和曲调的诗人——他们会做出错误的祈求——

C 当然会引导我们的公民违反我们制定的有关在这个神圣时刻进行祈祷的法规,尽管我们刚说过,很难再发现比这更严重的错误了。我们下面还要不要再添上另一条典型的有关音乐的法规,以产生这样的效果?

克利尼亚 产生什么样的效果? 你要是能说得更清楚些,那我们会很高兴。

雅典人 任何诗人不得创作违反法律规定的不符合公共标准

D 的作品,这些标准就是正确、高尚、优良,也不得在将其作品送交负责审查的官员和执法官审查,并得到批准之前就随意向他人表演。这些审查官实际上是我们在选举负责音乐的官员和教育总监时任命的。把问题再重复一遍,我们要不要把这条规定当作我们立法工作的一条典型法规,或者你有什么要说的吗?

克利尼亚　呃,当然要做出这样的规定。

雅典人　一旦做出了这些规定,就可以恰当地向诸神敬献颂　E
歌,还有伴随着琴声的赞扬和祈祷。在诸神之后,精灵和英雄同样
也能得到恰当的祈祷和赞颂。

克利尼亚　确实如此。

雅典人　下一步,我们可以直截了当地制定下列法规,而不必
再有所顾忌了。终生不懈地追求这些身体的或心灵的目标并服从
法律的公民,将受到我们的赞扬。

克利尼亚　呃,当然了。

雅典人　至于那些还活着的人,在他们的整个生命尚无一个　802
光荣的终点时就用颂歌奖励他们是冒险的。所有这些荣誉都应当
同样奖励给有杰出善良表现的男女。有关歌舞的法规应以下列方
式决定。较早时代的音乐在古代诗歌中有非常丰富的内容,古代
的形体舞蹈也有很丰富的内容,从中我们可以非常自由地选择与　B
我们正在建构的这个社会相适应的东西。应当任命一些不小于五
十岁的人来进行选择,由他们决定哪些令人满意的古诗可以接受,
而那些被认为有缺陷的或完全不适用的诗歌,有些可以完全排除,
有些则可以按照诗歌和音乐专家们的建议作某些修改。我们应当
充分利用这些专家的诗歌才能,不过,除了少数情况外,我们不能
相信他们的嗜好或喜爱,而要抱着立法者的目的使我们自己成为
解释者,制定舞蹈、歌曲、歌舞活动的整个规划,使之与我们的目的　C
尽可能吻合。任何未经规范的音乐活动在这种制度下都会得到无
限的改进,哪怕没有添加任何音乐的甜食,喜悦则是所有相同类型
的音乐都能提供的。如果一个人自幼年起,直到有理智的责任年
龄为止,一直熟悉严肃的古代音乐,那么他会排斥与之相反的音
乐,斥之为野蛮的声音;但若他从小听着流行音乐长大,亦即令人　D

发腻的那种音乐,那么他会感到与之相反的音乐是僵硬的、令人不快的。因此,如我前述,这两种类型的音乐从人们的喜欢与不喜欢的角度来看,无所谓有利与无利,我们额外需要考虑的就是一种音乐通常使人变成比较好的人,另一种音乐通常使人变成比较坏的人。

克利尼亚　完全正确。

E　　**雅典人**　我们还有必要进一步粗略划分两种类型的歌曲:适宜女性的歌曲和适宜男性的歌曲。我们也必须给这两种歌曲提供恰当的音调与节奏。如果一首作品的整个音调或节奏不对头,那么确实是件可怕的事,就好像我们的各种歌曲在这些方面都没有得到恰当的处理。所以,我们必须进一步针对这些要点立法,以一般纲要的方式。现在我们完全有可能对两种歌曲从这两个方面进行规范,但是把什么样的歌曲指定给女性是由天然的性别之差来决定的,因此这种天然的差别应当成为我们区分两种歌曲的基础。据此,我们要把雄伟庄严的歌曲归于勇敢的男性,而我们的法律和理论传统上把整齐和纯洁专门归于女性。这方面的立法就说到这

803　　里。下面,我们必须考虑音乐的教育与灌输,比如各个音乐部门的教育如何进行,教给谁,在什么时候进行,等等。你知道,造船始于安置显示整只船的轮廓的龙骨,我感到自己现在做的工作与此相

B　　同,我尝试着为你们奉献一个人类生活的纲要,以此回答人为什么有不同的性格类型。通过具体考虑要凭借什么工具或生活方式来使我们在时间海洋中的航行达到最佳目的,我确实安置了龙骨。当然,人生这件事也许不配过分严肃地对待,但我们不得不认真对待,否则就会有遗憾。还有,由于我们已经在这个世界上,变化无常的世事无疑都表明这种认真的态度是恰当的。但在这个地方,我可能会碰到这样一个非常恰当的问题:你这样说到底是什么意思?

克利尼亚　你确实会碰上这个问题。

雅典人　呃,我的意思是,我们应当对严肃的事情保持严肃的 C
态度,而不要把我们的严肃浪费在一些微不足道的小事上。一切
有益的、严肃的努力都以神为真正的目标,而人,如我们前面所说
的那样,只是被创造出来作为神的玩偶,这实际上对人来说是最好
的。所以,我们所有人,男人和女人,都必须发挥我们的作用,很好
地生活,使我们的“游戏”尽可能完善——这个说法把流行的理论
完全倒转过来了。

克利尼亚　倒转? 以什么方式倒转? D

雅典人　当前流行的说法是我们要严肃对待我们的游戏,而
战争虽然是一种严肃的工作,但由于和平的缘故而必须予以排除。
实际上,我们在战争中并没有发现,也决不可能发现任何真正意义
上的游戏与教育,而游戏与教育是我们这样的生灵最严肃的工作。
因此,我们应当在和平中度过一生中的大部分时间,而且要过得幸
福。那么,我们的正确办法是什么呢? 我们要在玩游戏中度过我
们的一生——我指的是某些游戏,亦即献祭、唱歌、跳舞——由此 E
获得上苍的恩宠,并且在我们不得不与敌人战斗时,驱逐敌人和征
服敌人。哪一种歌曲和舞蹈能同时获得这两种效果,在前面的纲
要中我们已经提到了一部分。也就是说,道路已经开辟,我们所需
要做的就是沿着这条道路前进,像那位诗人那样深信不疑。他说: 804
“你自己心里仔细考虑,神明也会给你启示;我深信不疑,你出生和
长大完全符合神明的意愿。”①

我们抚养的这些婴儿必定也在诗人的考虑之中。这些孩子肯
定会相信我们已经说过的这些话,这些话已经达到目的了。此外,
他们会受到鼓励,神明也会光顾他们,比如在他们献祭和跳舞的时 B

---

①　荷马:《奥德赛》,第3卷,第26行。

候,或者在其他时间,受到荣耀的诸神会给他们启示。他们通过玩他们的游戏来赢得上苍的青睐,真实地过完他们的一生——他们主要是玩偶,但也具有一些真实的存在。

麦吉卢　先生,我必须说,你把我们人类说得太可怜了。

雅典人　不要大惊小怪,麦吉卢。你对我要宽容,我心灵的眼睛看到神就在我面前,感到自己就像我说过的一样。然而,如果你

C　也有这种感觉,那么人就不那么微不足道,而是比较重要的了。

再继续说我们的主题。我们已经安排了三所公共学校,城里有它们附属的训练场地,城外也有三个训练场地,还有宽大的练习骑马的场地,适宜使用弓箭和其他远距离武器,我们的年轻人在这里可以学习和练习;或者说如果这些场地都还没有修建好,那么就

D　让这些年轻人学习我们的理论以及与此相应的法规。要给孩子们指派各个科目的教练和指挥员,这些人是雇来的,拿薪水的,不是城邦的公民,来听他们课的男孩子必须学习完整的战争技艺和音乐课程。如果做父亲的有这样的愿望,那么他的孩子倒是可以豁免这种教育。我们说,教育对每个母亲的儿子都是强制性的,原因

E　在于儿童比他们的父母更是国家的财富。你们要注意,我的法律在各方面也适用于女孩,女孩也应当接受与男孩一样的训练。在讲述我的理论时,我不想对骑马或体育训练有什么保留,视之为适宜男子而不适宜女子。事实上,我完全相信那个古代的故事,我确

805　实也知道今天仍有成千上万的妇女生活在黑海周围,她们被称作萨玛提亚人,不仅精通骑术,而且弓箭娴熟,使用起各种武器来决不亚于她们的丈夫,她们同样是有教养的。如果这样的事情是真的,那么我要说在我们世界的这个部分当前的做法极为愚蠢,因为在这里男人和女人并不联合起来以他们的全部精力从事相同的事业。事实上,在我们现有的各种城邦制度中,几乎每个城邦都

B　可以发现自己只是半个城邦,而在探险和处理麻烦时它们要付出

的代价是相同的。这对立法者来说是一种多么令人吃惊的景象啊！

克利尼亚　呃，先生，我们现在提出来的许多建议好像与我们的风俗习惯不一样。然而，你提出有权继续论证你的建议，在它还没有完成之前，不要由我们来作裁决。这个建议是非常恰当的——鉴于这个原因，我对我当前的观察感到自责。所以还是请你按照自己的想法继续说下去。

雅典人　克利尼亚，我说过，我的想法是，如果事实不能充分地表明我们的建议是适用的，那么就有理由驳斥这种理论。因此，对拒绝我们建议的反对者来说，他必定会按照不同的思路来看待我们的建议。这样的策略并不会阻碍我们坚持我们的原则，在教育问题上和在别的事情上一样，女性一定要和男性完全结合在一起。事实上，我们还可以从别的角度来处理这个问题。如果女性不和男性一道参与生活的方方面面，那么我们必须为女性提出某些不同的纲领，难道不是吗？

克利尼亚　确实如此。

雅典人　我们刚才提到的男女同伴关系在现有体制中有不同的表现，那么我们应当喜欢哪一种呢？是色雷斯人和其他许多民族遵循的体制吗，妇女耕种土地，照看牛羊，做各种仆人做的事，完全像奴隶一样？或者说是在这个世界上我们这个部分普遍实行的做法？你们知道我们在这方面的习俗。如谚语所说，我们把所有财产全都"收藏在一所房子里"，让我们的妇女管理库房，负责纺纱织布。或者说，我们也许应当走一条中间道路，通过投票来决定这件事，麦吉卢，就像你们在拉科尼亚所做的那样？你们的妇女从小就要接受体育和音乐的训练。等到长大了，你们并不让纺织羊毛的工作占据她们的所有时间，而是让她们过一种复杂的生活，这种生活需要训练，而且远不是下贱的或琐屑的，她们要学一部分医药

知识，要学会贮藏，要学会养育儿童，但并不参与战争。不过，这样做的实际结果是，如果环境一旦逼迫她们参加保卫城邦和儿童的

B 战斗，那么她们就不能像亚马孙人那样娴熟地射箭或投标枪。她们甚至不能模仿我们的女神拿起长枪和盾牌，从容镇定地而又勇猛地捍卫受到蹂躏的祖国，以她们武士的英勇形象令侵略者闻风丧胆，难道不是吗？至于萨玛提亚人，你们的妇女在生活中决不会

C 冒险模仿她们，与你们的妇女相比，她们做的工作应当由男子来做。这些男人倒像是会赞同你在这件事情上的立法。我只能把我想到的都说出来。立法者应当彻底，不能半心半意，他一定不能在为男性立法之后，就把另一种性别的人当作放荡的奢侈生活的工具和取乐的对象，这样做的结果必然使整个社会的幸福生活只剩下一半。

麦吉卢　我们该怎么办，克利尼亚？听到这位客人把我们斯巴达糟蹋成这个样子，我们还必须忍受下去吗？

D 　　**克利尼亚**　我们确实要忍受下去。我们允许他拥有言论自由，所以我们必须让他说下去，直到我们对立法的考察圆满结束。

麦吉卢　我承认，你说得对。

雅典人　那么又该轮到我说话了。

克利尼亚　是的，没错。

雅典人　那么，这些人的生活会是个什么样子？他们的生活必需品要得到恰当的配给，他们的工作与技艺要由别人来掌握，他

E 们的土地要由奴隶来耕种，奴隶们把土地的出产当作地租交给这些有理智的人享用；还有，公共食堂建起来了，有些食堂是他们自己使用的，有些邻近的食堂供他们的家庭成员使用，包括他们的女儿和他们女儿的母亲；男女公民都有自己的首领，他们的法定职责

807 是每天检查和监督人们在食堂里的行为，然后宣布就餐结束，这时候，公民首领要率领众人向该日的神明奠酒，然后就回住处上床睡

觉。什么时候能对他们做这样的安排,除非他们没有必要的和恰
当的工作要做? 他们中的每个人都像关在厩里的公牛一样度日,
把自己养得胖胖的吗? 不,我要说,这样做既不正确又无可能,过
着这种生活的人必定会错失他既定的命运,成为一只愚蠢的、懒惰
的、肥胖的野兽,这种野兽一般都是其他野兽捕食的猎物,而那些　　B
费尽气力、冒着危险去捕捉猎物的野兽是精瘦的。现在,我们若想
继续努力寻找完全实现我们已经提出来的纲领的办法,那么我认
为,只要还存在属于个人的妻子儿女和房屋家产,我们的纲领就决
不可能实现。还有,如果可以确信我们现在描述的这种状况虽然
不是最好的,但却是次好的,那么我们确实已经可以结束了。　　　C

　　然而,我认为有一项工作要留给那些领导这种生活的人去完
成,这项工作决非微不足道的或最卑贱的,正义的法律已经任命他
们从事这项最重要的工作。那些立志在奥林匹克赛会和庇提亚赛
会上取胜的人,他们的生活不会给其他任何工作留下闲暇,而在我
们已经描述过的与各种身体和心灵的德行有关的锻炼中有着双倍
的,或者更多的活动。附带做其他事情是不允许的,以免妨碍身体　　D
的必要锻炼和摄生,或心灵的必要学习和惯常的约束。那些以此
为惟一的事业,想要从中求得最圆满的结局的人总是感到时间不
够用。由于这种状况,所以每个自由的公民都需要有序地安排他
的所有时间,必须每天从早晨开始,不间断地一直执行到黄昏和日
落。当然了,如果立法者屈尊去对家务管理发布大量琐碎的指令,　　E
其中包括睡觉方面的限制,如何始终保持警惕以保障城邦安全,等
等,那么立法者会显得缺乏尊严。事实上,如果哪位公民整夜睡大
觉,不让他的仆人们看到他始终醒着,或者知道他是整个家中最早
起的人,那么这种行为必须被一致认定为是可耻的,是与自由民的　　808
高贵品质不相称的,这种规定应当视为法律,或者视为习俗。尤其
是,家庭的女主人应当最早醒过来,她的贴身女仆在早晨把她叫

醒,而她再去叫醒整座房子里的其他所有人,只有做到这一点,所

B　有仆人,包括男女仆人和童奴才会感到睡懒觉是可耻的。大部分
公共和私人事务肯定应当在晚间到入睡前进行,官员们处理公务,
男女主人在家中处理私事。过多的睡眠确实对我们的身体和心灵
不利,因为要做的事情实在太多了。事实上,睡着了的人只能算一

C　具尸体。人应当用各种身体和心灵的活动来尽可能保持清醒,只
留下保持身体健康所必需的睡眠,如果有良好的习惯,这种必要的
睡眠时间并不太多。公共官员们在夜晚保持清醒可以使坏人感到
害怕,无论是敌人还是公民。这种对公义和美德的敬畏既给公民
自己带来好处,也给他们的整个国家带来好处。

关于夜晚我们就谈到这里,除了已经说过的,我们还可以说,
以这种方式过夜有助于培养各式公民的勇敢精神。随着白昼的返

D　回,男孩子们可以去上学。正如羊群或其他畜群不可无人牧养,所
以男孩子不可无人照料,奴隶不可没有主人的看管。在一切年轻
的生灵中,男孩子是最难对付的。这是因为与其他生灵相比,他有
一个还不能"清澈地流淌"的理智的源泉,他是最狡猾的、最惹是生

E　非、最不服管教的野兽。所以我们可以说,这种生灵要用不止一条
马勒子来约束,他一离开母亲和保姆的怀抱,就要有人照看,这个
时候他是幼稚无助的,等他长大一些,就要有许多老师来教育他,
使他成为一个自由民。还有,如果有自由民发现他犯了过错,那么
对他,以及对照料他的人和他的老师,都要给予处罚,就像处罚奴
隶一样。如果他逃避这样的矫正,那么人们会认为这首先是他自

809　己的奇耻大辱。还有,男孩子若是犯了不需要强制性矫正的过错,
那么负责管教男孩的执法官会召集在场的人来确认,这位执法官
必须眼光敏锐,忠于职守,努力监督对男孩子的训练,使他们的天
然品性走上正道,使他们成为善良、守法的公民。

至于这位执法官本人又如何充分接受法律的指导的呢? 尽管

在与执法官有关的地方，法律一定会出现，但到目前为止，法律的　B
声音既不清楚，又不充分，而只是说出了一部分内容，法律要把所
有的内容传授给执法官，再由执法官向其他人作解释，并加以执
行。现在，我们已经处理了歌舞技艺，亦即唱歌和跳舞。我们已经
说了应当选择什么类型的歌舞，并加以修改和神圣化，但我还没有
来得及告诉你们这些最高贵的教育指导者应该如何对待那些没有
音步的作品，哪些应当由你们来管理，管到什么程度。你们确实已　C
经知道他们的军事课程和训练必须是什么样的。但是他们必须首
先知道字母，其次是知道七弦琴和音韵，我们说过，所有人都要掌
握这些战争、家庭事务、公共管理所需要的东西，以及关于天体——
日月星辰——运行的知识，这种知识对上述目的也有用，任何城邦
都必须处理这些事务，对吗？你们问的是什么事务？把日分成月，　D
把月分成年，使得季节、各季的献祭与节庆，都能适合真正的自然
秩序，按时进行庆典，使城邦保持活力和警醒，使诸神得享荣耀，使
人在这些事务上的理智取得进步。我的朋友，这些问题就是立法
者还没有给予充分回答的地方。我现在要说的事情，你们要更加　E
注意。

　　我们已经说过，你们的指示有缺陷，首先是阅读和书写。那么
我们抱怨的这种缺陷是什么呢？这就是到现在为止还没有人知
道，男孩子作一名体面的公民是否必须掌握阅读和书写，七弦琴的
问题也一样。好吧，让我们来告诉你们，这些学习一定不能放弃。
从十岁开始，花三年时间学习阅读和书写对男孩子来说是很适宜
的，如果从十三岁开始学七弦琴，那么再花三年时间也就足够了。　810
无论男孩本人和他们的父母喜欢还是厌恶这些学习，都不能延长
或缩短规定的学习时间，延长或缩短这个学习期限是违法的，不服
从这条法规就要被赶出学校，对此我们马上就会讲到。在这三年
中老师要教哪些具体内容，或者学生要学哪些具体内容呢？这就

B 是你们要从我们的回答中首先听到的东西。他们当然必须学习字
母,直到能够阅读和书写,但是在已经规定了的时间内,如果这种
自然的进步比较慢,那么在这种情况下也就不要坚持在这方面迅
速达到圆满的地步。至于要不要学习那些没有音乐伴奏的作品,
无论是有音步的还是没有节奏划分的——这种作品实际上就是用
C 简单的话语写成,而没有节奏或音调方面的修饰——之所以提出
这个难题,乃是因为我们有许多这样的作品,这些作品是由我们的
许多作者留传下来的。那么,尊敬的执法官,你们会如何对待这些
作品呢? 或者说立法者会命令你们去处理,但如何处理才是正确
的呢? 我感到,这些作品给他造成的困惑非同小可。

　　　克利尼亚　先生,请告诉我们难在哪里? 你显然是在谈论一
种个人的难处。

　　　雅典人　是的,克利尼亚,确实如此。你们说得对。你和你的
朋友在这场立法讨论中是我的同事,所以我必须坦率地告诉你们
我在什么地方有难处,什么地方没有。

D 　　　**克利尼亚**　好吧,但是你为什么要在这个时候提到这一点?
是什么在使你感到要这样做?

　　　雅典人　呃,问题是这样的。要反对成千上万的声音决非易
事。

　　　克利尼亚　神明保佑,你认为我们已经谈论过的立法只是在
一些小事情上与流行的观念有矛盾吗?

　　　雅典人　是的,确实如此。我认为,你说过,尽管会有许多人
反对我们的立法之路——认为这条道路很有吸引力的人也许很
E 多,也许很少,但至少不会没有——而你要我参加少数派,并勇敢
坚定地沿着我们当前讨论的道路前进,不要退缩。

　　　克利尼亚　我确实这样说过。

　　　雅典人　那么就不许退缩。请记住我的话。我们有大量诗

人,有些写六音步诗,有些写抑扬格三音步诗,总之,各种音步的都有,有些低沉,有些高昂。在他们这边,有成千上万个声音,而那些正在接受正确教育的年轻人都应当学习这些诗歌,要通过这种学习来提高,他们的阅读课必须使他们广泛地熟悉这些诗人的作品,对这些诗歌作研究;所有诗人的作品都必须用心背诵。还有一些人编辑诗人的文集,或者把所有诗歌汇编在一起,他们说,我们的年轻人必须熟悉这些文献,要勤奋学习,背诵和牢记这些诗歌,使自己成为善良聪明的人。这些人一定会要求我直截了当地告诉他们这样做是对还是错,而这也正是你们现在要我做的事。

克利尼亚　是的。

雅典人　我怎么可能用一句话来说清这个问题呢？情况很有可能是这样的——我想每个人都会同意这个说法。在每个诗人的作品中,都有一些很好的东西,也有一些不那么好的东西。但若是这样的话,我必须告诉你们,这种广泛的学习对我们的年轻人就包含着危险。

克利尼亚　那么你对我们的执法官会如何提出建议呢？

雅典人　向他提建议？什么方面的？

克利尼亚　一个选择的标准,使他可以依据这个标准允许所有年轻人学某个作品,或禁止他们学习某个作品。把你的想法告诉我们吧,不要犹豫不决。

雅典人　我亲爱的克利尼亚,我大胆地认为自己走在一条幸运的道路上。

克利尼亚　你幸运在什么地方？

雅典人　我幸运在没有完全丢失标准。回顾你我从早晨一直进行到现在的这场讨论,我真的相信有神明在指导我们,不管是个什么样子,我感到我们的讨论就像一首诗。我要大胆地说,回顾由我创作的这一宏伟篇章,如果我可以这样说的话,那么我有如此强

811

B

C

D

烈的快乐感就丝毫也不奇怪。事实上,在我曾经阅读或聆听过的
所有作品中,我发现它是最令人满意的,也是最适宜年轻人聆听
的。所以我确实认为,我不可能再向我们的执法官和教育官提出
更好的标准,或者在他指令学校的老师们把它教给学生以后,还要

E　求他做得更好些,或者要求他从我们那些非韵文的文献中去寻找
与我们诗人创作的诗歌中相关的和相同的东西,乃至于从那些与
我们当前讨论相似的未成文的简单讨论中去寻找,不是放弃它们,
而是使之成文。他应当首先强制性地要求那些教师本人学习我的
作品,理解它。那些对这篇作品不满意的教师,他一定不能雇来作
为他的同事;那些与他自己的理解相一致的教师应当雇佣,把指导

812　和教育年轻人的事情托付给他们。说完了这些,我关于阅读和理
解,以及关于教这些科目的教师可以告一段落了。

　　　克利尼亚　先生,如果有人要对我们公开声称了的意向作判
断,那么我相信,我们已经沿着最初确定的路线进行了讨论。至于
我们整个态度是对还是错,那是很难判定的。

B　　　**雅典人**　呃,克利尼亚,再重复一下我讲过不止一次的话,一
旦我们关于立法的考察抵达终点,这个问题自然而然也就比较清
楚了。

　　　克利尼亚　对。

　　　雅典人　那么我们能否撇下教字母的教师,把我们的讨论转
向教弦琴的老师呢?

　　　克利尼亚　务必如此。

　　　雅典人　好吧,关于教这种乐器的老师,我想,如果我们回顾
一下我们前面的论断,我们可以恰当地把他们的功能确定为指导
员,或者更一般地称他们为这种教育的教练员。

　　　克利尼亚　请你告诉我,我们在前面说过什么?

　　　雅典人　呃,我记得我们说过"狄奥尼修斯的歌舞队",其中那

些六十到六十九岁的人需要对节奏和音调的结构格外敏感,以保 C
证他们有能力辨别灵魂在情感的压迫下对音乐的模仿是好还是
坏,也就是说要能区别善的灵魂的模仿和恶的灵魂的模仿,要拒斥
第二种,公开地进行第一种灵魂对音乐的模仿,使这些颂歌能吸引
年轻人的心灵,使他们都能通过这种方式的模仿追求美德。

克利尼亚　你说得确实很好。

雅典人　那么,这就是教师和学生都必须使用七弦琴的音符 D
的目的;他们必须这样做,以便从它的琴弦提供的东西中获益,因
此也必须使琴弦发出的音调与那些歌声的音调一致。至于各种各
样的复杂乐器——琴弦产生一种音调,歌曲的创作者发出另一种
音调,八度音内的或八度音外的,音程较长的或音程较短的,短音
符或长音符,低音调与高音调,还有各种伴奏乐器的复杂节奏—— E
不能让学生使用,因为学生们想要在短短三年时间的音乐学习中
获益。使用如此复杂的乐器会使学习进展缓慢,让我们的年轻人
学习简单课程是绝对必要的,我们已经给他们规定的强制性课程
已经不少,而且也不容易,就好像我们的讨论一样,要在规定的时
间内完成。所以,这些事情就让我们的教育官员按照已经确定的
路线去监督执行。至于具体的音调和歌词就由我们合唱队的教练
去教,关于这些歌词的性质,我们也已经充分讨论过了。你可能记 813
得,我们说这些歌词必须神圣化,用于恰当的节庆,为社会提供快
乐,那才是真正的幸运。

克利尼亚　你说的同样很正确。

雅典人　是的,绝对正确。所以我们选择的音乐教练会监管
这件事,愿命运之神给他赐福! 而我们还要做的事是把我们已经
说过的跳舞和一般的身体锻炼进一步具体化。我们通过增添对教 B
师的指导对我们处理音乐作了补充,关于身体方面的教养我们也
要做同样的事。当然了,男孩和女孩都必须参加跳舞和身体锻炼,

是吗?

克利尼亚　是的。

雅典人　所以男孩子跳舞要有男教师,女孩子跳舞要有女教师,这是一种很方便的安排。

克利尼亚　我没有疑义。

雅典人　那我们要再次向我们工作最繁忙的教育官提出要
C 求。他对音乐和身体训练的监管会使他非常忙碌。

克利尼亚　随着年纪增长,他还有可能管那么多事吗?

雅典人　噢,他还很轻松。法律允许他选择任何男女公民来与他一道完成这些工作,他实际上也已经这样做了。他知道什么样的人适宜做这样的工作,不希望在这些事情上犯错误,他也会忠
D 于职守,明白这项工作的重要性。他一生坚信,只要年轻一代能够不断地健康成长,我们的国家这艘大船就会顺利地航行;如果不是这样的话,那么结果最好就不用提了,在我们建起来的这个城邦里,我们也一定要提防这些凶兆。关于一般的跳舞和身体训练,这个主题我们自己也已经说了许多。我们讲到了体育和各种军事训
E 练,练习射箭、投掷标枪、轻装侦察、步兵战斗、战略战术、野外行军、安营扎寨,以及骑兵的各种训练。事实上,所有这些学习都需要有可以向国家领薪水的公共教师,他们不仅要教男孩子和男人,还要教女孩子和女人,妇女也必须得到所有这些知识。女孩子从小就要充分练习舞蹈和戴盔甲的战斗,长大了要参加军事指挥、集
814 体操练,还要使用各种武器。如果没有别的原因的话,这样做的理由只在于一旦形势要求我们全体公民参加城外作战,那么保卫整座城市的任务就会落到儿童身上,女孩子也要能担当起这个任务。另一方面,如果有大量希腊人或外邦人入侵——这种情况并非绝
B 对不可能——那么必定会有保卫城邦的激烈战斗,如果城邦的妇女没有训练好,乃至于连母鸡面对最危险的野兽或其他任何危险

冒死保护小鸡那样的勇气都没有,如果她们只是朝着神庙狂奔,坐在祭坛和神龛前,那么这种表现确实是城邦的奇耻大辱,是人类最卑贱的表现。

克利尼亚　呃,先生,这种表现在任何城邦都不可能被视为光荣的,更不要说它是极为可悲的了。

雅典人　那么,我们可以针对这种情况制定一条法律,我们的妇女不能忽视战争的技艺,所有公民无论男女都必须参加军事训练,是吗?

克利尼亚　不管有多少人支持你的观点,反正我是支持的。

雅典人　关于摔跤我们也已经谈过了,尽管不用真实的演示很难对摔跤作出解释,但在我看来它绝不是最重要的。所以我们把这个问题放一放,直到理论与实践的结合使整个主题都已经清楚地得到说明,到那个时候哪一种摔跤与军事战斗有更加紧密的联系也就清楚了。要知道,我们学习摔跤的目的是为了军事,而不是军事以摔跤为目的。

克利尼亚　最后一点说得很好。

雅典人　关于摔跤的价值我们就暂时说到这里。至于别的全身运动——称之为舞蹈大体上是恰当的——我们必须记在心里。它有两种:一种是庄严的,用适宜的形体动作来表达某种意思;一种是荒唐的,用不适宜的形体动作来表现。进一步区分,喜剧和那些严肃戏剧中的舞蹈又可分别分成两种。在严肃的戏剧中,一种舞蹈用适宜的形体动作来表现战争,由勇敢、坚忍不拔的灵魂来承担;另一种舞蹈则表现繁荣昌盛的快乐,由有节制的灵魂来承担,后者的恰当名称是“和平舞蹈”。战争舞蹈的性质与和平舞蹈不同,可以恰当地称作“出征舞”。它刻画了各种躲避敌人的打击和躲闪飞矢走石的姿势,扑倒、跃起、下蹲,等等,也刻画了与此相反的各种进攻姿势,再现射箭、投标枪、拳打、脚踢,等等。在这些舞

B 蹈中,直立稳定的姿势代表良好的身体和心灵,四肢在这种姿势中基本上是笔直的,我们称之为正确的姿势;而那些与此相反的姿势则是错误的。在和平舞蹈中,表演者的成功与否这个问题取决于他的舞蹈方式是否优雅,能否通过舞蹈使他成为遵守法律的人。所以,我们首先要在有问题的舞蹈和没问题的舞蹈之间划一条界

C 线。因此,这个区别是什么? 这条界线应当划在哪里呢?

酒神信徒的舞蹈以及类似的舞蹈被称作"笑剧",由喝了酒的信徒表演,他们化装成宁妇、潘、西勒诺斯,或者萨堤罗斯①,作为某些祭仪和入会仪式的一部分,很难说这些舞蹈的风格属于战争

D 舞还是和平舞,也很难确定它有什么目的。我想,最正确的办法是把它与上述两种舞蹈区分开来,宣布它不适合公民,把它搁在一边,然后再回过头来讨论无疑与我们相关的战争舞与和平舞。另一类舞蹈包括用非军事的技艺来崇拜诸神及其后代,表达一种良

E 好的意愿。这类舞蹈可以分成两部分:一部分表达逃离艰难险阻以后获得好运,其中洋溢着的快乐比较强烈;另一部分表达保持和增加已经拥有的幸福和愿望,其中包含的快乐更加平稳。我们知道,处在这种情况下的人身体都会运动,快乐愈强烈,动作愈激烈,快乐愈不强烈,动作愈不激烈。还有,理智愈清醒,受过的艰苦训

816 练愈多,动作愈不激烈;愈是感到害怕,受过的艰苦训练愈少,动作就愈激烈。但是一般说来,凡是使用语言器官的人,无论是唱歌还是讲话,都不能保持身体的绝对静止。因此,借助身体的姿态和姿势可以表达意思,舞蹈艺术的本质就在于此。在各种情况下,有些人的身体姿势与他说话的时间和音调保持一致,另一些人则不能

---

① 在希腊神话中,宁妇(Nymph)是仙女,潘(Pan)是山林畜牧神,西勒诺斯(Sileni)是森林之神,萨堤罗斯(Satyrus)是半人半羊的神。在酒神节时,酒神信徒经常扮成它们的形象歌舞。

保持一致。因此，我们实际上可以用许多传统名称来高度赞扬这　　B
些舞蹈的卓越表现，其中之一就是表现繁荣昌盛的那种舞蹈，人们
在快乐中仍旧能够保持分寸。我们应当表扬这些名称的发明者，
无论他是谁，他们道出了这些名称的真理和音乐味，哲学的洞见使
他们把优秀的舞蹈总体上定义为和平的，然后开始区分两种舞蹈，
赋予它们恰当的名称，一种是战争舞，或者称作"出征舞"，另一种　　C
是和平舞，或者称作"祝捷舞"。立法者必须以提要的方式处理这
些事务，而执法官要使它们成为人们学习的对象。他的考察应当
带来舞蹈与其他音乐形式相结合的结果，给每一种献祭庆典规定
恰当的尺度，按既定过程把整个安排神圣化。因此，舞蹈和唱歌都
不需要任何新花样。不，我们的公民和城邦必须通过享有同样的
快乐和过同样的生活来保持同一，他们全都要能说一样的话，享受　　D
一样的幸福和快乐。

　　这就是我们关于歌舞队表演的结论，这种表演要有健美的身
体和高尚的心灵。但我们无法不注意到那些丑陋的身体和灵魂的
表演，艺人在朗诵、唱歌、舞蹈中的荒唐、滑稽、粗俗的表演所带来
的讽刺效果更是我们要加以检查的。一个人要想形成判断，如果
不了解虚假就不能更好地理解真诚，二者是相反相成的；但另一方
面，想要追求善的人，不可能同时产生虚假和真诚，而求善在任何　　E
时候决非小事。人们必须了解这些事情的原因在于不能因为无知
而受骗，以至于说出荒唐的话或做出荒唐的事来。我们要下令，这
些表演应当留给奴隶或雇来的外国人，也不必当真。任何自由人，
无论男女，都不要去学习这种表演，而这种表演总是花样百出。喜　　817
剧这个名称一般指的是活动性的娱乐，我们可以按照法律对它作
出规定，并予以必要的解释。

　　至于悲剧诗人和他们所谓的严肃作品，我们可以接受其中的
一部分，但他们会向我们提出这样一些问题：先生，我们可以到你

们的城邦和国土上来访问吗？我们可以把自己的作品带来吗？或者说,你们在这方面有什么规定?

面对这些天才人物提出的问题,什么样的回答才是正确的呢?

B呃,我相信这才是正确的回答:尊敬的来访者,我们自己就是悲剧作家,我们知道如何创作最优秀的悲剧。事实上,我们整个政治制度就建得相当戏剧化,是一种高尚完美生活的戏剧化,我们认为这是所有悲剧中最真实的一种。你们是诗人,而我们也是同样类型的人,是参加竞赛的艺术家和演员,是一切戏剧中最优秀的戏剧的艺术家和演员,这种戏剧只有通过一部真正的法典才能产生,

C或者说,这至少是我们的信念。所以你们一定不要指望我们会轻易地允许你们在我们的市场上表演,让你们演员的声音盖过我们自己的声音,让你们在我们的男孩、妇女、所有公众面前公开发表激烈的演说。你们发表的看法所涉及的问题与我们相同,但效果不一样,而且大部分效果是相反的。呃,在城邦的执政官还没有决定你们的作品是否适宜公演之前,如果我们允许你们这样做,那么

D我们真是疯子,如果你能找到一个人允许你们这样做,那么整个城邦也是疯子。所以,你们这些较为弱小的缪斯神的子孙,先去执政官那里,把你们的诗歌表演给他看,让他拿来与我们的诗歌作比较。然后,如果证明你们的情感与我们相同,或者比我们更好,那么我们会给你们配一个合唱队,如果不是这样,那么,我的朋友,我恐怕我们决不会这样做。

E现在请你们表态,这就是我们关于整个歌舞艺术及其实践的立法,还有对奴隶和他们的主人分别作出的相关指示。

克利尼亚 好吧,我们当然同意,不管怎么说,我们现在是同意的。

雅典人 那么自由人还要继续学习三门课。数字和算术算一门;测量、画线,平面的和立体的,总起来算一门,这是第二门;第三

门的内容是行星轨道及其相互之间的真正关系。不可能对所有人 818
详尽地解释这些课程的每一个细节,学习这些细节的只能是少数
挑选过的人,至于如何对这些人进行教育,我们将在论证临近结束
时提到,那里才是说明这一点的适当地方。对大众来说,学习如此
之多的必要课程是恰当的,我们确实可以说,一个普通人要是不知
道这些内容是可耻的,尽管要学习这些课程非常艰难,或者说实际
上不可能研究它的每一个细节。我们所强调的只是不要否定它具
有的"必然性"。有句格言说,"甚至连神也决不能违抗必然性",当 B
格言的作者这样说的时候,他心中想到的实际上也是必然性。无
疑,他指的是神的必然性,哪怕你仅从人的必然性出发理解这句
话,就像人们对这句话的一般理解那样,也可以明白这句话决非最
愚蠢的话。

克利尼亚　是的,先生。但是另一种必然性,神的必然性,会
出现在这些学习的什么地方呢?

雅典人　呃,我假定,有些人忽视或完全不知道,任何人都不 C
可以对我们扮演神祇或精灵的角色,也不能扮演英雄的角色,英雄
是人类最严重的迷信。如果受神激励的人连三和二、奇数与偶数
都分不清,也不会数数,甚至分不清昼夜,不知日月星辰的轨道,那
么这样的人还能算是人吗? 所以,若有人以为这些知识对想要"知 D
道"一切学问中最高尚的知识的人来说并非不可或缺的,那么这种
想法极端愚蠢。要学习哪些知识部门,学到什么程度,在什么时间
开始学,哪些学问要和其他学问一起学,哪些可以单独学,如何使
这些学问形成一个整体,这些问题是我们首先要加以确定的。然
后我们才可以在这些学问的指导下研究其他学问。这是一种自然
的秩序,具有我们所说的必然性,没有任何神会反对或将要反对这 E
种必然性。

克利尼亚　是的,先生,你刚才表达的观点非常正确,确实如

你所说,这种秩序是自然的。

雅典人　没错,克利尼亚,尽管我们现在难以根据预见对这些问题立法。如果你们同意的话,我们可以推迟到其他场合再对更加具体的细节进行立法。

克利尼亚　先生,我们的同胞确实不熟悉这个问题,不过我想你对这一点也太在意了,你的多虑其实是没有必要的。请你尽力陈述你对这个问题的看法,不要有任何保留。

雅典人　我确实在意你提到的这种情况,但更加注意那些已经按照错误方式学习这些知识的学生。完全不熟悉某种学问绝不是一种危险,或者是不可克服的障碍,也不是最大的恶,更大的危害来自对一门学问有广泛深入的学习,但同时接受一种坏的训练。

克利尼亚　你看得很准。

雅典人　那么好,我认为自由民应当学习各种课程,就好像在埃及一样,那里有许多孩子要学习字母。埃及人为那些最特别的儿童设计了一些数字游戏,一边学一边获得许多乐趣,比如一开始让他们分配固定数量的苹果或花环,分给若干人;还有,让他们按比赛要求给拳击手和摔跤手分组,分成一系列的"对子",看有没有人剩下。此外,教师们还让学生做一种游戏,把几套金、银、铜制的茶托混在一起,然后再来分配,有时候用其他金属茶托,有时候全部用一种质料的茶托。以这样的方式,如我所说,他们把数学的基本运用融入儿童游戏,给学生们提供了一种有用的预备性练习,使他们能够进一步学习军事生活中的战斗部署、行进运动,以及进一步学习管理内部事务,使他们更加机敏,并且能够以各种方式更好地从事这些工作。然后,他们继续练习测量长度、面积和体积,以此消除他们的天真无知,而整个人类要是对这些知识无知的话,那真是荒谬的,可耻的。

克利尼亚　这种天真无知是如何形成的?

雅典人　我亲爱的克利尼亚,当很迟才有人向我指出这种状况的时候,我像你一样感到非常震惊。这种无知在我看来更应当是像猪一样愚蠢的畜生,而不应当是人,我不仅是在为我自己感到脸红,而且是在为我们整个希腊世界感到脸红。

E

克利尼亚　但是,你脸红的原因是什么? 先生,让我们听听你的解释,好吗?

雅典人　呃,我愿意告诉你,或者说我宁可用提问的方式来作答。请你告诉我一件小事。你知道"线段"是什么意思吗?

克利尼亚　我知道。

雅典人　"平面"的意思呢?

克利尼亚　我当然知道。

雅典人　你知道线段和平面是两种不同的东西,"立体"是另一种东西,是第三种,是吗?

克利尼亚　是这样的。

雅典人　现在,你是否认为这三种东西相互之间都有公度性吗?

克利尼亚　是的。

雅典人　也就是说,"线段"具有可用线段来度量的本性,"平面"具有可用平面来度量的本性,"立体"具有可用立体来度量的本性,是吗?

820

克利尼亚　确实如此。

雅典人　但若假定这种情况并非普遍的,而是对有些事例是确定的,对有些事例不那么确定,对有些事例来说是正确的,对有些事例来说是不正确的,而你却相信它是普遍正确的。你认为你在这件事情上的心灵状态如何?

克利尼亚　确实无法令人满意。

雅典人　线段、平面与立体有什么样的关系,或者线段和平面

之间有什么样的关系? 我们所有希腊人都认为它们以这样或那样
的方式具有公度性,这难道不是事实吗?

克利尼亚　呃,确实是事实。

雅典人　尽管我说了,我们希腊人全都想象这是可能的,但若
这又是完全不可能的,那么我们是否必须告诉他们,尊贵的希腊
人,这就是我们所说的无知的一个事例,对这种必要的知识缺乏必
要的造诣是可耻的,让他们都感到脸红?

克利尼亚　我们确实一定要这样说。

雅典人　此外,还有其他与此密切相关的一些地方,经常会产
生与刚才提到的错误相类似的错误,是吗?

克利尼亚　你可以举个例子吗?

雅典人　事物相互之间是否具有可公度性与不可公度性这种
真正的关系。一个人通过考察一定要能够区分它们,否则就注定
是个可怜虫。我们相互之间应当经常提出这样的问题——老年人
用这种方法消磨时间比玩跳棋更加优雅——把我们的激情用于一
种与我们相配的娱乐,在其中取胜。

克利尼亚　我要大胆地说,跳棋游戏和这些学习毕竟没有很
大差别。

雅典人　克利尼亚,我也认为这些是我们的年轻人必须学习
的课程。学习这些课程确实并不危险,也不困难,如果他们通过娱
乐的方式学习这些课程,那么这样做给我们的城邦不仅不会带来
伤害,反而会带来好处。

克利尼亚　是这样的。

雅典人　还有,如果我们能够对此做出证明,那么我们显然必
须把这些课程包括在我们的规划中;但若我们无法对此做出证明,
那么我们同样要加以排除。

克利尼亚　噢,这很清楚,显然如此。

雅典人　那么好,先生,现在我们暂时把这些游戏列入必修的课程中,不要让我们的法律体系留下一块空白,但要把它们当作与我们的体制可分离的东西——就像许多可赎回的抵押品一样——我们把它们抵押给你们,而你们接受它们,但它们也有可能是无法接受的。

克利尼亚　用建议这个词也就够了。

雅典人　接下去你必须考虑天文学。我们要不要把它推荐给年轻人学习呢?

克利尼亚　嗯,你说下去。

雅典人　请你注意,就在这个地方,我确实发现了一个奇怪的现象,一个完全不能容忍的悖论。

克利尼亚　什么样的悖论?

雅典人　流行的观点确实认为,对最高的神和整个宇宙进行研究,忙于解释它们,这样做不仅是错误的,而且亵渎神明,然而我的看法与此正好相反。

克利尼亚　你在说什么!

雅典人　我知道这样说是令人吃惊的,也许会被误认为一个老糊涂说的话,但事实上,我明白这种学习是细致认真的,对社会有益的,是神完全能够接受的,根本不可能要求人们放弃对这门学问的关注。

克利尼亚　假定不能,但我们要找到什么样的天文学才能与你的描述相配呢?

雅典人　呃,我的朋友,我现在完全可以这样说,我们整个希腊世界都习惯于对较高的诸神,太阳和月亮,做出错误的指责。

克利尼亚　这种错误的指责是什么?

雅典人　我们说,太阳和月亮,以及某些与它们相关的天体,不能保持相同的运行路径,这就是我们称之为行星的原因。

821

B

C　　　**克利尼亚**　喔唷,先生,确实没错。呃,在我自己的一生中,我经常看到黎明和傍晚的晨星、晚星,以及其他星星,不是沿着同一轨道运行,而是朝着各个方向偏移。当然了,我看到太阳和月亮的运行还是有规则的。

　　　　雅典人　那么好,麦吉卢和克利尼亚,这就是我要坚持让我们
D　的公民和年轻人学习天文学的原因,他们必须对天空中的神明的所有事实有充分的了解,以免亵渎它们,确保我们所有的献祭和祈祷用语具有敬畏的虔诚。

　　　　克利尼亚　这样说是对的,当然了,首先你说的这种知识要有可能。在此前提下,如果我们当前在谈论这些事情时的用语有错误,那么这种学习就可以起到纠正的作用,我也承认必须在一定范围内传授这种学问。现在请你尽力而为吧,把你说的这些事实讲给我们听,我们会尽力跟上你的讲解。

E　　　**雅典人**　呃,我心里想到的这门天文课当然不是一门很轻松的课程,然而也不是极端困难的,我可以用事实证明,学习这门课并不需要花费大量的时间。当我在聆听这种真理的时候,我当时还很年轻,而我直到现在仍旧可以清楚地告诉你们,并且不需要花许多时间。如果这个问题确实很复杂,那么像我这把年纪的人绝对不可能向你们的人作解释。

　　　　克利尼亚　完全正确。但是,请你告诉我们这种知识是什么
822　样的——你说这种学说令人惊讶,然而又适合年轻人学习——这样我们就不会表示怀疑了,是吗? 你必须尽可能讲得清楚些。

　　　　雅典人　我会尽力而为的。我的朋友们,认为太阳、月亮和其他天体是某种"漫游者",这种信念实际上是不正确的。与之相反的看法才是对的,每一天体总是沿着相同的轨道前进,而不是有许多条轨道。还有,它们中运动最快捷的天体被人们错误地认为运
B　动得最缓慢,而最缓慢的则被错误地认为最快捷。现在假定这些

都是确凿无误的事实,但我们对它们抱有一种不同的看法。再假定我们对参加奥林匹克赛会的赛马或长距离赛跑的选手也有这样的看法,把跑得最快的选手称作最慢的,把跑得最慢的选手称作最快的,对所谓的胜利者大唱赞歌,把失败者当作胜利者来祝贺,呃,那么我们的赞美既不正确,也不会得到赛手们的喜欢,因为他们毕竟只是凡人。但若我们今天确实对我们的神祇犯下相同的错误,　C
那么我们一定不要认为这种错误像我们在别的场合或赛马场上犯下的错误一样滑稽可笑,而应当看到,这种情况绝不是一件可笑的事情,也不是一种虔诚的观点,因为它意味着对神圣的存在反复说谎,难道不是吗?

克利尼亚　如果事情确实如你所说,那么没有任何更正确的说法了。

雅典人　如果我们可以证明这一点,那么这些天文知识必须在我们建议过的范围内加以学习;如果不能证明,那么我们必须加以搁置。我们能否以此作为我们到目前为止一致表示同意的意见?

克利尼亚　我完全同意。　D

雅典人　那么我们可以说,我们要加以完成的教育立法包括我们对这种学习所作的规定。至于要不要把狩猎包括在学习内容中,我们应当再一次回想在其他同类事例中我们是怎么处理的。看起来,立法者的任务不仅是制定法律,而且还会延伸到其他一些事情上,所以这个论题可以取消。除了制定法律外,立法者还必须做别的事,这些事接近训诫与立法,关于这一点,我们的论证已经不止一次地引导我们注意到了。其中的一个事例就是我们对婴儿　E
抚养问题的处理。我们说,对需要做出规范的事情,我们一定不要留下空白,然而在我们进行规范的时候,要想把它们当作法律一样确定下来是极为愚蠢的。所以,等到法典与整个法律体系都已经

具有了书面形式,这个时候也还不适宜对拥有杰出美德的公民发
出最后赞扬,说他是一位好公民,说他已经表明自己是法律最好的
823 仆人,完全服从法律;只有等到他终生以执行、批准或谴责的方式,
无条件地服从立法者写下来的所有内容以后,才可以说他是最佳
公民。这是可以送给公民的最真实的赞扬,一名真正的立法者不
会把自己限于制定法规,他会进一步把他的法律条文与他对值得
赞扬与不值得赞扬的事情所作的解释结合起来,而拥有优秀品德
的公民一定会感到这些指示在约束自己,胜过法律的强制。

　　如果可以把我们当前的主题称作一个标志,也就是说它是显
B 而易见的,那么我们可以把我们的意思说得更加清楚一些。狩猎
实际上是一种追捕,有各种不同的活动范围,各种意义的追捕实际
上都可以置于狩猎这个总的名称之下。捕捉水里的动物有许多种
方法,猎取野禽也有许多种方法,捕捉陆上动物更有无数的器械。
我指的不仅是追捕野兽,而且还指战争中对人员的捕捉,以及用各
种比较温和的方式捕捉猎物,有些是值得赞扬的,有些是不值得赞
C 扬的;匪徒的绑架和在战场上使用武力也是狩猎的形式。立法者
在制定他的狩猎法时既无法省略这些解释,也不能制定一套适用
于各种狩猎的法规,并威胁要对违反法规的行为进行惩罚。那么
在这种情况下他该怎么办呢? 他必须——我指的是立法者必须
——始终着眼于年轻人的训练和运动,推荐某些狩猎方式,谴责其
他的狩猎方式,而比较年轻的人则必须接受这些建议。希望快乐
或害怕艰苦都不应该影响他们服从这些建议,他们不是由于害怕
受到法律的惩罚才服从这些建议,而是对这些建议有着比较深刻
D 的敬意,当作一种义务来服从。

　　在作了这些预备性的解释之后,法律当然可以对不同狩猎形
式提出推荐和禁止,那些有助于改善年轻人的灵魂的狩猎形式要
给予推荐,那些起着相反作用的形式要加以禁止。所以,我们现在

不要再拖延了,要对年轻人说话,用虔诚、希望的语言表达我们的
心意。

亲爱的朋友,希望你们绝对不要沉迷于捕鱼,热衷于海上捕
捞,使用钓鱼术或其他任何猎取水中动物的技艺,或者使用那种懒 　　E
汉用的渔具,无论醒着还是睡着都能钓到鱼。希望你们千万不要
有当海盗的念头——在大海上捉人——成为野蛮的、无法无天的
猎人! 至于在城内或国内进行小规模的偷猎,你们心中决不要冒
出这种念头来! 愿年轻人的灵魂不要被偷捕家禽的念头所诱惑,
这种滋味绝不是自由人应该去尝试的! 这样,我们留给我们的运 　　824
动员进行的狩猎就只剩下猎取陆上动物。有一种捕猎形式又和睡
觉有关——被称作夜猎——这是懒汉用的办法,不值得推荐;这种
打猎的形式所花的时间与训练时间一样多,不是依靠充满活力的
灵魂去征服猎物的体力和凶猛,而是依靠罗网和陷阱。因此,留下
来适合所有人的惟一狩猎形式就是依靠猎人的马匹、猎犬和猎人
自己的四肢追捕四足动物,在这种场合,是猎人——也就是那些已
经训练得像神一样勇敢的人——自己在打猎,全凭赛跑、搏斗和投 　　B
掷标枪来取得成功。

我们刚才听到的这番话可以作为我们对狩猎事务的一般的推
荐和禁止。真正的法律也可以达到这种效果。这样的猎人才真正
是"神圣的",只要他们乐意,没有任何东西可以阻拦他们在狩猎中
紧跟他们的猎犬。至于相信罗网和陷阱的那些夜间的猎人,没有
人会在任何时候允许他们去打猎。捕捉野禽的人可以在没有耕种
过的土地上或山里面打猎,不受干涉,但若他们进入耕种或没耕种
过的圣地,一经发现,任何人都可以把他们赶走。除了海港、神圣 　　C
的河流、沼泽、湖泊,渔民可以在任何地方捕鱼,只要他不在水里下
毒汁。

到此为止,我们可以说我们的教育立法终于完成了。

克利尼亚　完成得很好。

第 八 卷

828

雅典人　等待我们的下一个任务是:在德尔斐神谕的帮助下,制定有关节日的历法,赋予它法律的权威,决定庆祝什么节日和举行什么献祭才是对国家"有益的、有利的",决定这些祭祀应当献给哪些神祇。在一定范围内,献祭的日期和数量也是我们要决定的问题之一。

克利尼亚　我们无疑要确定献祭的次数。

B　**雅典人**　那就让我们先来处理次数问题。这个次数不得少于三百六十五,每次都至少要有一位执政官代表国家参加献祭,确保从事祭祀工作的人和财物不受侵犯。由研究宗教法规的人、男女祭司、先知组成的委员会要与执法官见面,以明确立法者不可避免会有所省略的任何细节,该委员会也要进一步确定如何补充这种省略。实际上,真实的法律条款将为十二位神规定十二个节日,我们的不同部落就是以这些神的名字命名的,向这些神中的每一位献祭一个月,与此相关的还有举行歌舞与竞赛,有音乐方面的竞赛,也有体育方面的竞赛,这些活动要注意适合受祭神灵的特点和节日所处的季节,只允许妇女参加的庆祝活动与那些没有必要做出这种规定的庆祝活动要区分开来。还有,对冥府诸神及其随从的献祭与对天神的献祭一定不要混淆,我们把神分别称作天神与冥神。法律要对两类神做出区别,对冥神的献祭安排在献给普路托的那个月,即每年的第十二个月。真正的勇士一定不要厌恶这位死亡之神,而要尊敬他,把他当作人类永恒的保惠师,我要极为真诚地向你们保证,对于灵魂与肉体的统一来说,没有比死亡更好的方式了。

C

D

还有,有关当局要能做出令我们感到满意的安排,必须拥有这样坚定的信念:像我们这样的社会在全世界都找不到,我们有充分的闲暇,也有各种生活必需品的丰富供应,它要做的事情,就像个人一样,是生活得好,而幸福生活不可缺少的前提条件首先就是我们自己不犯罪,同时也不因他人的错误行为而受苦。要满足第一个条件不难,但要同时有力量避免伤害却非常难,确实,只有一个办法可以满足这些前提条件,这就是变成全善。对社会来说也一样,如果这个社会变成善的,那么它的生活就是一种和平;如果这个社会变成恶的,那么就会有内外战争。鉴于这种情况,因此社会的成员一定要参加训练,准备战争,这种战备不是在战争期间进行的,而是在和平期间进行的。因此,聪明的国家每个月都要进行不少于一天的军事训练,到底进行多少天则由执政官来确定,不管天气如何,是冷还是热。执政官下令以后,男女老幼都会一齐参加集训,而在别的时间则分开进行训练。他们在举行献祭时也必须规定一系列高尚的能够真实地再现战争的运动项目,为庆祝节日提供竞赛活动。在这些场合,总会有一种依照功绩进行的奖励,公民们可以按照人们在这些竞赛中和在自由的生活中的表现创作诗歌,对他们进行颂扬和谴责,对已经证明了自己具有完善品德的人给予褒奖,对那些无法证明自己的人发出谴责。

创作这样的诗歌并非每个人都要承担的任务。首先,作者必须不小于五十岁;其次,他一定不能是那些已经在文学和音乐方面有充分才干的人之一,而是一个尚未获得高尚和杰出表现的人。但是,那些人品高尚、拥有公众荣誉的人创作的诗歌是可以歌唱的,哪怕这个作品并不具有真正音乐的性质。选择诗歌作者的权力应当掌握在教育官及其同事执法官的手中,由他们来把这种特权给予作者。他们的音乐,也只有他们的音乐,可以自由歌唱,不用进行检查。但是这种自由不能再赋予别人,其他公民也不能假

E 定,未经执法官的批准就可以演唱那些未经批准的歌曲,哪怕这些歌曲的音调比萨弥拉斯本人或奥菲斯本人的音乐还要令人陶醉。只有那些完全献给诸神的诗歌,以及由真正高尚的人创作的诗歌,才可以恰当地用来表达赞扬或谴责。上述要求既是一种对未经检查的诗歌的控制,又赋予人们一种唱歌的自由,既适用于男性,也适用于女性。立法者必须考虑到这些问题。现在要问的是,我们

830 这个体制的整个训练计划要培养什么性格的人呢? 他们难道不是参与各种重要比赛的竞争者,有许多对手吗? "呃,当然如此",想必这就是现成的正确答案。

那么好,假定我们要培养的是拳击手,或者其他相类似的某些比赛的运动员。我们能够直接参赛,而无需任何事先的准备,平时就与对手搏击吗? 如果我们是拳击手,那么我们在比赛前的一段

B 时间内就会聚集在一起学习如何搏击,努力提高自己的水平。参加任何真正的比赛,我们都会在比赛前进行练习,而且在训练中尽可能逼真;在练习中,我们会像比赛一样戴上拳击手套,确保训练的最佳效果。要是我们专门寻找优秀的同伴一道练习,我们还会

C 由于害怕愚蠢的嘲笑而去面对无生命的假人进行练习吗? 要是没有活的或死的对手,也没有共同练习的同伴,那么我们在练习拳击中岂不是孑然一身,"与自己的影子"为伍吗? 这种"徒手"训练,你还能叫它什么呢?

克利尼亚 呃,先生,除了你说的"徒手训练",我想不出别的名字来。

雅典人 很好。那么,一旦我们自己、我们的子女和财产,乃

D 至于整个国家的生存面临问题时,我们这个共同体的战士会在比这些拳击手更无准备的情况下,冒险参与各种重要比赛吗? 如果我们相互之间进行的练习所引起的某些嘲笑就使立法者停止立法,那岂不是一种巨大的危险吗? 如果可能,立法者要规定每天都

要进行一次小规模操练，不涉及重武器的使用，分组进行各种身体锻炼。他还要规定每月至少举行一次或大或小的军事演习，在演习中，全体公民都要担任某个军事职位，在树林里埋伏，使用拳击手套和各种非常逼真的武器进行战争演练，是吗？这些武器是有一定危险性的，这种运动不可能完全没有缺陷，但这样做能够起到使国民警醒的作用，也可以用这样的方式区分勇士和懦夫，鉴别公民的可信程度。立法者以此训练每个公民，使他们终身都能参战。如果演练中有了伤亡，那么杀人者应当被视为无意的，但需要按照法律的规定参加涤罪仪，用纯洁的牺牲之血使他洁净。立法者在这个问题上的看法是，如果少数人死去，那么会有其他好人出生取代他们，但若担心人员伤亡而停止演习，那么，假如我可以这样说的话，就没有办法鉴别战场上的勇士和懦夫，这对他的社会来说，是一种更大的不幸。

克利尼亚　先生，我的朋友和我同意你的意见，这是法律应当规定的，也是整个国家应当执行的。

雅典人　我不很确定，是否我们大家都明白在现存的各种社会里都找不到这样的对抗性演习，但小规模的演习也许还是有的。对此，我们应当责备人类的普遍无知和他们的立法者吗？

克利尼亚　好像是应该的。

雅典人　不，我亲爱的克利尼亚，一点也不应该！真正的原因其实有两个，都很重要。

克利尼亚　什么原因？

雅典人　一个原因在于人们追求财富的欲望，使人没有片刻闲暇去参加任何与他个人的好运无关的事情。只要公民的整个灵魂都全神贯注于发财致富，那么除了日常琐事，他就不会再去想别的事情。于是，每个人都渴望能参加会产生这种效果的学习和从事这类工作，而其他的学习则受到嘲笑。在此，我们可以说，就是由于这个原因,整个社会也会把这种事情当作最值得敬重的,而社会上的每个人都已经做好充分准备,他们渴望得到金银财宝,为此愿意驻足于任何行业,做任何工作,无论这些工作是否高尚,只要能够发财致富就行了;他们也做好了充分准备,像某些野兽一样,只要一有可能就采取任何肮脏的、罪恶的、极端无耻的行动,大吃大喝,放纵性欲。

E　　　　**克利尼亚**　你说得太对了。

雅典人　那么好,这就是第一个原因,它使得社会不能进行有效的军事活动或其他高尚的活动;这样一来,当然也就自然而然地使体面的人变成生意人、小贩,或者仅仅是奴仆,也使更多的人变

832　成冒险家、海盗、小偷、盗窃神庙的贼、流氓、暴徒,尽管这些人的不幸多于他们的邪恶。

克利尼亚　不幸? 为什么?

雅典人　呃,这些人的灵魂在一生中都被无休止的饥饿所折磨,除了"最不幸",我还能找到什么词来说明?

克利尼亚　好吧,先生,这就是你说的两个原因之一,另一个原因是什么呢?

雅典人　谢谢你的提醒。

克利尼亚　按照我对你的理解,一个原因是这种终生无休止

B　的追求使我们所有人都没有一个钟头的闲暇,使我们无法参加我们本应接受的军事训练。请你让我们知道另一个原因是什么。

雅典人　你以为我迟迟不提第二个原因是因为我说不出来。

克利尼亚　不是这么回事,但我们可能会认为你虽然讨厌拖延,但你刚才提到的这种情况正在引导你进行与我们当前论证无关的抨击。

雅典人　先生,我接受你的恰当批评。你好像希望我开始讲第二个原因。

克利尼亚　你只能这样做。

雅典人　我要说的这个原因可以在我们已经频繁涉及到了的民主制、寡头制、独裁制中找到,这些制度实际上是"非政制"。它们中间没有一个是真正的政制,它们的恰当名称是"党派的支配地位"。在这些政制中,我们找不到统治者和被统治者都自愿的政制,它们全都由自愿的统治者使用某种暴力控制不自愿的被统治者。而害怕臣民的君主决不会允许他的臣民变成高尚的、富裕的、强大的、勇敢的,也不太会允许他们成为一名好战士。在这个地方我们找到了几乎所有不幸的主要根源,它肯定也是我们现在涉及的这种不幸的主要原因。我们现在正在规划的政制要努力避免这些不幸。这种政制要比其他政制为公民提供更加充分的闲暇,它的公民不存在相互支配的关系。我想,我们的法律不想使公民们变成贪婪地追求财富的人。因此,我们非常自然而又合理地相信,只有按照这样的方法建立起来的体制和社会,才会实行上述勇士教育,而在我们的讨论中也已经规定了这是公民的运动。

克利尼亚　非常正确。

雅典人　下面,我想我们可以对所有体育竞赛作一个总的观察。那些有益于打仗的体育竞赛应当鼓励,胜利者应当奖励,而那些对打仗无用的体育竞赛则可以取消。对于要保留的体育竞赛项目最好从一开始就做出具体解释,制定相应的法规。我想,我们就从规定跑步比赛的奖励开始吧。

克利尼亚　应当如此。

雅典人　身手敏捷确实是战士素质的第一要素,脚劲在打仗和追踪中有用,坚韧是近身肉搏所需要的,搏斗特别需要结实的身体。

克利尼亚　当然。

雅典人　还有,要是没有武器,光有体力也不行。

克利尼亚　当然不行。

雅典人　所以我们的传令官要遵循习俗,宣布我们体育竞赛中的第一项是一斯塔达全副武装赛跑。赛手要穿戴盔甲,徒手参赛的选手不能获奖。不,各项比赛的顺序是这样的:第一,一斯塔

B　达赛跑,全副武装;第二,两斯塔达赛跑;第三,战车比赛;第四,长距离赛跑;第五,比赛非常迷人,一边是被我们称作重装步兵的一名选手,携带全部沉重的装备,一直要跑到阿瑞斯神庙,然后折回,整个距离是六十斯塔达,另一边是他比赛的对手,弓箭手,也是全副装备,他必须穿山越岭,一直跑到阿波罗和阿耳忒弥的神庙,跑

C　一百斯塔达。在比赛过程中,我们将在那里等候他们返回,奖品将授予各种比赛的胜利者。

克利尼亚　这种安排很好。

雅典人　现在让我们把这些体育比赛分成三类,一类是男孩子的,另一类是青年男子的,还有一类是成年男子的。无论他们作为重装步兵还是作为弓箭手参赛,青年的赛跑距离是全程的三分之二,男孩子的赛跑距离是全程的一半。至于女性,我们将安排一

D　斯塔达和两斯塔达赛跑、赛车和长距离跑,参加比赛的妇女如果年龄还没有到青春期,那么必须完全裸体参赛,如果已经过了十三岁,正在等着婚配——她们的结婚年龄最小是十八岁,最大二十岁——那么就必须穿上适当的衣服参赛。关于男女赛跑就说到这里。

臂力方面的竞赛,比如摔跤,以及类似的项目,这些运动当前

E　非常流行,我们将举行的项目有穿盔甲格斗、单人格斗、双人格斗、集体格斗,每边人数最多可达十人。至于决定胜负的标准,我们将遵循先前已有的由权威们制定的格斗规则。以同样的方式,我们将请专家手持武器来协助纠正比赛中的犯规行为,击中对手必须

834　记分,根据积分多少来决定胜负。这些规则同样也适用于那些不

到结婚年龄的女性。我们将用一般的投掷比赛取代拳击比赛，包括射箭、投标枪、用手掷石块、用投石器掷石块，在这些比赛中，我们也必须制定规则，奖励那些严格按照我们的规则获胜的人。

　　我们下一步当然要制定赛马规则，但在克里特这种地方马派 B 不上什么大用场，只有少数马在使用，因此人们当然就不太有兴趣养马或举行赛马比赛。至于战车，这里肯定没有人会拥有战车，也不太可能有人朝着这方面想。因此，我们若是规定举行与习俗不符的战车比赛，那么人们就会把我们当作傻瓜，而事实上这样做确实很傻。但若我们只是给骑马比赛提供奖励——或者骑牛，或者 C 骑其他牲畜——那么我们就是在培育一种与我们的国土性质相一致的运动形式。所以法律会给不同类别的人规定这些竞争性的比赛，而不会规定其他比赛，任命副帅和主帅担任比赛的裁判和领队，参赛选手则必须穿戴盔甲。因此，就像体育运动一样，如果举 D 行不穿戴盔甲的比赛将是一个法律错误。还有，克里特人可以担任骑射手或标枪手，所以我们要举行相应的比赛作为娱乐。至于妇女，我们确实没有必要浪费时间去制定法律，强迫她们参加竞赛，但若她们在幼年和少年时期的早期训练已经使她们有了这种习惯和强壮的体力，并且不会带来什么不良后果，那么应当允许她们参赛，不得加以阻止。

　　体育比赛这个主题终于结束了，我们所讲的体育，既包括竞赛 E 又包括日常锻炼。我们对音乐的处理也基本上完成了。至于吟诵诗歌以及举行其他类似活动要作哪些规定、节庆时要举行什么样的歌舞竞赛，这些问题我们以后再说。现在我们可以考虑如何把年、月、日指定给诸神及其他较小的崇拜对象，也就是说，让我们来 835 决定这些节日两年举行一次，还是四年举行一次，或间隔多久举行一次。还有，我们一定希望在节日里举行各种音乐比赛，依次轮番举行,就像各种体育比赛由教育官担任主席一样,音乐比赛的主席是执法官,由执法官们组成一个专门的委员会负责音乐比赛。他们必须制定相关的法律,确定举行音乐比赛的时间、参赛的人与团体。最初的立法者已经不止一次解释了需要什么样的音乐作品,

B 包括朗诵和歌曲,伴随着混合的音调、节奏和舞蹈。他的后继者必须遵循这些规定,给不同的比赛指定适当的祭祀时间,并为来城邦参加庆典的客人提供节目。要发现如何使诸如此类的细节变成法规并不困难,也不难看到若是对它们做出不同的安排将会给城邦带来更多的好处或伤害。但有一件极为重要的事很难令人相信。

C 假如真能从神那里得到命令的话,这件事确实是只有神本身才能决定的事情之一。也许需要有一个勇敢的人,他要能够公开表明他的真实信念,指出什么是国家与公民的真正利益,要能在一个普遍腐败的时代,为整个社会体系提供所需要的法规——他要能够反对人们最强烈的欲望,忠于真理,独立自存,世上无人能够与他比肩而立。

D 　　**克利尼亚**　先生,我们的论证现在该进到哪一步了? 我们到现在还看不出个端倪来?

　　雅典人　你说出这种话来我并不感到惊讶。你们注意听,我一定要尽力说得更加清楚些。我们的谈话使我们进到关于教育纲领的讨论,这个时候在我眼前产生了一幅男女青年亲密无间生活在一起的景象。你可以想像,当我问自己该如何管理这样的社会时,我产生了一种不安的感觉——在这个社会里,男女青年非常健康,无须做那些奴仆的苦活,而干这些苦活比其他任何事情都要容

E 易抑制欲火,参加献祭、节庆和歌舞队的唱歌似乎就是他们的全部生活。智慧要我们克制情欲,努力奉公守法,那么在这样的社会里应当如何使他们摆脱情欲? 当然了,我们已经制定了的法规能使

836 大多数情欲得到克制,这并不奇怪。我们禁止过度富裕,使之变得

节制,这样做带来的好处非同小可,我们的整个训练过程也同样置于健全的法规之下,也能有助于人们的节制。此外,执政官的眼睛被训练得能够专注于他想要实现的目标,而年轻一代也能专心致志,不敢有片刻的转移,这样一来,也就在人力所及的范围内约束了大多数情欲。

但青年或成年男女的爱欲怎么样? 我们知道它对个人和整个 B社会影响极大,但我们应当采取什么样的预防措施呢? 你能找到什么具体办法来保护所有人,使他们不受伤害呢? 克利尼亚,在这一点上我们确实有困难。实际上,整个克里特和拉栖代蒙对我们提出来的大部分立法内容都会给予极大的、应有的支持,但在性的问题上他们一定会拼死反对我们——这话在我们中间还是可以说的。如果一个人顺其自然,采用拉伊俄斯①以前的古代法律—— C我的意思是男人如果与青年男子发生与女性那样的肉体关系是错的——并且从动物的生活中寻找证据,指出男性不能与男性有这样的关系,因为这种行为违背自然,那么他的意见肯定是强有力的,然而在你们的社会中人们对这种事情的看法很不一致。还有,我们要求立法者始终予以关注的目的与你们的实践不吻合。你知 D道我们反复提出来的问题是:什么样的法规可以培养善,什么样的法规不能培养善。现在假定我们当前的法律宣布这种行为值得赞扬,而不是可耻的。那么它是如何改进善的呢? 它会导致被诱奸者的灵魂增强勇敢的气质吗? 或者导致诱奸者增强节制的气质?确实,任何人都不敢相信这一点。与此相反的看法才是真的。每 E个人都必须谴责那些屈服于他人淫欲的人,他们因为太软弱而不

---

① 拉伊俄斯(Laius)是底比斯国王,由于神预言他的儿子将杀父娶母,便派人将他的儿子俄狄甫斯(Oedipus)抛弃。俄狄甫斯被人救走,长大了回来寻找父亲,但在无意中杀死拉伊俄斯。

能进行抵抗;也要谴责另一种人,他们模仿女性,使自己的行为与女性相似。那么,这个世上有谁将对这些行为立法呢? 我说,凡是懂得什么是真正的法律的人,都不会对此进行立法。你问我如何
837　证明自己的观点? 若要正确地思考这个问题,我们必须考察情感的真正性质以及与此相关的欲望和所谓的爱欲。事实上,在欲望这个名称下覆盖着两样东西,还有作为二者复合物的第三样东西,由此引起了许多混淆和晦涩难解的地方。

　　克利尼亚　怎么会这样呢?

　　雅典人　呃,这你是知道的,我们曾经说过,在善性、地位、贫富程度相当的人之间会产生依恋,在完全相反的人之间也会产生依恋,在这两种情况下当这种依恋感达到强烈的程度时,我们就称之为爱。

B　　**克利尼亚**　是的,我们说过。

　　雅典人　现在假定两个完全相反的人之间产生了强烈的依恋,但我们从中并非总能看到互惠性,而那些建立在相同或相似基础上的依恋却是平等的,始终具有互惠性。在这两种因素同时存在的地方,那么一方面很难察觉这种“爱”的主体到底在寻求什么;而另一方面这个主体由于受到两种相反力量的推动而感到困惑,
C　无所适从,一种力量邀请他享受对象的美貌,另一种力量禁止他这样做。热爱肉欲和渴求美貌的人就像成熟的果实,他会告诉自己尽力去获得满足,而对自己心灵的奴仆状态不予思考。但若他轻视肉欲,对情欲进行思考,那么他希望得到的就确实是灵魂与灵魂的依恋,他会把肉体享受当作无耻的淫荡。作为一个注重贞洁、勇
D　敢、伟大、智慧的人,一个敬畏与崇拜神的人,他会追求一种在身体和灵魂两方面都始终纯洁的生活。我们已经把包含上述两种因素的爱称作第三种爱。由于爱有这么多种,那么是否要用法律来禁止这些爱,把它们从我们中间排除出去呢? 我们希望我们的城邦

以善为它的目标,想要尽可能把城邦的年轻人造就为善的,若能做到,我们就要尽可能禁止另外两种爱,这一点不是很清楚吗? 麦吉卢,我的朋友,你想要我们怎么说?

麦吉卢　先生,到目前为止,你对这个问题的看法都非常好。　　E

雅典人　朋友,我希望能够看到你的意见和我一致,看起来我是对的。你们斯巴达人的法律对这些事情会怎么看,这个问题我不需要提出,我只需要对你同意我们的学说表示欢迎。至于克利尼亚,我必须尽力吸引他接受我们晚些时候将提出来的看法。现在,你们共同的认可已经足够了。我们务必返回我们的立法工作。

麦吉卢　这是个正确的提议。　　　　　　　　　　　　　838

雅典人　好吧,我们现在来谈一下能使我们的法律保险地建立起来的方法,好吗? 我实际上已经有办法了,这种办法从一个角度讲相当容易,从另一个角度讲极为困难。

麦吉卢　你继续说吧。

雅典人　你要知道,大多数人都是无视法律的,甚至到了今天也一样,他们对美貌的追求虽然受到阻碍,但他们不愿违反自己的意愿,而是竭力想使自己的愿望得到完全满足。

麦吉卢　你现在想到的是什么事例?

雅典人　我想到的是那些有漂亮的兄弟姐妹的人。同样的法　　B律,尽管没有成文,也为儿子或女儿提供了完全的保护——任何人都不得与自己的下一代有公开的或秘密的乱伦关系,或者对他们进行狎昵——让每个人的心里决不要产生诸如此类的念头。

麦吉卢　非常正确。

雅典人　那么好,你知道有一句话能使所有这样的淫欲熄灭。

麦吉卢　一句话? 什么话?

雅典人　这句话说,神憎恨这种邪恶无耻的行为。人们对这　　C句话的解释当然也不会有什么不同。我们所有人从很小开始就不断地从各方面听到相同的说法,我们从演滑稽戏的小丑嘴里听到过这句话,当堤厄斯忒斯、俄狄甫斯、玛卡瑞乌①的形象出现在舞台上时,我们也从所谓庄严的悲剧中明白了这句话的意思,这些角色都偷偷地把自己的姐妹当情妇,而这种罪恶一旦被发现,他们就自杀了。

麦吉卢 你在这个问题上的看法完全正确。公共舆论确实有种神奇的力量,没有一颗灵魂胆敢保持一种与已有习俗相反的想法。

雅典人 你这下子明白我刚才的想法有多么正确了,我刚才说,只要立法者想要克服这种情欲,最严格地约束人性,他就能够轻易地找到解决的办法。他只需要得到公共舆论的批准就行了——这种舆论是普遍的,包括奴隶和自由民、妇女和儿童的看法,以及社会其他部分的看法——他不用花费更大的气力就能使他的法律得到最可靠的保证。

麦吉卢 无疑如此,但是为什么整个共同体在这一点上可以达到完全自愿的一致看法……

雅典人 你的回答很贴切。这确实是我的意思,刚才我说要用法律把性行为限制在它的自然功能上,要避免对同性产生爱恋,因为这样做实际上是在对这个种族进行谋杀,把生命的种子播在砂石地里白白浪费,在这样的土壤中,生命的种子决不会扎根,也不会长出自然的果实,也要避免与任何女性发生并不希望有实际收获的性行为。一旦设定这种法律是永久的和有效的——就算如此吧,因为它必须如此,用它来反对其他错误的性行为并不比用它来反对乱伦关系的作用要小——就会产生很好的结果。从自然本

---

① 堤厄斯忒斯(Thyestes)、俄狄甫斯(Oedipus)、玛卡瑞乌(Macareus)均为希腊传说及戏剧故事中的人物,有乱伦行为。

身发出的声音开始,这种命令就会引导人们克制疯狂的性行为以 B
及各种不合法的婚姻,也会使人克服各种过量的饮食,让男子忠于
自己已婚的妻子。这种法律一旦建立,还会带来其他许多好处。
然而,当我们提出这种立法建议时,会有一些性欲极为旺盛的青年
偷听到我们的谈话,他们很可能会把我们的立法斥责为极端愚蠢
的,并且发出一片反对的喧嚣。这种情况使我说出了刚才那些话,
我所知道的这种建立永久性法律的办法,尽管从一个角度看是极 C
为容易的,从另一个角度看是最困难的。要看到这件事是能够做
到,要看它这件事如何做到,这是非常容易的。如我所说,这条法
律一旦得到恰当的批准,那么所有人的心灵都会受到制约,会对已
经建立的法律产生普遍的畏惧,并遵守这些法律。但是事实上,事
情发展到今天的地步,甚至在我已经假定的事例中,也并没有产生
我们认为可能出现的这种结果。就像公餐制一样,若要整个城邦
在日常生活中采纳这种法律,那么人们就认为它超出了可能性的
范围。我们虽然证明这种制度已经是一个存在于你们自己社会中 D
的一个事实,然而人们认为若将它的实施范围扩展到妇女,那么它
也已经超越了人的本性的界限。在此意义上,正是因为看到这种
怀疑的分量很重,所以我说要把它既当作一种实践又当作一种永
久的法律是极为困难的。

麦吉卢　你说得没错。

雅典人　但是,你希望我能提出一个有力的论证,来表明这个
建议非常灵活,并没有超出人的可能性的范围吗?

克利尼亚　我当然希望你能这样做。

雅典人　那么请你告诉我,在什么样的情况下一名男子会认 E
为自己比较容易服从这方面的法规,戒除性生活,作为一个体面
人,是在他的身体接受身体锻炼,处于良好状态的时候呢,还是在
他的身体很不好的时候?

克利尼亚 当然是他正在锻炼身体的时候。绝对如此。

840 **雅典人** 我们全都听说过在奥林比亚和其他地方扬名的那位塔壬同的伊克库斯的故事,不是吗?他满腔热情地追求胜利,并为这种神圣的感召而感到自豪,故事还说,他的性格是坚忍不拔和自我节制的结合,他从来不近女色和娈童,把所有时间用于训练。你知道,人们说克里松、阿司堤路、狄奥波普也这样做,其他还有为数不少的人。然而,克利尼亚,你我提供的公民心灵教养毕竟要比他B 们的心灵教养好得多,他们的身体更容易反叛。

克利尼亚 你说得完全正确,关于这些运动员的传说特别强调了这确实是一个事实。

雅典人 呃,按照一般的解释,为了在运动场或赛马场上赢得胜利,他们放弃了这片"温柔乡"①,但并不十分费力,而我们的学生想要取得的胜利更加高尚——我们通过讲故事、谈话、唱歌把这C 种胜利的高尚品质从小灌输给他们——但他们却不能坚忍不拔,在这种情况下,我们还能指望他们被我们的符咒镇住而产生禁欲的结果吗?

克利尼亚 这是一种什么样的胜利?

雅典人 征服他们自己的欲望。如果他们做到了,那么我们将对他们说,你们的生活会是幸福美满的;但若他们失败了,那么结果正好相反。此外,对上面说的这种罪孽行为表示畏惧的人完全没有力量在其他人面前,在那些比他更差的人面前保持优势,是这样的吗?

克利尼亚 我们很难做这样的假定。

D **雅典人** 如果我们对法律就是这种看法——普遍的罪恶使我们停滞不前——那么我要说法律最简单的义务就是继续前进,告

---

① 此处原文直译为"幸福的天堂"。

诉我们的公民,他们的行为不能比鸟类更糟,不能比那些大牲畜更
糟。在生殖年龄到来之前,这些动物都过着节欲和贞洁的生活;等
到了生育年龄,它们就择偶,成双成对,公的与母的相配,母的与公
的相配,从那以后生活在虔诚和正义之中,忠于它们最初的爱的契
约。我们要对我们的公民说,你们肯定比动物强。然而,他们若是
受到其他许多希腊和非希腊的坏榜样的影响而变得非常腐败,他
们从自己的所见所闻中知道这种所谓的自由的爱有多么强大的影
响力,因此不能赢得这场胜利,那么我就要让我们的执法官成为立
法者,规定第二条法律来对付他们。

克利尼亚　如果我们现在建议的第一条法律从他们的指缝里
漏掉了,那么你建议立法者制定一条什么样的法律呢?

雅典人　呃,克利尼亚,当然是次于第一条法律的最好的法
律。

克利尼亚　什么法律?

雅典人　有一种办法可以有效地检验性的欲望发展到何等激
烈的程度,以便用艰苦的工作把这种性欲的激流导向其他渠道。
如果性放纵能掺上一些羞耻感,那么也有可能达到这样的效果,羞
耻感能使性放纵变得不那么频繁,而性放纵的减缓又有助于克制
性欲。所以,习俗和不成文法会有这方面的规定,用一种隐秘的方
法维护人们的荣誉,而不是公开揭露诸如此类的行为,监察这种行
为也不是习俗的惟一任务。这种传统的建立会给我们提供一种次
一等的确定光荣与可耻的标准,并有其自身次一等的正确性;而那
些被我们说成是"自身之恶之奴仆"的人会受到矫正和约束,在三
样东西的影响下,他们会遵守法律。

克利尼亚　哪三样东西?

雅典人　对神的敬畏、对荣誉的向往、对心灵美而非肉体美的
渴求。我当前的这些建议至多只是为了激发一种虔诚的想像,但

我向你保证,任何社会都会看到这三者的实现也就是一种最高的

D 幸福。然而,在神的帮助下,对性爱做出一些强制性的规定并非不可能。一条规定是,自由民出身的公民除了自己的合法妻子外不得与其他妇女有性关系,播下邪恶的杂种,也不得违反自然与男性有不结果实的肉体关系。如果这条规定不能做到,那么我们仍旧要彻底阻止男子或女子之间的同性恋关系。除了由上苍批准的神圣的婚姻外,如果一名男子有了其他某种性关系——无论是用钱

E 买来的,或是以其他任何形式——那么他的行为一旦被男女公民发现,我们就可以剥夺他作为一名公民的荣誉,因为他已经证明自己完全是个外乡人。所以,无论这些规定是一条还是两条,让我们就把它当作我们在性和爱问题上的法律,当作我们确定在情欲的激发下产生的各种关系正确与否的标准。

842　　　　**麦吉卢**　先生,确实如此,我衷心欢迎这条法律。当然了,克利尼亚也必须表态。

　　　　克利尼亚　麦吉卢,我会表态的,但我要挑个适当的时机。现在还是让我们的朋友开始制定这方面的法律吧。

　　　　麦吉卢　那好吧。

B　　　**雅典人**　请注意听。我们现在所取得的进展已经使我们可以制定公餐方面的法规了。我说过,要做这件事在其他任何地方都很困难,但是在克里特没有人会提出异议。我认为,这个国家的公餐制、拉栖代蒙的公餐制,或者说还有比它们更好的第三种类型的公餐制,要实施起来并不十分困难,但做到了这一点也不能承诺会带来任何巨大的利益。事实上,我相信我们作出的安排已经非常充分了。

C　　　按自然的顺序,下一个要提出的问题是军粮供应。这种供给的适当来源是什么呢? 当然了,一般的社会所能得到供应的来源是多样的,巨大的,至少要比那些对我们的公民们公开的来源多两

倍,因为作为一个通例,希腊人既从陆上又从海上觅食,而我们国家的食物来源被限制在陆上。但对立法者来说,他在这方面的工作反而比较轻松了。与此相关的必要法律不仅减少了一半,而且还限制在一个较小的范围内,这些仍旧必要的法规也更加适合自由民。我们城邦法典的制定者可以不用去管商业方面的法规,无论是水上贸易还是陆上贸易,是批发还是零售,还有捐税和海关、采矿、利息的支付方式,用单利还是复利,以及其他成千上万个细节。他的法规是为农人、牧人、养蜂人,看管诸如此类动物的人,以及与此相关的工具的使用者制定的。通过制定婚姻、生育、抚养、教育、任命官员方面的法规,他的主要任务已经完成了。现在,他把注意力转向制定食物供应方面的法规,或者说他现在关心粮食的储备问题。

现在,我们要开始提出一系列农业方面的法规。首要的一条涉及神圣的地界。条文是这样写的:任何人不得私自移动邻居的地界,无论他的邻居是同城邦的公民,还是外国人,之所以涉及外国人是考虑到如果某人的土地正好在边境上,这种情况就会发生。私自移动地界这种行为实际上必须理解为"移动了不可移动的东西"。每个人都必须宁可冒险去移动不作地界的沉重的砾石,也不愿去移动被上苍的誓言神圣化了的作为地界的小石头,无论这块地是朋友的还是敌人的。因为,作为各部落共有之神的宙斯见证着这些神圣不可侵犯的石头,当人们的权力意识苏醒,相互之间产生了巨大敌意时,宙斯会成为陌生人的保护者。遵守法律的人不会受到什么惩罚,而无视法律则是有罪的,将会受到来自不止一处的惩罚,首先最主要惩罚来自上苍,其次来自法律。我说,没有任何人可以随心所欲地移动邻居的界石,如果有人这样做了,一被发现就可以告上法庭。如果受到控告,这种行为将会被视为用隐秘的或暴力的手段谋求地产,法庭将确定给被告什么样的惩罚,而被告将接受惩罚或交纳罚款。

　　进一步说,邻居间的这种小摩擦次数一多就会成为邻居之间

C 的沉重负担,邻居之间的关系也会变得极为难处。因此必须小心

谨慎地对待邻居,不要做任何出格的事情,尤其是不要蚕食邻居的

土地,因为帮助邻居并非绝对必要,而伤害邻居却是非常容易的,

任何人都会做出这种事情来。挪动界石、耕种邻居的土地、打伤邻

D 居,这样的人要对他的粗暴行为负法律责任,他要赔偿医疗费用,

还要交纳两倍于受害人损失的罚款。这类案件的调查、取证、处罚

都要由乡村官员来进行——我们已经说过,重大案件将由该区的

全体官员来会审,较轻的案件则由乡民的指挥官来处理。如果有

人在邻居的土地上放牧,乡村官员同样也要前往调查,依据察看到

E 的损害来确定罚款。如果有人设法改变蜜蜂的嗜好,把别人的蜂

群变成自己的,那么他也要赔偿别人的损失。如果有人在生篝火

时没有采取预防措施,把邻居土地上的树林烧毁了,他也要交纳由

执政官决定的罚金。同样的事情还有在植树时没有给邻居的土地

844 留下足够的空间。许多立法者都有效地处理过这些事情,我们应

当采用他们的法规,而不能指望有一位伟大的立法家为我们社会

里的每一件小事制定法规,因为这些小事是任何立法者都能处理

的。

　　举例来说吧,关于农庄的供水有非常完善的古代法律保留至

今。我们没有必要在讨论中对提取这些法规,任何想要引水到自

己农庄的人都可以从公共水源中引水,只要他在引水过程中不堵

塞属于其他私人的泉眼。他若愿意,也可以开挖沟渠引水,只要他

B 避开房屋、神庙和坟墓,在开挖沟渠中不造成什么损害。如果某些

地区雨量不足,天然干旱,那么业主可以在自己的土地上打井。如

果他打不出水来,那么他的邻居应该为他提供人和家畜的饮水,如

C 果他的邻居也缺水,那么他应当报告乡村官员,得到他的许可,从

更远的邻居那里得到供水。下暴雨的时候，无论是在城里还是在乡下，居住在高处的人只有在取得城防官或乡村官员许可的情况下才能谨慎地排水，以免给低洼地区的土地和房屋造成损害。要是他们不能履行应尽的义务，那么住在城里的受害者可以向城防官提出诉讼，住在乡下的受害者可以向乡村官员提出诉讼。由于怨恨和不满而无视法律，犯下这种过错的人，在他的行为得到确证以后，要赔偿两倍于受害者损失的赔款，因为他拒绝执行执政官的指令。

　　关于丰收的果实，能达到这种效果的相关法规是必须接受的。丰收女神恩赐给我们的礼物有两种：一种是"属于狄奥尼修斯的尚未贮入谷仓的东西"；另一种是适宜贮藏的东西。所以我们的法律应当制定下列法规。如果有人在阿克图鲁① 适时送来葡萄收获季节之前，品尝了某种普通的果子，无论是葡萄还是无花果，是在他自己的土地上还是在别人的土地上，那么为了狄奥尼修斯的荣耀，我们要对他处以罚款，吃他自己地里的果实要罚五十德拉克玛，吃他邻居地里的果实要罚一个明那，吃他从其他地方采来的果实要罚三分之二个明那。至于被我们通常称作精选出来的葡萄或无花果，如果有人想要从他自己的树上采摘，那么只要愿意，他可以这样做，不受什么限制；但若未经别人同意就从他人树上采摘，那么他仍旧要受到惩罚，因为这样的行为正好是法律禁止他去做的事，"没有耕种，不得收获"。如果未经业主许可就这样做的人是一名奴隶，那么他每摘一颗葡萄就要被鞭打一下，每摘一颗无花果就要被鞭打三下。居住在这里的外国人，如果他高兴，那么他可以购买精选出来的果实。在我们国家旅行的外国人在路上如果想吃果子，那么他，也许还有一名仆从，可以摘这种精选的果子，不必付

---

　　① 　阿克图鲁(Arcturus)可能是某位希腊神的名字。

B　钱,以此显示我们国家的好客,但法律必须禁止外国人糟蹋我们的果实。如果精选的果实被主人或奴隶拿走,那么这名奴隶要受鞭打,而对自由民要在警告后给予释放,要告诉他们碰这样的果实是不合适的,把这些果实选出来是为了制作葡萄干、酿酒或制作无花

C　果干。至于偷窃梨、苹果、石榴,等等,不算重罪,但任何小于三十岁的人如果做这种事情,那么就要受到挨打的惩罚,但一定不能把他打得出血,挨了这种打的自由民在法律上是得不到补偿的。有这种行为的外国人可以赦免,就像偷吃葡萄和无花果一样。三十岁以上的公民偷吃这些水果也可以像外国人一样得到赦免,只要他光吃不带,但若他的违法行为引起法官的注意,那么时间一长,

D　人们会认为他的品质有问题,不适宜担任公职。

水在园艺中格外重要,但也最容易污染。用掺和、改道、拦截这些方法都不容易使土地、阳光、风力这些农产品生长的因素发生改变,而这些方法一旦用于水,就会带来伤害,因此法律就要制定

E　相应的挽救办法。我们要制定一些法律来处理这类事情。如果有人故意堵塞他人的水源,无论是河水还是湖水,无论是放毒,挖沟,还是偷水,受到伤害的一方必须把损坏的情况记下来,等城防官员来的时候提出诉讼。往水源中投毒的一方除了交纳罚款外,还要负责清洁那些受到污染的清泉或水库,法律将对这些清洁行动进行监督。

至于把各季的野果收回家,每个人都可以按照自己的意愿和

846　通常的惯例去做,只要不给其他人带来伤害,或者他的收益不大于给他的邻居带来的伤害的三倍。审判这种案子的权力由执政官掌握,与那些故意伤害罪相同,一方的人身、不动产或动产未经许可就受到第二方的侵犯。有关情况要向执政官报告,赔偿金额最高

B　可达三明那;如果涉案金额巨大,受害人要向公共法庭起诉,寻求赔偿。如果执政官在决定赔偿方面表现出不公正,那么执政官要

向受害的一方支付双倍的赔偿；如果有任何不公正的裁决，原告与被告双方都要被带到公共法庭重审。任何立法都不能缺少法律程序的无数细节——程序的制定、法庭的召集、证人的数量、如何根据需要来确定两名或两名以上的证人——然而，一名年迈的立法者无法注意到全部细节。他的比较年轻的模仿者应当按照他的先驱者和其他更加重要的法规的模式来作出规定。他们还应当在必要之处试验这些法规，直到满意地拥有一套完整的、适当的法律汇编为止。然后，等到这套法规成形，而非在此之前，他们应当把这套法规视为最终的，并按照这套法规生活。

至于技艺和手艺，我们应当这样开始。首先，本国人，或本国人的奴仆，都不能把实践某种手艺作为他的职业。因为公民已经有了一种职业，从不断进行的练习和与这种技艺有关的广泛学习来看，从保存和享受社会公共秩序来看，这种职业完全需要他——这项任务的重要性决不可视作第二位的。我们可以正确地说，人的能力决不适宜同时从事两种职业或手艺。我们没有一个人有这样的才华，在自己从事一种手艺的同时还要去监管第二种手艺。因此，我们必须从一开始就把这一点作为我们社会的一条原则。没有人可以同时既是铁匠又是木匠，我们也不能允许一名木匠去监管其他铁匠的工作，从而荒废了他自己的技艺，哪怕他借口作一名管事可以挣到更多的钱，他手下那么多雇工可以为他的利益工作，他当然也会小心监管他们，这样一来，他挣的钱远远多于他凭自己的手艺挣到的钱。在这个社会里，每一名艺人和工匠都只能有一种技艺，他们必须依靠这种技艺谋生，而不能依靠其他技艺。城防官必须竭尽全力执行这条法律。如果有本国人走上歧途，为了追求钱财而从事别的行业或职业，那么城防官要通过申斥和降级的办法来对他进行矫正，使他返回正道；如果一名外国人同时从事两种手艺，那么对他进行矫正的方法有监禁、罚款和驱逐出境，这样一来,他就只能起一种作用而不是起几种作用。关于工匠工资的争议,或者他们拒绝工作,或者工匠们抱怨受到不公平的对待,或者工匠们的其他事情,如果涉及的金额不多于五十德拉克玛,那么就由城防官来断案,但若涉案金额更大,就由公共法庭来依法处理。

C 　　在我们的城邦里,进出口货物都不用纳税。不能进口乳香或其他用于宗教仪式的外国香料,也不能进口本国不生产的紫色颜料或其他染料,更不能进口那些非必需的外国出产的原料。本国生产的生活必需品一定不能出口,必须留在国内。有关的法律事务和监督由十二名执法官负责,当五名元老缺席的时候,他们就是这个委员会的首领。

D 　　至于各种战争武器和军事装备,如果出于军事目的需要进口某种植物、矿物、制作战袍的衣料、动物,那么应当由骑兵指挥官和将军们来控制这样的进出口,由国家来担任卖方和买方,立法官要对此制定恰当而又充分的法规。在我们的国境内或在我们的公民间,不能零售这些东西,也不能为了赢利而进行这些物资的买卖。

E 　　在供应和分配这些自然产品时,我们也许可以采用克里特遵循的一条规定。所有人都必须把土地的总收成分为十二份,实际
848 上,也就是划分消费品。例如,小麦、大麦以及其他各季的农产品。当然了,各地区可供出售的各种家畜也必须是同一法律规定的划分对象。这些产品的每十二分之一还必须恰当地再分为三份,一份归自由民,另一份归他们的奴仆,而第三份归工匠和其他不是公民的人,无论是永久居民所需要的生活必需品,还是因公或因私来到我国的临时访问者所需要的生活必需品,第三份生活必需品是惟一要强制送往市场出售的产品,而其他两份产品则没有这种强
B 制性。现在我们要问的是,这种划分的正确方式是什么?因为这种划分从一个角度看显然是公平的,但从另一个角度看则不

公平。

克利尼亚　请你解释一下。

雅典人　呃,你知道,这些农产品肯定有些质量差,有些质量好。

克利尼亚　当然了。

雅典人　从这个角度看,三份农产品的获得者,无论是主人、奴仆,还是外国人,都没有什么特别的好处,在分配时要确保各份农产品质量相当。每个公民将得到其产品的三分之二,并负责将　C它们分配给家中的奴仆和自由民,只要他愿意,他可以按照这样的数量和质量进行分配。剩余的农产品将按照下述方式分配,从计算家畜的数量开始,因为这些家畜也要吃粮食。

下面,我们必须为我们的人提供个人住宅,他们要恰当地组合在一起,下列安排对于实现这一目的是适当的。要建设十二个村庄,分别位于我们十二个区的中心位置。在每个村庄里,我们要做的第一件事情就是为诸神和超人的神灵确定神庙的位置,附近还　D要有一个市场,这样就可以使玛格奈昔亚① 的任何地方神祇,或者那些给人们留下深刻印象的神明的圣地,得到照料,使它们得到与以往时代相同的荣耀。在这十二个区中的每一个,我们将为赫斯提、宙斯、雅典娜建立神庙,还有这个区的保护神,无论他是谁。然后,我们开始在高地上建造住宅供卫士居住,就在这些神庙附　E近,这些兵营也是我们最坚固的据点。工匠们分散居住在境内各地,被分成十三个部分。属于京城的那部分工匠再分成十二个部分,就像京城本身也分成十二个城区一样,分别居住在郊外。同时我们还要从一些村庄招集一些有用的农夫。对这些人的监管由乡

---

① 玛格奈昔亚(Magnesia)是柏拉图在本篇中所建构的这个理想城邦的所在地。

村官员负责，由他们决定每个区需要什么样的劳力，需要多少人
849　手，这些农夫可以很舒服地居住在郊区，并得到最大的好处。以同
样的方式，属于京城的工匠由城防官们组成的委员会监管。

　　市场上的产品细节当然取决于市场专员。这些官员在勇敢地
护卫了位于市场区的神庙，使之不受任何暴力侵犯以后，他们第二
位的职责就是管理交通。他们将详细地记录人们体面的或不体面
的行为，在需要的时候处理各种冲突。他们首先要注意那些法律
B　规定要出售给外国人的生活必需品是否有货可供。这些产品由公
民们指定一些外邦人或奴隶生产，法律要求在开市的第一个月就
有足够的供应，每个月提供谷物的十二分之一，一名外国人要能在
开市后买到够吃一个月的粮食以及其他必需品。到了第十个月，
C　买卖双方要能分别提供和购买充足的饮料，够整个月饮用。在第
二十个月，会有第三次集市进行畜产品买卖，要有充足的货物满足
买卖双方的需要，农夫生产的其他用于出售的产品也在这时候出
售，外国人只能通过购买来获得这些东西，例如皮革、纺织品、毡制
品，等等。这些商品，例如小麦粉、大麦粉，或者其他任何粮食，只
D　零售给外国人、工匠及其仆人，尽管这种所谓的零售业可以推动酒
类和谷物的买卖，但绝对不能以这种方式出售给公民或他们的奴
隶。屠夫也可以在市场上把肉卖给外国人、工匠及其仆人。至于
木柴，只要外国人愿意，他每天都可以向所在区的生产者大批购
买，也可以将其零星转售给其他外国人。

E　　　至于各种人需要的其他一些物品，都可以放到一个总的市场
上来买卖，每种商品集中在一个恰当的地方，方便运输，由市场官
员和城防官员对其作适当的隔拦。这种贸易完全是真正的钱货交
850　易，以钱购货和售货换钱，买卖双方都要有等价交换的凭据。一方
以赊欠的方式购货，无论他购买时有无讨价还价，不算犯法。如果
卖方的商品质量或数量有问题，其程度超过了法律的规定，那么这

样的行为就是违法的,要遭到禁止,这样的事情还要马上在执法官的法庭上记录下来,或者取消买方的债务。同样的法规也将适用于外国人的货物。

外国人愿意的话可以成为这个国家的居民,只要他们能满足某些特殊的条件。这条规定应当理解为,对那些愿意并能够与我们一道生活的外国人,我们要为他们提供一个家,但他必须要有一门技艺。他的居住期从他登记那天算起最多不得超过二十年。作为一名外国人他不必交纳所得税,他从事的生意也不必交税,只要他品行端正。居住期一满,他就应当带上他的财产离开。他在居留期间若是为这个国家提供了某些重要的服务而变得非常出名,那么他可以提出继续居留的申请,并要能说服议事会和公民大会,如果他运气好,甚至可以得到终生居留的许可。这种外国人的子女若是已经有了一门手艺并已达到十五岁也可以居留,但他们的居住期要从他们十五岁开始算起。他们的居住期若是满了二十年还想继续居留,那么他们也一定要按照我们讲过的条件取得许可。一名外国人离开这个国家时,执政官那里原先的登记要取消。

B

C

D

第 九 卷

雅典人　我们下一步当然要以一种法律概要的形式,提到从我们至今为止研究过的所有这些活动中产生出来的法律程序。我们确实已经在一定范围内对必须采取的法律行动作了解释,例如,在处理农庄事务以及与此相关的贸易问题,但我们还没有把法律程序问题作为主题提出来。因此,处理这方面的细节,说明犯下一种过失必须接受什么样的惩罚,要在什么样的法庭接受惩罚,就是我们下面要考虑的主题。

853

B

克利尼亚　这样做没错。

雅典人 当然了,从一个角度讲,制定这样的法规是我们的耻辱,因为我们心中想的是这样一个社会,我们希望这个社会拥有各种优点,能够很好地实践美德。呃,假定在这个社会中出生的人会被其他城邦更大的腐败所玷污,因此我们需要设置并执行这种威胁性的法规,对他们进行警告,并惩罚那些有可能在我们中间出现的坏人,那么我说了,这种可能性仅仅是一种想像,在我们的社会里出现这种人是我们的耻辱。然而,我们并非处于较早的立法者的位置,他们的法典是在英雄时代制定的。假定流行的故事是可信的,他们是诸神之子,他们的法律是为那些同样以天神为祖先的人制定的,然而我们只是普通的凡人,我们制定法律只是为了纠正凡人的过失。所以我们可以对我们某些公民的天生愚拙表示遗憾,他们好像生来就长着某种"坚硬的外壳",不愿接受软化的方式,这样的性格会抵抗我们法律所起的软化作用,法律对他们来说就像烈火碰上坚硬的豆子。由于他们具有这种粗野的性格,所以我要开始制定有关盗窃神庙罪的法律,因为他们有可能犯下这种滔天大罪。这当然不是我们所希望的,也很难想像任何受过良好教养的人会做这种事,但是想做这种事的奴隶或外国人及其奴仆并不少。尽管这种情况与我们普遍的人性弱点有关,但为了他们的利益,我首先要对我所制定的反盗窃神庙的法律作一些解释,还有惩治其他铤而走险者的亡命之徒的法律。但在此之前,我还必须按照我们已经接受了的原则,对整个这一类法律作一个最简单的开场白。

对那些在某种不幸的情欲之声的驱使下日夜不安,进而在夜晚醒来,想要去抢劫神庙的人,我们可以对他做出下列合理的劝告。我们要对他说:你这可怜的家伙,现在邪恶地催促你去抢劫神庙的动力既非来自人,又非来自神,而是来自你的内心,你很久以前犯下的罪恶在你心中滋生出来的迷恋久久不能得到根除,因此要走完它的命定过程。你必须高度警惕,使自己不受其害。那么你该怎么办呢,我现在就来告诉你。当这样的念头在向你进攻时,你要赶紧去参加能够阻挡厄运的祭仪,要赶紧去那能够把你从迷惑中解救出来的诸神的祭坛,要赶紧去与那些有美德名声的人为伴。你要聆听他们的教海,尽力在心中加以重温,并在各种行为中 C 表现出对善与真理的敬畏。你要逃离邪恶,决不要再回头。如果这样的行为可以把你从疾病中解救出来,那么万事大吉;如果这样的行为还不能使你得到拯救,那么你要想一种比较好的死法,趁早结束你的生命。

以这样的口吻,我们的这段开场白表明了我们的目的是消除这些在一个社会中尚未发生的、该诅咒的行为。那些听从我们话语的人,真正的法律用不着对他们说任何话,而那些不愿聆听法律之声的人必须听从我们以正确的语调表达的开场白。如果奴隶或 D 外国人在盗窃圣物时被抓住,那么要在他们的双手和前额打上印记,要处以鞭笞,打多少下由法庭来判决,要剥去他们的衣服,赤身裸体地扔到国境以外去。受到这样的惩罚,他也许能变得好些。因为法律的审判是真正的审判,它的目的绝不是伤害人。它产生的效果无非是下面两种之一:一是使他变成较好的人;二是即使不能变好,他也不会变得更坏。如果发现有公民犯了这种反抗诸神、父母或社会的可怕的重罪,那么考虑到他从小接受的教育和抚养, E 考虑到他的可耻堕落的程度之深,法官要把他的案子当作亡命之徒的案子来处理。如果判他死刑,那么这对他来说是最轻的处罚,因为这样一来他可以起到一个示范作用,使其他人不会学他的坏 855 样。他的尸体要埋到国境之外,并且没有人给他送葬。但他的孩子和家庭如果弃绝这位父亲的道路,勇敢地弃恶从善,那么他们仍旧能够得到荣誉和好名声,就像其他行为端正的人一样。在一个财产必须世代承袭和累积的社会里,剥夺这种人的财产是不恰当

B 的。当一个罪犯被判处罚款时，如果有祖传的遗产，那么他可以恰当地交纳，不管交纳罚款后还能剩余多少财产，但他不可能比所有遗产交得更多。执法官应当根据登记的情况，按特定程序向法庭报告他们的财产，不能隐瞒任何财产。如果一个人被判处的罚款比他的财产还要多，再加上没有朋友可以代他支付，或愿意免除他的债务，那么对他的惩罚将采取长期监禁、戴颈手枷①、降低公民等级这样一些惩罚形式。

C 无论何种冒犯都是违法的，哪怕逃到外国去。我们的惩罚将是死刑、监禁、鞭笞、不体面姿势的罚坐或罚站、捆绑在圣地前面示众和罚款，罚款这种方式仅仅用于我们已经说过的那些案子，是对某些人的恰当处罚。涉及生死的大案应当由执法官们会同法庭一起审判，这些执法官由于上一年担任执政官的功绩而被选为执法

D 官。按照程序对罪犯提起诉讼，发出传票，以及完成其他一些类似的细节，是资历较浅的执法官的事。我们作为立法者必须规定投票方式。投票应当公开进行，在举行投票之前，法官们要按照他们的资历依次出场就座，面对检察官和被告，有闲暇的所有公民都将出席并聆听整个审判过程。

E 检察官将陈述案情，被告要对指控做出回应，每人只有一次讲话机会。陈述完毕后，资格最老的法官将第一个说明他对案子的看法，详细而又充分地讨论检察官与被告的陈述。他说完以后，其他法官按次序发言，指出双方发言中忽略的地方或错误的地方，如果有法官认为自己没有什么可补充的，那就让下一名法官发言。与案子相关的所有发言都要记录下来，所有法官都将在记录上盖

856 印，然后送往赫斯提的祭坛。第二天，法官们将在同一地方聚会继续讨论案子，并再次在相关记录上盖印。当同样的事做完第三遍

---

① 古代用以将罪犯示众的刑具。

以后,面对确凿的证据和证人,法官们将投下庄严的一票,并在祭坛边发誓这是凭自己的能力所能做出的最佳审判,由此结束一桩案子的审判工作。

宗教案的审判就说到这里,我们现在转向叛国案。无论谁试图把法律和国家置于党派控制之下,使之服从个人的支配,并进一步为了实现这些目的而用革命的暴力挑起剧烈的内战,那么这种人一定要被当作整个国家不共戴天的敌人。担任高级职位的公民,即使他本人没有参与这样的叛乱,但若忽视为他的国家向这种叛乱者复仇,无论他有没有发现叛乱者,或是确实发现了叛乱者,但由于怯懦而没有采取坚决的措施,那么其他公民一定会把这种人看做罪人,只是比叛乱者的罪略轻一些罢了。任何高尚的人,无论其地位多么卑微,都必须向执政官告发叛乱,把叛乱者送上法庭,指控他们造反和使用不合法的暴力。审判这类案子的法官与审判宗教案的法官相同,审判程序也相同,判处死刑要由法官投票决定。但是有一点必须说明,在任何案件中,父亲的耻辱或判刑不得株连子女,除非父亲、祖父、曾祖父全都涉案。在这种情况下,国家会把他们全部递解出境,送他们回老家,让他们带上自己的全部财产,而他们继承来的遗产则除外。然后根据抽签选出十个公民家庭,这些家庭要有一个超过十岁的儿子,再由这些家庭的父亲或祖父提名,最后选出一名青年做候选人,送往德尔斐。这名青年在得到这位神的欢心以后将有权继承那个犯罪家庭的房子。让我们祈祷吧,他会有着更加光明的前景!

克利尼亚　这真是一项令人钦佩的建议。

雅典人　我们还要用一条法律来规定这些法官还要审判第三类案件,这就是与敌人进行贸易的案子。我们建议的法律会以同样的方式保留他们子女的居住权,或者把祖孙三代全部驱逐出境。这种处罚同时适用于三种人:交通敌国的罪犯、盗窃神庙的罪犯、用暴力推翻国家法律的罪犯。还有,关于盗窃也要有一条法律,无论案情大小,规定一种适用于所有盗窃案的惩罚。首先,如果盗窃行为得到确证,罪犯必须处以两倍于涉案金额的罚款,只要他在祖产之外还有足够的财产支付罚款。如果没有,那么他将被监禁,直B 到全部罚款付清,或被成功的原告赦免为止。被确证盗窃公物的罪犯要被长期剥夺从国家获得荣誉的权力,或者缴纳两倍于涉案金额的罚款。

克利尼亚 先生,请你回答我的问题。盗窃的东西有多有少,被盗物品的价值有大有小,有些盗自圣地,有些盗自其他地方,盗窃犯的处境也各有不同,我们怎么能够制定一条没有什么差别的法规来处理所有的盗窃案呢?

雅典人 你观察得很准确,克利尼亚。你的冲击使我清醒,但C 我担心醒来以后会不知所向。你的话使我想起自己前不久说过的话,如果我不假思索地说话,那么我们的立法事务就决不可能完全按照正确路线前进。你会问,我这样说是什么意思? 如果我们像一名奴隶医生对待奴隶病人一样对待现有的各种立法,那么就会D 有愉快的微笑了。你可以肯定他是一名有实际治疗经验的人,尽管他对医学理论一无所知,但却可以像一名身为自由民的医生那样对身为自由民的病人谈话。他讲起话来就像一名哲学家,兴高采烈,眉飞色舞,追溯疾病的根源,回顾人类医学的整个历史。他的话就像我们现在大部分被称作医生的人那样,滔滔不绝地从嘴里说出来。这其实不是在治疗那个傻瓜病人,而是在教育他,就好E 像他的目的是要造就一名医生,而非恢复病人的健康,难道不是吗?

克利尼亚 那么他讲得到底对不对呢?

雅典人 如果他认为可以用我们当前所采用的方式对待法律,亦即目的在于教育同胞而非为他们制定法律,那么他讲得也许对。这个看法和我们当前的论题也有关系,是吗?

克利尼亚　也许是的。

雅典人　我们当前所处的位置是多么幸运啊!

克利尼亚　为什么说是幸运的?

858

雅典人　因为我们并非有制定法律的义不容辞的责任。我们可以对政治理论的各个要点进行自由的思考,去发现怎样才能取得最佳效果,或者不可缺少的最低限度的法律是什么。举例来说,在当前的讨论中,我们可以根据自己的意愿自由地追问最理想的立法是什么,或者最低限度的不可缺少的法律是什么。所以,我们必须做出选择。

克利尼亚　先生,你提出了两种选择,而我们应当站在一名政治家的立场上马上制定法律,就好像有某种紧迫的需要在推动他,拖到明天可能就太迟了。如果幸运的话,我们所做的工作就像一名石匠或其他匠人刚刚开始的工作。对于摆在我们面前的大量材料,我们可以自由地选择,把那些适用于我们建筑的材料挑出来,这种选择可以在闲暇时进行。所以我们可以设想自己正在建造一幢大厦,不是出于某种压力,而是在利用我们的闲暇时间摆弄我们的材料,以便在开始建造时把它们用上。这样一来,我们就可以正确地认为我们的法律是真正制定的法律的一部分,是真正立法的部分材料。

B

C

雅典人　不管怎么说,克利尼亚,我们的立法纲要会更加科学。因为,这里有一个要点,我希望能够与立法者联系起来考察。

克利尼亚　什么要点?

雅典人　我们可以说,在我们的社会里存在着大量的由各式各样的作者写出来的文献,而立法者的文献仅仅是其中的一部分。

克利尼亚　没错。

雅典人　那么好,我们认真地注意过其他作家的作品,诗人和

D

其他一些作者在他们的作品中用散文或韵文留下了他们对生活行为的建议,但是立法家却没有,不是吗? 这些建议难道不应该最先引起我们的注意吗?

克利尼亚　完全应该。

雅典人　我们可以假定在众多作者中只有立法者才能就荣誉、善、正确向我们提出建议,告诉我们它们是什么,为什么必须养成这些品质才能拥有幸福的生活,是吗?

克利尼亚　立法者当然必须告诉我们。

E　　**雅典人**　如果荷马、堤泰乌斯或其他诗人在他们的诗歌中对生活行为做出了一些坏的规定是一件丢脸的事,那么莱喀古斯、梭伦或其他任何立法家制定了坏的法规就不那么丢脸吗? 当我们打开一本某个社会的法律书时,它应当是正确的、合理的,要证明自859　己是所有文献中最优秀的;而其他人的作品应当与它相一致,如果表现出不一致,就会引起我们的轻蔑。我们应当如何设定一部成文法在社会中的正确地位? 它的法规应当消除那种聪明的和充满亲情的父母般的特征,还是应当带上专制暴君的面貌——发布一道严峻的命令,贴在城墙上,坚决执行? 这就立刻向我们提出了一B　个问题:我们应当尝试着以这种方式道出我们的法律思想吗,或者为了获得立法的成功,竭尽全力朝着这个方向前进? 如果在这条道路上有危险,我们要去冒险吗? 但这样做也许万事大吉,如果情况许可的话!

克利尼亚　你确实说得好。我们必须照你说的去做。

雅典人　那么我们首先应当继续已经开始了的考察。我们必须密切关注有关盗窃圣物和一般的盗窃的法律,还要关注有关伤害罪的法律。我们一定不要因为看到在我们尚未完成的立法过程C　中有些事情得到处理,有些事情还需要进一步思考就表示泄气。在变成立法者的道路上,我们仍旧在前进,但我们还没有达到目的地,时候一到,我们也许就能到达终点。现在,如果你同意,我们将讨论我在建议中已经指出过的那些要点。

克利尼亚　我完全同意。

雅典人　这里有一个问题我们必须在努力澄清所有关于善与 D
公正的看法以后再来讨论。在我们中间,我们可以找到多大程度的一致和分歧——你知道,我们这些人至少要能够拥有比普通人更大的抱负——还有,在整个人类中间,我们又能发现多大程度的一致和分歧?

克利尼亚　你认为我们中间有什么分歧?

雅典人　让我试着解释一下。当我们思考一般的公正,或思考公正的人、公正的行为时,我们一般都会认为它们是一样的,都是美好的。然而,人们也应当坚持这样一个看法,公正之人即使相貌丑陋,他们杰出的公正性格也仍旧是美好的,他的言语也绝不会出格。

克利尼亚　当然了,确实不会。 E

雅典人　无疑如此。但我想要提请你的注意,即使所有被称作公正的东西都是美好的,这里讲的"所有"必定包括"他人对我们的所作所为",这一方的行为决不亚于"我们自己的所作所为"。

克利尼亚　那又怎样?

雅典人　我们所做的公正的事情,正如它分有公正一样,同样也分有美好。

克利尼亚　当然了。

雅典人　那么好,如果我们的语言仍旧要保持前后一致,那么 860
我们必定也要承认,只要分有公正,他人对我们的所作所为也是美好的。

克利尼亚　完全正确。

雅典人　但若我们承认,我们所遭遇的某些事情尽管是公正的,但却是不恰当的,因此公正和美好之间有不一致的地方,那么我们将会宣布公正的事情是丢脸的。

克利尼亚 你这样说是什么意思?

雅典人 很简单。我们刚才制定的法律看起来就像是与我们当前的理论直接对立的一篇宣言书。

克利尼亚 对立在什么地方?

雅典人 呃,你知道,我们刚才制定了一条优秀的法律来惩治B 盗窃神庙的罪犯和挑起战争的人,把他们处死。我们还制定了一套严厉的惩罚措施,并且要执行这些法规,而这些处罚立刻就成为既是最公正的又是最丢脸的。如此看来,我们似乎先肯定了公正和美好之间是绝对等同的,然后又持有一种完全相反的意见。

克利尼亚 这样做看起来是危险的。

C **雅典人** 这就是"美好"和"公正"这些流行术语给人们带来不一致和令他们感到困惑的地方。

克利尼亚 好像是这样的,先生。

雅典人 那么好吧,克利尼亚,让我们再回过头来。在什么范围内,"我们"谈论这些事情可以保持用语的前后一致呢?

克利尼亚 一致?与什么一致?

雅典人 我想我已经指出过了,或者说如果我没有,那么你可以认为我现在的意思是……

克利尼亚 是什么?

D **雅典人** 坏人总是坏人,坏人的行为总是与他们自己的意愿相违背。根据这个前提,不可避免地会得出进一步的推论。

克利尼亚 什么推论?

雅典人 呃,你会承认作恶者是一个坏人,而坏人做的事都是违背自己心愿的。如果有人说有这么一个自愿者在做不自愿的事,那纯粹是胡说八道。因此,声称无意中做了一件错事的人一定会把这个行为说成是违背自己心愿的,尤其是我,当前必须接受这种立场。我实际上承认,那些做了错事的人总是在违背他们自己的心愿。由于爱好争论,或在争论的欲望引导下,有些人说存在着某些无意的作恶者,也存在着许多有意的作恶者,而在我看来,我会接受第一种说法,拒绝第二种说法。现在我来问你,我应该如何与自己的声明相一致呢? 假定你们,克利尼亚和麦吉卢,向我提出问题:先生,如果情况如你所说,那么你会建议我们如何为我们的玛格奈昔亚国制定法典呢? 我们要不要制定一部法典? 我会回答说:你们必须制定一部法典。那么这部法典要区分故意的犯罪与不故意的犯罪吗? 有意的过失或罪行要受到较重的惩罚,而无意的过失或罪行所受的惩罚较轻,这样做对吗? 如果说根本就没有故意犯罪这种事,那么我们要对所有罪行一视同仁吗?

克利尼亚　先生,你说得确实很对。我们该怎么说呢?

雅典人　问得好。我们首先要做一件事。

克利尼亚　什么事?

雅典人　我们要提醒自己,我们刚才对引起困惑和矛盾的有关公正的看法是怎么说的。记住了这一点,我们才可以继续提出进一步的问题。我们从来没能摆脱在这个问题上的困惑,从来没有获得过一条清楚的界线来划分故意和无意这两种类型的过错,而二者之间的区别是在任何社会中存在过的每一位立法家都承认的,一切法律也都认为二者有区别。但我们刚才像发布神谕一样武断地宣布这件事已经了结了,不是吗? 因此可以说,我们是在用同一条法规处理不同的过错,没有丝毫公正可言,对吗? 这样做确实不公正。在立法前,我们必须说明这些案件之间是有区别的、不同的,而不是像我们设想的那样是相同的,这样我们才能针对两种性质的过失制定相应的处罚,遵循我们的推论,每个人或多或少都能判断这些处罚的适当程度。

克利尼亚　先生，我们愿意作你的听众。我们只有两种选择，

D 要么否定一切错误的行为都是无意的这个命题，要么就在我们肯定这个命题之前，通过一些辨析，使这个命题完善起来。

　　雅典人　你的两种选择之一，亦即否定这个命题，我必须加以坚决的拒绝。我坚信它是真理，予以否定是不合法的，不虔诚的。但若两种情况的差别不在于有意和无意，它们的区别又在哪里呢？我们当然要去寻找其他的区别原则。

　　克利尼亚　没错，先生，我们没有别的办法，只能这样做。

E 　　**雅典人**　呃，我们可以试试看。请你们这样想，公民经常会破坏相互之间的各种联系或关系，这种破坏经常是有意的，也经常是无意的。

　　克利尼亚　没错。

　　雅典人　我们不应当把所有这些引起破坏的情况当作"过错"，并由此推论，在这样的行为中犯下的"过错"可以有两种，一种是有意的，一种是无意的，而无意的破坏作为破坏的一种形式，与

862 有意的破坏一样普遍和严重。你现在必须考虑我下面说的话是否包含着一定的真理，或者说是完全错误的。克利尼亚和麦吉卢，我坚持的看法并不是认为，当一个人并不想伤害别人，但却在无意中对别人造成了伤害的时候，他虽然犯了过错，但却是一种无意的伤害，因此我建议从法律上把这种行为当作无意的过错，无论这种引起伤害的行为是严重的还是轻微的，我根本不把它当作"过错"。还有，如果人们接受我的看法，那么那些福利的创造者要是没能公

B 正地分配福利，他就会经常被说成是犯了"过错"。我的朋友，总的说来，当一个人给了别人某些东西，如果不作进一步的界定，我们就无法称之为公正的行为，当一个人从别人那里拿了某些东西，如果不作进一步的界定，我们同样无法视之为过错。立法者必须向他自己提出的一个问题是，有益的或有害的行为的行动者是否以

一种公正的精神和公正的方式在行事。因此他必须记住两点，"过错"已经犯下，"伤害"已经造成。他必须用他的法律尽力使破坏的得以恢复，使迷失的得以重现，使毁坏的得以重建，用健全的东西取代残缺的或受伤的东西。他的目的必须是通过立法使各种形式 C 伤害的行动者和受害者达到心灵上的和解，通过一种补偿使他们之间的对立转变成友好。

克利尼亚　到现在为止，你的话还是挺令人敬佩的。

雅典人　至于错误的伤害或错误的获益——所谓错误的获益即通过一种错误的行为使他人获益——我们知道，这样的事情是灵魂的悲哀，只要灵魂还有救，我们就要加以治疗。我认为，我们对过错的治疗必须遵循这样的路线。

克利尼亚　什么路线？

雅典人　法律将遵循这条路线对过失者进行教育和约束，无 D 论过错大小，使他不再冒险重复这种错误行为，或者少犯过错，此外，他必须对伤害做出弥补。因此，我们要通过我们的行为和言辞使人快乐或痛苦，给人荣誉或耻辱，使人达到痛恨不平等、热爱公正，甚至默认公正的境界。总而言之，无论采用什么方式，我们这样做了，也只有这样做，我们的法律才是一种有效的、完善的法律。但若我们的立法者发现某人的疾病是用这样的治疗方法无法治愈 E 的，那么立法者或者法律该如何审判这种人呢？我认为他会这样审判：让这样的罪犯继续活着对罪犯本人来说并不是一种恩惠，但若处死他则会给他的邻居带来双倍的幸福。他的邻居会从中吸取 863 教训，而整个社会也少了一个恶人。正是由于这些原因，立法者必须为这些穷凶极恶的无赖制定死刑，而且也只对他们使用死刑。

克利尼亚　你说的都很好，非常有理。但有一个要点若能进一步清楚地得到解释，我们会感激不尽。在这些事例中，过失与伤害之间的差别为什么会和有意与无意之间的差别纠缠在一起?

B　　**雅典人**　呃,我必须尽力按你的要求作解释。我敢肯定,当你们在一起讨论灵魂的时候,发言者和听众都有一个相同的假定,认为灵魂有一种天然的性格,或者,要是你喜欢的话,认为灵魂的一个组成部分是欲望,这是一种经常固执地用暴力不断引起毁灭的竞争性的或斗争性的成分。

克利尼亚　是的,当然了。

雅典人　你们必须进一步观察我们在欲望和快乐之间所作的区分。我们说,快乐的王国建立在一个包含着对立成分的基础上,实现快乐通常要通过诱惑与狡诈相结合的方法。

克利尼亚　确实如此。

C　　**雅典人**　如果我们把"无知"当作错误行为的第三个源泉,那么肯定没错。尽管你们会注意到立法者会很好地把它分成两类,纯粹的无知和单纯,认为它是一种可以得到宽恕的过失的原因,然而人的愚蠢情况更加复杂,它意味着愚蠢者不仅只受无知之苦,而且也受他本人的智慧的欺骗,设定他自己知道所有他其实并不知道的事情。当这样的无知伴随着出众的能力或权力,立法者会视

D　　之为一种滔天大罪的源泉;但若这种无知伴随着无能,是由于行为者的幼稚或老年痴呆而犯下的过错,那么立法者会把它当作一种过失来处理,他会制定法规来处罚这种人,但相关条款是最温和的,在整部法典中也是最宽容的。

克利尼亚　没有比这更聪明、更合理的了。

雅典人　我们全都说,有的人是他自己的快乐或欲望的主人,有的人是他自己的快乐或欲望的奴隶,这种说法确实道出了真相。

克利尼亚　确实如此。

雅典人　但我们从来没有听人这样说过,某些人是他自己的无知的主人,有些人是他自己的无知的奴隶。

克利尼亚　肯定没有。　　　　　　　　　　　　　E

雅典人　然而我们说过三者①　全都频繁地朝着一个方向推动着人前进，而此时他自己的意愿却在敦促他朝着相反的方向前进。

克利尼亚　是的，我们说过不知多少次了。

雅典人　现在，我终于可以准确地解释我说的正确与错误是什么意思了，而不会再纠缠不清了。所谓"错误"，我用这个名词指称受欲望、恐惧、快乐或痛苦、妒忌或愚蠢主宰的灵魂，无论有无造　864成毁灭的结果。然而，在任何信奉至善的地方——无论社会或个人都可以依赖的至善——如果这种信念在灵魂中占上风，支配着一个人的行为，即使有不幸的后果产生，但人们的一切作为均依据和服从这样的原则，那么我们必须把这些行为称作正确的，认定这些行为的目的是为了获得人生的最高的善，由此引起的伤害则通常被称作非自愿的过错。我们当前的讨论不是语词之争，而是首　B先想要更加准确地把握我们已经指出过的三类错误。你记得，我们认为这三类错误中的某一类蕴涵着一个被我们称作欲望和恐惧的主要源泉。

克利尼亚　是这样的。

雅典人　第二类错误的根源在于快乐和愚蠢，第三类错误是很不同的，其根源在于对善缺乏健全的预见和信念。最后一类错误本身又可再分为三类，这样一来，我们可以看到，错误的种类一共有五种，我们现在针对这五种错误制定法律，而相关的法律共有　C两大类。

克利尼亚　哪两大类？

雅典人　一类针对所有公开使用暴力的行为；另一类针对那

————————

①　指上面提到的快乐、欲望、无知。

些隐蔽的、狡诈的争斗。也还有一些情况既包含公开的暴力又包含隐秘的争斗,当然了,如果法律有其恰当效力的话,对这种行为的处罚是最严厉的。

克利尼亚　是的,肯定是这样。

雅典人　现在,我们可以回到刚才开始说离题话的地方,继续
D　我们的立法。如果我没弄错的话,我们已经针对那些社会公敌制定了有关盗窃和里通外国罪的法律,也还制定了惩处用篡改法律的手段颠覆已有体制的法律。可以想像,某些人由于精神错乱,乃至于完全疯狂,或者由于疾病引起行为失调,或者由于年迈或年
E　幼,会有诸如此类的行为。如果在选举组织起来的法庭受审时,他们的辩护人能够做出令法官满意的解释,那么对受到指控的被告会有这样的处罚,在任何情况下他都要对受到伤害的一方做出完全的赔偿,而其他处罚则可赦免,除非他的行为已经夺走了他人的生命,或者说他已经杀了人。在这种情况下,他要被迫迁移到别国去居住,流放一整年;如果流放期未满他就回来了,或者说他踏上
865　了祖国的任何土地,那么执法官会把他关起来,监禁两年。

我们已经进入了杀人这个主题,现在可以试着提出一条完整的处理各种形式杀人罪的法规。首先要处理的是无意的暴力行为。如果一个人无意中引起他的朋友的死亡,在竞赛中或在公共体育活动中,无论是当场死亡还是受伤以后过一段时间才死,或者是在战争中和军事训练中,无论是不带武器的还是戴盔甲的格斗,
B　杀人者都要在来自德尔斐的法律的指引下完成涤罪仪式,才能被视为无罪。在所有关于行医的案子中,如果病人被医生无意中治死了,法律将认为医生无罪。如果一个人的行为在无意中使他人致死,无论他是空手的还是拿着武器或飞镖,是在吃饭时还是在喝酒时,是由于太热或是由于太冷,或是由于窒息,只用了他自己的
C　体力或者还用了他人的体力,在所有这些案子中,上述行为都将被

视为他个人的行为,杀人者要支付下述罚款。

如果被杀的是奴隶,那么杀人者应当视之为就像自己损失了一名奴隶,所以要赔偿死者主人的损失,或者假定杀人者要加倍赔偿损失——这名奴隶值多少钱要由法庭来估价——也要参加涤罪仪式,而且比那些在体育运动中造成死亡者的涤罪仪式更加麻烦、更加繁琐,由神谕指定的宗教法解释者是具体说明这些法规的权威。如果被杀的是杀人者自己的奴隶,那么他要履行法律规定的涤罪仪式来消除罪孽。如果有人在无意中杀死一名自由人,那么与杀死奴隶一样,杀人者也要履行涤罪仪式来消除罪孽,以便让他吸取教训,不再藐视那个古老原始的神话。神话说,尊贵的自由民被杀人者用暴力杀死之后,他的灵魂马上就会燃起复仇的怒火,而杀人者对自己的血腥命运在心中充满恐怖和畏惧,他会看到自己非常熟悉的死者身影在跟踪自己,会被吓得手足无措,乃至精神错乱。这是因为死者的灵魂牢记凶手,想尽一切办法使凶手心烦意乱,乃至疯狂。因此,杀人凶手在杀人后的一年里要回避杀人的地点,要把他驱逐出境,不能让他在祖国的土地上留下足迹;如果死者是个外国人,那么凶手在相同的时间内也不得进入死者的国家。如果凶手不自觉自愿地遵守这条法律,那么死者的亲属要记下他对法律的服从,要宽恕他的行为,除了与他保持和平外不能再对他做别的事。但若凶手不遵守这条法律,双手沾满血迹地冒险进入圣地献祭,或者拒绝在规定的时间里离境,那么死者的亲属可以对他的杀人罪行提起控诉,如果证据确凿,那么所有的惩罚都将加倍。如果死者的亲属没有提起诉讼,尽管他的门口就流着鲜血,就好像死者在提出偿还血债的要求,那么任何人都可以对凶手提起诉讼,法律将判他流放五年,把他驱逐出境。如果杀人者是一名外国人,而死者是一名居住在这个国家的侨民,那么只要有人愿意,也可以按照同一法律对他提出控诉;如果被告是一位定居的侨民,那么他要被流放一年。如果被告完全是个外国人,无论被杀者是外国人、侨民,还是本国公民,他都要在履行涤罪仪式以后,被驱逐出这些法律所适用的土地。如果他违反法律再次返回这块土地,执法官将要处死他,并把他拥有的财物判给受害者的近亲。如果他的回归并非出于自愿,比如遇上海难而漂流到我们的海岸边,那么他可以在海边逗留,等着有船来把他带走;如果他被"不可抗拒的力量"劫持,从陆上被带回来,那么第一位抓住他的官员可以释放他,让他平安离境。

D

如果某人自己动手杀了一名自由人,而他的行为是欲望推动的结果,那么首先要区分两种不同情况。一种情况是行为者一时冲动打了人,或突如其来地做出别的举动,但事先没有想要杀人的目的,而杀了人后随即产生悔恨与自责。另一种情况也是欲望推动的结果,由于受到语言或污辱性的手势的攻击,他想要报复,最后把骚扰者给杀了,并且不感到后悔。我想,我们不能把这些行为当作两种不同杀人的形式,但可以公正地说二者的动因都是欲望,两种行为都是部分自愿,部分不自愿。这两种情况与其他自愿或不自愿的杀人都有一些相同之处。控制自己的欲望,不马上进行报复,而是后来才抱着既定目标做出报复,这样做与那些蓄意谋杀相同。不能控制自己的愤怒,马上爆发出来,但没有预谋,这就好像不是蓄意杀人;我们甚至不能说他的行为完全是无意的,尽管看上去有点像无意。因此,很难决定法律应当把这些欲望推动下的杀人当作蓄意杀人还是无意杀人。然而,我们最完善的办法是按各种杀人的相似性归类,以有没有预谋为界,对那些有预谋的、穷凶极恶的杀人犯给予最严厉的惩罚,对那些没有预谋的、因一时冲动而杀人的罪犯的处罚则比较温和。重罪判重刑,轻罪判轻刑,这是一个通例。我们自己的法律当然会遵循这样的原则。

E

867

B

C

克利尼亚 确实是的。

雅典人　让我们回到我们的法典上来，继续立法。如果某人动手杀死一名自由人，但他的行为是在愤怒欲望的推动下做出的，没有预谋，那么对他的处罚在各方面都与处罚不在欲望推动下的杀人相同，要对他处以两年流放，使他学会约束自己的脾气。在欲望推动下杀人，并且有预谋，对这种罪行的处罚在其他方面与前者相同，但流放时间不是两年，而是三年，因为他的欲望更加可悲，所以对他的处罚时间更长。通过惩罚来矫正这些罪犯的规则就是这样，但要想精确地在法律中做出具体规定是困难的，因为在这些案子中，法律认为比较危险的罪犯结果却是比较温顺的，而法律认为比较温顺的罪犯反而是比较危险的，后者的行为看起来确实比较野蛮，而前者的行为看起来比较人道。尽管我们作出的一般区分依然成立，但最后如何处理这些事情要由执法官来决定。

　　两种罪犯的刑期满后，执法官们要派他们中的十二人去边境处理这些到期的犯人。这十二人原来就主管流放事务和负责监视流放者，此时也就由他们来决定是否给予流放者恩惠，允许他们回国——这是官方法令最后必须要有的内容。如果犯有这两种罪行之一的某个犯人在期满回国后又勃然大怒，重犯以前的罪行，那么他将被永远放逐，再也不能回国；如果他再跑回来，那么他会被处死，就像被驱逐的外国人偷跑回来一样。在盛怒下杀死自己奴隶的主人要洗涤他的罪过，如果被杀的是别人的奴隶，那么他要向奴隶的主人加倍赔偿损失。任何种类的杀人犯如果蔑视法律，在尚未洗涤罪行之前就出现在市场和体育竞赛中，或者出现在其他公共集会中，因而玷污了这些地方，那么知情者可以举报，起诉作为涤罪仪式执行者的死者亲属和这名杀人犯，迫使他们交纳两倍以上的罚款，法律将用他们交纳的所有罚金奖励举报人。如果奴隶在愤怒中杀了他的主人，死者的亲属可以根据自己的意愿处置杀人犯，不算有罪——只有在这种情况下他们决不能宽恕那个奴隶，让他继续活命。如果自由人被其他人的奴隶所杀,这名奴隶的主人要把肇事的奴隶送交死者亲属,他们必须杀死这名奴隶,方式由他们自选。有一种情况确实不常见,但确实会发生,如果父母在盛怒下用鞭笞或其他方式杀死了儿子或女儿,那么他们的涤罪仪式与其他杀人案件相同,流放期则为整整三年。等杀人者归国后,杀人者的妻子或丈夫要离婚,他们之间的生育必须停止;家庭中一定不能再有这样一个成员,更不能崇敬他,因为他杀死了家中的儿子或兄弟。拒绝执行这条法令的人是不虔诚的,只要愿意,任何人都可以起诉他。如果有人在盛怒中杀死了他的妻子,或者一名妇女对她的丈夫做了同样的事情,那么也要有同样的涤罪仪式,判处三年流放。罪犯回国后,永远不能再与他的子女一道崇拜神灵,或与他们同桌吃饭。如果父亲或子女蔑视这条法律,那么一旦被发现,任何人都可以指控他们犯了亵渎罪。如果兄弟姐妹在愤怒中发生了凶杀,他们的涤罪仪式和流放与前面对父母子女之间的凶杀的处罚相同——无人可以再与他同桌共餐,共同崇拜诸神,因为他从这个家庭中剥夺了一个兄弟或子女——如果违反这条法令,那么违反者将受到前面说过的那条惩治不虔诚罪的法律的公正惩罚。但若某个本应约束自己欲望的人没有这样做,而是在愤怒中疯狂地杀害了生他养他的父母,如果死者在临终前自愿宽恕了这名罪人,那么只要他履行了与无意杀人罪相同的涤罪仪式以及其他处罚以后,他的罪行就洁净了。但若没有得到这样的宽恕,那么这样的罪犯就要接受多条法律的处罚。对他的处罚是使用暴力、不虔诚、渎圣一类罪行中最重的,因为他的所作所为亵渎了父母灵魂的神庙,如果一个人可以死好几次,那么把这些杀父母的忤逆者判处无数次死刑是完全公正的。一个人的生命有时会受到来自父母的威胁,但没有法律会允许在这种独特的情况下杀人,即杀死生育他的父母,哪怕是自卫也不行。法律给他的指令是必须忍受最坏的待遇，而不是去杀死父母。那么法律给这种罪犯什么样的惩处才是合适的呢？我们认为，法律给这些在欲望推动下杀死父母的人规定的惩罚是死刑。兄弟之间争吵闹出了人命，或者在类似的情况下，如果动手杀人是为了自卫，而死者是挑衅者，那么杀人者无罪，死者就好比是手持武器的敌人；公民之间或外国人之间发生争执也照样处理。如果公民在自卫中杀了其他公民，那么杀人者无罪；如果奴隶在自卫中杀了其他奴隶，那么杀人者也无罪。但若奴隶在自卫中杀死了自由人，那么他犯了和杀父母一样的罪行。我们前面说过，父亲可以宽恕儿子杀害自己的罪行，而这也同样适用于其他各种罪行的宽恕；如果受害者自愿宽恕杀人者的罪行，视之为无意的，那么法律将判处这些罪犯履行杀父母罪的涤罪仪式以及一年的流放。怎样合理处置激烈的、无意的、突发的凶杀，我们在上面已经作了充分的说明。下面我们要处理的是蓄意杀人，这种行为的发生是有预谋的、精心策划的、极端邪恶的，是灵魂在快乐、愚蠢和妒忌的支配下发生的。

克利尼亚　非常正确。

雅典人　那就让我们再一次列举它们的根源。首要的一点是欲念主宰了灵魂，驱使灵魂寻求欲望的满足而变得凶狠残酷。我们在大多数人的期盼中可以看到这个特点非常持久和鲜明，财富的力量，再加上天然的偏见和有害的错误教育，在灵魂中培育出无限的渴望和占有欲。这种错误教育的根源在于相信了希腊人和非希腊人对财富的错误赞扬。他们把财富提升为诸善之首，而实际上它只占据第三的位置。这样一来，他们不仅在剥夺他们自己，而且在剥夺他们的子孙。富裕确实是一切社会最真实的善和荣耀，但财富是为身体服务的，就好像身体本身是为灵魂服务的一样。由于财富对实现这些善来说只是一种手段，因此它必定在身体之善和灵魂之善的后面占据第三的位置。从这个学说中我们应当明

C　白,人应当以幸福生活为目的,而不应以获得财富为目的,但以正确的方式获得财富并将财富置于自己的控制之下则是允许的。明白了这一点,社会就不会希望看到用进一步的杀人来作为凶杀的抵偿,而当前,我们一开始就说过,这种对财富的贪婪是凶杀的一个主要根源,大多数故意杀人都是由于这个原因。第二个根源是与妒忌相伴的竞争精神,这对于妒忌者来说是最危险的,其次对他最优秀的同胞来说也是非常危险的。许多杀人案的第三个原因可

D　以在怯懦和罪感的恐怖中找到。一个人希望别人的行为都公开,而他自己现在或过去的行为都处于秘密状态,在这种情况下,如果其他方法都失败了,那么只有用谋杀才能消除告密者。

　　所有这些内容都将在我们的开场白中加以处理。它们也道出了一个为许多人坚信的真理,而这个真理是从那些醉心于秘仪的人那里学来的。他们说,对这些犯罪进行复仇是罪人进入坟墓以

E　后的事,当罪人再一次返回我们这个世界,他一定会丝毫不差地受到上苍的处罚——前世犯下的罪恶到今世来偿还——遭受同样的暴力,死在别人的拳打脚踢之下。对那些服从审判,对审判抱有恰当恐惧心的人来说,我们的开场白不需要变成正式的法令,而对那些不服从审判的人来说,我们就应当让它成为书面法。如果一个

871　人错误地、有预谋地杀死了同胞,那么首先要把他从各种合法集会中驱逐出去,禁止他玷污神庙、市场、港口,或其他任何公共场所,无论有没有给杀人凶犯出一个公共告示,法律本身已经代表整个国家发出了这个告示,任何时间都有效。

B　　　如果死者的父母两系在叔侄堂兄范围以内的近亲放弃了监督凶手的义务,或者宣布了驱逐凶手,那么首先,杀人罪孽带来的污染和上苍的愤怒会落在他自己头上,因为法律的驱逐也会带来凶

C　兆。其次,任何想为死者复仇的人都会起诉他。他们都会监视杀人者,要他按神谕的规定洗涤罪行并遵守其他规定,他们也会正式

对他宣布放逐,然后开始强迫杀人犯执行法律的规定。这个过程还应伴有祈祷和向诸神献祭,诸神的功能之一就是使社会能在凶杀中保存下来,而立法者本人也可免去麻烦。接受这种献祭的诸神应当有哪些,这样的审判应当以什么样的方式进行才最适合宗教,这些问题要由执法官来决定。他们在规定审判方式前,要听从宗教法规专家、预言家和神谕的意见。这种案子的法庭组成与我们所说的审判盗窃神庙案的法庭相同。证据确凿的罪犯要处死,尸体也不能埋在他杀人的那个国家,如果这样做的话,又会增添不虔诚的罪过。如果杀人犯逃跑了,拒绝接受审判,对他的惩罚将一直延续下去。流放的罪犯若是踏上死者的国土,第一个碰到他的死者亲属或同胞可以杀死罪犯,这是法律允许的,或者把他捆绑起来,送交相关法庭的官员。被起诉的疑犯可以请求担保,担保人的资格由法官决定,三位主要的担保人要做出承诺,开庭时被告一定会到场接受审判。如果拒绝承诺或找不到这样的担保,法庭要逮捕疑犯,将他关在监狱里候审。

　　如果一个人不是真正动手杀人的凶犯,但却有预谋地用诡计使其他人死亡,而他自己带着一颗由于杀人而玷污了的灵魂继续居住在这个国家里,对这种人的审判与审判杀人罪相同,只是不需要考虑安全方面的问题,这种罪犯也能够在他的祖国找到葬身之处;而其他方面的处置则与真正的杀人凶手完全相同。凶杀案的双方都是外国人,或者一方是本国公民,一方是外国人,或者双方都是奴隶,或者是有预谋的杀人,在上述各种情况下审判凶杀案的程序都是相同的,只有在安全方面的考虑不同;而在安全方面,控方在提出指控时也同时要求被告做出担保,这和我们已经说过的对杀人犯的担保完全一样。如果奴隶故意杀死自由人,无论他是真正动手杀人,还是用计谋杀人,行刑者都将把他带到死者的葬身之处,在可以看见死者坟墓的地方给予鞭笞,行刑者愿意打多少下

D

E

872

B

C

就打多少下,如果打完后杀人的奴隶仍旧还活着的话,那么就处死他。如果有人杀了一名并没有犯罪的奴隶,他的杀人动机只是由于担心那名奴隶会揭发自己的可耻丑行,或出于其他类似的动机,那么这个人要被当作杀人犯受审,就好像死者是公民一样。

　　还会出现一些可怕的案子,甚至在立法中提到都会令人感到厌恶,但我们不可予以漠视,我指的是那些同胞之间的故意的、邪 D 恶的凶杀,不管是直接动手杀人,还是用诡计。这种情况在那些生活方式或训练体制腐败了的国家中最常发现。这种事情甚至在我们认为最不会发生的地方也会出现。呃,我们只能重复一下我们刚才讲过的那个学说,使听众能够做好准备,以便在面对这种最可 E 恶的凶杀时谨慎地做出自己的自由选择。这个故事或学说,你可以随意怎么叫它,是从古代祭司那里传下来的,它清楚地告诉我们有一种正义在监视着血亲仇杀,我们刚才讲过的内容无非就是要遵循这种公正的法律,它规定犯有这种罪行的人一定会受到同等的对待。如果有人杀害了他的父亲,那么终有一天他自己也会受到同样对待,在他的子女手中丧命;如果有人杀害了他的母亲,那么他在经历了死后的审判以后会在来世变成一名女子,会被他所生的子女杀死。如果这种罪孽已经渗入共同的血缘关系,那么没 873 有其他办法可以涤清这种罪孽,只有用那颗罪恶的灵魂以命抵命、血债血偿,否则被玷污的痕迹是不会褪色的,只有这样的赎罪祭才能使整个世系的怒火平息。

　　这样一来,由于恐惧这种来自上苍的复仇,人们就不会动手杀人,但总有一些可悲的恶人会残忍地蓄意杀害父母、兄弟或子女, B 我们凡间的立法者要针对这种情况制定法规。这些法规包括针对上述情况公布放逐名单和采取安全措施。如果发现有人犯了这种杀人罪,也就是说杀害了我们前面说过的这些人,法官和执政官将一道判处他死刑,把他的尸体剥去衣服,扔到城外的三岔路口。在那里,所有执政官将以国家的名义拿一块石头扔在尸体的头上,象征凶手已经对国家抵偿的罪行。然后按照法律的审判,凶手的尸体将被运到边境上抛弃,没有坟墓。　　　C

　　人们常说生命是最亲近的东西,但对于那些夺走自己生命的人又该如何处置? 我指的是那些用自杀来强烈地抗拒命运,使既定命运落空的人,尽管国家并没有对他进行审判,也没有残忍的、不可避免的灾难在驱使他做出这种举动,他并没有陷入令人绝望的、无法忍受的耻辱,仅仅由于缺乏男子汉气概的怯懦和胆小,他才对自己采取了不公正的审判。好吧,在这种情况下,只有上苍才　D
知道人们在涤罪和葬仪方面必须遵守什么样的规定,他的近亲应当向官方的宗教法规专家以及这方面的法律专家咨询,按他们的指示去做。但这种人的坟墓首先必须建在偏远的地方,坟墓中也没有任何东西陪伴他的尸体。此外,这种人必须默默无闻地被埋在十二个区交界的荒郊野地里,他们的坟墓没有墓石,也不能留　E
名。

　　除非在斗兽场或公共体育活动中,如果有驮畜或其他动物使人致死,那么死者的亲属可以制定处理这种杀人罪的规矩。死者的亲属可以请若干名乡村官员来断案,如果得到确证,那么杀了人的牲畜将被处死,扔到国境外去。如果无生命的东西造成人的非命——这方面的例外有闪电或其他神灵的临在——东西掉下来砸死人,或者人摔倒时撞在东西上,都要由死者的近邻来审判,在死　874
者近亲的邀请下,这位邻居将对死者的整个家庭履行这种义务,在确证了某样东西有罪后,要把这样东西扔到国境以外去,就像驮畜杀人一样。

　　如果有人死了,并且显然是谋杀,但凶手是谁又不知道,或者在仔细侦察后仍旧无法发现,那么应当像其他案子一样发出追查的告示,负责追查的人要像对着“杀人犯”说话那样宣读通告,以便　B

确立自己追查此案的权力,他要在市场上发出警告,要"杀人犯"不得踏入圣地或死者所属国家的任何土地,在这样的吓唬下,如果杀人犯显身或被认了出来,那么要把他判处死刑,抛尸境外,不得安葬。上述有关杀人罪的法规构成我们整部法律的一章。

C 　　这些问题就谈到这里。在杀人案中,杀人者将被正确地判定为无罪的情况如下:夜间杀死有意入室偷盗的窃贼无罪;在自卫中杀死徒步的拦路盗贼无罪;任何人均可杀死对自由民的妇女或儿童施暴的人,不论杀人者是被奸污者还是她的父亲、兄弟或儿子;如果有人用暴力逼迫他人的妻子就范,那么做丈夫的可以杀死他而被法律视为无罪;如果有人为了保护父亲的生命,而此时他的父亲并没有从事犯罪活动,或者为了保护孩子、兄弟,或者为了保护

D 他的子女的母亲而杀人,在这些情况下,杀人者完全无罪。

　　关于我们这种生灵的抚养和教育,以及暴力复仇的法律,我们谈了许多,如果要生活,就要遵守这些法律,没有这些法律,人就不能生活。关于抚养和训练身体的法律我们已经说过了,下面我想谈一个与此相关的问题,我们要尽最大努力来划分和列举人与人

E 之间的各种有意、无意的暴力侵犯,对各种暴力行为做出相应的处罚规定。

　　参与立法的人应当把伤害和残废置于杀人之后。与杀人一样,伤害也必须分成无意的伤害,即在愤怒的推动下作出的伤害,和有意的或故意的伤害,即在恐惧的推动下作出的伤害。因此,在处理所有这些类别的伤害之前,我们先要做一个导言性的说明。

875 人类要么制定一部法律并依照法律规范自己的生活,要么过一种最野蛮的野兽般的生活,其理由如下。没有一个人的天赋能够确保他既能察觉到对人类社会的构成有益的事情,又能在察觉到这种善以后能够并愿意在实践中实行这种善。首先,一门真正的社会科学必定以社会共同体为对象,而非以个人为对象,要明白这一

点非常困难,共同的利益使社会组合在一起,而个人则是社会的破坏因素,因此,公共的幸福生活应当优先于私人的幸福生活加以考虑,这样想既有益于共同体又有益于个人。还有,即使有人对这个原则有了清楚的认识,视之为科学理论的基本要点,但若他处于不负责任的独裁君主的地位,那么他决不会忠于他的信念,或竭尽全力终生改善国家的公共利益,他不会以此为首要目的,将个人利益放在第二位。他那意志薄弱的人性总是在引诱他扩大自己的权力,寻求自己的利益,他必然会尽力避苦求乐,把这些东西作为目标置于公正和善良之前,这种源于他自身的盲目必将使他沉沦,使他的国家也和他一道堕落在毁灭的深渊中。我向你们保证,如果有人在神的怜悯下生来就有能力获得这种认识,那么他并不需要法律来统治自己。没有任何法律或法规有权统治真正的知识。让理智成为任何生灵的附属物或仆人是一种罪恶,它的地位是一切事物的统治者,只要理智确实是真正的、自由的,它也必须是真正的和自由的。然而,除了某些已经衰退了的遗迹,这种洞见在任何地方都找不到,因此我们只好退而求其次,诉诸于法规和法律。人们现在可以考虑他们碰到的大部分案子了,但不是全部案子,这就是我要说这么一番开场白的原因。你我现在就来确定对这些伤害罪的处罚。当然了,人们此时会问:"伤害罪? 噢, 没错, 但是伤害谁, 在什么地点、什么时间、怎样伤害?"案子多得不计其数,它们的情况是很不一样的。把一切都留给法庭酌情处理或完全不由法庭来处理, 这两种办法同样是不可能的。在所有案子中, 有一件事我们确实无法由法庭决定, 这就是案子的发生或不发生。而立法者如果不让法庭酌情决定伤害罪的罚款数额或相应的惩罚, 而是由他自己来依照法规处理大大小小的案件, 这也是不可能的。

克利尼亚　那么我们该怎么办呢?

雅典人 呃,这样吧。有些事情必须留给法庭去酌情处理,但不是一切;有些事情必须用法律本身来加以规范。

克利尼亚 哪些问题要由法律来规范,哪些问题要由法庭来酌情处理?

雅典人 如果我们迈出的下一步要适当,那么就要指出,倘若

B 在一个国家里,法庭精神低迷、断案不清,其成员信奉用秘密投票的方式作判决,最糟糕的是,他们甚至不愿听取案子的审理,只根据听众对法庭发言的掌声或赞同来断案,就像在剧场里一样,那么这个国家会发现自己处在一个艰难的地步。如果法庭的构成是这个样子的,那么立法者的手肯定会被一种不幸的但却又非常真实的必然性所逼迫;如果一位立法家不幸地成为这个国家的立法者,

C 那么,他就要被迫在大部分案子中限制法庭酌情决定惩罚的权力,他要通过制定详尽的法规来做到这一点。但是在一个法庭组织健全、法官们接受过许多考试、训练有素的国家里,允许法庭酌情决

D 定大量案子中的处罚完全是适宜的、正确的。所以,我们当前完全有理由不去制定大量的法规和无数重要的规则,而是让法官依据他们的明智对那些伤害罪进行审理,决定相应具体的处罚。就像我们相信法官们能够按照我们为之制定的法律审理案件一样,我们确实也要相信他们中的大多数人能够酌情决定案件的处罚问题。否则我们反复陈述并在我们自己立法的前言部分加以贯彻的

E 那个学说就不是完全正确的了。我们要把一部附有某些惩罚实例的法律摆在法官面前,使他们有据可循,使他们不至于逾越正确的尺度。事实上,我在当前讨论的这类案子中应当继续这样做,这就使我再一次回到立法工作上来。

有关伤害罪的条款如下:如果有人蓄意杀害朋友,但没有杀

877 死,而是使他的朋友受了伤,而这位朋友当时并没有违反法律手持凶器,那么这种谋杀不能得到宽恕,要毫不犹豫地以谋杀罪起诉凶

手,让他接受审判,就好像他把人杀死了一样。但法律也要对谋杀
者不太妙的运气和监护权表现出一定的尊重,既怜悯伤人者又怜
悯被伤者,因为一方避免了死于非命的厄运,另一方避免了一种诅
咒和一场灾难;法律对这种神奇的力量要表示感恩和顺从,免去凶
手的死罪,判他终身放逐,让他在最近的邻国度过余生。他必须赔　　B
偿受害者遭受的一切损失,数额由审理案子的法庭决定,这种法庭
的组成与审理杀人致死罪的法庭相同。

　　如果做儿子的谋杀父母,或者做奴隶的谋杀他的主人,使他们
受了伤,那么要判处谋杀者死刑;兄弟姐妹之间的伤害也一样,如
果是谋杀未遂而致伤,相应的处罚也是死刑。夫妻之间的伤害,如　　C
果是谋杀未遂而致伤,相应的处罚是永远放逐。至于他们的财产,
如果有子女尚未成年,那么应当把财产交给监护人,由监护人负责
照料他们未成年的子女;如果家庭成员均已成年,那么财产就归他
们,但他们并没有义务供养流放者。如果造成这场灾难的罪犯无
子女,那么父母两系侄子一辈的流放者的亲属将聚在一起,指定一　　D
人继承罪犯的房屋,亦即继承国家房产的五千零四十分之一,他们
做了决定以后还要征求执法官和祭司的意见。这份房产从所有权
上来说并非真正属于它的居住者及其家庭。因此,实际上是国家　　E
要使这些房屋保持洁净和交好运。如果一所房子发生了这样的罪
恶和不幸,而屋主由于没有结婚或婚后没有生育,因此没有儿子可
以继承房产,或者说一所房子里发生了故意杀人罪,以及其他违背
天意或违抗人类社会的罪行,因此屋主被永久流放,但没有儿子可
以继承房产,那么这所房子本身首先要按照法律的指示加以清洁
和拔除。其次,所有亲属将与执法官会面,甚至就像现在通行的那　　878
样,在一起考虑整个国家哪个家庭的名声最好,最受好运的青睐,
同时又有不止一个儿子。他们要从这样的家庭中过继一个儿子和
继承人,以延续死者的香火,用这个家庭的这位父亲的名字给他改

名,并同声祈祷,以表示他们这样做是为了帮这个家庭找一个真正的继承者,他可以比他的继父更好地处理世俗事务和神圣事务。

B 然后,他们会确定这位过继的儿子为财产的合法继承人,而那名罪犯在这样的灾难发生在他身上时将离开这个家,没有名字,没有子女,没有遗产。

在我看来,一条边界并非在所有情况下马上与另一条边界相连,有时候会有一个边缘地带连接两个区域,并成为这两个区域的共同基础。尤其是对我们已经说过的在欲望推动下发生的行为来说,有意识的与无意识的行为之间有这样一个边缘地带。因此针

C 对那些在愤怒中造成的伤害罪,我们应当制定如下法规:我们确信,如果证明伤害是可治愈的,那么伤害者应当双倍赔偿受害人的损失;如果证明伤害是不可治愈的,那么伤害者应当赔偿受害人损失的四倍。如果伤害虽然可以治愈,但却使受害人重大残废,那么伤害者应当赔偿受害人损失的三倍。在有些情况下,伤害者不仅对受害人造成伤害,而且对国家也造成伤害,使受害人不能担负保卫国家的任务,因此在这种情况下,伤害者还要接受其他各种惩

D 罚,以补偿国家的损失。也就是说,除了伤害者本人应服的兵役外,他还要代受害人服兵役,如果他做不到这一点,就要受到法律的追究,任何人只要愿意都可以用逃避兵役的罪名起诉他。只要证据确凿,赔偿的数额,无论是两倍还是三倍,甚至是四倍,都将由

E 法庭来决定。如果是亲属之间以前面说过的方式相残,那么双方的父母和侄子一辈的亲属要聚集在一起,商议并对双方的父母执行一项处罚。如果对伤害的评估有问题,那么男性家长有权做出决定;如果双方不能达成一致意见,那么他们可以要求执法官的裁决。父母受到子女伤害的案子需要有法官审理,这样的法官年纪要在六十岁以上,还要有子女,并且要是亲生子女,而不能是过继来的。对伤害者处以死刑还是给予其他处罚,是重一些还是轻一

些,我们确信这样的事情要由法庭来决定。罪犯的亲属不可充任法庭的成员,哪怕他达到了法律规定的年龄。如果奴隶在愤怒时打伤了自由民,那么这名奴隶的主人要将他交给受伤者随意处置,如果不交,那么就由主人自己来赔偿受害者的损失。如果为被告辩护的人发誓,这个发生在奴隶和受伤者之间的案子是一个阴谋,那么他必须坚持自己的看法。如果他打输了官司,那么他将赔偿损失的三倍;如果他打赢了官司,那么他可以采取行动对付使用奴隶进行谋反的那些人。无意中伤害了别人,肇事者要赔偿损失,但没有一名立法者能够对这种事情做出具体规定。处理这种案子的法官与处理子女伤害父母案的法官是相同的,要由他们来确定赔偿的数额。

各种形式的打架和斗殴也是一种暴力侵犯,对这种行为我们已经处理过了。任何人,男人、妇女、儿童,都决不要忘了尊重长者,诸神和想要永久幸福的人都应当这样想。因此,年轻人公开殴打长者是一种可耻的行为,是上苍讨厌看到的景象。如果年轻人被年长者殴打,那么年轻人的合理态度应当是克制愤怒,保持温和,这样一来,这位年轻人自己到了老的时候也不会殴打年轻人。因此我们在这方面的规定如下:所有人都应当在言语和行动中对长者表示尊重。任何人面对一位比自己年长二十岁的人,无论是男是女,必须住手,就像面对自己的父母一样;他必须宽待一切年纪足以生下他来的人,这是对生育女神的一项义务。他同样也不能动手殴打外国人,无论是长期居住于此地的侨民还是新近才来的;既不要主动侵犯外国人,也不要在自卫中动手殴打外国人。如果被外国人打了,而这些外国人的行为需要矫正,那么他可以抓住外国人,把他们送交由市政官组成的法庭,而不是自己动手打回来,这样做可以让这些外国人明白不可以随意殴打本国人。市政官必须审理这种案件,但一定要尊重监护外国人的神的意愿。如果判定那名外国人错误地殴打了本国居民,那么要对他处以鞭笞,他动手打了本国居民几下,就鞭打这名外国人几下,因为他滥用自己的地位;如果外国人并没有做错什么事,那么法官可以给予警告

880 并批评揭发者,然后把双方解散。如果某人被他的同龄人打了,或者一名无子女的长者被年轻人打了,当事人无论年老还是年轻,都要赤手空拳地自卫。如果四十岁以上的人参加斗殴,无论是他动手打别人,还是别人动手打他,由此得到了一个坏名声,被当作流氓无赖,那么他是罪有应得。我们不难看到,他有义务接受这种劝

B 告;对我们的开场白不予理睬的顽固分子将会看到一条适用于他们这种情况的法律。如果有人动手殴打一位比他大二十岁以上的长者,那么首先,任何与凶手同龄或比他年轻的目击者应当指责凶手为懦夫;如果目击者与凶手同龄或比凶手年轻,那么他要保护被殴打的人,就好像被殴打的是他自己的兄弟、父亲,或更加年长的亲属。还有,我们已经说过,殴打长者的人要受审判,如果他的罪

C 行得到确证,那么他至少要在监狱里呆一整年,如果法庭对他的判决时间更长,那么这个决定必须执行。如果一名外国人或侨民殴打一位比他年长二十岁以上的人,目击者可以提供同样的法律援助,谴责斗殴者,如果肇事者是外国人和非公民,那么要判处两年监禁方能使他们涤清罪恶;如果肇事者是本国居民,那么他要被监

D 禁三年,因为他违反了我们的法律,除非法庭判处一个更长的刑期。还有,如果目击者没有提供法律所要求的援手,那么要对他处以罚款,第一财产等级的要罚一个明那,第二等级的要罚五十个德拉克玛,第三等级的罚三十个德拉克玛,第四等级的罚二十个德拉克玛。审理这种案子的法庭由将军、步兵指挥官、副帅、主帅组成。

E 　　我们可以说,法律有一部分是为有美德的人制定的,如果他们愿意和平善良地生活,那么法律可以教会他们在与他人的交往中

所要遵循的准则;法律也有一部分是为那些不接受教诲的人制定的,这些人顽固不化,没有任何办法能使他们摆脱罪恶。我现在要说的话实际上是针对他们说的,面对这些人,立法家被迫执行一些法律,而就其本意而言,他希望这些法律根本就没有制定的必要。假定有人自认为有知识而实际上一无所知,竟然忘记了上苍的愤怒和人们所说的来世报应,嘲笑这些值得敬佩的、普遍流传的说法,乃至于在实际行动中违反这种告诫,对父母和其他长辈动粗,那么就需要对这种人进行威慑和制止。这种最后的惩罚不是死刑,因为死刑尽管比其他任何刑罚更加具有威慑力,但它对这个世界上的罪犯所造成的痛苦并不能在他们的灵魂上产生威慑效果;否则的话,我们就不会听到虐待母亲、殴打长辈一类的事情了。因此,如果能够做到的话,要在今生惩罚这样的罪犯,不亚于来世对他们的惩罚。

881

B

　我们进一步的规定宣告如下:如果精神正常的人动手殴打父母,那么目击者首先要制止这种行为,就像在我们已经解释过的例子中一样。我们要给制止了这种行为的外国侨民提供一个观看体育运动的前排席位;而没有履行这一义务的外国侨民,我们要把他们永远驱逐出我们的国土。一位非永久居留的外国人提供了这样的帮助,将受到公众的赞扬,没有这样做的外国人则要受到批评。这样做了的奴隶将获得自由,不这样做的奴隶将被鞭笞一百下,如果这种殴打父母的行为是在市场上发生的,那么对这种奴隶的惩罚要由市场官来执行;如果这种行为发生在市场以外的其他地方,那么这种矫正行为就要由事件发生地的市政官来执行;如果这种行为发生在乡下,那么就由乡村官员来执行。每一位目击这种殴打父母行为的本国人,无论男女老幼,都要参加救援,制止这种行为,要像驱逐魔鬼野兽一样对打人者大声怒吼,不参加救援的人将受到法律的处罚和家族神的诅咒。如果有人被确证冒犯了父母,

C

D

那么首先要把他永远逐出京城,迁居到乡下去,并且禁止他去任何圣地。如果他不服从放逐,那么乡村官员要用鞭打或其他方法对
E 他进行矫正;如果他私自返回原住地,那么他将被判处死刑。如果有自由人与罪犯一起吃喝玩乐,或一起做事,或有任何往来,比如与他握手相会,那么自由人在没有履行涤罪仪式之前既不能进入崇拜地和市场,又不能去城市的任何地方,就好像他被可怕的瘟疫传染了一样,如果他违反禁令,污染了圣地和城市,那么任何执政官在得知事件之后要立刻对他进行审判。如果一名奴隶打了自由
882 人,无论他是外国人还是本地公民,目击者都要加以制止,否则就要受到罚款的处罚,罚款的数额按其地位不同而有所差别;目击者
B 要协助被打的一方把这名奴隶捆绑起来,由被打的一方处置,他们会用脚镣把奴隶捆绑起来,用皮鞭抽打他,愿意打几下就打几下,只要不损害奴隶主的利益,然后把他交给他的合法主人。这一法律条款应当这样写:奴隶打了自由民,除非有执政官的命令,这名
C 奴隶的主人要从被打的人那里接受被捆绑的奴隶,在被打的一方没有感到满意之前,不能释放他。这些法规也适用于双方都是妇女或有一方是妇女的情况。

第 十 卷

884 　　**雅典人**　有关伤害问题已经讲完了,现在我们可以清晰地阐述一条关于暴力案件的法律原则:无人可以拿走他人的物品和家畜,也不能未经业主许可擅自动用邻居的财产,这种行为是上述一切伤害的开端,过去、现在和将来的伤害都是此类行为的结果。年
885 轻人的放荡与蛮横逞凶是最重要的伤害案件,如果被当众冒犯的对象是神圣的,那么这种伤害就是最大的,如果被冒犯的对象不仅是神圣的,而且对某个部落或某些相同的群体来说是公共的,或部

分公共的,那么这种伤害就尤其巨大。按秩序和程度来说次一等的伤害是冒犯私人的神龛和坟墓;列在第三位的伤害是已经说过的那些罪行以外的对父母不孝。伤害的第四种形式是偷窃他人财物和家畜,未经别人许可就动用别人的东西,以此表现出对执政官的蔑视;第五部分伤害则是需要做出法律赔偿的那些侵犯公民权力的行为。因此,我们必须提供一部同时适用于各种伤害形式的法律。关于公开或秘密地使用暴力抢劫神庙,我们已经做出了具体的规定。我们现在要决定对用言语或行动侮辱神灵的人应当给予什么样的惩罚。但首先我们的立法者必须向他们提出如下忠告:凡是服从法律而相信神的人,决不会故意做出渎神的行为或发表不法的言论。凡是有这种行为发生,必定出于下列原因之一:要么他们不相信神存在;要么他们相信神存在,但认为神不关心人类的事务;要么他们认为即使这些神关心人事,人们也很容易用牺牲和祈祷来哄骗他们。

克利尼亚　我们该如何对待这种人,或者说我们对他们该说些什么?

雅典人　哎,我亲爱的先生,让我们先来听听他们是怎样嘲笑我们的。

克利尼亚　他们会怎样嘲笑我们?

雅典人　呃,他们会这样说:来自雅典、拉栖代蒙和克诺索斯的先生们,你们说得对。实际上,我们中有些人认为任何神灵都不存在,还有一些人对诸神的看法就像你们所说的一样。所以我们对你们的要求也像你们对法律的要求一样。在你们亮出严厉的恐吓之前,最好先试着说服我们。请你们提供充分的证据,说明诸神确实是存在的,诸神也不会受到祭礼的诱惑,乃至于违反正义之路,让我们信服。我们确实已经从那些享有崇高名声的第一流诗人、演说家、先知、祭司,以及其他成千上万的人那里听到了许多教

海,但正因为如此,我们中的大多数人遵循的道路不是拒绝作恶,
E 而是努力去作恶并且试图掩盖恶行。所以我们期待着你们马上能
够说服我们,作为立法者,你们具有一种职业的仁慈而非严峻。你
们认为诸神是存在的,但这种看法并不比另一种说法好到哪里去,
你们如果能够告诉我们只有你们的看法才是真理,那么也许能够
令我们信服。所以,如果你们认为我们的挑战是公平的,那么你们
必须试着给予回答。

　　克利尼亚　呃,先生,要说明诸神的存在似乎很容易。

886 　　**雅典人**　为什么?

　　克利尼亚　呃,只要想想大地,想想太阳、星辰和一切事物就
可以了! 还有奇妙的季节更替和年月! 此外,全人类,希腊人和非
希腊人,事实上全都相信诸神是存在的。

　　雅典人　我亲爱的朋友,我有点害怕这些恶人,但我不想称之
为恐惧,我担心他们会蔑视我们。你,以及我们的朋友,事实上并
不明白他们与我们的分歧在哪里。你们认为沉迷于快乐与欲望使
B 他们的灵魂不虔诚,其他就没有别的原因了。

　　克利尼亚　呃,先生,其他还有什么原因?

　　雅典人　你和你的朋友们都不可能知道这个原因。之所以如
此,乃是因为这个原因与你们的生活无关。

　　克利尼亚　我不知道你又能想出什么名堂来。

　　雅典人　呃,愚蠢的傻瓜也可以认为自己拥有最高的智慧。

　　克利尼亚　你这样说是什么意思?

　　雅典人　有人告诉我,你们优越的国家制度在妨碍着你们认
C 识诸神的形象,而我们国家的文献中讲述过诸神的故事,这些文献
有些是用韵文写的,有些则用散文。这些文献中最古老的故事说,
天是最原始的真正的存在,等等。以此为起点,这个故事稍后讲到
了诸神的诞生,以及他们相互之间的品行。由于这些故事非常古

老,我们现在很难决定这些故事对于听众来说到底是好还是不好,有没有其他方面的作用,至于这些故事能否在听众中培养出尊敬父母的品格,我敢肯定人们决不会把这些故事赞扬为有益于身心健康的,也不会说这些故事是真实的。我们可以不再谈论这些古老的故事,而其他人愿意谈则随他们的便。但我们必须用现代人的理论来解释由诸神造成的不幸。这两方面一结合就产生了这样一种效果。当你我提出关于诸神存在的证据,并且确信日月星辰是神或具有神性时,反对这些故事的人就会提出反驳说,无论你们如何雄辩地使用那些空洞的言辞,它们都只不过是土石罢了,不可能关心人事。

克利尼亚　先生,你提到的这种理论真可怕,哪怕只有这一种。如果这种理论盛行,那么在我们这些老年人看来就更可怕了。

雅典人　那么我们该如何答复?我们该怎么办呢?也就是说,我们是否必须面对这种无神的观点,从根本上反驳那种认为你们无权设定诸神存在的指责,从而保护我们那些与此相关的法律呢?或者说,我们是否必须搁置这个主题,回到立法上来,因为我们担心要是不这样做的话,关于这个主题的讨论会比相关的立法更冗长。如果我们首先针对他们要我们必须回答的问题提供大量充分的证据,使我们的对手感到害怕,在实际上表达了对这种无神观点的厌恶后再来制定相关的法律,那么我们的讨论一定会非常漫长。

克利尼亚　先生,从我们聚在一起讨论问题开始,我们有好几次机会看到我们没有理由对简洁明了的偏爱胜过冗长,谚语中所说的"追踪者"并非与我们同道,所以我们若是选择了一条比较短的道路,而不是选择一条最佳道路,那么我们只能表示遗憾,并认为这样的选择是荒谬的。坚持诸神存在,坚持诸神是善良的,尽力说服人们相信和敬重诸神,这是我们头等重要的大事。事实上,以此为我们的开场白是对我们整个立法的最高尚、最优秀的辩护。
C 我们既不要犹豫不决,又不要显露出不耐心,而要无保留地使用我
们拥有的说服的才能,竭尽全力去完成这个任务。

雅典人 我感到你的这番祈求充满恳切与热情,使我无法再
作推诿。那么好吧,我们又该如何平心静气地为诸神的存在辩护
呢? 当然了,像过去一样,无人能够抑制对那些派别的不满和厌
D 恶,他们相信这些故事,但却把论证的重担强加于我们。他们从小
就开始听这些故事,还在母亲或保姆怀抱中的时候他们就不断地
在听——你可以说,这些故事就像催眠曲,就像游戏和娱乐中的咒
语——以后又在献祭时的祈祷中听,再往后戏剧又使儿童们的眼
睛和耳朵受到强烈刺激,就像在献祭中一样。我们的父母对着他
们的神灵说话,坚定地相信诸神的存在,为他们自己和子女虔诚地
E 祈祷和求援。还有,当太阳、月亮升起和降落时,他们已经听到或
看到人类普世的崇拜和虔诚,无论是希腊人还是非希腊人,在所有
各种充满好运和厄运的环境中,他们崇拜的诸神不是虚构的,决非
888 遥远的影子,而是最确定的真实的实在。那些强迫我们进行当前
这些论证的人用轻浮的态度处理这些证据,而当我们看到这些证
据时,任何一个有理智的人都会加以承认,但却没有完善的理由。
我要问的是,一个人该如何找到温和的语言能够把责备与有关诸
神的真相结合起来,以此说明有关诸神存在的真相? 还有,我们面
临着这样一个任务。我们决不允许我们中的一个派别从追求快乐
转变为疯狂,而其他人则从出于对他们的愤怒而同样变得疯狂。
所以我们对心灵的平心静气的预备性的告诫应当达到这样的效
果——我们要克制我们的激情,使用温和的语言。请你们想像我
们自己现在就在对这种类型的某个人讲话。

B 　　　我的孩子,你还年轻,随着时间的推移,岁月就会引导你完全
扭转当前的许多信念。所以,在对最高事物进行判断之前,你要等

待未来的降临,其中最重大的事情就是正确地思考诸神,良好地生活,或者正好相反,尽管你现在会把这件事情看得微不足道。我要向你提出重大告诫,你会看到这个告诫是完全正确的。你自己和你的朋友并非第一个,亦非惟一的一个接受这种看法的人,以此作为你们的关于诸神的学说,不,在每个时代,或多或少都有一些人受到这种疾病的危害。因此,作为一个过来人,我要向你保证,没 C 有一个人在早年采用了这种诸神不存在学说而到了老年仍旧坚持这种信念,尽管有些人——不是很多,但确实有一些——坚持我们说过的另外两种态度,相信诸神存在,但诸神对人类的行为无动于衷,或者说诸神尽管关心人事,但很容易被献祭和祈祷所安抚。如果你接受我的指导,那么你应当等待一个有关这些事情的完全清晰的充满可信度的判断,你要问自己真理究竟在哪一方,要向各种 D 人寻求指导,尤其是向立法者请教。同时,你要警惕各种对诸神不虔诚的行为。为你们制定法律的人必定会以此为自己的事务,从今以后会把这件事的真相告诉你们。

克利尼亚　先生,到此为止你说得好极了。

雅典人　不过如此,麦吉卢和克利尼亚,但我们已经在无意中卷入了与一种自命不凡的理论的争论。

克利尼亚　这是一种什么理论?

雅典人　一种被人们广泛地当作终极真理的理论。　　　　　E

克利尼亚　你必须说得更加清楚一些。

雅典人　你知道,有人告诉我们,一切有生成的事物都会变成或将要变成某种产物,要么是自然的产物,要么是技艺的产物,要么是命运的产物。

克利尼亚　这样说有什么不对吗?

雅典人　呃,当然了,这位哲人告诉我们的这个假设是对的。但假定我们追随他们的踪迹,问一问我们自己这一派的发言人的　889

真实含义是什么。

克利尼亚　我完全赞同。

雅典人　所以他们说，一切伟大而又美好的事物显然都是自然和命运的产物，只有技艺的产物是微不足道的。技艺从自然的手中取来已经创造出来的伟大的原始作品，然后对之进行一些微不足道的塑造，就是由于这个原因，我们称这些作品为人造的。

克利尼亚　这样说有什么意义？

B
　　雅典人　让我说得更加清楚些。他们说，火、水、土、气的存在全都可以归结为自然和命运，而没有一样可以归结为技艺；它们反过来又成为动因，一种绝对的、无灵魂的动因，再进一步产生出下一层次的物体，亦即大地、太阳、月亮、星星。它们各自本着它们自身的若干倾向任意漂流。它们以某种适宜和方便的配置在一起——

C
热与冷、干与湿、软与硬，以及从对立面的混合中产生的各种不可避免的偶然的结合——以这种方式，整个天宇以及其中的一切都产生了，一切动植物也按特定的过程产生出来，一年四季的产生也出于相同的原因。他们说，这些东西的诞生不是由于心灵的作用，也不是由于神的作用，更不是由于技艺的作用，而是由于自

D
然和命运。技艺本身也是这些动因的后续的、晚近的产物，像它的创造者一样是可灭的。技艺的开端始于用一些真实的物体来制造某些玩具，技艺的产物就像技艺本身一样是一些幻影，这就是绘画、音乐以及其他一些类似技艺的作品。如果说有某些技艺能产生真正有价值的作品，那么这就是那些对自然起着辅助作用的技艺，比如医疗、农业、体育。尤其是政治家的技艺，他们说，与自然没有什么共同之处，这种技艺是一种纯粹的技艺；同样，立法完全

E
是一件非自然的事情，是技艺，它的地位是不真实的。

克利尼亚　不真实，为什么会这样？

雅典人　呃，我亲爱的先生，让我这样说吧，这一派断言诸神

并无真正的、自然的存在,而只有人造的存在,他们称之为一种合法的发明,因此不同的地方有不同的神,人们在立法的时候,每个不同的群体发明与自己的习俗相吻合的神。然后他们宣布,真实的和天然可敬的事物是一回事,按习俗可敬的事物是另一回事,至于正义,根本不存在绝对真实和自然的正义,人类不断地就正义问题进行争论,并且改变着对正义的看法,尽管这种存在是人造的和 890 立法的,而非你们所说的那种自然的存在,但每当人们对正义的看法做出了某种改变,那么从那一刻起它就是有效的。我的朋友,所有这些观点都来自那些给年轻人留下了深刻印象的聪明人,散文作家和诗人,他们承认不可取消的正义也就是人们高举双手表示赞同的东西。因此,我们的年轻人中间流行着不虔诚的时尚——尽管法律要求我们相信的这种神并不存在——那些派别也依据这样的理由产生出来,试图吸引人们追求一种"真正的、自然的、公正的生活",正义在他们看来就是一种对他人的真正支配,而非按照习俗对他人进行一种侍奉。

　　克利尼亚　先生,你描述的这个诫条太可怕了! 城邦与家庭 B 中的青年已经败坏到了何等地步!

　　雅典人　克利尼亚,你说得太对了! 但在一个长期处于这种状况的地方,你想要立法者如何立法呢? 他要对公众保持高度警惕,要吓唬他们,直到他们全都承认诸神的存在,在内心认可立法者的法律所规定的信念,使他们的行动全都与法律条文所规定的信念一致,就像对待那些所谓可尊敬的东西、正义的东西、一切最 C 高尚的东西、一切能造就美德或邪恶的东西一样,是吗? 我要说的是,他要吓唬那些不愿听从法律的人,对其中的某些人要处以死刑、禁闭、鞭笞、剥夺公民权和财产,对他的民众也不加以说服,并用法律来使他们变得驯服吗?

　　克利尼亚　先生,远非如此,远非如此! 如果在这种事情上也 D

要有说服,无论多么微弱,那么没有一位值得我们敬佩的立法家会做出这种软弱的表示。按他们的说法,立法家应当一心一意地支持古老的传统信仰,相信诸神的存在以及你刚才提到的那些东西。他尤其要坚持法律本身和技艺是自然的,并不比自然的东西不真实,因为它们都是心灵的产物,之所以这样说乃是因为我有一个健全的论证,我同意这个论证,也要你作出解释。

E　　　**雅典人**　呃,克利尼亚,你的确充满热情!但请你回答,我认为面对公众作出的论断很难用论证来加以支持,因为他们不会有耐心面对一个漫无止境的论证,对吗?

　　　克利尼亚　呃,先生,那又怎样?我们生来就在宴饮和音乐中听过那些漫长的谈话,难道现在提起诸神和相关的论题就会显得缺乏耐心吗?你要注意,这样的论证对理智的立法来说是一种最891　有价值的帮助,因为在立法中,一旦成文,法律就要保留在记录中,当然,各种挑战性的问题也会随着时间的推移而出现。因此,如果在第一次听到法律时感到困难,那么我们不需要沮丧,因为即使连最愚蠢的学生也可以借助这些讨论对法律进行反复的考察。只要讨论是有益的,那么谈话的长短不会使它变得不合理,至少在我看来是这样的,只有不虔诚才会使人拒绝这样的讨论。

　　　麦吉卢　先生,我完全支持克利尼亚的意见。

B　　　**雅典人**　麦吉卢,我也支持他的意见,我们必须按他的要求去做。当然了,我们可以公正地说,如果这样的学说没有广泛流传,没有弄得全人类都知道,那么用论证来捍卫诸神的存在就没有必要;但由于这些观点已经广泛流传,那么就显得有必要了。当最高的法律在恶人手中面临危险的时候,除了立法者自己,又能由谁来拯救法律呢?

　　　麦吉卢　呃,没有别的人了。

　　　雅典人　那么好吧,克利尼亚,让我再来听一听"你的"意见,

因为在论证中你必须成为我的合伙人。假定有人在进行推论，把　C
火、水、土、气看成一切事物的根源，"自然"只是他给这些东西的名
称，而灵魂也是后来才从这些东西中派生出来的。或者更有可能，
这种说法不是一个假设，而就是他们实实在在地讲出来的。

克利尼亚　的确如此。

雅典人　呃，以神的名义起誓，我们不是已经对所有忙于研究
自然的人提出来的这些不合理的错误看法作了追溯，找到了可以
称作错误根源的东西了吗？请你仔细考虑一下他们的各种立场，　D
如果我们能够说明这些人不仅接受这种不虔诚的学说，而且还把
那些追随他们的人引向谬误，那么你的看法就会有很大不同。

克利尼亚　你说得很好，但你必须解释一下他们错在哪里。

雅典人　我担心自己不得不谈论一些不熟悉的事情。

克利尼亚　先生，不要再犹豫了。我知道你担心讨论这些事
情会使你超越立法的范围。但若这是一种惟一的与诸神真相相符　E
合的方式，就像在我们的法律中所说的那样，呃，那么我的好先生，
我们必须这样论证。

雅典人　既然如此，我好像必须解释这些我不太熟悉的观点。
这种学说认为不虔诚者的灵魂是一种产物，使一切事物产生和消
灭的最初原因不是最初的，而是第二位的，而那第二位的原因反倒
是最初的。于是他们就在诸神的真正存在这个问题上陷入了谬
误。

克利尼亚　我还是两眼一抹黑。　　　　　　　　　　　　　892

雅典人　灵魂，我的朋友，灵魂是一切事物的本性和力量，但
大多数人对此一无所知；在这种普遍无知中，他们尤其不知道灵魂
的起源，不知道灵魂在那些最初的事物中是头生的，先于一切形体
和使形体发生变化和变异的最初根源。假如确实是这种情况，那　B
么一切与灵魂同类的东西岂不是也必定先于形体一类的东西，因

为灵魂本身先于身体,是吗?

克利尼亚　呃,必定如此。

雅典人　所以判断和预见、智慧、技艺和法律,一定先于硬和软、重与轻。是的,可以证明那些伟大的最初的作品是技艺的产物,有理由被称作原初的作品;而那些自然的产物,还有自然本身——这样的称呼实际上是错的——是第二位的,是从技艺和心灵中产生出来的。

C　　**克利尼亚**　错误的称呼? 错在哪里?

雅典人　呃,"自然"这个词的意思是位于开端的东西,但若我们可以说明灵魂先于自然出现,灵魂既不是火也不是气,而是位于开端的东西,那么我们完全可以正确地说,灵魂的存在是最"自然的"。

克利尼亚　这样说确实有理。

雅典人　那么我们下一步必定要为这个观点提供证据。

D　　**克利尼亚**　没错,当然应该这样做。

雅典人　好。现在让我们提高警惕,小心提防这个极端精细的论证。我们已经年迈,而这个论证就像一个精力充沛的小伙子,可以使障眼法从我们的指缝中溜过去,如果是这样的话,我们就会落下笑柄,人们会把我们对这一宏伟目标的热忱追求视为一大失败。所以,我们要仔细想一想。假定我们三人要渡过一条水流湍
E　急的河,三人中我最年轻,又有着丰富的渡河经验。我说,我必须独自先游过河去,再来看你们这两位年长者能否承受激流。如果我成功地过了河,我会回过头来召唤你们,用我的经验帮助你们过河;但若证明你们这样岁数的人无法渡过这道激流,那么所有危险都由我一人来承担。你们会认为这是一个合理的建议。好吧,我们现在也好像面对着论证的激流,水流湍急,凭你们的能力可能游不过去。所以,为了不让你们在一大堆不熟悉的问题面前目瞪口

呆,不知所措,陷入窘迫的境地,自尊心受到损害,我建议就让我用 893
现在的方式来进行讨论。我首先对自己提出某些问题,而你们就
安全地注意听,然后由我自己来回答。这种方式要贯穿整个论证,
直到我们关于灵魂的讨论结束,它对身体的优先性得到证明。

克利尼亚　先生,这是一项令人敬佩的建议,就按你说的办
吧。

雅典人　行,我们开始。如果说我们一直在请求神的帮助,那 B
么但愿神现在就显灵。当然了,我们可以认为神已经按照我们的
请求,在热情地帮助我们证明他们的存在,在我们潜入面前的论证
激流时,我们的祈祷可以成为一根能够安全地把我们引向彼岸的
绳索。要想对这样一个主题提出论证,我认为,最安全的办法是先
做出下列问答:

有人说,先生,一切事物都是静止的,无物运动,是吗? 或者说
相反的说法才是正确的? 或者说有些事物运动,有些事物静止,是 C
吗?

我回答说,当然是有些事物运动,有些事物静止。

处于运动中的动者和处于静止中的静者一样,都位于某一空
间吗?

当然。

有些事物在一个位置上运动,有些事物在不止一个位置上运
动,你承认吗?

我答道,当你讲到在一个位置上运动时,你指的是那些中心不
动的运动着的事物,就好比陀螺的旋转。

是的。

我们看到,在这种旋转中,运动的物体会同时呈现出最大的圆
圈和最小的圆圈,把它自身合乎比例地划分,呈现出较大的和较小 D
的部分。实际上,这就是各种奇迹产生的根源,因为它用较高或较

低的速率回应着同时产生的大大小小的圆圈。这种结果可以被人们想像为不可能的。

是这样的。

在几个位置上运动的事物,我想你指的是位移,物体每一刻都在改变位置,有些时候运动中的物体有一个支撑点,有些时候,在滚动的情况下,有不止一个支撑点。在运动中物体会相互发生碰撞,静止物体受到运动物体的撞击,形成新的结合,那些最初的成分之间也就是这样形成复合物的,是吗?

是的,我承认你说的是事实。

还有,结合使复合物增大,而分离则使复合物变小,除非原先的物体仍旧保持着它的构成。如果物体不能保持它的构成,那么结合与分离都会引起化解。

普遍发生的生成现象又是在什么情况下产生的,什么是生成?

生成显然是从某个起点开始获得增长,然后进入第二步,然后又进入下一步,通过这三步生成就可以被感知者察觉了。事物的生成靠的就是这样的运动变化和变形,只要这种情况在持续,它就拥有真实的存在。当事物的构成发生了改变,变得和原来不一样了,那么原来那个事物也就完全毁灭了。我的朋友,我们也许已经区分和列举了所有的运动类型,如果运动只有这两种类型的话。

克利尼亚　哪两类?

雅典人　呃,两种类型,我的好先生,看起来我们的整个讨论正在取得进展。

克利尼亚　我必须要求你说得更清楚些。

雅典人　我们的讨论始于一种关于灵魂的观点,不是吗?

克利尼亚　当然是的。

雅典人　那么让我们先来看第一种运动形式,这种形式通常使别的事物运动,但它自身并不运动。作为一般运动的第二种形式,我们说这种形式通常使自己运动也使其他事物运动,就像结合与分离的过程中发生的运动一样,这样的运动通过增长及其对立面,亦即减少,或者通过生成或灭亡来进行,灭亡亦即失去存在。　　C

克利尼亚　我们可以这样说。

雅典人　然后,我们可以把通常既能使其他物体运动,而它本身也被其他物体推动的这种运动形式列为我们运动形式中的第九种。还有的物体自身运动,也使其他物体运动——在一切物体主动和被动的运动形式中都可以看到这种运动,称之为一切存在的变化与运动是正确的——这种形式可以列为第十种。

克利尼亚　对,确实如此。

雅典人　现在,我们完全可以正确地宣布,这十种运动是一切事物中最强大的,最有功效的,可以这样说吗?　　D

克利尼亚　呃,当然可以,我们必须说可以使自身运动的东西是最有功效的,其他东西地位都要比它低。

雅典人　好极了。那么我们也许能够在已经说过的话中间找到一两处错误。

克利尼亚　有什么错?

雅典人　我想,我们在使用"第十"这个词时犯了错误。

克利尼亚　为什么错了?

雅典人　我们刚才按照秩序有力地证明了第一种运动形式,接下去要证明的是"第二种"运动形式,然而我们却奇怪地称之为　　E第九种运动形式。

克利尼亚　我该如何理解你的意思?

雅典人　呃,要这样理解。当我们说一个事物改变为第二个事物,第二个事物又改变为第三个事物,等等,在这样的系列中,会有一个变化的最初源泉吗? 呃,一个被除了它自身之外的其他事

物推动的事物如何能够成为这种变化的最初原因？这种事是不可
能的。当某样能使自身运动的事物取代了第二样事物时，这个第
895 二样事物仍旧是第三者，这样的运动可以传递给成千上万的事物，
那么，除了由最初的动者所引起的变化外，还会有一切运动的最初
起点吗？

克利尼亚　你说得非常好，这个观点必须承认。

雅典人　此外，让我们用另一种方式来表述这个观点，再一次
回答我们自己的问题。假定一切事物都聚集在一起，保持静止，就
像这个派别中的大多数人所坚决主张的那样。我们具体指出过的
B 这些运动形式中的哪一种会在事物中最先产生呢？呃，当然了，能
够自己运动的事物最先开始运动，此外不可能有其他变化的源泉，
因为按照这个设定的前提，变化不可能预先存在于这个系统中。
进一步推论，无论什么东西作为一切运动的源泉，乃是在一切静止
和运动的东西中最初出现的东西，我们要宣布这种自动是一切变
化中最先的和最有力的，而被其他事物替代或在别的事物推动下
发生的运动乃是第二等的。

克利尼亚　无疑如此。

C 　**雅典人**　我们的讨论已经进到这一步，现在可以回答下一个
问题了。

克利尼亚　什么问题？

雅典人　当我们看到这种运动在一个由土、水，或者火组成的
事物中——分离的或结合的——显示自身时，我们该如何描述居
于这种事物中的性质？

克利尼亚　你问的是，当某个事物自己运动时，我们是否称之
为"活的"，我猜得对吗？

雅典人　没错。

克利尼亚　活的？噢，它当然是活的。

雅典人 很好,我们来看某个事物中的灵魂,情况也是一样的,不是吗?我们必须说这个事物是活的。

克利尼亚 完全正确。

雅典人 那么,我以上苍的名义起誓,你听着。我猜想你会承 D 认对任何事物都有三点值得注意的地方。

克利尼亚 你的意思是……

雅典人 我的意思是:第一,事物的真实存在;第二,对这个真实存在的"定义";第三,它的"名称"。这样说你就明白了,我们对任何存在的事物都可以问两个问题。

克利尼亚 哪两个?

雅典人 一个人有时候只提出名称,要求别人提供定义;有时候只提出定义,要求别人提供相应的名称。换言之,我们指的是要能达到这种效果,不是吗?

克利尼亚 达到什么效果?

雅典人 你知道,数字也像其他事物一样有类别。以数为例, E 这个事物的名称是"偶数",它的定义是"能够被 2 整除的数"。

克利尼亚 没错。

雅典人 我心里想的就是这种情况。无论我们问的是定义,答的是名称,还是问的是名称,答的是定义,在两种情况下我们指的都是同一事物,难道不是吗?无论是用"偶数"这个名称,还是用"能够被 2 整除的数"这个定义,我们描述的都是同一事物,没有差别,对吗?

克利尼亚 完全相同。

雅典人 那么,以"灵魂"为名称的这个事物的定义是什么呢?除了我们刚才用过的"能使之自动"这个短语,我们还能找到其他 896 定义吗?

克利尼亚 你的意思是,这个自身同一的真实存在在我们所有人的词汇中有一个"灵魂"的名称,以"自动"作为它的定义?

雅典人 我是这个意思。但若确实是这种情况,那么除了进一步证明灵魂就是过去、现在和将来的一切存在的最初变化与运动及其对立面,因为它已经显示自己是一切变化与运动的最普遍的原因,我们还能希望得到别的什么东西来作为运动与变化的根本原因吗?

B　　**克利尼亚** 不能,确实不能。我们发现灵魂是运动的源泉,是一切事物中最先出现的,我们的证明是绝对完善的。

雅典人 那么与自动无关,由某些其他事物引起的运动无论在什么地方产生,都属于第二等的,或者你愿意把它放在什么低级的位置上就怎么放,实际上,这就是那些无灵魂的物体的变化,是吗?

克利尼亚 你论证得对。

雅典人 因此我们可以得出一个正确的、决定性的、真实的、
C　最终的论断,灵魂先于物体,物体是第二位的,是派生出来的,灵魂支配着事物的真正秩序,物体则服从这种统治。

克利尼亚 确实如此。

雅典人 但是我想,我们并没有忘记我们前面达成的一致意见,如果能够证明灵魂先于物体,那么灵魂的性质必定也先于物体的性质。

克利尼亚 没错。

D　　**雅典人** 所以心灵的气质和习惯、希望、计算、真正的判断、目的、记忆,全都先于物体的长、宽、高,因为灵魂本身先于物体。

克利尼亚 无疑如此。

雅典人 因此我们被迫同意一个推论:要是我们想把灵魂说成是一个普遍的原因,那么灵魂就是善与恶、聪明和愚蠢、正确与错误,乃至于所有对立面的原因,不是吗?

克利尼亚　确实如此。

雅典人　那么好,如果内在的灵魂就这样控制着在宇宙中运动着的一切事物,那么我们也一定要说灵魂控制着宇宙本身,是吗?　　E

克利尼亚　是的,当然。

雅典人　有一个灵魂在控制,还是不止一个灵魂在控制?让我来代你们俩回答。不止一个灵魂。我们必须假设至少不少于两个灵魂,一个灵魂起着有益的作用,另一个能够起相反的作用。

克利尼亚　你无疑是正确的。

雅典人　到目前为止,一切顺利。那么灵魂靠着它自身的运动推动着天空、大地、海洋中的一切事物——它的这些运动的名称是希望、思考、预见、建议、判断、真或假、快乐、痛苦、希望、恐惧、仇　897
恨、热爱——我说的是,灵魂用这些运动以及与此相类似的或原初的运动推动着一切事物。接下去,它们又带来了第二类运动,即物体的运动,以及与这些物体相伴随的性质,热与冷、重与轻、硬与软、白与黑、干与湿,等等,以此指引着一切事物的增加和减少,分离与结合。智慧是灵魂的助手,借助这些工具和它的所有工具,灵　B
魂使一切事物达到正确与快乐的境地,但若愚蠢成为灵魂的伴侣,那么结果就完全相反了。我们是相信这种情况的发生呢,还是怀疑可能还有其他情况?

克利尼亚　情况就是这样,没什么可怀疑的。

雅典人　那么我们必须说灵魂的哪一种性质在控制着天穹、大地,以及它们的运行呢?是深谋远虑和充满善良的性质,还是不具有这两种美德的性质?如果你愿意的话,我们要回答这个问题　C
吗?

克利尼亚　怎么回答?

雅典人　呃,我的朋友,如果整个天穹的路径和运动,以及其中的所有天体,也像智慧一样具有运动、旋转、计算的性质,并且是在灵魂之后开始运动的,那么我们显然可以说,为宇宙作预见并指导着宇宙沿着这条道路运动的是至善的灵魂。

克利尼亚 对。

D　**雅典人** 但若这个运行过程狂乱无序,那么指导着宇宙前进的是邪恶的灵魂。

克利尼亚 这样说也对。

雅典人 那么请告诉我,智慧的运动具有什么本性? 我的朋友,在这里我们碰到了一个用理智很难回答的问题。所以让我在你回答时帮你一把,这样做也挺公平。

克利尼亚 这个建议值得欢迎。

雅典人 让我们小心,别因为在中午凝视某个对象而弄得两眼漆黑,也就是说,我们回答这个问题就好像用眼睛直视太阳,尽管我们可以用肉眼获得适宜的视觉和智慧的知觉。如果把视线转

E　向我们正在寻求的这个对象的影像,那我们就安全了。

克利尼亚 你的意思是……

雅典人 让我们把前面列为第十种的运动形式当作影像,智慧的运动与这种运动形式相似。等我们一道回答问题时,我们再来回忆它。

克利尼亚 这个建议非常好。

雅典人 我们还能记得起我们说过的话吗,我们确定有些事物运动,有些事物静止?

克利尼亚 我们记得。

898　**雅典人** 有些事物在一处运动,有些事物在不止一处运动?

克利尼亚 当然。

雅典人 在这两种运动类型中,限制在一处运动的类型必定在各种情况下都围绕一个中心,就像一个运转良好的车轮,这种运

动必定与理智的旋转最接近,最相似。

克利尼亚　你的意思是……

雅典人　呃,当然了,如果我们说理智和在一处进行的运动都像一个造得很好的球那样旋转,围绕一个中心在一个范围内有序一致地运动,在某种意义上也就是按照一个单一的法则和计划运动,那么我们就不需要担心自己是在像一个笨拙的艺术家那样想像了。

克利尼亚　非常正确。

雅典人　还有,不规则或不一致的运动、不限制在某个范围内的运动、没有同一中心的运动、不在一处进行的运动、没有秩序和计划的运动,这些运动与各种愚蠢相似。

克利尼亚　确实如此。

雅典人　现在要提出肯定性的论断我们已经没有什么障碍了,因为我们发现灵魂在指引一切事物旋转,我们也一定要说使宇宙得以有预见地、有序地运行的灵魂要么是至善,要么是至善的对立面……

克利尼亚　不对,先生,如果前面已经说过的话是正确的,那么只能把宇宙的运行归于一个灵魂或几个至善的灵魂,把它归于其他事物是一种亵渎。

雅典人　克利尼亚,你确实满怀善意紧随论证,但我要使你更进一步。

克利尼亚　怎么个进法?

雅典人　进到太阳、月亮和其他天体。

克利尼亚　呃,当然了。

雅典人　我们可以以把某个具体的天体作为论证的主题,所得出的结论对其他天体都适用。

克利尼亚　我们应该以哪个天体为主题呢?

雅典人　太阳,任何人都能看到太阳的身体,但没有人能够看到太阳的灵魂,而其他任何生灵的身体都可以被看见,在它活着的时候,或者在它死的时候。我们有各种理由相信,用身体的各种感官都无法感知灵魂,只有依靠理智才能察觉。因此,我们有一番相关的考虑,对此必须依靠纯粹的理智和思想来领悟。

克利尼亚　什么考虑?

雅典人　由于灵魂指引着太阳的运动,因此我们说灵魂必定以下列三种方式之一行事,这样说不会有错。

克利尼亚　哪三种方式?

雅典人　灵魂要么居住在这个可见的圆的物体中,如同带着我们到处运动的灵魂一样带着太阳运动;要么像有些人认为的那样,这个灵魂自己有一个身体,由火或气组成,灵魂用自己的身体猛烈推动那个物体①;要么这个灵魂是赤裸裸的,是没有身体包裹的,它用其他某种神奇的力量做着这项工作。

克利尼亚　是的,灵魂的确只能以这三种方式之一行事。这一点可以肯定。

雅典人　这个灵魂,不管它是以太阳为车,坐在车上赶着车前进,给世界带来光明,还是从外部作用于太阳,或者是以别的什么方式运作,我们每个人都应当把它当作神来敬重,是吗?

克利尼亚　是的,如果他还没有坠落在愚蠢的深渊中。

雅典人　关于星辰、月亮、年月、季节,我们还需要一一讲述吗?它们全都一样,因为我们已经证明灵魂,或灵魂们,和那些至善的好灵魂,是一切事物的原因,我们把这些灵魂当作神,无论它们居住在身体中指引宇宙,使它像一个有生命的物体一样,还是以其他方式行事。任何拥有信念的人听了这些话,还会说一切事物

———————

①　即太阳。

不"充满神"吗？①

克利尼亚　先生，没有人会说这种胡话。　　　　　C

雅典人　我亲爱的麦吉卢和克利尼亚，现在可以把我们的看法告诉那个迄今为止拒绝承认诸神存在的人，让他去选择吧！

克利尼亚　什么看法？

雅典人　他要么必须向我们指出，相信灵魂是一切事物的最初源泉以及由此推出的进一步的结论是错误的，要么如果他不能说出什么更好的理由来，那就必须向我们屈服，从今以后相信诸神　D存在。现在让我们考虑一下，我们反对那些不信神的人，为诸神的存在所作的辩护是完成了还是仍有缺陷。

克利尼亚　还有什么缺陷，先生？该说的都说了。

雅典人　那么，关于这个不信神的派别我们就谈到这里。现在，让我们来告诫那些虽然承认诸神存在，但却否认诸神干预人间事务的人。我们会对他说，先生，你相信诸神的存在，这也许是因为某些与神相关的事情在吸引着你和你们的家庭崇拜诸神，因此承认诸神的存在。另一方面，私人事务和公共事务中都有厄运和恶人，而幸运却降临到这些恶人头上，使他们享有崇高的名望，当　E你听到诗歌和各种文学作品这样讲以后，就被引导着走向不虔诚。或者你注意到有些不敬神的人得享高寿，子孙满堂，高官厚禄，他　900们的昌盛使你的信仰发生动摇，因为你曾经知道或亲眼看到许多骇人听闻的不敬神的事，并且看到许多人用这种犯罪行为作手段，从低下的地位爬上高位，乃至登上王座。这些事情都历历在目，而你对诸神的信仰却阻碍着你去指责神，于是，错误的推理与无法责　B备神的心情结合在一起，使你达到现在这个地步，你相信诸神尽管存在，但却认为它们漠视和不关心人事。为了使你们这种有害

---

① 希腊早期哲学家泰勒斯语。见亚里士多德：《论灵魂》411a7。

的看法不至于滋长到更大的不敬神的地步，在这种邪恶还没有表现出来以前就尽可能用论证把它祛除掉，我们一定要把还没有说的话与前面对那些对彻底的无神论者说的话联系起来，从中获益。

C   你，克利尼亚，还有你，麦吉卢，必须像从前一样扮演年轻人的角色，对我的话作出反应。如果这个论证不小心流产了，我会再一次解除你们的职责，让你们自己去过河。

克利尼亚 这个建议很好。就这么办，我们也会尽力。

雅典人 要想说明这一点也许并不难，无论事情大小，诸神都

D 是关心的。你知道，我们要告诉参加讨论的人，神是善的，拥有完整的善性，我们要把关心一切事物视为它们恰当的和特有的功能。

克利尼亚 肯定有人会对他们这样说。

雅典人 然后，让他们和我们一起来问自己，我们说诸神是善的，那么这个善是什么意思呢？我们可不可以说审慎和理智就属于善，而它们的对立面属于恶？

克利尼亚 可以。

E   **雅典人** 还有，勇敢是善的一部分，而怯懦是恶的一部分，是吗？

克利尼亚 肯定是。

雅典人 我们把后一种性质称作可耻的，把前一种性质称作高尚的，是吗？

克利尼亚 我们无疑必须这样说。

雅典人 我们要说，如果一切卑贱的性质都有所属，那么这些性质属于我们自己，而诸神在这些性质上是没份的，无论份额大小。

克利尼亚 这一点也是人们普遍承认的。

雅典人 那么我们能够设想疏忽、懒惰、奢侈这些性质是灵魂

之善吗？你怎么看？

克利尼亚　不，我们不能这样想。

雅典人　那么这些性质是灵魂之善的对立面吗？

克利尼亚　是的。

雅典人　这些性质的对立面才和灵魂之善有关，是吗？　901

克利尼亚　是的。

雅典人　很好，那么我们必须像诗人那样，宣布任何人的奢侈、疏忽、懒惰的性格都是"无刺的雄蜂"①。

克利尼亚　这是一个很好的比喻。

雅典人　因此我们决不能说神具有这样的性质，神本身也厌恶这种性质，如果有人胆敢这样说，那么我们一定要加以禁止。

克利尼亚　我们确实应当这样做。我们怎么会不加以禁止呢？

雅典人　如果一个人有某种职责，他的心灵尽管考虑大事，但　B却忽略了小事，那么我们该如何找到正确赞美他的理由呢？我们可以这样看，无论是神还是人，凡有这种情况的都会采取下列两种形式之一，是吗？

克利尼亚　哪两种形式？

雅典人　要么认为忽略小事对于整个结果来说无关紧要；要　C么认为被忽略的事情对整个结果有影响，但仍旧表现出疏忽与懒惰。除此之外，我们还能把他的忽略归结为其他原因吗？当然了，在与整个结果有关的地方不可能有什么对大事或小事的忽略，无论是诸神还是凡人，都不可能在力不能及的时候做什么预备工作，而忽略这些对整个结果有影响的事正是他不可能做的事。

克利尼亚　当然不能。

———————

①　赫西奥德：《工作与时日》，第303行。

雅典人　很好。现在来回答向我们三个人提出的问题,这些
D　问题来自另外两个人,他们俩都承认诸神存在,但一个认为诸神是
可以收买的,另一个认为诸神忽略小事。我要对他们说:你们俩在
开始的时候都承认诸神全察、全视、全听,感觉或知识范围内的东
西没有一样能够逃出它们的认知,这就是你们的立场,是吗?

克利尼亚　是的。

雅典人　进一步说,凡人或不朽者可以做到一切能够做的事,
对吗?

克利尼亚　呃,当然了,他们也会承认这一点。

E　　**雅典人**　另外,我们五个人全都已经同意,诸神是善的,是至
善。

克利尼亚　无疑如此。

雅典人　那么只要承认它们具有这样的性质,我们就一定不
能承认诸神的行为会有任何疏忽和懒惰。要知道,在我们人中间,
缺乏勇敢会产生懒惰,而懒惰和疏忽则产生忽略。

克利尼亚　确实如此。

雅典人　那么神不会由于懒惰而产生疏忽,因为我们可以假
定神不缺乏勇敢。

克利尼亚　你的论证确实是正确的。

902　　**雅典人**　如果它们确实忽略了一些微不足道的小事和宇宙中
的一些细节,那么我们必须得出结论,要么它们知道没有必要事无
巨细都加以关心,要么……噢,对了,除了知道的反面,还有什么其
他可能吗?

克利尼亚　没有了。

雅典人　那么我的好先生,我们要你接受哪一种观点好呢?
在必须加以关注的地方,诸神由于无知而盲目行事或由于无知而
产生忽略;或者说它们知道哪些事需要关注,然而在行动中却还

是像那些最可悲的人一样行事——这些人的认知总是好于他们的
实际行动，遇到某些低等的快乐或痛苦，他们就把知识置之脑后
了。

克利尼亚　这两种观点都不可能。

雅典人　人的生命是有生命的自然的一部分，人本身在一切
生灵中最敬畏神，是吗？

克利尼亚　呃，是的，看起来是这样的。

雅典人　我们确实认为一切生灵是诸神的牲畜，而整个宇宙
也是属于神的，是吗？

克利尼亚　是的。

雅典人　既然如此，那么不管人们认为这些事情对神来说是
大事还是小事，我们知天命的、全善的主人都不会忽略这些事情。
此外，还有一个要点应当加以考虑。

克利尼亚　哪一点？

雅典人　感觉和力量，就其难易程度来说，二者成反比关系。

克利尼亚　以什么样的方式成反比？

雅典人　呃，我的意思是，看见或听见较小的东西比看见或听
见较大的东西更加困难，但是谁都知道，推动、控制和管理较小的
和较不重要的东西却比推动、控制和管理较大的和较为重要的东
西更加容易。

克利尼亚　显然如此。

雅典人　假定一名医生负有医治整个身体的任务，愿意并且
能够把注意力放在大的方面而忽略较小的方面、肢体或部分，那么
他能把整个人治好吗？

克利尼亚　不可能。

雅典人　舵手、将军、管家，还有政治家，以及其他诸如此类负
有责任的人，如果他们只注意大事而忽略小事，他们的结果也不会

E　好到哪里去。呃,甚至连建筑师也会告诉你,没有小石头,大石头就不能安稳地躺在那里。

克利尼亚　当然不能。

雅典人　既然如此,我们一定不要把神想得连匠人都不如。

903　无论任务大小,使用同一种技艺,工作越努力,他们的任务就越能很好地完成。我们一定不要把最有智慧而且愿意和能够关心人事的神看成一个懒惰不中用的人,说它不考虑小事和容易的事,只考虑大事,或者说它像懦夫一样躲避工作。

克利尼亚　对,先生,我们绝不要有这种想法,这种想法是不虔诚的,完全错误的。

雅典人　现在我想,我们已经与这个轻率地指责诸神忽略小事的人进行了相当充分的争论。

克利尼亚　是的。

雅典人　我的意思是,我们已经运用论证的力量迫使他承认

B　错误。我相信,我们还要用某种在他看来比较迷人的方式说一些话。

克利尼亚　我的朋友,你还有什么话要说?

雅典人　呃,我们的谈话必须要说服青年,使他们明白这个世界的创造者也安排了世上的一切,把它作为一个整体来保存,使之完善,而每一事物也会在力所能及的情况下行事,并承受与其相遇的事物对它的所作所为。在各种情况下,这个世界的主宰已经给每一事物指定了它要做的所有事情和要承受的所有事情,确定了

C　每个细节,这个世界上的每个局部细节都是完善的。你自己的存在也一样,每个人都是这个世界的某个局部,一切微不足道的事物也一样,它们的全部努力就是趋向于这个整体。但你可能忘了我们已经说过的话,一切事物行事的目的就是为了获得整体的幸福生活,这个整体不是为你而造的,而是你为这个整体而造。任何医

生或各种匠人的所有工作都是为了某种整体的原因,他们创造出来的部分也是为了这个整体,要对这个普遍的善作出贡献,而非整体为了部分而存在。然而,你会喃喃自语,因为你看到对自己最好 D
的东西并不一定也是对整体最好的东西,尽管个别与整体有着共同的起源。灵魂首先与一个身体结合,然后又与另一个身体结合,通过这个灵魂自身的运动或其他灵魂的运动产生一连串的变化。被推动的事物并不费力,但它们的性质发生变化,好的变得更好,
坏的变得更坏,各自遵循某种定规,最后走向终结。 E

克利尼亚 你说到事物的性质变化,怎么个变法?

雅典人 呃,我想我们可以告诉你掌管宇宙万物对诸神来说是一件易事。实际上,神始终关注着整体,就像一名工匠通过新的变形——比如说,把炽热的火变成冰冷的水——塑造万物,从一中 904
产生多,从多中产生一,随着时间的步伐,从第一代到第二代、第三代,各种变化形式不计其数。就这样,这位关注宇宙的神所承担的任务既是可敬的,又是轻松的。

克利尼亚 请再说一遍,你的意思是……

雅典人 我的意思是这样的。由于我们的君王① 明白我们的一切行为都是灵魂在起作用,灵魂既包含许多美德,又包含许多邪恶。一旦与身体相结合,灵魂尽管不是永恒的,但却像法律认可的诸神那样是不灭的,因为灵魂与身体的结合并不像动物那样生 B
育出有死的新的后代。我们的君王知道拥有善性的灵魂产生幸福,拥有恶性的灵魂产生伤害,我的意思是,他预见到一切,因此他制定了一些最根本的办法,使美德在整体中获得胜利,使邪恶在整体中遭到失败。为了实现这一宇宙目的,他创造了某个场所或区域接受各种各样的灵魂,让灵魂成为这个区域的居民,而想要成为 C

---

① 指神。

何种类型的灵魂他却任由我们个人按自己的意愿进行选择。正是由于这种意愿，正是由于灵魂在我们身上的作用，我们每个人才成为现在这个样子。

　　克利尼亚　这是一个很好的假设。

　　雅典人　就这样，一切有灵魂的事物都在发生变化，变化的原因就在于它们自身中，它们在变化中按照命运的法则运动着。如果它们性质变化是不重要的，微小的，那么它们只是在大地的表面
D　行走，如果它们朝着罪大恶极的方向发生变化，那么它们就会坠入深渊或所谓的地狱，人们把这个地下世界称作哈得斯或其他类似的名称，那里充满着我们在做厄梦时可以见到的可怕景象。如果某个灵魂出于自愿或者受到其他灵魂的潜在影响而接受了更多的
E　美德或邪恶，神圣的善使它本身变得更加像神，那么它一定会去一个完全神圣的地方，那是另一个更好的世界，或者相反，去一个完全相反的世界。我的孩子，我的年轻人，你好像已经忘了"这就是居住在奥林波斯的众神掌管的事"①。成长得较好的灵魂会走一条较好的道路，成长得较差的灵魂会走一条较差的道路，灵魂在这样的生活中做它要做的事，经过一系列的死亡承受它要承受的事。
905　上苍规定的这种命运是你无法逃避的，任何走上邪路的人也无法躲避厄运。创造主在创造其他一切事物之前已经对命运作了安排，我们应当抱着敬畏之心躲避厄运。你可千万别忘了，尽管你不能使自己变得极为渺小，坠入大地的深渊，也不能使自己变得极为高尚，抵达天庭，但你要向诸神交付罚金，无论是当你还在这个世界上与我们在一起的时候，还是已经离开这个世界去了哈得斯的
B　时候，或者，你也许会在某个更加可怖的地方。你必须知道，有些人借助献祭或类似的行为从卑微变得伟大，从不幸转为幸福，以他

――――――――――

　　①　荷马：《奥德赛》，第 19 卷，第 43 行。

们的命运为镜,知道了他们如何在一个整体中发挥作用,你还会认
为诸神完全忽略人事吗? 然而,你这个最顽固的人又怎么会怀疑
自己也需要这种知识呢? 一个人如果没有这种知识,他就决不会　　C
得到这种真理的痕迹,也无法谈论生活的幸福或灾难。如果我们
的朋友克利尼亚和其他老人聚集在这里能够令你信服,那么你就
会说自己不知道这些神了。呃,这完全是由于神的恩典! 但若你
还要求有进一步的论证,那么你就听着,就好像你是有理智的,而　　D
我们在与我们的第三位反对者争论。我要坚持说,我们已经用不
可轻视的证据证明了诸神存在,它们也关心人类。至于说诸神可
以被恶人的礼物所收买,这种说法也要坚决予以否认,要尽力加以
驳斥。

克利尼亚　说得好。让我们就这么办。

雅典人　呃,以诸神的名义起誓,我来问你,如果诸神确实可
以被收买,那么会以什么样的方式? 它们又会是一种什么样的存　　E
在? 如果说它们能够有效地控制整个宇宙,那么我们必须把诸神
视为统治者。

克利尼亚　没错。

雅典人　但它们是什么样的统治者呢? 用什么样的比喻可以
正确地说明它们的性质呢? 驾驭拉同一辆车的所有马匹的驭手,
或者指挥所有水手的船长,是一个恰当的比喻吗? 或者说我们也
许可以把诸神比做战场上的军队指挥官,或者说它们像给身体治　　906
病的医生,或者说它们像关心着季节变化会给农作物带来危害的
农夫,或者说它们像看管畜群的牧人。我们已经取得过一致意见,
这个宇宙充满着好事物,但也不缺乏它们的对立面,而位于善恶之
间的事物更是多得不计其数。我们要坚持说,我们心中想到的斗
争是不会止息的,需要有一种神奇的力量来监管,诸神和精灵在这
场战争中是我们的同盟者,而我们又是这些神灵的财产。谬误、固　　B

执、愚蠢是我们的祸根,公义、节制、智慧是我们得到拯救的保证,这些东西的根源存在于诸神的活生生的力量之中,尽管在我们中间也可以看到一些褪色的遗迹。然而,似乎也有一些被玷污的灵魂居住在我们的大地上,在作为我们守护者的灵魂面前,它们无疑会卑躬屈膝地匍匐,而我们的守护者也可以称作看管我们的牧人、

C 牧犬和万物之主。这些恶灵会被求援者的奉承和咒语说服,它们对人类的侵犯在它们看来也是合法的,不会带来可悲的后果,这些故事实际上是恶人说出来的。而我们的论点是,刚才被我们称作侵犯的这种恶,发生在有血有肉的身体中就是所谓的"疾病",发生在季节和年份中就是"瘟疫",而发生在社会和政治中它的名称变了,叫做"不公正"。

克利尼亚 没错。

D **雅典人** 有些人老是说诸神纵容不义之人和作恶者,分享恶人的掠夺物,如此说来,诸神就像豺狼一样,把猎物丢一部分给牧羊犬,而牧羊犬在接受贿赂之后,就容忍豺狼把羊吃掉。这就是认为诸神可以被收买的人的看法,难道不是吗?

克利尼亚 没错。

雅典人 一个人怎样才能正确无误地把诸神比做上面所列举的监护者呢? 可以把它们比做嗅到"奠酒、牺牲的香气"① 就转变

E 航向,以至于弄得船翻人亡的水手吗?

克利尼亚 绝对不能这样说。

雅典人 我们肯定也不能把诸神比做受了贿赂而在赛车比赛中把胜利拱手让给其他对手的驭手,对吗?

克利尼亚 如果你用这样的比喻,那可真是骇人听闻。

雅典人 我们也一定不能把诸神比做将军、医生、农夫,也不

---

① 荷马:《伊利亚特》第9卷,第500行。

能把它们比作牧人或牧羊犬.一听到豺狼的咒语就不出声了,是吗?

克利尼亚　这样说完全是对诸神的亵渎! 绝对不能这样说!　　907

雅典人　众神,某一位或全体,是我们最主要的监护者,保护着我们的主要利益,是吗?

克利尼亚　是的,没错。

雅典人　我们能说那些有着最高技艺、保护最高事物的保护者比牧羊犬和拥有中等德性的人还要低劣吗? 因为连这样的人也不会接受贿赂而放弃公义。

克利尼亚　肯定不能,这种念头绝对不能让它出现。凡是为　　B 这种想法辩护的人都可以视为一切渎神者中最坏的大不敬的人,要给予严厉的谴责。

雅典人　现在我可以假定三个命题已经得到充分的证明:诸神是存在的;诸神关心我们人类;诸神绝对不会听从人的怂恿而偏离正道。

克利尼亚　你可以这样说,我的朋友,我完全同意你的论证。

雅典人　我们还要在取得胜利之后,热情地把这些命题告诉那些坏人。但是这种热情的根源,我的朋友,在于认识到我们的论　　C 证虽然胜利了,但那些恶人还会自行其是,因为他们对诸神有着许多千奇百怪的念头。这种认识推动着我更加勇敢地说话。即使我无法促使这些人变得自责或改变自己的性格类型,变成好人,但仍旧可以说明我们这篇反对不虔敬的法律序言是抱着善意说出来的。①

————————

① 柏拉图把对各种无神论的驳斥视为序言,而把制定惩治这些人的法律当作主题。

D   **克利尼亚** 但愿如此,即使不行,至少也不会有损立法者的信誉。

雅典人 所以在讲完序言以后,我们还要做出告诫,我们的法律希望这些不敬神的人改变他们的道路,与敬神的人走到一起来。

E 对于那些不服从告诫的人,我们要制定下列有关不敬神的法律:凡有人说了不虔敬的话或做了不虔敬的事,任何在场的人都可以向执政官告发,接到告发的第一位执政官要向法庭起诉,由法庭依法审理。接到告发后没有及时采取行动的官员本人也犯了不虔敬罪,人们只要愿意就可以起诉他。在案情得到确证以后,法庭要确定对各种不虔敬罪的处罚。除了其他惩罚外,监禁在所有案子中

908 都是不可少的。国家要建立三座监狱。一座建在市场附近,称作"普遍监狱",普通的案犯关在这里。第二座监狱建在午夜法庭旁边,① 称作"感化所"。第三座监狱要建在国土中心区的某个偏僻荒凉的地方,要用某个表示"惩罚"的名字来称呼它。我们已经具

B 体指出不虔敬的原因有三种,而每一种原因都会产生两种类型的冒犯,这样加在一起共有六种反宗教的冒犯者要予以严惩,处理方式各有不同。因为,一个人尽管可以完全不相信诸神的存在,但若他仍旧具有天生公义的气质,那么他会憎恨恶人,这种憎恨使他拒

C 绝做错事,会躲避不义而走向正义。但是那些深信这个世界没有诸神的人,再加上不能节制快乐与痛苦,而又拥有活生生的记忆和敏锐的理智,分享着其他各种无神论的疯狂,那么这样的人对同胞的毒害更甚,而前一类人的危害要小得多。第一个人也许会不受

D 约束地谈论诸神、献祭、誓言,但若他没有受到惩罚,那么他的批评也许会使其他人的信仰发生转变。而拥有相同观点的第二个人通常被称作"狡诈之徒",一个极为精明而又诡计多端的家伙,就是这

---

① 古希腊的午夜法庭是一种维护治安的机构,每天在黎明之前开庭。

种类型为我们提供了众多的占卜者和热中于使用各种诡计的术士，在某些时候，它也会产生独裁者、巫师、将军、秘仪的发明者，以及所谓智者的技艺和诡计。因此，无神论者有无数的类型，但有两种无神论者是立法必须加以考虑的：一种是伪君子，他们的罪行应当处以死刑，乃至于处死两次；而另一种无神论者应当给予告诫和一定的处罚。同样，相信诸神漠不关心人事的观点会产生两种类型的无神论者；而相信诸神懒惰的观点又会产生另外两种类型的无神论者。

E

　　一旦承认上述区别，法律将指导法官把那些仅仅由于愚蠢而不信神的人与那些品性邪恶的无神论者区分开来，把他们送到感化所去，判处不少于五年的徒刑。在监禁期内，除了午夜法庭的成员，他们不能与任何公民交谈，而这些法庭成员探视他们着眼于对他们进行告诫，使他们的灵魂得到拯救。监禁期满后，如果他们的思想已经回到正确的观念上来，那么他们可以恢复正常生活，但若仍旧不思悔改，那么就要再次被定罪，处以死刑。那些像野兽一样凶残的无神论者，还有那些相信神不关心人事的人或相信神懒惰的人，他们轻视人类的灵魂，假装能够驱使死人，处心积虑地用牺牲、祈祷、符咒来诱惑诸神，为了谋求金钱而竭力毁灭个人，破坏家庭，乃至于颠覆国家。法律要求法庭把这种人监禁在国土中心区的监狱里，任何自由人都不能与他接触，仅由监狱看守给他一份法官规定的口粮。他死了以后，要把他的尸体扔到国境以外去，不予掩埋。如果有公民掩埋他，只要有人告发，就应当治以不敬神之罪。但若这名罪犯留下的子女仍旧符合公民的条件，那么这些子女的监护人要从他入狱时开始负责供养他们，不得虐待。

909

B

C

D

　　我们还必须制定一条适用于所有罪犯的法律，通过禁止不合法的仪式来减少那些反宗教的言行，更不必说那些由于愚蠢而犯下的这种罪行了。事实上，下列这条法律应当无一例外地在所有

案件中执行。无人可以在自己家中设置神龛,当人们想要献祭时,
E 应当去公共庙宇,把供品交给男女祭司,他们的职责是把供品献给
神。在祈祷时,献祭者可以与其他希望与他在一起的人一道祈祷。
采用这条规则的理由如下:圣地或祭仪的建立不是一件易事,要废
除它们需要慎重考虑。献祭是一种普遍的行为,尤其是妇女、病
910 人、处于困顿或危难中的人,还有那些交了好运的人,都希望把一
些物品献给诸神、精灵和神的儿子,白天遇到的不吉祥之兆或晚上
做梦得到的征兆都会推动他们这样做。还有,无数的异像或某种
特殊要求都会驱使他们在家庭或村庄的洁净之处建起神龛,竖起
祭坛,或者建在他们认为应当建的地方。由于这些原因,我们现在
制定的法律是适宜的,可以起到一种预防的作用。它禁止人们利
B 用这种事进行欺诈,禁止人们在自己家中设置神龛和祭坛,以免造
成假象,使他人以为他们能够用献祭和祈祷赢得上苍的欢心。否
则的话,他们的罪恶会越来越大,直接呈现在神面前,而好人却又
在宽容他们的行为,直到整个国家品尝他们的不虔诚带来的恶果,
而这在某种意义上又是国家应得的报应。

在任何情况下,我们的立法者在神面前是洁净的,因为他制定
了这样的法规:没有任何公民可以在他的私人住宅中拥有神龛;除
C 了公共神庙以外,如果还有其他神庙和崇拜活动,那么当事人无论
男女都犯了严重的不虔敬之罪;发现了这种事情的人要向执法官
告发,执法官在得到报告以后要指挥人们把私人神龛迁往公共神
庙;如果有人不服从命令,那就要对他们采取惩罚措施,直到搬迁
D 生效为止。不虔敬是一种成年人的罪行,而非儿童的微小过失,任
何人犯了这种罪行,无论是在家中建神龛,还是在公共场合把不洁
的东西献给神灵,都要处以死刑。这样的行为是否由于无知和幼
稚要由执法官来决定,他们要在法庭上审问冒犯者,并给予相应的
处罚。

第十一卷

雅典人　下面,我们要为人们相互之间的商贸关系制定专门　913
法范。一条最普遍的规则可以这样表述:未经我的许可,无人可以
动用我的财产或把它分给别人;如果我是通情达理的, 那么我也
要用同样的方式对待别人的财产。① 埋在地下的宝藏可以拿来作
为第一个实例,某人的祖先把为自己和后代积聚的财宝埋入地下,
但我一定不能祈求神灵让我找到这些财宝。如果碰巧发现了财　B
宝,我一定不能动用,也不能把这件事告诉占卜者,因为他们一定
会建议我去动用这些埋藏在地下的财宝。如果动用了,那么我得
到的好处肯定会与我的德性增长形成更加尖锐的对立,而不去动
用那些宝藏才是对的。如果我选择了保持灵魂公正而非增加口袋
中的财富,要是这也算是一种交易的话,那么我在讨价还价中作了
较好的选择。"移动了不可移动的东西"这句格言有广泛的适用
性,我们现在说的就是一个适用的例子。此外,人们应当相信流行　C
的传说,这样的财宝并不能给子孙后代带来幸福。如果不关心后
代,不愿聆听立法者的声音,未经埋藏者的许可就私自动用了既非
属于他自己又非属由他自己的祖先埋在地下的财宝,那就违反了
我们最重要的法律之一,而某个著名人物的说法是"没有耕耘,不
得收获"——我再重复一遍,这样的人既藐视立法者,又拿走了不　D
是他自己埋藏的东西,不是一点点,而是一笔巨大的财富——这种
人会有什么样的后果呢?

当然了,上苍会怎样对待他是神要关注的事,但第一个发现这
一事实的人要告发他,如果事情发生在京城,就向市政官告发,如

_____

① 这个表述包含着伦理学的"黄金规则"。

914　果发生在市场区,就向市场官员告发,如果发生在京城之外,就向乡村专员和他们的首领报告。接到告发以后,国家要派一个代表团去德尔斐。神① 会对这笔财富和挖到财富的人发出神谕,国家将执行神谕中的指令。如果告发者是一名自由人,那么他的德行将受到赞扬,如果知情不报,就要受到谴责。如果告发者是一名奴隶,那么将由国家向他的主人支付身价,使他获得自由,这是国家对他的优待,是他用自己的行动挣来的;但若他知情不报,那么将

B　被处死。事情无论大小,我们都要遵循这个原则。如果有人把自己的物品留在路边某个地方,无论他是有意的还是无意的,见到这样物品的人都不能动它;要把这样的物品当作有野外精灵保护的东西,在法律中,这样的物品被视为神圣不可侵犯的。任何人动用这样的物品,把它拿回家,他就违反了法律。如果动用这种物品的人是一名奴隶,而物品又不值钱,那么任何不小于三十岁的人看

C　见了,都可以狠狠地打他一顿。如果动用这种物品的是一名自由人,那么要指责他是不遵守法律的财迷,还要他向物品所有者支付十倍于物品价钱的罚金。如果有人指控别人动用了他的财产,无论大小,而被指控者承认这是事实,但对财产的所有权有争议,在这种情况下,如果这样财产在执政官那里有记录,被告就要召集一些人去见执政官,把动用的物品呈给执政官。如果发现这样物品

D　确有记录,并属于某位当事人,那么执政官就要把物品判给物主,然后让他们解散。如果发现这样物品属于不在法庭上的第三者,那么诉讼双方在支付了足够的保证金之后,法庭可以代表不在场的物主没收这样东西,然后送还给他。如果有争议的物品没有记录,那么在诉讼期间物品要由三位执政官保管,直到做出裁决。如果受监管的物品是一头家畜,那么败诉者要向法庭支付相关的饲

_____

①　指预言神阿波罗。

养费用。执政官要在三天内对这种案子做出裁决。　　　　　　　E

　　任何人，只要心智健全，都有权以自己喜欢的合法的方式对自己的奴隶动武，同样也有权抓获任何同胞或朋友的逃亡奴隶，为的是保障他的财产安全。如果某个人被当作奴隶抓了起来，而那人进行抵抗，声称自己是自由人，或有人声称他是自由人，那么捕捉者应当释放他，如果他自己没有声称他是自由人，而有人说他是自由人，要求释放他，那么这些人要为被扣留的人提供三份基本的保证金，满足了这些条件，就可以释放他。如果捕捉不是在上述情况下发生的，又有攻击行为发生，那么一旦确证，那么败诉者要支付两倍于物品价值的罚金，物品的价值按登记的情况为准。人们也　915有权捕捉那些已经获得自由但对给予他们自由的主人不忠诚或不够忠诚的奴隶。忠诚的意思在这里可以这样看，获得自由的奴隶要灶神月三次为给予他自由的主人修补炉灶，并尽力为他原来的主人尽可能提供这样的服务，甚至在他结婚的时候也要得到他原先主人的批准。自由民拥有的财富多于他原先的主人是不合法的，超出的部分要归于这位原先的主人。获得自由的奴隶不应期　B望能在这里居住二十年以上，而应当像其他外国人一样，带着他的财产离开这个国家，除非能够获得执政官和原先给予他自由的主人的许可。如果自由民或其他外国人的财产超过了第三等级的标准，那么他要在超过那日起的三十天内带着他的财产离开这个国家，在这种情况下，当局没有权利延长他的居住期。受到指控的人　C罪行一旦确证，如果他不服从法律的判决，那么要处死他，他的财产将被没收充公。如果由邻居或由诉讼双方自己指定的法官无法处理这样的案子，那么就由部落法庭来审判。

　　如果有人宣称某人得到的家畜或财物是自己的，那么要是原　D物主是公民或外国侨民，物主应当在三十天内把东西交还给原物主，这样东西也许是卖给他的，也许是送给他的，或者以某种方式给他的，要是原物主是外国人，那么应当在五个月内归还，从夏至开始算起。在所有买卖中，各种不同的商品要送到市场上的指定摊位去出售，根据不同时间定价；禁止在其他地方进行交易，不许赊购赊销。如果有公民在其他地点以其他方式做买卖，因为相信与他交易的人，那么他必须明白，除了法律规定的交易地点和方式外，其他任何买卖都是法律所不允许的。至于订购，任何人愿意这样做都可以把它当作朋友间的行为，但若由此引起纠纷，那么当事人必须明白法律并不保护这样的行为。如果某批货物的卖主得到五十德拉克玛或更高的报价，他必须把货物保留在境内十天以上，买主在此期间有权得知货物的存放地点，也可以像通常那样对货物质量提出疑问，直到对相关的赔偿规则满意为止。这方面的具体法律如下：一名购买来的奴隶如果生了肺结核、胆结石、尿急痛，或者得了所谓"神圣的疯狂"，或都得了其他身体和心灵的疾病，但却不易从外表看出来，或者无法治愈，在这种情况下，如果这名奴隶是用来当医生或教练的，那么买主无权将他退还给卖主；如果卖主在出售时已经把奴隶的病情作了清楚的说明，那么买主也不能退还已经购买的奴隶。但若某位专业人士把这样的奴隶卖给非专业人士，那么买主有权在六个月之内退货，如果这名奴隶得了"神圣的疯狂"，那么退货期限是一年。在退货时要根据当事双方的一致意见，指定或选择医生来检查病情，如果病情得到确证，那么卖主要赔偿双倍售价给买主。如果双方都不是专业人士，那么退货的权利和案子的审理就像前一类案子一样，不过确证以后卖方只需退赔原价即可。如果有人出售的奴隶是杀人犯，而买卖双方对这个事实是清楚的，那么买方无权退还。如果买方不清楚，那么买方在知情以后有权退还，而对此案件的审理要由五名低级执法官来进行。被证实故意出售这种奴隶的卖主必须按宗教法规专家的要求为买主的住宅举行涤罪仪式，还要赔偿三倍于原价的损失。

　　法律要求兑换银钱的人或用银钱交换其他物品的人,无论是活物还是死物,在各种情况下都要使用足价的银钱,成色要一致。我们还要在这部法典的其他地方留下一些篇幅制定对该类欺诈行为的制裁方法。每个人都要明白,以次充好,欺骗对方,全都属于同一类,总是一件不好的事,但在流行说法中人们却认为欺诈"如果用在恰当的地方",就是一件大好事。而什么时候或什么地方才是恰当的,人们的说法却模糊不清,不确定。因此这句格言对相信它的人和社会上的其他人所起的作用是不可忽视的。立法者不能允许这种不确定的观点流传。他需要划出或宽或窄的确定的界线,就像我们现在要做的一样。任何人都不能把神的名字挂在嘴上骗人或进行欺诈活动,但仍有人会违抗神的告诫,比如有人撒谎、假誓、亵视上苍,还有程度较轻的对优位者撒谎。好人是坏人的优位者,一般说来年长者是年轻人的优位者,还有,父母是子女的优位者,丈夫是妻子和孩子的优位者,执政官是其下属的优位者。一般的尊敬无非就是对所有处于权威地位的人所尽的义务,尤其是对国家的权威,我们现在讨论的就是国家的权威。在市场上实施欺诈的人撒谎、欺骗、当着法律和市场官员的面要上苍为他的誓言作证,这样的人既不尊敬他人,也不敬畏神。决不能以神的名义发空誓,这无疑应成为人们的一种习惯,我们中的大部分人在参加涤罪和洁净的崇拜仪式时通常也要对神的名字表示尊敬,但若还有人违反,那么我们的法律就要起作用了。在市场上无论出售什么货物,不能给同一样东西制定两种价格。卖方可以出一个价,如果买方不愿意买,卖方就应把货物取回,并且不能在同一天以更高或更低的价格出售这样货物。还有,卖方不能为了促销而赠送,也不能用誓言来保证货物的质量。违反这条法规,任何不小于三十岁的在场公民都可以法律的名义痛打发誓的人,对这种事

E

917

B

C

D 情置之不理的人要被当作叛徒受到法律的谴责。对于那些不能被
我们当前的讨论所说服,继续出售假货的人,任何有辨别真假商品
知识的人一旦发现,就要向当局告发,卖假货的人如果是奴隶或外
国侨民,那么假货就归告发者所有;如果知情者是公民,但没有告
发这种欺诈行为,那么就要宣布他犯了欺骗上苍之罪;如果告发
了,那么他可以公开地把这样货物献给市场之神。要没收出售假

E 货者的货物,在市场上鞭打他,他的货物定价是多少德拉克玛,就
鞭打几下,还要一边打一边宣布他的罪行。为了制止商家的欺诈
行为,市场官员和执法官要向不同行业的专家咨询,制定具体规
则,告诉商人哪些事能做,哪些事不能做;要把这些规则刻在柱石
上,竖在市场官的衙门前面,使在市场上做生意的人更加有据可

918 循。市政委员会的功能我们已经作过充分描述。如果要作进一步
的规定,市政官员们应当与执法官会商,起草和通过必要的补充
条例,这些先后作出的规定都要公布在市政委员会衙门前的石柱
上。

　　考察商业欺诈行为会直接把我们引向对零售问题的思考。首
先让我们从整体上考虑这个主题,提出合理的建议,然后做出具体

B 的法规。当我们考虑到零售的基本功能时,国内的零售不是一件
坏事,而是有益的。如果有人能使原先天然分布不平衡、不合比例
的各种物品平衡而又合乎比例地分布到各处,供人们使用,那他岂
不是大恩人吗? 我们应当提醒自己,借助于货币可以达到这种结
果,我们应当承认,这就是商人的功能。同样,挣工钱的人、开小旅
馆的人,还有从事其他各种名声的职业的人,全都具有相同的功

C 能,这就是适合人们的各种需要,使商品分布得更加平衡。那么,
为什么这些职业没有很好的信誉或名声呢? 为什么人们一般总是
对他们颇有微词呢? 若要借助立法提出一个部分的治疗方法——
完全的治疗会超越我们的能力——那么我们必须对这些问题进行

考察。

克利尼亚　怎么会这样呢？

雅典人　呃，克利尼亚，我的朋友，全人类只有一小部分人受过圆满的训练，能约束自己的天然倾向，当他们发现自己处在需求和欲望的洪流中时，只有这些人才能下定决心节制自己。在我们有机会发财的时候，我们中能保持清醒头脑的人并不多，或者说宁愿节制富裕的人并不多。大多数人的性情完全相反，在追求欲望的满足时，他们完全超过了一切限度。一有机会赢利，他们就会设法牟取暴利。这就是各种商人和小贩名声不好，被社会轻视的原因。我们现在只能假定在命运的驱使下，会有某些人从事这种职业，去储存和出售货物。我知道这种假设是非常荒唐可笑的，但我知道，若是假定最优秀的人也会受到诱惑而这样做，那就更加不可能了，所以我必须这样说。我们应当发现这些职业都是对人有益的。如果能够按照严格的原则办事，那么我们应当敬重这些职业，因为它们起到类似母亲和保姆的作用。但是看看实际生活中的事吧！出于商业的目的，有人在遥远的偏僻之处设立旅舍，款待饥饿的旅行者，给他们提供挡风避寒的住所。但接下去又怎么样呢？在那里，店主本来可以像对待朋友一样设宴招待客人，但实际上他的态度就像对待战败了的敌俘，要客人付出最苛刻的、最不公平的、最难以忍受的代价。这样的不法行为在各种行当中都能看到，所以这些人尽管为陷入困顿者提供了帮助，但得到恶名也理所当然。这就是他们的问题所在，而法律必须针对这种情况制定具体的法规。有句古谚说得好，"不能同时与两个敌人作战"，尤其是在腹背受敌的情况下。在医学中和在其他地方，我们都看到这句话的真理性。在我们打击这些行业的罪恶时，我们面对两个敌人：贫困与富足。富足使灵魂在奢侈中腐败，贫困使灵魂陷入困顿，使它们变得不知羞耻。那么在一个理智的社会中，有什么办法治疗这些疾病呢？第一个治疗方法是，从事商业的人要尽可能少；第二，让那些即使腐败也不会给社会造成大害的人去从事这些工作；第三，必须制定某些具体措施来防止从事这些工作的人把邪恶传给别人。

D　　　　所以我们的开场白马上引出一条具体的法律，这真是上苍的赐福！在上苍使之复兴的玛格奈昔亚城邦里，五千零四十个家庭的家长都不得从事商业，无论是自愿的还是被迫的，甚至不能与商业活动有关联；他不能受人雇佣去做奴仆的事，因为那名雇主并不

E　为他做事，为父母、祖父母或其他长者做的事则除外，为他们做事不会有损高贵的血统。法律难以精确地说明可以对自己的长辈做哪些侍奉性的工作，具体可由那些已经能够明确区分邪恶与高尚的人来确定。如果有公民在任何情况下从事卑贱的商业，那么他要为玷污高贵的血统而受到审判，任何人发现了都可以去法官那

920　里告发；如果发现被告的行为已经玷污了祖宗的灶神，那么要判处他一年监禁，使他接受教训不再重犯；如果再犯，就要判处两年监禁。总而言之，每次重犯都要加倍惩罚。第二条法律是，让外国侨民或外国人经商。此外还要有第三条法律来保证商业道德，尽可能减少商业中的恶行。在这个社会里，出身高贵、受过良好的教育和训练的人构成了一个阶层，但执法官一定不能仅仅起到保护这

B　个阶层，使之不陷入罪恶或邪恶的作用。他还要细心保护那些并不拥有这些有利条件而又从事了这种极易犯罪的行业的人。零售商业有许多部门，包括许多低贱的雇佣关系在内。我认为应当允许这些行业在我们的社会中存在，因为我们发现它们是社会生活不可缺少的。在这种情况下，执法官需要向这个行业的各个部门

C　的专家学习，像其他行业一样，防止各种欺骗行为。通过学习，他们要懂得从事某种行业的成本是多少，有多少赢利才是合理的，这种赢利标准应当公布，由市场官员和城乡官员在他们的辖地内

强制执行。有了这样的规定，我们可以期望我们的商业给全社会各阶层带来利益，而对从事商业的这个阶层带来的伤害则是最小的。

违反合同或不履行契约的情况应当由部落法庭审判,除非能在由邻居组成的法庭中得到调解，或者说这份合同或契约是法律或公民大会的规定禁止的，或者说是出于强迫或不知情的情况下缔结的。工匠阶层用他们的技艺满足我们的日常生活需要,他们受到赫淮斯托斯和雅典娜的保佑,卫士阶层用另一种技艺为我们提供安全,他们受到阿瑞斯和雅典娜的保佑。我们有很好的理由说明第二种情况下的神的保佑与第一种情况是一样的。他们都在为国家和民众连续提供服务,后一种人的服务形式是打仗,前一种人的服务形式是生产各种工具和生活用品供人们使用。对保护神的敬畏使他们不会违反合同。但若一名工匠由于疏忽而没有在预定时间内完成任务,忘记了敬畏使他得以为生的神,并愚蠢地把神想像为一名会允许他这样做的伙伴,那么他首先要面对神的责问,其次要有法律来对他进行制裁。如果有人没有遵守与雇主商定的合约,在规定时间内完成某项工作,那么他就欠下雇主一笔等于这项工作价钱的债务,要从头开始在商定的时间内重新做这项工作。法律对订合同的人提出的建议与对卖方提出的建议一样。法律建议卖方不能索要很高的价钱,而要根据货物的真实价值定价;法律也要向订合同的人提出同样的建议,作为一名工匠,他当然知道自己工作的真实价值。在一个自由民的城邦里,工匠决不能利用他的专业知识欺骗那些不懂专门知识的人,从他们那里捞取好处,尽管知识本身应当说是一件诚实、公义的东西,受到这种伤害的人必须得到法律的补偿。另一方面,与工匠订立合同的人如果没有严格按照具有法律效力的合约支付工匠的工资,那么也要有相应的法律来制裁这种违法行为,因为这是对宙斯,我们国家的保护神,还有对雅典娜的羞辱,两位神在我们社会中是合伙人,这是一种为了蝇头小利而破坏社会最高联系的行为。如果工匠按照合同完成了规定的工作,但雇主没有在约定的时间内支付工钱,那么雇主要支付双倍的工钱。如果雇主在一年内都没有支付工钱,那么他除

D　了支付工钱外还要支付利息,而我们说过其他贷款都是没有利息的,对于拖欠的工钱,每个德拉克玛每月要支付一个小银币的利息,这样的惩罚要由部落法庭来审理。

　　由于我们已经提出了有关工匠的主题,所以我们只需简略提到从事战争的工匠,包括将军和其他军事专家。他们在一定意义上也是工匠,尽管是不同类别的工匠。如果他们中有人为公家从

E　事某项工作,无论是作为自愿者还是根据命令,并且完成得很好,那么法律会高度赞扬那些向他支付士兵工资的公民,亦即给他荣誉,但若公民们一方面接受了他完成得很好的工作,另一方面却又拒绝给他荣誉,那么法律要对这样的公民进行申斥。我们对这些英雄要进行赞扬,与此相配我们还要执行下述法律,不过这些法律

922　更具有建议性质而非强制性的。用他的勇敢行为或军事技艺为保卫我们整个城邦作出贡献的勇士应当得到第二等级的荣誉。而我们的最高荣誉则必须授予那些拥有最优秀品德的人,那些完全遵守我们的优秀立法者制定的法律的人。

　　现在可以说,我们已经完成了对人与人之间的商业关系的更加重要的立法,只有监护人对孤儿的供养和监管问题还没有涉及。

B　这是我们下一步要尽力加以规范的领域。提出这个问题的依据在于人们不知如何处置死者的财产,在有些情况下,死者并没有作过这样的安排。克利尼亚,我为什么要说"尽力加以规范"呢?因为这个问题太复杂,牵涉到许多方面。这种事情我们肯定要制定法规。人们在生命将要终结时立下遗嘱,但有些遗嘱与法律有抵触,

C　也有人会立下前后不一致的遗嘱,要么与亲属的意愿不符,要么与

他自己较早的遗嘱不符。你要知道,我们中的大多数人在濒临死亡时已经神志不清了,我想我可以这样说。

克利尼亚　是的,先生,那又怎样?

雅典人　克利尼亚,垂死之人很难对付,他的想法会给立法者带来很大的困惑。

克利尼亚　怎么会这样呢? 请你解释一下。

雅典人　他想要自行其是,所以他的语言充满情感色彩。　　D

克利尼亚　语言,什么语言?

雅典人　他会说,天哪! 如果我不能完全自由地把我的财产留给某人,或者随自己的意愿,根据我生病、年迈和其他各种生活状况给这个人较多财产,给那个人较少财产,那么真是一种耻辱。

克利尼亚　他说得很对呀,先生,难道你不这样想?

雅典人　呃,克利尼亚,我认为我们的立法者过去太软弱了,　E
他们的法典立足于对生活的当前看法,而他们对人生的理解则是不完善的。

克利尼亚　为什么不完善?

雅典人　呃,我亲爱的先生,他们害怕受到抱怨,这就是他们允许立遗嘱者可以随意处理财产的原因。你我必须以一种更加合适的方法对这个社会中的老人做出回答。

假定这些人事实上只有一天好活了,那么我们要对他们说:朋　923
友们,从当前的情况来看,你们很难明白什么是你自己的财产,更难像德尔斐神庙的铭文说的那样,"认识你自己"。所以,作为一名立法者,我要向你们宣布,你们的人和你们的财产都不是你们自己的,而是属于你的整个世系,过去的和未来的,再进一步说,世系和　B
财产属于国家。正因为如此,所以我不能允许你在年迈体衰、神志不清时听了那些阿谀奉承的话就错误地安排遗产。我的法律着眼于整个社会和你的整个家族的最大利益,而具体某个人或某个人

的事务,则是不重要的。安宁地离开我们吧,祝你一路上交好运,
这是所有人都要经历的事情。你留下的东西应当由我们来考虑,
C　我们一定会本着公心,细心地加以安排。

　　诸如此类对将死之人的劝告构成了我们的序言,克利尼亚。
而我们的法规是:凡有人立下书面遗嘱,那么首先应当以他的儿子
作为他的遗产的合法继承人。如果他有另外一个儿子,但已被其
D　他公民收养,那么这个儿子的名字也应该写上。但若他还有一个
儿子,没有被其他家庭收养,而是按照法律的规定要去海外定居,
那么他有权按自己的意愿把他认为适当的财产留给这样的儿子,
家庭房产及其所有设备除外。如果这样的儿子不止一个,那么这
位父亲可以把他的财产分给他们,家庭房产除外,怎么分配由他自
己定。但若有一个儿子已经拥有一所房屋,那就不应再把浮财分
给他。如果有女儿,也要按照相同的情况处理,没有订婚的女儿可
E　以得到一份遗产,但若已经订婚就不能再得遗产。如果后来发现
有这样的儿子或女儿根据死者的遗愿得到了一份土地,那么应当
把这份土地交到继承人手中。如果立遗嘱者的遗属都是女的,那
么他应当按自己的意愿选择一个已经结婚生子的女儿,以她的丈
夫为财产继承人。如果某人的儿子,不管是自己生的还是过继的,
924　在未成年之前就已经死去,那么立遗嘱者应当再过继一名儿童,以
图吉祥。如果立遗嘱人完全没有子女,那么他可以把自己全部财
产的十分之一留给任何人,其余部分则要留给过继来的继承人,这
样的事要经过法律的批准,一方要情愿,另一方要感谢。当这样的
儿童需要监护人时,如果死者表达过自己的意愿,说过要有几个监
B　护人,或者说过他们是谁,那么被提名的监护人就要执行死者的意
愿,以这种方式得到提名的监护人是不可改变的。如果某人完全
没有留下遗嘱或指定监护人,那么他的父母两系的亲属将是合法
的监护人,两位来自父系,两位来自母系,再加上一名死者的朋友,

由执法官指定他们担任死者过继的儿子的监护人。负责监护收养 C
事务的机构要由十五名执法官领导，他们是执法官中老资格的成
员，通常分成三组，按照年资，每个组负责一年，直到五年任期满了
为止，这样的轮换秩序不能打乱。

　　如果死者没有留下遗嘱，而他的儿女需要有监护人的照料，那
么相关的法律也适用于他们。公民如果考虑到自己会因某种无法 D
预料的事情而丧生，留下女儿没人照顾，那么他必须按照立法者的
建议，为女儿指定两名近亲做监护人。第三位监护人，这是做父亲
的人需要注意的，实际上是从全体公民中选择一名品性最适宜做
他的儿子，并且可以做他女儿新郎的人，但这件事立法者可以忽 E
略，因为这几乎是不可能的。对这种情况我们可以制定的最好法
律是：如果无遗嘱的人留下了女儿，死者父系方面的一名没有继承
遗产的兄弟或母系方面的一名没有继承遗产的兄弟应该得到死者
的女儿，继承死者的遗产。如果不是兄弟而是兄弟的儿子，只要年
龄适当，这条法律也适用。如果都没有，那么死者姐妹的儿子也适
用。父亲的兄弟将是第四继承人，父亲的兄弟的儿子是第五继承
人，父亲的姐妹的儿子是第六继承人。在各种情况下，女性都不能
作为继承人，家庭中的继承要按照这样的顺序通过兄弟姐妹及其
后代来尽可能保持血缘关系，在同辈人中，男性对女性具有优先 925
权。这样的婚配是否适宜要在适当的时候进行检查，检查者要亲
眼看到男子全裸，女子裸到肚脐。如果这个家庭的近亲到了兄弟
的孙子一辈，乃至于曾孙一辈都没有了，那么这位姑娘就自由了，
经监护人的同意，她可以在公民中选择自己的配偶，如果对方同
意，那么这位公民就可以成为死者的继承人，成为死者女儿的丈 B
夫。还有，生活中充满各种偶发事件，尽管我们想得很周到，但仍
旧会有某些时候在整个国家里都找不到继承人。如果某位姑娘找
不到丈夫，但却在某个殖民地有她的意中人，想要他成为自己父亲

的继承人,如果这位意中人是她的亲属,那么这位被派往殖民地的
亲属可以在法律的允许下前来继承财产,如果这位意中人不是亲

C 属,那么只有在国内没有亲属的情况下,并在死者的女儿及其监护
人同意的情况下,才能允许他回国结婚,继承遗产。

如果某个人没有子女,死去时也没有留下遗嘱,那么上述法律
仍适用于这种情况,但如我们所说,要从他的家族中选出一男一
女,结成配偶,让他们去接续死者的香火,死者的遗产也就合法地

D 归他们所有。继承的顺序是:死者的姐妹、死者兄弟的女儿、死者
姐妹的女儿、死者父亲的兄弟的女儿、死者父亲的姐妹的女儿。这
种安排的依据是上述法律的要求,是为了保持宗教所要求的亲缘
关系。当然了,我们一定不要忘了这样的法律可以是一种沉重的
负担,有时候很难要求一名和死者有血缘关系的人与他的女亲属

E 结婚,还有,有些人患有身体和精神上的疾病,要服从法律的要求
与这样的人结婚也有许多障碍。因此人们会认为立法者对此无动
于衷,但这是一种误解。所以你必须把我的这些看法当作以立法
者的名义对那些不留遗嘱的人提出来的,立法者关心的是公共利

926 益,很难花同样的力气去控制私人的命运,因此不能将这样的法律
视作对不留遗嘱者和接受法律者的宽容,只是有时候他们会发现
自己无法漠视事实而执行这些法令。

克利尼亚　那么让我来问你,先生,处理这种情况的最好方法
是什么?

雅典人　在这样的情况下,克利尼亚,我们必须在法律和民众
之间指定一名仲裁者。

克利尼亚　请你解释一下。

雅典人　有时候,富裕的父亲很难让自己的儿子去与他贫穷

B 的表姐妹结婚,因为他还有更高的期望,想要有一门更好的亲事。
有时候,一个人不得不违抗法律的旨意,因为立法者要他做的事情

是灾难性的,比如法律要他去入赘的那个家庭有疯子,或正受着身体和精神方面的折磨,从而使得他在那个家庭中的生活变得无法忍受。所以,关于这个问题我还要加上一些法规。如果有人抱怨现行的法律,遗产法或其他法,尤其是婚姻法,并且当众发誓不能 C
按立法者的要求去做,不能与对方结婚,而当事人及其亲属或监护人的意见又和他相左,那么立法者会要求十五名执法官作为仲裁者来处理这个案子。他们将召集当事人以及相关人员,听取他们 D
的争辩,做出最后的裁决。如果有人认为赋予执法官们的这种权力太大了,那么他可以要求由其他法庭来审判。如果他输掉了官司,那么立法者给他的申斥、羞辱和惩罚要远远大于由执法官们组成的法庭。

　　这样一来,我们的孤儿就好像经历了一番重生。他们第一次 E
出生后该如何抚养和训练我们已经说过了。而在这番无父无母的重生中,我们必须要做的事情就是制定一个计划,使他们能够克服各种不幸和困顿。首先,关于他们的行为我们要制定法律,要指定最好的执法官做他们的父母,就像他们的亲生父母一样;其次,我们每年都要专门指定三位执法官来照料这些孤儿,对待他们就像对待自己的亲生儿女一样,我们一致同意让这些官员来负责抚养 927
孤儿的事务,就像所有监护人一样。事实上,我确实相信在这些事情中有某种真正的机遇,人死后离去的灵魂还会重新拥有人的生命。表达这一寓意的故事可以很长,但它们是真的,考虑到关于这一主题的传说内容有多么丰富,有多么值得敬畏时,我们必须相信这些传说,尤其是立法者必须相信,因为他们已经批准了这种信仰,除非我们把立法者当作毫无理智的人。如果这些都是真的,那么首先就要对众天神表示敬畏,它们从天上关注着这些孤儿;其次 B
是要敬畏那些亡灵,天性使它们特别关注自己的遗孤,敬重它们就是向它们示好,而轻视它们则是向它们示恶;第三,要敬畏那些仍旧还活着的人的灵魂,尤其是那些年迈的和德高望重的人。一个拥有良好法律的国家会得到神明的保佑,儿童们会对这样的人表示热情,信任照顾他们的人。他们对这种事情的视觉和听觉是敏

C锐的。对在他们中间公义地行事的人,他们抱有善意,对践踏无依无靠的孤儿的人,他们满怀仇恨。监护人和执政官如果有理智,无论如何怠慢,也应当敬畏神灵,关心孤儿的抚养与教育,尽力为他们做好事,就像对待自己和自己的儿子一样。所以,聆听我们的这

D些序言,不伤害这些孤儿的人不会惹来立法者的愤怒,而那些不愿聆听我们的教训,伤害无父母的孤儿的人将会受到惩罚,他们对这种伤害要作出的赔偿是对那些父母健在的儿童造成同等伤害作出的赔偿的两倍。

　　我们在上面只是一般地谈论了孤儿的监护人,或者负责监护事务的执政官,但他们还没有现成的如何抚养孤儿和管理遗产的模式,或者说还没有一条具体的法规告诉他们如何处理这些事务,

E在孤儿的监护方面也还没有具体的监护法,而现有的各种具体法规会使孤儿的生活与其他孩子有明显差别。情况就是这样,在我们的社会里有关孤儿的抚养与其他在亲生父母照料下成长的孩子应该没有很大的差别,尽管两类孩子的公共地位和所受到的照料有所不同。正是因为存在着差别,因此我们的法律非常热忱地提

928出告诫,并制定有关孤儿的各种法规。我们还可以进一步提出最合理的处理方法。由执法官指派的男女婴儿的监护人,对待自己的孩子不得优于对待这些丧失了亲人的孤儿,要像对待自己的财产一样对待由他管理的遗产,甚至比对待自己的财产更加精心。

B应当把这一条定为法律,而且是惟一的法律,依此执行对孤儿的监护。监护人若违反这条法律,就要受到执政官的处罚;执政官若违反这条法律,监护人也可以把他告上法庭,让他受到双倍的处罚。如果有家庭或公民指控监护人对孤儿漠不关心或不诚心,那么这

样的案子也要在相同的法庭审理,违法事件一经证实,赔偿金高达
遗产的四倍,一半归孤儿,一半归原告。如果孤儿使多数人相信他
的监护人有违法行为,那么任何时候都可以解除监护人原有的长
达五年的监护权。如果发现监护人有罪,将由法庭来决定给予什
么样的惩罚或罚款;如果发现执政官疏于职守,也要由法庭来决定
他应当交纳多少罚款。如果发现执法官有营私舞弊的行为, 那么
他不仅要缴纳罚款, 还要被撤职, 由新的执法官来取代他的职
位。

　　父子之间有时会出现很大的纠纷,比人们通常想像的还要大。
做父亲的老是认为立法者应当授权给自己,如果自己认为适当,就
可以公开宣布与儿子脱离父子关系,并具有法律效力,而做儿子的
总是期待当局能启动法律程序来反对因年迈或疾病而变得疯狂暴
虐的父亲。这种纠纷的根源一般可以在当事人邪恶的品性中找
到,在有些情况下只有一方是邪恶的,比如说儿子是邪恶的,而父
亲不是,或者正好相反,这样的不和一般说来不会带来灾难性的后
果。在任何社会中,我们的社会除外,没有继承权的儿子不一定失
去公民权,但在实施我们这些法律的社会里,被父亲抛弃的人只能
移居远方,因为我们允诺不增加我们的居民总数,即五千零四十个
家庭。因此,从法律上说,这个儿子不仅被他的父亲所抛弃,而且
被所有亲属抛弃。因此,我们的法律还要提供一些具体规定来处
理这种情况。无论有没有正当的理由,当一个人想要驱逐他的亲
生儿子时,必须履行相应的法律程序,不能自行其是。他首先要召
集他和他的妻子的亲属,到侄儿一辈,当着他们的面宣布他的决
定,取得他们的谅解,并且保证给这个儿子与其他儿子相同的动
产。如果他能够取得半数以上亲属的同意——这里讲的过半数包
括当事人,当事人的父母,以及其他男女亲属,甚至也包括那些尚
未成年的人——那么这位父亲就可以驱逐儿子了,当然了,他要遵

守已经讲过的这些条件。如果有公民想要过继这位被驱逐的儿子,那么从法律上来说没有什么障碍,生活通常会使年轻人的脾气发生改变;但若在十年内都没有公民想要过继他,那么就要由那些负责处理多余人口的官员来处理这件事,这些多余的儿童命中注定要移居到外国去,但要保证他们能找到定居的地方。如果疾病、年纪、怪癖,或者这些原因加在一起,使某人的心灵变得极为暴虐,而这一事实除了与他每日生活在一起的人没有别人知道,尽管他是一家之主,但实际上却在浪费家庭的财产,而他的儿子又不知如何改变这种状况,想要把他告上法庭,在这种情况下,法律要求这个儿子首先去见最年长的执法官,向他们报告父亲的情况。执法官们会进行详细的调查,然后再来与他商量要不要起诉。如果他们的建议是起诉,那么就可进入法律程序,发出抱怨的儿子既是证人又是原告。打输了这场官司的父亲从今以后失去处置他的财产的权力,哪怕是最小的物品,他的余生都要被当作一名儿童来对待。

如果丈夫和妻子之间由于坏脾气而想要离婚,这样的案子在各种情况下都要由十名年龄不同的男执法官和十名负责监护事务的妇女来处理。如果他们能够成功地使夫妻复和,那么万事大吉;如果无法调解冲突,反而使夫妻之间的对立更加剧烈,那么就要由他们来为当事的双方寻找最佳配偶。想要离婚的人脾气都不会好到哪里去,因此我们要尽可能寻找好脾气的人来做他们的新配偶。如果离婚者没有子女,或子女很少,那么在给他们寻找新配偶时还要考虑到生育问题。如果他们已经有了足够的子女,那么在判决他们离婚和给他们重新寻找配偶时,主要的考虑就应是年纪和相互照顾的问题。如果一名妇女去世时留下了男孩或女孩,那么我们的法律要建议,但不是强迫,由她的丈夫抚养孩子,不能再给他们找一个后母;如果没有子女,那么鳏夫可以再娶,直到他有了自

己的孩子,而对家庭和国家来说,他的子女的数量又足够多为止。 C
如果做丈夫的死了,留下了足够多的孩子,那么做妻子的应当留在
家庭中抚养他们长大。但若她还太年轻,没有男人对她的健康不
利,那么她的亲属可以与负责监护的人联系,做出妥善的安排。如
果她缺少子女,那么这个因素也要加以考虑,从法律上讲,拥有足 D
够的子女意味着至少有一儿一女。

　　父母关系一旦确定,下一步就要决定所生育的子女的地位问
题。如果一名女奴与奴隶、自由民或获得自由的奴隶生育,那么所
生的后代全部属于女奴的主人;如果身为自由民的妇女与男奴隶
生育,那么所生的后代属于男奴隶的主人;如果男奴隶主与他自己
的女奴生育,或者女奴隶主与她的男奴隶生育,这种事情当然是臭
名昭著的,那么女奴隶主的孩子要与他的父亲一道,男奴隶主的孩
子要与他的母亲一道被遣送到外国去,前者由管理妇女的官员来 E
执行,后者由执法官来执行。

　　神灵或理智健全的人都不会对忤逆父母的问题提什么建议。
聪明人应当明白我们现在所说的有关崇拜神明的法律序言也都适
用于对父母尊敬与否的问题。全世界关于崇拜的原始规则都有两
重性。我们崇拜的诸神中有些显然是可见的,还有一些神是不可
见的,因此我们建立了它们的偶像,相信当我们崇拜这些无生命的
偶像时,我们就能赢得它们所代表的活神的充分青睐和恩典。所 931
以当人们有年老体弱、生命将要终结的父母在家时,应当记住有这
样的人在家里会使家中的炉灶变得神圣,如果能够正确地崇拜他,
没有任何偶像能比它起到更好的作用。

　　克利尼亚　你说的这种正确崇拜是什么意思? B

　　雅典人　呃,我会告诉你的。我的朋友,这确实是一个值得我
们注意的主题。

　　克利尼亚　你继续说吧。

　　雅典人　我们常说,俄狄甫斯的儿子对他不尊重,于是他就诅咒他们,这是一个人们熟悉的故事,你知道上苍最后如何满足了他的祈求。还有,福尼克斯受到他的父亲阿弥托耳的愤怒的诅咒,希波吕特被他的父亲忒修斯诅咒,以及其他一些相似的故事,它们都

C　起着同样的效果,清楚地证明了上苍会应父母的祈求而惩罚子女。父母祈求上苍惩罚子女比其他的祈求更有效,而且只有这样做才是对的。如果说,当子女忤逆父母时神明会应父母的祈求而对子女做出惩罚,这才符合事物的秩序,那么应当明白,当子女孝敬父

D　母时,他们会非常快乐,转而热切地为子女祈福,而我们也必须这样想,上苍会聆听这一类祈求,并不亚于聆听另一类祈求,给子女降福。如果情况不是这样的话,那么神的赐福就不公平了,而这种念头我们连想都不应该想。

　　克利尼亚　这种念头确实不对。

　　雅典人　所以,如我刚才所说,我们必须相信,在上苍眼中,没有比一位年迈的父亲或祖父,或者年迈的母亲或祖母更宝贵的形象了。如果人们崇拜他们,尊敬他们,那么连上苍也会感到快乐,或者说上苍就不会听到他们的祈求了。实际上,作为祖先的人是

E　神的影像,他们胜过任何无生命的雕像。当我们崇拜这些活的影像时,他们总是我们的第二个祈祷者①,如果我们对他们不孝,那么他们就会做出相反的祈祷,而做子女的既不能进行这样的祈祷,也不能进行相反的祈祷。所以,对父亲、祖父和其他祖先尽孝的找不到其他更加有效的影像可以保证为他得到上苍的青睐。

　　克利尼亚　你说得好极了!

　　雅典人　一切理智正常的人都会敬畏父母的祈祷,他们知道这些祈求会在什么时候起作用。这是一种符合自然的安排,好人

――――――――――

　　①　指父母为子女祈祷。

看到自己年迈的长者吐出生命的最后一丝气息，长者的死对年轻 932
人来说是一种最沉重的打击，而对坏人来说，长者的死对他们是一
种最真实的、最深刻的警告。因此，我希望所有人都能听从我们当
前的劝告，孝敬父母。如果还有人对此置若罔闻，那么下述法规就
是针对他们的。在我们的国家里，如果有人怠慢他的父母，没有 B
精心满足父母的愿望，而对自己的子女和对自己的照顾超过对父
母的照料，那么知情者都可以到三位年长的执法官和三位负责赡
养事务的妇女那里去告发他，他们可以亲自去告发，或者让别人
代表自己去。这些官员将审理案件，如果不孝者是男的，还很年
轻，不足三十岁，那么要用鞭笞和监禁来处罚他；如果不孝者是
女的，那么要把她当作四十岁的妇女来处罚。如果有人过了这个 C
年龄仍旧不孝顺父母，或者虐待父母，那么要由一个有一百零
一名最年长的公民组成的法庭来审判。如果罪行得到确认，那么
法庭要决定给予罚款或其他惩罚，不得赦免。如果有人受到虐待
而又不能上诉，那么知情者可以向当局告发，知情不报都会被视 D
为懦夫，也要受到惩罚。如果告发者是一名奴隶，那么他可以因
此而获得自由。如果他的主人就是那个虐待父母的人，那么执政
官会宣布他获得自由；如果他的主人是另一位公民，那么他的身
价由公家支付。当局还有义务保障他的安全，以免他因告发而受
到报复。

　　现在来谈谈投毒造成伤害的问题，我们已经整个儿地处理了 E
伤害致死的问题，但还没有涉及那些故意地，有目的地使用食物、
饮料、油膏造成伤害的案子。使我们在此处停顿的原因是人类以
两种不同方式使用毒物。我们刚才已经指出的这种形式是通过他 933
人的行为以普通办法对人体造成伤害。还有一种形式是通过技
艺、巫术、符咒、咒语起作用，施行这些技艺的人使人们相信他们拥
有这种为害的能力，而那些受害者则相信施行这些技艺的人能使

自己着魔。这些事情的真相很难弄清，要是这些技艺很容易学，那么令他人信服倒是一件易事了。要想在心中清除各种疑点，比如弄清他们是否能在门口、十字路口、坟墓边看到蜡制的小人，那确B 实是在白费气力，对这些问题不可能有什么确定的答案。因此，我们将按照使用毒物的方式把关于毒物的法律分成两章。但首先我们要声明，我们不希望、不要求、不建议使用毒物，我们不能在人类C 中制造恐怖，因为大部分人都像婴儿一样容易受到惊吓，也不能要求立法者或法官找到治疗这些恐怖的方法。我们要说，投毒的人首先不知道自己在做什么，除非他是医学专家或健身专家，或者是D 懂巫术的预言家或先知。所以，关于毒物的法律应当这样写：任何人投毒，或利用别人投毒，没有造成人员死亡，但对牲畜和蜂群造成了死亡，那么在罪行得到确证以后，如果投毒者是一名医生，就要判死刑，如果投毒者不是毒物专家，那么就要判处罚款，金额由E 法庭决定。任何人涉嫌利用巫术、咒语或其他妖术造成伤害，罪行得到确证以后，如果他是先知或占卜师，那么就要判处死刑，如果他不是巫师，那么就按照前面的情况来处理，由法庭来决定对他的处罚或罚款。

　　　在各种盗窃和抢劫中使用暴力而造成伤害的案子，罪犯要按照伤害程度向受害者做出相应的赔偿，在每个案子中赔偿都要充934 分。除了赔偿之外，罪犯还要缴纳罚款，以起到矫正的目的。如果罪犯是在别人的唆使下而走上邪路的，而当别人引诱他时，他进行过反抗，那么在这样的情况下对罪犯的处罚要轻一些；如果犯罪的原因是由于他自己的愚蠢，是因为他自己不能抗拒快乐或痛苦，或者迫于情欲、妒忌、愤怒的压力，那么对罪犯的处罚要重B 一些。惩罚的目的不是为了取消罪恶——已经做过的事情是不可能消除的——而是为了使罪犯以及所有看到他受惩罚的人在将来可以不再犯罪，或者至少使大部分人不再陷入如此可怕的状况。

出于上述理由和目的，法律必须小心行事以实现自己的目的，对
具体的罪行要精确量刑，赔偿的金额也要准确计量。法官也有同
样的任务，他要为法律服务，法律把矫正罪犯的工作留给法官，
由法官来确定罚款或处罚，在这种情况下，立法者就好像一名设　　C
计师，把与整部法典相应的一些蓝图设计出来。事实上，麦吉卢
和克利尼亚，这就是你们和我现在正在尽全力做的事，我们必须
在诸神及诸神之子允许我们立法的范围内，具体规定对各种偷窃
和抢劫的处罚。

　　这个国家不允许精神病人自由活动，病人的亲属要把他们平
安地关在家里，无论用什么办法都行，违者罚款。对不能管好精神
病人的人，无论是奴隶还是自由民，属于最高财产等级的人罚款一　　D
明那，属于第二财产等级的人罚款一明那的五分之四，属于第三财
产等级的人罚款一明那的五分之三，属于第四财产等级的人罚款
一明那的五分之二。有许多人是疯子，但他们的疯狂采取不同的
形式。我们刚才提到的这种疯狂的根源是生病，但还有另一种疯
子发疯的根源在于有一种不良的愤怒天性，再加上错误的训练而
使这种天性得到加强。这种人稍微遇到一点不顺心的小事就要勃
然大怒，辱骂别人，这样的行为在一个秩序井然的社会里是完全出　　E
格的。因此我们要制定一条关于骂人的法律来处理这些人，条文
如下：无人可以谩骂他人。参加辩论的任何人都应当听取对方的
意见，也应该当着对方的面提出自己的看法，但不能谩骂对方。当
争论者像饶舌的泼妇一样开始用粗俗难听的话语辱骂对方的时
候，这样的话语产生的最初结果就是播下仇恨的种子，尽管这些话　　935
语本身就像空气一样轻薄。激情是一种有着邪恶倾向的东西，说
话人的愤怒毒害着他的激情，使他原来所受的合乎人性的教育和
教养又一次转变为兽性，心中压抑着的积怨使他成为一头野兽，这
就是他追求的激情回归给他带来的悲哀。此外，这样的争论经常　　B

转变为嘲笑对方,而这样做对自己绝无帮助,因为在嘲笑对手的时候他自己的尊严中最重要的性质也失去了。由于这些原因,人们在任何神庙或公共献祭中都不能使用嘲笑的语言,在公共体育活动、市场、法庭,或其他公共场所都不能用。违反这条禁令要受到

C 官方的制裁,有这种行为的人不能担任各种公职,因为这样的人不尊敬法律,不按立法者的吩咐办事。如果有人喜欢骂人,那么任何旁观的老人都可以为了维护法律的尊严而动手打他,使他的坏脾气变好。现在请你们注意听我的想法。当人们在相互挖苦对方的

D 时候,有些人会黔驴技穷,在这种情况下,勃然大怒也就势在必行了,而这种愤怒的激情正是我所要谴责的。但是接下去又会怎么样呢? 喜剧家们为了实现他们的目的,讥笑他们的同胞,但不发火,我们难道也要像他们一样努力去嘲笑人类吗? 我们要不要在玩笑和真实之间划一条界线,允许人们可以相互开玩笑,但不要生

E 气,但要绝对禁止我们已经说过的这种嘲笑,亦即愤怒地谩骂对方? 这种限制性的条款一定不能取消,但法律一定要具体明确什么人可以这样做,什么人不能这样做。使公民发笑的喜剧作家、讽刺诗或抒情诗都要禁止,不管是借助语词还是借助姿势,也不管是带着激情还是不带激情;在节庆中如果有人不服从庆典主持人的规定,那么主持人有权把他从这个国家赶出去,在一段时间内不得

936 返回,或者处以三明那的罚款,献给这个庆典所荣耀的神。那些早先已经得到许可创作针对个人的讽刺作品的人可以相互讽刺,但不得认真,不能发火。这条界线实际上该怎么划,应当由主管儿童教育的官员来决定。如果得到他的批准,那么这样作品就可以公开演出;如果没有得到他的批准,那么创作者既不能上诉,也不能

B 训练任何人,奴隶或自由民,上演他的作品,违反者就是一个坏公民和违法者。

　　真正值得遗憾的对象不是饥饿或有其他类似紧迫需要的人,

而是那些有着清醒灵魂的人,或拥有其他美德的人,或分有这些美德的人,遇上了不幸。甚至在一个体制和公民都处于中等状态的国家里,要找到完全被遗弃乃至于要成为乞丐的人,奴隶或自由民,也是很奇怪的现象。如果立法者制定下述法律,那么这些人不会有危险。我们的国家不能有乞丐。如果有人想当乞丐,以乞讨为生,那么市场官员要把他赶出市场,市政官员要把他赶出城市,乡村官员要把他赶出国境,这样一来我们的国土上就不会有这样的人了。

C

如果一个人的财产被别人的男女奴隶侵犯,而他自己又不是因为胆小而不保护自己的财产或管理不善,那么造成财产损失的这些奴隶的主人要全额赔偿,还要交出罪犯。如果这位主人声称这种伤害是由双方冲突而引起的,而那个奴隶只是在制止冲突中造成了不幸,说这些话的目的在于包庇他的奴隶,那么这位主人可以向法庭起诉。如果官司打赢了,他可以获得由法庭确定的这名奴隶双倍价钱的赔款,但若官司打输了,那么他仍旧要赔偿损失并交出这名奴隶。同样,如果邻居家的财产被马、狗或其他家畜损害,那么这些家畜的主人要赔偿损失。

D

E

如果有人在接到传票时拒绝出庭作证,那么他要因此而受到审判。如果他知道事情真相并打算作证,那么他可以在法庭上作证;如果他说自己对事实真相一无所知,那么他要以三位神的名义起誓,宙斯、阿波罗、塞米司,然后方可离开法庭。任何接到传讯但拒绝提供证据的人都要负法律责任。法官审理案件需要证据时可以要求人们提供证据,采取这样的行动并不需要投票。身为自由民的妇女如果年满四十,那么她有权提供证据;如果她没有丈夫,那么她还有权充当原告,但若她的丈夫还活着,那么她只能当证人。男女奴隶和小孩也可以当证人,但只适用于杀人案,法庭要为他们提供充分的安全措施。但若有人提出抗辩,证明他们的证词

937

B

虚假,那么宣誓作证的证人就要等候对他的审判。发伪誓的原告
或辩护人可以在判决之前听取有疑义者对证词的全部或部分抗
辩,有疑义者的抗辩要得到双方的同意,由官员记录在案,以便最
C 后确定有无作伪证。两次作伪证的人今后不再负有出庭作证的法
律义务,三次作伪证的人就更加没有资格作证人了。执政官要逮
捕那些三次做伪证的人,送交某个法庭,罪行确证以后判处死刑。
无论什么时候要是发现某个诉讼当事人赢得官司所依靠的证据是
D 虚假的,如果虚假的证据超过所有证据的半数或半数以上,原来的
判决就要废除,案件要重新进行调查,确定原判是否主要依据这些
虚假的证据,根据调查的结果最后确定原判是否成立。

　　生活中充满着美好的事物,但是大部分美好的事物都受到那
些肮脏的寄生虫的玷污。比如说,正义对人类来说是一种不可否
E 认的恩惠,它使得整个人类的生活得以可能。但若说正义是这样
一种幸福,那么为什么还会有对非正义的拥护呢?我们看到,邪恶
把自己包裹在某种专门技艺中,以这种技艺的名字出现,从而给幸
福带来恶名。它一开始承认有某种管理人的法律事务的方法——
实际上它本身就是人管理自己这方面事务的方法和帮助别人管理
这类事务的方法——说这种方法可以保证人们在法律诉讼中获
938 胜,无论当事人的行为是否正确。它还说这种技艺本身和它教导
的雄辩术是一种礼物,任何人都可以用它来挣钱。现在,要是能做
到的话,我们一定不能让这种方法,无论它是技艺还是无技艺的经
验性的技巧,在我们的社会中扎根。立法者要号召人们服从正义,
对于服从正义的人法律并没有什么要说,而对那些不服从正义的
人,法律将说出这样一番话来:任何人被怀疑试图歪曲和改变法官
B 心中的正义标准,错误地扩大法律诉讼的数量,或错误地增加诉
讼,都要受到法律的制裁,他们的罪名在不同情况下是歪曲正义,
或是煽动这样的歪曲。这种罪行要由挑选出来的法官组成的法庭

审理,如果罪行得到确证,那么法庭将在审理中确定当事人的这种行为是出于政治上的野心,还是出于对金钱的贪婪。如果原因是前者,那么法庭将规定一个期限,在此期间这名罪人无权上法庭控告任何人,也不能帮助任何人打官司。如果这样做的原因是对钱财的贪婪,那么罪犯如果是外国人,就要把他驱逐出境,如果私自返回就要处死,如果罪犯是公民,那么就要判处他死刑,因为他无止境地爱慕金钱。还有,出于政治野心而歪曲正义的人如果重犯,也要判处死刑。

C

第十二卷

雅典人　　如果一名派驻外国的大使或公使对国家不忠诚,无论误传信件,还是歪曲信息,出于善意或敌意,这样的人作为大使或公使,都要受到渎神罪的指控,因为他们的行为违抗了赫耳墨斯和宙斯的派遣和旨意,要在罪行得到确证以后,再来决定给他们什么样的惩罚或罚款。

941

B

偷窃是一种肮脏的行为,公开抢劫更是罪大恶极。宙斯的儿子既不会偷,也不会抢,更不会对同类实施欺骗和暴力。我们中间如果有人犯下这样的罪行,那么他受到惩罚是应该的,因为他竟然相信诗人和寓言家的谎言,以为偷窃与抢劫不是一种可耻的行为,诸神自己也这样干。这种故事绝不是真理,也不像真理,犯有这种过失的既不是神,也不是任何神的儿子。在这些事情上,立法家比诗人知道得更多。所以,如果有人接受我们的建议,那么对他们来说是件好事,而且是一件大好事!但若不服从,呃,那么他们将面临法律的制裁。盗窃公物者,无论物品大小,都同样要受到审判。因为偷小东西的人不是因为他偷窃的欲望较小,而是因为他的手没什么力气,而那些偷大东西的罪犯,只要偷了也就是在犯罪。由

C

D 于这些原因,法律对盗窃和抢劫这两种罪犯的处罚有轻有重,但这样做的原因不是因为被偷或被抢的物品有大小,而是因为一种罪犯也许还能挽救,而另一种罪犯已经不可救药了。因此,在审理外国人或奴隶的那种法庭上,如果发现盗窃犯还可挽救,那么法庭就要判决怎样处罚他或要他缴纳多少罚款。如果发现某一位公民,或被当作公民受过训练的人,犯有暴力抢劫罪,无论有没有杀人,都要把他当作不可救药之人处以死刑。

942 关于我们的军队组织需要按照它的本性提出许多建议,制定许多规则,但总的原则是:男女武士都不能没有上级的监管,任何武士无论在游戏中还是在正式场合都不能按自己的意愿自行其

B 是,他们无论在战时还是平时都要与长官住在一起,接受他的领导,立定、前进、操练、洗澡、吃饭、站岗、巡逻、放哨,一举一动都要

C 按长官的命令办事,在长官的指挥下战斗、追击、撤退,总而言之一句话,要使全体武士习惯共同生活,共同战斗,成为一个坚不可摧的团体。人们既没有也不可能发现比这更好的规则和保证军队取胜的军事技艺了。在和平时期,我们从小开始就要接受这种训练,掌握这种指挥和被指挥的技艺。无政府主义——缺乏指挥员——

D 应当从人类生活中根除,而一切兽类处在人的支配之下。尤其是,我们的民众在合唱队的舞蹈中已经学会了怎样勇敢地表现自己,接受其他一切训练也有着同样的目的,为的是使他们能够身手敏捷,忍饥耐渴,风餐露宿,不怕酷暑严寒。最重要的是,出于同样的目的,他们一定不要用人造的衣物鞋帽把头和脚严严实实地包裹起来,削弱这些机体的能力,白白糟蹋大自然为头和脚提供的防护

E 设备。头和脚是人体的两端,照顾好头和脚对整个身体都好,忽略对头和脚的照顾对整个身体都不好;脚是整个身体的仆人的仆人,

943 头是身体的主人,生来就包含所有感觉器官。
关于武士的生活我们已经作了许多赞扬,就好像有年轻人在

聆听,现在我们就来讲一讲相关的法律。已经应征或已被指派到某个军种的人都要按时服役。如果一名军人在没有得到指挥官同意的情况下,由于胆小而擅自逃避参战,那么当军队从战场上返回时,就要对这些人进行起诉,由他原来所属的那个兵种的军官来审判——步兵、骑兵,或其他兵种——按不同的审判程序进行。就这样,步兵归步兵审判,骑兵归骑兵审判,其他兵种也一样,逃避参战者都要在他的战友面前受审。罪行得到确证以后,首先,这样的逃兵要被剥夺今后参加各种可以出人头地的比赛的资格,他也无权指控其他人是逃兵,或在该类案子中担任原告,然后法庭还要决定给他什么样的惩罚或罚款。其次,对这种逃兵的判决要通报全军,等大家都知道以后,指挥官要考察所有战士的表现,宣布对有杰出表现者的奖励,得奖的依据就是战士们在刚刚结束的那场战役中的表现,而不是以前的战役。每个单位颁发的奖品是一个橄榄枝编的花环,获奖者要把花环献给他所喜欢的那位战神,作为今后获得一、二、三等终生成就奖的依据。没有得到指挥官的撤退命令就逃跑的士兵也要受到和逃避参战同样的指控,相应的惩罚也和逃避兵役者相同。

　　当然了,指控某人逃避参战或在战场上逃跑要小心区分有意和无意,不要造成冤案。正义,确实如人们所说的那样,是良心的贞洁女儿,良心和正义都十分痛恨误判。我要说,人们必须避免诬告和其他对正义的冒犯,尤其要小心对待在战场上丢失武器的案子,不要冤枉人,不要把被迫失去武器当作可耻地抛弃武器来加以谴责。要在两类情况中划一条界线很难,但法律应当作明确的区分。有一传说可能有助于我们的理解。诗人说,帕特洛克勒被抬回帐篷,但他的武器丢了,他身上原来穿戴着武士的盔甲,按诗人的说法这副盔甲是诸神送给珀琉斯和忒提斯的结婚礼物,落到了赫克托耳的手里——我们知道这类事情频繁地发生——因此人们

就嘲笑墨诺提俄斯的这个勇敢的儿子把武器丢了。① 丢失武器的
B 情况是多种多样的,比如从高处坠下、在海中、由于天气的原因突
然滑倒,或者由于水流的漩涡。总而言之,有无数的原因可以解释
这种不幸,也可以用它们做借口来掩饰故意丢失武器。所以我们
要尽力加以区分。在提出这类谴责的时候,用语要正确。在各种
C 情况下,把丢了盾牌的人当作丢失武器来谴责是不公平的,尽管确
实可以说他"丢失"了武器。在强力作用下丢了盾牌的人和自己把
盾牌丢掉的人不能相提并论。谈论这些情况要有不同的用语。所
以我们的法律要这样说:如果某人被敌人围困,而当时他有武器在
手,在这种情况下他不去努力抗敌,而是有意放下武器,或扔掉武
器,用这种可耻的行为来换取活命,而不是勇敢地光荣牺牲,对这
D 种人,可以说他丢弃武器,而对上面提到的另一类例子,法官要做
仔细调查。矫正要总是针对恶人,使他们变好,而不要针对不幸的
人,这样做是浪费时间。

对那种丢弃武器,不做抵抗的胆小鬼,适当的惩罚是什么呢?
人间的法官确实没法把男人变成女人,据说帖撒利的凯涅乌斯以
前是个女人,后来神把他变成了男人。如果能倒过来,以某种方式
E 把男人变成女人,那么这就是对那些扔掉武器的胆小鬼最恰当的
惩罚。与此最相近的处置胆小鬼的办法是,让他没有生命危险地
度过余生,但使他终生打上可耻的烙印,处理这类案子的法律是这
样的:如果通过调查证明有人可耻地抛弃了他的战斗武器,那么今
后不得再使用这样的人当兵,不能让他担任将军或其他任何军职。

---

① 此处提到的都是荷马史诗中的人物,帕特洛克勒(Patrocles)是希腊
联军的勇士、阿喀琉斯(Achilles)的朋友,他身穿阿喀琉斯的盔甲冲到特洛伊
城下,被特洛伊勇士赫克托耳(Hector)杀死。阿喀琉斯的父母是英雄珀琉斯
(Peleus)和海洋女神忒提斯(Thetis)。墨诺提俄斯是(Menoetius)是帕特洛克勒
之父。

无视这条禁令雇佣了胆小鬼的官员一旦被监察官发现,就要处以　945
罚款,如果他属于最富裕的那个财产等级,罚款一千德拉克玛,如
果属于第二等级,罚款五明那,如果属于第三等级,罚款三明那,如
果属于第四等级,罚款一明那。那个受到雇佣的胆小鬼要被驱逐
出去,使他得不到机会通过服危险的兵役变成真正的人,他也要缴
纳罚款,属于最富裕等级的罚款一千德拉克玛,属于第二等级的罚　B
款五明那,属于第三等级的罚款三明那,属于第四等级的罚款一明
那,这些处罚与前面雇佣他的官员是一样的。

　　监察官由执政官任命,有些任期一年,用抽签的方法决定,有
些任期几年,用选举的方法选出。我们该如何恰当安排监察官呢?
如果某个监察官自己都不能公正地行事,有损这个职位的尊严,那
么又有谁能去矫正他呢? 要找到一位拥有杰出才能的官员去监督
我们的官员确实不是一件易事,但我们还是要努力寻找某些具有　C
超过常人能力的监察官。这个问题实际上是这么一回事。一种政
制就像一条船或一个有机体,使其机体产生瓦解的实际上是某种
有着多种表现形式的性格,这种性格在不同情况下有不同的名称,
就好比支撑着有机体的肌、腱、韧带,我们现在要考虑的就是在政
制中起着这样一种关键作用的东西,关系到它的保存和瓦解。如　D
果我们的监察官比我们的行政官更优秀,能够公正完善地完成他
们的工作,那么我们整个民族和国家都会繁荣昌盛,会享有真正的
幸福;但若我们的行政监察也有问题,那么联系在一起的我们这个
社会有机体的每个部分都会削弱,每一种职能都会被另一种职能
削弱,各个部门无法通力协作,整个国家将不再是一个国家,而是　E
多个国家,内部充满争斗,最后导致灭亡。所以我们必须看到,行
政监察是至关重要的,担任监察官的人必须在各方面都出类拔萃。
因此选拔监察官要有某种新方式。全体公民每年在夏至后的那一
天,要在祭拜太阳神和阿波罗神的圣地里集会,当着这位神的面选

946 举三名监察官,每个公民要提名一个在他看来各方面都是最优秀
的人,他的年龄要超过五十岁,不能提名自己。根据这些提名进行
第一轮选举,如果被提名的人数是偶数,那么得票多的那一半当
选,如果被提名的人数是奇数,那么还要略去得票最少的那一位。
如果有几个人得到相同的票数,使得当选者超过半数,那么就把最

B 年轻的当选者去掉。以后再以相同的方式多次投票,最后只剩下
得票最多的三个人。如果这三人得票相同,或其中两人得票相同,
那么就要根据天意用抽签的办法来决定排名秩序。人们要把象征
胜利的橄榄枝献给第一名、第二名、第三名,然后公开宣布选举结
果:奉天承运,玛格奈昔亚国现在昭示天下,向太阳神献上三名最

C 高贵的公民,用古代的话来说,把他们作为精选的第一批果实献给
阿波罗神和太阳神,他们将就任监察官之职。

  在第一年里要用这样的方法产生十二位监察官,任职期到七
十五岁为止,然后每年产生三位新的监察官。他们要把所有行政

D 官员分成十二组,分别对他们进行监督。鉴于他们的工作职责,监
察官的衙门就设在阿波罗神和太阳神的圣地里,也就是选举监察
官的地方。监察官将独立调查有出格行为的政府官员,有些案子
也可由几位监察官共同负责,对官员的处罚要成文,公布在市场边
上的那个广场上,这些处罚要经过监察委员会的审查和批准。任
何官员声称对他的处罚不公平,都可以向某个由若干法官组成的
上诉法庭申诉,如果申诉成功,那么只要这位官员愿意,可以给那

E 位监察官相同的处罚;如果申诉失败,监察官原来判处他的死刑就
要维持原判,因为没有更重的处罚了,如果监察官原先给予他其他
处罚,那么只要能加倍的都要加倍处罚。

  下面我要告诉你该如何任命一名监察官来监督监察官本身,

947 如何实施这种监督。当监察官们还活着的时候,由于整个国家已
经宣布他们是最优秀、最高尚的人,因此在各种庆典中都应当让他

们居于首位,还要让他们担任各种派往希腊各地参加献祭、宗教集会和各种国际活动的代表团的领队。只有他们才能佩戴月桂花冠。他们还将担任阿波罗神和太阳神的祭司,当年的首席监察官担任祭司长,该年的名称要以他的名字命名,作为我们这个国家纪年的方式。他们逝世以后要隆重安葬,他们的坟墓要造得比其他公民好。葬礼中所用的布料都应是白色的,不要有挽歌,也不要有哭嚎,但在他的棺材周围要有十五名青年女子和十五名青年男子组成的合唱队为他唱颂歌,就像祭司们所唱的赞美诗一样,这种颂歌要唱一整天。第二天黄昏的时候,棺木下葬,送葬的行列包括由死者亲属从体育场上选来的一百名青年。走在送葬队伍最前面的是未婚青年,全部身着戎装,骑兵手持马鞭,步兵 手持兵器,其他人也一样。棺木由男青年们抬着前进,边走边唱国家的圣歌,女青年紧随其后,再后面是那些已经过了生育期的已婚妇女。男女祭司走在送葬队伍的最后,尽管他们不能参加其他葬礼,但若庇提亚的女祭司批准我们的建议,那么他们可以参加这种葬礼而不会受到玷污。墓室应当开挖成椭圆形,上面覆盖岩石的拱顶,这是一种最坚固的建筑形式,用大石块砌成。棺木放入墓室以后,送葬者要用泥土掩埋墓室,并在周围植树,但要留下一个出口,作为以后举行祭祀的地方。安葬完毕之后,要举行音乐、体育、赛马的年度竞赛以荣耀死者。然后由死去的监察官的亲属向那些参加葬礼的人致谢。但若有监察官在任职期间太软弱或有腐败行为,那么任何人都可以弹劾他。审理这种案子的法庭组成如下:执法官、仍旧活着的监察委员会的成员、上诉法庭的成员。弹劾的书面形式应当是,某某人在任职期间有与其崇高名声不符的行为。如果罪名得到确证,那么被弹劾者将被剥夺职位,以及原来他可以享有的公葬和其他荣誉。但若弹劾者未能得到五分之一的赞同票,那么他要受到罚款的处罚,属于最富裕等级的罚十二个明那,第二等级的罚八明那,第三等级的罚六明那,第四等级的罚二明那。

　　故事中所描述的拉达曼堤斯的断案方式令我们敬佩。按照故事中的说法,他那个时代的人坚信诸神的存在,因为包括拉达曼堤斯在内的那个时代的大多数人都相信他们的父母所相信的神。拉达曼堤斯显然认为法官的工作不应当托付给任何凡人,而只能相信诸神,这就是他为什么能够简洁迅速地断案的原因。他要那些原告对神发誓,所以他能很快地断案。而在我们这个时代,我们说过,有些人根本不相信诸神存在,有些人认为它们根本不关心我们,最糟糕的是,大多数人相信只要在献祭中诸神一些好处,奉承它们,诸神就会帮助他们作恶,使他们免遭各种天谴,当然了,在当今时代,拉达曼堤斯的断案方法已不复存在。人们关于诸神的信仰改变了,所以法律也必须改变。精明的立法者取消了诉讼双方在审理中的发誓。原告要把他的控告写成状纸,但却不必发誓说自己说的都是真的;同样,被告也要把他对罪状的否认写成书面的东西呈给官员,但却不用发誓。在一个城邦里诉讼盛行,一半或接近一半的公民发伪誓,但却没有诸如公餐制一类的公共或私人之间的联系,那么这种情况实在太可怕了。

　　所以,我们的法律将要求原告在法官面前宣誓,任何有投票权的公民在涉及各种案子或选举时都要宣誓。同样,合唱比赛和其他音乐表演、体育和马术竞赛的主席和裁判,以及处在类似地位的人也要发誓,在这些场合人们一般认为发假誓并不能给人带来什么好处。但在明显具有重大好处的地方,人们会违反事实真相,发伪誓,在各种场合对竞争双方做出错误的裁决,由此必然引发不要求发誓的法律诉讼。更加一般地说来,法庭的当值法官既不要求原告在法庭上当众宣誓他的指控是真实的,又不要求原告发誓,如果撒谎就遭天谴,当然也不会出于怜悯而纵容罪犯。法官们只要求他完全依据自己拥有的权力,用体面的、庄重的语言说清他的意思,同时也认真听取被告的辩解。如果有人违反了这一规则,当值的法官会认为他出格,要求他只谈有关的事情。然而,如果一桩官司发生在两个外国人之间,法官应当允许一方向另一方发誓,或接受对方的发誓,他们的意愿应当得到尊重。要记住,按照规定他们不会在我们中间一直住到老,也不会使他们自己的家变成一个巢穴,其他那些像他们一样的人在他们家中会归化我们的国家。我们要决定该如何让这样的人按相同的原则进行有关个人事务的诉讼。

C

至于自由公民违反国家法律的案子——我指的是那些还够不上处以鞭笞、监禁、死刑的案子——比如说没有出席合唱队的集会,没有参加游行等国家举行的公共仪式,在和平时期没有献祭,在战争时期没有交纳特别税,等等,我的意思就是说,在所有这些事情中,最重要的是国家利益,违反法律的人要向由国家法律赋予权力的官员做出保证和抵押。如果在作了保证并进行财产抵押以后仍旧继续违反法律,那么抵押的物品将被出售,收入归国家所有。而且还要有进一步的惩罚,受权处理这种事务的官员会在法庭上宣布他们的错误,直到他们同意服从法令为止。

D

E

除了那些从自己的土地上派生出来的税收外,一个没有关税、没有商业的国家必须决定如何处理它的公民去外国旅行以及接受外国人到它自己的领土上来的问题。所以立法者必须考虑这个问题,并对公民提出这方面的建议。不同国家之间不能有自由往来,因为这样做会产生各种混合性格,就像由于互相访问而造成疥疮的传染一样。对一个公共生活健全,受到正确法律控制的社会来说,这样的自由往来会产生有害的后果,然而大部分国家的法律都还没有制定相应的措施,没有说明本国居民要不要欢迎外国人来访,并与他们混居在一起,或者当本国的老老少少产生旅行念头时要不要批准他们出国旅行。另一方面,拒绝一切外国人入境和不

950

B 允许任何本国居民去外国旅行,并非总是可能的,如果这样做的话,也许会使其他国家认为我们这个国家是野蛮的、缺乏人情味的;我们的公民也会被认为采取了错误的拒斥外国人的政策,具有不相容和不易接近的性格。但是,一个国家在外部世界的名声,无论是好名声还是坏名声,决不能忽视。整个人类远非拥有完善的美德,但决不能说他们在判断其他人的美德或恶行的能力上也同

C 样缺乏。在恶人中间有一种神奇的洞察力,借助这种洞察力,最恶的人常常能够以他们自己的思想和语言鉴别好人与坏人。因此如果有人提出建议,要一个国家在世界上取得好名声,那么这个建议是合理的。实际上,有一条绝对正确的最高规则是:首先成为好的,然后寻求好的名声,而不仅仅是为了好名声而去寻求好名声,如果我们的好意味着完善的话。所以,我们在克里特建立的这个

D 国家要像其他国家一样从它的邻居那里赢得美德方面的最崇高、最杰出的好名声,这样做是非常合适的,我们完全有理由希望我们的计划能够顺利执行,我们的国家将成为世上少有的几个统治良好的国家之一,享受着太阳神和其他诸神的光芒。

　　因此,我们国家关于出境旅行和接受外国人入境的法律是这样的:首先,任何四十岁以下的人在任何情况下不得邀请和允许外国人来访;第二,这样的旅行不能出于私人目的,而只能是公务旅行,包括派遣大使、公使、参加各种宗教仪式的代表团,等等。逃避

E 兵役者或战场上的逃兵不能参加这样的活动。派遣代表去朝觐庇提亚的阿波罗、奥林比亚的宙斯,以及奈米安和伊斯弥亚的诸神,参加在那里举行的献祭和荣耀诸神的赛会,这是我们的责任。我们一定要尽力派遣较多的人去参加,要选拔优秀、高尚、杰出的人当代表。他们一定要在宗教与和平的集会中为我们的城邦增光添

951 彩,使我们的国家扬名世界,在胜利回国时他们要向年轻人解释,与我们的国家相比,其他国家在哪些方面不如我们。

　　还有其他一些使者应当派往国外,由执法官批准。如果我们
的公民有充分的闲暇研究其他民族的事情,那么没有法律会阻碍
他们成行。一个对其他国家的民众不熟悉的国家,无论这些国家
是好是坏,在孤立之中决不会达到适当的文明水平,也不会成熟,
如果它的法律仅仅依靠习惯而不依据理智,那么它也不可能成功
地永久保存它自己的法律,事实上,在大量的民众中,总有某些人,
尽管很少,拥有超出常人的品质。在法律有缺陷的国家里找到的
这种人不比法律良好的国家少,而这样的社会则是无价的。生活
在统治良好的国家里的居民本身的性格就是一个明证,他们走到
哪里,他们的性格都可以用来反对各种腐败,都可以证明他自己的
国家是健全的,可以用来弥补各种缺陷。确实,没有这种观察,没
有这种调查研究,或者说调查研究得不够,没有一种政治体制会完
全稳固。

　　克利尼亚　那么你如何才能保证取得这两方面的结果呢?

　　雅典人　呃,这样吧。首先,从事这些观察的人年龄应在五十
岁或五十岁以上。其次,如果我们的执法官允许某人去国外考察,
那么他必须是在军事或其他方面具有很高声望的人,他在国外考
察的时间不得延长到六十岁以外。他可以利用这十年左右的时间
进行考察,回国以后,他要在法律的监督下向议事会报告。这个议
事会的成员有比较年轻的,也有比较年长的,报告时间长达一天,
从天明破晓到黄昏日落。这个议事会的成员包括:第一,最高级的
祭司;第二,十名现任执法官;第三,最新选出来的教育长和其他曾
经执掌这个部门的负责官员。这些人不仅本人参加,还要带上他
认为最优秀的、年纪在三十到四十之间的年轻人。报告会上讨论
的问题是我们自己国家的法律,但他们也可以提出一些有可能从
其他地方得到的相关建议,尤其是他们认为比较先进的各种学问
和研究成果,借助于这些学习和研究可以有助于法律的执行,如果

忽视这些学习,那么法律将会处于黑暗和困惑之中。议事会的年轻成员要勤奋地学习经过这些长辈们批准了的知识,如果有某些知识被他们鉴定为低劣的,那么整个议事会将谴责把这种知识带

B 回来的人。享有良好声望的人可以派往国外进行考察,他们会得到特别的照顾和尊重,如果立下汗马功劳,他们会得到格外的荣誉,如果行迹低劣,他们会得到特别的羞辱。这些观察员在周游列国之后要立刻向这个议事会报告。如果他能遇上立法、教育、儿童管理方面的专家,得到这些方面的经验,或者有了自己的想法,那

C 也是常有的事,他需要把这些成果向整个议事会报告。如果议事会判断这些成果没有什么用处,他仍旧会得到表扬,因为他辛苦了。如果他的研究成果被证明是非常有用的,如果他还活着,他会受到更加热烈的赞扬,如果他已经死了,这个议事会也会给予他很大的荣耀。但若他在旅行回国后已经腐败,也没有带回来什么智慧供年轻人或老年人参考,那么他应当服从法令,从今以后闭门不

D 出,如果他不服从法令,那么他将被处死——我的意思是,法庭会判定他犯有扰乱立法或教育事务的罪行。如果执政官没有把这样的人送交法庭审判,理由我们前面已经说过了,那么这件事将记录在案,表明执政官在选拔杰出人士方面有缺陷。

关于公民出国旅行和相关的条件就说到这里,下面要说的是应该如何欢迎国外来访的客人。必须接待的外国人有四种:第一种是那些经常来访的外国人,他们大部分在夏季来,就像候鸟一

E 样,他们实际上就是长翅膀的候鸟,在适当的季节从海外飞来,从事有利可图的商业。考虑到他们的利益,我们处理这类事务的官员要接受他们,让他们进入市场、港口,以及某些建在城墙外邻近城市的公共建筑。这些官员要注意防止这些人把一些新奇的东西

953 带到我们国家来,既要对他们公正,又要保证他们交易的货品严格限制在生活必需品的范围之内。第二种人是字面意义上的观光

者,他们到这里来是为了使他们的眼睛能看到美妙的景象,耳朵能听到美妙的音乐。要在神庙中为所有这样的观光客提供住宿,款待他们,我们的祭司和神庙看管者要负责关心照顾他们。他们可以在那里居住一段合理的时间,但等他们想看的和想听的都已经满足以后,就应该离开。他们既不要伤害别人,也不要受到别人的伤害。如果他们做了错事或别人对他们做了错事,如果案值不超过五十德拉克玛,就由祭司们审理;如果案值更高,就由市场官审理。第三种人必须当作国家的客人来接待,他们是来处理国事的。要由将军、骑兵统帅、步兵统帅接待这种客人,其他人不能擅自接待,具体落实到某位指挥官,他的家中要有客房,由一位轮值官具体负责。第四种人不常见,但确实是我们要接待的,他们来我们国家考察。这种人至少要有五十岁或五十岁以上,他的公开目的是来学习我们的长处,把我们的优点告诉他们自己国家的人。对这样的访问者不要禁止他们进入我们"富裕和智慧"的人家,因为他自己就具有相同的品质。我的意思是,他可以去负责教育事务的官员家中,因为他自信适宜拜访这样的主人,或者去其他一些拥有美德声誉的人家。他可以在这样的人家住一段时间,与他们讨论学问,等他要离开的时候他们已经成了朋友,主人会用适当的礼物给他送行。我要说,这些就是我们的法律,我们的公民应当依此处理所有外国来客的接待工作,无论是男是女,还有本国公民去国外旅行的问题。他们应当敬畏宙斯,旅行者的保护神,不要把肉食和献祭当作驱逐外国人的手段,或者用野蛮的法令驱逐他们,就像我们今天所见到的那样。①

　　押送银钱应当格外小心,押运者要写下法律文书,如果总值超

---

　　① 此处原文引用了一个典故,"尼鲁斯的忧郁的母鸡",指不欢迎客人来访。

954 过一千德拉克玛,至少要有三名证人在场,如果总值更高,至少要五名证人在场。贸易中的代理商对那些不能及时供货或送货的商人起着一种保险的作用,但对代理商也要像对商人一样制定必要的法律。

要求在他人家中搜查被盗物品的人应当脱去上衣,袒露肚腹,并以诸神的名义起誓,这是法律的要求,以表明他诚实地希望找到他的东西。被搜查的人家应当接受搜查,搜查的范围可以有所不
B 同,包括贴了封条和没贴封条的地方。如果一方要求搜查,而另一方拒绝搜查,那么要求搜查的人可以具体开列被盗物品的数量和价值,拒绝搜查的人要支付双倍的赔偿。如果屋主不在家,那么家里的其他人应当允许搜查那些没贴封条的地方,而贴了封条的地方可以在搜查者的看守下留待主人归来再查。如果五天以后主人
C 还没有回来,搜查者可以请市政官到场,开封搜查,但搜查完以后仍旧要在有家人和官员在场的时候重新像原来那样封好。

处理有争议的物品要遵循下列时限,超过时限有争议的东西就不能再算是有争议的了。在这个克里特城邦里,地产和房产都不会成为有争议的东西。至于人们可以占有的其他财产已经被占有者在市镇、市场、神庙公开使用,而在一段时间内并没有人声称自己是物主的时候,或者说占有者显然并没有隐藏这样物品,而物
D 主在一年中又在不断地寻找这样东西,那么期限到后,物主将失去取回物品的权力。如果某样物品在乡村中使用,而不是在城镇或市场上使用,五年内都没有人来找,那么不再有人可以索回这样物品。如果某样物品在城市里使用,并且在室内使用,那么期限是三
E 年;如果某样物品被秘密地占有在乡间,那么期限是十年。如果某样物品被弄到别的国家去了,那么无论什么时间发现,物主都有权索回,没有时间限制。

如果有人用暴力妨碍原告及其证人出庭,如果被妨碍者是一

名奴隶,是原告自己的奴隶或者是他人的奴隶,那么这场审判将宣布无效,如果被妨碍者是自由民,冒犯者还将被处以一年监禁,罪名是绑架。如果有人用暴力妨碍其他竞争者出席体育、音乐竞赛,或者其他类型的竞赛,任何人只要愿意都可以向竞赛主席告发,并帮助受妨碍的竞赛者参加比赛。在不可能做到这一点的情况下,如果被妨碍的参赛者显然是竞赛的胜利者,竞赛主席可以把奖励授给受到妨碍的参赛者,把他的名字当作胜利者铭刻在神庙里,妨碍他人参赛的人要被记录在案,并负法律责任,无论他在实际比赛中是胜利者还是失败者。

如果有人明知故犯,接受被盗物品,那么他要受到与窃贼相同的处罚。对接待流放犯的人的惩罚是死刑。

全体公民都要把国家的朋友或敌人当作自己个人的朋友和敌人。任何公民如果独自与他国的任何人媾和或作战,都要处以死刑。如果国家的某个部分出于自身的考虑与他国媾和或作战,那么将由将军们把这一事件的主谋告上法庭,罪行确证后处以死刑。

国家公仆在履行公务时不能接受贿赂,他们既不能掩饰这种行为,也不能接受"无功不受禄,有功可受礼"的原则。公仆们要形成清醒的判断并遵守这条法律并非易事,但是"不要为了礼物才提供服务",这是法律的要求,公仆们必须服从。违反这条法律的公仆,罪行一旦得到证实,就要被取消死后的葬礼。

关于向国库交税的问题,每人都要给自己的财产估价,这样做理由很多,而每个部落的成员也要向乡村官员提交每年出产物品的书面记录,由国库官员来选定缴税办法,可供选择的两种办法是:按照年产物品的总值抽取一定比例的税收;或者按照年总收入确定一定比例的税收,公餐的开支除外。

有节制地向诸神奉献礼物的人本身也应当有节制。在我们的普遍信仰中,土地和家中的炉石对存在的诸神来说是神圣的。没

有人可以把已经奉献了的东西再神圣化。你们在其他社会中可以
956 在神庙和私人家中看到金银,但是拥有金银会使拥有者犯病。象
牙不是一种清洁的奉献物,而是一种被灵魂遗弃的物体;铜和铁是
制造武器用的。但任何人只要乐意,都可以在我们的公共神庙里
奉献一尊木雕的神像,或石雕的神像,或者奉献一件纺织品,但这
件纺织品耗费的人工不要超过一名妇女一个月的劳动。对诸神最
B 适宜的颜色是白色,可以用在挂毯或其他地方;除了军用品,不要
使用染料。我们能献给诸神的最虔诚的礼物是鸟类,也可以献鸟
的图画,我们的艺术家用一天时间就能画完;我们奉献的其他物品
都要这样做。

　　我们现在来谈谈整个城邦必须分成哪些部分,它们的数量和
性质,并为它们主要的商业和贸易制定法律。不过,我们的司法机
C 构还有待建立。第一种法庭由若干名法官组成,称他们为仲裁也
许更加合适,由原告和被告共同选择。第二种法庭由若干村民和
同部落的人组成,每个部落要再分为十二个部分。如果第一阶段
不能解决问题,那么当事人还将继续在这些法官面前解决他们的
争执,但是利害关系也会加大;被告如果在第二阶段的诉讼中输
了,那么除了第一阶段裁决要他作出的赔偿外,还要再加五分之
一。如果对裁决不服,想要进行第三阶段的上诉,那么他应当在这
些法官面前申诉,如果又输了,那么除了原先裁决他要作出的赔偿
D 外,还要再加一半。不愿承认初审失败的原告可以第二次起诉,如
果官司打赢了,那么他可以多得五分之一;如果官司打输了,他就
要额外交纳罚金。如果当事人不服从原判,上诉到第三法庭,如果
被告再次打输官司,那么他要多付一半的赔偿,如果是原告输了,
E 那么他只要缴纳一半的罚款。

　　关于选举法官、填补空缺、为不同法庭提供办事员、确定各次
审判的间隙、确定选举方式、法庭的休庭,以及其他一些涉及法庭

管理事务的必要细节，比如关于审案程序的确定、被告在法庭上必须回答提问的规则，等等，这些事情虽然我们已经处理过了，但是总的再说一遍，甚至再说第三遍都没有什么不可以。总而言之一句话，我们年长的立法者可以把所有这些法律程序的细节都留给他的年轻的继承人去填补。所以，我们已经有了一个组织法庭处理私人争执的公平模式。由于处理普通和公共事务的裁判所和法庭在履行它们的功能时都从属于执政官，许多社团已经拥有各种正常的机构，所以我们的执法官必须使之适应正在诞生的体制。他们会运用自己的个人经验对这些机构进行比较和修补，直到他们认为这些机构完善了为止；然后他们会迈出最后一步，认定它们是行之有效的，并使之一直运作下去。法官们在法庭上会看到冷静而得体的语言，或看到与此相反的现象，在不同社会中，人们对正义、善良、荣耀的看法大相径庭，这方面我们已经说过一些，但我们还要再说一下。法官们要想做出公正的审判，必须设法弄到相关的书籍，努力学习。如果法律确实是法律，能使较好的人成为法律的学生，那么实际上没有任何一种学习能像学习法律一样有用，否则的话，激起我们崇拜和惊讶并与理智同缘的法律就没有什么用了。进一步说，考虑到所有其他类型的谈话，包括颂歌和讽刺诗在内的诗歌，或各种散文，无论文学作品还是日常生活谈话，都会有不同意见和争执，也会出现许多含义不清的地方。立法家的文本可以用来作为试金石检验一切。优秀的法官要把法律书紧紧地抱在胸前作为解毒药，对付其他谈话，这样做他才能成为国家的保存者，也能使他自己得到保存。他将使好人得到保障，正气上升，他也要尽可能使那些仍旧有药可救的恶人得到矫正，摆脱愚昧、放荡、怯懦，总而言之，摆脱一切形式的恶。至于那些完全追随邪恶原则的恶人，如果法官和他们的长者已经采用死刑作为治疗这种灵魂状态的办法，那么就像我们不止一次说过的那样，这些法官的

957

B

C

D

E

958

行为值得受到国家的赞扬。

诉讼一结束,法律判决就要执行,这方面的法律如下:首先,除
了必须推迟执行的案子外,执政官要当着法官的面布置执行判决
B 的工作,并将执行通知送交诉讼的双方,到达后立即执行。案子审
完以后一个月,如果胜诉者还没有得到赔偿,那么就要由行政官员
强制执行,使他得到赔偿。如果败诉者的财产不足以充分赔偿,差
额达一德拉克玛或一德拉克玛以上,那么败诉者打官司的权力就
C 要被剥夺,直到他付清赔偿为止,而其他人则持有起诉他的权力。
任何对法庭执法设置障碍的人都将受到谴责,将由执政官对这种
人进行起诉,由执法官组成的法庭审判,这种行为一旦得到确证,
就要被处以死刑,因为他的行为是对整个社会和法律的颠覆。

再说另一个问题,一个人生到这个世界上来,长大成人,再生
D 育他自己的子女,抚养他们长大。他在经商的时候对被他伤害的
人做出赔偿,也接受他人对自己的赔偿,到了受法律尊重的老年无
疾而终。对于死者,无论男女,我们的政府要指定一个部门专门处
理死者安葬的问题,要敬畏地下世界的神灵和生活在我们这个世
E 界上的神灵,这方面的职责属于宗教法律的解释者。但是在适宜
耕种的地方,一定不能建造坟墓,无论大小。坟墓只能建造在一些
只适宜埋葬尸体的地方,不要给活人带来不便。大地是我们的真
正母亲,她在意我们的生计,对此任何人都不能加以损害,活人也
好,死人也罢。坟地里的墓丘不能堆得过高,不能超过五个人五天
的工夫,墓碑也不能太大,习惯上能刻上四句六韵步诗纪念死者的
959 生平也就行了。关于在家中停尸的问题,首先,停尸的时间只限于
能够区别假死和真死;这方面的一般规矩是人死后第三天方可安
葬。我们要相信立法者在这方面的看法,他告诉过我们,灵魂绝对
优于身体,赋予我们存在的是灵魂而不是其他什么东西,而身体只
B 不过是伴随我们的影子。所以有人在谈论死亡时说得好,尸体只

是一个鬼,而真正的人——它的不死的成分叫做灵魂——会去另一个世界向诸神报到,甚至我们祖先的故事也是这样讲的,好人面临死亡并不悲伤,而恶人则充满沮丧。所以,立法者还会说,对于死者我们几乎无能为力。对死者帮助应该是在他还活着的时候由他周围所有与他有联系的人进行,帮助他正义、纯洁地生活,以免犯下大罪而在那个将要去的世界里受到报复。事实真相就是这样,所以我们决不要浪费气力去想像将要被埋入坟墓的这堆肉就是与我们有许多联系的那个人,我们想像自己正在埋葬的人是我们的子女、兄弟或其他亲属,然而这个离开我们的并非真正的人,真正的人仍在继续应验他的命运。我们必须这样想,我们的责任倒不如说就是尽力安葬死者,但要有节制,要明白死者的祭坛上并没有精灵在盘旋,有一条神谕可以很好地向人们宣布:节制是立法家的声音。因此,我们这方面的法律是:安葬死者要有节制,整个葬礼的开销,属于最富裕等级的每位死者不超过五明那,第二等级的不超过三明那,第三等级的不超过二明那,第四等级的不超过一明那。

这样说决不意味着执法官众多不可推卸的责任是最轻的,他们要负责监护儿童、成年人、各种年纪的人。尤其是,当人死了以后,死者亲属要向执法官报告,执法官要亲临死者家中对葬礼进行具体指导,保证葬礼既得体,又节俭,凡有不得体的地方都要给予指正。习俗规定了停尸一类的事情,但在我现在具体指出的这些事情上,习俗必须向法律低头。下令在出殡的时候不准流泪看起来做不到,但要禁止对死者唱挽歌,死者家中的嚎哭声也不能传到室外。我们还要禁止出殡的队伍哭喊着穿越大街,送葬的队伍在天亮前就要离开城里。这方面的规定就是这些。遵守这些规定就不会受到任何处罚,违反了就要受到由执法官委员会决定的某种处罚,由一名执法官负责执行。进一步还有安葬的仪式,这方面也和某些法律条文有一定关联,比如杀人犯、盗贼圣物犯,以及其他一些罪犯不得安葬,这些都是需要立法的问题,但同样我们也可以说我们的整部法典基本完成了。但是,仅靠执行法令、审理案件或为城邦建立基础,不可能使某项事业达到终点,在我们能为保存我们的工作提供一个完整的、永久的保证之前,我们决不要亲自去做

C 所有的事情。即使到了那个时候,我们仍旧要把我们的整个成就视为尚未完成的。

克利尼亚 先生,你说得很对。但我还是希望你能进一步解释你最后那个看法。

雅典人 呃,克利尼亚,你瞧你,我们有许多古老的谚语,其中有些讲到人的命运掌握在命运女神手中。

克利尼亚 是吗?

雅典人 人们说,第一位命运女神叫拉刻西斯,第二位是克罗托,第三位实际上使结果来得更快,叫阿特洛波斯,暗指……使纺

D 锤不可逆转。① 所以,需要国家或政制并不仅仅是为了身体的健康和存活,而且是为了在灵魂中向法律表示忠诚,或者宁可说是为了恪守灵魂的法律。我相信,这显然是我们自己的法律仍旧缺少的一样东西,亦即确保法律得以实施的措施,就我们的能力来说,这种情况又是无法避免的。

克利尼亚 如果确实无法做到这一点,那么这是一个严重的缺陷。

E **雅典人** 不,做到这一点还是有可能的,我现在看得很清楚。

---

① 此处原文有缺失。按一般的说法,希腊人的命运女神有三位,拉刻西斯(Lachesis)手执生死簿和纺锤,决定生命之线的长短,人寿尽时,纺线就断了;克罗托(Clotho)是三位中最年轻的,负责纺织生命线;阿特洛波斯(Atropos)手执无情剪刀,负责切断生命之线。

克利尼亚　那么在没有给我们提出的法典提供相应保障措施的时候，我们决不能放弃，你知道，浪费时间去打造一个不稳固的基础总是荒唐可笑的。

雅典人　你提醒得对。在这一点上我完全同意你的意见。

克利尼亚　你能这样说我很高兴。那么好吧，让我来问你，我们的体制和法律的保障是什么？你认为它会如何起作用？

雅典人　呃，我们不是已经说过了吗，我们的国家要有一个按照下述方法构成的议事会？十名老资格的执法官和其他所有拥有最高名望的人在议事会里集中开会，听取从国外考察回来的人的报告。他们可以提出一些如何保全法律方面的建议，经过这个议事会讨论批准，然后再公布实施，这是一种很好的联系方式。还有，每个议事会成员都可以带一名年龄不低于三十岁的、比较年轻的人出席会议，把他介绍给其他正式成员，但在这个时期他们不能发表意见，而只是旁听，直到整个议事会都认可他的高贵品质和良好教育为止。如果得到整个议事会的同意，那么他可以成为正式成员；如果不同意，那么对他的提名要保守秘密，尤其不要让他本人知道。议事会在拂晓前开会，因为这个时间是人们最空的时候，没有其他公事或私事的打扰。我想，这就是我们已经说过的这件事情的本质。

克利尼亚　你说得对，是这样的。

雅典人　所以我要再次回到议事会这个问题上来，并加以确认。也就是说，如果把议事会当作一个国家的备用大锚，给它装上所有合适的附属配件，然后抛掷出去，那么它就能够为我们的所有希望提供保障。

克利尼亚　怎么会呢？

雅典人　啊，这是一个关键问题，你我都必须尽力提出正确的建议。

961

B

C

克利尼亚　说得倒不错,但还是请你说说怎么执行吧。

D　　**雅典人**　是的,克利尼亚,我们必须去发现某样事物在它的所有活动中如何能有一个适当的保障者。举例来说,能对一个生命有机体起保障作用的是灵魂和头脑,它们被设计出来就是要起这种保障作用的。

克利尼亚　再问一次,怎么会这样呢?

雅典人　呃,你要知道,完善的灵魂和头脑就是整个有机体得以生存的保障。

克利尼亚　怎么会这样?

雅典人　这里靠的是理智在灵魂中的发展,视觉和听觉在头脑中的发展,要知道,理智是灵魂的最高能力,视力和听力是头脑的最高能力。我们可以正确地说,当理智与这些最高尚的感觉合成一个整体的时候,它就可以使生灵得到拯救。

克利尼亚　这样说肯定是真理。

E　　**雅典人**　确实是。混合在一起的理智和感觉是一艘船在暴风雨中获得拯救的保障,那么由这种合在一起的理智和感觉所设计的特殊目的又是什么呢? 在这艘船的例子中,船长和其他水手的敏锐感觉和船长的理智混合在一起,使这艘船和船上的人得以保全,难道不是吗?

克利尼亚　没错。

雅典人　要说明这一点其实并不需要太多的例子。以军事远征为例,我们必须问自己,这支军队的指挥员确定的目标是什么;
962　或者再以医疗为例,如果医疗以"拯救"为目标,那么医疗活动的目标实际上也必须是治病救人。我认为,第一个例子中的目标是取得胜利和征服敌人,而在医生和他们的助手的例子中,他们的目标是为了保全身体健康,不是吗?

克利尼亚　呃,当然是。

　　雅典人　好,但若一名医生对身体健康的性质一无所知,或者一名指挥官对胜利和我们提到的其他结果的性质一无所知,那么他们显然对他的目标缺乏理解。

　　克利尼亚　呃,是的。

　　雅典人　好吧,再来看国家的例子,如果某人对政治家必须确定的目标一无所知,那么他还有什么权力去谈论执政官的风格,或者说他还有什么能力保全他对其一无所知的东西吗?　B

　　克利尼亚　绝无可能。

　　雅典人　呃,请注意我下面的推论。如果我们已经完成了对这个国家的安排,那么就要为它提供某些懂行的人。首先,他们要懂得这种政治目标的性质,其次他们要知道用什么方法可以实现这些目标,还要能够为它提供某些建议,这些建议主要来自法律本身,其余来自个人,无论他们赞成这个国家还是反对这个国家。如果一个国家不给这样的人留下位置,那么我们看到在这样的国家里会有诸多不明智的举动,人们会在一个仁慈的环境中随波逐流,　C
也就不奇怪了。

　　克利尼亚　是这样的。

　　雅典人　那么在我们的社会中,在我们已经作过具体规定的各个部分或部门,我们已经为它们提供适当的保障了吗? 这方面能具体化吗?

　　克利尼亚　没有,先生,我们确实还没有提出什么确定的保障。但我要是可以猜测一下的话,你的看法似乎是让那个你刚才提到的那个委员会经常碰头。

　　雅典人　克利尼亚,你完全理解我的意思了。这个组织,作为　D
我们当前考察的预想对象,确实需要具备各种美德。它的首要美德就是不要动摇不定,不要转移目标,它必须确定一个单一的目标,以此为一切行动的指南。

克利尼亚　确实如此,它必须这样做。

雅典人　我们现在已经进到这一步,我们明白各种社会的法律多如牛毛,诸多立法者的目标是相互冲突的,这一事实并不奇

E 怪。一般说来,某些人的正义标准是对某些群体权力的约束,而无论在实际中这些群体比其他群体好或差,某些人的正义标准是获得财富,而无论是否要以奴役为代价,还有一些人则以"自由"为他们的努力目标,对此我们一定不要感到惊讶。还有,一些人在立法中把自由和征服其他社会这两个目标结合在一起,关注二者的实现,还有人同时追求所有这些目标,他们以为这样做是最聪明的,而不去确定某个适当的、具体的、可以为之献身的、可以作为其他一切追求目标的目标。

963　　　克利尼亚　确实如此,先生,我们很久以前采取的立场是健全的。我们说过,在我们的一切法律中有一个目标,我相信,我们同意作为这个目标的这样东西的名称是"美德"。

雅典人　我们是这样说过。

克利尼亚　我记得,我们说过美德有四部分。

雅典人　没错。

克利尼亚　但四种美德中最主要的是理智,它应当成为其他三部分美德的目标,以及其他一切事物的目标。

雅典人　克利尼亚,你完全跟上了我的论证,请跟我继续进到

B 下一步。关于这个单一目标的问题,我们已经具体指出水手、医生、军队指挥官应当关注的理智的目标,现在来考察政治家要关注的理智的目标。如果我们喜欢把他的智慧人格化,那么我们可以对它这样说:以一切神圣的名字起誓,你怎么想?你的单一目标是什么?医生的智慧可以给我们确定的回答。而你,一切聪明人中最聪明的人,按你自己的说法,难道回答不了吗?

麦吉卢和克利尼亚,你们可以作它的代言人,在你们之间进行

问答吗？你们能够给出一个政治家的目标的定义，就像我通常作 C
为其他人的代言人所给出的定义一样吗？

克利尼亚 不行，先生，我们感到有点困惑。

雅典人 我们急于发现的到底是什么，是这样东西本身，还是
它的各种显现？

克利尼亚 你说的显现是什么意思，举些例子好吗？

雅典人 以我们的语言为例来。如果美德有四种类型，那么
我们显然要承认每一类型本身都是一。

克利尼亚 显然如此。

雅典人 然而我们把四种类型全都称作美德。事实上，我们
把勇敢称作美德，把智慧也称作美德，同样也把另外两种类型称作 D
美德，这就表明它们实际上并非几样东西，而只是一样东西——美
德。

克利尼亚 没错。

雅典人 要指出这两种美德或另外两种美德在什么地方不
同，为什么要有两个不同的名字是很容易的，但要说明我们为什么
给这两种美德或另外两种美德一个共同的名称——美德——就不
容易了。

克利尼亚 你的看法是什么？

雅典人 我已经有了一个解释。假定我们之间分成提问者和
回答者。

克利尼亚 再说一遍，我要听你的看法。

雅典人 你向我提问，为什么我们要用"美德"这一个名字称 E
呼两样东西，然后又把它们分别称作"勇敢"和"智慧"。让我来把
理由告诉你。这两样东西之一，勇敢，与害怕有关，在野兽和婴儿
那里都能看到这种情况。事实上，灵魂无需理智的推论而无需天
性就可以获得勇敢，但若无这样的推论，灵魂就不会有理智或智

慧,这两种情况是完全不同的。

克利尼亚 你说得非常对。

964 **雅典人** 很好。我的看法已经告诉你这些东西在什么地方不同,为什么它们是两样东西,现在轮到你告诉我它们在什么方面是一,是相同的。记住,你也要向我解释,四样东西以什么方式可以是一,你在做出了你的解释以后可以再次问我以什么方式它们是四。还有一个要点也要考察。如果对任何一样事物拥有足够的知识意味着不仅知道它的名字,而且知道它的定义,那么一个人只知道它的名字而不明白它的定义就够了吗? 如果我们讲的这样东西
B 极为重要和尊严,而某人却对它如此无知,那不是很丢脸吗?

克利尼亚 是很丢脸。

雅典人 在一位法律的制定者或监护者的眼中,一个相信自己拥有最杰出的美德,并且具有我们正在谈论的这些品质的人,能比勇敢、纯洁、正义、智慧这些品质本身更加重要吗?

克利尼亚 肯定不能。

雅典人 那么这个问题的症结在哪里呢? 我们要对我们的解释者、教师、立法家表示信任吗? 这些人支配着我们,我想要说的
C 是,当有人需要学习知识,有缺点需要接受矫正和申斥时,能指望这些自身并不拥有这些杰出品质的人作为教师去教导他们吗? 我们能假定某些到我们城邦里来的诗人或所谓的"青年导师"得到那个标志着全善的最高声誉的棕榈枝吗? 在这样的国家里,尽管监
D 护人完全熟悉美德,但他们却不能采取有力的行动。我问你,如果一个没有什么保障的国家像我们的国家一样非常幸运,你会感到惊讶吗?

克利尼亚 呃,不会,我认为不值得惊讶。

雅典人 接下去该怎么办呢? 像我们现在假定的那样,我们该怎么办? 要不要使我们的卫士比他们的邻居更好地掌握美德的

理论和实践？此外还有什么办法使我们自己的城邦更像一个有理智的人的头脑，有着各种感官，能够保护自己？

克利尼亚　先生，请你告诉我该如何理解你的这个比较？它们有什么相同之处？

雅典人　呃，整个城邦显然像一个有机体的躯干。比较年轻 E 的卫士——我们选这部分人作为比较优秀的部分，因为他们的各种官能都比较敏捷——可以说是位于它的顶端，他们的视野遍及整个国家，能记住他们所看到的事情，并且作为各个事务部门的守望员侍奉他们的长者。这些长者——我们可以把他们比做理智， 965 在许多重要事务上他们的特殊智慧在起作用——坐在议事会里，在那里接受年轻人的侍奉，并提出各种建议，就这样，依靠他们之间的联合行动，这就是能使整个国家获得拯救的真正保障。这就是我们的设计，或者说我们还要寻找其他安排？我们要使所有公民接受同一水平的训练和教育，而不需要他们中间有一个阶层孜孜不倦地接受训练吗？

克利尼亚　我亲爱的先生，我们不可能接受这样的训练？

雅典人　那么我们必须开始一种比我们至今思考过的教育更加准确的教育。

克利尼亚　我大胆地说，我们要这样做。   B

雅典人　我们刚才涉及到的那种教育也许正是我们所需要的？

克利尼亚　确实有可能。

雅典人　我相信我们说过，一名完善的匠人或卫士在许多方面不仅需要具备在多种事物中确定他的目标的能力，而且还要进一步达到对多中之一的认识，并用这种认识统摄其他一切细节，是吗？

克利尼亚　是的，这是一条真理。

C **雅典人** 他能从不同的杂多中看到一,那么还有谁的印象或看法比他更真切?

克利尼亚 你也许是对的。

雅典人 你不应该说"也许",而应当说神保佑你! 对人来说,没有比这更加确定的途径了,不会有了。

克利尼亚 行,先生,我接受你的保证。所以,我们可以把论证朝着这个方面进行下去。

雅典人 那么,尽管我们神授的体制的卫士们也必须受到约

D 束,但首先最重要的是准确地看到渗透在四者之间的同一之处,我们认为,在勇敢、纯洁、正义、智慧中都能找到这种统一性,并用一个名字来称呼它们——这就是美德。我的朋友们,如果你们愿意的话,这就是我们现在必须紧紧加以把握的内容,直到我们对真正的目标做出满意的解释为止,这个目标是我们要加以凝视的,无论最后证明它是一还是全,或者既是一又是全,或者是用你所喜欢的说法。如果我们让这一点从我们的手指缝中滑过去,那么我们还

E 能设定自己被一种美德所武装而这种美德我们无法说出它到底是多种东西,还是四种东西,或一种东西? 不,如果我们要坚持自己的建议,必须在我们的社会中寻找某些其他能确保这种结果的方式。当然,我们也可以考虑是否我们的整个主题就到此结束。

克利尼亚 不,先生,以旅行者的保护神的名义起誓,你不能扔下如此重要的事情,我们发现你的观点充满真理。但如何才能使这件事情圆满呢?

966 **雅典人** 啊,这个问题问得还不是时候。我们首先必须决定做这件事有无必要。

克利尼亚 只要能做到,绝对有必要。

雅典人 那么你对这个问题怎么看?当我们讲到"优秀的东西"或"好东西"的时候,我们是否也要这样想?我们的卫士只需知

道它们各自是多就行了,或者说他们也必须进一步知道它们各自以什么方式是一,为什么?

克利尼亚　呃,我们好像必须说,卫士们确实也要理解它们的统一性。

雅典人　假定他们能够察觉这一点,但不能提出任何理由来证明它,那又该怎么办呢? **B**

克利尼亚　这样说毫无道理! 只有奴隶才会这样!

雅典人　好吧,还有,我们对各种事物都要这样说吗? 法律的真正卫士需要关于它们的真正知识,一定要能够用语言说明这种知识,并在实践中加以运用,把握善与恶的内在界线吗?

克利尼亚　必须如此。

雅典人　在这些极为重要的事情中间,我们曾经热烈讨论过 **C** 的神性问题难道不是最突出的吗? 我们要让所有人都明确知道诸神的存在以及它们的表现,这对我们来说极为重要,不是吗? 在我们的民众中间,我们只好容忍与包含在法律中的传统一致的人,但我们要尽力拒绝让这种传统接近我们的卫士群体,接近任何没有严肃地掌握诸神存在的各种证明的人。所谓拒绝接近,我的意思是任何人都拥有神授的天资,或者说不具有神性的人就不会被 **D** 选为执法官,也不会成为具有杰出美德的人。

克利尼亚　如你所说,在这些事务上懒惰或无能的人没有希望获得高位,这样做是惟一正确的。

雅典人　那么我们可以说,我们知道人们相信神有两种动机,这些问题我们已经讲过了,是吗?

克利尼亚　哪两种动机?

雅典人　有一种动机源于我们的灵魂理论,我们说过,运动一 **E** 旦有了一个起点,那么任何事物都从这种运动中获得它们持久的存在,我们还说,行星和其他天体在心灵的推动下有序地运动,心

灵对事物作了安排，确立了整个框架。曾经仔细关注过这幅景象的人都不会在内心亵渎神灵，也不会拥有现在流行的那种与此相

967 反的看法。这是那些整天忙于自身事务的人依据他们的天文学以及其他姐妹学科得出来的一般信仰，认为这个世界上的事件发生依据严格的必然性，而非出于一种趋向于善的意愿和目的。

克利尼亚 事实真相又如何呢？

雅典人 让我来告诉你，自从那些观察者认为天体没有灵魂，
B 他们的看法就确实被颠倒了。甚至在这种时候，天体的神奇仍在一些研究天体的学者胸中产生疑惑，然后相信一种已有的学说，认为如果天体没有灵魂，因此也没有理智，那么它们决不可能如此精确地运动，即使在那些日子里，也有人大胆地猜测天体的真实情况，断言使整个宇宙有序排列的是心灵。但这些思想家在灵魂问题上误入了歧途，他们认为身体在灵魂之先，而非灵魂在身体之
C 先，我可以说他们的错误就在于把整幅图景弄颠倒了，或者说得更准确些，把他们自己弄翻了。因为，用一种近视的眼光看，所有运动着的天体好像都是石头、土块和其他无灵魂的物体，尽管它们是宇宙秩序的源泉！正因如此，那个时代的思想家受到过许多指责，说他们不信仰宗教，他们的看法也不为民众所知，以后那些天才的
D 诗人们谴责哲学家，把他们比做狂犬吠月，胡言乱语，但是我说了，今天的情况已经颠倒过来了。

克利尼亚 怎么个颠倒法？

雅典人 没有任何一个凡人的儿子能平息对神的恐惧，除非他已经掌握了我们现在肯定的两条真理：灵魂无限地先于一切有
E 生成的事物，灵魂不朽并支配着这个物体的世界；还有，我们已经讲过多次的心灵支配着一切天体。他也还要拥有预备性的科学知识，以音乐为桥梁连接这些科学知识，并且把他的知识运用到他的道德和法律行为中去；他也还要能对自己接受的观点做出合理的

解释。不具备这些才能,只拥有通常的美德,就决不可能成为一个
国家的合格的执政官,而只能成为执政官的走卒。现在是时候了,
麦吉卢和克利尼亚,我们必须问自己要不要在迄今为止已经立下
的法律上再加一条:要建立一个在夜间开会的执政官议事会,这些
执政官全都受过我们已经讲过的这些教育,以此作为国家的监护
人和保存者。你认为我们该怎么办?

克利尼亚　我亲爱的朋友,如果我们有能力,无论多么低,除
了添加这条法律,我们还能做什么呢?

雅典人　那就让我们把力量用于这个高尚的举动。依据我对
这类事务的丰富经验和思考,它至少是我竭力想要提供帮助的一
件事,我也有可能找到其他合作者。

克利尼亚　完全没有问题,先生,我们必须沿着神本身清楚地
指引的道路前进。但我们从哪里出发呢? 这是我们当前讨论所要
发现的。

雅典人　麦吉卢和克利尼亚,在整个制度还没有规划出来之
前,不可能确定所有的法律,等到这个国家建起来了会有时间再作
补充。当前我们所能做的就是通过反复的讨论,正确地塑造这个
国家的形体。

克利尼亚　怎么会这样呢? 你这样说是什么意思?

雅典人　嗯,我们显然一开始就要编制一个适宜担任卫士之
职的人的名单,要考虑到他们的年纪、理智能力、性格和习惯。下
一步我们要考虑他们该学习哪些科目,这可不是一件易事,我们也
不能凭空捏造,更不能向那些凭空捏造的人学习。再说,花大量时
间考虑学什么科目或按什么顺序学,制定这方面的规定是无益的,
在这些科目的科学知识在学生的灵魂中安身之前,学生本人也不
会发现哪一个科目才是相关的。因此你要明白,认为这些不同的
科目不能"描述"是错误的,认为它们不能"规定"才是正确的,因为

968

B

C

D

E

规定不会影响它们的内容。

克利尼亚 呃,先生,如果情况是这样的话,那么我问你,我们该怎么办?

雅典人 我的朋友,像人们常说的那样,我们已经有了公平的比赛条件,如果确实如此,那么我们已经准备好把我们整个政制的未来都寄托在掷骰子上,我们,我是其中之一,必须准备分担风险。我要做的是说明和解释我自己对整个教育和训练大纲的看法,这样我们的谈话又进入了新的一轮。但我要提醒你们,我们遇到的困惑可不小,可以与此相比的更大的困惑也不多。克利尼亚,我尤其要向你建议,把这个疑惑深深地埋藏在心中吧。对你来说还有另一种选择,这就是按照正确的路线去建设玛格奈昔亚国——或者不管什么神以后会用来称呼它的名字——使你自己得到荣耀,或者享有后世无法与之相比的永久名声。但若我们马上能够把这个值得敬重的议事会建立起来,那么,我的好朋友,好同事,我们必须保存这个国家,现代的立法家也几乎不会与我们有不同看法。在我们的谈话中,刚才我们在谈到心灵和头脑的合作关系时涉及过这个梦想,仅当我们审慎地选择了我们的人,对他们进行了彻底地教育,让他们居住在这个国家的中心城堡里,让他们担任国家的卫士,成为我们从来没有见过的完人,这个时候我们的理想才能真正实现。

麦吉卢 我亲爱的克利尼亚,听了你的这番话,我们要么放弃建设你的城邦,要么对我们这位朋友的解释装聋作哑,竭尽全力恳求和吸引他与我们合作,建设这个城邦。

克利尼亚 很对,麦吉卢,我会照你说的去做,你一定要帮助我。

麦吉卢 相信我吧。